2017
中国证券期货统计年鉴

贰零壹柒

贰零
壹柒

贰零壹柒

贰零壹柒

China Securities and Futures Statistical YEARBOOK

中国金融出版社

责任编辑：刘　钊　石　坚
责任校对：潘　洁
责任印制：张也男

图书在版编目（CIP）数据

中国证券期货统计年鉴. 2017（Zhongguo Zhengquan Qihuo Tongji Nianjian 2017）/ 中证资本市场运行统计监测中心编. —北京：中国金融出版社，2017. 11
ISBN 978 – 7 – 5049 – 9219 – 2

Ⅰ. ①中…　Ⅱ. ①中…　Ⅲ. ①资本市场—统计资料—中国—2017—年鉴　②期货交易—统计资料—中国—2017—年鉴　Ⅳ. ①F832.5-66

中国版本图书馆CIP数据核字（2017）第234980号

出版
发行　中国金融出版社
社址　北京市丰台区益泽路2号
市场开发部　（010）63266347，63805472，63439533（传真）
网 上 书 店　http://www.chinafph.com
（010）63286832，63365686（传真）
读者服务部　（010）66070833，62568380
邮编　100071
经销　新华书店
印刷　北京市松源印刷有限公司
尺寸　210毫米×297毫米
印张　27.75
字数　773千
版次　2017年11月第1版
印次　2017年11月第1次印刷
定价　288.00元
ISBN 978 – 7 – 5049 – 9219 – 2

编 者 说 明

一、《中国证券期货统计年鉴（2017）》（中英文）收录了2016年证券期货市场的统计数据以及与证券期货市场相关的部分宏观经济数据，是一部全面反映中华人民共和国证券期货市场发展情况的资料性年刊。

二、年鉴分为概况、股票、债券、证券投资基金、期货、投资者、上市公司、证券期货经营机构8个篇章，另附世界主要国家的证券化率，世界主要交易所业务量排名，全球主要经济体资本市场业务量排名，全球期货及期权市场交易所排名，上市公司名录和退市公司名录，上海、深圳证券交易所收费标准。

三、年鉴数据主要来自中国证监会各业务部门、交易所和中国证监会下属单位；宏观经济数据主要来自国家统计局、中国人民银行、世界交易所联合会（WFE）。

四、与2016年版《中国证券期货统计年鉴》相比，本年鉴稍有调整，增加了新出现的证券期货产品。为方便读者使用，每章末附有“主要统计指标解释”。

五、年鉴中部分数据合计数由于单位取舍不同而产生的计算误差，均未作机械调整。

六、年鉴各表中，度量单位均在该表上方，对表中部分指标的注释、资料来源、汇率换算标准等内容注释在该表的下方。凡带续表的资料，对部分指标的注解一律在最后一张续表的下方。

七、年鉴各表中的“—”表示该项统计指标数据不详或无该项数据。

编 者

2017年8月

目　录

CONTENTS

一、概　况
Summary

二、股　票
Stocks

三、债 券
Bonds

四、证券投资基金
Securities Investment Funds

五、期　货
Futures

六、投资者
Investors

七、上市公司
Listed Companies

八、证券期货经营机构
Securities and Futures Institutions

附 录
Appendix

后 记
Postscript

贰 零 壹 柒

一、概况
Summary

贰 零 壹 柒

不断强化“四个意识”牢牢把握稳中求进 协调推进资本市场改革稳定发展

2016年2月10日，2017年全国证券期货监管工作会议在中国证监会机关召开。会议总结了过去一年的工作，分析了当前市场形势，部署今年重点任务。中国证监会党委书记、主席刘士余出席，作题为“不断强化‘四个意识’牢牢把握稳中求进协调推进资本市场改革稳定发展”的讲话。

会议指出，过去一年，在以习近平同志为核心的党中央的坚强领导下，证券期货监管系统广大干部职工坚决落实党中央国务院决策部署，抓住稳中有进、稳中向好的有利时机，迎难而上，深刻反思股市异常波动教训，依法全面从严监管，持续整顿市场秩序，保护投资者合法权益，切实服务供给侧结构性改革，在复杂的形势下保持了市场稳定健康发展，为经济社会发展作出了应有的贡献。一是资本市场监管理念有了新变化，更加重视维护资本市场稳定健康发展。二是系统内党的建设和思想政治建设取得新进展。三是服务实体经济作出新贡献。将打赢脱贫攻坚战作为崇高的政治责任，对贫困地区企业适用“即报即审、审过即发”政策，已有1家企业核准发行。四是服从服务国家宏观调控能力有了新提高。五是多层次资本市场改革与建设迈出新步伐。特别是深化新三板改革，全年新三板挂牌公司突破1万家。积极推进区域性股权市场规范发展。六是监管执法能力有了新的提升。重典治乱、猛药去疴，强化依法全面从严监管。全年处罚数量和罚没金额创历史新高，市场禁入人数达到历史峰值。七是中小投资者权益保护有了新成效。八是证券期货行业发展呈现新面貌。注重加强规范引导，努力促进证券期货基金行业机构可持续发展。九是防控金融风险、维护市场稳定的能力经受住了新考验。深刻汲取股市异常波动教训，坚持底线思维，对存在的乱象和问题，果断出手，多管齐下，有效防范和化解了市场风险。十是资本市场双向开放迈上新台阶。十一是市场沟通和预期管理的能力达到新水平。

会议认为，当前全球经济调整仍未到位，国际复杂因素影响不可低估，“逆全球化”倾向上升，全球金融市场难言平静。我国经济运行总体平稳，但是，要清醒地看到，我国经济还处于“三期叠加”的特定阶段，还有不少困难和挑战。我国经济运行面临的突出矛盾和问题，根源是重大结构性失衡，主要表现为“三大失衡”。金融领域也面临着同样的问题。我国资本市场经过20多年的发展，取得了举世瞩目的成就。但是，总体上我国资本市场发展仍不成熟，市场内在的脆弱性和复杂性不可低估。

2017年，资本市场运行内外环境将更趋复杂，必须深刻理解党的十八大以来党中央对经济形势作出的重大判断、对经济工作作出的重大决策、对经济工作思想方法作出的重大调整，贯彻落实中央经济工作会议精神，牢牢把握稳中求进工作总基调，以改革为引领，以稳定为底线，以发展为主旋律，协调推进资本市场改革稳定发展和监管各项工作。“稳”要把握六个方面：一是市场化、法治化、国际化的改革方向不偏离，这是最大的稳；二是市场证明行之有效的监管政策和做法不动摇、不折腾，务求实效；三是资本市场运行要稳，这是改革发展措施的基础；四是持续打击资本市场违法违规行为，稽查执法力度只能加强，不能弱化；五是对市场运行中的各种问题和现象反应要灵、判断要准、行动要迅速；六是应对风险的各种预案要全、责任要明、出手要果断。“进”要体现在六个方面：一是“四个意识”必须要增强；二是服务实体经济和国家战略的能力要提升；三是多层次资本市场体系改革要深化，市场基础性功能要强化；四是资本市场生态环境要净化，敢于亮剑，善于亮剑；五是证券期货行业服务能力和国际竞争力要有所提升；六是开放要有新举措，法制建设要有新成就。

会议强调，2017年证券期货监管工作的总体要求是：全面贯彻党的十八大和十八届三中、四中、五中、六中全会精神，深入学习习近平总书记系列重要讲话精神和治国理政新理念新思想新战略，不断增强“四个意识”特别是核心意识和看齐意识，向核心看齐，紧紧围绕统筹推进“五位一体”总体布局和协调推进“四个全面”战略布局，坚持稳中求进工作总基调，以稳促进，以进促稳，牢固树立和贯彻落实发展新理念，不忘初心，始终保持依法全面从严监管，保护投资者合法权益，着力提高和改进监管能力，把防控金融风险放在更加突出位置，牢牢守住不发生系统性风险底线，切实推进和服务供给侧结构性改革，加大开放力度，提升资本市场服务实体经济和社会发展能力，以优异的成绩迎接党的十九大胜利召开。一是深入推进全面从严治党、全面从严治会，确保资本市场发展的政治方向不动摇。二是将防风险放在更加突出位置，牢牢守住不发生系统性风险的底线。三是深化依法全面从严监管，维护市场秩序，继续提升监管能力。四是紧紧围绕供给侧结构性改革这条主线，切实提升服务实体经济能力。五是稳步推进多层次资本市场体系建设。六是加强市场基础设施和监管保障能力建设。七是积极推进资本市场法制与诚信建设和投资者保护工作。八是开拓资本市场对外开放新格局。九是加强全系统自身建设。

全国证券期货监管工作会议会期一天半。中央纪委、中央财办、国务院办公厅、发展改革委、人民银行、最高人民法院等有关部门（单位）以及新闻媒体的代表，中国证监会机关各部门、系统各单位的负责人及副处级以上干部在现场或视频分会场参加了会议。

1-1　证券期货市场概况
Overview of Securities and Futures Market

年份 Year	股票 Stock								
	股票只数（只）Number of Stock (unit)	上市公司家数（家）Number of Listed (unit)	上市公司股本（亿股）Share Capital of Listed Companies (100 million shares)	流通股本（亿股）Negotiable Shares (100 million shares)	股票市值（亿元）Market Capitalization of Shares (100 million yuan)	流通市值（亿元）Negotiable Market Capitalization (100 million yuan)	成交量（亿股）Trading Volume (100 million shares)	成交金额（亿元）Trading Turnover (100 million yuan)	印花税（亿元）Stamp Tax (100 million yuan)
1992	71	53	73.22	—	1048.15	—	36.90	683.04	—
1993	218	183	328.68	81.62	3531.01	832.28	226.56	3627.21	22.00
1994	345	291	641.01	185.63	3690.62	968.90	1013.34	8127.63	48.77
1995	381	323	770.08	224.98	3474.28	938.22	705.31	4036.45	24.22
1996	599	530	1110.73	345.57	9842.58	2867.03	2533.14	21332.18	127.99
1997	821	745	1771.43	560.82	17529.24	5204.42	2560.02	30721.83	250.76
1998	932	852	2346.69	741.70	19514.03	5750.35	2154.11	23544.25	225.75
1999	1031	949	2911.49	953.65	26485.15	8221.11	2932.90	31322.37	248.07
2000	1174	1088	3616.26	1234.35	48121.51	16098.00	4759.45	60835.19	485.89
2001	1248	1160	4851.88	1487.66	43582.90	14488.82	3155.93	38325.39	291.44
2002	1311	1224	5464.19	1680.26	38338.79	12487.20	3017.14	27993.91	111.95
2003	1374	1287	6003.34	1899.05	42477.63	13185.13	4163.08	32115.27	128.35
2004	1463	1377	6714.74	2194.15	37080.95	11701.20	5827.73	42333.95	169.08
2005	1467	1381	7163.54	2498.89	32446.02	10638.01	6623.73	31664.78	66.35
2006	1520	1434	12683.99	3444.50	89441.35	25021.11	16145.23	90468.89	180.94
2007	1636	1550	17000.45	4933.64	327291.31	93140.66	36403.75	460556.23	2062.00
2008	1711	1625	18900.13	6964.97	121541.05	45303.02	24131.39	267112.66	927.68
2009	1804	1718	20606.26	14200.19	244103.91	151342.07	51107.00	535986.77	510.38
2010	2149	2063	26984.49	19442.15	265422.59	193110.41	42151.98	545633.54	545.65
2011	2428	2342	29745.11	22499.86	214758.09	164921.30	33956.57	421644.58	421.66
2012	2579	2494	31833.62	24778.22	230357.62	181658.26	32860.54	314583.27	314.59
2013	2574	2489	33822.04	29997.12	239077.19	199579.54	48372.68	468728.61	468.27
2014	2696	2613	36795.10	32289.25	372546.96	315624.31	73383.09	742385.26	742.38
2015	2909	2827	43024.14	37043.37	531462.70	417880.76	171039.47	2550541.31	695.00
2016	3134	3052	48750.29	41136.05	507685.88	393401.68	95525.43	1277680.32	1274.40

1—1 续表 1 continued

年份 Year	股票 Stock				债券 Bond			
	印花税在中央财政收入中的比重(%) The Percentage of Stamp Tax from Central Revenue(%)	市盈率(倍) P/E Ratio (times)	换手率(%) Turnover Rate (%)	股票者个数(万个) Number of Stock Investors (10 thousand units)	债券发行额(亿元) Value of Bonds Issued (100 million yuan)	兑付金额(亿元) Amount of Payments (100 million yuan)	债券成交金额(亿元) Bond Trading Turnover (100 million yuan)	年末托管额(亿元) Value of Bonds under Custody at the end of year (100 million yuan)
1992	—	—	—	—	—	—	—	—
1993	2.30	—	—	—	—	—	—	—
1994	1.68	—	—	—	—	—	—	—
1995	0.74	—	—	—	—	—	—	—
1996	3.50	—	—	—	—	—	—	—
1997	5.93	—	—	—	2084.62	—	8.90	4184.07
1998	4.62	—	—	—	6203.73	—	76.39	9884.07
1999	4.28	—	—	—	4369.50	410.16	2544.82	13188.79
2000	6.41	—	491.19	—	4414.50	1629.16	16363.02	16746.19
2001	3.40	81.92	227.07	—	5848.53	1859.97	41030.69	19727.91
2002	1.02	62.51	195.86	—	9943.90	2841.35	106321.69	25610.47
2003	1.08	45.89	237.04	—	17647.17	7886.44	151368.51	37636.37
2004	1.17	32.16	303.45	—	27295.66	12548.65	127849.02	52046.95
2005	0.40	28.59	295.11	—	42182.07	22531.33	228456.96	73402.21
2006	1.05	29.72	547.40	—	57096.11	38597.83	382839.23	92346.98
2007	7.43	44.13	817.95	—	80163.36	49931.98	628787.97	123485.39
2008	2.84	19.29	402.29	—	71732.16	48265.29	956855.15	152554.05
2009	1.42	29.78	582.88	—	87286.22	67282.32	1180369.13	177383.26
2010	1.28	20.32	344.34	—	96408.63	73205.88	1522585.20	205107.77
2011	0.82	14.18	214.16	—	77231.52	64819.78	1642721.63	222572.17
2012	0.56	15.04	180.55	—	80245.86	47625.00	2201120.87	261987.73
2013	0.78	15.53	242.99	—	88178.65	63428.22	2742532.15	287031.62
2014	1.15	20.83	315.92	7294.36	116461.45	72850.52	3583148.62	371327.41
2015	1.00	18.94	320.26	9910.54	232557.99	104981.72	6754226.73	479273.93
2016	1.74	25.29	345.45	11811.04	361548.66	203676.24	9671039.08	642245.81

1—1　续表 2　continued

年份 Year	基金 Fund					期货 Futures			
	基金只数（只）Number of Funds (unit)	基金份额（亿份）Fund share (100 million units)	基金资产规模（亿元）Fund Asset Value (100 million yuan)	上市基金成交金额（亿元）Trading Turnover of Listed Funds (100 million yuan)	基金账户数（万户）Number of Fund Accounts (10 thousand units)	品种数量（个）Number of Products (unit)	持仓金额（亿元）Value of Positions (100 million yuan)	成交金额（亿元）Trading Turnover (100 million yuan)	客户数（万个）Number of Investors Accounts (10 thousand units)
1992	—	—	—	—	—	—	—	—	—
1993	—	—	—	—	—	8	—	2761.00	—
1994	—	—	—	—	—	6	—	15800.71	—
1995	—	—	—	—	—	6	—	50282.65	—
1996	—	—	—	—	—	2	—	42059.58	—
1997	—	—	—	—	—	2	—	30885.33	—
1998	5	100.00	107.00	1016.89	—	9	—	18483.62	—
1999	16	505.00	577.00	2485.48	—	8	—	11171.51	—
2000	34	562.00	847.35	2801.84	—	9	145.57	8041.14	—
2001	51	804.23	809.24	2561.88	—	9	175.75	15071.76	—
2002	71	1318.85	1185.56	1166.62	—	10	277.43	19745.30	—
2003	95	1614.67	1699.22	682.65	—	10	423.66	54194.67	—
2004	161	3308.79	3246.34	479.47	—	12	388.77	73465.27	—
2005	218	4714.18	4691.38	773.15	—	11	350.71	67224.19	—
2006	307	6220.67	8565.05	2002.65	—	14	564.05	105023.16	24.46
2007	346	22339.84	32762.32	8620.09	—	18	990.31	204861.23	39.55
2008	439	25741.78	19403.25	5831.05	16846.00	19	740.90	359570.98	61.64
2009	547	23518.55	26024.80	10340.02	17480.00	23	2775.49	652553.80	91.63
2010	704	23955.33	25040.86	8996.44	19672.00	24	3069.22	1545583.54	121.37
2011	914	26510.37	21918.55	6365.81	22987.00	27	2974.60	1375175.68	141.14
2012	1173	31708.41	28661.81	8123.86	22948.00	32	3831.77	1711224.54	71.73
2013	1552	31176.58	30021.83	14786.16	28773.46	40	6744.94	2674762.02	77.24
2014	1899	42032.72	45374.30	13814.94	46409.34	46	5556.25	2919882.26	82.26
2015	2723	76674.13	83971.83	148744.21	67917.87	51	6185.84	5542346.94	107.52
2016	3823	88456.38	91526.02	16000.60	94303.67	51	7587.41	1956339.41	118.64

注：期货账户数从2006—2011年为账户总数，2012年以后为有效账户数。
数据来源：本书各章相关表。
Source：Relative Tables Followed.

1−2 交易所市场证券登记存管情况
Depository Securities Statistics of Stock Exchange Market

年份 Year	登记存管证券只数(只) Number of Securities in Deposit (unit)									
	股票 Stock			权证 Warrants	债券 Bond					
	小计 Subtotal	A股 A Shares	B股 B Shares		小计 Subtotal	国债 T-Bonds	地方债 Local Bonds	政策性金融债	企业债 Enterprise Bonds	公司债 Corporate Bonds
2003	1374	1263	111	0	68	40	0	0	5	0
2004	1463	1353	110	0	97	56	0	0	9	0
2005	1467	1358	109	7	115	75	0	0	11	0
2006	1520	1411	109	27	118	70	0	0	19	0
2007	1636	1527	109	14	120	70	0	0	21	2
2008	1711	1602	109	17	247	91	0	0	98	20
2009	1804	1696	108	12	353	94	1	0	167	57
2010	2149	2041	108	4	463	110	1	0	229	89
2011	2428	2320	108	0	640	109	4	0	322	166
2012	2579	2472	107	0	1170	122	3	0	561	445
2013	2574	2468	106	0	2032	177	6	0	980	832
2014	2696	2592	104	0	3031	189	7	3	1503	1300
2015	2911	2810	101	0	4576	223	171	2	1692	2483
2016	3150	3050	100	0	6995	228	589	2	2036	2807

1−2 续表 1 continued

年份 Year	登记存管证券只数(只) Number of Securities in Deposit (unit)							
	债券 Bond		基金 Fund					资产证券化产品 Asset Backed Securities
	可转债 Convertible Bonds	分离式可转债 Warrant Bonds	小计 Subtotal	封闭式基金 Close-ended Funds	ETF	LOF	实时申赎货币基金	
2003	23	0	55	55	0	0	0	0
2004	32	0	57	55	1	1	0	0
2005	29	0	68	54	1	13	0	4
2006	26	3	79	53	5	21	0	27
2007	18	9	71	34	5	32	0	20
2008	18	20	71	31	5	35	0	17
2009	13	21	91	33	9	49	0	10
2010	13	21	146	47	20	79	0	4
2011	20	19	226	57	37	132	0	6
2012	23	16	330	52	50	228	0	15
2013	27	10	436	37	85	306	0	26
2014	30	2	516	14	104	388	10	83
2015	6	1	750	15	127	599	9	269
2016	17	0	778	28	146	595	9	2132

1—2 续表 2 continued

年份 Year	登记存管证券总市值（亿元） Market Capitalization of depository securities(100 million yuan)											
	股票Stock			权证 Warrants	债券现货 Bond（spot transaction）							
	小计 Subtotal	A股 A-Shares	B股 B-Shares		小计 Subtotal	国债 T-Bonds	地方债 Local Bonds	企业债 Corporate Bonds	政策性金融债	公司债 Corporate Bonds	可转债 Convertible Bonds	分离式可转债 Warrant Bonds
2003	42559.73	41616.50	943.23	0.00	4083.95	3780.84	0.00	83.53	0.00	0.00	219.58	0.00
2004	37090.58	36345.47	745.11	0.00	4464.14	4033.64	0.00	84.08	0.00	0.00	346.41	0.00
2005	32448.52	31830.36	618.16	60.62	4796.24	4431.82	0.00	99.32	0.00	0.00	265.09	0.00
2006	90294.17	89008.90	1285.27	329.37	3499.79	3139.75	0.00	118.79	0.00	0.00	159.45	81.80
2007	327970.22	325437.44	2532.77	494.10	3169.92	2666.53	0.00	108.52	0.00	51.91	163.13	179.83
2008	121778.98	120977.85	801.14	174.50	4365.83	2516.90	0.00	467.96	0.00	433.21	143.25	804.52
2009	244783.34	242973.60	1809.74	209.27	4698.97	1947.66	0.02	712.71	0.00	1056.40	165.94	816.25
2010	266492.22	264298.80	2193.41	14.51	6300.53	1955.58	0.02	919.74	0.00	1654.88	917.47	852.84
2011	215215.30	213774.56	1440.74	0.00	8252.60	2012.39	3.32	1465.35	0.00	2809.99	1157.65	803.90
2012	230548.71	228968.65	1580.06	0.00	11926.76	1790.37	3.30	2797.95	0.00	5331.30	1289.12	714.72
2013	239584.89	237909.25	1675.64	0.00	19504.52	2332.35	16.70	6805.66	0.00	8158.81	1610.02	580.98
2014	372546.96	370823.17	1723.79	0.00	26269.64	2661.03	17.10	10853.22	314.61	10949.60	1695.24	93.45
2015	532001.64	529790.58	2211.06	0.00	39428.47	5426.29	367.58	9041.98	108.74	24362.96	162.46	67.20
2016	508608.25	506693.58	1914.67	0.00	72265.24	6428.19	2284.07	103.61	8961.19	42550.77	397.21	0.00

1—2 续表 3 continued

年份 Year	基金 Fund					资产证券化产品 Asset Backed Securities
	小计 Subtotal	封闭式基金 Close-ended Funds	ETF	LOF	实时申赎货币基金	
2003	675.50	675.50	0.00	0.00	0.00	0.00
2004	558.58	549.45	0.00	9.14	0.00	0.00
2005	608.64	529.55	65.10	13.99	0.00	58.08
2006	1424.70	1287.45	102.29	34.95	0.00	163.63
2007	4356.91	1860.24	306.26	2190.41	0.00	109.39
2008	816.80	485.12	214.49	117.19	0.00	82.10
2009	1784.06	982.77	625.39	175.90	0.00	42.24
2010	1965.20	1072.50	667.91	224.79	0.00	10.68
2011	1821.50	798.69	755.88	266.92	0.00	8.72
2012	2661.99	701.54	1424.83	535.63	0.00	32.34
2013	2873.61	543.09	1575.76	560.77	0.00	64.52
2014	4381.27	201.70	2477.78	1434.10	267.69	218.61
2015	7027.28	353.75	4703.60	1449.41	520.52	615.32
2016	5804.87	287.15	3779.70	1432.53	305.50	4226.00

1–2 续表 4 continued

年份 Year	登记存管证券已上市流通市值（亿元） Negotiable Market Capitalization of depository securities(100 million yuan)									
	股票 Stock				基金 Fund					资产证券化产品 Asset Backed Securities
	小计 Subtotal	A股 A–Shares	B股 B–Shares	权证 Warrants	小计 Subtotal	封闭式基金 Close-ended Funds	ETF	LOF	实时申赎货币基金	
2003	13235.95	12360.79	875.16	0.00	669.34	669.34	0.00	0.00	0.00	0.00
2004	11702.73	11013.52	689.22	0.00	553.77	544.63	0.00	9.14	0.00	0.00
2005	10655.21	10054.79	600.42	60.61	603.99	524.90	65.10	13.99	0.00	58.08
2006	25313.05	24044.96	1268.09	281.19	1413.46	1276.21	102.29	34.95	0.00	162.58
2007	93470.56	90952.54	2518.02	477.73	4330.98	1843.83	306.26	2180.90	0.00	108.40
2008	45694.25	44897.99	796.26	171.86	812.62	481.07	214.49	117.06	0.00	81.17
2009	152207.16	150406.42	1800.74	209.27	1777.42	976.17	625.39	175.87	0.00	41.33
2010	196083.58	193898.09	2185.48	14.51	1958.94	1066.25	667.91	224.79	0.00	9.75
2011	166966.72	165531.89	1434.83	0.00	1817.37	794.58	755.88	266.90	0.00	8.00
2012	184250.75	182677.51	1573.24	0.00	2657.84	697.40	1424.83	535.60	0.00	32.34
2013	206303.34	204637.95	1665.39	0.00	2869.09	539.50	1575.76	560.74	0.00	64.52
2014	315624.31	313910.42	1713.89	0.00	4380.24	200.71	2477.78	1434.06	267.69	218.61
2015	439028.12	436827.68	2200.44	0.00	7025.97	352.44	4703.60	1449.41	520.52	615.32
2016	410049.21	408144.40	1904.81	0.00	5804.06	286.35	3779.70	1432.53	305.50	4226.04

注：1.面值包含所有上市公司（包括只发A股、只发B股、既发A股又发B股、既发A股又发H股的上市公司）流通股和非流通股的面值，纯B股上司公司的非流通股的面值暂未纳入计算。

2.B股市值以国家外汇管理局公布的每年最后一个月汇率期平均价换算成人民币。

数据来源：中国证券登记结算公司。

Source：CSDC.

1-3 证券市场指数运行情况
Securities-Market Indexes

年份 Year	上证综指 SSE Composite Index					深证综指 SZSE Composite Index				
	开盘 Opening Price	最高 Highest	最低 Lowest	收盘 Closing Price	涨跌幅 (%) Change Rate (%)	开盘 Opening Price	最高 Highest	最低 Lowest	收盘 Closing Price	涨跌幅 (%) Change Rate (%)
1992	293.74	1429.01	292.76	780.39	165.67	110.53	312.21	107.08	241.21	118.23
1993	802.14	1558.95	750.46	833.80	6.84	241.21	359.44	203.91	238.28	-1.21
1994	837.70	1052.94	325.89	647.87	-22.30	238.28	242.06	96.56	140.63	-40.98
1995	637.72	926.41	524.43	555.29	-14.29	139.62	169.66	112.63	113.25	-19.47
1996	550.26	1258.69	512.83	917.02	65.14	112.85	473.02	105.34	327.34	189.04
1997	914.06	1510.18	870.18	1194.10	30.22	326.33	517.91	305.81	381.29	16.48
1998	1200.95	1422.98	1043.02	1146.70	-3.97	382.85	441.04	317.10	343.85	-9.82
1999	1144.89	1756.18	1047.83	1366.58	19.18	343.29	525.14	310.65	402.18	16.96
2000	1368.69	2125.72	1361.21	2073.48	51.73	402.71	654.37	414.69	635.73	58.07
2001	2077.08	2245.44	1514.86	1645.97	-20.62	636.62	664.85	439.36	475.94	-25.13
2002	1643.49	1748.89	1339.20	1357.65	-17.52	475.14	512.38	371.79	388.76	-18.32
2003	1347.43	1649.60	1307.40	1497.04	10.27	386.61	449.42	350.74	378.63	-2.61
2004	1492.72	1783.01	1259.43	1266.50	-15.40	377.93	470.55	315.17	315.81	-16.59
2005	1260.78	1328.53	998.23	1161.06	-8.33	313.81	333.28	237.18	278.75	-11.73
2006	1163.88	2698.90	1161.91	2675.47	130.43	278.99	552.93	278.99	550.59	97.52
2007	2728.19	6124.04	2541.53	5261.56	96.66	555.26	1567.74	547.89	1447.02	162.81
2008	5265.00	5522.78	1664.93	1820.81	-65.39	1450.33	1584.40	452.33	553.30	-61.76
2009	1849.02	3478.01	1844.09	3277.13	79.98	560.09	1240.64	557.68	1201.34	117.12
2010	3289.75	3306.75	2319.73	2808.07	-14.31	1207.33	1412.63	890.23	1290.86	7.45
2011	2825.33	3067.46	2134.02	2199.42	-21.68	1298.59	1316.18	828.83	866.65	-32.86
2012	2212.00	2478.38	1949.46	2269.13	3.17	871.93	1020.29	724.97	881.17	1.68
2013	2289.51	2444.80	1849.65	2115.98	-6.75	887.36	1106.27	815.89	1057.67	20.03
2014	2112.13	3239.36	1974.38	3234.68	52.87	1055.88	1504.48	1004.93	1415.19	33.80
2015	3258.63	5178.19	2850.71	3539.18	9.41	1419.44	3156.96	1408.99	2308.91	63.15
2016	3536.59	3538.69	2638.30	3103.64	-12.31	2304.48	2304.49	1618.12	1969.11	-14.72

1–3 续表 1 continued

年份 Year	沪深300指数 CSI 300 Index 开盘 Opening Price	最高 Highest	最低 Lowest	收盘 Closing Price	涨跌幅 (%) Change Rate (%)	上证50指数 SSE 50 Index 开盘 Opening Price	最高 Highest	最低 Lowest	收盘 Closing Price	涨跌幅 (%) Change Rate (%)
1992	—	—	—	—	—	—	—	—	—	—
1993	—	—	—	—	—	—	—	—	—	—
1994	—	—	—	—	—	—	—	—	—	—
1995	—	—	—	—	—	—	—	—	—	—
1996	—	—	—	—	—	—	—	—	—	—
1997	—	—	—	—	—	—	—	—	—	—
1998	—	—	—	—	—	—	—	—	—	—
1999	—	—	—	—	—	—	—	—	—	—
2000	—	—	—	—	—	—	—	—	—	—
2001	—	—	—	—	—	—	—	—	—	—
2002	—	—	—	—	—	—	—	—	—	—
2003	—	—	—	—	—	—	—	—	—	—
2004	—	—	—	—	—	997.00	1141.99	833.09	842.73	-15.47
2005	984.66	1008.73	807.78	923.45	-7.65	836.99	889.98	693.53	796.40	-5.50
2006	926.56	2052.86	926.41	2041.05	121.02	801.41	1819.04	800.21	1805.31	126.69
2007	2073.25	5891.72	2030.76	5338.28	161.55	1842.63	4772.93	1791.64	4226.76	134.13
2008	5349.76	5756.92	1606.73	1817.72	-65.95	4230.81	4524.29	1269.29	1384.91	-67.24
2009	1848.33	3803.06	1837.84	3575.68	96.71	1411.08	2849.41	1402.05	2553.80	84.40
2010	3592.47	3597.75	2462.20	3128.26	-12.51	2565.11	2584.53	1771.49	1977.37	-22.57
2011	3155.56	3380.53	2267.11	2345.74	-25.01	1994.36	2214.84	1571.51	1617.61	-18.19
2012	2361.50	2717.83	2102.14	2522.95	7.55	1628.17	1877.43	1528.28	1857.68	14.84
2013	2551.81	2791.30	2023.17	2330.03	-7.65	1885.96	2088.45	1422.98	1574.78	-15.23
2014	2323.43	3542.34	2077.76	3533.71	51.66	1570.05	2590.09	1402.18	2581.57	63.93
2015	3566.09	5380.43	2952.01	3731.01	5.58	2612.85	3494.82	1874.22	2420.80	-6.23
2016	3725.86	3726.25	2821.22	3310.08	-11.28	2417.03	2455.43	1891.10	2286.90	-5.53

1—3 续表 2 continued

年份 Year	深证成分指数 SZSE Component Index					上证国债指数 SSE T-Bond Index				
	开盘 Opening Price	最高 Highest	最低 Lowest	收盘 Closing Price	涨跌幅(%) Change Rate (%)	开盘 Opening Price	最高 Highest	最低 Lowest	收盘 Closing Price	涨跌幅(%) Change Rate (%)
1992	966.22	2918.09	917.37	2309.77	139.71	—	—	—	—	—
1993	2424.00	3422.22	1688.18	2225.38	-3.65	—	—	—	—	—
1994	2221.95	2271.39	944.02	1271.05	-42.88	—	—	—	—	—
1995	1257.65	1473.29	980.25	987.75	-22.29	—	—	—	—	—
1996	987.07	4522.39	924.33	3217.54	225.74	—	—	—	—	—
1997	3195.52	6103.62	2985.40	4184.84	30.06	—	—	—	—	—
1998	4199.51	4336.32	2902.44	2949.32	-29.52	—	—	—	—	—
1999	2945.24	4896.04	2521.08	3369.61	14.25	—	—	—	—	—
2000	3374.11	5062.29	3360.21	4752.75	41.05	—	—	—	—	—
2001	4756.18	5091.46	3124.57	3325.66	-30.03	—	—	—	—	—
2002	3319.21	3586.06	2661.91	2759.30	-17.03	—	—	—	—	—
2003	2743.21	3557.89	2673.25	3479.80	26.11	100.67	102.08	96.86	99.40	-1.27
2004	3473.35	4187.23	2996.08	3067.57	-11.85	99.39	99.42	91.10	95.61	-3.81
2005	3051.24	3481.44	2590.53	2863.61	-6.65	95.64	109.73	95.61	109.06	14.06
2006	2873.54	6687.28	2873.54	6647.14	132.12	109.11	111.63	109.07	111.39	2.14
2007	6730.12	19600.03	6585.06	17700.62	166.29	111.45	111.96	109.33	110.87	-0.46
2008	17731.84	19219.89	5577.23	6485.51	-63.36	110.92	121.53	110.73	121.30	9.40
2009	6557.42	14096.87	6514.49	13699.97	111.24	121.35	122.99	119.62	122.35	0.87
2010	13766.10	13936.88	8945.20	12458.55	-9.06	122.39	127.10	122.13	126.28	3.21
2011	12578.45	13233.02	8555.12	8918.82	-28.41	126.32	131.39	126.31	131.39	4.05
2012	8980.76	10616.28	7660.45	9116.48	2.22	131.45	135.82	131.44	135.79	3.35
2013	9204.11	10057.97	7045.60	8121.79	-10.91	135.84	139.91	135.84	139.52	2.75
2014	8083.77	11050.85	6959.25	11014.62	35.62	139.54	145.78	139.42	145.68	4.42
2015	11150.98	18211.76	9259.65	12664.89	14.98	145.75	154.67	145.75	154.54	6.09
2016	12650.72	12659.41	8986.52	10177.14	-19.64	154.61	160.86	154.58	159.79	3.39

1-3 续表 3 continued

年份 Year	上证企业债指数 SSE Corporate Bond Index					中证综合债指数 CSI Universal Bond Index				
	开盘 Opening Price	最高 Highest	最低 Lowest	收盘 Closing Price	涨跌幅(%) Change Rate (%)	开盘 Opening Price	最高 Highest	最低 Lowest	收盘 Closing Price	涨跌幅(%) Change Rate (%)
1992	—	—	—	—	—	—	—	—	—	—
1993	—	—	—	—	—	—	—	—	—	—
1994	—	—	—	—	—	—	—	—	—	—
1995	—	—	—	—	—	—	—	—	—	—
1996	—	—	—	—	—	—	—	—	—	—
1997	—	—	—	—	—	—	—	—	—	—
1998	—	—	—	—	—	—	—	—	—	—
1999	—	—	—	—	—	—	—	—	—	—
2000	—	—	—	—	—	—	—	—	—	—
2001	—	—	—	—	—	—	—	—	—	—
2002	—	—	—	—	—	—	—	—	—	—
2003	104.38	105.45	98.67	99.93	-4.27	99.91	102.66	99.87	101.34	1.34
2004	99.99	100.04	86.72	95.84	-4.09	100.95	101.34	97.75	100.38	-0.94
2005	95.84	118.98	90.90	118.92	24.08	100.43	108.90	100.43	108.68	8.26
2006	118.91	122.19	115.35	119.84	0.77	108.64	111.36	108.64	111.24	2.36
2007	119.84	121.65	112.68	113.27	-5.49	111.28	111.28	111.28	111.24	0.00
2008	113.27	132.80	112.25	132.64	17.11	—	—	—	124.50	11.92
2009	132.69	134.70	130.91	133.55	0.68	123.68	124.06	123.68	124.02	-0.39
2010	133.61	144.01	133.61	143.45	7.42	124.06	129.22	123.92	127.09	2.48
2011	143.52	148.51	143.24	148.48	3.50	127.23	134.14	126.60	134.14	5.54
2012	148.56	159.65	148.22	159.60	7.49	134.19	138.95	134.16	138.95	3.59
2013	159.70	167.41	159.63	166.56	4.36	138.92	142.58	137.71	138.36	-0.42
2014	166.61	181.54	166.05	181.10	8.73	138.33	152.34	138.18	151.84	9.74
2015	181.25	197.18	181.24	197.12	8.84	151.83	163.98	151.83	163.91	7.95
2016	197.24	209.43	197.23	209.03	6.04	0.00	0.00	0.00	167.39	2.12

数据来源：上海证券交易所、深圳证券交易所。
Source：SSE、SZSE.

1–4 国内有价证券分类发行情况

Statistics of Domestic Securities Issuance

年份 Year	股票 Stock				债券 Bond					
	发行量(亿股) Number of Shares Issued (100 million shares)	股票筹资金额(亿元) Proceeds Raised through Offering of Shares(100 million yuan)			全市场 Whole Market		银行间 Interbank Market		交易所 Stock Exchange	
		首发筹资金额 Proceeds raised by IPO	再筹资金额 Proceeds raised by Subsequent Offerings of Shares	合计 Total	发行额(亿元) Value of Bonds Issued (100 million yuan)	兑付金额(亿元) Amount of Payments (100 million yuan)	发行额(亿元) Value of Bonds Issued (100 million yuan)	兑付金额(亿元) Amount of Payments (100 million yuan)	发行额(亿元) Value of Bonds Issued (100 million yuan)	兑付金额(亿元) Amount of Payments (100 million yuan)
1992	10.65	68.91	0.00	68.91	—	—	—	—	—	—
1993	51.07	184.83	60.19	245.02	—	—	—	—	—	—
1994	48.64	154.44	59.19	213.63	—	—	—	—	—	—
1995	18.01	42.37	57.41	99.78	—	—	—	—	—	—
1996	66.54	241.32	66.71	308.04	—	—	—	—	—	—
1997	129.64	651.56	208.42	859.98	2084.62	—	2084.62	—	—	—
1998	81.37	412.22	375.22	787.44	6203.73	—	6203.73	—	—	—
1999	86.87	494.71	378.93	873.63	4369.50	410.16	4369.50	410.16	—	—
2000	122.17	862.56	653.26	1515.82	4414.50	1629.16	4414.50	1629.16	—	—
2001	84.57	614.03	624.11	1238.14	5848.53	1859.97	5848.53	1859.97	—	—
2002	117.34	498.75	221.29	720.05	9943.90	2841.35	9943.90	2841.35	—	—
2003	89.34	472.42	193.08	665.51	17647.17	7886.44	17647.17	7886.44	—	—
2004	56.13	361.05	289.47	650.53	27295.66	12548.65	27295.66	12548.65	—	—
2005	13.92	57.63	281.40	339.03	42182.07	22531.33	42182.07	22531.33	—	—
2006	377.89	1341.70	1032.80	2374.49	57096.11	38597.83	57096.11	38597.83	—	—
2007	430.63	4770.83	3043.91	7814.74	80163.36	49931.98	79756.08	49931.98	407.28	—
2008	114.96	1034.38	2278.01	3312.39	71732.16	48265.29	70734.11	48265.29	998.05	—
2009	244.47	1878.98	2955.36	4834.33	87286.22	67282.32	86474.71	67282.32	811.51	—
2010	553.95	4882.59	4917.21	9799.80	96408.63	73205.88	95088.33	73205.88	1320.30	—
2011	163.99	2824.43	4330.00	7154.43	77231.52	64819.78	75501.82	64709.81	1729.70	109.97
2012	78.86	1034.32	3508.08	4542.40	80245.86	47625.00	77474.98	47269.27	2770.88	355.73
2013	0.00	0.00	4283.69	4283.69	88178.65	63428.22	84298.96	62332.88	3879.69	1095.34
2014	65.76	668.89	6799.56	7468.45	116461.45	72850.52	112287.81	71358.08	4173.64	1492.44
2015	151.74	1578.29	14809.43	16387.72	232557.99	104981.72	210936.25	101718.69	21621.74	3263.03
2016	152.24	1633.56	18850.79	20484.35	361548.66	203676.24	324880.30	199138.51	36668.36	4537.73

注：1.股票发行量仅指A股、B股IPO数量合计。
2.2015年以前股票发行量和筹资金额均以股份上市日口径统计，2015年以后（包括2015年）以股份完成申购日口径统计。
3.2008年以后股票筹资金额包含行权部分（不包含可转债）。
4.交易所债券仅指中国证监会系统核准或备案的债券。
5.再筹资部分金融包括定向增发的现金和资产、配股、权证以及优先股。
数据来源：中国人民银行、中国证监会、上海证券交易所、深圳证券交易所。
Source：PBC、CSRC、SSE、SZSE.

1-5 境内外证券市场筹资情况

Proceeds Raised in Domestic and Foreign Capital Markets

单位：亿元人民币 (100 million RMB)

年份 Year	境内筹资金额 Proceeds Raised in Domestic Capital Market			境外股票筹资金额 Proceeds Raised in Foreign Capital Market	合计 Total	境外股票筹资与实际利用外商直接投资金额的比率 Proportion of Foreign Stock Financing to Actual Utilization of Foreign Capital
	小计 Subtotal	股票筹资金额 Proceeds Raised in Stock Market	交易所债券筹资金额 Proceeds Raised in Bond Market			
1992	68.91	68.91	—	0.00	68.91	—
1993	245.02	245.02	—	60.84	305.86	2.85
1994	213.63	213.63	—	188.75	402.38	4.88
1995	99.78	99.78	—	31.52	131.31	0.78
1996	308.04	308.04	—	100.57	408.61	2.19
1997	859.98	859.98	—	387.91	1247.89	7.32
1998	787.44	787.44	—	37.83	825.28	0.78
1999	873.63	873.63	—	47.11	920.74	1.41
2000	1515.82	1515.82	—	562.08	2077.90	16.68
2001	1238.14	1238.14	—	73.00	1311.14	1.88
2002	720.05	720.05	—	192.28	912.33	4.40
2003	665.51	665.51	—	537.32	1202.83	12.13
2004	650.53	650.53	—	647.72	1298.24	12.91
2005	339.03	339.03	—	1666.25	2005.29	34.23
2006	2374.49	2374.49	—	3072.57	5447.06	62.44
2007	7814.74	7814.74	—	927.47	8742.21	16.98
2008	4532.49	3312.39	1220.10	311.38	4843.88	4.93
2009	5549.35	4834.34	715.01	1067.66	6617.00	17.37
2010	11120.10	9799.80	1320.30	2343.11	13463.21	33.46
2011	8861.83	7154.43	1707.40	732.42	9594.24	10.02
2012	7265.17	4542.40	2722.77	997.82	8262.99	14.21
2013	8365.76	4283.69	4082.07	1063.89	9429.65	14.85
2014	11550.52	7468.45	4082.07	2253.40	13803.92	30.80
2015	33181.16	16387.72	16793.44	2679.71	35860.87	32.68
2016	31360.94	20484.35	10876.59	1271.01	32631.95	15.00

注：1.债券筹资=可转债+可分离债+公司债+中小企业私募债。
2.境外股票筹资仅指H股筹资，不含可转债。
3.2008年以后股票筹资金额包含行权部分（不包含可转债）。
4.本表中美元折算汇率均使用当年最后一个交易日的中间价，港元均按1美元=7.8港元转化为美元后再按美元汇率折算。
数据来源：国家统计局、中国证监会、商务部、上海证券交易所、深圳证券交易所。
Source：NBSC、CSRC、MOFCOM、SSE、SZSE.

1–6　证券市场投资者账户情况
Investor Accounts of Securities Market

年份 Year	股票 Stock	基金 Fund	期货 Futures	
	股票投资者数 (万户) Number of Stock Investors (10 thousand units)	基金账户数 (万户) Number of Fund Accounts (10 thousand units)	期货账户数 (万户) Number of Futures Accounts (10 thousand units)	客户数 (万个) Number of Futures Investors (10 thousand units)
2003	4011.22	—	—	—
2004	4086.99	—	—	—
2005	4127.76	—	—	—
2006	4262.54	—	27.74	24.46
2007	4944.74	—	44.77	39.55
2008	5509.02	16846.00	71.28	61.64
2009	6266.11	17480.00	110.61	91.63
2010	6934.00	19672.00	150.55	121.37
2011	7244.20	22987.00	179.34	141.14
2012	7255.23	22948.00	89.69	71.73
2013	6757.97	28773.46	97.72	77.24
2014	7295.03	46409.34	99.35	82.26
2015	9910.53	67917.87	126.88	107.52
2016	11811.04	94303.67	138.53	118.64

注：1.股票账户数为有效账户数。
　　2.期货账户数从2006–2011年为账户总数，2012年为有效账户数。
数据来源：中国证券登记结算公司、中国期货保证金监控中心。
Source：CSDC、CFMMC.

1–7 证券期货市场参与主体情况
Participant of Securities and Futures Market

年份 Year	上市公司 Listed Company		证券公司 Securities Company		基金管理公司 Fund Management Company		期货公司 Futures Company	
	家数（家）Number of Companies (unit)	总资产（亿元）Total Assets (100 million yuan)	家数（家）Number of Companies (unit)	总资产（亿元）Total Assets (100 million yuan)	家数（家）Number of Companies (unit)	总资产（亿元）Total Assets (100 million yuan)	家数（家）Number of Companies (unit)	总资产（亿元）Total Assets (100 million yuan)
1993	183	1821.00	—	—	—	—	—	—
1994	291	3309.00	91	—	—	—	—	—
1995	323	4295.00	97	—	—	—	—	—
1996	530	6352.00	94	—	—	—	329	—
1997	745	9660.58	90	—	—	—	294	—
1998	851	12407.52	90	—	6	—	278	—
1999	949	16107.36	90	—	10	—	213	—
2000	1088	28542.22	100	—	10	—	178	—
2001	1160	37690.36	109	—	15	—	200	—
2002	1224	45007.35	127	—	21	—	179	—
2003	1287	147643.82	133	—	33	79.98	186	—
2004	1377	237316.34	133	—	44	79.95	188	—
2005	1381	283446.89	116	—	52	81.16	183	—
2006	1434	336624.70	104	—	57	128.66	183	—
2007	1550	483151.92	106	17313.39	58	366.53	177	—
2008	1625	578566.76	107	11912.23	60	365.96	171	—
2009	1718	730207.97	106	20286.91	60	442.29	167	—
2010	2063	873598.86	106	19686.13	63	486.72	163	—
2011	2342	1033798.69	109	15722.53	69	493.73	163	—
2012	2494	1193593.17	114	17209.32	77	536.63	161	2318.48
2013	2489	1330017.51	115	20788.30	89	655.86	159	2569.07
2014	2613	1501082.96	121	40921.18	95	1047.26	158	3454.49
2015	2827	1725398.24	125	64170.66	101	1177.39	152	4746.21
2016	3052	2019633.52	129	57934.47	109	1332.01	149	5438.31

注：证券公司、期货公司总资产包含客户资金。
数据来源：中国证监会、上海证券交易所、深圳证券交易所。
Source：CSRC、SSE、SZSE.

1-8 证监会系统境内筹资与全社会融资规模的比例
Proportion of Domestic Financing of Securities Governed by CSRC to Total Social Financing

年份 Year	社会融资规模 (亿元) Total Social Financing (100 million yuan)	其中：证监会系统核准或备案券种净融资 (亿元) Thereinto:Net financing of Securities Approved and Registered by CSRC (100 million yuan)	占比(%) Proportion	其中：直接融资规模 (亿元) Thereinto: Direct Financing (100 million yuan)	占比(%) Proportion
2002	20112.00	—	—	995.00	4.95
2003	34113.00	—	—	1058.00	3.10
2004	28629.00	—	—	1140.00	3.98
2005	30008.00	—	—	2349.00	7.83
2006	42696.00	—	—	3846.00	9.01
2007	59663.00	—	—	6617.00	11.09
2008	69802.00	—	—	8847.00	12.67
2009	139104.00	—	—	15717.00	11.30
2010	140191.00	—	—	16849.00	12.02
2011	128286.00	—	—	18035.00	14.06
2012	157605.00	—	—	25006.00	15.87
2013	172913.00	1372.43	0.79	20326.64	11.76
2014	164571.00	574.31	0.35	28602.44	17.38
2015	154100.00	8156.54	5.29	37004.30	24.01
2016	178023.00	27457.64	15.42	37468.36	21.05

注：直接融资规模包含非金融企业公司信用类债净额和非金融企业境内股票融资。
数据来源：中国人民银行、中国证监会。
Source：PBC、CSRC.

主要统计指标解释

Explantory Notes on Main Statistical Indicators

上市公司家数 指在统计期末其发行的股票在沪、深证券交易所上市的股份有限公司的数量。以股票上市日进行统计，同时发行 A 股、B 股的上市公司，按一家计算。

上市公司股本 也称上市公司总股本，是指统计期末上市公司在境内发行的全部股份数量合计，包括 A 股投本、B 股股本和其他不流通的境内股本。

流通段本 即非限售股本。

公式：流通股本 = 上市公司股本 − 限售股本。

首发筹资公司家数 指在统计期内首次公开发行股份（IPO）进行筹资的公司数量。以吸收合并、分拆等方式且未公开发行新股筹资的公司，不计入首发筹资公司家数。2015 年前以股份上市日期作为统计指标的计算日，2015 年后以股份发行日期作为统计指标的计算日；同一家公司在统计期内多次筹资时，筹资公司家数计为 1 家。

再筹资公司家数 指通过增发（公开增发和定向增发），配股，行权，优先股筹资等方式进行筹资的上市公司家数。以股份上市日期或发行日期作为统计指标的计算日；同一家公司在统计期内多次筹资时，筹资公司家数计为 1 家。其中，增发公司家数是指统计期内通过增发股份进行筹资的上市公司数量，根据增发对象不同增发公司家数可分为公开增发公司家数和定向增发公司家数两个指标；配股公司家数是指统计期内通过向原股东配售股份进行筹资的上市公司数量；行权筹资公司家数包括权证（期权）行权筹资公司家数和可转债转股公司家数，这里的权证（期权）行权筹资是指权证（期权）持有人根据约定向上市公司认购股份从而增加上市公司股份的行为；优先股公司家数是指统计期末发行优先股的公司数量合计。

股票筹资金额 指统计期内通过发行股票筹集的资金总额，以股份上市日或发行日作为统计指标的计算日。

首发筹资金额 指统计期内首次公开发行股票（IPO）筹集的资金总额。

公式：首发筹资金额 = Σ（每股发行价格 × 发行股份数）。

其中，对于发行股份吸收合并已上市公司的筹资金额，计算公式为：首发筹资金额 = 每股发行价格 ×（发行股份数 − 换股股份数）。

对于存在超额配售权的 IPO，根据超额配售权的实际行使情况对统计期内的 IPO 募集资金进行回溯调整。以股份上市日期作为统计指标的计算日。

公式：首发筹资金额 = Σ（每股发行价格 × 发行股份数）；首发筹资金额 = 每股发行价格 ×（发行股份数 − 换股股份数）。

再筹资金额 指统计期内上市公司通过增发（公开增发和定向增发）、配股、行权、优先股等方式筹集的资金总额。以优先股方式筹集资金以股份发行日为统计指标的计算日，以其他方式筹集资金以股份上市日为统计指标的计算日。

其中，增发筹资金额是指统计期内上市公司增发股份筹集的资金总额。

根据股份认购对象的不同，增发筹资金额指标可分为公开增发筹资金额和定向增发筹资金额。

根据增发时是否以现金认购，增发筹资金额指标可分为增发筹资金额（现金）和增发筹资金额（资产）。

配股筹资金额是指统计期内上市公司通过向原股东配售股份筹集的资金总额。

行权筹资金额包括权证（期权）行权筹资金额和可转债转股金额。

优先股筹资金额包括统计期内通过发行优先股筹集的资金总额。

公式：再筹资金额 = 增发筹资金额 + 配股筹

资金额 + 行权筹资金额 + 优先股筹资金额。

其中：增发筹资金额 = Σ增发每股价格 × 发行股份数；配股筹资金额 = Σ配股价格 × 配售股份数 = Σ配股价格 × 股份数量 × 配售比例；行权筹资金额 = Σ行权价格 × 行权认购股份数 + Σ转股价格 × 可转债转股数量。

股票市值 指统计期末根据上市公司股票价格和对应股票数量计算的股权价值合计。具体统计口径和计算方法如下：如当日无交易价格，采用最后交易日的收盘价；暂停上市股票的价格以零计算；未股改公司的非流通股以流通 A 股价格计算市值；仅发行 B 股的上市公司，其非流通股不进行股票市值计算；对当日除权股票进行市值计算时需要包含在途股份（已登记未上市）的市值。

流通市值 指根据股票价格与其非限售股本计算出的股权价值合计，即 A 股流通市值和 B 股流通市值的合计。

涨跌幅 指统计期内股票期末价格相对期初价格的变化幅度。统计区间如果包含上市首日则指统计期内股票期末价格相对首发价格的变化幅度。指数涨跌幅参照股票涨跌幅处理；对股票区间涨跌幅的计算需要对股票价格进行复权处理，复权因素包括分红、送股、配股等，复权价格的公式为：复权价格 = 当前价格 ×（1+ 送股比例 + 配股比例）+ 每股红利 − 配股价格 × 配股比例，若统计期内存在多次分红、送股、配股事件，复权价格采用递归方式进行计算。在计算复权价时，通常采用区间分段涨跌幅连乘或复权因子连乘进行速算。

公式：涨跌幅 =（期末收盘价 / 期初前收盘价 −1）×100%。

成交量 指统计期内全部股票成交数量的合计，包含竞价交易和协议交易（大宗交易）。

成交金额 指在统计期内全部股票成交金额合计，包含竞价交易和协议交易（大宗交易）。

换手率（股本） 换手率可采用股票成交量 / 相应股票股本，通常称为股本换手率。对于某一区间换手率的计算，通常采用统计期内全部交易日的股本换手率合计进行计算。通常对单只股票采用股本换手率，对一组股票采用市值换手率；在计算一组股票换手率时，暂停上市股票不纳入计算。

公式：换手率（股本）=（当日成交股数 / 流通股本）×100%。

换手率（市值） 换手率可采用股票成交金额 / 股票市值，通常称为市值换手率。对于某一区间换手率的计算，通常采用统计期内全部交易日的市值换手率合计进行计算。通常对单只股票采用股本换手率，对一组股票采用市值换手率；在计算一组股票换手率时，暂停上市股票不纳入计算。

公式：换手率（市值）=（当日成交金额 / 流通市值）×100%。

市盈率（静态） 指上市公司每股股价与每股收益的比率，通常用上市公司股票市值与其对应的归属母公司股东净利润的比率进行计算。需要注意事项如下：每股收益和净利润数据在财务报告公告截止日的次日集中更新，且每股收益根据期末股本计算；如截止日未公布财务报告，在计算个股市盈率时采用向前追溯的净利润数据，在计算市场市盈率时剔除该股票；对单个股票计算市盈率时仅考虑每股收益为正的股票；对多个股票计算平均市盈率时通常采用上市公司股票市值合计与其对应的归属母公司股东的净利润合计的比率进行计算（剔除暂停上市公司股票，含净利润为负的股票）；对于发行多种类型股份的公司，根据各类性质股份股本按比例分配该公司归属母公司股东净利润。首发市盈率为股票首发价格与每股收益的比率，其中每股收益按照最新年度财务报告中对应的归属母公司股东净利润除以发行后总股本计算。

公式：市盈率（静态）= Σ股票市值 / Σ该股份对应的归属母公司股东净利润。

市净率 指上市公司每股股价与每股净资产的比率。通常用股票市值与对应的归属母公司股东权益的比率进行计算。每股净资产数据在财务报告公告截止日的次日集中更新；通常用最新财务报告中的每股净资产数据进行市净率计算；对单个股票计算市净率时仅考虑每股净资产为正的股票；对多个股票计算平均市净率时通常采用上市公司股票市值合计与其对应的归属母公司股东的权益合计的比率进行计算（剔除暂停上市公司股票，含权益为负的股票）。

公式：市净率 = Σ股票市值 / Σ该股份对应的归属母公司股东权益。

股息率　指每股现金分红与股票价格之间的比率，通常用对应的实际分红总额与期末股票市值的比率来计算。统计时剔除暂停上市公司；对一组股票的平均股息率通常用总体法计算。

股票投资者数　指统计期末已开立股票账户的投资者数量。统计时按照“投资者全称相同且证件代码相同”合并。

债券发行只数　指统计期内成功发行的债券数量。按发行首日口径计算。

债券发行额　指统计期内各类债券发行票面金额合计。按发行首日口径计算。

债券兑付金额　指统计期内债券发行人按照约定向债券投资者偿还本金和支付利息的金额合计。

债券成交金额　指统计期内各类债券成交金额合计，包括债券现货成交金额和债券回购成交金额。

公式：现货成交金额＝Σ[成交价格×成交量（现货）]；回购成交金额＝Σ[成交量（回购）×1000]。

债券托管额　指统计期末托管在债券登记结算机构的各类债券面额合计。

债券筹资金额　即债券融资金额，是指统计期内债券发行所募集到的资金总额。通常统计范围包括中国证监会审批的公司债券（含证券交易所备案的中小企业私募债）；以发行首日计算。

基金只数　指统计期末基金市场上基金产品的只数。自基金合同生效日（基金成立日）纳入统计，自基金合同终止日从统计中剔除。一般根据证监会主代码（基金主合同）口径统计。

基金份额　指统计期末基金市场基金份额的合计。

基金资产规模　指在统计期末市场上基金产品资产的合计。FOF产品、联接基金不纳入资产规模统计。对统一募集，自动拆分的分级基金统计基金资产规模时，只计母基金资产规模。对分开募集的分级基金统计基金资产规模时，同时统计不同子基金份额的资产规模。

上市基金成交金额　指统计期内在交易所上市的各类基金成交金额合计。

基金账户数　通常称基金TA账户，是指统计期末注册登记人为投资人建立的用于管理和记录基金持有的账户数量。

基金投资者数　是指统计期末已开立基金账户的投资者的数量。按照“投资者全称且证件代码相同”原则合并的基金投资者数量。

期货账户数　统计期末投资者通过期货公司向中国期货保证金监控中心有限责任公司报备的期货账户数量合计。

期货客户数　统计期末已在期货市场开户，按照“客户全称相同且证件代码相同”原则合并的客户数量。

期货成交金额　指统计期内全部期货合约成交金额合计。期货品种的成交金额为统计期内该品种全部期限合约的成交金额合计。

期货持仓金额　是指统计期末未平仓期货合约的金额合计。某一期货品种的持仓金额为统计期末该品种所有期限合约的持仓金额合计值；期货市场的持仓金额为统计期末全部期货品种的持仓金额合计值；商品期货合约统计采用历史期货交易发生时的交易单位，股指期货合约统计采用历史期货交易发生时的合约乘数。

公式：持仓金额＝Σ（T日某只期货合约持仓量×T日某只期货合约交易单位或合约乘数×某只期货合约结算价格）。

证券公司家数　统计期末已获得中国证监会颁发经营证券业务许可证的证券公司数量合计，以获得经营证券业务许可证为标准，已办理机构注销的证券公司从统计中剔除。

基金管理公司家数　统计期末经中国证监会批准，并获得基金管理资格证书的基金管理公司的数量合计，以获得基金管理资格证书为标准，已办理取消基金管理资格证书的基金管理公司从统计中剔除。

期货公司家数　统计期末经中国证监会批准，并获得中国证监会颁发经营期货业务许可证的期货公司的数量合计，以获得经营期货业务许可证为标准，已办理机构注销的期货公司从统计中剔除。

总资产　统计期末证券期货机构全部资产总额合计。证券期货机构包括证券公司、基金管理公司、期货公司；总资产来自机构的财务报表。

贰零壹柒

二、股票

Stocks

贰零壹柒

2016年股票市场情况概述

截至2016年12月31日，全国上市公司3052家，总市值50.77万亿元，流通市值39.34万亿元；其中沪市上市公司1182家，总市值28.46万亿元，流通市值24.00万亿元，深市上市公司1870家，总市值22.31万亿元，流通市值15.34万亿元。年底全国股票总市值国际排名列第二位，上交所在全球主要交易所市值排名列第4位，深交所在全球主要交易所市值排名列第7位。

股票筹资总额（现金）20484.35亿元，较上年同期增加25.00%。其中首次发行筹资1633.56亿元。再次发行筹资18850.79亿元，较上年同期增加27.29%。

自2016年初以来，沪深综指均下跌。沪深300指数收盘报3310.08点，跌幅11.28%；上证综指收盘报3103.64点，跌幅12.31%；深证综指收盘报1969.11点，跌幅14.72%；深证成指收盘报10177.14点，跌幅19.64%；中小板指收盘报6472.23点，跌幅22.89%；创业板指收盘报1962.06点，跌幅27.71%；上证50指数收盘报2286.90点，跌幅5.53%；上证180指数收盘报7724.60点，跌幅9.64%。截至2016年12月31日，沪深300指数、上证综指、深证综指、深证成指、中小板指数、创业板指数、上证50指数和上证180指数的静态市盈率分别为14.07倍、17.98倍、52.16倍、32.59倍、34.10倍、57.72倍、10.07倍、12.29倍。

全年全国股票市场总成交金额为1277680.32亿元，日均成交金额为5236.40亿元，同比减少49.49%。其中，上海证券交易所全年股票成交金额501700.42亿元，日均成交金额为2056.15亿元，同比减少61.84%；深圳证券交易所全年股票成交金额775979.90亿元，日均成交金额为3180.25亿元，同比减少36.13%。

2–1 股票市场概况
Overview of Stock Market

年份 Year	股票只数(只) Number of Stocks (unit)		上市公司家数(家) Number of Listed Companies(unit)		上市公司股本(亿股) Share Capital of Listed Companies(100 million shares)		流通股本(亿股) Negotiable Shares (100 million shares)	
	上交所	深交所	上交所	深交所	上交所	深交所	上交所	深交所
1992	38	33	29	24	46.94	26.28	—	8.55
1993	123	95	106	77	206.62	122.06	45.43	36.19
1994	203	142	171	120	419.06	221.95	108.06	77.57
1995	220	161	188	135	498.25	271.83	119.85	105.13
1996	329	270	293	237	671.19	439.54	186.81	158.76
1997	422	399	383	362	975.57	795.86	285.76	275.06
1998	477	455	438	414	1280.35	1066.34	379.73	361.97
1999	525	506	484	465	1580.15	1331.34	494.41	459.24
2000	614	560	572	516	2032.42	1583.84	648.99	585.36
2001	690	558	646	514	3164.44	1687.44	837.53	650.13
2002	759	552	715	509	3727.84	1736.35	992.53	687.73
2003	824	550	780	507	4170.39	1832.95	1157.10	741.95
2004	881	582	837	540	4700.55	2014.19	1366.58	827.57
2005	878	589	834	547	5023.05	2140.49	1561.21	937.68
2006	886	634	842	592	10279.54	2404.45	2254.48	1190.02
2007	904	732	860	690	14173.10	2827.35	3399.30	1534.34
2008	908	803	864	761	15410.39	3489.74	4916.04	2048.93
2009	914	890	870	848	16659.96	3946.30	11578.56	2621.63
2010	938	1211	894	1169	21939.51	5044.98	16031.30	3410.85
2011	975	1453	931	1411	23466.65	6278.46	17993.80	4506.06
2012	998	1581	954	1540	24617.62	7216.00	19521.33	5256.89
2013	997	1577	953	1536	25751.69	8070.35	23731.13	6265.99
2014	1039	1657	995	1618	27085.17	9709.93	24914.59	7374.66
2015	1125	1784	1081	1746	30244.86	12779.28	27417.77	9625.60
2016	1226	1908	1182	1870	32707.76	16042.53	29372.25	11763.80

2–1 续表 1 continued

年份 Year	股票市值(亿元) Market Capitalization of Shares(100 million yuan)		流通市值(亿元) Negotiable Market Capitalization(100 million yuan)		成交量(亿股) Trading Volume (100 million shares)		日均成交量(亿股) Average Daily Volume (100 million shares)	
	上交所	深交所	上交所	深交所	上交所	深交所	上交所	深交所
1992	558.40	489.75	—	170.64	17.78	19.12	0.07	0.07
1993	2195.69	1335.32	423.94	408.34	147.42	79.15	0.57	0.31
1994	2600.13	1090.49	586.96	381.94	656.76	356.58	2.61	1.41
1995	2525.66	948.62	587.00	351.22	513.83	191.48	2.03	0.76
1996	5478.01	4364.57	1408.74	1458.29	1101.88	1431.26	4.46	5.79
1997	9218.07	8311.17	2513.47	2690.95	1215.68	1344.34	5.00	5.53
1998	10625.91	8888.12	2947.45	2802.90	1127.95	1026.15	4.59	4.17
1999	14580.47	11904.68	4249.69	3971.42	1560.38	1372.52	6.53	5.74
2000	26930.86	21190.65	8481.33	7616.67	2437.65	2321.30	10.20	9.71
2001	27590.57	15992.33	8382.11	6106.71	1819.95	1335.97	7.58	5.57
2002	25363.72	12975.07	7467.30	5019.90	1781.10	1236.05	7.52	5.22
2003	29804.92	12672.71	8201.14	4983.99	2692.73	1470.36	11.17	6.10
2004	26014.34	11066.61	7350.88	4350.32	3607.74	2219.99	14.85	9.14
2005	23096.13	9349.89	6754.61	3883.40	3986.59	2637.14	16.47	10.90
2006	71612.38	17828.97	16428.33	8592.78	10283.93	5861.29	42.67	24.32
2007	269838.87	57452.44	64532.17	28608.49	24325.38	12078.37	100.52	49.91
2008	97251.91	24289.14	32305.91	12997.11	16311.60	7819.79	66.31	31.79
2009	184655.23	59448.68	114805.00	36537.07	33679.64	17427.36	138.03	71.42
2010	179007.24	86415.35	142337.44	50772.97	25964.43	16187.55	107.29	66.89
2011	148376.22	66381.87	122851.36	42069.94	21192.91	12763.66	86.86	52.31
2012	158698.44	71659.18	134294.45	47363.81	18928.43	13932.12	77.89	57.33
2013	151165.27	87911.92	136526.38	63053.16	26718.86	21653.82	112.26	90.98
2014	243974.02	128572.94	220495.87	95128.44	42567.36	30815.73	173.74	125.78
2015	295386.90	236075.80	254117.39	163763.37	101701.68	69337.80	413.42	281.86
2016	284607.63	223078.25	240006.24	153395.44	45718.62	49806.81	187.37	204.13

2-1 续表 2 continued

年份 Year	成交金额(亿元) Trading Turnover (100 million yuan)		日均成交金额(亿元) Average Daily Turnover (100 million yuan)		市值换手率(%) Turnover Ratio of Market Capitalization(%)		市盈率(倍) P/E Ratio (times)		股息率(%) Dividend Yield Ratio (%)	
	上交所	深交所	上交所	深交所	上交所	深交所	上交所	深交所	上交所	深交所
1992	248.96	434.08	0.97	1.69	—	329.78	—	33.81	—	—
1993	2340.54	1286.67	9.04	4.97	—	459.54	42.48	33.36	—	—
1994	5735.07	2392.56	22.76	9.49	1134.65	579.90	23.45	10.29	—	—
1995	3103.46	932.99	12.27	3.69	528.72	241.55	15.70	9.48	—	—
1996	9114.82	12217.36	36.90	49.46	913.43	1173.86	31.32	34.85	—	—
1997	13763.17	16958.66	56.64	69.79	701.81	746.40	39.86	39.86	—	—
1998	12386.11	11158.14	50.35	45.36	453.63	379.34	34.38	30.62	—	—
1999	16965.79	14356.58	70.99	60.07	471.46	386.79	38.13	36.32	—	—
2000	31373.86	29461.33	131.27	123.27	498.80	483.10	58.22	56.03	—	0.44
2001	22709.38	15616.01	94.62	65.07	243.60	206.30	37.71	39.80	—	0.95
2002	16959.09	11034.82	71.56	46.56	202.68	186.14	34.43	36.99	—	1.02
2003	20824.14	11291.13	86.41	46.85	252.07	213.29	36.54	36.19	—	0.95
2004	26470.60	15863.35	108.93	65.28	304.69	301.36	24.23	24.64	—	1.41
2005	19240.21	12424.57	79.51	51.34	283.49	315.18	16.33	16.36	—	2.19
2006	57816.60	32652.29	239.90	135.49	544.39	552.01	33.30	32.72	—	1.09
2007	305434.29	155121.94	1262.13	641.00	817.72	818.67	59.24	69.75	—	0.46
2008	180429.95	86682.71	733.46	352.37	384.11	447.24	17.99	16.73	2.23	1.48
2009	346511.91	189474.86	1420.13	776.54	523.12	747.76	27.04	46.01	1.21	0.50
2010	304312.01	241321.53	1257.49	997.20	259.25	587.29	16.71	44.69	1.42	0.56
2011	237555.30	184089.28	973.59	754.46	163.75	353.48	12.08	23.11	2.18	1.01
2012	164460.86	150122.41	676.79	617.79	128.19	325.84	12.59	22.02	2.49	1.14
2013	230266.02	238462.58	967.50	1001.94	169.22	423.79	10.99	27.76	2.96	0.89
2014	375634.40	366750.86	1533.20	1496.94	242.01	471.99	16.85	41.91	2.04	0.91
2015	1325590.45	1224950.86	5388.58	4979.48	489.63	826.28	18.94	62.36	1.72	0.48
2016	501700.42	775979.90	2056.15	3180.25	158.43	541.76	15.94	41.21	1.79	0.72

数据来源：上海证券交易所、深圳证券交易所。
Source:SSE、SZSE.

2–2　股票市场历史记录情况
Historical Records of Stock Market

年份 Year	日收市综合指数 Daily Closing Composite Index							
	最高 Highest				最低 Lowest			
	上证综指 SSE Composite Index	日期 Date	深证成指 SZSE Composite Index	日期 Date	上证综指 SSE Composite Index	日期 Date	深证成指 SZSE Composite Index	日期 Date
1992	1421.57	1992-05-25	312.21	1992-05-26	293.75	1992-01-02	107.08	1992-01-16
1993	1536.82	1993-02-15	359.44	1993-02-22	778.33	1993-10-27	203.91	1993-07-21
1994	1033.47	1994-09-13	242.06	1994-01-07	333.92	1994-07-29	96.56	1994-07-29
1995	897.42	1995-05-22	169.66	1995-05-22	532.49	1995-02-07	112.63	1995-12-28
1996	1247.66	1996-12-09	473.02	1996-12-11	516.46	1996-01-22	105.34	1996-01-22
1997	1500.40	1997-05-12	517.91	1997-05-12	876.50	1997-01-06	305.81	1997-01-06
1998	1420.00	1998-06-03	441.04	1998-06-03	1070.41	1998-08-17	317.10	1998-08-18
1999	1739.21	1999-06-29	525.14	1999-06-29	1059.87	1999-05-18	310.65	1999-05-18
2000	2119.44	2000-11-23	654.37	2000-11-23	1406.37	2000-01-04	414.69	2000-01-04
2001	2242.42	2001-06-13	664.85	2001-06-13	1520.67	2001-10-22	439.36	2001-10-22
2002	1732.93	2002-07-08	512.38	2002-06-24	1357.65	2002-12-31	371.79	2002-01-22
2003	1631.47	2003-04-15	449.42	2003-04-15	1316.56	2003-11-18	350.74	2003-11-18
2004	1777.52	2004-04-06	470.55	2004-04-07	1260.32	2004-09-13	315.17	2004-09-13
2005	1317.27	2005-03-08	333.28	2005-03-09	1011.50	2005-07-11	237.18	2005-07-18
2006	2675.47	2006-12-29	552.93	2006-12-29	1180.96	2006-01-04	278.99	2006-01-04
2007	6092.06	2007-10-16	1567.74	2007-10-08	2612.54	2007-02-05	547.89	2007-01-05
2008	5497.90	2008-01-14	1584.40	2008-01-15	1706.70	2008-11-04	452.33	2008-11-04
2009	3471.44	2009-08-04	1240.64	2009-12-04	1863.37	2009-01-13	557.69	2009-01-05
2010	3306.75	2010-01-05	1412.64	2010-11-11	2319.74	2010-07-05	890.24	2010-07-02
2011	3057.33	2011-04-18	1311.34	2011-03-09	2166.21	2011-12-27	849.76	2011-12-28
2012	2460.69	2012-03-02	1010.46	2012-03-13	1959.77	2012-12-03	734.28	2012-12-03
2013	2434.48	2013-02-06	1101.59	2013-10-21	1950.01	2013-06-27	877.76	2013-01-04
2014	3234.68	2014-12-31	1503.58	2014-12-16	1991.25	2014-01-20	1007.27	2014-04-28
2015	5166.35	2015-06-12	3140.66	2015-06-12	2927.29	2015-08-26	1428.37	2015-01-19
2016	3361.84	2016-01-06	2304.49	2016-01-04	2655.66	2016-01-28	1618.12	2016-01-27

2-2 续表 1 continued

年份 Year	日收市综合指数 Daily Closing Composite Index							
	最大涨幅(%) Maximum Change of Increment(%)				最大跌幅(%) Maximum Change of Decrement(%)			
	上证综指 SSE Composite Index	日期 Date	深证成指 SZSE Composite Index	日期 Date	上证综指 SSE Composite Index	日期 Date	深证成指 SZSE Composite Index	日期 Date
1992	105.27	1992-05-21	12.02	1992-04-13	-11.18	1992-10-27	-10.04	1992-11-16
1993	16.44	1993-06-02	12.43	1993-08-24	-13.08	1993-12-20	-11.80	1993-08-17
1994	33.46	1994-08-01	31.29	1994-08-01	-12.68	1994-08-09	-12.66	1994-10-05
1995	30.99	1995-05-18	28.28	1995-05-18	-16.39	1995-05-23	-17.21	1995-05-23
1996	9.83	1996-12-02	11.04	1996-04-26	-9.91	1996-12-16	-10.00	1996-12-16
1997	7.58	1997-02-19	6.55	1997-06-20	-8.91	1997-02-18	-9.75	1997-02-18
1998	5.11	1998-08-19	5.87	1998-08-19	-8.36	1998-08-17	-8.32	1998-08-17
1999	6.59	1999-09-09	7.03	1999-07-20	-7.61	1999-07-01	-7.99	1999-07-01
2000	9.05	2000-02-14	9.07	2000-02-14	-4.40	2000-03-16	-4.75	2000-03-16
2001	9.86	2001-10-23	9.68	2001-10-23	-5.27	2001-07-30	-5.50	2001-07-30
2002	9.25	2002-06-24	9.05	2002-06-24	-6.33	2002-01-28	-6.59	2002-01-28
2003	5.81	2003-01-14	4.65	2003-01-14	-3.04	2003-05-13	-2.90	2003-05-13
2004	4.22	2004-09-15	4.68	2004-09-15	-3.88	2004-10-14	-4.99	2004-10-14
2005	8.21	2005-06-08	7.92	2005-06-08	-3.76	2005-08-18	-3.38	2005-08-18
2006	4.26	2006-05-12	4.42	2006-05-15	-5.34	2006-06-07	-5.79	2006-06-07
2007	5.33	2007-08-20	5.26	2007-01-15	-8.84	2007-02-27	-8.54	2007-02-27
2008	9.46	2008-09-19	8.89	2008-09-19	-7.73	2008-06-10	-8.02	2008-06-10
2009	6.12	2009-03-04	6.18	2009-03-04	-6.75	2009-08-31	-7.14	2009-08-31
2010	3.48	2010-05-24	4.28	2010-05-24	-5.16	2010-11-12	-6.12	2010-11-12
2011	3.04	2011-10-12	3.50	2011-10-12	-3.79	2011-08-08	-4.43	2011-08-08
2012	4.33	2012-12-14	5.14	2012-01-17	-2.73	2012-06-04	-4.09	2012-03-14
2013	3.39	2013-09-09	3.63	2013-01-14	-5.30	2013-06-24	-6.10	2013-06-24
2014	4.31	2014-12-04	3.50	2014-12-10	-5.43	2014-12-09	-4.31	2014-12-09
2015	5.76	2015-07-09	6.52	2015-09-16	-8.49	2015-08-24	-7.87	2015-06-26
2016	4.26	2016-03-02	4.70	2016-03-02	-7.04	2016-01-07	-8.24	2016-01-07

2–2 续表 2 continued

年份 Year	日成交金额(亿元) Daily Turnover(100 million yuan)							
	最大 Maximum				最小 Minimum			
	上交所 SSE	日期 Date	深交所 SZSE	日期 Date	上交所 SSE	日期 Date	深交所 SZSE	日期 Date
1992	5.96	1992-12-08	5.06	1992-12-01	0.00	1992-01-15	0.11	1992-02-02
1993	38.24	1993-12-07	22.71	1993-11-18	0.98	1993-07-22	0.02	1993-07-17
1994	157.54	1994-09-06	74.49	1994-09-06	1.60	1994-07-12	0.03	1994-07-07
1995	114.30	1995-05-22	42.15	1995-05-22	1.14	1995-02-15	0.02	1995-06-17
1996	192.74	1996-12-03	189.57	1996-11-20	1.53	1996-02-09	0.51	1996-02-07
1997	159.83	1997-05-12	215.81	1997-05-07	11.51	1997-10-14	11.59	1997-10-07
1998	119.00	1998-04-09	101.37	1998-05-11	16.48	1998-12-21	14.77	1998-12-31
1999	404.43	1999-06-25	353.36	1999-06-25	11.62	1999-01-04	10.51	1999-01-04
2000	472.62	2000-02-17	408.34	2000-02-17	42.92	2000-09-27	46.73	2000-09-25
2001	234.13	2001-10-24	187.97	2001-03-23	27.27	2001-11-15	14.41	2001-11-15
2002	494.80	2002-06-24	325.87	2002-06-24	26.60	2002-10-08	16.15	2002-12-09
2003	330.15	2003-04-16	189.41	2003-04-16	27.24	2003-01-03	17.59	2003-09-22
2004	286.68	2004-09-24	185.24	2004-09-24	31.67	2004-09-07	17.45	2004-09-07
2005	221.57	2005-08-18	137.72	2005-08-18	36.75	2005-07-07	24.74	2005-01-04
2006	626.89	2006-12-06	341.23	2006-05-16	67.63	2006-03-13	37.05	2006-03-14
2007	2712.94	2007-05-30	1358.40	2007-05-30	502.08	2007-11-23	241.00	2007-11-23
2008	1896.84	2008-04-24	921.64	2008-01-08	217.96	2008-09-09	89.79	2008-11-03
2009	2969.29	2009-07-29	1781.92	2009-11-24	461.01	2009-01-05	246.16	2009-01-05
2010	3076.92	2010-11-02	2317.56	2010-11-02	432.14	2010-07-05	403.31	2010-07-05
2011	2080.93	2011-03-07	1459.64	2011-02-22	364.74	2011-12-29	307.93	2011-10-10
2012	1709.83	2012-03-14	1542.85	2012-03-14	331.30	2012-11-26	299.30	2012-11-26
2013	1954.28	2013-09-11	1590.18	2013-10-22	522.23	2013-07-09	525.53	2013-04-15
2014	7933.59	2014-12-09	4418.26	2014-12-09	482.99	2014-01-20	583.55	2014-05-19
2015	13107.85	2015-04-20	11150.06	2015-05-28	1565.69	2015-09-30	1672.18	2015-02-10
2016	3808.23	2016-03-21	5947.67	2016-03-21	799.82	2016-01-07	1577.30	2016-01-07

注：指数最高价、最低价分别为收盘最高价、最低价。
数据来源：上海证券交易所、深圳证券交易所、中证指数有限公司。
Source:SSE、SZSE、CSINDEX.

2–3 股票市场分板块规模
Dimensions of Stock Market by Board

年份 Year	股票只数(只) Number of Stocks(unit)				上市公司家数(家) Number of Listed Companies(unit)			
	主板 Main Board	中小板 SME Board	创业板 GE Board	合计 Total	主板 Main Board	中小板 SME Board	创业板 GE Board	合计 Total
1992	71	—	—	71	53	—	—	53
1993	218	—	—	218	183	—	—	183
1994	345	—	—	345	291	—	—	291
1995	381	—	—	381	323	—	—	323
1996	599	—	—	599	530	—	—	530
1997	821	—	—	821	745	—	—	745
1998	932	—	—	932	852	—	—	852
1999	1031	—	—	1031	949	—	—	949
2000	1174	—	—	1174	1088	—	—	1088
2001	1248	—	—	1248	1160	—	—	1160
2002	1311	—	—	1311	1224	—	—	1224
2003	1374	—	—	1374	1287	—	—	1287
2004	1425	38	—	1463	1339	38	—	1377
2005	1417	50	—	1467	1331	50	—	1381
2006	1418	102	—	1520	1332	102	—	1434
2007	1434	202	—	1636	1348	202	—	1550
2008	1438	273	—	1711	1352	273	—	1625
2009	1441	327	36	1804	1355	327	36	1718
2010	1465	531	153	2149	1379	531	153	2063
2011	1501	646	281	2428	1415	646	281	2342
2012	1523	701	355	2579	1438	701	355	2494
2013	1518	701	355	2574	1433	701	355	2489
2014	1558	732	406	2696	1475	732	406	2613
2015	1641	776	492	2909	1559	776	492	2827
2016	1742	822	570	3134	1660	822	570	3052

2–3 续表 1 continued

年份 Year	上市公司股本(亿股) Share Capital of Listed Companies(100 million shares)				流通股本(亿股) Negotiable Shares(100 million shares)			
	主板 Main Board	中小板 SME Board	创业板 GE Board	合计 Total	主板 Main Board	中小板 SME Board	创业板 GE Board	合计 Total
1992	—	—	—	—	—	—	—	—
1993	328.68	—	—	328.68	81.62	—	—	81.62
1994	641.01	—	—	641.01	185.63	—	—	185.63
1995	770.08	—	—	770.08	224.98	—	—	224.98
1996	1110.73	—	—	1110.73	345.57	—	—	345.57
1997	1771.43	—	—	1771.43	560.82	—	—	560.82
1998	2346.69	—	—	2346.69	741.70	—	—	741.70
1999	2911.49	—	—	2911.49	953.66	—	—	953.66
2000	3616.26	—	—	3616.26	1234.35	—	—	1234.35
2001	4851.88	—	—	4851.88	1487.66	—	—	1487.66
2002	5464.19	—	—	5464.19	1680.27	—	—	1680.27
2003	6003.34	—	—	6003.34	1899.05	—	—	1899.05
2004	6682.50	32.23	—	6714.74	2184.56	9.59	—	2194.15
2005	7107.40	56.14	—	7163.54	2476.69	22.20	—	2498.89
2006	12540.78	143.21	—	12683.99	3389.82	54.68	—	3444.50
2007	16660.81	339.64	—	17000.45	4806.99	126.66	—	4933.64
2008	18308.52	591.60	—	18900.13	6704.75	260.22	—	6964.97
2009	19777.53	794.13	34.60	20606.26	13813.22	380.49	6.48	14200.19
2010	25442.68	1366.74	175.06	26984.48	18686.62	705.15	50.38	19442.15
2011	27402.08	1943.50	399.53	29745.11	21232.99	1124.65	142.22	22499.86
2012	28822.47	2410.25	600.89	31833.62	23049.78	1486.39	242.05	24778.22
2013	30242.00	2818.48	761.56	33822.04	27514.12	2052.99	430.01	29997.12
2014	32247.25	3470.59	1077.26	36795.10	29049.51	2552.05	687.69	32289.25
2015	36329.75	4853.94	1840.45	43024.14	32373.83	3500.65	1168.89	37043.37
2016	39696.00	6423.69	2630.61	48750.30	34969.72	4465.89	1700.44	41136.05

2–3 续表 2 continued

年份 Year	股票市值(亿元) Market Capitalization of Shares(100 million yuan)				流通市值(亿元) Negotiable Market Capitalization (100 million yuan)			
	主板 Main Board	中小板 SME Board	创业板 GE Board	合计 Total	主板 Main Board	中小板 SME Board	创业板 GE Board	合计 Total
1992	1048.15	—	—	1048.15	—	—	—	—
1993	3531.01	—	—	3531.01	832.28	—	—	832.28
1994	3690.62	—	—	3690.62	968.90	—	—	968.90
1995	3474.28	—	—	3474.28	938.23	—	—	938.23
1996	9842.58	—	—	9842.58	2867.03	—	—	2867.03
1997	17529.24	—	—	17529.24	5204.42	—	—	5204.42
1998	19514.03	—	—	19514.03	5750.35	—	—	5750.35
1999	26485.15	—	—	26485.15	8221.11	—	—	8221.11
2000	48121.51	—	—	48121.51	16098.00	—	—	16098.00
2001	43582.89	—	—	43582.89	14488.82	—	—	14488.82
2002	38338.80	—	—	38338.80	12487.20	—	—	12487.20
2003	42477.63	—	—	42477.63	13185.13	—	—	13185.13
2004	36667.51	413.43	—	37080.95	11581.24	119.96	—	11701.20
2005	31964.46	481.55	—	32446.02	10452.71	185.29	—	10638.01
2006	87426.06	2015.30	—	89441.35	24297.49	723.63	—	25021.11
2007	316644.48	10646.84	—	327291.31	89317.00	3823.66	—	93140.66
2008	115271.36	6269.68	—	121541.05	42630.34	2672.68	—	45303.02
2009	225621.27	16872.55	1610.08	244103.90	143539.53	7503.57	298.97	151342.07
2010	222692.76	35364.61	7365.22	265422.59	174954.45	16150.32	2005.64	193110.41
2011	179894.98	27429.32	7433.79	214758.10	148073.70	14343.52	2504.08	164921.30
2012	192822.39	28804.03	8731.21	230357.62	162078.83	16244.15	3335.29	181658.26
2013	186821.47	37163.74	15091.98	239077.19	165817.01	25543.70	8218.83	199579.54
2014	299637.81	51058.20	21850.95	372546.96	266533.42	36017.99	13072.90	315624.31
2015	371595.98	103950.47	55916.25	531462.70	316065.04	69737.04	32078.68	417880.76
2016	357317.41	98113.98	52254.50	507685.89	298776.00	64088.77	30536.90	393401.67

数据来源：上海证券交易所、深圳证券交易所。
Source:SSE、SZSE.

2–4 股票市场分股份类型规模
Dimensions of Stock Market by Type of Share

年份 Year	股票只数(只) Number of Stocks (unit)		上市公司家数(家) Number of Listed Companies (unit)			上市公司股本(亿股) Share Capital of Listed Companies (100 million shares)	
	A股 A-shares	B股 B-shares	发行A股上市公司家数 Number of Listed Companies Issued the A-shares	发行B股上市公司家数 Number of Listed Companies Issued the B-shares	同时发行A、B股上市公司家数 Number of Listed Companies Issued the A-shares and B-shares	A股 A-shares	B股 B-shares
1992	53	18	53	18	18	—	—
1993	177	41	177	41	35	300.19	28.49
1994	287	58	287	58	54	594.71	46.30
1995	311	70	311	70	58	708.00	62.09
1996	514	85	514	85	69	1025.24	85.49
1997	720	101	720	101	76	1646.13	125.30
1998	826	106	826	106	80	2205.30	141.38
1999	923	108	922	108	81	2760.52	150.97
2000	1060	114	1060	114	86	3442.26	174.00
2001	1136	112	1140	112	92	4662.36	189.53
2002	1200	111	1213	111	100	5284.85	179.34
2003	1263	111	1277	111	101	5813.72	189.62
2004	1353	110	1363	110	96	6505.83	208.91
2005	1358	109	1358	109	86	6936.08	227.47
2006	1411	109	1411	109	86	12445.65	238.34
2007	1527	109	1527	109	86	16746.63	253.84
2008	1602	109	1602	109	86	18629.78	270.35
2009	1696	108	1696	108	86	20332.77	273.49
2010	2041	108	2051	108	96	26701.52	282.97
2011	2320	108	2320	108	86	29448.60	296.52
2012	2472	107	2472	107	85	31551.24	282.38
2013	2468	106	2468	106	85	33538.25	283.79
2014	2592	104	2592	104	83	36517.75	277.35
2015	2808	101	2808	101	82	42753.16	270.98
2016	3034	100	3034	100	82	48468.16	282.13

2-4 续表 continued

年份 Year	流通股本(亿股) Negotiable Shares (100 million shares)		股票市值(亿元) Market Capitalization of Shares (100 million yuan)		流通市值(亿元) Negotiable Market Capitalization (100 million yuan)	
	A股 A-shares	B股 B-shares	A股 A-shares	B股 B-shares	A股 A-shares	B股 B-shares
1992	—	—	—	—	—	—
1993	57.14	24.48	3318.67	212.35	653.68	178.60
1994	144.41	41.22	3516.04	174.58	813.88	155.02
1995	178.98	46.00	3310.58	163.71	790.94	147.28
1996	267.15	78.42	9448.56	394.03	2514.02	353.02
1997	443.25	117.58	17154.19	375.04	4856.09	348.34
1998	607.78	133.92	19307.68	206.35	5554.78	195.58
1999	811.77	141.89	26181.61	303.54	7944.61	276.50
2000	1079.15	155.21	47486.10	635.41	15534.47	563.53
2001	1320.37	167.30	42303.22	1279.68	13367.52	1121.31
2002	1508.76	171.51	37536.23	802.57	11721.40	765.81
2003	1719.66	179.39	41540.40	937.23	12312.53	872.60
2004	1996.65	197.50	36334.72	746.22	11011.02	690.17
2005	2280.84	218.05	31826.28	619.73	10035.93	602.08
2006	3215.54	228.96	88151.42	1289.94	23748.73	1272.38
2007	4682.77	250.87	324738.16	2553.15	90602.83	2537.83
2008	6696.76	268.21	120741.17	799.88	44508.22	794.80
2009	13928.71	271.48	242291.80	1812.11	149539.38	1802.69
2010	19160.47	281.68	263220.54	2202.05	190917.10	2193.31
2011	22204.54	295.32	213309.84	1448.26	163479.07	1442.24
2012	24497.05	281.18	228775.33	1582.29	180082.94	1575.32
2013	29714.53	282.59	237403.27	1673.92	197915.96	1663.57
2014	32013.11	276.14	370823.17	1723.79	313910.42	1713.89
2015	36773.67	269.70	529251.65	2211.05	415680.99	2199.76
2016	40855.20	280.85	505772.76	1913.12	391498.97	1902.70

注：发A股公司包括既发A股又发B股的公司，发B股公司包括既发A股又发B股的公司。
数据来源：上海证券交易所、深圳证券交易所。
Source：SSE、SZSE.

2-5 股票市场分监管辖区规模
Dimensions of Stock Market by Regulatory Jurisdiction

辖区	Jurisdiction	上市公司家数(家) Number of Listed Companies (unit)		上市公司股本(亿股) Share Capital of Listed Companies (100 million shares)		股票市值(亿元) Market Capitalization of Shares (100 million yuan)	
		2015	2016	2015	2016	2015	2016
北京	Beijing	265	282	16943.14	17616.89	134125.99	1227613.77
天津	Tianjin	42	45	466.49	513.94	6221.35	52851.63
河北	Hebei	52	52	700.68	784.26	7988.62	78404.99
山西	Shanxi	37	38	683.61	743.22	5863.66	56297.09
内蒙古	Neimenggu	26	26	681.92	777.73	5357.09	50943.81
辽宁	Liaoning	47	48	453.97	493.94	5535.54	47781.73
吉林	Jilin	40	42	346.46	404.78	4948.55	43934.38
黑龙江	Heilongjiang	35	35	337.52	452.84	4910.67	44710.46
上海	Shanghai	223	240	3907.52	4255.72	57949.46	517771.91
江苏	Jiangsu	275	317	1975.29	2802.57	35144.47	367467.23
浙江	Zhejiang	248	273	1848.35	2322.64	34976.07	344936.26
安徽	Anhui	88	93	833.71	1003.75	10943.74	105910.05
福建	Fujian	66	70	845.74	1012.15	12293.26	115794.38
江西	Jiangxi	35	36	237.16	303.65	3884.30	39138.13
山东	Shandong	141	148	1124.28	1380.57	15713.78	162727.01
河南	Henan	73	74	695.85	820.32	8681.52	87147.52
湖北	Hubei	87	96	754.83	900.42	10935.39	113720.09
湖南	Hunan	81	85	642.03	754.56	10031.10	89991.50
广东	Guangdong	222	241	1949.69	2373.40	36662.15	348910.93
广西	Guangxi	35	36	313.25	364.20	4059.50	37628.56
海南	Hainan	27	28	352.96	460.47	3551.34	38784.03
重庆	Chongqing	43	44	468.30	549.92	6495.47	66912.89
四川	Sichuan	102	110	910.32	1037.24	13744.25	133775.54
贵州	Guizhou	20	23	174.04	228.16	5245.97	68398.84
云南	Yunnan	30	32	261.95	352.14	3875.95	39286.55
西藏	Xizang	11	14	79.77	89.21	1407.49	15280.74
陕西	Shaanxi	42	45	457.86	570.46	6866.41	64378.00
甘肃	Gansu	27	30	259.65	301.88	2846.62	27678.58
青海	Qinghai	10	12	95.77	129.59	1409.80	16571.82
宁夏	Ningxia	12	12	63.90	81.83	817.34	10571.34
新疆	Xinjiang	43	47	521.76	698.56	6078.59	62518.71
深圳	Shenzhen	202	232	2308.49	2731.95	45990.16	435379.67
大连	Dalian	28	28	415.73	523.12	3855.59	40873.46
宁波	Ningbo	51	56	456.56	525.98	6244.90	66722.78
厦门	Xiamen	33	37	181.11	213.83	3243.18	30132.08
青岛	Qingdao	20	24	210.45	242.44	3007.85	31430.39

注：1.按上市公司注册地口径统计。
　　2.由于使用汇率存在差异，本表中各辖区合计股票市值与表2-3数据有差异。
数据来源：上海证券交易所、深圳证券交易所。
Source：SSE、SZSE.

2—6 境内股票首发筹资按板块分类情况(IPO)
Statistics for Domestic IPO Financing by Board

年份 Year	境内首发筹资公司家数(家) Number of Listed Companies Financing in Domestic Capital Market by IPO(unit)				境内股票首发筹资金额(IPO)(亿元) Proceeds Raised in Domestic Capital Market by IPO(100 million yuan)			
	主板 Main Board	中小板 SME Board	创业板 GE Board	合计 Total	主板 Main Board	中小板 SME Board	创业板 GE Board	合计 Total
1990	8	—	—	8	2.11	—	—	2.11
1991	5	—	—	5	1.03	—	—	1.03
1992	41	—	—	41	68.91	—	—	68.91
1993	134	—	—	134	184.83	—	—	184.83
1994	117	—	—	117	154.44	—	—	154.44
1995	36	—	—	36	42.37	—	—	42.37
1996	212	—	—	212	241.32	—	—	241.32
1997	222	—	—	222	651.56	—	—	651.56
1998	111	—	—	111	412.22	—	—	412.22
1999	100	—	—	100	494.71	—	—	494.71
2000	143	—	—	143	862.56	—	—	862.56
2001	79	—	—	79	614.03	—	—	614.03
2002	71	—	—	71	498.75	—	—	498.75
2003	67	—	—	67	472.42	—	—	472.42
2004	62	38	—	100	269.97	91.08	—	361.05
2005	3	12	—	15	28.55	29.09	—	57.63
2006	14	52	—	66	1180.23	161.46	—	1341.70
2007	26	100	—	126	4379.92	390.91	—	4770.83
2008	5	71	—	76	733.54	300.84	—	1034.38
2009	9	54	36	99	1251.25	423.64	204.09	1878.98
2010	26	204	117	347	1891.51	2027.73	963.34	4882.59
2011	39	115	128	282	1014.01	1018.95	791.47	2824.43
2012	25	55	74	154	333.57	349.25	351.49	1034.32
2013	—	—	—	—	—	—	—	—
2014	43	31	51	125	311.77	197.66	159.46	668.89
2015	89	45	86	220	1086.9	183.76	307.63	1578.29
2016	115	47	86	248	1118.03	225.45	290.08	1633.56

注：1.对A股、B股同年首发的公司筹资家数计为1家，筹资金额包含A股、B股首发筹资金额；对不同年份发行A股、B股的公司筹资家数和筹资金额分别计入当年筹资家数和筹资金额。

2.2015年和2016年的IPO口径调整为完成申购日，历史数据不追溯。

数据来源：中国证监会发行部、上海证券交易所、深圳证券交易所。

Source:CSRC、SSE、SZSE.

2–7 境内股票首发筹资按股份类型分类情况（IPO）
Statistics for Domestic IPO Financing by Type of Shares

年份 Year	境内首发筹资公司家数(家) Number of Listed Companies Financing in Domestic Capital Market by IPO(unit)		境内股票首发筹资金额(IPO)(亿元) Proceeds Raised in Domestic Capital Market by IPO(100 million yuan)	
	发行A股的公司 Listed Companies Issued the A shares	发行B股的公司 Listed Companies Issued the B shares	A股 A-shares	B股 B-shares
1990	8	0	2.11	0.00
1991	5	0	1.03	0.00
1992	40	18	20.46	48.45
1993	124	23	143.50	41.34
1994	110	17	143.23	11.21
1995	24	12	21.90	20.47
1996	203	15	211.68	29.65
1997	206	16	613.97	37.59
1998	106	5	404.14	8.08
1999	98	2	494.20	0.51
2000	137	6	852.05	10.51
2001	79	0	614.03	0.00
2002	71	0	498.75	0.00
2003	67	0	472.42	0.00
2004	100	0	361.05	0.00
2005	15	0	57.63	0.00
2006	66	0	1341.70	0.00
2007	126	0	4770.83	0.00
2008	76	0	1034.38	0.00
2009	99	0	1878.98	0.00
2010	347	0	4882.59	0.00
2011	282	0	2824.43	0.00
2012	154	0	1034.32	0.00
2013	0	0	0.00	0.00
2014	125	0	668.89	0.00
2015	220	0	1578.29	0.00
2016	248	0	1633.56	0.00

注：1.对A股、B股同年首发的公司分别计入当年发行A股、B股的公司家数和筹资金额；对不同年份发行A股、B股的公司筹资家数和筹资金额分别计入当年筹资家数和筹资金额。

2.2015年和2016年的IPO口径调整为完成申购日，历史数据不追溯。

数据来源：上海证券交易所、深圳证券交易所。

Source:SSE、SZSE.

2–8 新股首发及上市首日情况
Issue-Day Statistics of IPO

年份 Year	平均超募比率(%) Average Oversubscription Rate(%)				上市首日平均换手率(%) Average Turnover Ratio of Issue-day(%)			
	总体 Total	主板 Main Board	中小板 SME Board	创业板 GE Board	总体 Total	主板 Main Board	中小板 SME Board	创业板 GE Board
1995	—	—	—	—	31.57	31.57	—	—
1996	—	—	—	—	57.67	57.67	—	—
1997	—	—	—	—	58.53	58.53	—	—
1998	—	—	—	—	58.96	58.96	—	—
1999	—	—	—	—	58.84	58.84	—	—
2000	—	—	—	—	57.99	57.99	—	—
2001	—	—	—	—	64.31	64.31	—	—
2002	—	—	—	—	62.57	62.57	—	—
2003	—	—	—	—	51.99	51.99	—	—
2004	—	—	—	—	54.80	52.15	59.05	—
2005	—	—	—	—	58.03	72.35	55.64	—
2006	2.20	2.41	1.31	—	71.12	61.54	73.52	—
2007	67.70	84.29	9.64	—	65.59	58.28	66.71	—
2008	18.96	25.19	6.07	—	80.74	71.46	81.39	—
2009	56.42	35.46	96.09	144.88	79.31	73.02	76.44	85.18
2010	124.36	37.81	150.23	234.59	72.14	67.18	72.80	72.11
2011	93.88	57.99	96.48	154.23	68.42	61.31	68.32	70.62
2012	43.46	4.75	65.96	84.59	62.72	65.53	60.74	63.24
2013	0.00	0.00	0.00	0.00	0.00	0.00	0.00	0.00
2014	0.00	0.00	0.00	0.00	5.25	6.00	4.39	5.14
2015	0.00	0.00	0.00	0.00	0.07	0.08	0.09	0.05
2016	-0.73	-0.95	-0.24	-0.26	0.05	0.06	0.05	0.04

2-8 续表 1 continued

年份 Year	首日破发率(%) The Ratio of Breaking Issue Price(%)				平均首发价格(元) Average IPO Price(yuan)			
	总体 Total	主板 Main Board	中小板 SME Board	创业板 GE Board	总体 Total	主板 Main Board	中小板 SME Board	创业板 GE Board
1995	11.11	11.11	—	—	4.06	4.06	—	—
1996	1.38	1.38	—	—	5.57	5.57	—	—
1997	1.35	1.35	—	—	5.87	5.87	—	—
1998	2.70	2.70	—	—	5.28	5.28	—	—
1999	0.00	0.00	—	—	6.15	6.15	—	—
2000	0.00	0.00	—	—	7.95	7.95	—	—
2001	0.00	0.00	—	—	9.49	9.49	—	—
2002	0.00	0.00	—	—	7.23	7.23	—	—
2003	0.00	0.00	—	—	7.33	7.33	—	—
2004	3.00	1.61	5.26	—	8.45	7.61	9.80	—
2005	0.00	0.00	0.00	—	6.87	5.03	7.18	—
2006	0.00	0.00	0.00	—	8.15	5.77	8.75	—
2007	0.00	0.00	0.00	—	11.47	12.17	11.40	—
2008	0.00	0.00	0.00	—	12.04	10.36	12.16	—
2009	0.00	0.00	0.00	0.00	23.32	10.77	23.56	26.11
2010	7.49	19.23	7.84	4.27	29.83	12.52	28.02	36.84
2011	27.40	39.47	27.83	23.44	26.33	19.87	25.96	28.58
2012	26.62	32.00	29.09	22.97	18.84	10.88	18.00	22.17
2013	0.00	0.00	0.00	0.00	0.00	0.00	0.00	0.00
2014	0.00	0.00	0.00	0.00	17.56	13.08	15.25	22.74
2015	0.00	0.00	0.00	0.00	14.05	12.53	13.90	15.70
2016	0.00	0.00	0.00	0.00	13.80	12.66	13.99	15.22

2–8 续表 2 continued

年份 Year	首日平均涨跌幅(%) Average Price Change Rate on the First Trading Day of IPO (%)				平均网上发行中签率(%) Average Lot Winning Rate for Online Subscription(%)				平均首发市盈率(倍) Average IPO P/E Ratio(times)			
	总体 Total	主板 Main Board	中小板 SME Board	创业板 GE Board	总体 Total	主板 Main Board	中小板 SME Board	创业板 GE Board	总体 Total	主板 Main Board	中小板 SME Board	创业板 GE Board
1995	102.99	102.99	—	—	—	—	—	—	—	—	—	—
1996	111.08	111.08	—	—	—	—	—	—	—	—	—	—
1997	151.59	151.59	—	—	2.05	2.05	—	—	—	—	—	—
1998	142.36	142.36	—	—	0.60	0.60	—	—	—	—	—	—
1999	110.97	110.97	—	—	0.71	0.71	—	—	—	—	—	—
2000	147.35	147.35	—	—	0.50	0.50	—	—	28.55	28.55	—	—
2001	137.43	137.43	—	—	0.58	0.58	—	—	30.54	30.54	—	—
2002	135.48	135.48	—	—	—	—	—	—	19.12	19.12	—	—
2003	72.03	72.03	—	—	—	—	—	—	17.92	17.92	—	—
2004	70.78	72.50	68.02	—	—	—	0.04	—	17.25	17.32	17.14	—
2005	47.53	106.42	37.72	—	—	—	0.06	—	20.69	20.83	20.67	—
2006	84.81	37.90	96.54	—	0.50	1.52	0.24	—	23.23	18.61	24.38	—
2007	191.09	113.40	209.05	—	0.34	0.87	0.21	—	30.10	38.36	28.33	—
2008	115.82	49.94	120.46	—	0.11	0.47	0.08	—	26.94	31.43	26.63	—
2009	74.15	55.95	64.83	92.67	0.56	1.05	0.35	0.73	51.73	46.45	45.37	62.60
2010	41.42	28.52	45.13	37.83	0.88	2.33	0.78	0.73	58.77	39.09	54.59	70.45
2011	20.91	16.10	20.65	22.59	2.27	4.52	2.27	1.61	47.40	39.35	43.85	52.98
2012	26.71	40.05	28.15	21.13	1.84	3.08	1.77	1.48	30.18	23.35	28.71	33.58
2013	0.00	0.00	0.00	0.00	0.00	0.00	0.00	0.00	0.00	0.00	0.00	0.00
2014	43.52	42.72	44.27	43.74	1.07	0.94	1.17	1.11	23.82	21.32	23.45	26.16
2015	44.00	44.00	44.00	44.00	0.49	0.57	0.42	0.43	21.87	22.13	21.87	21.62
2016	44.00	44.00	44.00	44.00	0.05	0.06	0.03	0.03	21.44	20.64	21.48	22.48

注：1.以上数据除超募比率使用整体法计算外，其他均为算数平均。
2.首日破发指的是首日收盘破发。
3.首发市盈率指的是摊薄后的市盈率。
数据来源：上海证券交易所、深圳证券交易所。
Source：SSE、SZSE.

2–9　2016年境内股票市场首发及上市首日表现

Issue-Day Statistics of IPO in the Domestic Stock Market in 2016

序号 No.	股票代码 Stock Code	股票简称 Stock Abbreviation	所属辖区 Jurisdiction	行业分类 Industry Classification	上市日期 Listing Date	首发数量（万股） Number of IPO Shares (10 thousand shares)
1	002778	高科石化	江苏	制造业	2016-01-06	2230.00
2	002788	鹭燕医药	厦门	批发和零售业	2016-02-18	3205.00
3	002789	建艺集团	深圳	建筑业	2016-03-11	2030.00
4	002790	瑞尔特	厦门	制造业	2016-03-08	4000.00
5	002791	坚朗五金	广东	制造业	2016-03-29	5359.00
6	002792	通宇通讯	广东	制造业	2016-03-28	3750.00
7	002793	东音股份	浙江	制造业	2016-04-15	2500.00
8	002795	永和智控	浙江	制造业	2016-04-28	2500.00
9	002796	世嘉科技	江苏	制造业	2016-05-10	2000.00
10	002797	第一创业	深圳	金融业	2016-05-11	21900.00
11	002798	帝王洁具	四川	制造业	2016-05-25	2160.00
12	002799	环球印务	陕西	制造业	2016-06-08	2500.00
13	002800	天顺股份	新疆	交通运输、仓储和邮政业	2016-05-30	1868.00
14	002801	微光股份	浙江	制造业	2016-06-22	1472.00
15	002802	洪汇新材	江苏	制造业	2016-06-29	2700.00
16	002803	吉宏股份	厦门	制造业	2016-07-12	2900.00
17	002805	丰元股份	山东	制造业	2016-07-07	2422.90
18	002806	华锋股份	广东	制造业	2016-07-26	2000.00
19	002807	江阴银行	江苏	金融业	2016-09-02	20944.55
20	002808	苏州恒久	江苏	制造业	2016-08-12	3000.00
21	002809	红墙股份	广东	制造业	2016-08-23	2000.00
22	002810	山东赫达	山东	制造业	2016-08-26	2398.00
23	002811	亚泰国际	深圳	建筑业	2016-09-08	4500.00
24	002812	创新股份	云南	制造业	2016-09-14	3348.00
25	002813	路畅科技	深圳	制造业	2016-10-12	3000.00
26	002815	崇达技术	深圳	制造业	2016-10-12	5000.00
27	002816	和科达	深圳	制造业	2016-10-25	2500.00
28	002817	黄山胶囊	安徽	制造业	2016-10-25	2167.00
29	002818	富森美	四川	租赁和商务服务业	2016-11-09	4400.00
30	002819	东方中科	北京	批发和零售业	2016-11-11	2834.00
31	002820	桂发祥	天津	制造业	2016-11-18	3200.00
32	002821	凯莱英	天津	制造业	2016-11-18	2821.59
33	002822	中装建设	深圳	建筑业	2016-11-29	7500.00
34	002823	凯中精密	深圳	制造业	2016-11-24	3600.00
35	002825	纳尔股份	上海	制造业	2016-11-29	2500.00
36	002826	易明医药	西藏	制造业	2016-12-09	4743.00
37	002827	高争民爆	西藏	制造业	2016-12-09	4600.00
38	002828	贝肯能源	新疆	采矿业	2016-12-08	2930.00
39	002829	星网宇达	北京	制造业	2016-12-13	1900.00
40	002830	名雕股份	深圳	建筑业	2016-12-13	1667.00
41	002831	裕同科技	深圳	制造业	2016-12-16	4001.00
42	002832	比音勒芬	广东	制造业	2016-12-23	2667.00
43	002833	弘亚数控	广东	制造业	2016-12-28	3336.00
44	002835	同为股份	深圳	制造业	2016-12-28	2700.00
45	002836	新宏泽	广东	制造业	2016-12-29	2000.00
46	002837	英维克	深圳	制造业	2016-12-29	2000.00
47	300474	景嘉微	湖南	制造业	2016-03-31	3350.00
48	300484	蓝海华腾	深圳	制造业	2016-03-22	1300.00
49	300499	高澜股份	广东	制造业	2016-02-02	1667.00
50	300500	苏州设计	江苏	科学研究和技术服务业	2016-02-04	1500.00
51	300501	海顺新材	上海	制造业	2016-02-04	1338.00

2–9 续表 1 continued

发行价格（元）IPO Price (yuan)	首发筹资金额（百万元）Proceeds Raised by IPO (million yuan)	上市首日涨跌幅（%）Price Change Rate on Issue Day of IPO (%)	超募比例（%）Over-subscription Rate (%)	网上发行中签率（%）Lot Winning Rate for Online Subscription (%)	首发市盈率（摊薄）（倍）IPO P-E Ratio (times)	上市交易所 Stock Exchange
8.50	189.55	44.00	0.00	0.19	22.97	深圳证券交易所
18.65	597.73	44.02	0.00	0.04	22.97	深圳证券交易所
22.53	457.36	43.99	0.00	0.04	22.99	深圳证券交易所
16.58	663.20	44.03	-0.05	0.05	19.78	深圳证券交易所
21.57	956.85	44.00	0.00	0.04	21.68	深圳证券交易所
22.94	688.20	43.98	-0.02	0.04	9.74	深圳证券交易所
11.97	299.25	44.03	-0.03	0.04	14.64	深圳证券交易所
14.85	371.25	43.97	0.00	0.03	22.99	深圳证券交易所
12.95	259.00	44.02	0.00	0.02	22.33	深圳证券交易所
10.64	2330.16	43.99	0.00	0.12	22.99	深圳证券交易所
10.57	228.31	43.99	0.00	0.03	22.98	深圳证券交易所
7.98	199.50	43.99	0.00	0.03	22.99	深圳证券交易所
7.70	143.84	44.03	0.00	0.02	19.77	深圳证券交易所
19.51	287.19	43.98	0.00	0.02	15.24	深圳证券交易所
9.52	257.04	44.01	0.00	0.03	22.98	深圳证券交易所
6.37	184.73	43.96	-0.15	0.03	22.84	深圳证券交易所
5.80	140.53	43.97	0.00	0.03	22.97	深圳证券交易所
6.20	124.00	44.03	0.00	0.02	22.96	深圳证券交易所
4.64	971.83	43.97	0.00	0.10	10.17	深圳证券交易所
7.71	231.30	43.97	-0.02	0.03	22.99	深圳证券交易所
22.46	449.20	43.99	0.00	0.02	22.69	深圳证券交易所
9.91	237.64	44.00	0.00	0.03	22.98	深圳证券交易所
13.99	629.55	44.03	0.00	0.03	22.98	深圳证券交易所
23.41	783.77	44.00	0.00	0.03	22.99	深圳证券交易所
6.89	206.70	43.98	0.00	0.03	22.97	深圳证券交易所
16.31	815.50	44.02	0.00	0.04	22.98	深圳证券交易所
8.29	207.25	44.03	0.00	0.03	22.98	深圳证券交易所
13.88	300.78	44.02	0.00	0.02	22.98	深圳证券交易所
23.49	1033.56	44.02	0.00	0.04	22.99	深圳证券交易所
4.96	140.57	43.95	-23.73	0.03	22.95	深圳证券交易所
16.60	531.20	43.98	0.00	0.03	22.99	深圳证券交易所
30.53	698.02	43.99	-1.21	0.02	22.95	深圳证券交易所
10.23	767.25	43.99	-0.04	0.04	21.35	深圳证券交易所
13.73	494.28	43.99	0.00	0.03	22.97	深圳证券交易所
10.17	254.25	43.95	-0.04	0.02	18.62	深圳证券交易所
6.06	287.43	44.06	0.00	0.03	22.98	深圳证券交易所
8.23	378.58	43.99	0.00	0.03	22.97	深圳证券交易所
12.02	352.19	44.01	0.00	0.03	22.97	深圳证券交易所
17.65	335.35	44.02	0.00	0.01	22.99	深圳证券交易所
16.53	275.56	43.98	0.00	0.01	22.96	深圳证券交易所
36.77	1471.17	44.00	0.00	0.03	22.99	深圳证券交易所
26.17	697.95	43.98	0.00	0.02	22.99	深圳证券交易所
10.11	337.27	44.02	-0.08	0.03	15.56	深圳证券交易所
12.34	333.18	44.00	0.00	0.02	22.98	深圳证券交易所
8.09	161.80	44.00	0.00	0.01	17.74	深圳证券交易所
18.00	360.00	44.00	0.00	0.01	22.22	深圳证券交易所
13.64	456.94	43.99	-0.07	0.05	21.25	深圳证券交易所
18.75	243.75	44.00	0.00	0.02	19.83	深圳证券交易所
15.52	258.72	44.01	0.00	0.02	22.97	深圳证券交易所
20.91	313.65	44.00	0.00	0.02	22.98	深圳证券交易所
22.02	294.63	44.01	0.00	0.02	22.99	深圳证券交易所

2–9　续表 2　continued

序号 No.	股票代码 Stock Code	股票简称 Stock Abbreviation	所属辖区 Jurisdiction	行业分类 Industry Classification	上市日期 Listing Date	首发数量（万股） Number of IPO Shares (10 thousand shares)
52	300502	新易盛	四川	制造业	2016-03-03	1940.00
53	300503	昊志机电	广东	制造业	2016-03-09	2500.00
54	300505	川金诺	云南	制造业	2016-03-15	2335.00
55	300506	名家汇	深圳	建筑业	2016-03-24	3000.00
56	300507	苏奥传感	江苏	制造业	2016-04-29	1667.00
57	300508	维宏股份	上海	信息传输、软件和信息技术服务业	2016-04-19	1421.00
58	300509	新美星	江苏	制造业	2016-04-25	2000.00
59	300510	金冠电气	吉林	制造业	2016-05-06	2180.00
60	300511	雪榕生物	上海	农、林、牧、渔业	2016-05-04	3750.00
61	300512	中亚股份	浙江	制造业	2016-05-26	3375.00
62	300513	恒泰实达	北京	信息传输、软件和信息技术服务业	2016-05-30	1906.00
63	300515	三德科技	湖南	制造业	2016-06-08	2500.00
64	300516	久之洋	湖北	制造业	2016-06-02	3000.00
65	300517	海波重科	湖北	建筑业	2016-07-19	2560.00
66	300518	盛讯达	深圳	信息传输、软件和信息技术服务业	2016-06-24	2334.00
67	300519	新光药业	浙江	制造业	2016-06-24	2000.00
68	300520	科大国创	安徽	信息传输、软件和信息技术服务业	2016-07-08	2300.00
69	300521	爱司凯	广东	制造业	2016-07-05	2000.00
70	300522	世名科技	江苏	制造业	2016-07-05	1667.00
71	300523	辰安科技	北京	信息传输、软件和信息技术服务业	2016-07-26	2000.00
72	300525	博思软件	福建	信息传输、软件和信息技术服务业	2016-07-26	1710.00
73	300526	中潜股份	广东	制造业	2016-08-02	2125.00
74	300527	华舟应急	湖北	制造业	2016-08-05	11570.00
75	300528	幸福蓝海	江苏	文化、体育和娱乐业	2016-08-08	7763.00
76	300529	健帆生物	广东	制造业	2016-08-02	4200.00
77	300530	达志科技	广东	制造业	2016-08-09	1750.00
78	300531	优博讯	深圳	制造业	2016-08-09	2000.00
79	300532	今天国际	深圳	信息传输、软件和信息技术服务业	2016-08-18	2100.00
80	300533	冰川网络	深圳	信息传输、软件和信息技术服务业	2016-08-18	2500.00
81	300534	陇神戎发	甘肃	制造业	2016-09-13	2167.00
82	300535	达威股份	四川	制造业	2016-08-12	1494.00
83	300536	农尚环境	湖北	建筑业	2016-09-20	2327.68
84	300537	广信材料	江苏	制造业	2016-08-30	2500.00
85	300538	同益股份	深圳	批发和零售业	2016-08-26	1400.00
86	300539	横河模具	宁波	制造业	2016-08-30	2375.00
87	300540	深冷股份	四川	制造业	2016-08-23	2000.00
88	300541	先进数通	北京	信息传输、软件和信息技术服务业	2016-09-13	3000.00
89	300542	新晨科技	北京	信息传输、软件和信息技术服务业	2016-09-20	2255.00
90	300543	朗科智能	深圳	制造业	2016-09-08	1500.00
91	300545	联得装备	深圳	制造业	2016-09-28	1783.00
92	300546	雄帝科技	深圳	制造业	2016-09-28	1334.00
93	300547	川环科技	四川	制造业	2016-09-30	1495.00
94	300548	博创科技	浙江	制造业	2016-10-12	2067.00
95	300549	优德精密	江苏	制造业	2016-09-30	1667.00
96	300550	和仁科技	浙江	信息传输、软件和信息技术服务业	2016-10-18	2000.00

2–9 续表 3 continued

发行价格（元）IPO Price (yuan)	首发筹资金额（百万元）Proceeds Raised by IPO (million yuan)	上市首日涨跌幅（%）Price Change Rate on Issue Day of IPO (%)	超募比例（%）Over-subscription Rate (%)	网上发行中签率（%）Lot Winning Rate for Online Subscription (%)	首发市盈率（摊薄）（倍）IPO P/E Ratio (times)	上市交易所 Stock Exchange
21.47	416.52	44.01	0.00	0.03	18.58	深圳证券交易所
7.72	193.00	44.04	0.00	0.05	22.98	深圳证券交易所
10.25	239.34	44.00	0.00	0.05	22.98	深圳证券交易所
8.58	257.40	44.06	0.00	0.05	22.96	深圳证券交易所
24.92	415.42	43.98	0.00	0.02	22.99	深圳证券交易所
20.08	237.35	44.02	0.00	0.03	22.98	深圳证券交易所
13.22	264.40	44.02	0.00	0.02	22.98	深圳证券交易所
12.30	268.14	43.98	0.00	0.04	22.99	深圳证券交易所
16.82	630.75	44.00	0.00	0.05	22.98	深圳证券交易所
20.91	705.71	44.00	0.00	0.05	22.96	深圳证券交易所
11.73	223.57	43.99	0.00	0.02	22.98	深圳证券交易所
8.57	214.25	43.99	-0.02	0.04	22.98	深圳证券交易所
22.50	675.00	44.00	0.00	0.04	22.98	深圳证券交易所
10.04	257.02	44.02	0.00	0.04	22.97	深圳证券交易所
22.22	518.61	44.01	-0.03	0.04	22.68	深圳证券交易所
12.20	244.00	44.02	0.00	0.02	8.26	深圳证券交易所
10.05	231.15	43.98	0.00	0.04	22.84	深圳证券交易所
11.26	225.20	43.96	0.00	0.02	22.98	深圳证券交易所
18.55	309.23	43.99	0.00	0.02	22.98	深圳证券交易所
21.92	438.40	43.98	0.00	0.02	22.99	深圳证券交易所
11.68	199.73	44.01	0.00	0.02	22.99	深圳证券交易所
10.50	223.13	44.00	0.00	0.04	22.99	深圳证券交易所
6.64	768.25	43.98	0.00	0.08	22.99	深圳证券交易所
6.62	513.91	43.96	-0.02	0.05	22.98	深圳证券交易所
10.80	453.60	43.98	0.00	0.05	22.98	深圳证券交易所
11.95	209.13	44.02	0.00	0.02	22.98	深圳证券交易所
13.36	267.20	44.01	0.00	0.02	22.98	深圳证券交易所
16.32	342.72	44.00	0.00	0.03	22.99	深圳证券交易所
37.02	925.50	44.00	0.00	0.03	21.97	深圳证券交易所
13.64	295.58	43.99	0.00	0.03	22.99	深圳证券交易所
18.50	276.39	44.00	0.00	0.02	22.98	深圳证券交易所
9.06	210.89	44.04	-0.05	0.03	18.12	深圳证券交易所
9.19	229.75	43.96	-24.38	0.03	22.98	深圳证券交易所
15.85	221.90	43.97	0.00	0.02	22.98	深圳证券交易所
6.12	145.35	43.95	0.00	0.03	22.96	深圳证券交易所
16.67	333.40	43.97	0.00	0.02	22.98	深圳证券交易所
11.07	332.10	43.99	0.00	0.03	22.98	深圳证券交易所
8.21	185.14	43.97	0.00	0.03	22.98	深圳证券交易所
22.52	337.80	44.01	0.00	0.02	22.46	深圳证券交易所
13.50	240.71	44.00	0.00	0.02	22.98	深圳证券交易所
20.43	272.54	44.00	0.00	0.01	22.99	深圳证券交易所
22.07	329.95	44.00	0.00	0.02	22.99	深圳证券交易所
11.75	242.87	44.00	0.00	0.03	22.97	深圳证券交易所
15.03	250.55	43.98	0.00	0.02	22.99	深圳证券交易所
12.53	250.60	43.97	0.00	0.02	22.99	深圳证券交易所

2-9 续表 4 continued

序号 No.	股票代码 Stock Code	股票简称 Stock Abbreviation	所属辖区 Jurisdiction	行业分类 Industry Classification	上市日期 Listing Date	首发数量(万股) Number of IPO Shares (10 thousand shares)
97	300551	古鳌科技	上海	制造业	2016-10-18	1836.00
98	300552	万集科技	北京	信息传输、软件和信息技术服务业	2016-10-21	2670.00
99	300553	集智股份	浙江	制造业	2016-10-21	1200.00
100	300555	路通视信	江苏	制造业	2016-10-18	2000.00
101	300556	丝路视觉	深圳	信息传输、软件和信息技术服务业	2016-11-04	2780.00
102	300557	理工光科	湖北	制造业	2016-11-01	1400.00
103	300558	贝达药业	浙江	制造业	2016-11-07	4100.00
104	300559	佳发安泰	四川	信息传输、软件和信息技术服务业	2016-11-01	1800.00
105	300560	中富通	福建	信息传输、软件和信息技术服务业	2016-11-01	1753.00
106	300561	汇金科技	广东	信息传输、软件和信息技术服务业	2016-11-17	1400.00
107	300562	乐心医疗	广东	制造业	2016-11-16	1480.00
108	300563	神宇股份	江苏	制造业	2016-11-14	2000.00
109	300565	科信技术	深圳	制造业	2016-11-22	4000.00
110	300566	激智科技	宁波	制造业	2016-11-15	1990.00
111	300567	精测电子	湖北	制造业	2016-11-22	2000.00
112	300568	星源材质	深圳	制造业	2016-12-01	3000.00
113	300569	天能重工	青岛	制造业	2016-11-25	2084.00
114	300570	太辰光	深圳	制造业	2016-12-06	3194.40
115	300571	平治信息	浙江	信息传输、软件和信息技术服务业	2016-12-13	1000.00
116	300572	安车检测	深圳	制造业	2016-12-06	1667.00
117	300573	兴齐眼药	辽宁	制造业	2016-12-08	2000.00
118	300575	中旗股份	江苏	制造业	2016-12-20	1835.00
119	300576	容大感光	深圳	制造业	2016-12-20	2000.00
120	300577	开润股份	安徽	制造业	2016-12-21	1667.00
121	300579	数字认证	北京	信息传输、软件和信息技术服务业	2016-12-23	2000.00
122	300581	晨曦航空	陕西	制造业	2016-12-20	1130.00
123	300582	英飞特	浙江	制造业	2016-12-28	3300.00
124	300585	奥联电子	江苏	制造业	2016-12-29	2000.00
125	600908	无锡银行	江苏	金融业	2016-09-23	18481.15
126	600909	华安证券	安徽	金融业	2016-12-06	80000.00
127	600919	江苏银行	江苏	金融业	2016-08-02	115445.00
128	600926	杭州银行	浙江	金融业	2016-10-27	26175.00
129	600936	广西广电	广西	信息传输、软件和信息技术服务业	2016-08-15	30000.00
130	600977	中国电影	北京	文化、体育和娱乐业	2016-08-09	46700.00
131	600996	贵广网络	贵州	信息传输、软件和信息技术服务业	2016-12-26	21000.00
132	601020	华钰矿业	西藏	采矿业	2016-03-16	5200.00
133	601127	小康股份	重庆	制造业	2016-06-15	14250.00
134	601128	常熟银行	江苏	金融业	2016-09-30	22227.28
135	601163	三角轮胎	山东	制造业	2016-09-09	20000.00
136	601229	上海银行	上海	金融业	2016-11-16	60045.00
137	601500	通用股份	江苏	制造业	2016-09-19	17491.91
138	601595	上海电影	上海	文化、体育和娱乐业	2016-08-17	9350.00
139	601611	中国核建	北京	建筑业	2016-06-06	52500.00
140	601811	新华文轩	四川	文化、体育和娱乐业	2016-08-08	9871.00

2-9 续表 5 continued

发行价格（元）IPO Price (yuan)	首发筹资金额（百万元）Proceeds Raised by IPO (million yuan)	上市首日涨跌幅（%）Price Change Rate on Issue Day of IPO (%)	超募比例（%）Over-subscription Rate (%)	网上发行中签率（%）Lot Winning Rate for Online Subscription (%)	首发市盈率（摊薄）（倍）IPO P/E Ratio (times)	上市交易所 Stock Exchange
12.48	229.13	43.99	0.00	0.02	22.88	深圳证券交易所
12.25	327.08	44.00	-0.01	0.03	20.91	深圳证券交易所
14.08	168.96	44.03	0.00	0.01	22.99	深圳证券交易所
15.40	308.00	44.03	0.00	0.02	22.99	深圳证券交易所
5.54	154.01	44.04	0.00	0.03	22.99	深圳证券交易所
13.91	194.74	44.00	0.00	0.01	22.99	深圳证券交易所
17.57	720.37	44.00	0.00	0.04	22.99	深圳证券交易所
17.56	316.08	44.02	0.00	0.02	22.99	深圳证券交易所
10.26	179.86	43.96	0.00	0.02	22.99	深圳证券交易所
26.11	365.54	44.01	0.00	0.01	22.99	深圳证券交易所
15.63	231.32	44.02	0.00	0.01	22.99	深圳证券交易所
8.84	176.80	44.00	0.00	0.02	22.99	深圳证券交易所
8.78	351.20	43.96	0.00	0.03	22.98	深圳证券交易所
14.94	297.31	43.98	0.00	0.02	22.98	深圳证券交易所
19.92	398.40	43.98	0.00	0.02	22.99	深圳证券交易所
21.65	649.50	44.02	0.00	0.03	22.99	深圳证券交易所
41.57	866.32	44.00	0.00	0.03	20.08	深圳证券交易所
20.59	657.73	44.00	0.00	0.03	22.99	深圳证券交易所
12.04	120.40	44.02	0.00	0.01	22.97	深圳证券交易所
13.79	229.88	44.02	0.00	0.01	22.98	深圳证券交易所
5.16	103.20	43.99	-0.08	0.02	22.97	深圳证券交易所
22.29	409.02	44.01	0.00	0.01	18.12	深圳证券交易所
8.24	164.80	44.05	0.00	0.02	22.99	深圳证券交易所
19.58	326.40	44.02	0.00	0.01	22.99	深圳证券交易所
13.32	266.40	43.99	0.00	0.02	22.99	深圳证券交易所
24.23	273.80	44.00	0.00	0.01	22.99	深圳证券交易所
14.85	490.05	43.97	0.00	0.03	22.98	深圳证券交易所
9.86	197.20	44.02	0.00	0.02	20.74	深圳证券交易所
4.47	826.11	44.07	0.00	0.10	9.91	上海证券交易所
6.41	5128.00	43.99	0.00	0.27	12.44	上海证券交易所
6.27	7238.40	44.02	0.00	0.47	7.64	上海证券交易所
14.39	3766.58	43.99	0.00	0.13	10.23	上海证券交易所
4.80	1440.00	43.96	0.00	0.15	22.86	上海证券交易所
8.92	4165.64	43.95	0.00	0.22	22.98	上海证券交易所
8.92	1873.20	43.95	0.00	0.10	22.99	上海证券交易所
7.18	373.36	44.01	-0.01	0.07	22.97	上海证券交易所
5.81	827.93	44.06	-3.17	0.11	18.19	上海证券交易所
4.28	951.33	43.93	0.00	0.12	9.89	上海证券交易所
22.07	4414.00	44.00	0.00	0.11	22.98	上海证券交易所
17.77	10670.00	44.01	0.00	0.23	8.26	上海证券交易所
4.92	860.60	43.90	0.00	0.10	22.98	上海证券交易所
10.19	952.77	43.96	-0.09	0.06	22.25	上海证券交易所
3.47	1821.75	44.09	-9.87	0.28	15.60	上海证券交易所
7.12	702.82	43.96	0.00	0.08	14.67	上海证券交易所

2-9　续表 6　continued

序号 No.	股票代码 Stock Code	股票简称 Stock Abbreviation	所属辖区 Jurisdiction	行业分类 Industry Classification	上市日期 Listing Date	首发数量（万股） Number of IPO Shares (10 thousand shares)
141	601882	海天精工	宁波	制造业	2016-11-07	5220.00
142	601900	南方传媒	广东	文化、体育和娱乐业	2016-02-15	16910.00
143	601966	玲珑轮胎	山东	制造业	2016-07-06	20000.00
144	601997	贵阳银行	贵州	金融业	2016-08-16	50000.00
145	603007	花王股份	江苏	建筑业	2016-08-26	3335.00
146	603016	新宏泰	江苏	制造业	2016-07-01	3705.00
147	603027	千禾味业	四川	制造业	2016-03-07	4000.00
148	603028	赛福天	江苏	制造业	2016-03-31	5520.00
149	603029	天鹅股份	山东	制造业	2016-04-27	2334.00
150	603031	安德利	安徽	批发和零售业	2016-08-22	2000.00
151	603033	三维股份	浙江	制造业	2016-12-07	2270.00
152	603036	如通股份	江苏	制造业	2016-12-09	5084.00
153	603058	永吉股份	贵州	制造业	2016-12-23	4216.00
154	603060	国检集团	北京	科学研究和技术服务业	2016-11-09	5500.00
155	603067	振华股份	湖北	制造业	2016-09-13	5500.00
156	603069	海汽集团	海南	交通运输、仓储和邮政业	2016-07-12	7900.00
157	603090	宏盛股份	江苏	制造业	2016-08-31	2500.00
158	603098	森特股份	北京	建筑业	2016-12-16	6251.00
159	603101	汇嘉时代	新疆	批发和零售业	2016-05-06	6000.00
160	603131	上海沪工	上海	制造业	2016-06-07	2500.00
161	603159	上海亚虹	上海	制造业	2016-08-12	2500.00
162	603160	汇顶科技	深圳	制造业	2016-10-17	4500.00
163	603189	网达软件	上海	信息传输、软件和信息技术服务业	2016-09-14	5520.00
164	603203	快克股份	江苏	制造业	2016-11-08	2300.00
165	603218	日月股份	宁波	制造业	2016-12-28	4100.00
166	603239	浙江仙通	浙江	制造业	2016-12-30	2256.00
167	603258	电魂网络	浙江	信息传输、软件和信息技术服务业	2016-10-26	6000.00
168	603298	杭叉集团	浙江	制造业	2016-12-27	8666.00
169	603313	恒康家居	江苏	制造业	2016-10-13	6000.00
170	603319	湘油泵	湖南	制造业	2016-11-30	2023.00
171	603322	超讯通信	广东	信息传输、软件和信息技术服务业	2016-07-28	2000.00
172	603323	吴江银行	江苏	金融业	2016-11-29	11150.00
173	603336	宏辉果蔬	广东	制造业	2016-11-24	3335.00
174	603339	四方冷链	江苏	制造业	2016-05-19	5170.00
175	603377	东方时尚	北京	教育	2016-02-05	5000.00
176	603389	亚振家居	江苏	制造业	2016-12-15	5474.95
177	603393	新天然气	新疆	电力、热力、燃气及水的生产和供应业	2016-09-12	4000.00
178	603416	信捷电气	江苏	制造业	2016-12-21	2510.00
179	603421	鼎信通讯	青岛	信息传输、软件和信息技术服务业	2016-10-11	4340.00
180	603515	欧普照明	上海	制造业	2016-08-19	5800.00
181	603520	司太立	浙江	制造业	2016-03-09	3000.00
182	603528	多伦科技	江苏	制造业	2016-05-03	5168.00
183	603556	海兴电力	浙江	制造业	2016-11-10	9334.00
184	603559	中通国脉	吉林	信息传输、软件和信息技术服务业	2016-12-02	2200.00

2–9 续表 7 continued

发行价格(元) IPO Price (yuan)	首发筹资金额(百万元) Proceeds Raised by IPO (million yuan)	上市首日涨跌幅(%) Price Change Rate on Issue Day of IPO (%)	超募比例(%) Over-subscription Rate (%)	网上发行中签率(%) Lot Winning Rate for Online Subscription (%)	首发市盈率(摊薄)(倍) IPO P/E Ratio (times)	上市交易所 Stock Exchange
1.50	78.30	44.00	-81.81	0.05	22.98	上海证券交易所
6.13	1036.58	44.05	-0.08	0.13	22.97	上海证券交易所
12.98	2596.00	43.99	0.00	0.14	22.97	上海证券交易所
8.49	4245.00	44.05	0.00	0.22	6.08	上海证券交易所
11.66	388.86	44.00	0.00	0.04	22.97	上海证券交易所
8.49	314.55	44.05	-0.07	0.05	19.30	上海证券交易所
9.19	367.60	43.96	0.00	0.05	22.98	上海证券交易所
4.26	235.15	43.90	0.00	0.06	22.94	上海证券交易所
8.93	208.43	44.01	0.00	0.04	22.98	上海证券交易所
11.71	234.20	43.98	0.00	0.02	22.99	上海证券交易所
17.55	398.39	43.99	0.00	0.03	18.09	上海证券交易所
6.84	347.75	44.01	0.00	0.04	22.95	上海证券交易所
4.76	200.68	43.91	-17.97	0.04	22.96	上海证券交易所
10.04	552.20	44.02	0.00	0.04	22.97	上海证券交易所
6.13	337.15	44.05	0.00	0.04	22.98	上海证券交易所
3.82	301.78	43.98	0.00	0.08	18.20	上海证券交易所
8.47	211.75	44.04	0.00	0.03	22.98	上海证券交易所
9.18	573.84	44.01	0.00	0.05	22.98	上海证券交易所
8.81	528.60	44.04	0.00	0.06	22.98	上海证券交易所
10.09	252.25	44.00	0.00	0.04	22.98	上海证券交易所
6.88	172.00	44.04	0.00	0.03	18.31	上海证券交易所
19.42	873.90	43.98	0.00	0.05	22.99	上海证券交易所
7.26	400.75	43.94	0.00	0.05	22.97	上海证券交易所
16.50	379.50	44.00	0.00	0.03	21.04	上海证券交易所
23.90	979.90	44.02	0.00	0.04	22.99	上海证券交易所
21.84	492.71	44.00	0.00	0.03	22.99	上海证券交易所
15.62	937.20	43.98	0.00	0.05	18.16	上海证券交易所
12.67	1097.98	43.96	0.00	0.06	22.97	上海证券交易所
15.41	924.60	44.00	0.00	0.05	22.66	上海证券交易所
10.46	211.61	43.98	0.00	0.03	22.98	上海证券交易所
11.99	239.80	44.04	0.00	0.02	22.98	上海证券交易所
6.83	761.55	44.07	0.00	0.07	12.62	上海证券交易所
9.31	310.49	44.04	0.00	0.03	20.68	上海证券交易所
10.19	526.82	43.96	0.00	0.06	18.99	上海证券交易所
16.40	820.00	44.02	-5.37	0.07	21.74	上海证券交易所
7.79	426.50	44.03	0.00	0.04	22.97	上海证券交易所
26.66	1066.40	44.00	0.00	0.04	22.99	上海证券交易所
17.85	448.04	43.98	0.00	0.03	22.98	上海证券交易所
14.02	608.47	44.01	0.00	0.05	22.99	上海证券交易所
14.94	866.52	43.98	0.00	0.06	22.99	上海证券交易所
12.15	364.50	44.03	0.00	0.05	22.98	上海证券交易所
9.45	488.38	44.02	0.00	0.06	6.41	上海证券交易所
23.63	2205.62	44.01	-0.04	0.06	21.32	上海证券交易所
10.34	227.48	44.00	0.00	0.03	22.98	上海证券交易所

2-9　续表 8　continued

序号 No.	股票代码 Stock Code	股票简称 Stock Abbreviation	所属辖区 Jurisdiction	行业分类 Industry Classification	上市日期 Listing Date	首发数量（万股） Number of IPO Shares (10 thousand shares)
185	603569	长久物流	北京	租赁和商务服务业	2016-08-10	4001.00
186	603577	汇金通	青岛	制造业	2016-12-22	2918.00
187	603585	苏利股份	江苏	制造业	2016-12-14	2500.00
188	603608	天创时尚	广东	制造业	2016-02-18	7000.00
189	603633	徕木股份	上海	制造业	2016-11-17	3009.00
190	603658	安图生物	河南	制造业	2016-09-01	4200.00
191	603660	苏州科达	江苏	制造业	2016-12-01	6250.00
192	603663	三祥新材	福建	制造业	2016-08-01	3355.00
193	603667	五洲新春	浙江	制造业	2016-10-25	5060.00
194	603701	德宏股份	浙江	制造业	2016-04-12	1960.00
195	603708	家家悦	山东	批发和零售业	2016-12-13	9000.00
196	603716	塞力斯	湖北	批发和零售业	2016-10-31	1274.00
197	603726	朗迪集团	宁波	制造业	2016-04-21	2368.00
198	603727	博迈科	天津	采矿业	2016-11-22	5870.00
199	603737	三棵树	福建	制造业	2016-06-03	2500.00
200	603738	泰晶科技	湖北	制造业	2016-09-28	1668.00
201	603777	来伊份	上海	批发和零售业	2016-10-12	6000.00
202	603779	威龙股份	山东	制造业	2016-05-16	5020.00
203	603798	康普顿	青岛	制造业	2016-04-06	2500.00
204	603816	顾家家居	浙江	制造业	2016-10-14	8250.00
205	603819	神力股份	江苏	制造业	2016-11-25	3000.00
206	603822	嘉澳环保	浙江	制造业	2016-04-28	1835.00
207	603823	百合花	浙江	制造业	2016-12-20	5625.00
208	603843	正平股份	青海	建筑业	2016-09-05	9970.00
209	603858	步长制药	山东	制造业	2016-11-18	6980.00
210	603859	能科股份	北京	科学研究和技术服务业	2016-10-21	2839.00
211	603861	白云电器	广东	制造业	2016-03-22	4910.00
212	603868	飞科电器	上海	制造业	2016-04-18	4360.00
213	603878	武进不锈	江苏	制造业	2016-12-19	5050.00
214	603886	元祖股份	上海	制造业	2016-12-28	6000.00
215	603887	城地股份	上海	建筑业	2016-10-10	2460.00
216	603888	新华网	北京	信息传输、软件和信息技术服务业	2016-10-28	5190.29
217	603900	通灵珠宝	江苏	批发和零售业	2016-11-23	6079.89
218	603909	合诚股份	厦门	科学研究和技术服务业	2016-06-28	2500.00
219	603919	金徽酒	甘肃	制造业	2016-03-10	7000.00
220	603928	兴业股份	江苏	制造业	2016-12-12	5040.00
221	603929	亚翔集成	江苏	建筑业	2016-12-30	5336.00
222	603958	哈森股份	江苏	制造业	2016-06-29	5436.00
223	603959	百利科技	湖南	科学研究和技术服务业	2016-05-17	5600.00
224	603977	国泰集团	江西	制造业	2016-11-11	5528.00
225	603986	兆易创新	北京	制造业	2016-08-18	2500.00
226	603987	康德莱	上海	制造业	2016-11-21	5260.00
227	603990	麦迪科技	江苏	信息传输、软件和信息技术服务业	2016-12-08	2000.00

数据来源：上海证券交易所、深圳证券交易所。
Source：SSE、SZSE.

2-9 续表 9 continued

发行价格（元） IPO Price (yuan)	首发筹资金额（百万元） Proceeds Raised by IPO (million yuan)	上市首日涨跌幅（%） Price Change Rate on Issue Day of IPO (%)	超募比例（%） Over-subscription Rate (%)	网上发行中签率（%） Lot Winning Rate for Online Subscription (%)	首发市盈率（摊薄）（倍） IPO P/E Ratio (times)	上市交易所 Stock Exchange
15.43	617.35	44.01	0.00	0.05	22.98	上海证券交易所
11.10	323.90	43.96	0.00	0.03	22.98	上海证券交易所
26.79	669.75	44.01	0.00	0.03	22.99	上海证券交易所
9.80	686.00	43.98	0.00	0.08	22.98	上海证券交易所
6.75	203.11	44.00	0.00	0.03	22.98	上海证券交易所
14.58	612.36	44.03	0.00	0.05	22.99	上海证券交易所
8.03	401.50	43.96	-1.47	0.03	17.55	上海证券交易所
5.28	177.14	43.94	0.00	0.04	22.98	上海证券交易所
8.80	445.28	43.98	0.00	0.04	22.96	上海证券交易所
13.50	264.60	44.00	0.00	0.03	21.60	上海证券交易所
13.64	1227.60	43.99	-0.02	0.05	21.65	上海证券交易所
26.91	342.83	44.00	0.00	0.02	22.98	上海证券交易所
11.73	277.77	43.99	0.00	0.04	19.23	上海证券交易所
20.81	1221.55	44.02	0.00	0.04	22.99	上海证券交易所
15.94	398.50	43.98	-0.04	0.04	18.09	上海证券交易所
16.14	269.22	43.99	0.00	0.02	22.99	上海证券交易所
11.67	700.20	43.96	0.00	0.05	22.99	上海证券交易所
4.61	231.42	44.03	-58.23	0.05	22.45	上海证券交易所
14.33	358.25	44.03	0.00	0.04	17.47	上海证券交易所
24.66	2034.45	44.00	0.00	0.06	22.99	上海证券交易所
8.77	263.10	44.01	0.00	0.04	22.98	上海证券交易所
11.76	215.80	43.96	0.00	0.02	22.97	上海证券交易所
10.60	477.00	43.96	0.00	0.03	22.08	上海证券交易所
5.03	501.49	43.94	0.00	0.07	22.97	上海证券交易所
55.88	3900.42	44.01	0.00	0.05	22.99	上海证券交易所
7.54	214.06	44.03	0.00	0.03	22.97	上海证券交易所
8.50	417.35	44.00	-0.05	0.07	22.97	上海证券交易所
18.03	786.11	43.98	-0.03	0.06	16.52	上海证券交易所
14.87	750.94	43.98	0.00	0.04	22.98	上海证券交易所
10.16	609.60	44.00	0.00	0.04	22.98	上海证券交易所
12.13	298.40	44.02	-18.18	0.03	22.97	上海证券交易所
27.69	1437.19	43.99	0.00	0.04	22.99	上海证券交易所
14.25	866.38	44.00	0.00	0.04	19.52	上海证券交易所
10.55	263.75	43.98	0.00	0.04	21.00	上海证券交易所
10.94	765.80	43.97	-0.01	0.07	18.47	上海证券交易所
10.12	510.05	43.97	-0.02	0.04	19.06	上海证券交易所
4.94	263.60	43.93	-0.20	0.04	13.35	上海证券交易所
9.15	497.39	44.04	0.00	0.06	22.98	上海证券交易所
6.03	337.68	43.95	0.00	0.06	22.96	上海证券交易所
6.45	356.56	44.03	0.00	0.04	14.81	上海证券交易所
23.26	581.50	43.98	0.00	0.03	16.41	上海证券交易所
9.50	499.70	44.00	0.00	0.04	22.99	上海证券交易所
9.69	193.80	43.96	0.00	0.02	22.99	上海证券交易所

2-10 A股首发行业分布
Industry Distribution of A-shares IPO

行业 Industry Classification	首发筹资公司家数(家) Number of Companies Financing by IPO(unit)		首发数量(百万股) Number of IPO Shares (million shares)		首发筹资金额（百万元） Proceeds Raised by IPO (million yuan)	
	2015	2016	2015	2016	2015	2016
农、林、牧、渔业 Agriculture,Forestry,Animal Husbandry and Fishery	2	1	77.10	37.50	694.66	630.75
采矿业 Mining	2	3	221.00	140.00	2082.87	1947.09
制造业 Manufacturing	160	164	5497.95	6001.48	69134.57	81578.52
电力、热力、燃气及水的生产和供应业 Production and Supply of Electricity,Gas and Water	2	2	4038.00	124.00	14135.70	1727.48
建筑业 Construction	7	13	218.29	1034.37	3117.64	6702.97
批发和零售业 Wholesale and Retail Trades	6	9	231.60	377.93	3326.37	4860.02
交通运输、仓储和邮政业 Transport,Storage and Post	4	3	223.00	131.02	3136.29	639.32
住宿和餐饮业 Hotels and Catering Services	0	0	0.00	0.00	0.00	0.00
信息传输、软件和信息技术服务业 Information Transmission,Computer Services and Software	17	29	1004.34	1194.59	9735.17	14056.82
金融业 Financial Intermediation	3	11	3025.00	4963.68	44677.75	39688.95
房地产业 Real Estate	0	0	0.00	0.00	0.00	0.00
租赁和商务服务业 Leasing and Business Services	5	2	179.18	84.01	1983.01	1650.91
科学研究和技术服务业 Scientific Research,Technical Service	4	5	145.99	179.39	1999.12	1681.34
水利、环境和公共设施管理业 Management of Water Conservancy,Environment and Public Facilities	4	0	143.04	0.00	1277.46	0.00
教育 Education	0	1	0.00	50.00	0.00	820.00
卫生和社会工作业 Health and Social Works	0	0	0.00	0.00	0.00	0.00
文化、体育和娱乐业 Culture,Sports and Entertainment	4	5	170.00	905.94	2528.10	7371.71
综合 Others	0	0	0.00	0.00	0.00	0.00

注：表中数据以股份完成申购日口径统计。
数据来源：中国证监会发行部。
Source:CSRC.

2–11 A股IPO发行筹资监管辖区分布

Regulatory Jurisdiction Distribution of A-shares IPO

辖区	Jurisdiction	首发筹资公司家数(家) Number of Companies Financing by IPO(unit)		首发数量(百万股) Number of IPO Shares (million shares)		首发筹资金额(百万元) Proceeds Raised by IPO (million yuan)	
		2015	2016	2015	2016	2015	2016
北京	Beijing	29	17	5322.46	1490.46	31253.98	13032.14
天津	Tianjin	1	3	50.00	118.92	689.50	2450.77
河北	Hebei	3	0	55.60	0.00	643.03	0.00
山西	Shanxi	2	0	59.42	0.00	645.33	0.00
内蒙古	Neimenggu	0	0	0.00	0.00	0.00	0.00
辽宁	Liaoning	3	1	95.01	20.00	1607.62	103.20
吉林	Jilin	0	2	0.00	43.80	0.00	495.62
黑龙江	Heilongjiang	3	0	95.93	0.00	1988.39	0.00
上海	Shanghai	19	19	3377.62	1273.99	49480.14	19408.65
江苏	Jiangsu	23	43	1255.97	3414.98	10958.48	26285.98
浙江	Zhejiang	27	27	889.95	1162.47	10826.66	17433.91
安徽	Anhui	8	6	328.68	965.34	4011.92	6881.61
福建	Fujian	5	4	182.45	93.18	1875.37	955.23
江西	Jiangxi	3	1	67.86	55.28	992.94	356.56
山东	Shandong	7	10	203.00	729.22	1826.75	14351.32
河南	Henan	6	2	208.10	742.00	2957.63	3412.36
湖北	Hubei	2	9	50.87	313.00	1141.55	3453.50
湖南	Hunan	7	4	349.36	134.73	5543.73	1220.48
广东	Guangdong	23	22	632.31	807.89	8786.52	8672.52
广西	Guangxi	3	1	216.56	300.00	1372.13	1440.00
海南	Hainan	0	1	0.00	79.00	0.00	301.78
重庆	Chongqing	3	1	93.00	142.50	1022.02	827.93
四川	Sichuan	13	9	306.86	291.60	5835.25	4004.62
贵州	Guizhou	0	3	0.00	752.16	0.00	6318.88
云南	Yunnan	1	2	16.75	56.83	355.27	1023.10
西藏	Xizang	1	3	65.00	145.43	760.50	1039.37
陕西	Shaanxi	1	2	20.00	36.30	296.60	473.30
甘肃	Gansu	2	2	97.25	91.67	1070.45	1061.38
青海	Qinghai	0	1	0.00	99.70	0.00	501.49
宁夏	Ningxia	0	0	0.00	0.00	0.00	0.00
新疆	Xinjiang	2	6	208.35	206.32	859.92	2408.23
深圳	Shenzhen	13	30	480.99	1055.90	6319.45	16168.78
大连	Dalian	1	0	30.10	0.00	196.25	0.00
宁波	Ningbo	6	6	322.86	240.53	3815.52	3315.87
厦门	Xiamen	2	6	72.17	212.30	346.40	3051.88
青岛	Qingdao	1	5	20.00	148.42	349.40	2905.43

注：表中数据以股份完成申购日为统计口径。
数据来源：中国证监会发行部。
Source:CSRC.

2–12 2016年境外股票发行情况

Stocks Issued Aboard in 2016

序号 No.	股票代码 Stock Code	公司名称 Name	上市地点 Listing Place	上市时间 Listing Date	发行价格（港元） Issue Price (HKD)	发行数量（百万股） Volume Issued (million shares)	筹资金额（百万港元） Proceeds Raised through Offering of Shares (million HKD)	发行方式 Issue Mode
1	01459	巨匠建设集团股份有限公司	香港主板	2016-01-11	1.35	133.36	180.00	IPO
2	02016	浙商银行股份有限公司	香港主板	2016-03-30	3.96	3450.00	13662.00	IPO
3	01578	天津银行股份有限公司	香港主板	2016-03-30	7.39	944.50	6979.90	IPO
4	03958	东方证券股份有限公司	香港主板	2016-07-08	8.15	933.71	7609.70	IPO
5	01606	国银金融租赁股份有限公司	香港主板	2016-07-11	2.00	3143.38	6286.80	IPO
6	06178	光大证券股份有限公司	香港主板	2016-08-18	12.68	704.09	8927.80	IPO
7	01658	中国邮政储蓄银行股份有限公司	香港主板	2016-09-28	4.76	12426.57	59150.50	IPO
8	01577	泉州汇鑫小额贷款股份有限公司	香港主板	2016-09-30	1.68	18.00	30.20	IPO
9	06099	招商证券股份有限公司	香港主板	2016-10-07	12.00	891.27	10695.30	IPO
10	03689	广东康华医疗股份有限公司	香港主板	2016-11-08	11.60	84.39	979.00	IPO
11	01272	大唐环境产业集团股份有限公司	香港主板	2016-11-15	3.78	567.54	2145.30	IPO
12	06189	广东爱得威建设(集团)股份有限公司	香港主板	2016-11-25	5.20	52.76	274.40	IPO
13	01635	上海大众公用事业(集团)股份有限公司	香港主板	2016-12-05	3.60	485.13	1746.50	IPO
14	06066	中信建投证券股份有限公司	香港主板	2016-12-09	6.81	1203.70	8197.20	IPO
15	01596	河北翼辰实业集团股份有限公司	香港主板	2016-12-21	3.00	224.46	673.40	IPO
16	01766	中国中车股份有限公司	香港主板	2016-01-26	—	—	4680.00	增发
17	02880	大连港股份有限公司	香港主板	2016-02-01	3.67	1180.32	4331.80	增发
18	00747	沈阳公用发展股份有限公司	香港主板	2016-02-11	1.19	100.90	120.10	增发
19	01103	上海大生农业金融科技股份有限公司	香港主板	2016-02-26	0.80	3000.00	2400.00	增发
20	08227	西安海天天线控股股份有限公司	香港创业板	2016-04-28	0.33	92.00	30.40	增发
21	08095	北京北大青鸟环宇科技股份有限公司	香港创业板	2016-07-11	0.99	96.96	96.00	增发
22	08258	陕西西北新技术实业股份有限公司	香港创业板	2016-12-01	0.24	55.00	13.20	增发
23	00416	锦州银行股份有限公司	香港主板	2016-12-28	7.50	1000.00	7500.00	增发
24	01359	中国信达资产管理股份有限公司	香港主板	2016-12-29	3.22	1907.85	6143.30	增发
25	01186	中国铁建股份有限公司	香港主板	2016-01-19 2016-12-22	—	—	7777.30	增发 (2期)
26	01359	中国信达资产管理股份有限公司	香港主板	2016-10-03	—	—	24960.00	增发
27	03698	徽商银行股份有限公司	香港主板	2016-11-11	156.00	44.40	6926.40	增发
28	08197	北斗嘉药业股份有限公司	香港创业板	2016-09-20	0.97	4.14	4.00	增发

注：境外股票仅指H股。

数据来源：中国证监会。

Source：CSRC.

2-13 股票市场分板块交易情况
Statistics for Stock-market Transaction by Board

年份 Year	交易天数（天） Number of Trading Days (day)	成交量(亿股) Trading Volume(100 million shares)				日均成交量（亿股） Average Daily Volume (100 million shares)
		主板 Main Board	中小板 SME Board	创业板 GE Board	合计 Total	
1992	257	36.90	—	—	36.90	0.14
1993	259	226.56	—	—	226.56	0.87
1994	252	1013.34	—	—	1013.34	4.02
1995	253	705.31	—	—	705.31	2.79
1996	247	2533.14	—	—	2533.14	10.26
1997	243	2560.02	—	—	2560.02	10.54
1998	246	2154.11	—	—	2154.11	8.76
1999	239	2932.90	—	—	2932.90	12.27
2000	239	4759.45	—	—	4759.45	19.91
2001	240	3155.93	—	—	3155.93	13.15
2002	237	3017.14	—	—	3017.14	12.73
2003	241	4163.08	—	—	4163.08	17.27
2004	243	5768.57	59.16	—	5827.73	23.98
2005	242	6493.43	130.30	—	6623.73	27.37
2006	241	15848.45	296.78	—	16145.23	66.99
2007	242	35588.19	815.56	—	36403.76	150.43
2008	246	22942.14	1189.26	—	24131.39	98.10
2009	244	47784.81	3283.65	38.55	51107.00	209.45
2010	242	37696.10	4055.35	400.53	42151.98	174.18
2011	244	29465.14	3729.74	761.69	33956.57	139.17
2012	243	26306.55	5075.85	1478.14	32860.54	135.23
2013	238	37090.93	8245.92	3035.84	48372.68	203.25
2014	245	58405.71	11313.55	4035.30	73754.56	301.04
2015	244	135690.64	25409.95	9938.88	171039.47	700.98
2016	244	64602.50	20578.13	9509.90	94690.53	388.08

2—13 续表 continued

年份 Year	成交金额(亿元) Trading Turnover(100 million yuan)				日均成交金额(亿元) Average Daily Turnover (100 million yuan)	市值换手率(%) Turnover Ratio of Market Capitalization(%)		
	主板 Main Board	中小板 SME Board	创业板 GE Board	合计 Total		主板 Main Board	中小板 SME Board	创业板 GE Board
1992	683.04	—	—	683.04	2.66	—	—	—
1993	3627.20	—	—	3627.21	14.00	—	—	—
1994	8127.63	—	—	8127.63	32.25	—	—	—
1995	4036.45	—	—	4036.45	15.95	—	—	—
1996	21332.17	—	—	21332.18	86.37	—	—	—
1997	30721.83	—	—	30721.83	126.43	—	—	—
1998	23527.31	—	—	23544.25	95.71	—	—	—
1999	31319.60	—	—	31322.37	131.06	—	—	—
2000	60826.65	—	—	60835.19	254.54	491.19	—	—
2001	38305.18	—	—	38325.39	159.69	227.07	—	—
2002	27990.46	—	—	27993.91	118.12	195.86	—	—
2003	32115.27	—	—	32115.27	133.26	237.04	—	—
2004	41511.32	822.63	—	42333.95	174.21	298.15	862.32	—
2005	30460.85	1203.92	—	31664.78	130.85	287.77	811.53	—
2006	87397.34	3071.55	—	90468.89	375.39	540.03	918.62	—
2007	444382.56	16173.66	—	460556.22	1903.12	815.84	875.60	—
2008	250475.38	16637.28	—	267112.66	1085.82	394.80	549.73	—
2009	485885.13	48273.52	1828.11	535986.76	2196.67	558.47	1030.48	723.60
2010	444083.25	85832.43	15717.87	545633.54	2254.68	302.98	789.10	1739.37
2011	333739.00	69026.46	18879.12	421644.58	1728.05	187.22	410.88	750.91
2012	229387.19	61891.45	23304.63	314583.27	1294.58	147.19	394.46	792.21
2013	317322.27	100224.40	51181.94	468728.61	1969.45	191.74	467.71	855.08
2014	513705.37	152166.57	78041.34	743912.98	3036.38	363.19	478.76	685.04
2015	1767632.33	497556.18	285352.81	2550541.31	10453.04	533.73	813.95	1068.84
2016	712848.18	344164.94	216831.62	1273844.74	5220.68	254.45	567.69	760.10

数据来源：上海证券交易所、深圳证券交易所。
Source:SSE、SZSE.

2–14 股票市场分股份类型交易情况
Statistics for Stock Transaction by Type of Shares

年份 Year	成交量(亿股) Trading Volume(100 million shares)		成交金额(亿元) Trading Turnover(100 million yuan)		市值换手率(%) Turnover Ratio of Market Capitalization(%)	
	A股 A-shares	B股 B-shares	A股 A-shares	B股 B-shares	A股 A-shares	B股 B-shares
1992	32.88	4.02	651.81	31.23	—	—
1993	209.17	17.40	3522.55	104.65	—	—
1994	988.02	25.32	8003.08	124.55	—	—
1995	681.07	24.24	3958.58	77.86	—	—
1996	2464.93	68.22	21052.29	279.87	—	—
1997	2471.30	88.72	30295.21	426.62	—	—
1998	2092.50	61.60	23417.72	126.52	—	—
1999	2810.26	122.64	31052.33	270.04	—	—
2000	4559.06	200.40	60287.20	547.97	501.50	133.27
2001	2466.14	689.79	33260.08	5063.13	211.54	438.72
2002	2860.21	156.94	27145.06	848.41	203.38	88.87
2003	3992.28	170.80	31269.96	845.30	131.25	40.94
2004	5672.91	154.83	41576.19	757.76	321.58	139.88
2005	6470.87	152.86	31099.38	565.40	309.87	79.86
2006	15808.62	336.61	89217.11	1251.78	572.37	135.48
2007	35683.93	719.82	454771.30	5784.93	840.22	264.98
2008	23912.78	218.62	265890.43	1222.23	409.26	85.70
2009	50648.91	458.09	533889.40	2097.37	589.30	153.54
2010	41806.42	345.56	543465.92	2167.63	347.12	114.48
2011	33748.72	207.85	420339.19	1305.40	215.62	67.23
2012	32681.93	178.61	313715.14	868.13	181.65	56.37
2013	47953.66	263.89	466632.02	1439.32	244.30	86.88
2014	73188.22	194.87	741378.07	1007.19	315.85	130.72
2015	170541.00	498.48	2546837.74	3703.57	612.68	167.69
2016	94480.50	210.03	1272358.71	1486.02	346.84	77.95

数据来源：上海证券交易所、深圳证券交易所。
Source：SSE、SZSE.

2-15 上海证券交易所股票市场交易情况
Stock Transaction of Shanghai Stock Exchange

年份 Year	成交量(亿股) Trading Volume (100 million shares)			日均成交量(亿股) Average Daily Volume (100 million shares)	成交金额(亿元) Trading Turnover (100 million yuan)			日均成交金额(亿元) Average Daily Turnover (100 million yuan)	市值换手率(%) Turnover Ratio of Market Capitalization(%)		
	A股 A-shares	B股 B-shares	合计 Total		A股 A-shares	B股 B-shares	合计 Total		A股 A-shares	B股 B-shares	总体 Total
1992	15.21	2.56	17.78	0.07	234.37	14.60	248.96	0.97	—	—	—
1993	133.68	13.74	147.42	0.57	2261.68	78.86	2340.54	9.11	—	—	—
1994	634.33	22.43	656.76	2.61	5626.73	108.35	5735.07	22.76	—	—	—
1995	494.50	19.33	513.83	2.05	3042.63	60.83	3103.46	12.36	—	—	—
1996	1074.00	27.88	1101.88	4.46	9020.24	94.57	9114.82	36.90	—	—	—
1997	1166.01	49.67	1215.68	5.00	13550.24	212.93	13763.17	56.64	—	—	—
1998	1085.42	42.54	1127.95	4.59	12304.23	81.88	12386.11	50.35	—	—	—
1999	1488.25	72.13	1560.38	6.53	16826.20	139.59	16965.79	70.99	—	—	—
2000	2310.88	126.78	2437.65	10.20	31029.69	344.17	31373.86	131.27	509.34	145.34	498.80
2001	1429.69	390.26	1819.95	7.58	19876.84	2832.54	22709.38	94.62	228.79	447.12	243.60
2002	1693.53	87.56	1781.10	7.52	16441.71	517.38	16959.09	71.56	210.38	92.84	202.68
2003	2632.63	60.09	2692.73	11.17	20541.25	282.89	20824.14	86.41	262.82	63.31	252.07
2004	3550.88	56.86	3607.74	14.85	26229.30	241.30	26470.60	108.93	316.44	60.18	304.69
2005	3926.89	59.70	3986.59	16.47	19061.49	178.72	19240.21	79.51	292.40	65.93	283.49
2006	10124.28	159.66	10283.93	42.67	57245.11	571.49	57816.60	239.90	559.07	151.79	544.39
2007	23931.39	393.99	24325.38	100.52	301960.29	3473.99	305434.29	1262.13	830.76	333.62	817.72
2008	16207.24	104.36	16311.60	66.31	179762.44	667.51	180429.95	733.46	388.58	94.58	384.11
2009	33476.72	202.92	33679.64	138.03	345443.26	1068.65	346511.91	1420.13	526.69	165.31	523.12
2010	25812.40	152.03	25964.43	107.29	303215.93	1096.08	304312.01	1257.49	260.25	125.57	259.25
2011	21078.72	114.19	21192.91	86.86	236809.12	746.19	237555.30	973.59	164.28	80.88	163.75
2012	18850.54	77.89	18928.43	77.90	164047.38	413.48	164460.86	676.79	128.60	56.51	128.26
2013	26432.16	131.57	26563.73	111.61	228918.82	689.69	229608.51	964.74	169.72	84.70	169.22
2014	42471.35	96.01	42567.36	173.74	375149.95	480.70	375630.66	1533.19	235.59	63.46	234.76
2015	101396.17	305.51	101701.68	413.42	1323231.16	2359.28	1325590.45	5388.58	490.77	203.38	489.6
2016	44751.80	131.92	44883.72	183.95	496880.34	984.49	497864.83	2040.42	222.73	92.51	222.12

数据来源：上海证券交易所。
Source:SSE.

2-16 深圳证券交易所股票市场交易情况
Stock Transaction of Shenzhen Stock Exchange

年份 Year	成交量(亿股) Trading Volume (100 million shares)			日均成交量(亿股) Average Daily Volume (100 million yuan)	成交金额(亿元) Trading Turnover (100 million yuan)			日均成交金额(亿元) Average Daily Turnover (100 million yuan)	市值换手率(%) Turnover Ratio of Market Capitalization(%)		
	A股 A-shares	B股 B-shares	合计 Total		A股 A-shares	B股 B-shares	合计 Total		A股 A-shares	B股 B-shares	总体 Total
1992	17.66	1.46	19.12	0.07	417.44	16.63	434.08	1.69	351.80	130.91	329.78
1993	75.49	3.66	79.15	0.32	1260.87	25.80	1286.67	5.13	494.01	86.80	459.54
1994	353.70	2.88	356.58	1.42	2376.35	16.20	2392.56	9.49	650.12	35.08	579.90
1995	186.57	4.91	191.48	0.79	915.96	17.04	932.99	3.82	268.10	37.28	241.55
1996	1390.93	40.33	1431.26	5.80	12032.05	185.30	12217.36	49.46	1295.32	139.26	1173.86
1997	1305.29	39.05	1344.34	5.53	16744.97	213.69	16958.66	69.79	813.95	99.88	746.40
1998	1007.08	19.07	1026.15	4.17	11113.50	44.65	11158.14	45.36	395.92	34.10	379.34
1999	1322.01	50.51	1372.52	5.74	14226.13	130.46	14356.58	60.07	398.52	86.63	386.79
2000	2248.18	73.62	2321.80	9.72	29257.50	203.83	29461.33	123.27	493.22	115.23	483.10
2001	1036.45	299.53	1335.97	5.57	13383.24	2232.77	15616.02	65.07	190.00	422.05	206.30
2002	1166.68	69.37	1236.05	5.22	10703.35	331.47	11034.82	46.56	193.41	83.13	186.14
2003	1359.65	110.71	1470.36	6.10	10728.72	562.41	11291.13	46.85	218.75	138.17	213.29
2004	2122.03	97.96	2219.99	9.14	15346.89	516.46	15863.35	65.28	319.76	110.57	301.36
2005	2543.98	93.16	2637.14	10.90	12037.89	386.68	12424.57	51.34	342.37	88.95	315.18
2006	5684.34	176.95	5861.29	24.32	31972.00	680.29	32652.29	135.49	596.64	124.10	552.01
2007	11752.53	325.84	12078.37	49.91	152811.01	2310.94	155121.94	641.00	859.48	203.27	818.67
2008	7705.54	114.26	7819.79	31.79	86127.99	554.72	86682.71	352.37	461.50	77.15	447.24
2009	17172.19	255.17	17427.36	71.42	188446.14	1028.72	189474.86	776.54	764.97	142.56	747.76
2010	15994.02	193.52	16187.55	66.89	240249.99	1071.55	241321.53	997.20	599.48	104.82	587.29
2011	12670.00	93.66	12763.66	52.31	183530.07	559.21	184089.28	754.46	359.38	55.06	353.48
2012	13831.39	100.72	13932.12	57.33	149667.76	454.65	150122.41	617.79	330.67	56.21	325.84
2013	21521.50	132.32	21653.82	90.98	237713.21	749.11	238462.31	1001.94	431.07	84.13	425.62
2014	30716.87	98.86	30815.73	125.78	366228.12	523.69	366751.81	1496.95	480.79	634.60	476.32
2015	69144.83	192.97	69337.80	281.86	1223606.58	1344.29	1224950.86	4979.48	829.30	163.77	852.02
2016	49728.70	78.11	49806.81	204.13	775478.37	501.53	775979.90	3180.25	508.36	59.00	505.87

数据来源：深圳证券交易所。
Source:SZSE.

2–17 股票分行业成交情况

Statistics for Stock Transaction by Industry

行业 Industry	成交量(百万股) Trading Volume(million shares)		成交金额（百万元） Trading Turnover(million yuan)	
	2015	2016	2015	2016
农、林、牧、渔业 Agriculture,Forestry,Animal Husbandry and Fishery	194390.79	128632.35	2579274.21	1534185.42
采矿业 Mining	894302.36	483377.36	9133904.01	4349998.43
制造业 Manufacturing	8098014.21	5188590.30	127915819.64	73657051.71
电力、热力、燃气及水的生产和供应业 Production and Supply of Electricity,Gas and Water	954936.23	340901.54	9344231.85	2714202.79
建筑业 Construction	845588.75	410596.43	10404532.45	4440485.18
批发和零售业 Wholesale and Retail Trades	719114.38	401378.11	11257432.05	5582520.55
交通运输、仓储和邮政业 Transport,Storage and Post	928447.80	360126.19	9346053.32	2913820.45
住宿和餐饮业 Hotels and Catering Services	35089.62	19356.52	469586.48	253454.61
信息传输、软件和信息技术服务业 Information Transmission,Computer Services and Software	677519.41	513635.39	20062420.80	11828754.78
金融业 Financial Intermediation	2144745.40	662354.20	30032019.76	7749160.77
房地产业 Real Estate	1045496.31	585432.50	12779153.10	5983597.42
租赁和商务服务业 Leasing and Business Services	139240.88	92544.18	2743108.41	1432201.53
科学研究和技术服务业 Scientific Research,Technical Service	41266.34	28974.99	1029226.43	666956.49
水利、环境和公共设施管理业 Management of Water Conservancy,Environment and Public Facilities	99931.71	55729.62	1907460.04	856328.24
教育 Education	1645.05	1352.89	65125.97	45324.09
卫生和社会工作业 Health and Social Works	5216.67	6360.23	265771.82	176771.15
文化、体育和娱乐业 Culture,Sports and Entertainment	139328.22	99310.22	3224190.90	1928189.83
综合 Others	139673.45	90399.90	2294826.72	1271470.25

数据来源：上海证券交易所、深圳证券交易所。
Source:SSE、SZSE.

2-18 股票按监管辖区成交情况
Statistics for Stock Transaction by Regulatory Jurisdiction

辖区	Jurisdiction	成交量(百万股) Trading Volume(million shares)		成交金额（百万元） Trading Turnover(million yuan)	
		2015	2016	2015	2016
北京	Beijing	3406713.07	1262783.23	43160978.82	15523252.77
天津	Tianjin	269077.63	129874.12	3931086.66	1429327.20
河北	Hebei	337723.43	212870.48	4124842.93	2428359.40
山西	Shanxi	324985.89	180017.31	3581408.60	1531348.52
内蒙古	Neimenggu	263282.60	138532.65	2949326.45	1274440.00
辽宁	Liaoning	245275.36	147376.22	3430048.11	1679989.64
吉林	Jilin	218454.65	130706.36	3266406.24	1524001.06
黑龙江	Heilongjiang	235061.80	127154.66	3559444.55	1327912.44
上海	Shanghai	1712442.65	787115.71	27495971.53	10902956.45
江苏	Jiangsu	1094408.60	780673.67	18375936.01	11109904.64
浙江	Zhejiang	985851.23	655011.92	17902504.41	10897527.01
安徽	Anhui	502691.28	325199.57	6793258.24	3461049.18
福建	Fujian	454261.52	236078.58	6460404.93	2898546.06
江西	Jiangxi	155181.49	109668.56	2433234.15	1770925.55
山东	Shandong	650569.03	416443.40	9146388.49	5440096.56
河南	Henan	323811.26	246106.23	4583543.15	3195171.52
湖北	Hubei	444319.06	246498.40	6447510.68	3472031.62
湖南	Hunan	361776.25	243085.02	5356679.57	3132803.92
广东	Guangdong	1046546.50	631258.29	16652620.39	9727601.46
广西	Guangxi	147042.73	104999.13	2154483.44	1217635.40
海南	Hainan	230545.31	107051.24	2353789.47	1158007.91
重庆	Chongqing	214085.31	141589.90	3115014.61	1643065.76
四川	Sichuan	554218.67	335650.39	8255506.29	4709152.47
贵州	Guizhou	104994.55	65180.05	2126376.62	1031771.92
云南	Yunnan	198118.85	139153.50	2563688.59	1533636.39
西藏	Xizang	62532.53	31559.28	955921.38	548395.80
陕西	Shaanxi	213105.33	140122.12	4071519.79	2064979.51
甘肃	Gansu	174215.73	124127.70	1891311.28	1194825.34
青海	Qinghai	50492.88	29309.70	722741.12	359727.47
宁夏	Ningxia	31206.03	27568.58	441255.90	336647.47
新疆	Xinjiang	303157.59	143909.47	4108621.13	1582436.71
深圳	Shenzhen	1132971.65	685753.03	23763249.43	12070457.66
大连	Dalian	252630.13	98603.25	2279400.63	976622.86
宁波	Ningbo	190002.73	140173.96	2923048.54	2040168.53
厦门	Xiamen	120784.26	85165.63	2059447.00	1403249.78
青岛	Qingdao	91450.23	62681.60	1632335.41	786595.14

注：由于使用汇率存在差异，本表中各辖区合计成交金额与表2-16数据有差异。
数据来源：上海证券交易所、深圳证券交易所。
Source:SSE、SZSE.

2-19 2016年A股总市值前50只股票交易情况

Statistics of Top 50 A-share Stocks Ranked by Stock Market Capitalization in 2016

排名 Ranking	股票代码 Stock Code	股票简称 Stock Abbreviation	股票市值（百万元） Market Capitalization of Shares (million yuan)	占比（%） Proportion (%)	流通市值（百万元） Negotiable Market Capitalization (million yuan)
1	601857	中国石油	1287280.52	2.54	1287280.52
2	601398	工商银行	1188989.86	2.35	1188989.86
3	601288	农业银行	911571.41	1.80	911571.41
4	601988	中国银行	725033.37	1.43	725033.37
5	600028	中国石化	516967.54	1.02	516967.54
6	601628	中国人寿	501638.84	0.99	501638.84
7	600519	贵州茅台	419758.49	0.83	419758.49
8	601318	中国平安	383801.30	0.76	383801.30
9	600036	招商银行	363069.42	0.72	363069.42
10	600000	浦发银行	350432.32	0.69	332610.05
11	601166	兴业银行	307504.72	0.61	307504.72
12	600900	长江电力	278520.00	0.55	123383.62
13	600016	民生银行	268330.07	0.53	268330.07
14	601088	中国神华	266824.99	0.53	266824.99
15	601668	中国建筑	265800.00	0.53	265328.79
16	600104	上汽集团	258549.54	0.51	258549.54
17	601328	交通银行	226477.49	0.45	226477.49
18	601766	中国中车	223905.85	0.44	223905.85
19	601998	中信银行	218277.38	0.43	204512.10
20	000002	万科A	199832.24	0.39	199447.25
21	000333	美的集团	181940.92	0.36	174080.21
22	601800	中国交建	178440.51	0.35	178440.51
23	601601	中国太保	174581.66	0.34	174581.66
24	601390	中国中铁	165123.04	0.33	162386.36
25	600030	中信证券	158007.61	0.31	157623.47
26	000001	平安银行	156250.74	0.31	133071.13
27	601818	光大银行	155658.51	0.31	155658.51
28	600050	中国联通	154947.12	0.31	154947.12
29	300498	温氏股份	153217.46	0.30	104986.46
30	601169	北京银行	148417.15	0.29	148417.15
31	000651	格力电器	148107.29	0.29	146964.82
32	002415	海康威视	145305.45	0.29	111544.63
33	601211	国泰君安	141748.75	0.28	88748.83
34	601229	上海银行	139783.60	0.28	13978.48
35	601186	中国铁建	137578.82	0.27	137578.82
36	000858	五粮液	130884.93	0.26	130877.66
37	601989	中国重工	130184.21	0.26	127321.20
38	001979	招商蛇口	129548.08	0.26	31134.30
39	002736	国信证券	127510.00	0.25	34133.18
40	600837	海通证券	127451.07	0.25	127451.07
41	000166	申万宏源	125353.79	0.25	44796.80
42	002027	分众传媒	124674.61	0.25	50562.53
43	600018	上港集团	118649.21	0.23	116506.52
44	600015	华夏银行	115938.46	0.23	115938.46
45	002252	上海莱士	114659.29	0.23	84898.57
46	600919	江苏银行	111173.05	0.22	11117.35
47	601985	中国核电	109891.94	0.22	29943.23
48	600048	保利地产	108261.82	0.21	98228.86
49	600276	恒瑞医药	106809.42	0.21	106610.67
50	600887	伊利股份	106740.48	0.21	106187.30
合计	—	—	13289404.32	26.25	12233701.04

注：1.按年末股票市值进行排名。
　　2.占比为个股市值占A股股票总市值的比重。
数据来源：上海证券交易所、深圳证券交易所。
Source:SSE、SZSE.

2–19 续表 continued

成交量（百万股）Trading Volume (million shares)	成交金额（百万元）Trading Turnover (million yuan)	市盈率（倍）P/E Ratio (times)	市净率（倍）P/B Ratio (times)	涨跌幅（%）Price Change Rate (%)	股本换手率（%）Turnover Ratio of Share Capital (%)
8603.38	64972.22	184.18	1.22	-4.27	5.31
22759.22	98956.26	5.65	0.80	1.37	8.44
30992.33	97349.00	5.47	0.76	1.22	10.54
33463.95	113726.52	6.15	0.72	-9.66	15.88
25296.28	123532.67	14.11	0.92	12.33	26.47
3141.17	71006.70	35.60	2.24	-13.15	15.08
732.48	202381.20	25.11	5.76	56.45	58.31
10555.73	347819.16	10.38	1.69	0.06	97.44
7110.98	121564.33	7.15	1.10	1.80	34.47
6895.10	119956.04	6.60	0.95	0.46	33.60
12720.91	200714.28	5.71	0.88	-1.74	66.77
5348.47	68377.64	13.40	2.17	-4.01	54.88
20681.77	189093.87	6.92	0.97	-2.15	69.98
4951.57	75369.63	14.17	1.03	10.57	30.03
57091.82	438657.89	8.90	1.40	45.14	190.64
4703.32	103490.21	8.08	1.35	18.08	42.66
19761.54	111358.75	6.38	0.68	-6.09	50.35
20362.58	205283.85	23.60	2.54	-22.68	88.85
9962.48	60840.61	7.53	0.83	-8.07	31.23
18267.16	414877.30	12.53	2.26	-12.36	188.22
7392.95	200336.22	14.19	3.10	33.63	119.63
6016.43	77607.44	14.67	1.54	15.29	51.22
2910.59	77880.32	20.87	1.91	-0.08	46.30
17819.52	148363.29	16.18	1.44	-17.79	97.23
28522.94	472659.94	18.77	1.36	-14.56	290.62
12808.55	124228.06	7.15	0.79	-7.54	87.59
21389.51	81484.26	5.96	0.72	-3.06	53.73
36182.75	197181.75	1005.67	2.00	20.15	170.70
1728.35	70368.37	24.69	5.22	-5.20	57.98
11963.39	115933.30	8.34	1.04	13.92	78.67
10108.19	242834.06	11.82	2.98	19.48	169.34
3844.56	99622.08	24.76	6.76	6.10	82.06
8888.78	164737.29	14.40	1.42	-19.95	186.19
1478.29	40171.17	9.77	1.21	31.01	246.20
14954.36	160853.72	11.60	1.24	-9.82	130.00
6292.08	198703.94	21.19	2.88	29.36	165.77
33817.03	236060.54	186.50	2.30	-24.57	188.31
11283.81	180934.07	26.71	2.58	-19.99	594.01
4330.91	71137.98	9.14	2.68	-18.51	197.30
11194.35	162845.23	22.52	1.64	2.36	138.34
11201.68	83891.53	10.31	2.48	-19.85	156.28
2633.58	64136.07	36.79	18.71	-32.45	74.33
5883.21	30642.84	17.10	1.95	-18.71	25.85
8405.24	87590.40	5.89	0.76	-7.30	78.66
1145.96	37013.57	79.48	9.74	4.64	31.17
10352.89	121092.05	10.48	1.34	53.59	896.78
16574.60	119232.92	24.48	2.70	-25.04	390.80
17560.66	167222.96	8.72	1.21	-10.81	163.22
1331.44	60325.20	41.26	8.62	11.39	56.82
12332.82	206321.70	18.85	4.62	10.35	204.41
663751.66	7330740.43	—	—	—	—

2–20　2016年A股流通市值前50只股票交易情况

Statistics of Top 50 A-share Stocks Ranked by Stock Free Float Market Capitalization in 2016

排名 Ranking	股票代码 Stock Code	股票简称 Stock Abbreviation	流通市值（百万元） Negotiable Market Capitalization (million yuan)	占比（%） Proportion (%)	股票市值（百万元） Market Capitalization of Shares (million yuan)
1	601857	中国石油	1352049.35	3.44	1352049.35
2	601398	工商银行	1234823.93	3.14	1234823.93
3	601288	农业银行	949798.60	2.41	949798.60
4	601988	中国银行	845169.71	2.15	845169.71
5	601628	中国人寿	589514.13	1.50	589514.13
6	600028	中国石化	473966.54	1.20	473966.54
7	601318	中国平安	389975.92	0.99	389975.92
8	600036	招商银行	371114.71	0.94	371114.71
9	600000	浦发银行	340798.92	0.87	340798.92
10	601766	中国中车	294492.35	0.75	294492.35
11	600016	民生银行	284879.06	0.72	284879.06
12	601166	兴业银行	276186.06	0.70	325223.39
13	600519	贵州茅台	274089.80	0.70	274089.80
14	601328	交通银行	252775.56	0.64	252775.56
15	601088	中国神华	246870.84	0.63	246870.84
16	600104	上汽集团	233962.52	0.59	233962.52
17	601998	中信银行	230355.28	0.59	230355.28
18	000002	万　科A	199447.25	0.51	190376.54
19	600030	中信证券	189913.70	0.48	190200.00
20	601668	中国建筑	189569.55	0.48	203515.07
21	601390	中国中铁	186650.21	0.47	181434.16
22	601601	中国太保	181434.16	0.46	172599.65
23	000333	美的集团	174080.21	0.44	168795.92
24	601989	中国重工	168803.84	0.43	157530.43
25	601818	光大银行	168795.92	0.43	150165.41
26	601800	中国交建	157530.43	0.40	155063.75
27	600018	上港集团	147453.56	0.37	133438.58
28	000651	格力电器	146964.82	0.37	223740.00
29	601186	中国铁建	138321.59	0.35	130994.97
30	601169	北京银行	133438.58	0.34	128151.74
31	000001	平安银行	133071.13	0.34	128017.52
32	600900	长江电力	132154.97	0.34	114435.82
33	600050	中国联通	130994.97	0.33	113680.56
34	000858	五 粮 液	130877.66	0.33	108880.79
35	601006	大秦铁路	128151.74	0.33	107350.22
36	600837	海通证券	128017.52	0.33	104448.00
37	600048	保利地产	114435.82	0.29	126036.54
38	601727	上海电气	113680.56	0.29	100695.23
39	002415	海康威视	111544.63	0.28	97758.78
40	601336	新华保险	108880.79	0.28	96103.24
41	601688	华泰证券	107350.22	0.27	95284.22
42	300498	温氏股份	104986.46	0.27	129722.85
43	601018	宁波港	104448.00	0.27	91665.00
44	600999	招商证券	104227.27	0.26	91888.75
45	000776	广发证券	99799.25	0.25	99519.55
46	600887	伊利股份	98837.09	0.25	81277.73
47	601618	中国中冶	97758.78	0.25	89619.67
48	600276	恒瑞医药	95741.63	0.24	74536.42
49	601238	广汽集团	95284.22	0.24	72573.86
50	600015	华夏银行	94512.62	0.24	73119.34
合计	—	—	13057982.44	33.19	12872480.92

注：1.按年末股票流通市值进行排名。
2.占比为个股流通市值占A股股票总流通市值的比重。
数据来源：上海证券交易所、深圳证券交易所。
Source：SSE、SZSE.

2–20 续表 continued

成交量（百万股）Trading Volume (million shares)	成交金额（百万元）Trading Turnover (million yuan)	市盈率（倍）P/E Ratio (times)	市净率（倍）P/B Ratio (times)	涨跌幅 (%) Price Change Rate (%)	股本换手率 (%) Turnover Ratio of Share Capital (%)
48163.30	570171.82	184.18	1.22	-21.58	29.74
127440.18	639330.05	5.65	0.80	-1.53	47.36
207181.38	756748.86	5.47	0.76	-8.97	71.53
255270.70	1172634.17	6.15	0.72	0.44	121.95
19005.61	663930.91	35.60	2.24	-16.21	91.27
120252.61	807203.11	14.11	0.92	-21.00	126.36
39414.16	2481186.24	10.38	1.69	-2.44	601.48
48128.17	838434.49	7.15	1.10	12.48	233.30
56308.78	923740.96	6.60	0.95	21.87	370.74
87034.66	1539808.86	23.60	2.54	103.27	508.22
91976.59	905232.76	6.92	0.97	-9.78	327.69
76944.91	1307673.43	5.71	0.88	6.48	475.57
1340.69	298723.36	25.11	5.76	28.81	114.18
102094.39	738995.79	6.38	0.68	-1.74	304.09
20074.32	409199.73	14.17	1.03	-24.00	121.73
14608.76	342260.81	8.08	1.35	4.38	132.50
41104.83	318390.82	7.53	0.83	-11.30	128.83
91123.01	2435332.18	18.77	1.36	-42.19	928.44
150652.35	1211258.62	8.90	1.40	-11.35	504.43
83530.53	1224563.74	16.18	1.44	17.88	488.70
19065.22	602996.98	20.87	1.91	-9.09	303.26
147021.10	1829736.88	186.50	2.30	2.31	822.91
116953.02	586645.72	5.96	0.72	-10.14	293.77
28092.37	464039.17	14.67	1.54	-2.50	636.59
31612.19	261490.95	17.10	1.95	2.58	138.92
43351.77	782269.99	11.60	1.24	-10.89	422.48
46846.23	540163.14	8.34	1.04	17.95	435.23
12324.10	151957.16	13.40	2.17	30.45	126.45
105723.20	766741.10	1005.67	2.00	26.09	498.77
35932.19	418022.22	14.68	1.17	-16.32	241.69
60879.24	1328797.35	22.52	1.64	-33.44	752.33
64841.00	728538.36	8.72	1.21	-0.04	603.68
42974.43	635330.34	54.89	2.51	40.48	436.26
8530.84	445803.35	27.64	2.31	5.89	409.07
32211.15	790766.61	20.40	1.52	-18.07	582.24
28156.47	225975.10	28.99	1.93	78.80	219.97
20980.95	574372.48	20.25	1.83	-20.36	443.20
23400.07	498050.06	18.85	4.62	16.92	490.53
64567.73	474321.59	16.57	1.26	20.11	397.61
3337.88	160628.24	41.26	8.62	70.64	191.44
4343.50	63259.90	23.78	3.41	162.29	224.20
26473.84	358401.50	5.89	0.76	11.20	388.39
19260.10	202455.71	12.16	1.31	2.05	183.43
37544.63	281874.53	11.65	0.86	-18.73	228.59
7535.89	330354.21	20.86	2.31	0.25	444.80
6229.15	196514.95	10.88	2.78	42.73	271.99
18310.58	479916.60	24.34	1.55	-19.43	535.71
21656.21	502886.84	26.44	3.03	117.08	705.54
4387.99	121203.44	9.57	2.13	-11.12	150.18
23467.68	245483.25	13.83	1.37	9.80	281.75
2787660.65	34633818.43	—	—	—	—

2–21 2016年A股成交金额前50只股票交易情况
Statistics of Top 50 A-share Stocks Ranked by Stock Trading Turnover in 2016

排名 Ranking	股票代码 Stock Code	股票简称 Stock Abbreviation	成交金额（百万元）Trading Turnover (million yuan)	占比（%）Proportion (%)	股票市值（百万元）Market Capitalization of Shares (million yuan)
1	300059	东方财富	506490.57	0.40	60242.38
2	600030	中信证券	472659.94	0.37	158007.61
3	002673	西部证券	452818.33	0.36	58063.98
4	601668	中国建筑	438657.89	0.34	265800.00
5	002407	多 氟 多	415640.23	0.33	17141.00
6	000002	万 科 A	414877.30	0.33	199832.24
7	000839	中信国安	408531.80	0.32	35984.01
8	002466	天齐锂业	379712.40	0.30	32269.00
9	600570	恒生电子	374616.07	0.29	29123.34
10	000413	东旭光电	360982.89	0.28	52808.60
11	601318	中国平安	347819.16	0.27	383801.30
12	002460	赣锋锂业	327777.93	0.26	19953.96
13	600547	山东黄金	324847.84	0.26	67803.41
14	000651	格力电器	242834.06	0.19	148107.29
15	601989	中国重工	236060.54	0.19	130184.21
16	601198	东兴证券	224519.91	0.18	55324.69
17	300431	暴风集团	217899.12	0.17	12727.68
18	600489	中金黄金	216446.77	0.17	41724.25
19	300168	万达信息	216363.22	0.17	20848.49
20	600446	金证股份	216024.06	0.17	20983.79
21	000776	广发证券	213192.93	0.17	99799.25
22	600887	伊利股份	206321.70	0.16	106740.48
23	601766	中国中车	205283.85	0.16	223905.85
24	002292	奥飞娱乐	204758.15	0.16	29689.10
25	600519	贵州茅台	202381.20	0.16	419758.49
26	601166	兴业银行	200714.28	0.16	307504.72
27	000333	美的集团	200336.22	0.16	181940.92
28	000858	五 粮 液	198703.94	0.16	130884.93
29	601688	华泰证券	197849.53	0.16	97224.89
30	600050	中国联通	197181.75	0.16	154947.12
31	002797	第一创业	196030.06	0.15	76177.20
32	002431	棕榈股份	195869.21	0.15	12613.29
33	000009	中国宝安	191425.70	0.15	22267.21
34	600100	同方股份	191342.03	0.15	41050.00
35	600016	民生银行	189093.87	0.15	268330.07
36	300033	同 花 顺	188744.87	0.15	36976.13
37	002500	山西证券	186979.29	0.15	34001.28
38	601099	太 平 洋	185780.33	0.15	35104.03
39	000725	京东方A	184624.32	0.15	97099.80
40	002024	苏宁云商	182858.77	0.14	106599.95
41	001979	招商蛇口	180934.07	0.14	129548.08
42	300315	掌趣科技	180275.58	0.14	25602.88
43	600503	华丽家族	179925.46	0.14	13282.98
44	000728	国元证券	178200.75	0.14	39085.59
45	002273	水晶光电	177509.40	0.14	13192.07
46	000988	华工科技	174600.39	0.14	13945.98
47	002183	怡 亚 通	173150.05	0.14	22898.60
48	600111	北方稀土	172159.49	0.14	44577.72
49	601377	兴业证券	171453.13	0.13	51229.54
50	600868	梅雁吉祥	171077.39	0.13	11445.84
合计	—	—	12474337.75	9.80	4658155.21

注：1.按全年股票成交金额进行排名。

2.占比为个股成交金额占A股股票总成交金额的比重。

数据来源：上海证券交易所、深圳证券交易所。

Source：SSE、SZSE.

2–21 续表 continued

流通市值 （百万元） Negotiable Market Capitalization (million yuan)	成交量 （百万股） Trading Volume (million shares)	市盈率 （倍） P/E Ratio (times)	市净率 （倍） P/B Ratio (times)	涨跌幅 (%) Price Change Rate (%)	股本换手率 (%) Turnover Ratio of Share Capital (%)
44834.72	18859.76	32.45	4.76	-41.31	1001.17
157623.47	28522.94	18.77	1.36	-14.56	290.62
58063.98	18223.11	29.44	4.72	-36.29	676.24
265328.79	57091.82	8.90	1.40	45.14	190.72
14353.76	8222.63	437.34	6.95	-10.40	2552.16
199447.25	18267.16	12.53	2.26	-12.36	188.23
35978.30	28635.42	102.34	5.51	13.23	1169.60
31991.06	5253.29	130.06	7.44	-12.24	1415.56
29123.34	6676.14	1592.19	12.13	-22.33	1080.62
33660.61	28630.97	41.94	2.56	25.16	1205.55
383801.30	10555.73	10.38	1.69	0.06	97.44
13805.14	7267.08	159.99	8.79	-15.57	2223.64
51956.37	9435.74	52.45	4.37	74.34	663.05
146964.82	10108.20	11.82	2.98	19.48	169.32
127321.20	33817.03	186.50	2.30	-24.57	188.31
18134.24	9395.39	40.89	3.02	-32.35	1213.54
8834.17	3201.00	72.95	16.07	-52.00	1776.14
41724.25	17579.67	115.14	3.15	29.98	538.46
20393.06	8421.62	89.63	10.01	-38.80	840.25
20139.42	6651.22	89.26	14.28	-48.80	830.09
99799.25	12887.35	9.73	1.69	-9.26	217.72
106187.30	12332.82	18.85	4.62	10.35	204.43
223905.85	20362.58	23.60	2.54	-22.68	88.85
15293.68	6052.52	60.74	6.31	-56.04	900.96
419758.49	732.48	25.11	5.76	56.45	58.31
307504.72	12720.91	5.71	0.88	-1.74	67.08
174080.21	7392.95	14.19	3.10	33.63	210.91
130877.66	6292.08	21.19	2.88	29.36	165.77
97224.89	10935.00	20.40	1.52	-7.00	200.87
154947.12	36182.75	1005.67	2.00	20.15	170.70
7621.20	5386.85	74.52	8.61	227.81	2459.75
8269.06	13058.99	0.00	2.97	-14.68	1997.11
21951.65	15681.31	28.22	4.91	-21.76	890.73
30440.67	13512.50	9.54	1.88	-22.76	643.11
268330.07	20681.77	6.92	0.97	-2.15	69.98
18131.79	2663.11	38.63	15.08	-1.84	1010.40
30275.08	13572.30	23.63	2.81	-20.18	545.12
33365.90	29972.78	52.57	2.97	-11.41	615.56
68722.04	72172.09	61.51	1.30	-3.28	300.65
57453.98	16106.85	122.20	1.66	-14.41	320.99
31134.30	11283.81	26.71	2.58	-19.99	594.10
17892.46	16534.95	54.48	3.05	-33.88	924.69
12954.71	18749.66	103.12	3.54	-39.49	1199.83
39085.59	8970.79	14.04	1.92	-10.14	456.74
12146.98	6279.04	87.36	4.69	-26.25	1377.59
13945.98	9706.39	92.44	4.50	-25.99	1089.24
22883.91	9319.96	46.27	4.29	-52.40	617.20
44577.72	12821.21	490.75	5.37	-12.29	455.94
51229.54	21000.48	25.03	1.62	-25.12	317.18
11445.84	28809.72	167.81	5.13	-3.37	1517.78
4234916.88	806991.93	—	—	—	—

2—22 2016年A股涨幅前50只股票交易情况

Statistics of Top 50 A-share Stocks Ranked by Stock Price Increase Rate in 2016

排名 Ranking	股票代码 Stock Code	股票简称 Stock Abbreviation	涨幅 (%) Price Change Rate (%)	股票市值 (百万元) Market Capitalization of Shares (million yuan)	流通市值 (百万元) Negotiable Market Capitalization (million yuan)
1	601882	海天精工	1582.67	13175.28	1317.53
2	300506	名家汇	1310.93	14493.00	3623.25
3	603159	上海亚虹	1069.77	8048.00	2012.00
4	300556	丝路视觉	1025.63	6930.27	1733.61
5	300531	优博讯	987.57	11624.00	2906.00
6	300526	中潜股份	919.33	9087.64	2274.39
7	002806	华锋股份	901.61	4968.00	1242.00
8	002819	东方中科	859.88	5396.12	1349.27
9	603779	威龙股份	837.09	8648.64	2168.64
10	300503	昊志机电	781.87	6906.61	1702.00
11	002805	丰元股份	764.31	4858.29	1214.60
12	002800	天顺股份	730.52	4775.79	1194.59
13	300484	蓝海华腾	720.61	7990.32	1997.58
14	300513	恒泰实达	712.96	7262.62	1817.56
15	002803	吉宏股份	712.87	6006.48	1501.62
16	300474	景嘉微	691.07	14383.29	3609.29
17	603986	兆易创新	665.13	17797.00	4449.25
18	300520	科大国创	659.40	7332.44	1755.36
19	002813	路畅科技	637.88	6100.80	1525.20
20	300539	横河模具	631.86	4255.05	1063.76
21	300525	博思软件	628.83	5788.41	1452.65
22	300548	博创科技	619.83	6992.23	1748.27
23	603859	能科股份	608.62	6067.51	1516.88
24	300505	川金诺	598.34	6682.71	1671.39
25	603663	三祥新材	591.67	4899.16	1225.25
26	603528	多伦科技	591.53	13506.54	3377.29
27	300519	新光药业	563.93	6480.00	1620.00
28	300573	兴齐眼药	562.02	2732.80	683.20
29	603322	超讯通信	560.97	6340.00	1585.00
30	002801	微光股份	558.98	7560.19	1890.05
31	002798	帝王洁具	536.27	5787.28	1447.20
32	300545	联得装备	535.56	6118.05	1529.81
33	002799	环球印务	529.95	5027.00	1256.75
34	300563	神宇股份	526.81	4432.80	1108.20
35	300542	新晨科技	526.07	4633.71	1159.07
36	603028	赛福天	520.89	5840.16	1460.04
37	300553	集智股份	520.38	4192.80	1048.20
38	002795	永和智控	516.84	9160.00	2290.00
39	603633	徕木股份	507.56	4935.55	1233.99
40	300508	维宏股份	505.43	6903.06	1436.01
41	002802	洪汇新材	504.95	6205.68	1551.42
42	300515	三德科技	498.37	5128.00	1282.00
43	300560	中富通	496.49	4291.34	1072.84
44	300562	乐心医疗	492.26	5461.63	1370.04
45	603131	上海沪工	479.98	5852.00	1463.00
46	002816	和科达	470.33	4728.00	1182.00
47	603990	麦迪科技	468.21	4404.80	1101.20
48	300530	达志科技	468.12	4752.30	1188.08
49	300510	金冠电气	464.23	6032.32	1512.92
50	603090	宏盛股份	462.81	4767.00	1191.75
合计	—	—	—	345742.67	84111.97

数据来源：上海证券交易所、深圳证券交易所。
Source:SSE、SZSE.

2—22 续表 continued

成交量（百万股）Trading Volume (million shares)	成交金额（百万元）Trading Turnover (million yuan)	市盈率（倍）P/E Ratio (times)	市净率（倍）P/B Ratio (times)	股本换手率（%）Turnover Ratio of Share Capital (%)
178.00	5194.63	208.21	12.19	341.93
2428.00	124354.82	291.55	26.85	3237.40
429.00	24273.52	194.09	21.14	1714.89
205.00	14116.40	221.13	24.68	737.90
344.00	42993.15	195.30	21.93	1721.05
193.00	17876.21	214.92	18.99	910.09
241.00	16329.84	193.46	14.40	1205.62
149.00	7190.36	173.76	17.21	526.64
973.00	38332.09	147.11	11.05	1937.65
981.00	64239.17	156.87	10.22	3923.29
434.00	26093.56	184.98	9.12	1791.77
320.00	27828.41	146.00	11.90	1715.31
477.00	59567.82	112.64	14.26	1834.90
206.00	23856.84	186.61	14.32	1079.31
601.00	33704.77	160.81	14.26	2071.54
735.00	81657.51	161.77	16.81	1097.15
32.00	5633.37	100.87	13.92	128.12
326.00	39174.50	158.01	15.26	1417.80
153.00	10047.72	131.71	9.23	510.61
324.00	16870.47	160.54	12.58	1363.71
162.00	17507.24	157.61	14.61	945.41
131.00	12888.65	159.28	12.98	634.49
146.00	7850.91	143.15	9.37	514.89
1113.00	72196.97	158.36	11.02	4767.50
476.00	21088.59	124.56	11.50	1417.70
723.00	61935.44	43.74	9.90	1398.58
248.00	28147.31	54.55	10.72	1239.49
0.00	6.59	124.22	6.28	1.25
257.00	20235.80	209.31	13.24	1286.06
257.00	42593.39	91.98	10.53	1747.23
282.00	21584.63	108.41	10.32	1303.90
164.00	15490.15	119.17	13.60	917.37
313.00	20787.53	144.45	9.94	1253.19
93.00	5833.11	136.48	16.37	465.37
139.00	9639.68	131.79	8.61	618.61
1660.00	47841.61	187.65	8.64	3007.79
53.00	5901.35	139.54	24.16	441.23
754.00	48660.49	138.79	15.52	3014.21
184.00	8190.57	99.62	7.38	611.69
297.00	46734.49	133.51	16.07	2511.53
609.00	44094.67	136.81	11.61	2255.39
367.00	26780.09	121.52	11.77	1469.42
67.00	4979.54	123.64	14.58	382.17
44.00	4442.30	108.78	19.99	296.64
258.00	20100.53	84.49	9.41	1032.98
215.00	12579.03	119.70	14.44	859.86
22.00	1238.40	97.44	11.15	112.25
205.00	17325.10	125.03	10.21	1169.19
587.00	38942.03	120.49	10.51	1347.42
358.00	19989.05	119.62	10.52	1433.20
19913.00	1384920.39	—	—	—

2—23 2016年A股跌幅前50只股票交易情况

Statistics of Top 50 A-share Stocks Ranked by Stock Price Decrease Rate in 2016

排名 Ranking	股票代码 Stock Code	股票简称 Stock Abbreviation	跌幅 (%) Price Decrease Rate (%)	股票市值 (百万元) Market Capitalization of Shares (million yuan)	流通市值 (百万元) Negotiable Market Capitalization (million yuan)
1	300372	欣泰电气	-83.84	519.82	299.16
2	300333	兆日科技	-64.58	5701.92	5615.29
3	002667	鞍重股份	-62.34	3828.63	2556.19
4	300245	天玑科技	-59.23	4708.43	3375.32
5	300028	金亚科技	-58.91	4877.64	4877.57
6	600645	中源协和	-58.78	10347.25	9461.26
7	300188	美亚柏科	-57.76	10616.72	6009.56
8	300392	腾信股份	-57.44	6524.16	2788.31
9	300299	富春通信	-56.86	7702.65	3750.75
10	002751	易尚展示	-56.72	6523.89	3527.12
11	002018	华信国际	-56.13	23165.50	23165.40
12	002292	奥飞娱乐	-56.04	29689.10	15293.68
13	600556	ST慧球	-55.93	4709.89	4709.89
14	300364	中文在线	-55.91	11259.21	5274.64
15	300288	朗玛信息	-55.69	9242.70	4640.29
16	300383	光环新网	-55.17	18050.47	8781.51
17	600756	浪潮软件	-55.03	7430.20	6433.49
18	002739	万达院线	-54.82	63494.13	21952.42
19	600160	巨化股份	-54.46	22341.43	19159.49
20	002368	太极股份	-54.18	12721.43	12083.74
21	300336	新文化	-53.02	10562.82	8783.99
22	300109	新开源	-52.90	8340.00	4130.89
23	300479	神思电子	-52.68	4091.20	2219.48
24	002312	三泰控股	-52.67	12058.30	8834.24
25	002568	百润股份	-52.59	18845.46	7711.49
26	002183	怡亚通	-52.40	22898.60	22883.91
27	000972	中基健康	-52.38	5398.99	5398.24
28	300431	暴风集团	-52.00	12727.68	8834.17
29	002612	朗姿股份	-51.85	7248.00	4039.27
30	600978	宜华生活	-51.81	15792.57	15792.57
31	300467	迅游科技	-51.75	7307.17	4293.83
32	002184	海得控制	-51.61	4955.44	2796.18
33	002153	石基信息	-51.52	25997.64	11806.36
34	300085	银之杰	-51.35	14295.89	6875.36
35	000638	万方发展	-51.29	4603.87	4577.80
36	000622	*ST恒立	-50.59	3886.57	3886.57
37	603227	雪峰科技	-50.56	5440.86	3481.92
38	300384	三联虹普	-50.55	6192.13	2004.81
39	002104	恒宝股份	-50.54	8413.91	8290.13
40	002181	粤传媒	-50.28	9149.14	8938.26
41	000681	视觉中国	-49.86	13353.01	3748.63
42	002276	万马股份	-49.81	14115.36	14071.71
43	000670	*ST盈方	-49.81	6500.35	4777.33
44	600871	石化油服	-49.75	49374.91	11555.17
45	002467	二六三	-49.73	8383.46	6936.57
46	300171	东富龙	-49.55	9448.67	4963.25
47	000555	神州信息	-49.50	20453.65	5478.89
48	002329	皇氏集团	-49.39	11827.48	6830.36
49	600650	锦江投资	-49.03	9029.75	9029.75
50	002721	金一文化	-48.97	10809.24	4429.95
合计	—	—	—	624487.47	380857.00

数据来源：上海证券交易所、深圳证券交易所。
Source：SSE、SZSE.

2–23 续表 continued

成交量 （百万股） Trading Volume (million shares)	成交金额 （百万元） Trading Turnover (million yuan)	市盈率 （倍） P/E Ratio (times)	市净率 （倍） P/B Ratio (times)	股本换手率 （%） Turnover Ratio of Share Capital (%)
944.00	9804.82	88.60	0.83	955.80
2915.00	70760.55	136.97	6.68	880.88
890.00	32953.94	614.85	5.12	980.33
2748.00	61850.07	102.82	5.84	1393.03
4428.00	79979.08	383.24	14.31	1287.42
2137.00	80351.34	273.30	6.52	605.41
3337.00	91409.13	78.27	6.23	1187.86
1313.00	32333.15	44.33	7.51	800.32
967.00	26213.75	110.10	5.59	522.82
1365.00	96096.31	165.33	14.76	1797.10
7967.00	80991.31	146.54	7.60	349.75
6053.00	204758.15	60.74	6.31	898.36
2984.00	45778.31	—	63.26	755.78
1024.00	71363.85	359.60	4.35	767.31
1010.00	35434.53	93.92	8.35	595.16
2488.00	91940.16	158.88	3.05	707.25
3949.00	122189.71	64.78	3.66	1416.64
1405.00	105896.69	53.55	6.23	346.17
7144.00	81924.47	147.73	2.15	394.51
1394.00	51217.63	63.14	5.91	353.20
2048.00	49786.24	42.56	3.89	458.18
836.00	45280.90	146.34	6.89	990.44
651.00	34324.49	82.78	10.45	749.72
7280.00	96773.38	0.00	2.93	721.02
1605.00	39036.63	37.68	21.13	421.36
9320.00	173150.05	46.27	4.29	442.30
5916.00	42175.70	0.00	5.42	767.12
3201.00	217899.12	72.95	16.07	1666.78
978.00	22386.77	97.31	3.01	438.75
7353.00	85151.98	22.26	2.13	495.86
795.00	48733.92	122.52	14.47	810.69
925.00	23558.18	63.65	4.48	684.86
1399.00	53860.03	72.02	5.37	288.81
3431.00	115393.53	195.69	15.25	1042.90
1605.00	31780.83	0.00	21.02	521.56
1515.00	16474.29	0.00	28.87	356.36
1616.00	22218.17	—	4.83	383.33
570.00	29516.39	53.80	7.65	1179.00
5078.00	81930.47	22.68	5.22	722.15
3769.00	33575.37	0.00	2.51	332.30
1454.00	35780.76	84.75	6.07	739.29
6501.00	133409.68	51.92	4.73	694.38
4408.00	46796.26	572.66	9.35	734.52
14774.00	68497.75	—	6.87	524.20
4747.00	66292.57	142.55	3.67	719.91
1959.00	37157.92	24.44	3.28	587.66
2872.00	87753.60	52.98	6.13	1112.82
6031.00	101222.23	64.07	4.35	1246.66
2249.00	73429.28	53.81	3.92	575.86
1979.00	41150.28	70.83	5.11	745.25
163327.00	3427743.73	—	—	—

2–24 2016年B股总市值前50只股票交易情况

Statistics of Top 50 B-share Stocks Ranked by Stock Market Capitalization in 2016

排名 Ranking	股票代码 Stock Code	股票简称 Stock Abbreviation	股票市值（百万元）Market Capitalization of Shares (million yuan)	占比（%）Proportion (%)	流通市值（百万元）Negotiable Market Capitalization (million yuan)
1	900932	陆家B股	9328.17	4.88	9328.17
2	200625	长　安B	8951.71	4.68	8951.71
3	900948	伊泰B股	8560.51	4.47	8560.51
4	200550	江　铃B	5916.79	3.09	5916.79
5	900947	振华B股	5610.79	2.93	5610.79
6	900905	老凤祥B	4915.47	2.57	4915.47
7	200869	张　裕B	4308.11	2.25	4308.11
8	200418	小天鹅B	4185.05	2.19	4185.05
9	200012	南　玻B	4162.86	2.18	4162.24
10	900903	大众B股	3999.54	2.09	3999.54
11	900925	机电B股	3280.44	1.71	3280.44
12	200488	晨　鸣B	3245.01	1.70	3244.32
13	200596	古井贡B	3221.64	1.68	3221.64
14	200726	鲁　泰B	3005.34	1.57	2019.60
15	900936	鄂资B股	2862.01	1.50	2862.01
16	200581	苏威孚B	2846.15	1.49	2846.15
17	900911	金桥B股	2809.46	1.47	2809.46
18	900917	海欣B股	2696.61	1.41	2696.61
19	200539	粤电力B	2593.62	1.36	2593.62
20	900933	华新B股	2548.15	1.33	2548.15
21	200053	深基地B	2525.18	1.32	2524.68
22	900926	宝　信B	2496.81	1.31	2496.81
23	200725	京东方B	2398.92	1.25	2398.92
24	900912	外高B股	2333.50	1.22	2333.50
25	900934	锦江B股	2307.03	1.21	2307.03
26	200028	一　致B	2283.46	1.19	2283.46
27	900908	氯碱B股	2247.97	1.18	2247.97
28	200055	方　大B	2203.71	1.15	2203.71
29	900942	黄山B股	2186.21	1.14	2186.21
30	200152	山　航B	2075.99	1.09	2075.99
31	200771	杭汽轮B	2075.82	1.09	2074.97
32	200016	深康佳B	2062.06	1.08	2062.06
33	900920	上柴B股	2054.97	1.07	2054.97
34	200022	深赤湾B	2023.62	1.06	2023.46
35	900924	上工B股	1945.29	1.02	1945.29
36	900953	凯　马B	1900.51	0.99	1900.51
37	900902	市北B股	1833.16	0.96	1833.16
38	900923	百联B股	1766.45	0.92	1766.45
39	900909	华谊B股	1702.15	0.89	1702.15
40	900929	锦旅B股	1673.36	0.87	1673.36
41	900910	海立B股	1658.10	0.87	1658.10
42	900914	锦投B股	1657.92	0.87	1657.92
43	200541	粤照明B	1616.66	0.85	1571.82
44	900901	云赛B股	1595.63	0.83	1595.63
45	900919	绿庭B股	1589.71	0.83	1589.71
46	900945	海航B股	1562.87	0.82	1562.87
47	900956	东贝B股	1532.94	0.80	1532.94
48	200553	沙隆达B	1527.24	0.80	1527.24
49	200429	粤高速B	1526.15	0.80	1526.14
50	900937	华电B股	1500.40	0.78	1500.40
合计	—	—	146911.23	76.79	145877.80

注：1.按年末股票市值进行排名。
　　2.占比为个股市值占B股股票总市值的比重。
数据来源：上海证券交易所、深圳证券交易所。
Source：SSE、SZSE.

2–24 续表 continued

成交量（百万股）Trading Volume (million shares)	成交金额（百万元）Trading Turnover (million yuan)	市盈率（倍）P/E Ratio (times)	市净率（倍）P/B Ratio (times)	涨跌幅（%）Price Change Rate (%)	股本换手率（%）Turnover Ratio of Share Capital (%)
305.08	4458.70	12.91	2.50	-33.60	43.60
678.28	7235.52	4.60	1.22	-30.31	75.20
1303.99	7421.57	10.56	0.87	1.88	98.19
24.66	432.52	6.26	1.22	-24.25	7.17
521.53	1755.85	71.50	1.00	-16.44	32.15
121.69	2991.85	11.80	2.47	-16.67	59.07
123.97	2466.63	11.57	1.58	-24.24	53.44
48.82	975.74	14.11	2.42	36.26	25.55
491.33	2697.90	16.98	1.42	-9.67	64.43
337.76	2323.60	21.13	1.27	-14.85	56.79
177.43	2700.01	10.71	1.68	-28.08	82.05
491.37	2644.78	12.23	0.61	49.04	104.35
40.08	984.57	17.69	2.52	9.52	33.40
116.05	1000.59	10.47	1.15	-8.04	43.96
167.04	1052.86	26.47	0.97	-0.17	39.77
131.17	1899.74	10.29	1.33	-4.27	76.10
158.10	1692.60	18.79	1.34	-18.83	58.09
459.27	2388.63	77.17	1.67	-6.43	97.96
422.81	1424.07	4.93	0.71	-23.61	52.96
251.99	1163.30	16.09	0.73	-11.05	48.02
65.75	1393.07	53.51	2.94	27.73	59.16
180.23	2792.79	25.46	2.06	-26.91	104.38
803.91	1443.97	40.18	0.91	-2.51	66.88
105.05	1284.68	18.28	1.40	-26.13	52.38
98.78	1822.02	20.40	1.11	-39.31	63.32
24.14	919.62	18.55	2.49	17.83	43.98
478.06	2492.69	—	3.29	-10.26	117.59
209.35	1247.77	46.48	2.85	3.30	62.32
178.49	1973.26	19.83	1.68	-0.17	94.72
140.53	2246.33	—	—	-18.95	149.95
205.10	1521.30	10.43	1.43	-32.60	100.38
349.03	903.30	0.00	1.37	-46.66	74.83
361.29	2052.17	0.00	2.23	-26.80	43.02
61.95	673.31	52.78	1.46	-7.61	104.79
199.36	1458.29	12.87	1.57	-15.88	34.44
373.72	3041.57	30.33	2.28	-11.15	81.72
312.25	2519.74	834.50	6.01	-18.22	155.72
119.71	1220.77	48.03	1.30	-25.36	134.05
270.69	2043.62	19.48	1.06	-27.55	66.61
71.04	1879.03	35.44	0.91	-21.30	111.35
303.23	1656.12	54.97	2.88	-26.49	107.64
168.73	2131.99	28.69	1.27	-9.78	106.71
111.88	608.34	23.96	1.75	-36.31	104.77
390.66	2122.08	123.15	1.40	-24.54	39.31
358.75	1508.23	30.36	2.05	-10.88	133.16
141.95	614.71	61.81	4.53	-16.48	103.94
154.18	1889.99	22.65	1.27	-13.37	38.42
71.93	519.87	37.72	2.88	-10.54	134.07
271.89	1032.86	26.04	1.87	9.28	31.27
238.18	813.20	11.11	1.14	21.38	77.96
13192.23	97537.72	—	—	—	—

2–25 2016年B股成交金额前50只股票交易情况
Statistics of Top 50 B-share Stocks Ranked by Stock Trading Turnover in 2016

排名 Ranking	股票代码 Stock Code	股票简称 Stock Abbreviation	成交金额 （百万元） Trading Turnover (million yuan)	占比 (%) Proportion (%)	股票市值 （百万元） Market Capitalization of Shares (million yuan)
1	900948	伊泰B股	7411.88	4.99	8560.51
2	200625	长安B	7230.91	4.87	8951.71
3	900932	陆家B股	4451.55	3.00	9328.17
4	900957	凌云B股	3730.58	2.51	1441.72
5	900939	汇丽B	3399.97	2.29	1041.00
6	900951	大化B股	3085.26	2.08	784.93
7	900953	凯马B	3038.39	2.04	1900.51
8	900905	老凤祥B	2989.25	2.01	4915.47
9	900935	阳晨B股	2813.92	1.89	2128.22
10	900926	宝信B	2788.38	1.88	2496.81
11	900925	机电B股	2698.12	1.82	3280.44
12	900906	中毅达B	2695.52	1.81	1314.16
13	200012	南玻B	2694.68	1.81	4162.86
14	200488	晨鸣B	2642.24	1.78	3245.01
15	900902	市北B股	2517.96	1.69	1833.16
16	900908	氯碱B股	2490.31	1.68	2247.97
17	200869	张裕B	2463.72	1.66	4308.11
18	900917	海欣B股	2386.87	1.61	2696.61
19	900903	大众B股	2321.33	1.56	3999.54
20	900930	沪普天B	2304.62	1.55	1191.12
21	200152	山航B	2244.23	1.51	2075.99
22	200413	东旭B	2143.63	1.44	1393.81
23	900914	锦投B股	2129.68	1.43	1657.92
24	900901	云赛B股	2120.07	1.43	1595.63
25	900920	上柴B股	2049.57	1.38	2054.97
26	900909	华谊B股	2042.51	1.37	1702.15
27	900942	黄山B股	1971.42	1.33	2186.21
28	200581	苏威孚B	1898.33	1.28	2846.15
29	900956	东贝B股	1886.66	1.27	1532.94
30	900929	锦旅B股	1877.49	1.26	1673.36
31	900934	锦江B股	1820.03	1.22	2307.03
32	900907	鼎立B股	1784.52	1.20	1335.81
33	900947	振华B股	1753.96	1.18	5610.79
34	900911	金桥B股	1690.84	1.14	2809.46
35	900910	海立B股	1654.87	1.11	1658.10
36	900916	凤凰B股	1568.19	1.06	1305.22
37	900915	中路B股	1527.59	1.03	1249.78
38	200771	杭汽轮B	1520.26	1.02	2075.82
39	900919	绿庭B股	1506.52	1.01	1589.71
40	900924	上工B股	1456.51	0.98	1945.29
41	200725	京东方B	1442.77	0.97	2398.92
42	900922	三毛B股	1425.23	0.96	472.75
43	200539	粤电力B	1422.66	0.96	2593.62
44	200053	深基地B	1391.47	0.94	2525.18
45	900938	天海B	1362.34	0.92	1427.28
46	900943	开开B股	1321.25	0.89	761.31
47	900927	物贸B股	1300.06	0.87	788.41
48	900912	外高B股	1283.51	0.86	2333.50
49	200055	方大B	1246.89	0.84	2203.71
50	900941	东信B股	1227.87	0.83	1494.15
合计	—	—	116226.38	78.21	127433.00

注：1.按2016年全年股票成交金额进行排名。
2.占比为个股成交金额占B股股票总成交金额的比重。
数据来源：上海证券交易所、深圳证券交易所。
Source：SSE、SZSE.

2–25 续表 continued

流通市值（百万元）Negotiable Market Capitalization (million yuan)	成交量（百万股）Trading Volume (million shares)	市盈率（倍）P/E Ratio (times)	市净率（倍）P/B Ratio (times)	涨跌幅（%）Price Change Rate (%)	股本换手率（%）Turnover Ratio of Share Capital (%)
8560.51	1303.99	10.56	0.87	1.88	98.19
8951.71	678.28	4.60	1.22	-30.31	75.20
9328.17	305.08	12.91	2.50	-33.60	43.60
1441.72	440.16	938.86	6.96	-23.47	239.22
1041.00	273.63	207.45	32.08	-18.59	310.95
784.93	332.96	—	13.24	-26.05	332.96
1900.51	373.72	834.50	6.01	-18.22	155.72
4915.47	121.69	11.80	2.47	-16.67	59.07
2128.22	158.35	—	—	-18.95	149.95
2496.81	180.23	25.46	2.06	-26.91	104.38
3280.44	177.43	10.71	1.68	-28.08	82.05
1314.16	638.18	833.31	3.36	-33.46	177.10
4162.24	491.33	16.98	1.42	-9.67	64.43
3244.32	491.37	12.23	0.61	49.04	104.35
1833.16	312.25	48.03	1.30	-25.36	134.05
2247.97	478.06	—	3.29	-10.26	117.59
4308.11	123.97	11.57	1.58	-24.24	53.44
2696.61	459.27	77.17	1.67	-6.43	97.96
3999.54	337.76	21.13	1.27	-14.85	56.79
1191.12	197.57	—	4.56	-40.16	158.31
2075.99	140.53	10.43	1.43	-32.60	100.38
1393.81	404.20	19.90	1.27	12.38	161.68
1657.92	168.73	23.96	1.75	-36.31	104.77
1595.63	390.66	30.36	2.05	-10.88	133.16
2054.97	361.29	52.78	1.46	-7.61	104.79
1702.15	270.69	35.44	0.91	-21.30	111.35
2186.21	178.49	19.83	1.68	-0.17	94.72
2846.15	131.17	10.29	1.33	-4.27	76.10
1532.94	154.18	37.72	2.88	-10.54	134.07
1673.36	71.04	54.97	2.88	-26.49	107.64
2307.03	98.78	20.40	1.11	-39.31	63.32
1335.81	363.00	105.83	2.10	-4.39	150.44
5610.79	521.53	71.50	1.00	-16.44	32.15
2809.46	158.10	18.79	1.34	-18.83	58.09
1658.10	303.23	28.69	1.27	-9.78	106.71
1305.22	240.60	57.85	2.42	3.69	140.21
1249.78	90.73	53.25	8.16	-42.96	108.68
2074.97	205.10	0.00	1.37	-46.66	74.83
1589.71	358.75	61.81	4.53	-16.48	103.94
1945.29	199.35	30.33	2.28	-11.15	81.72
2398.92	803.92	40.18	0.91	-2.51	66.88
472.75	144.90	21.06	4.60	-17.11	297.01
2593.62	422.81	4.93	0.71	-23.61	52.96
2524.68	65.75	53.51	2.94	27.73	59.16
1427.28	315.36	39.46	0.99	-1.72	96.69
761.31	147.80	108.61	4.74	-5.13	184.75
788.41	194.84	266.22	7.39	4.70	195.18
2333.50	105.05	18.28	1.40	-26.13	52.38
2203.71	209.35	46.48	2.85	3.30	62.32
1494.15	247.07	68.27	2.10	-18.34	82.36
127430.33	15342.27	—	—	—	—

2–26 股票市场估值水平概况
Level of Stock Market Valuation

单位：倍 (times)

	市盈率 P/E Ratio		市净率 P/B Ratio	
	2015	2016	2015	2016
主板 Main Board	21.13	20.07	2.46	1.98
中小板 SME Board	79.13	61.01	6.83	5.07
创业板 GE Board	116.78	79.81	10.96	7.04
A股 A-shares	27.47	25.30	3.11	2.45
B股 B-shares	20.05	22.67	1.76	1.41
沪深300指数 CSI 300 Index	15.56	14.06	2.07	1.67
上证50指数 SSE 50 Index	10.54	10.07	1.52	1.24
上证180指数 SSE 180 Index	13.13	12.29	1.78	1.45

数据来源：上海证券交易所、深圳证券交易所。
Source:SSE、SZSE.

2–27 股票市场行业估值水平情况
Level of Stock Market Valuation by Industry

单位：倍 (times)

行业 Industry	市盈率 P/E Ratio		市净率 P/B Ratio	
	2015	2016	2015	2016
农、林、牧、渔业 Agriculture,Forestry,Animal Husbandry and Fishery	84.19	78.74	5.54	5.29
采矿业 Mining	53.48	53.23	1.41	1.41
制造业 Manufacturing	68.99	64.05	4.11	3.94
电力、热力、燃气及水的生产和供应业 Production and Supply of Electricity,Gas and Water	21.05	18.75	2.42	2.16
建筑业 Construction	19.39	20.33	2.05	2.19
批发和零售业 Wholesale and Retail Trades	64.41	65.46	3.64	3.71
交通运输、仓储和邮政业 Transport,Storage and Post	27.31	22.77	2.38	1.99
住宿和餐饮业 Hotels and Catering Services	90.16	80.26	6.16	4.72
信息传输、软件和信息技术服务业 Information Transmission,Computer Services and Software	92.38	72.99	7.58	6.14
金融业 Financial Intermediation	8.54	8.08	1.27	1.20
房地产业 Real Estate	29.76	24.54	3.00	2.51
租赁和商务服务业 Leasing and Business Services	72.58	52.92	5.15	5.25
科学研究和技术服务业 Scientific Research,Technical Service	68.13	58.06	6.83	6.06
水利、环境和公共设施管理业 Management of Water Conservancy,Environment and Public Facilities	40.25	34.25	4.09	3.39
教育 Education	166.44	74.73	11.95	16.20
卫生和社会工作业 Health and Social Works	95.97	92.73	14.18	11.86
文化、体育和娱乐业 Culture,Sports and Entertainment	61.00	46.00	5.99	4.47
综合 Others	614.85	569.54	5.78	4.77

注：行业分类使用2016年第四季度中国证监会行业分类结果。
数据来源：上海证券交易所、深圳证券交易所。
Source：SSE、SZSE.

2–28 证券市场股息率情况
Dividend Yield Ratio of Securities Market

单位：%

年份 Year	主板 Main Board	中小板 SME Board	创业板 GE Board	上证综指 SSE Composite Index	深证综指 SZSE Composite Index	上证50指数 SSE 50 Index	上证180指数 SSE 180 Index	深证成分指数 SZSE Component Index
2008	2.14	0.85	—	2.23	1.49	2.70	2.52	2.07
2009	1.08	0.48	—	1.21	0.50	1.59	1.43	0.67
2010	1.29	0.39	0.19	1.43	0.56	2.10	1.79	0.91
2011	1.99	0.99	0.73	2.18	1.02	2.73	2.58	1.39
2012	2.25	1.20	1.00	2.49	1.14	3.17	2.91	1.38
2013	2.62	0.92	0.54	2.96	0.89	4.06	3.66	1.68
2014	2.56	0.69	0.40	2.03	0.91	2.86	2.50	1.40
2015	1.53	0.41	0.19	1.73	0.48	2.93	2.41	0.68
2016	1.66	0.57	0.37	1.79	0.72	2.96	2.50	1.09

数据来源：上海证券交易所、深圳证券交易所。
Source:SSE、SZSE.

2–29 融资融券业务情况
Statistics of Margin Requirement

年份 Year	标的证券数量(只) Number of Designated Securities for Margin Transactions(unit)			融资融券交易金额(亿元) Turnover of Margin Transactions(100 million yuan)		
	股票 Stock	ETF	合计 Total	标的股票 Underlying Stock	其中：融资买入额 Margin Purchase	其中：融券卖出额 Short Selling
2014	899	15	914	102366.89	93501.24	8865.65
2015	891	22	913	337696.37	313045.18	24651.19
2016	950	22	972	114205.40	113586.38	619.02

2–29 续表 1 continued

年份 Year	融资融券交易金额(亿元) Turnover of Margin Transactions(100 million yuan)					
	标的ETF Underlying ETF	其中：融资买入额 Margin Purchase	其中：融券卖出额 Short Selling	合计 Total	其中：融资买入额 Margin Purchase	其中：融券卖出额 Short Selling
2014	4693.02	2290.91	2402.11	107059.91	95792.15	11267.76
2015	7174.05	3914.07	3259.98	344870.42	316959.25	27911.17
2016	822.10	605.56	216.53	115027.50	114191.94	835.56

2–29 续表 2 continued

年份 Year	融资融券余额(亿元) Outstanding Balance of Margin Transactions(100 million yuan)								
	标的股票 Underlying Stock	其中：融资余额 Margin Purchase	其中：融券余额 Short Selling	标的ETF Underlying ETF	其中：融资余额 Margin Purchase	其中：融券余额 Short Selling	合计 Total	其中：融资余额 Margin Purchase	其中：融券余额 Short Selling
2014	9399.34	9349.65	49.69	854.56	822.41	32.15	10253.90	10172.06	81.84
2015	11188.97	11173.49	15.47	530.99	516.87	14.12	11719.96	11690.37	29.59
2016	8957.65	8935.03	22.62	394.62	382.92	11.70	9352.27	9317.95	34.32

2–29 续表 3 continued

年份 Year	开展融资融券业务证券公司及营业部(家) Securities Companies Operating Margin Transactions(unit)		担保物(亿元) Margin(100 million yuan)					客户维持担保比例(%) Maintenance Ratio
			证券市值 Market Value of Securities Used as Margin			现金 Cash	合计 Total	
	证券公司数量 Number of Securities Companies	营业部数量 Number of Branches	小计 Subtotal	股票 Stock	债券、基金及其他 Bond, Fund and Others			平均维持担保比例 Average Maintenance Ratio
2014	91	5805	25974.51	25943.53	30.98	1339.51	27313.79	240.44
2015	93	7529	35941.93	35798.53	143.40	2442.97	38384.90	277.30
2016	93	8635	28712.68	28617.32	95.36	1394.26	30106.94	269.81

注：1.融资融券交易额=融资买入额+融券卖出额。
2.融券余额=融券余量×统计日收盘价格。
3.平均维持担保比例=全市场有融资融券负债的客户资产总额/全市场客户负债总额。
4.ETF自2011年12月开始被纳入融资融券标的证券。
5.由于统计区间标的物调入、调出，数据统计以统计日（2016年12月30日）标的物为准。
数据来源：中国证券金融公司。
Source：CSF.

2–30 2016年转融通业务情况
Statistics of Refinancing Securities in 2016

项目 Items	指标 Index		2015	2016
借入人数量（家） Number of Borrower	证券公司 Securities Company		80	92
转融券标的证券数量（只）Number of Margin Securities（unit）			891	950
交易金额（亿元） Turnover(100 million yuan)	转融资 Margin Funds	转融资交易金额 Margin Funds Loans	1285.91	1059.55
		其中：新合约融出New Loans	1285.91	1059.55
		展期融出Rollover	0.00	0.00
	转融券 Magin Securities	转融券交易金额Margin Securities Loans	1183.17	105.83
		其中：新合约融出 New Loans	1177.82	104.84
		展期融出 Rollover	5.35	0.99
	合计 Total		2469.076	1165.38
归还金额（亿元） Redemption Value (100 million yuan)	转融资归还金额 Repaid Margin Funds Loans		2131.89	400.73
	转融券归还金额 Returned Margin Securities Loans		1271.18	90.85
	合计 Total		3403.07	491.58
余额（亿元） Outstanding Loans (100 million yuan)	转融资余额 Outstanding Margin Funds Loans		191.11	849.93
	转融券余额 Outstanding Margin Securities Loans		0.05	14.9
	合计 Total		191.16	864.83
负债（亿元） Liability(100 million yuan)	转融资总负债 Total Liabilities of Margin Funds		197.21	861.81
	转融券总负债 Total Liabilities of Margin Securities		0.05	15.07
	合计 Total		197.26	876.88
保证金（亿元） Collateral Value (100 million yuan)	货币资金金额Cash		83.27	135.38
	可充抵保证金证券价值Securities		18.72	65.47
	合计Total		101.98	200.85
保证金比例（%） Collateral Ratio（%）	市场平均Average		51.71	22.91
	市场最低Lowest		20.28	20.08
保证金比例分布（家） Distribution of Collateral Ratio(unit)	≥50%		21	6
	[24%，50%)		14	21
	[20%，24%)		2	30
	<20%		0	0

注：1.转融通交易额=转融资交易额+转融券交易额=转融资新合约融出额+转融资展期融出合约额+转融券新合约融出额+转融券展期融出合约额。
2.归还额是指归还转融通本金金额，不包含息费。
3.证券公司数量、转融资余额为截至2016年12月31日数据。
4.可充抵保证金证券价值是指折算后的可充抵保证金证券市值。
5.市场平均保证金比例=有转融通余额的证券公司保证金总额/证券公司总负债。
6.保证金和保证金比例及分布以统计日（2016年12月30日）标的物为准。
7.转融资业务开始于2012年8月30日，转融券业务开始于2013年8月23日。

数据来源：中国证券金融公司。
Source：CSF.

2–31　股改限售股份累计解禁及减持情况

Cumulative Unlocking and Reduced Volume of Restricted Shares Resulted from Share Reform

年份 Year	累计产生股改限售股份数量(亿股) Accumulative Number of Restricted Shares Resulted from Share Reform(100 million shares)			未解禁股改限售股份存量(亿股) Restricted Shares Resulted from Share Reform Still being Locked (100 million shares)			累计解禁数量(亿股) Cumulative Unlocking Volume (100 million shares)		
	大非 Accounts Holding Shares≥5%	小非 Accounts Holding Shares<5%	合计 Total	大非 Accounts Holding Shares≥5%	小非 Accounts Holding Shares<5%	合计 Total	大非 Accounts Holding Shares≥5%	小非 Accounts Holding Shares<5%	合计 Total
2006	3495.90	486.67	3982.57	3465.23	415.01	3880.24	30.67	71.66	102.33
2007	3693.55	636.08	4341.27	3383.21	294.90	3678.11	310.34	341.18	651.52
2008	3934.10	747.48	4681.58	3012.05	293.57	3305.62	910.41	453.91	1364.32
2009	3994.85	772.98	4767.83	1342.40	153.43	1495.83	2640.81	619.55	3260.36
2010	4052.88	789.69	4842.57	1011.57	122.27	1133.83	3029.68	667.42	3697.10
2011	4073.97	811.23	4885.20	590.09	103.58	693.66	3472.25	707.65	4179.90
2012	4109.33	832.62	4941.95	447.06	102.68	549.75	3650.63	729.94	4380.57
2013	4137.49	930.58	5068.07	384.96	186.20	571.16	3740.89	744.38	4485.27
2014	4121.91	1220.04	5341.95	332.32	557.80	890.12	3789.59	662.24	4451.83
2015	4118.57	1072.36	5190.93	187.43	285.37	472.80	3919.50	786.99	4706.49
2016	4108.73	1039.82	5148.55	127.58	172.27	299.85	3969.51	867.55	4837.06

2–31　续表　continued

年份 Year	累计解禁占比(%) Ratio of Cumulative Unlocking(%)			累计减持数量(亿股) Cumulative Reduced Volume(100 million shares)			累计减持占比(%) Ratio of Cumulative Reduction(%)		
	大非 Accounts Holding Shares≥5%	小非 Accounts Holding Shares<5%	合计 Total	大非 Accounts Holding Shares≥5%	小非 Accounts Holding Shares<5%	合计 Total	大非 Accounts Holding Shares≥5%	小非 Accounts Holding Shares<5%	合计 Total
2006	0.88	14.72	2.57	3.28	18.92	22.20	10.69	26.40	21.69
2007	8.40	53.64	15.01	57.96	142.13	200.09	18.68	41.66	30.71
2008	23.14	60.73	29.14	88.18	198.91	287.09	9.69	43.82	21.04
2009	66.11	80.15	68.38	155.74	257.18	412.92	5.90	41.51	12.66
2010	74.75	84.52	76.35	193.24	286.26	479.50	6.38	42.89	12.97
2011	85.23	87.23	85.56	219.82	302.97	522.79	6.33	42.81	12.51
2012	88.88	87.48	88.64	240.04	321.77	561.81	6.58	44.08	12.82
2013	90.41	79.99	88.50	261.09	338.70	599.79	6.98	45.50	13.37
2014	91.94	54.28	13.78	298.65	437.27	735.92	7.25	35.84	13.78
2015	0.95	0.73	0.91	382.02	400.57	782.59	0.10	0.51	0.17
2016	96.61	83.43	93.95	404.60	434.03	838.63	10.19	50.03	17.34

注：1.累计解禁数量为自股改以来累计解禁数量。
2.累计解禁占比为累计解禁数量占累计产生股改限售股份数量的比重。
3.累计减持数量包括自股改以来通过集中竞价交易方式和大宗交易方式累计减持的数量。
4.累计减持占比为累计减持数量占累计解禁数量的比重。
5.大非账户指在股改实施日日终持有某证券的股改限售股数量占该证券股本的比重大于等于5%的证券账户。
6.小非账户指在股改实施日日终持有某证券的股改限售股数量占该证券股本的比重小于5%的证券账户。

数据来源：中国证券登记结算公司。
Source:CSDC.

2–32 全国中小企业股份转让系统市场运行情况
NEEQ Market Operation

年份 Year	发行情况 Directional Issuance				交易情况 Transactions			
	发行次数（次） Number of Issuance (times)	发行股数（亿股） Number of Shares Issued (100 million shares)	发行金额（亿元） Purchase of Shares Issued (100 million yuan)	平均市盈率（倍） Average P/E Ratio (times)	成交金额（亿元） Trading Turnover (100 million yuan)	成交量（亿股） Trading Volume (100 million shares)	成交笔数（笔） Number of Transactions (times)	换手率（%） Turnover Rate (%)
2011	10	0.80	6.48	32.00	5.62	0.96	832	5.57
2012	24	1.93	8.59	20.69	5.84	1.15	638	4.47
2013	60	2.92	10.02	21.44	8.14	2.02	989	4.47
2014	329	26.52	132.09	35.27	130.36	22.82	92654	19.67
2015	2565	230.79	1216.17	47.23	1910.62	278.91	2821339	53.88
2016	2940	294.61	1390.89	28.71	1912.29	363.63	3088100	20.74

注：1.市盈率均采用静态市盈率计算方法：发行市盈率＝发行价格/发行摊薄后每股收益，平均市盈率＝Σ按发行价格计算的市值/Σ归属母公司股东净利润。

2.换手率采用市值换手率计算方法，以统计期内全部转让日的市值换手率合计进行计算，市值换手率＝当日成交金额/当日无限售条件股份市值。

数据来源：全国中小企业股份转让系统。

Source:NEEQ.

2–33 优先股情况
Overview of Preference Stock

年份 Year	证券代码 Stock Code	证券简称 Stock Abbreviation	实际筹资（亿元） Proceeds raised (100 million yuan)	成交量（万股） Trading Volume (10 thousand shares)
2016	360025	中信优1	350	35000
	140005	晨鸣优03	12.5	1250
	360021	交行优1	450	45000
	360024	南银优2	50	5000
	140004	晨鸣优02	10	1000
	360023	北银优2	130	13000
	360022	光大优2	100	10000
	360020	华夏优1	200	20000
	140003	晨鸣优01	22.5	2250
	140002	平银优01	200	20000
	360019	南银优1	49	4900
2015	360018	北银优1	49	—
	360017	中交优2	55	5500
	360015	中交优1	90	—
	360014	中原优1	34	3400
	360013	光大优1	200	20000
	360012	兴业优2	130	—
	360011	工行优1	450	—
	360010	中行优2	280	28000
	360009	农行优2	400	40000
	360008	浦发优2	150	15000
	360007	中建优1	150	15000
	140001	宁行优1	48.5	4850
2014	360006	康美优1	30	—
	360005	兴业优1	130	—
	360003	浦发优1	150	15000
	360002	中行优1	320	32000
	360001	农行优1	400	40000

数据来源：中国证监会发行部。
Source：CSRC.

2–34 沪深港通情况
Shanghai and Shenzhen-Hong Kong Stock Connect

年份 Year	标的股票数量（只） Number of stocks (unit)				总市值（亿元） Market Capitalization of Shares (100 million yuan)			
	沪股通标的股	港股通（沪市）标的股	深股通标的股	港股通（深市）标的股	沪股通标的股	港股通（沪市）标的股	深股通标的股	港股通（深市）标的股
2016	574	316	881	—	229989.62	180428.57	154774.18	—

2–34 续表 1 continued

年份 Year	流通市值（亿元） Negotiable Market Capitalization (100 million yuan)				市盈率（倍） P/E Ratio (times)			
	沪股通标的股	港股通（沪市）标的股	深股通标的股	港股通（深市）标的股	沪股通标的股	港股通（沪市）标的股	深股通标的股	港股通（深市）标的股
2016	206064.03	180428.57	112912.97	—	13.94	—	34.64	—

2–34 续表 2 continued

年份 Year	市盈率（倍） P/B Ratio (times)				买卖净额（亿元） Net amount of buy and sell trade (100 million yuan)			
	沪股通标的股	港股通（沪市）标的股	深股通标的股	港股通（深市）标的股	沪股通投资者买卖净额（亿元）	港股通（沪市）投资者买卖净额（亿元）	深段通投资者买卖净额（亿元）	港股通（深市）投资者买卖净额（亿元）
2016	1.52	—	2.81	—	455.11	2051.88	151.68	—

注：1.标的股依据年末时点划分。
2.买卖净额为全年净买卖金额。
3.市盈率和市净率计算剔除净利润、净资产为负的数据。
数据来源：上海证券交易所、深圳证券交易所。
Source：SSE、SZSE.

主要统计指标解释

Explantory Notes on Main Statistical Indicators

上市公司家数 指在统计期末其发行的股票在沪、深证券交易所上市的股份有限公司的数量。以股票上市日进行统计，同时发行A股、B股的上市公司，按一家计算。

上市公司股本 也称上市公司总股本，是指统计期末上市公司在境内发行的全部股份数量合计，包括A股股本、B股股本和其他不流通的境内股本。

流通股本 即非限售股本。

公式：流通股本＝上市公司股本－限售股本。

首发筹资公司家数 指在统计期内首次公开发行股份（IPO）进行筹资的公司数量。以吸收合并、分拆等方式且未公开发行新股筹资的公司，不计入首发筹资公司家数。2015年前以股份上市日期作为统计指标的计算日，2015年后以股份发行日期作为统计指标的计算日；同一家公司在统计期内多次筹资时，筹资公司家数计为1家。

再筹资公司家数 指通过增发（公开增发和定向增发），配股，行权，优先股筹资等方式进行筹资的上市公司家数。以股份上市日期或发行日期作为统计指标的计算日；同一家公司在统计期内多次筹资时，筹资公司家数计为1家。其中，增发公司家数是指统计期内通过增发股份进行筹资的上市公司数量，根据增发对象不同增发公司家数可分为公开增发公司家数和定向增发公司家数两个指标；配股公司家数是指统计期内通过向原股东配售股份进行筹资的上市公司数量；行权筹资公司家数包括权证（期权）行权筹资公司家数和可转债转股公司家数，这里的权证（期权）行权筹资是指权证（期权）持有人根据约定向上市公司认购股份从而增加上市公司股份的行为；优先股公司家数是指统计期末发行优先股的公司数量合计。

股票筹资金额 指统计期内通过发行股票筹集的资金总额，以股份上市日或发行日作为统计指标的计算日。

首发筹资金额 指统计期内首次公开发行股票（IPO）筹集的资金总额。

公式：首发筹资金额＝Σ（每股发行价格×发行股份数）。

其中，对于发行股份吸收合并已上市公司的筹资金额，计算公式为：首发筹资金额＝每股发行价格×（发行股份数－换股股份数）。

对于存在超额配售权的IPO，根据超额配售权的实际行使情况对统计期内的IPO募集资金进行回溯调整。以股份上市日期作为统计指标的计算日。

公式：首发筹资金额＝Σ（每股发行价格×发行股份数）；首发筹资金额＝每股发行价格×（发行股份数－换股股份数）。

再筹资金额 指统计期内上市公司通过增发（公开增发和定向增发）、配股、行权、优先股等方式筹集的资金总额。以优先股方式筹集资金以股份发行日为统计指标的计算日，以其他方式筹集资金以股份上市日为统计指标的计算日。

其中，增发筹资金额是指统计期内上市公司增发股份筹集的资金总额。

根据股份认购对象的不同，增发筹资金额指标可分为公开增发筹资金额和定向增发筹资金额。

根据增发时是否以现金认购，增发筹资金额指标可分为增发筹资金额（现金）和增发筹资金额（资产）。

配股筹资金额是指统计期内上市公司通过向原股东配售股份筹集的资金总额。

行权筹资金额包括权证（期权）行权筹资金额和可转债转股金额。

优先股筹资金额包括统计期内通过发行优先股筹集的资金总额。

公式：再筹资金额＝增发筹资金额＋配股筹

资金额＋行权筹资金额＋优先股筹资金额。

其中：增发筹资金额＝Σ增发每股价格×发行股份数；配股筹资金额＝Σ配股价格×配售股份数＝Σ配股价格×股份数量×配售比例；行权筹资金额＝Σ行权价格×行权认购股份数＋Σ转股价格×可转债转股数量。

股票市值　指统计期末根据上市公司股票价格和对应股票数量计算的股权价值合计。具体统计口径和计算方法如下：如当日无交易价格，采用最后交易日的收盘价；暂停上市股票的价格以零计算；未股改公司的非流通股以流通 A 股价格计算市值；仅发行 B 股的上市公司，其非流通股不进行股票市值计算；对当日除权股票进行市值计算时需要包含在途股份（已登记未上市）的市值。

流通市值　指根据股票价格与其非限售股本计算出的股权价值合计，即 A 股流通市值和 B 股流通市值的合计。

涨跌幅　指统计期内股票期末价格相对期初价格的变化幅度。统计区间如果包含上市首日则统计期内股票期末价格相对首发价格的变化幅度。指数涨跌幅参照股票涨跌幅处理；对股票区间涨跌幅的计算需要对股票价格进行复权处理，复权因素包括分红、送股、配股等，复权价格的公式为：复权价格＝当前价格×（1＋送股比例＋配股比例）＋每股红利－配股价格×配股比例，若统计期内存在多次分红、送股、配股事件，复权价格采用递归方式进行计算。在计算复权价时，通常采用区间分段涨跌幅连乘或复权因子连乘进行速算。

公式：涨跌幅＝（期末收盘价／期初前收盘价－1）×100%。

成交量　指统计期内全部股票成交数量的合计，包含竞价交易和协议交易（大宗交易）。

成交金额　指在统计期内全部股票成交金额合计，包含竞价交易和协议交易（大宗交易）。

换手率（股本）　换手率可采用股票成交量／相应股票股本，通常称为股本换手率。对于某一区间换手率的计算，通常采用统计期内全部交易日的股本换手率合计进行计算。通常对单只股票采用股本换手率，对一组股票采用市值换手率；在计算一组股票换手率时，暂停上市股票不纳入计算。

公式：换手率（股本）＝（当日成交股数／流通股本）×100%。

换手率（市值）　换手率可采用股票成交金额／股票市值，通常称为市值换手率。对于某一区间换手率的计算，通常采用统计期内全部交易日的市值换手率合计进行计算。通常对单只股票采用股本换手率，对一组股票采用市值换手率；在计算一组股票换手率时，暂停上市股票不纳入计算。

公式：换手率（市值）＝（当日成交金额／流通市值）×100%。

市盈率（静态）　指上市公司每股股价与每股收益的比率，通常用上市公司股票市值与其对应的归属母公司股东净利润的比率进行计算。需要注意事项如下：每股收益和净利润数据在财务报告公告截止日的次日集中更新，且每股收益根据期末股本计算；如截止日未公布财务报告，在计算个股市盈率时采用向前追溯的净利润数据，在计算市场市盈率时剔除该股票；对单个股票计算市盈率时仅考虑每股收益为正的股票；对多个股票计算平均市盈率时通常采用上市公司股票市值合计与其对应的归属母公司股东的净利润合计的比率进行计算（剔除暂停上市公司股票，含净利润为负的股票）；对于发行多种类型股份的公司，根据各类性质股份股本按比例分配该公司归属母公司股东净利润。首发市盈率为股票首发价格与每股收益的比率，其中每股收益按照最新年度财务报告中对应的归属母公司股东净利润除以发行后总股本计算。

公式：市盈率（静态）＝Σ股票市值／Σ该股份对应的归属母公司股东净利润。

市净率　指上市公司每股股价与每股净资产的比率。通常用股票市值与对应的归属母公司股东权益的比率进行计算。每股净资产数据在财务报告公告截止日的次日集中更新；通常用最新财务报告中的每股净资产数据进行市净率计算；对单个股票计算市净率时仅考虑每股净资产为正的股票；对多个股票计算平均市净率时通常采用上市公司股票市值合计与其对应的归属母公司股东的权益合计的比率进行计算（剔除暂停上市公司股票，含权宜为负的股票)。

公式：市净率＝Σ股票市值／Σ该股份对应的归属母公司股东权益。

股息率 指每股现金分红与股票价格之间的比率，通常用对应的实际分红总额与期末股票市值的比率来计算。统计时剔除暂停上市公司；对一组股票的平均股息率通常用总体法计算。

公式：股息率＝（Σ统计期内的对应现金分红合计／Σ样本股票期末市值）×100%。

融资融券交易金额 指统计期内通过融资融券方式在市场上进行证券交易的金额。

公式：融资融券交易金额＝融资交易金额＋融券交易金额＝融资买入金额＋卖券还款金额＋融资强制平仓金额＋融券卖出金额＋买券还券金额＋融券强制平仓金额。

融资融券余额 指统计期末投资者未了结的融资交易和融券交易的金额。

公式：融资余额＋融券余额＝Σ(融资买入额－融资偿还额)＋Σ(融券卖出量－融券偿还量)×标的的证券统计日收盘价格。

融资买入金额 指统计期内投资者从证券公司借入资金买入标的证券的金额。融资买入以交易系统中申报指令的标签为计算基准。

融券卖出金额 指统计期内投资者从证券公司借入证券并卖出金额。融券卖出以交易系统中申报指令的标签为计算基准。

维持担保比例 指统计期末客户担保物价值与融资融券债务之间的比例。

转融通交易金额 指统计期内证券金融公司将自有或者依法筹集的资金和证券出借给证券公司的金额。

公式：转融通交易金额＝转融资交易额＋转融券交易额＝转融资新合约融出额＋转融资展期合约融出额＋转融券新合约融出额＋转融券展期合约融出额。

转融通归还金额 指证券公司到期需归还给证券金融公司的转融通本金金额，不包含息费。

公式：转融通归还金额＝转融资归还金额＋转融券归还金额＝转融资归还金额＋Σ（转融券融出归还量×标的证券统计日收盘价）。

转融通期末余额 指统计期末证券公司未了结的转融资合约和转融券合约的金额。

公式：转融通期末余额＝转融资期末余额＋转融券期末余额＝Σ（业务开展以来转融资借入总额－业务开展以来转融资归还总额）＋Σ（转融券融出量－转融券融出归还量＋未了结转融券合约的权益补偿量）×标的证券统计日收盘价。

转融通保证金余额 指统计期末借入人（证券公司）在证券金融公司交存的转融通担保物的余额。担保物包括资金和证券金融公司认可的证券。

公式：转融通保证金余额＝现金＋未到账现金权益＋Σ可充抵保证金证券市值×证券转融通折算率＋Σ未到账证券权益市值×证券转融通折算率。

其中：

现金＝转融通担保资金账户余额－被异常冻结的保证金＋被临时使用的保证金等。

可充抵保证金证券市值＝(转融通担保证券账户余额－被异常冻结的证券＋被临时使用的证券等）×证券最近成交价格或公允价格。

平均超募比率 指统计期内全部IPO公司的超募资金与预计募集资金的比率。

平均首发价格 指统计期内IPO股票的平均发行价格。

平均网上发行中签率 指统计期内IPO股票的网上发行发行中签率的平均值。

新股破发率 指统计期内破发的IPO股票占全部IPO股票的比例。

挂牌公司定向发行次数 指统计期内挂牌公司通过定向发行股票筹集资金的次数。

贰零壹柒

三、债券

Bonds

贰零壹柒

2016年债券市场情况概述

一、债券市场情况

（一）一级市场情况

2016 年，全国债券市场发行总额 361548.66 亿元，同比增加 55.55%，增幅较大。其中政府债券发行总额同比增加 54.37%；公司信用类债券发行总额同比增加 24.85%，企业部门债券市场融资功能明显提升。全国债券市场本金兑付 203676.24 亿元，同比增加 94.01%。全国债券市场净筹资 157872.41 亿元，同比增加 37.96%。截至 2016 年底，全国债券余额 613923.11 亿元，同比增长 25.93%。

（二）二级市场情况

截至 2016 年底，中证全债净价指数收于 101.60 点，全年下降 1.88%。2016 年全市场现券成交 1322188.23 亿元，同比增加 46.29%，回购成交 8348850.85 亿元，同比增加 46.66%。

二、交易所债券市场

2016 年，交易所债券发行总额 36668.36 亿元，其中交易所公司信用类债券发行额为 25697.64 亿元，占比 7.11%。在非金融企业公司信用类债券中，公司债发行额为 1194.61 亿元，同比增加 34.29%，增幅较大；可转债发行额为 212.52 亿元，同比增长 116.86%，增幅较大；可交换债发行额为 579.81 亿元，同比增长 643.35%；交易所债券市场交投随发行量的增加而活跃，现券和回购成交金额分别为 51269.93 亿元和 2335826.13 亿元。

（一）上海证券交易所

2016 年，上交所现券成交金额 43823.89 亿元，同比增加 53.17%；回购成交金额 9740.28 亿元，同比增加 39.46%。其中国债现货日均成交金额 2317.01 亿元，同比增加 34.71%，公司债（含企业债）现货日均成交金额 114.01 亿元，同比增加 73.71%。

（二）深圳证券交易所

2016 年，深交所现券成交金额 13636.04 亿元，同比增加 44.84%；回购成交金额 10418.06 亿元，同比增加 49.23%。其中国债现货日均成交金额 1507.78 万元，同比增加 46.91%，公司债（含企业债）现货日均成交金额 14.49 亿元，同比增加 0.40%。

3–1 债券市场概况
Overview of Bond Market

年份 Year	发行额(亿元) Value of Bonds Issued(100 million yuan)			兑付金额(亿元) Amount of Payments(100 million yuan)		
	全市场 Whole Market	银行间 Interbank Market	交易所 Stock Exchange	全市场 Whole Market	银行间 Interbank Market	交易所 Stock Exchange
1997	2084.62	2084.62	—	—	—	—
1998	6203.73	6203.73	—	—	—	—
1999	4369.50	4369.50	—	410.16	410.16	—
2000	4414.50	4414.50	—	1629.16	1629.16	—
2001	5848.53	5848.53	—	1859.97	1859.97	—
2002	9943.90	9943.90	—	2841.35	2841.35	—
2003	17647.17	17647.17	—	7886.44	7886.44	—
2004	27295.66	27295.66	—	12548.65	12548.65	—
2005	42182.07	42182.07	—	22531.33	22531.33	—
2006	57096.11	57096.11	—	38597.83	38597.83	—
2007	80163.36	79756.08	407.28	49931.98	49931.98	—
2008	71732.16	70734.11	998.05	48265.29	48265.29	—
2009	87286.22	86474.71	811.51	67282.32	67282.32	—
2010	96408.63	95088.33	1320.30	73205.88	73205.88	—
2011	77231.52	75501.82	1729.70	64819.78	64709.81	109.97
2012	80245.86	77474.98	2770.88	47625.00	47269.27	355.73
2013	89202.94	85248.00	3954.94	63427.49	62332.88	1094.61
2014	119286.26	115112.62	4173.64	72850.52	71358.08	1492.44
2015	232557.99	210936.25	21621.74	118125.70	114140.25	3985.45
2016	361548.66	324880.30	36668.36	203676.24	199138.51	4537.73

注：1.“发行额”“兑付金额”中的“交易所”统计数据包括由中国证监会审批的公司债、可转债、可分离债及交易所备案的中小企业私募债、资金证券化产品；“发行额”“兑付额”中的“银行间”统计数据是中国证监会审批(或交易所备案)之外的其他债券，包括国债、央行票据、金融债券、企业债、短期融资券、超短期融资券、中期票据、中小企业集合票据、非公开定向债务融资工具和资产支持票据；本章所有“发行额”均按照发行首日口径统计。

2.本表的“兑付金额”包含本金兑付。

3.“成交金额”中的“交易所”统计数据包括在沪深证券交易所交易的债券的成交金额，“银行间”统计数据包括在银行间市场交易的债券的成交金额。

4.“托管额”中的“全市场”统计数据包括柜台和其他市场，“发行额”“兑付金额”“成交金额”均不包括柜台和其他市场。

数据来源：中国人民银行、上海证券交易所、深圳证券交易所、中央国债登记结算公司、上海清算所、中国证券登记结算公司。

Source：PBC、SSE、SZSE、CCDC、SHCH、CSDC.

3—1 续表 continued

年份 Year	成交金额(亿元) Trading Turnover(100 million yuan)				托管额(亿元) Value of Bonds under Custody(100 million yuan)		
	银行间现券 Interbank Market Spot Transaction	银行间回购 Interbank Market Repo Transaction	交易所现券 Stock Exchange Spot Transaction	交易所回购 Stock Exchange Repo Transaction	全市场 Whole Market	银行间 Interbank Market	交易所 Stock Exchange
1997	4.37	—	3600.83	12876.06	4184.07	984.59	—
1998	15.62	—	6120.94	15540.84	9884.07	9199.16	—
1999	60.77	3956.93	5393.59	12890.53	13188.79	12878.71	—
2000	541.03	15714.21	4385.48	14733.68	16746.19	16077.61	—
2001	416.67	40208.99	4930.13	15487.64	19727.91	18931.81	—
2002	4098.47	100918.61	8852.71	24419.64	25610.47	24680.66	—
2003	29866.33	116122.20	6783.11	53000.12	37636.37	32436.51	4087.73
2004	22451.93	96943.42	3717.09	44090.81	52046.95	45326.44	4786.08
2005	58310.02	159297.65	3448.80	23621.17	73402.21	66483.70	4711.18
2006	100461.68	265914.42	1998.11	15489.56	92346.98	68277.56	3467.14
2007	156043.39	447951.18	2093.61	18351.62	123485.39	111355.62	3413.70
2008	371157.70	581331.15	4609.38	24306.77	152554.05	138972.54	4490.52
2009	472655.00	702779.16	4834.26	35975.19	177383.26	159766.72	4947.42
2010	640422.10	875936.00	5927.13	70373.75	205107.77	188751.50	6278.32
2011	636422.90	994534.80	6907.78	209509.63	222572.17	206328.71	8428.39
2012	751952.80	1417140.30	9902.57	393550.94	261987.73	241412.03	12456.28
2013	416106.00	1581639.00	17417.93	661023.00	299152.65	268618.45	19454.67
2014	403565.00	2244226.00	28021.20	907166.25	352840.25	318988.07	25720.48
2015	867370.20	4577637.50	33920.00	1275299.03	479217.27	430529.86	40002.46
2016	1270918.30	6013024.72	51269.93	2335826.13	642245.81	554708.60	78916.59

3–2 债券发行、兑付、余额情况
Statistics of Bond Issuance, Payment, Balance

单位：亿元 (100 million yuan)

年份 Year	国债 T-Bonds			央行票据 Central Bank Bills			金融债券 Financial Bonds		
	发行额 Value of Bonds Issued	兑付金额 Amount of Payments	期末余额 Ending Balance	发行额 Value of Bonds Issued	兑付金额 Amount of Payments	期末余额 Ending Balance	发行额 Value of Bonds Issued	兑付金额 Amount of Payments	期末余额 Ending Balance
1990	197.23	76.22	890.34	—	—	—	—	—	—
1991	281.25	111.60	1059.99	—	—	—	—	—	—
1992	460.78	238.05	1282.72	—	—	—	—	—	—
1993	381.31	123.29	1540.74	—	—	—	—	—	—
1994	1137.55	391.89	2286.40	—	—	—	—	—	—
1995	1510.86	496.96	3300.30	—	—	—	—	—	—
1996	1847.77	786.64	4361.43	—	—	—	—	—	—
1997	2411.79	1264.29	5508.93	118.92	—	—	1435.70	—	—
1998	3808.77	2060.86	7765.70	0.00	—	—	1930.23	—	—
1999	4015.00	1238.70	10542.00	0.00	—	—	1851.00	175.84	—
2000	4657.00	2179.00	13020.00	0.00	118.92	—	1645.00	708.77	—
2001	4884.00	2286.00	15618.00	0.00	0.00	—	2625.00	835.00	—
2002	5934.30	2216.20	19336.10	1937.50	450.00	—	3220.00	660.00	—
2003	6280.10	2755.80	22603.60	7226.80	5237.50	—	4620.00	995.22	—
2004	6923.90	3749.90	25777.60	17037.34	8456.20	—	5123.30	1460.22	—
2005	7042.00	4045.50	28774.00	27882.00	17162.10	—	7158.77	1932.22	—
2006	8883.30	6208.61	31448.70	36573.81	26472.00	—	9665.80	3642.52	—
2007	23139.10	5846.80	48741.00	40721.28	36102.70	—	12082.68	4216.62	—
2008	8558.20	7531.43	49767.83	42960.00	31105.54	—	12098.98	4462.81	41330.58
2009	17927.24	9745.06	57949.98	39740.00	44771.51	—	14524.10	5064.02	50990.71
2010	19778.30	10043.38	67684.90	46608.00	47767.65	—	14122.20	6445.29	58789.99
2011	17100.10	10958.50	73826.50	14140.00	33370.99	—	23491.20	7682.97	74598.22
2012	16154.20	17987.10	71993.60	0.00	7601.87	13380.00	25962.50	8060.90	92281.60
2013	20230.00	8996.00	95471.00	5362.00	13278.00	5462.00	26890.03	13386.00	106182.21
2014	21120.60	10365.00	107275.00	0.00	1240.00	4222.00	46991.58	19345.00	125489.00
2015	54908.00	12803.00	154524.00	0.00	0.00	4222.00	102095.00	53852.00	184596.00
2016	89886.10	18541.52	220935.73	0.00	4222.00	59.72	177710.40	122639.28	214447.83

注：1.国债包括地方政府债。
2.金融债券包括国开行金融债、政策性金融债、商业银行普通债券、商业银行次级债、商业银行资本混合债、非银行金融机构债券、证券公司债、资产支持证券、证券公司债券、证券公司短期融资券、二级资本工具、同业存单公司债(金融公司发行)、可转债(金融公司发行)。
3.企业债包括原铁道部发行的债券，2007年及之前的企业债数据包括短期融资券。
4.本表的兑付金额仅含本金兑付。
5.银行间市场的债券发行数据来自中国人民银行，均保留两位小数。

数据来源：中国人民银行、上海证券交易所、深圳证券交易所、中央国债登记结算公司。
Source：PBC、SSE、SZSE、CCDC.

3–2 续表 1 continued

单位：亿元 (100 million yuan)

年份 Year	非金融企业公司信用类债 Non-financial Enterprise Inc. Credit Bonds								
	合计 Total			公司债 Corporate Bonds			可转债 Convertible Bonds		
	发行额 Value of Bonds Issued	兑付金额 Amount of Payments	期末余额 Ending Balance	发行额 Value of Bonds Issued	兑付金额 Amount of Payments	期末余额 Ending Balance	发行额 Value of Bonds Issued	兑付金额 Amount of Payments	期末余额 Ending Balance
1990	126.37	77.29	195.44	—	—	—	—	—	—
1991	249.96	114.31	331.09	—	—	—	—	—	—
1992	683.71	192.76	822.04	—	—	—	—	—	—
1993	235.84	255.48	802.40	—	—	—	—	—	—
1994	161.75	282.04	682.11	—	—	—	—	—	—
1995	300.80	336.30	646.61	—	—	—	—	—	—
1996	268.92	317.80	597.73	—	—	—	—	—	—
1997	255.23	219.81	521.02	—	—	—	—	—	—
1998	147.89	105.25	676.93	—	—	—	—	—	—
1999	158.20	56.50	778.63	—	—	—	—	—	—
2000	83.00	—	861.63	—	—	—	—	—	—
2001	147.00	—	—	—	—	—	—	—	—
2002	325.00	—	—	—	—	—	—	—	—
2003	358.00	—	—	—	—	—	—	—	—
2004	327.00	—	—	—	—	—	—	—	—
2005	2046.50	37.00	—	—	—	—	—	—	—
2006	3938.30	1672.40	—	—	—	—	—	—	—
2007	5465.78	2880.90	8181.73	112.00	—	112.00	106.48	—	98.63
2008	9433.45	3277.84	14310.47	288.00	—	400.00	77.20	—	139.20
2009	16675.91	4308.45	25107.31	734.90	—	1134.90	46.61	—	—
2010	16811.75	5099.23	38255.26	603.00	—	1641.40	717.30	—	1942.11
2011	23577.41	10325.59	51628.08	1252.50	51.05	2842.85	445.20	58.92	2328.39
2012	37338.28	14746.33	74011.78	2607.28	186.99	5532.71	163.60	42.05	636.62
2013	36720.91	18812.60	92037.64	1696.10	190.70	7045.08	84.81	38.10	600.21
2014	51172.91	26883.77	115443.77	1307.09	562.13	7543.04	295.99	1.29	586.73
2015	67704.24	34886.70	144152.58	8900.24	889.55	15242.84	98.00	20.15	132.74
2016	84423.71	55056.34	178479.83	25485.12	1194.61	41196.31	212.52	0.00	344.10

3–2 续表 2 continued

单位：亿元 (100 million yuan)

年份 Year	非金融企业公司信用类债 Non-financial Enterprise Inc. Credit Bonds					
	可分离债 Warrant Bonds			企业债 Enterprise Bonds		
	发行额 Value of Bonds Issued	兑付金额 Amount of Payments	期末余额 Ending Balance	发行额 Value of Bonds Issued	兑付金额 Amount of Payments	期末余额 Ending Balance
1990	—	—	—	126.37	77.29	195.44
1991	—	—	—	249.96	114.31	331.09
1992	—	—	—	683.71	192.76	822.04
1993	—	—	—	235.84	255.48	802.40
1994	—	—	—	161.75	282.04	682.11
1995	—	—	—	300.80	336.30	646.61
1996	—	—	—	268.92	317.80	597.73
1997	—	—	—	255.23	219.81	521.02
1998	—	—	—	147.89	105.25	676.93
1999	—	—	—	158.20	56.50	778.63
2000	—	—	—	83.00	—	861.63
2001	—	—	—	147.00	—	—
2002	—	—	—	325.00	—	—
2003	—	—	—	358.00	—	—
2004	—	—	—	327.00	—	—
2005	—	—	—	2046.50	37.00	—
2006	—	—	—	3938.30	1672.40	—
2007	188.80	—	287.80	5058.50	2880.90	7683.30
2008	632.85	—	920.65	2366.90	—	6891.76
2009	30.00	—	—	4252.33	44.40	10970.67
2010	0.00	—	—	3628.53	1.80	14597.40
2011	32.00	—	—	3485.48	185.95	17884.93
2012	0.00	126.69	752.15	7999.31	321.20	25512.20
2013	0.00	153.80	598.35	6252.00	870.00	32069.00
2014	0.00	500.35	98.00	8260.00	1412.00	39302.00
2015	0.00	30.00	68.00	5031.00	2999.00	42869.00
2016	0.00	68.00	0.00	8175.70	4717.11	48945.14

3-2 续表 3 continued

单位：亿元 (100 million yuan)

年份 Year	非金融企业公司信用类债 Non-financial Enterprise Inc. Credit Bonds								
	短期融资券 Short-term Financing Bonds			超短期融资券 SCP			中期票据 Medium Term Notes		
	发行额 Value of Bonds Issued	兑付金额 Amount of Payments	期末余额 Ending Balance	发行额 Value of Bonds Issued	兑付金额 Amount of Payments	期末余额 Ending Balance	发行额 Value of Bonds Issued	兑付金额 Amount of Payments	期末余额 Ending Balance
1990	—	—	—	—	—	—	—	—	—
1991	—	—	—	—	—	—	—	—	—
1992	—	—	—	—	—	—	—	—	—
1993	—	—	—	—	—	—	—	—	—
1994	—	—	—	—	—	—	—	—	—
1995	—	—	—	—	—	—	—	—	—
1996	—	—	—	—	—	—	—	—	—
1997	—	—	—	—	—	—	—	—	—
1998	—	—	—	—	—	—	—	—	—
1999	—	—	—	—	—	—	—	—	—
2000	—	—	—	—	—	—	—	—	—
2001	—	—	—	—	—	—	—	—	—
2002	—	—	—	—	—	—	—	—	—
2003	—	—	—	—	—	—	—	—	—
2004	—	—	—	—	—	—	—	—	—
2005	—	—	—	—	—	—	—	—	—
2006	—	—	—	—	—	—	—	—	—
2007	—	—	—	—	—	—	—	—	—
2008	4331.50	3277.84	4221.86	—	—	—	1737.00	0.00	1737.00
2009	4612.05	4264.05	4264.72	—	—	—	6987.37	0.00	8724.37
2010	6742.35	5097.43	6216.76	150.00	0.00	150.00	4924.00	0.00	13648.37
2011	8032.30	7151.27	7247.79	2090.00	1790.00	450.00	7269.70	1073.00	19845.07
2012	8370.47	7888.80	8342.00	5822.00	2741.00	3531.00	8453.30	3244.00	24952.00
2013	8515.00	8408.00	8444.00	7535.00	6337.00	4729.00	6916.00	2029.00	28882.00
2014	10516.93	8388.00	10366.00	10996.00	8726.00	7000.00	9466.90	5321.00	32524.00
2015	9488.00	10259.00	9455.00	22949.00	15391.00	14726.00	12465.00	4563.00	40115.00
2016	6082.95	9543.30	6021.95	27194.90	27126.00	15135.30	11077.10	6260.82	44735.44

3–2 续表 4 continued

单位：亿元 (100 million yuan)

年份 Year	非金融企业公司信用类债 Non-financial Enterprise Inc. Credit Bonds									合计 Total		
	中小企业集合票据 SMECN			非公开定向债务融资工具 PPN			资产支持票据 ABN					
	发行额 Value of Bonds Issued	兑付金额 Amount of Payments	期末余额 Ending Balance	发行额 Value of Bonds Issued	兑付金额 Amount of Payments	期末余额 Ending Balance	发行额 Value of Bonds Issued	兑付金额 Amount of Payments	期末余额 Ending Balance	发行额 Value of Bonds Issued	兑付金额 Amount of Payments	期末余额 Ending Balance
1990	—	—	—	—	—	—	—	—	—	323.60	153.51	1085.78
1991	—	—	—	—	—	—	—	—	—	531.21	225.91	1391.08
1992	—	—	—	—	—	—	—	—	—	1144.49	430.81	2104.76
1993	—	—	—	—	—	—	—	—	—	617.15	378.77	2343.14
1994	—	—	—	—	—	—	—	—	—	1299.30	673.93	2968.51
1995	—	—	—	—	—	—	—	—	—	1811.66	833.26	3946.91
1996	—	—	—	—	—	—	—	—	—	2116.69	1104.44	4959.16
1997	—	—	—	—	—	—	—	—	—	4221.64	1484.10	6029.95
1998	—	—	—	—	—	—	—	—	—	5886.89	2166.11	8442.63
1999	—	—	—	—	—	—	—	—	—	6024.20	1471.04	11320.63
2000	—	—	—	—	—	—	—	—	—	6385.00	3006.69	13881.63
2001	—	—	—	—	—	—	—	—	—	7656.00	3121.00	15618.00
2002	—	—	—	—	—	—	—	—	—	11416.80	3326.20	19336.10
2003	—	—	—	—	—	—	—	—	—	18484.90	8988.52	22603.60
2004	—	—	—	—	—	—	—	—	—	29411.54	13666.32	25777.60
2005	—	—	—	—	—	—	—	—	—	44129.27	23176.82	28774.00
2006	—	—	—	—	—	—	—	—	—	59061.21	37995.53	31448.70
2007	—	—	—	—	—	—	—	—	—	81408.84	49047.02	56922.73
2008	—	—	—	—	—	—	—	—	—	73050.63	46377.62	105408.88
2009	12.65	0.00	12.65	—	—	—	—	—	—	88867.25	63889.04	134048.00
2010	46.57	0.00	59.22	—	—	—	—	—	—	97320.25	69355.55	164730.15
2011	66.23	15.40	110.05	904.00	0.00	919.00	—	—	—	78308.71	62338.05	200052.80
2012	106.02	19.60	193.80	3759.30	176.00	4502.30	57.00	0.00	57.00	79454.98	48396.20	251666.98
2013	60.00	60.00	191.00	5614.00	719.00	9381.00	48.00	7.00	98.00	89202.94	54472.60	299152.65
2014	4.30	52.00	139.00	10057.86	1905.00	17706.00	89.20	16.00	171.00	119286.26	57833.77	352840.25
2015	4.00	78.00	61.00	8734.00	617.00	21324.00	35.00	40.00	159.00	224707.24	101541.70	487494.58
2016	0.00	54.92	5.76	6028.85	6045.98	21797.86	166.57	45.60	297.97	352020.21	200459.14	613923.11

3–3 公司信用类债券发行额按监管辖区分布
Regulatory Jurisdiction Distribution of Company Credit Bond Issuance

单位：亿元 (100 million yuan)

辖区	Jurisdiction	公司债 Corporate Bonds		可转债 Convertible Bonds		可交换公司债 Exchange Corporate Bonds	
		2015	2016	2016	2016	2015	2016
北京	Beijing	1580.60	5158.81	38.00	45.00	0.00	24.40
天津	Tianjin	151.70	884.20	0.00	4.20	12.00	0.00
河北	Hebei	280.00	565.00	0.00	0.00	0.00	0.00
山西	Shanxi	112.50	274.70	0.00	0.00	0.00	0.00
内蒙古	Neimenggu	95.10	69.00	0.00	0.00	0.00	33.50
辽宁	Liaoning	35.50	221.10	0.00	0.00	0.00	36.00
吉林	Jilin	13.80	88.50	0.00	0.00	0.00	0.00
黑龙江	Heilongjiang	39.50	170.00	0.00	0.00	0.00	0.00
上海	Shanghai	516.02	1477.33	60.00	0.00	50.00	16.50
江苏	Jiangsu	914.41	3051.25	0.00	21.15	0.00	70.60
浙江	Zhejiang	529.30	1249.00	0.00	0.00	0.00	46.72
安徽	Anhui	33.00	358.50	0.00	0.00	0.00	36.15
福建	Fujian	306.45	646.90	0.00	0.00	0.00	5.00
江西	Jiangxi	74.90	180.00	0.00	0.00	0.00	12.70
山东	Shandong	397.90	1199.90	0.00	0.00	0.00	22.78
河南	Henan	148.18	518.34	0.00	0.00	0.00	21.50
湖北	Hubei	180.80	424.50	0.00	15.00	0.00	0.00
湖南	Hunan	230.70	825.70	0.00	0.00	0.00	81.50
广东	Guangdong	1159.30	2189.50	0.00	87.17	0.00	101.48
广西	Guangxi	115.00	375.30	0.00	0.00	0.00	0.00
海南	Hainan	31.20	169.26	0.00	0.00	0.00	1.90
重庆	Chongqing	314.20	938.90	0.00	0.00	0.00	0.00
四川	Sichuan	267.91	546.60	0.00	0.00	0.00	0.00
贵州	Guizhou	199.60	681.05	0.00	0.00	0.00	3.00
云南	Yunnan	228.30	271.80	0.00	0.00	0.00	0.00
西藏	Xizang	39.00	0.00	0.00	0.00	0.00	0.00
陕西	Shaanxi	32.00	157.60	0.00	0.00	0.00	0.00
甘肃	Gansu	10.00	36.00	0.00	0.00	0.00	0.00
青海	Qinghai	0.00	23.00	0.00	0.00	0.00	0.00
宁夏	Ningxia	0.00	46.10	0.00	0.00	0.00	0.00
新疆	Xinjiang	129.20	232.50	0.00	0.00	6.00	19.80
深圳	Shenzhen	312.88	721.95	0.00	12.00	0.00	46.28
大连	Dalian	242.50	396.50	0.00	0.00	0.00	0.00
宁波	Ningbo	31.79	155.93	0.00	0.00	0.00	0.00
厦门	Xiamen	130.00	260.00	0.00	28.00	0.00	0.00
青岛	Qingdao	17.00	126.20	0.00	0.00	0.00	0.00
其他	Others	0.00	794.20	0.00	0.00	0.00	0.00
合计	Total	8900.24	25485.12	98.00	212.52	68.00	579.81

注： 1.企业债包括原铁道部发行的债券。
2.公司债、可转债已扣除金融公司发行。
3.部分债券辖区信息无法获取，因此本表的合计数与表3-2的合计数不一致。

数据来源：中国人民银行、上海证券交易所、深圳证券交易所、中央国债登记结算公司。

Source：PBC、SSE、SZSE、CCDC.

3–3 续表 1 continued

单位：亿元 (100 million yuan)

辖区	Jurisdiction	企业债 Enterprise Bonds		短期融资券 Short-term Financing Bonds		超短期融资券 SCP		中期票据 Medium Term Notes	
		2015	2016	2015	2016	2015	2016	2015	2016
北京	Beijing	431.00	251.90	2311.10	1348.70	11033.00	11208.50	4348.05	3223.10
天津	Tianjin	132.00	62.00	249.40	120.00	141.00	314.50	319.70	430.50
河北	Hebei	66.50	67.50	272.00	240.00	125.00	364.00	163.60	189.00
山西	Shanxi	48.00	10.00	404.00	369.00	358.00	817.00	392.70	234.70
内蒙古	Neimenggu	50.50	47.00	176.00	62.00	160.00	174.00	140.00	70.00
辽宁	Liaoning	120.50	135.30	139.20	85.00	257.00	146.00	101.00	189.00
吉林	Jilin	0.00	33.50	17.00	5.00	90.00	83.00	103.00	146.00
黑龙江	Heilongjiang	32.90	33.00	47.00	27.00	74.00	83.00	61.50	51.00
上海	Shanghai	33.00	20.00	631.50	295.85	1564.00	2794.80	594.50	661.20
江苏	Jiangsu	384.50	837.90	801.10	620.80	1268.80	1670.00	887.30	947.10
浙江	Zhejiang	144.00	341.30	450.70	369.90	847.50	976.00	363.60	289.90
安徽	Anhui	109.00	366.00	317.50	180.60	397.00	378.50	261.45	283.00
福建	Fujian	72.00	145.00	154.50	83.90	216.50	448.50	272.00	173.50
江西	Jiangxi	162.00	259.60	101.00	36.80	226.00	60.00	245.30	238.70
山东	Shandong	193.00	328.30	634.70	380.60	1606.00	1904.00	604.00	356.80
河南	Henan	78.00	105.70	171.00	170.00	240.00	234.00	190.00	186.00
湖北	Hubei	129.50	408.10	301.20	135.30	268.20	287.00	157.50	365.40
湖南	Hunan	353.72	667.40	168.50	61.00	79.00	175.50	164.50	198.80
广东	Guangdong	98.00	345.00	236.50	167.00	819.70	1332.00	475.50	366.00
广西	Guangxi	25.00	99.70	72.00	83.90	300.00	195.00	125.00	151.50
海南	Hainan	53.00	38.00	33.00	23.00	20.00	0.00	25.00	45.00
重庆	Chongqing	115.00	278.50	178.50	85.00	202.10	217.30	351.70	275.80
四川	Sichuan	161.50	273.70	286.00	110.50	425.00	433.80	324.80	352.10
贵州	Guizhou	172.00	392.90	99.50	62.50	58.00	10.00	114.00	102.00
云南	Yunnan	43.00	46.60	341.80	154.00	195.00	242.00	145.50	164.00
西藏	Xizang	0.00	0.00	0.00	5.00	51.50	10.00	0.00	0.00
陕西	Shaanxi	54.00	108.50	146.50	234.50	595.00	740.00	307.00	260.60
甘肃	Gansu	10.00	0.00	57.50	38.50	90.00	0.00	157.00	76.00
青海	Qinghai	5.00	0.00	105.00	50.00	10.00	55.00	123.00	35.00
宁夏	Ningxia	20.00	0.00	47.80	15.80	0.00	0.00	24.00	4.00
新疆	Xinjiang	91.40	72.60	228.00	170.00	107.00	163.00	120.00	144.00
深圳	Shenzhen	15.00	5.00	234.30	97.10	369.00	709.50	640.00	533.00
大连	Dalian	0.00	50.70	103.40	41.00	341.00	396.00	247.00	303.00
宁波	Ningbo	8.00	10.00	78.80	24.00	95.00	137.00	49.00	43.50
厦门	Xiamen	10.00	0.00	88.00	89.50	452.00	829.80	149.00	180.90
青岛	Qingdao	0.00	35.00	36.00	15.20	0.00	9.20	18.00	33.00
其他	Others	0.00	50.00	0.00	5.00	0.00	15.00	0.00	145.00
合计	Total	3421.02	5925.70	9720.00	6062.95	23081.30	27612.90	12765.20	11448.10

3–3 续表 2 continued

单位：亿元 (100 million yuan)

辖区	Jurisdiction	中小企业集合票据 SMECN		非公开定向债务融资工具 PPN		资产支持票据 ABN		合计 Total	
		2015	2016	2015	2016	2015	2016	2015	2016
北京	Beijing	4.26	0.00	1089.30	600.50	0.00	86.12	20835.31	21947.03
天津	Tianjin	0.00	0.00	611.50	261.85	0.00	0.00	1617.30	2077.25
河北	Hebei	0.00	0.00	180.00	74.00	0.00	0.00	1087.10	1499.50
山西	Shanxi	0.00	0.00	596.30	186.50	0.00	0.00	1911.50	1891.90
内蒙古	Neimenggu	0.00	0.00	93.00	18.00	0.00	0.00	714.60	473.50
辽宁	Liaoning	0.00	0.00	141.00	40.00	0.00	0.00	794.20	852.40
吉林	Jilin	0.00	0.00	125.00	39.00	0.00	0.00	348.80	395.00
黑龙江	Heilongjiang	0.00	0.00	57.00	31.00	0.00	0.00	311.90	395.00
上海	Shanghai	0.00	0.00	318.00	397.00	3.00	36.69	3770.02	5699.37
江苏	Jiangsu	0.00	0.00	1255.65	1028.40	12.00	0.00	5523.76	8247.20
浙江	Zhejiang	0.00	0.00	281.70	195.50	0.00	0.00	2616.80	3468.32
安徽	Anhui	0.00	0.00	171.90	139.00	0.00	0.00	1289.85	1741.75
福建	Fujian	0.00	0.00	109.00	69.00	0.00	0.00	1130.45	1571.80
江西	Jiangxi	0.00	0.00	100.00	189.00	0.00	0.00	909.20	976.80
山东	Shandong	0.00	0.00	496.20	379.00	0.00	3.00	3931.80	4574.38
河南	Henan	0.00	0.00	484.60	189.50	0.00	0.00	1311.78	1425.04
湖北	Hubei	0.00	0.00	241.10	157.00	0.00	40.76	1278.30	1833.06
湖南	Hunan	0.00	0.00	319.90	249.90	0.00	0.00	1316.32	2259.80
广东	Guangdong	0.00	0.00	144.00	82.50	0.00	0.00	2933.00	4670.65
广西	Guangxi	0.00	0.00	165.00	101.00	0.00	0.00	802.00	1006.40
海南	Hainan	0.00	0.00	15.00	32.00	0.00	0.00	177.20	309.16
重庆	Chongqing	0.00	0.00	363.80	458.30	0.00	0.00	1525.30	2253.80
四川	Sichuan	0.00	0.00	229.50	262.50	0.00	0.00	1694.71	1979.20
贵州	Guizhou	0.00	0.00	142.00	31.50	0.00	0.00	785.10	1282.95
云南	Yunnan	0.00	0.00	262.50	192.00	20.00	0.00	1236.10	1070.40
西藏	Xizang	0.00	0.00	0.00	0.00	0.00	0.00	90.50	15.00
陕西	Shaanxi	0.00	0.00	318.00	219.80	0.00	0.00	1452.50	1721.00
甘肃	Gansu	0.00	0.00	81.50	40.50	0.00	0.00	406.00	191.00
青海	Qinghai	0.00	0.00	17.00	10.00	0.00	0.00	260.00	173.00
宁夏	Ningxia	0.00	0.00	5.00	14.90	0.00	0.00	96.80	80.80
新疆	Xinjiang	0.00	0.00	124.00	60.00	0.00	0.00	805.60	861.90
深圳	Shenzhen	0.00	0.00	51.00	35.00	0.00	0.00	1622.18	2159.83
大连	Dalian	0.00	0.00	74.70	55.00	0.00	0.00	1008.60	1242.20
宁波	Ningbo	0.00	0.00	74.80	41.00	0.00	0.00	337.39	411.43
厦门	Xiamen	0.00	0.00	9.00	0.00	0.00	0.00	838.00	1388.20
青岛	Qingdao	0.00	0.00	55.00	45.00	0.00	0.00	126.00	263.60
其他	Others	0.00	0.00	0.00	110.00	0.00	0.00	0.00	1119.20
合计	Total	4.26	0.00	8802.95	6035.15	35.00	166.57	66895.96	83528.82

3–4　交易所债券交易情况
Bond Trading in Stock Exchange

年份 Year	成交量 Trading Volume 现货(万张) Spot Transaction(10 thousand units)							
	合计 Total	企业债 Enterprise Bonds	公司债 Corporate Bonds	可转债 Convertible Bonds	可分离债 Warrant Bonds	可交换公司债 Exchange Corporate Bonds	国债 T-Bonds	政策性银行债 Policy Bank Bonds
1996	49944.26	38.00	—	—	—	—	49906.26	—
1997	42846.13	356.12	—	—	—	—	42490.01	—
1998	48802.55	946.39	—	833.45	—	—	47022.71	—
1999	43783.87	471.12	—	3133.56	—	—	40179.19	—
2000	95140.88	906.15	—	11717.49	—	—	82517.24	—
2001	87991.38	672.13	—	3684.55	—	—	83634.69	—
2002	299205.28	2303.21	—	4830.95	—	—	292071.13	—
2003	111150.66	7463.29	—	23313.32	—	—	80374.05	—
2004	64207.43	2779.49	—	29590.59	—	—	31837.35	—
2005	53944.97	4116.11	—	20905.30	—	—	28923.56	—
2006	34136.24	3016.11	2438.79	10591.25	2438.79	—	15651.31	—
2007	42693.07	5029.66	6154.25	12153.24	6154.25	—	13201.67	—
2008	492992.52	11206.30	53922.30	38316.48	157226.98	—	232162.46	—
2009	477663.32	62912.79	67812.06	47929.04	82620.04	—	216329.32	—
2010	573425.52	88831.84	116267.43	134370.47	66015.61	—	167938.93	—
2011	684152.29	137586.30	152255.63	206720.89	58501.50	—	129057.42	—
2012	981911.48	289918.93	326764.15	221437.63	53399.53	—	90390.46	—
2013	1693793.06	648808.25	445468.66	456452.00	62214.86	—	80325.29	—
2014	2680189.46	1237806.13	586067.75	676779.56	27512.61	1809.76	126431.69	23781.97
2015	2846125.74	1016654.05	784587.79	538383.37	12290.30	27324.07	421342.14	45544.02
2016	4716695.01	736477.27	2381822.49	112411.34	5812.09	1782.59	569029.36	3108.80

数据来源：上海证券交易所、深圳证券交易所。

Source：SSE、SZSE.

3-4 续表 continued

年份 Year	成交金额(亿元) Trading Turnover(100 million yuan)								
	现货 Spot Transaction								回购
	合计 Total	企业债 Enterprise Bonds	公司债 Corporate Bonds	可转债 Convertible Bonds	可分离债 Warrant Bonds	可交换公司债 Exchange Corporate Bonds	国债 T-Bonds	政策性银行债 Policy Bank Bonds	Repo Transaction
1996	5030.70	1.46	—	—	—	—	5029.24	—	13008.64
1997	3600.83	18.08	—	—	—	—	3582.75	—	12876.06
1998	6120.94	40.69	—	20.30	—	—	6059.95	—	15540.84
1999	5393.59	47.99	—	44.73	—	—	5300.87	—	12890.53
2000	4385.48	92.92	—	135.07	—	—	4157.49	—	14733.68
2001	4930.13	68.84	—	45.68	—	—	4815.60	—	15487.64
2002	8852.71	70.33	—	73.70	—	—	8708.68	—	24419.64
2003	6783.11	363.61	—	663.39	—	—	5756.11	—	53000.12
2004	3717.09	113.36	—	637.26	—	—	2966.46	—	44090.81
2005	3448.80	154.71	—	513.46	—	—	2780.63	—	23621.17
2006	1998.11	142.35	20.28	274.50	20.28	—	1540.71	—	15489.56
2007	2093.61	325.90	45.60	409.24	45.60	—	1267.28	—	18351.62
2008	4609.38	113.60	521.73	442.13	1212.05	—	2318.35	—	24306.77
2009	4834.26	640.64	696.26	636.40	666.90	—	2193.44	—	35975.19
2010	5927.13	913.94	1185.74	1560.61	567.83	—	1699.00	—	70373.75
2011	6907.78	1361.50	1513.41	2217.95	528.29	—	1286.32	—	209509.63
2012	9902.57	2921.52	3293.44	2275.32	498.11	—	914.18	—	393550.94
2013	17417.93	6602.32	4449.37	4960.13	597.04	—	804.26	—	661023.00
2014	28021.20	12511.63	5743.79	7972.97	265.88	22.78	1260.27	243.89	907166.25
2015	31587.14	10339.96	7951.54	8093.91	120.09	365.22	4248.57	467.85	1250957.23
2016	47710.08	7335.81	24018.24	1333.02	57.82	430.58	5817.74	34.36	2335826.11

3–5 上海证券交易所债券交易情况
Bond Trading in Shanghai Stock Exchange

年份 Year	成交量 Trading Volume							
	现货(万张) Spot Transaction(10 thousand units)							
	合计 Total	企业债 Enterprise Bonds	公司债 Corporate Bonds	可转债 Convertible Bonds	可分离债 Warrant Bonds	可交换公司债 Exchange Corporate Bonds	国债 T-Bonds	政策性银行债 Policy Bank Bonds
1996	43545.47	9.76	—	—	—		43535.71	—
1997	31646.00	128.00	—	—	—		31518.00	—
1998	46027.00	170.00	—	—	—		45857.00	—
1999	38287.64	300.44	—	—	—		37987.20	—
2000	33864.54	790.26	—	—	—		33074.28	—
2001	41845.08	610.45	—	—	—		41234.63	—
2002	61514.82	454.99	—	228.00	—		60831.83	—
2003	61718.68	2992.22	—	3888.19	—		54838.27	—
2004	35259.62	978.10	—	2971.42	—		31310.10	—
2005	32365.90	1202.02	—	3035.41	—		28128.47	—
2006	18077.63	1301.44	—	1459.64	—		15316.55	—
2007	17720.26	3711.02	—	1333.19	—		12676.05	—
2008	426851.53	6797.35	23612.50	26404.90	142404.72		227474.06	—
2009	397681.50	36569.78	41569.82	31075.13	75104.84		213301.85	—
2010	482737.87	64290.02	82096.61	115701.01	59905.39		160743.57	—
2011	610136.85	119228.16	114775.83	193007.92	55051.08		128043.32	—
2012	837788.76	270149.31	217554.58	212269.58	48292.88		89521.64	—
2013	1485751.12	627007.52	279538.26	442063.02	59639.14		76979.18	—
2014	2417869.63	1217911.04	370961.78	650800.07	27512.61	1809.76	125092.42	23781.97
2015	2584040.59	1005249.10	572000.30	503247.70	12290.30	26036.07	419673.10	45544.02
2016	4338964.15	730481.71	2039549.73	88044.18	5812.09	379.78	565350.42	3108.80

数据来源：上海证券交易所。
Source: SSE.

3–5 续表 continued

年份 Year	成交金额(亿元) Trading Turnover(100 million yuan)								
	现货 Spot Transaction								回购
	合计 Total	企业债 Enterprise Bonds	公司债 Corporate Bonds	可转债 Convertible Bonds	可分离债 Warrant Bonds	可交换公司债 Exchange Corporate Bonds	国债 T-Bonds	政策性银行债 Policy Bank Bonds	Repo Transaction
1996	4963.54	1.16	—	—	—	—	4962.38	—	12439.16
1997	3483.90	15.50	—	—	—	—	3468.40	—	11912.16
1998	6078.02	31.32	—	—	—	—	6046.70	—	15188.54
1999	5322.62	45.84	—	—	—	—	5276.77	—	12124.12
2000	3748.61	91.56	—	—	—	—	3657.06	—	13147.21
2001	4451.06	68.00	—	—	—	—	4383.06	—	15342.98
2002	6454.69	51.04	—	22.82	—	—	6380.83	—	24419.19
2003	6261.71	316.04	—	445.31	—	—	5500.36	—	52981.54
2004	3395.92	95.88	—	338.55	—	—	2961.50	—	44086.22
2005	3219.36	124.88	—	321.68	—	—	2772.79	—	23621.17
2006	1831.03	124.61	—	169.03	—	—	1537.40	—	15487.33
2007	1786.71	312.68	—	211.83	—	—	1262.20	—	18345.08
2008	3981.39	67.65	243.99	301.59	1094.92	—	2271.72	—	24306.77
2009	3986.71	366.66	435.75	418.32	602.13	—	2163.24	—	35929.25
2010	4935.90	658.40	837.86	1300.20	512.04	—	1627.39	—	70017.59
2011	6129.28	1175.41	1140.02	2041.14	496.10	—	1276.30	—	204621.29
2012	8442.99	2722.08	2189.75	2177.36	448.24	—	905.56	—	371375.86
2013	15312.48	6378.24	2792.33	4793.97	571.53	—	771.61	—	610526.93
2014	25383.18	12309.55	3632.44	7661.18	265.88	22.78	1247.47	243.89	841402.16
2015	28612.16	10223.31	5790.56	7426.79	120.09	351.95	4231.61	467.85	1166702.35
2016	43823.89	7275.03	20544.16	1034.95	57.82	414.59	5780.49	34.36	2203351.92

3–6　2016年上海证券交易所国债预发行情况
Bond Pre Issuance in Shanghai Stock Exchange in 2016

债券简称 Bond Name	交易起始日 Initial Trading Date	交易截止日 Trading Deadline	基准价格/收益率 Bench Mark Price/Yield
16国债02	2016-01-07	2016-01-12	2.76
15国债26(续3)	2016-01-14	2016-01-19	102.14
16国债04	2016-01-21	2016-01-26	2.79
16国债03	2016-01-21	2016-01-26	2.54
16国债05	2016-02-15	2016-02-16	2.35
16国债02(续发)	2016-02-15	2016-02-16	100.01
16国债03(续发)	2016-02-18	2016-02-23	100.35
16国债05(续发)	2016-02-25	2016-03-01	100.08
16国债04(续发)	2016-02-25	2016-03-01	100.30
16国债02(续2)	2016-03-03	2016-03-08	99.96
16国债06	2016-03-10	2016-03-15	2.92
16国债03(续2)	2016-03-17	2016-03-22	100.79
16国债05(续2)	2016-03-30	2016-04-05	100.38
16国债04(续2)	2016-03-30	2016-04-05	100.38
16国债07	2016-04-07	2016-04-12	2.47
16国债06(续发)	2016-04-14	2016-04-19	99.70
16国债09	2016-04-21	2016-04-26	2.40
16国债10	2016-04-27	2016-05-03	2.92
16国债11	2016-04-27	2016-05-03	2.30
16国债07(续发)	2016-05-05	2016-05-10	99.48
16国债06(续2)	2016-05-12	2016-05-17	99.60
16国债09(续发)	2016-05-19	2016-05-24	100.28
16国债10(续发)	2016-05-26	2016-05-31	99.90
16国债11(续发)	2016-05-26	2016-05-31	100.15
16国债07(续2)	2016-06-02	2016-06-07	99.62
16国债14	2016-06-08	2016-06-14	2.96

数据来源：上海证券交易所、深圳证券交易所。
Source：SSE、SZSE.

3–6 续表 continued

债券简称 Bond Name	交易起始日 Initial Trading Date	交易截止日 Trading Deadline	基准价格/收益率 Bench Mark Price/Yield
16国债09(续2)	2016-06-16	2016-06-21	100.24
16国债11(续2)	2016-06-30	2016-07-05	100.29
16国债10(续2)	2016-06-30	2016-07-05	101.03
16国债15	2016-07-07	2016-07-12	2.67
16国债14(续发)	2016-07-14	2016-07-19	100.87
16国债16	2016-07-21	2016-07-26	2.51
16国债18	2016-07-28	2016-08-02	2.27
16国债17	2016-07-28	2016-08-02	2.80
16国债15(续发)	2016-08-04	2016-08-09	100.46
16国债14(续2)	2016-08-11	2016-08-16	101.98
16国债16(续发)	2016-08-18	2016-08-23	100.41
16国债20	2016-08-25	2016-08-30	2.72
16国债18(续发)	2016-09-01	2016-09-06	100.18
16国债17(续发)	2016-09-01	2016-09-06	100.22
16国债15(续2)	2016-09-08	2016-09-13	100.80
16国债20(续发)	2016-09-14	2016-09-20	99.78
16国债16(续2)	2016-09-14	2016-09-20	100.36
16国债17(续2)	2016-10-10	2016-10-11	100.56
16国债18(续2)	2016-10-10	2016-10-11	100.31
16国债21	2016-10-13	2016-10-19	2.52
16国债20(续2)	2016-10-20	2016-10-25	100.90
16国债22	2016-10-20	2016-10-25	2.33
16国债23	2016-10-27	2016-11-01	2.69
16国债24	2016-10-27	2016-11-01	2.15
16国债21(续发)	2016-11-03	2016-11-08	99.80
16国债25	2016-11-10	2016-11-15	2.72
16国债22(续发)	2016-11-17	2016-11-22	99.87
16国债23(续发)	2016-12-01	2016-12-06	98.60
16国债24(续发)	2016-12-01	2016-12-06	100.05
16国债21(续2)	2016-12-08	2016-12-13	97.96
16国债25(续发)	2016-12-15	2016-12-20	98.17
16国债22(续2)	2016-12-15	2016-12-20	99.11

3-7 深圳证券交易所债券交易情况
Bond Trading in Shenzhen Stock Exchange

年份 Year	成交量 Trading Volume						
	现货(万张) Spot Transaction(10 thousand units)						
	合计 Total	企业债 Enterprise Bonds	公司债 Corporate Bonds	可转债 Convertible Bonds	可分离债 Warrant Bonds	可交换债 Exchangeable Bonds	国债 T-Bonds
1996	6398.79	28.24	—	—	—	—	6370.55
1997	11200.13	228.12	—	—	—	—	10972.01
1998	2775.55	776.39	—	833.45	—	—	1165.71
1999	5496.23	170.68	—	3133.56	—	—	2191.99
2000	61276.34	115.89	—	11717.49	—	—	49442.96
2001	46146.30	61.68	—	3684.55	—	—	42400.06
2002	237690.46	1848.22	—	4602.95	—	—	231239.30
2003	49431.98	4471.07	—	19425.13	—	—	25535.78
2004	28947.81	1801.39	—	26619.17	—	—	527.25
2005	21579.07	2914.09	—	17869.89	—	—	795.09
2006	16058.61	1714.67	2438.79	9131.61	2438.79	—	334.76
2007	24972.81	1318.64	6154.25	10820.05	6154.25	—	525.62
2008	66140.99	4408.95	30309.80	11911.59	14822.26	—	4688.40
2009	79981.82	26343.01	26242.24	16853.91	7515.20	—	3027.47
2010	90687.66	24541.82	34170.82	18669.46	6110.22	—	7195.35
2011	74015.44	18358.14	37479.80	13712.97	3450.42	—	1014.11
2012	146383.72	19769.62	111470.57	9168.05	5106.66	—	868.83
2013	208041.94	21800.73	165930.40	14388.98	2575.72	—	3346.12
2014	262319.83	19895.09	215105.97	25979.49	—	—	1339.27
2015	262085.15	11404.95	212587.49	35135.67	—	1288.00	1669.04
2016	377730.86	5995.56	342272.76	24367.16	—	1402.81	3678.93

数据来源：深圳证券交易所。
Source：SZSE.

3-7 续表 continued

年份 Year	成交金额(亿元) Trading Turnover(100 million yuan)							
	现货 Spot Transaction							回购 Repo Transaction
	合计 Total	企业债 Enterprise Bonds	公司债 Corporate Bonds	可转债 Convertible Bonds	可分离债 Warrant Bonds	可交换债 Exchangeable Bonds	国债 T-Bonds	
1996	67.17	0.30	—	0.00	—	—	66.87	569.48
1997	116.92	2.58	—	0.00	—	—	114.35	963.91
1998	42.92	9.37	—	20.30	—	—	13.25	352.30
1999	70.98	2.15	—	44.73	—	—	24.09	766.41
2000	636.87	1.37	—	135.07	—	—	500.43	1586.47
2001	479.07	0.84	—	45.68	—	—	432.55	144.66
2002	2398.02	19.29	—	50.88	—	—	2327.85	0.45
2003	521.40	47.57	—	218.08	—	—	255.75	18.58
2004	321.16	17.49	—	298.72	—	—	4.96	4.60
2005	229.44	29.83	—	191.78	—	—	7.84	0.00
2006	167.08	17.74	20.28	105.47	20.28	—	3.31	2.23
2007	306.90	13.22	45.60	197.40	45.60	—	5.08	6.54
2008	627.99	45.95	277.74	140.54	117.13	—	46.63	0.00
2009	847.55	273.98	260.51	218.08	64.77	—	30.20	45.94
2010	991.23	255.54	347.88	260.41	55.79	—	71.61	356.16
2011	778.50	186.09	373.39	176.81	32.19	—	10.02	4888.34
2012	1482.45	199.44	1126.56	97.96	49.87	—	8.62	22175.08
2013	2105.45	224.08	1657.04	166.16	25.51	—	32.65	50496.07
2014	2638.02	202.08	2111.35	311.79	—	—	12.80	65764.09
2015	2974.98	116.65	2160.98	667.12	—	13.27	16.96	84254.88
2016	3886.19	60.78	3474.10	298.07	—	15.99	37.25	132474.19

3–8 交易所债券回购交易情况
Bond Repo Trading in Stock Exchange

回购方式 Repurchase Ways	合计 Total			
	成交金额(亿元) Trading Turnover (100 million yuan)		成交量(万手) Trading Volume (10 thousand lots)	
	2015	2016	2015	2016
质押式回购 Pledge-style Repo	1279794.66	2297358.03	12797959.63	22973581.80
报价回购 Quotation-based Repo	30986.49	26214.35	309864.89	262143.50
约定式购回 Pre-arranged Repo	0.59	17.60	9.99	176.06

数据来源：上海证券交易所、深圳证券交易所。
Source:SSE、SZSE.

3–8 续表1 continued

回购方式 Repurchase Ways	上交所 SSE			
	成交金额(亿元) Trading Turnover (100 million yuan)		成交量(万手) Trading Volume (10 thousand lots)	
	2015	2016	2015	2016
质押式回购 Pledge-style Repo	1166865.56	2164883.84	11668667.89	21648839.89
报价回购 Quotation-based Repo	30986.49	26214.35	309864.89	262143.50
约定式购回 Pre-arranged Repo	0.56	0.00	9.40	0.10

3–8 续表2 continued

回购方式 Repurchase Ways	深交所 SZSE			
	成交金额(亿元) Trading Turnover (100 million yuan)		成交量(万手) Trading Volume (10 thousand lots)	
	2015	2016	2015	2016
质押式回购 Pledge-style Repo	112929.10	132474.19	1129291.74	1324741.91
报价回购 Quotation-based Repo	0.00	0.00	0.00	0.00
约定式购回 Pre-arranged Repo	0.03	17.60	0.59	175.96

3–9 2016年银行间市场债券买卖按交易机构分类情况

Statistics for Bond Trading in Interbank Market by Institution in 2016

单位：亿元 (100 million yuan)

机构	Institution	现货 Spot Transaction		
		买入 Buy	卖出 Sell	差额 Difference
大型银行	Large Bank	61900.00	60632.00	1268.00
中小型银行	Small and Medium-sized Banks	701384.00	670949.00	30435.00
其中：城市商业银行	Thereinto:City Commercial Bank	456995.00	435142.00	21853.00
保险	Insurance Company	6465.00	10362.00	-3897.00
证券及基金	Security Company and Fund Company	294635.00	279912.00	14723.00
外资金融机构	Foreign Financial Institution	42520.00	43853.00	-1333.00
其他金融机构	Other Financial Institution	164014.00	205211.00	-41197.00
累计成交金额	Total Trading Turnover	1727913.00	1706061.00	21852.00

注：1.大型商业银行包括工商银行、农业银行、中国银行、建设银行、国家开发银行、交通银行、邮政储蓄银行。

2.中小型银行包括招商银行等17家银行、小型城商行、农村商业银行、农村合作银行、村镇银行。

3.其他金融机构包括城市信用社、农村信用社、财务公司、信托投资公司、金融租赁公司、资产管理公司、社保基金等。

数据来源：中国人民银行。

Source:PBC.

3–9 续表 continued

单位：亿元 (100 million yuan)

机构	Institution	回购 Repo Transaction					
		质押式 Pledge-style Repo			买断式 Buyout Repo		
		回购 Repo	逆回购 Reverse Repo	差额 Difference	回购 Repo	逆回购 Reverse Repo	差额 Difference
大型银行	Large Bank	240274.00	2171574.00	-1931300.00	6200.00	28174.00	-21974.00
中小型银行	Small and Medium-sized Banks	3218379.00	2666374.00	552005.00	18916.00	214708.00	-195792.00
其中：城市商业银行	Thereinto:City Commercial Bank	1526083.00	995884.00	530199.00	10352.00	106068.00	-95716.00
保险	Insurance Company	93913.00	125357.00	-31444.00	6.00	5.00	1.00
证券及基金	Security Company and Fund Company	223202.00	14945.00	208257.00	295699.00	13841.00	281858.00
外资金融机构	Foreign Financial Institution	90795.00	19766.00	71029.00	20.00	346.00	-326.00
其他金融机构	Other Financial Institution	1816130.00	684677.00	1131453.00	9492.00	73259.00	-63767.00
累计成交金额	Total Trading Turnover	7208776.00	6678577.00	530199.00	340685.00	436401.00	-95716.00

3–10 银行间市场债券回购按交易期限分类情况
Statistics for Bond Repo Trading in Interbank Market by Duration

债券类型 Bond Type	1天 1 day		7天 7 days		14天 14 days	
	2015	2016	2015	2016	2015	2016
质押式债券 Pledge-style Repo	3700895.00	4861135.00	461541.00	618755.00	114361.00	138334.00
买断式债券 Buyout Repo	195776.00	261834.00	38724.00	46729.00	10308.00	13491.00
合计 Total Trading Turnover	3896671.00	5122969.00	500265.00	665484.00	124669.00	151825.00

数据来源：中国人民银行。
Source: PBC.

3–10 续表 1 continued

债券类型 Bond Type	21天 21 days		1个月 1 month		2个月 2 months		3个月 3 months	
	2015	2016	2015	2016	2015	2016	2015	2016
质押式债券 Pledge-style Repo	11337.00	21404.00	18661.00	23673.00	5372.00	7801.00	10193.00	9346.00
买断式债券 Buyout Repo	3196.00	4221.00	3906.00	2496.00	1216.00	1194.00	401.00	366.00
合计 Total Trading Turnover	14533.00	0.00	22567.00	26169.00	6588.00	8995.00	10594.00	9712.00

3–10 续表 2 continued

债券类型 Bond Type	4个月 4 months		6个月 6 months		9个月 9 months		1年 1 year	
	2015	2016	2015	2016	2015	2016	2015	2016
质押式债券 Pledge-style Repo	768.00	679.00	849.00	743.00	60.00	84.00	73.00	740.00
买断式债券 Buyout Repo	—	—	—	—	—	—	—	—
合计 Total Trading Turnover	768.00	679.00	849.00	743.00	60.00	84.00	73.00	740.00

3-11 2016年银行间市场债券回购余额按机构分类情况

Statistics for Bond Repo Balance in Interbank Market by Institution in 2016

单位：亿元 (100 million yuan)

机 构	Institution	质押式 Pledge-style Repo			买断式 Buyout Repo		
		回购 Repo	逆回购 Reverse Repo	正逆回购差额 Difference	回购 Repo	逆回购 Reverse Repo	正逆回购差额 Difference
大型银行	Large Bank	4823.00	14721.00	-9898.00	26.00	356.00	-330.00
中小型银行	Small and Medium-sized Banks	18982.00	16627.00	2355.00	1965.00	3138.00	-1173.00
其中：城市商业银行	Thereinto:City Commercial Bank	8790.00	4887.00	3903.00	862.00	1518.00	-656.00
保险	Insurance Company	1754.00	1599.00	155.00	4.00	0.00	4.00
证券及基金	Security Company and Fund Company	1560.00	324.00	1236.00	1859.00	364.00	1495.00
外资金融机构	Foreign Financial Institution	446.00	380.00	66.00	0.00	20.00	-20.00
其他金融机构	Other Financial Institution	26596.00	20508.00	6088.00	1384.00	1359.00	25.00
余额	Balance	36355.00	38538.00	3905.00	4716.00	5396.00	-655.00

注：1.大型商业银行包括工商银行、农业银行、中国银行、建设银行、国家开发银行、交通银行、中国邮政储蓄银行。
2.中小型银行包括招商银行等17家银行、小型城商行、农村商业银行、农村合作银行、村镇银行。
3.其他金融机构包括城市信用社、农村信用社、财务公司、信托投资公司、金融租赁公司、资产管理公司、社保基金等。

数据来源：中国人民银行。

Source：PBC.

3–12 债券托管额情况
Value of Bonds under Custody

单位：亿元 (100 million yuan)

市场	Market	国债 T-Bonds		央行票据 Central Bank Bills		金融债券 Financial Bonds	
		2015	2016	2015	2016	2015	2016
全市场	Whole Market	149757.81	220935.73	4281.72	59.72	171690.97	230213.39
银行间	Interbank Market	137443.92	205443.33	4281.72	59.72	161529.83	214447.83
交易所	Stock Exchange	5680.31	8634.22	—	—	8275.28	13064.18
柜台	Over the Counter	6623.67	6846.63	0.00	0.00	15.86	11.38
其他	Others	9.90	11.55	0.00	0.00	1870.00	1600.00

注：1.国债包括凭证式国债、储蓄式国债、记账式国债和地方政府债。
2.金融债券包括国开行金融债、政策性金融债、商业银行普通债券、商业银行次级债、商业银行资本混合债、非银行金融机构债券、证券公司债、资产支持证券、证券公司债券、证券公司短期融资券、二级资本工具、同业存单公司债（金融公司发行）、可转债（金融公司发行）。
3.企业债包括原铁道部发行的债券。
数据来源：中央国债登记结算公司、上海清算所、中国证券登记结算公司。
Source：CDC、SHCH、CSDC.

3–12 续表 1 continued

单位：亿元 (100 million yuan)

市场	Market	非金融企业公司信用类债 Non-financial Enterprise Inc. Credit Bonds							
		公司债 Corporate Bonds		可转债 Convertible Bonds		可分离债 Warrant Bonds		可交换公司债 Exchange Corporate Bonds	
		2015	2016	2015	2016	2015	2016	2015	2016
全市场	Whole Market	15242.84	41196.31	132.74	344.10	68.00	0.00	138	771.06
银行间	Interbank Market	—	—	—	—	—		—	—
交易所	Stock Exchange	15242.84	41196.31	132.74	344.10	68.00	0.00	138	771.06
柜台	Over the Counter	—	—	—	—	—	—	—	—
其他	Others	—	—	—	—	—	—	—	—

3—12　续表 2　continued

单位：亿元　　(100 million yuan)

市场	Market	非金融企业公司信用类债 Non-financial Enterprise Inc. Credit Bonds							
		企业债 Enterprise Bonds		短期融资券 Short-term Financing Bonds		超短期融资券 SCP		中期票据 Medium Term Notes	
		2015	2016	2015	2016	2015	2016	2015	2016
全市场	Whole Market	31634.13	48945.14	9460.00	6021.95	14726.40	15135.30	40206.88	44735.44
银行间	Interbank Market	22713.33	39307.87	9460.00	6021.95	14726.40	15135.30	40205.48	44735.44
交易所	Stock Exchange	8806.2432	9487.61	—	—	—	—	—	—
柜台	Over the Counter	0.4173	0.38	—	—	—	—	0.00	0.00
其他	Others	114.13765	149.27	—	—	—	—	1.40	0.00

3—12　续表 3　continued

单位：亿元　　(100 million yuan)

市场	Market	非金融企业公司信用类债 Non-financial Enterprise Inc. Credit Bonds						合计 Total	
		中小企业集合票据 SMECN		非公开定向债务融资工具 PPN		资产支持票据 ABN			
		2015	2016	2015	2016	2015	2016	2015	2016
全市场	Whole Market	60.68	5.76	21393.99	21797.86	158.90	297.97	133222.56	642245.81
银行间	Interbank Market	60.68	5.76	21393.99	21797.86	158.90	297.97	108718.78	554708.60
交易所	Stock Exchange	—	—	—	—	—	—	24387.82	78916.59
柜台	Over the Counter	0.00	0.00	—	—	—	—	0.42	6858.4
其他	Others	0.00	0.00	—	—	—	—	115.54	1762.22

3–13 国债发行情况明细
Details of T-Bonds Issuance

债券名称 Bond Name	发行对象 Object of Issuance	期限(年) Term(year)	利率(%) Interest Rate(%)	累计发行额(亿元) Total Issuance(100 million yuan)
一、当年国债发行				
(一)储蓄国债				
1.储蓄国债(凭证式)				
第1期	个人投资者	3	4.000	150.00
第1期	个人投资者	5	4.420	150.00
第2期	个人投资者	3	3.900	150.00
第2期	个人投资者	5	4.320	150.00
第3期	个人投资者	3	3.800	150.00
第3期	个人投资者	5	4.170	150.00
第4期	个人投资者	3	3.800	150.00
第4期	个人投资者	5	4.170	150.00
2.储蓄国债(电子式)				
第1期	个人投资者	3	4.000	200.00
第2期	个人投资者	5	4.420	200.00
第3期	个人投资者	3	3.800	200.00
第4期	个人投资者	5	4.220	200.00
第5期	个人投资者	3	3.800	200.00
第6期	个人投资者	5	4.170	200.00
第7期	个人投资者	3	3.800	200.00
第8期	个人投资者	5	4.170	200.00
第9期	个人投资者	3	3.800	200.00
第10期	个人投资者	5	4.170	200.00
(二)记账式国债				
1.记账式附息国债				
三次续发2015年第23期	银行间/交易所	10	2.990	200.00
三次续发2015年第26期	银行间/交易所	7	3.050	200.00
二次续发第2期	银行间/交易所	5	2.530	200.00
一次续发第2期	银行间/交易所	5	2.530	200.00
二次续发第3期	银行间/交易所	3	2.550	200.00
一次续发第3期	银行间/交易所	3	2.550	331.50
二次续发第4期	银行间/交易所	10	2.850	200.00
一次续发第4期	银行间/交易所	10	2.850	260.00
二次续发第5期	银行间/交易所	1	2.220	200.00
一次续发第5期	银行间/交易所	1	2.220	356.90
二次续发第6期	银行间/交易所	7	2.750	331.30
一次续发第6期	银行间/交易所	7	2.750	397.20
二次续发第7期	银行间/交易所	5	2.580	378.80
一次续发第7期	银行间/交易所	5	2.580	325.90
二次续发第8期	银行间/交易所	30	3.520	292.70
一次续发第8期	银行间/交易所	30	3.520	422.30
二次续发第9期	银行间/交易所	3	2.550	359.50
一次续发第9期	银行间/交易所	3	2.550	349.60
二次续发第10期	银行间/交易所	10	2.900	382.60
一次续发第11期	银行间/交易所	10	2.900	282.60
二次续发第11期	银行间/交易所	1	2.300	310.00
一次续发第14期	银行间/交易所	1	2.300	290.80
二次续发第12期	银行间/交易所	2	2.510	350.10
一次续发第16期	银行间/交易所	2	2.510	260.10
一次续发第17期	银行间/交易所	2	2.510	350.90
二次续发第14期	银行间/交易所	7	2.950	374.50
一次续发第19期	银行间/交易所	7	2.950	402.90

3-13 续表 1 continued

债券名称 Bond Name	发行对象 Object of Issuance	期限(年) Term(year)	利率(%) Interest Rate(%)	累计发行额(亿元) Total Issuance(100 million yuan)
二次续发第15期	银行间/交易所	5	2.650	364.00
一次续发第15期	银行间/交易所	5	2.650	389.20
二次续发第16期	银行间/交易所	3	2.430	354.40
一次续发第16期	银行间/交易所	3	2.430	281.60
二次续发第17期	银行间/交易所	10	2.740	383.40
一次续发第17期	银行间/交易所	10	2.740	220.90
二次续发第18期	银行间/交易所	1	2.140	320.90
一次续发第18期	银行间/交易所	1	2.140	229.60
二次续发第19期	银行间/交易所	30	3.270	373.00
一次续发第19期	银行间/交易所	30	3.270	282.60
二次续发第20期	银行间/交易所	7	2.750	389.50
一次续发第20期	银行间/交易所	7	2.750	280.00
二次续发第21期	银行间/交易所	5	2.390	269.30
一次续发第21期	银行间/交易所	5	2.390	170.80
二次续发第22期	银行间/交易所	3	2.290	260.30
一次续发第22期	银行间/交易所	3	2.290	283.30
一次续发第23期	银行间/交易所	10	2.700	210.20
一次续发第24期	银行间/交易所	1	2.100	169.80
一次续发第25期	银行间/交易所	7	2.790	200.00
第1期	银行间/交易所	1	2.320	200.00
第2期	银行间/交易所	5	2.530	200.00
第3期	银行间/交易所	3	2.550	200.00
第4期	银行间/交易所	10	2.850	200.00
第5期	银行间/交易所	1	2.220	200.00
第6期	银行间/交易所	7	2.750	330.00
第7期	银行间/交易所	5	2.580	282.00
第8期	银行间/交易所	30	3.520	337.60
第9期	银行间/交易所	3	2.550	359.00
第10期	银行间/交易所	10	2.900	282.70
第11期	银行间/交易所	1	2.300	267.80
第12期	银行间/交易所	2	2.510	284.10
第13期	银行间/交易所	50	3.700	409.30
第14期	银行间/交易所	7	2.950	393.90
第15期	银行间/交易所	5	2.650	366.10
第16期	银行间/交易所	3	2.430	358.10
第17期	银行间/交易所	10	2.740	318.30
第18期	银行间/交易所	1	2.140	374.10
第19期	银行间/交易所	30	3.270	380.90
第20期	银行间/交易所	7	2.750	303.10
第21期	银行间/交易所	5	2.390	284.60
第22期	银行间/交易所	3	2.290	276.60
第23期	银行间/交易所	10	2.700	216.70
第24期	银行间/交易所	1	2.100	260.60
第25期	银行间/交易所	7	2.790	242.00
第26期	银行间/交易所	50	3.480	100.00
2.记账式贴现国债				
第1期	银行间/交易所	0.25	2.258	100.00
第2期	银行间/交易所	0.25	2.173	100.00
第3期	银行间/交易所	0.50	2.180	100.00
第4期	银行间/交易所	0.25	2.189	100.00
第5期	银行间/交易所	0.25	2.096	100.00

3-13 续表 2 continued

债券名称 Bond Name	发行对象 Object of Issuance	期限(年) Term(year)	利率(%) Interest Rate(%)	累计发行额(亿元) Total Issuance(100 million yuan)
第6期	银行间/交易所	0.25	2.054	100.00
第7期	银行间/交易所	0.50	2.121	100.00
第8期	银行间/交易所	0.25	1.990	100.00
第9期	银行间/交易所	0.25	1.937	100.00
第10期	银行间/交易所	0.25	1.943	100.00
第11期	银行间/交易所	0.50	1.954	100.00
第12期	银行间/交易所	0.25	1.884	100.00
第13期	银行间/交易所	0.25	1.890	100.00
第14期	银行间/交易所	0.25	1.974	100.00
第15期	银行间/交易所	0.25	2.053	101.70
第16期	银行间/交易所	0.25	2.075	102.90
第17期	银行间/交易所	0.50	2.149	101.00
第18期	银行间/交易所	0.25	2.147	101.00
第19期	银行间/交易所	0.25	2.184	103.00
第20期	银行间/交易所	0.25	2.176	101.10
第21期	银行间/交易所	0.25	2.189	101.80
第22期	银行间/交易所	0.50	2.214	103.40
第23期	银行间/交易所	0.25	2.174	115.30
第24期	银行间/交易所	0.25	2.136	101.70
第25期	银行间/交易所	0.25	2.189	100.00
第26期	银行间/交易所	0.25	2.183	101.50
第27期	银行间/交易所	0.50	2.203	106.90
第28期	银行间/交易所	0.25	2.184	100.90
第29期	银行间/交易所	0.25	2.195	101.00
第30期	银行间/交易所	0.25	2.164	103.30
第31期	银行间/交易所	0.25	2.162	107.00
第32期	银行间/交易所	0.50	2.174	163.80
第33期	银行间/交易所	0.25	2.143	124.50
第34期	银行间/交易所	0.25	2.103	137.90
第35期	银行间/交易所	0.25	2.058	119.00
第36期	银行间/交易所	0.25	2.006	113.30
第37期	银行间/交易所	0.50	2.054	178.30
第38期	银行间/交易所	0.25	1.987	108.60
第39期	银行间/交易所	0.25	1.981	112.50
第40期	银行间/交易所	0.25	1.969	105.00
第41期	银行间/交易所	0.25	1.989	101.00
第42期	银行间/交易所	0.50	2.051	151.00
第43期	银行间/交易所	0.25	1.978	100.00
第44期	银行间/交易所	0.25	1.943	123.00
第45期	银行间/交易所	0.25	1.969	120.00
第46期	银行间/交易所	0.50	1.997	100.10
第47期	银行间/交易所	0.25	2.011	120.00
第48期	银行间/交易所	0.25	1.980	121.40
第49期	银行间/交易所	0.25	2.025	122.20
第50期	银行间/交易所	0.50	2.073	101.00
第51期	银行间/交易所	0.25	2.101	120.00
第52期	银行间/交易所	0.25	2.109	120.80
第53期	银行间/交易所	0.25	2.365	121.20
第54期	银行间/交易所	0.25	2.400	120.00
第55期	银行间/交易所	0.25	2.899	108.50

3-13 续表 3 continued

债券名称 Bond Name	发行对象 Object of Issuance	期限(年) Term(year)	利率(%) Interest Rate(%)	累计发行额(亿元) Total Issuance(100 million yuan)
第56期	银行间/交易所	0.50	2.957	95.70
第57期	银行间/交易所	0.25	2.788	70.60
第58期	银行间/交易所	0.25	2.647	62.40
(三)地方政府债				
16安徽定向01	银行间/交易所	3	2.730	23.18
16安徽定向02	银行间/交易所	5	2.960	34.77
16安徽定向03	银行间/交易所	7	3.240	34.77
16安徽定向04	银行间/交易所	10	3.240	23.18
16安徽定向05	银行间/交易所	5	2.960	62.88
16安徽定向06	银行间/交易所	7	3.240	62.88
16安徽债01	银行间/交易所	3	2.460	23.00
16安徽债02	银行间/交易所	5	2.710	62.00
16安徽债03	银行间/交易所	7	3.000	62.00
16安徽债04	银行间/交易所	10	3.040	62.00
16安徽债05	银行间/交易所	3	2.750	137.00
16安徽债06	银行间/交易所	5	2.850	137.00
16安徽债07	银行间/交易所	7	3.080	137.00
16安徽债08	银行间/交易所	10	3.100	47.70
16安徽债09	银行间/交易所	5	2.850	225.00
16安徽债10	银行间/交易所	7	3.100	225.00
16安徽债11	银行间/交易所	3	2.400	51.25
16安徽债12	银行间/交易所	5	2.540	50.00
16安徽债13	银行间/交易所	7	2.720	36.00
16安徽债14	银行间/交易所	10	2.700	36.00
16安徽债15	银行间/交易所	5	2.540	77.69
16安徽债16	银行间/交易所	7	2.720	77.00
16北京定向01	银行间/交易所	3	2.990	6.23
16北京定向02	银行间/交易所	5	3.190	5.05
16北京定向03	银行间/交易所	7	3.390	4.55
16北京定向04	银行间/交易所	10	3.390	5.02
16北京定向05	银行间/交易所	3	2.990	44.20
16北京定向06	银行间/交易所	5	3.190	55.30
16北京定向07	银行间/交易所	7	3.390	37.74
16北京定向08	银行间/交易所	10	3.390	56.69
16北京定向09	银行间/交易所	7	3.390	1.80
16北京定向10	银行间/交易所	3	2.860	21.90
16北京定向11	银行间/交易所	5	3.050	17.74
16北京定向12	银行间/交易所	7	3.270	17.29
16北京定向13	银行间/交易所	10	3.280	18.00
16北京定向14	银行间/交易所	3	2.860	13.20
16北京定向15	银行间/交易所	5	3.050	16.50
16北京定向16	银行间/交易所	7	3.270	25.00
16北京定向17	银行间/交易所	10	3.280	7.81
16北京债01	银行间/交易所	3	2.540	113.50
16北京债02	银行间/交易所	5	2.670	114.88
16北京债03	银行间/交易所	7	2.790	138.19
16北京债04	银行间/交易所	10	2.790	135.16
16北京债05	银行间/交易所	3	2.470	121.44
16北京债06	银行间/交易所	5	2.620	100.54
16北京债07	银行间/交易所	7	2.840	13.61

3-13 续表 4 continued

债券名称 Bond Name	发行对象 Object of Issuance	期限(年) Term(year)	利率(%) Interest Rate(%)	累计发行额(亿元) Total Issuance(100 million yuan)
16北京债08	银行间/交易所	10	2.810	9.66
16北京债09	银行间/交易所	10	2.910	4.05
16北京债10	银行间/交易所	3	2.510	30.00
16北京债11	银行间/交易所	5	2.670	15.00
16北京债12	银行间/交易所	10	2.910	16.35
16大连定向01	银行间/交易所	3	3.000	6.67
16大连定向02	银行间/交易所	5	3.220	10.00
16大连定向03	银行间/交易所	7	3.450	10.00
16大连定向04	银行间/交易所	10	3.460	6.67
16大连定向05	银行间/交易所	3	3.000	6.51
16大连定向06	银行间/交易所	5	3.220	9.77
16大连定向07	银行间/交易所	7	3.450	9.77
16大连定向08	银行间/交易所	10	3.460	6.51
16大连定向09	银行间/交易所	3	2.720	31.26
16大连定向10	银行间/交易所	5	2.890	46.88
16大连定向11	银行间/交易所	7	3.180	46.88
16大连定向12	银行间/交易所	10	3.220	31.26
16大连定向13	银行间/交易所	3	2.720	20.95
16大连定向14	银行间/交易所	5	2.890	31.43
16大连定向15	银行间/交易所	7	3.180	31.43
16大连定向16	银行间/交易所	10	3.220	20.95
16大连债01	银行间/交易所	3	2.500	15.61
16大连债02	银行间/交易所	5	2.730	23.41
16大连债03	银行间/交易所	7	3.110	23.41
16大连债04	银行间/交易所	10	3.140	15.61
16大连债05	银行间/交易所	3	2.610	3.80
16大连债06	银行间/交易所	5	2.800	5.69
16大连债07	银行间/交易所	7	3.130	5.69
16大连债08	银行间/交易所	10	3.200	3.80
16福建定向01	银行间/交易所	3	3.000	9.63
16福建定向02	银行间/交易所	5	3.210	28.87
16福建定向03	银行间/交易所	7	3.450	28.87
16福建定向04	银行间/交易所	10	3.460	28.87
16福建定向05	银行间/交易所	5	3.210	82.38
16福建定向06	银行间/交易所	10	3.460	82.38
16福建定向07	银行间/交易所	3	2.760	7.13
16福建定向08	银行间/交易所	5	2.900	21.38
16福建定向09	银行间/交易所	7	3.110	21.38
16福建定向10	银行间/交易所	10	3.090	21.38
16福建定向11	银行间/交易所	5	2.900	121.32
16福建定向12	银行间/交易所	10	3.090	121.32
16福建债01	银行间/交易所	3	2.800	28.39
16福建债02	银行间/交易所	5	2.990	84.70
16福建债03	银行间/交易所	7	3.170	84.70
16福建债04	银行间/交易所	10	3.170	84.70
16福建债05	银行间/交易所	5	2.990	160.04
16福建债06	银行间/交易所	10	3.170	159.90
16福建债07	银行间/交易所	3	2.430	43.83
16福建债08	银行间/交易所	5	2.600	130.90
16福建债09	银行间/交易所	7	2.830	130.90

3–13 续表 5 continued

债券名称 Bond Name	发行对象 Object of Issuance	期限(年) Term(year)	利率(%) Interest Rate(%)	累计发行额(亿元) Total Issuance(100 million yuan)
16福建债10	银行间/交易所	10	2.870	130.90
16福建债11	银行间/交易所	5	2.560	87.18
16福建债12	银行间/交易所	10	2.800	87.00
16甘肃定向01	银行间/交易所	7	3.260	19.25
16甘肃定向02	银行间/交易所	7	3.260	107.26
16甘肃定向03	银行间/交易所	10	3.140	43.93
16甘肃定向04	银行间/交易所	5	2.950	62.25
16甘肃债01	银行间/交易所	3	2.610	44.00
16甘肃债02	银行间/交易所	5	2.760	108.34
16甘肃债03	银行间/交易所	7	3.020	90.00
16甘肃债04	银行间/交易所	5	2.760	73.25
16甘肃债05	银行间/交易所	7	3.020	13.00
16甘肃债06	银行间/交易所	10	3.270	77.00
16甘肃债07	银行间/交易所	3	2.420	10.50
16甘肃债08	银行间/交易所	5	2.640	10.00
16甘肃债09	银行间/交易所	7	2.890	6.22
16甘肃债10	银行间/交易所	5	2.640	1.66
16广东定向01	银行间/交易所	3	2.930	19.20
16广东定向02	银行间/交易所	5	3.160	57.60
16广东定向03	银行间/交易所	7	3.450	57.60
16广东定向04	银行间/交易所	10	3.350	57.60
16广东定向05	银行间/交易所	5	3.160	180.50
16广东定向06	银行间/交易所	7	3.450	72.20
16广东定向07	银行间/交易所	10	3.350	108.30
16广东定向08	银行间/交易所	3	2.770	31.70
16广东定向09	银行间/交易所	5	2.920	95.10
16广东定向10	银行间/交易所	7	3.150	95.10
16广东定向11	银行间/交易所	10	3.110	95.10
16广东定向12	银行间/交易所	5	2.920	276.50
16广东定向13	银行间/交易所	7	3.150	110.60
16广东定向14	银行间/交易所	10	3.110	165.90
16广东定向15	银行间/交易所	3	3.060	5.39
16广东定向16	银行间/交易所	5	3.280	16.18
16广东定向17	银行间/交易所	7	3.510	16.18
16广东定向18	银行间/交易所	10	3.520	16.18
16广东定向19	银行间/交易所	5	3.280	49.40
16广东定向20	银行间/交易所	7	3.510	19.76
16广东定向21	银行间/交易所	10	3.520	29.64
16广东债01	银行间/交易所	5	2.900	228.50
16广东债02	银行间/交易所	7	3.070	91.40
16广东债03	银行间/交易所	10	3.040	137.10
16广东债04	银行间/交易所	3	2.740	41.30
16广东债05	银行间/交易所	5	2.850	123.90
16广东债06	银行间/交易所	7	3.070	123.90
16广东债07	银行间/交易所	10	3.060	123.90
16广东债08	银行间/交易所	3	2.460	28.70
16广东债09	银行间/交易所	5	2.670	86.10
16广东债10	银行间/交易所	7	2.980	86.10
16广东债11	银行间/交易所	10	3.030	86.10
16广东债12	银行间/交易所	5	2.640	15.00

3-13 续表 6 continued

债券名称 Bond Name	发行对象 Object of Issuance	期限(年) Term(year)	利率(%) Interest Rate(%)	累计发行额(亿元) Total Issuance(100 million yuan)
16广东债13	银行间/交易所	7	2.980	6.00
16广东债14	银行间/交易所	10	3.030	9.00
16广东债15	银行间/交易所	3	2.760	15.24
16广东债16	银行间/交易所	5	2.980	45.40
16广东债17	银行间/交易所	7	3.170	45.40
16广东债18	银行间/交易所	10	3.170	45.40
16广东债19	银行间/交易所	5	2.950	89.05
16广东债20	银行间/交易所	7	3.170	35.50
16广东债21	银行间/交易所	10	3.170	53.30
16广东债22	银行间/交易所	3	2.680	17.26
16广东债23	银行间/交易所	5	2.860	51.40
16广东债24	银行间/交易所	7	3.010	51.40
16广东债25	银行间/交易所	10	3.020	51.40
16广东债26	银行间/交易所	5	2.830	63.74
16广东债27	银行间/交易所	7	3.010	25.50
16广东债28	银行间/交易所	10	3.020	38.20
16广东债29	银行间/交易所	5	2.450	38.37
16广东债30	银行间/交易所	7	2.700	15.50
16广东债31	银行间/交易所	10	2.740	23.10
16广东债32	银行间/交易所	3	2.660	3.03
16广东债33	银行间/交易所	5	2.850	14.37
16广东债34	银行间/交易所	7	3.050	5.80
16广东债35	银行间/交易所	10	3.060	8.60
16广西定向01	银行间/交易所	3	2.650	15.48
16广西定向02	银行间/交易所	5	2.860	22.50
16广西定向03	银行间/交易所	7	3.210	22.50
16广西定向04	银行间/交易所	10	3.270	15.00
16广西定向05	银行间/交易所	5	2.860	49.30
16广西定向06	银行间/交易所	7	3.210	49.30
16广西定向07	银行间/交易所	3	2.720	1.13
16广西定向08	银行间/交易所	5	2.880	3.39
16广西定向09	银行间/交易所	7	3.090	3.39
16广西定向10	银行间/交易所	10	3.090	3.39
16广西定向11	银行间/交易所	5	2.880	21.60
16广西定向12	银行间/交易所	7	3.090	8.64
16广西定向13	银行间/交易所	10	3.090	12.96
16广西债01	银行间/交易所	3	2.390	30.00
16广西债02	银行间/交易所	5	2.650	42.00
16广西债03	银行间/交易所	7	2.960	42.00
16广西债04	银行间/交易所	10	2.990	29.00
16广西债05	银行间/交易所	5	2.610	85.00
16广西债06	银行间/交易所	7	2.930	85.00
16广西债07	银行间/交易所	3	2.490	20.00
16广西债08	银行间/交易所	5	2.680	30.00
16广西债09	银行间/交易所	7	2.990	30.00
16广西债10	银行间/交易所	10	3.070	20.00
16广西债11	银行间/交易所	3	2.810	36.00
16广西债12	银行间/交易所	5	2.960	100.00
16广西债13	银行间/交易所	7	3.240	100.00
16广西债14	银行间/交易所	10	3.280	100.00

3–13 续表 7 continued

债券名称 Bond Name	发行对象 Object of Issuance	期限(年) Term(year)	利率(%) Interest Rate(%)	累计发行额(亿元) Total Issuance(100 million yuan)
16广西债15	银行间/交易所	5	2.960	16.00
16广西债16	银行间/交易所	7	3.240	6.00
16广西债17	银行间/交易所	10	3.280	10.00
16广西债18	银行间/交易所	3	2.480	3.80
16广西债19	银行间/交易所	5	2.670	10.00
16广西债20	银行间/交易所	7	2.890	10.00
16广西债21	银行间/交易所	10	2.910	10.00
16广西债22	银行间/交易所	5	2.670	116.20
16广西债23	银行间/交易所	7	2.890	45.00
16广西债24	银行间/交易所	10	2.910	68.00
16广西债25	银行间/交易所	3	2.400	7.00
16广西债26	银行间/交易所	5	2.520	20.00
16广西债27	银行间/交易所	7	2.770	20.00
16广西债28	银行间/交易所	10	2.880	20.00
16广西债29	银行间/交易所	3	2.400	30.00
16广西债30	银行间/交易所	5	2.520	20.00
16广西债31	银行间/交易所	7	2.770	30.00
16广西债32	银行间/交易所	10	2.880	20.00
16贵州定向01	银行间/交易所	3	2.890	35.83
16贵州定向02	银行间/交易所	5	3.150	53.75
16贵州定向03	银行间/交易所	7	3.430	53.75
16贵州定向04	银行间/交易所	10	3.370	35.83
16贵州定向05	银行间/交易所	5	3.150	105.26
16贵州定向06	银行间/交易所	7	3.430	63.16
16贵州定向07	银行间/交易所	10	3.370	42.10
16贵州债01	银行间/交易所	3	2.520	100.00
16贵州债02	银行间/交易所	5	2.690	150.00
16贵州债03	银行间/交易所	7	3.050	150.00
16贵州债04	银行间/交易所	10	3.140	100.00
16贵州债05	银行间/交易所	3	2.530	60.00
16贵州债06	银行间/交易所	5	2.720	90.00
16贵州债07	银行间/交易所	7	3.030	90.00
16贵州债08	银行间/交易所	10	3.150	60.00
16贵州债09	银行间/交易所	3	2.810	80.00
16贵州债10	银行间/交易所	5	2.990	120.00
16贵州债11	银行间/交易所	7	3.180	120.00
16贵州债12	银行间/交易所	10	3.270	80.00
16贵州债13	银行间/交易所	3	2.700	40.00
16贵州债14	银行间/交易所	5	2.840	60.00
16贵州债15	银行间/交易所	7	2.980	60.00
16贵州债16	银行间/交易所	10	3.070	40.00
16贵州债17	银行间/交易所	3	2.680	80.00
16贵州债18	银行间/交易所	7	2.960	120.00
16贵州债19	银行间/交易所	3	2.460	40.00
16贵州债20	银行间/交易所	5	2.660	60.00
16贵州债21	银行间/交易所	7	2.870	60.00
16贵州债22	银行间/交易所	10	2.920	40.00
16贵州债23	银行间/交易所	5	2.620	120.00
16贵州债24	银行间/交易所	10	2.990	80.00
16贵州债25	银行间/交易所	3	2.350	24.00

3–13 续表 8 continued

债券名称 Bond Name	发行对象 Object of Issuance	期限(年) Term(year)	利率(%) Interest Rate(%)	累计发行额(亿元) Total Issuance(100 million yuan)
16贵州债26	银行间/交易所	5	2.440	36.00
16贵州债27	银行间/交易所	7	2.800	36.00
16贵州债28	银行间/交易所	10	2.870	24.00
16贵州债29	银行间/交易所	3	2.350	16.00
16贵州债30	银行间/交易所	5	2.440	24.00
16贵州债31	银行间/交易所	7	2.710	24.00
16贵州债32	银行间/交易所	10	2.810	16.00
16海南定向01	银行间/交易所	3	2.960	14.00
16海南定向02	银行间/交易所	5	3.120	20.00
16海南定向03	银行间/交易所	7	3.360	20.00
16海南定向04	银行间/交易所	3	2.960	21.88
16海南定向05	银行间/交易所	7	3.360	28.00
16海南定向06	银行间/交易所	10	3.100	15.06
16海南定向07	银行间/交易所	5	2.890	16.01
16海南定向08	银行间/交易所	10	3.100	8.00
16海南定向09	银行间/交易所	3	2.730	18.62
16海南定向10	银行间/交易所	5	2.920	28.00
16海南定向11	银行间/交易所	7	3.200	28.00
16海南定向12	银行间/交易所	10	3.240	18.40
16海南定向13	银行间/交易所	5	2.920	22.93
16海南定向14	银行间/交易所	10	3.240	24.00
16海南债01	银行间/交易所	3	2.720	28.98
16海南债02	银行间/交易所	5	2.910	24.00
16海南债03	银行间/交易所	10	3.100	31.00
16海南债04	银行间/交易所	5	2.580	28.58
16海南债05	银行间/交易所	7	2.770	51.00
16海南债06	银行间/交易所	10	2.800	12.00
16海南债07	银行间/交易所	3	2.420	20.00
16海南债08	银行间/交易所	5	2.610	26.79
16海南债09	银行间/交易所	7	2.890	20.00
16海南债10	银行间/交易所	10	2.980	26.00
16河北定向01	银行间/交易所	3	2.960	46.17
16河北定向02	银行间/交易所	5	3.140	68.72
16河北定向03	银行间/交易所	7	3.320	68.72
16河北定向04	银行间/交易所	10	3.280	45.80
16河北定向05	银行间/交易所	3	2.960	36.32
16河北定向06	银行间/交易所	5	3.140	36.16
16河北定向07	银行间/交易所	7	3.320	48.24
16河北定向08	银行间/交易所	3	2.740	65.29
16河北定向09	银行间/交易所	5	2.890	65.29
16河北定向10	银行间/交易所	7	3.100	65.29
16河北定向11	银行间/交易所	10	3.110	21.68
16河北定向12	银行间/交易所	3	2.740	84.80
16河北定向13	银行间/交易所	5	2.890	84.79
16河北债01	银行间/交易所	3	2.540	80.00
16河北债02	银行间/交易所	5	2.680	119.00
16河北债03	银行间/交易所	7	3.000	119.00
16河北债04	银行间/交易所	10	3.100	79.00
16河北债05	银行间/交易所	3	2.540	61.00
16河北债06	银行间/交易所	5	2.680	91.00

3–13 续表 9 continued

债券名称 Bond Name	发行对象 Object of Issuance	期限(年) Term(year)	利率(%) Interest Rate(%)	累计发行额(亿元) Total Issuance(100 million yuan)
16河北债07	银行间/交易所	7	3.060	91.00
16河北债08	银行间/交易所	10	3.140	60.00
16河北债09	银行间/交易所	3	2.760	145.00
16河北债10	银行间/交易所	5	2.940	145.00
16河北债11	银行间/交易所	7	3.230	145.00
16河北债12	银行间/交易所	10	3.210	49.58
16河北债13	银行间/交易所	3	2.740	43.00
16河北债14	银行间/交易所	5	2.900	59.42
16河北债15	银行间/交易所	7	3.180	43.00
16河北债16	银行间/交易所	3	2.430	46.00
16河北债17	银行间/交易所	5	2.570	46.00
16河北债18	银行间/交易所	7	2.760	46.00
16河北债19	银行间/交易所	10	2.760	15.51
16河北债20	银行间/交易所	5	2.570	63.98
16河北债21	银行间/交易所	3	2.380	36.00
16河南定向01	银行间/交易所	3	2.730	14.60
16河南定向02	银行间/交易所	5	2.880	21.90
16河南定向03	银行间/交易所	7	3.230	21.90
16河南定向04	银行间/交易所	10	3.340	14.60
16河南定向05	银行间/交易所	5	2.880	30.84
16河南定向06	银行间/交易所	7	3.230	30.84
16河南债01	银行间/交易所	3	2.590	100.00
16河南债02	银行间/交易所	5	2.730	150.00
16河南债03	银行间/交易所	7	3.060	150.00
16河南债04	银行间/交易所	10	3.160	100.00
16河南债05	银行间/交易所	3	2.810	76.00
16河南债06	银行间/交易所	5	3.030	114.00
16河南债07	银行间/交易所	7	3.260	114.00
16河南债08	银行间/交易所	10	3.240	76.00
16河南债09	银行间/交易所	3	2.810	52.60
16河南债10	银行间/交易所	5	3.030	78.90
16河南债11	银行间/交易所	7	3.260	78.90
16河南债12	银行间/交易所	10	3.240	52.60
16河南债13	银行间/交易所	3	2.610	37.39
16河南债14	银行间/交易所	5	2.780	56.09
16河南债15	银行间/交易所	7	3.080	56.09
16河南债16	银行间/交易所	10	3.100	37.39
16河南债17	银行间/交易所	3	2.580	38.38
16河南债18	银行间/交易所	5	2.730	57.57
16河南债19	银行间/交易所	7	2.900	57.57
16河南债20	银行间/交易所	10	2.920	38.38
16河南债21	银行间/交易所	3	2.420	31.24
16河南债22	银行间/交易所	5	2.560	46.50
16河南债23	银行间/交易所	7	2.750	46.50
16河南债24	银行间/交易所	10	2.740	31.00
16河南债25	银行间/交易所	3	2.420	18.52
16河南债26	银行间/交易所	5	2.560	27.60
16河南债27	银行间/交易所	7	2.750	27.60
16河南债28	银行间/交易所	10	2.740	18.40
16黑龙江定向01	银行间/交易所	3	2.700	12.64

3–13 续表 10 continued

债券名称 Bond Name	发行对象 Object of Issuance	期限(年) Term(year)	利率(%) Interest Rate(%)	累计发行额(亿元) Total Issuance(100 million yuan)
16黑龙江定向02	银行间/交易所	5	2.860	14.67
16黑龙江定向03	银行间/交易所	7	3.210	15.21
16黑龙江定向04	银行间/交易所	10	3.310	12.23
16黑龙江定向05	银行间/交易所	5	2.860	36.00
16黑龙江定向06	银行间/交易所	7	3.210	32.35
16黑龙江定向07	银行间/交易所	3	2.870	5.84
16黑龙江定向08	银行间/交易所	5	2.990	14.00
16黑龙江定向09	银行间/交易所	7	3.210	13.68
16黑龙江定向10	银行间/交易所	10	3.210	13.15
16黑龙江定向11	银行间/交易所	5	2.990	4.54
16黑龙江债01	银行间/交易所	3	2.620	92.40
16黑龙江债02	银行间/交易所	5	2.770	138.60
16黑龙江债03	银行间/交易所	7	3.090	138.60
16黑龙江债04	银行间/交易所	10	3.180	92.40
16黑龙江债05	银行间/交易所	3	2.630	26.00
16黑龙江债06	银行间/交易所	5	2.770	39.00
16黑龙江债07	银行间/交易所	7	3.090	39.00
16黑龙江债08	银行间/交易所	10	3.180	26.00
16黑龙江债09	银行间/交易所	3	2.740	46.59
16黑龙江债10	银行间/交易所	5	2.860	68.00
16黑龙江债11	银行间/交易所	7	3.090	68.00
16黑龙江债12	银行间/交易所	10	3.100	45.00
16黑龙江债13	银行间/交易所	5	2.890	55.95
16黑龙江债14	银行间/交易所	7	3.080	55.00
16湖北定向01	银行间/交易所	3	2.900	32.43
16湖北定向02	银行间/交易所	5	3.140	32.43
16湖北定向03	银行间/交易所	7	3.390	32.43
16湖北定向04	银行间/交易所	10	3.380	10.81
16湖北定向05	银行间/交易所	5	3.140	70.95
16湖北定向06	银行间/交易所	7	3.390	28.38
16湖北定向07	银行间/交易所	10	3.380	42.57
16湖北定向08	银行间/交易所	3	2.670	71.59
16湖北定向09	银行间/交易所	5	2.790	71.59
16湖北定向10	银行间/交易所	7	3.020	71.59
16湖北定向11	银行间/交易所	10	3.090	23.86
16湖北定向12	银行间/交易所	5	2.790	190.68
16湖北定向13	银行间/交易所	7	3.020	76.27
16湖北定向14	银行间/交易所	10	3.090	114.41
16湖北债01	银行间/交易所	3	2.750	180.00
16湖北债02	银行间/交易所	5	2.900	180.00
16湖北债03	银行间/交易所	7	3.070	180.00
16湖北债04	银行间/交易所	10	3.040	60.00
16湖北债05	银行间/交易所	3	2.610	45.00
16湖北债06	银行间/交易所	5	2.780	45.00
16湖北债07	银行间/交易所	7	3.100	45.00
16湖北债08	银行间/交易所	10	3.210	15.00
16湖北债09	银行间/交易所	5	2.820	125.00
16湖北债10	银行间/交易所	7	3.070	125.00
16湖北债11	银行间/交易所	3	2.800	76.80
16湖北债12	银行间/交易所	5	3.010	76.80

3–13 续表 11 continued

债券名称 Bond Name	发行对象 Object of Issuance	期限(年) Term(year)	利率(%) Interest Rate(%)	累计发行额(亿元) Total Issuance(100 million yuan)
16湖北债13	银行间/交易所	7	3.280	76.80
16湖北债14	银行间/交易所	10	3.340	25.60
16湖北债15	银行间/交易所	5	3.040	150.00
16湖北债16	银行间/交易所	7	3.300	150.00
16湖北债17	银行间/交易所	3	2.390	29.25
16湖北债18	银行间/交易所	5	2.630	29.25
16湖北债19	银行间/交易所	7	2.800	29.25
16湖北债20	银行间/交易所	10	2.870	9.75
16湖北债21	银行间/交易所	3	2.430	21.15
16湖北债22	银行间/交易所	5	2.570	21.15
16湖北债23	银行间/交易所	7	2.760	21.15
16湖北债24	银行间/交易所	10	2.770	7.05
16湖北债25	银行间/交易所	5	2.600	25.00
16湖北债26	银行间/交易所	7	2.760	25.00
16湖南债01	银行间/交易所	7	2.970	101.00
16湖南债02	银行间/交易所	10	3.060	310.00
16湖南债03	银行间/交易所	3	2.770	39.33
16湖南债04	银行间/交易所	5	2.910	481.67
16湖南债05	银行间/交易所	3	2.760	300.00
16湖南债06	银行间/交易所	7	3.150	256.00
16湖南债07	银行间/交易所	3	2.430	300.00
16湖南债08	银行间/交易所	7	2.780	350.00
16湖南债09	银行间/交易所	3	2.400	200.00
16湖南债10	银行间/交易所	5	2.520	200.00
16湖南债11	银行间/交易所	10	2.790	250.00
16湖南债12	银行间/交易所	3	2.500	200.00
16湖南债13	银行间/交易所	10	2.950	150.00
16湖南债14	银行间/交易所	5	2.680	150.00
16湖南债15	银行间/交易所	7	2.970	200.00
16吉林定向01	银行间/交易所	3	2.680	26.04
16吉林定向02	银行间/交易所	5	2.860	78.10
16吉林定向03	银行间/交易所	7	3.200	78.10
16吉林定向04	银行间/交易所	10	3.290	78.10
16吉林定向05	银行间/交易所	5	2.860	108.28
16吉林定向06	银行间/交易所	10	3.290	108.28
16吉林债01	银行间/交易所	3	2.800	25.18
16吉林债02	银行间/交易所	5	2.980	75.49
16吉林债03	银行间/交易所	7	3.160	75.49
16吉林债04	银行间/交易所	10	3.300	75.49
16吉林债05	银行间/交易所	5	2.980	15.00
16吉林债06	银行间/交易所	7	3.250	4.38
16吉林债07	银行间/交易所	10	3.300	10.62
16吉林债08	银行间/交易所	3	2.540	12.00
16吉林债09	银行间/交易所	5	2.690	35.96
16吉林债10	银行间/交易所	7	2.890	35.96
16吉林债11	银行间/交易所	10	2.990	35.96
16吉林债12	银行间/交易所	5	2.680	13.02
16吉林债13	银行间/交易所	7	2.840	1.74
16吉林债14	银行间/交易所	10	2.990	11.28
16吉林债15	银行间/交易所	3	2.730	5.72

3—13 续表 12 continued

债券名称 Bond Name	发行对象 Object of Issuance	期限(年) Term(year)	利率(%) Interest Rate(%)	累计发行额(亿元) Total Issuance(100 million yuan)
16江苏定向01	银行间/交易所	3	2.860	37.12
16江苏定向02	银行间/交易所	5	3.120	55.69
16江苏定向03	银行间/交易所	7	3.390	55.69
16江苏定向04	银行间/交易所	10	3.360	37.12
16江苏定向05	银行间/交易所	3	2.860	44.27
16江苏定向06	银行间/交易所	5	3.120	66.40
16江苏定向07	银行间/交易所	7	3.390	66.40
16江苏定向08	银行间/交易所	10	3.360	44.27
16江苏债01	银行间/交易所	3	2.640	121.80
16江苏债02	银行间/交易所	5	2.760	182.50
16江苏债03	银行间/交易所	7	3.050	182.50
16江苏债04	银行间/交易所	10	3.060	121.80
16江苏债05	银行间/交易所	3	2.580	105.50
16江苏债06	银行间/交易所	5	2.760	158.20
16江苏债07	银行间/交易所	7	3.050	158.20
16江苏债08	银行间/交易所	10	3.060	105.50
16江苏债09	银行间/交易所	3	2.710	67.70
16江苏债10	银行间/交易所	5	2.960	100.00
16江苏债11	银行间/交易所	7	3.190	100.00
16江苏债12	银行间/交易所	10	3.210	67.00
16江苏债13	银行间/交易所	3	2.710	109.00
16江苏债14	银行间/交易所	5	2.890	161.00
16江苏债15	银行间/交易所	7	3.150	161.00
16江苏债16	银行间/交易所	10	3.180	108.00
16江苏债17	银行间/交易所	3	2.510	128.00
16江苏债18	银行间/交易所	5	2.590	190.00
16江苏债19	银行间/交易所	7	2.820	190.00
16江苏债20	银行间/交易所	10	2.900	127.00
16江苏债21	银行间/交易所	3	2.490	76.20
16江苏债22	银行间/交易所	5	2.590	113.00
16江苏债23	银行间/交易所	7	2.790	113.00
16江苏债24	银行间/交易所	10	2.790	75.00
16江苏债25	银行间/交易所	3	2.400	104.50
16江苏债26	银行间/交易所	5	2.550	155.00
16江苏债27	银行间/交易所	7	2.730	155.00
16江苏债28	银行间/交易所	10	2.710	104.00
16江苏债29	银行间/交易所	3	2.400	82.50
16江苏债30	银行间/交易所	5	2.550	121.00
16江苏债31	银行间/交易所	7	2.730	121.00
16江苏债32	银行间/交易所	10	2.710	81.00
16江苏债33	银行间/交易所	3	2.560	9.40
16江苏债34	银行间/交易所	5	2.710	13.90
16江苏债35	银行间/交易所	7	2.890	13.90
16江苏债36	银行间/交易所	10	2.910	9.30
16江苏债37	银行间/交易所	3	2.560	22.50
16江苏债38	银行间/交易所	5	2.710	33.70
16江苏债39	银行间/交易所	7	2.890	33.70
16江苏债40	银行间/交易所	10	2.910	22.50
16江西定向01	银行间/交易所	3	2.790	4.87
16江西定向02	银行间/交易所	5	2.960	14.61

3-13 续表 13 continued

债券名称 Bond Name	发行对象 Object of Issuance	期限(年) Term(year)	利率(%) Interest Rate(%)	累计发行额(亿元) Total Issuance(100 million yuan)
16江西定向03	银行间/交易所	7	3.210	14.61
16江西定向04	银行间/交易所	10	3.180	14.61
16江西定向05	银行间/交易所	3	2.790	17.80
16江西定向06	银行间/交易所	5	2.960	17.80
16江西定向07	银行间/交易所	7	3.210	17.80
16江西定向08	银行间/交易所	10	3.180	17.80
16江西债01	银行间/交易所	3	2.430	29.50
16江西债02	银行间/交易所	5	2.710	87.90
16江西债03	银行间/交易所	7	3.000	87.90
16江西债04	银行间/交易所	10	3.010	87.90
16江西债05	银行间/交易所	3	2.500	26.70
16江西债06	银行间/交易所	5	2.710	26.70
16江西债07	银行间/交易所	7	3.050	26.70
16江西债08	银行间/交易所	10	3.070	26.70
16江西债09	银行间/交易所	3	2.700	21.40
16江西债10	银行间/交易所	5	2.900	63.50
16江西债11	银行间/交易所	7	3.070	63.50
16江西债12	银行间/交易所	10	3.210	63.50
16江西债13	银行间/交易所	3	2.700	39.50
16江西债14	银行间/交易所	5	2.830	39.20
16江西债15	银行间/交易所	7	3.050	39.20
16江西债16	银行间/交易所	10	3.180	39.20
16江西债17	银行间/交易所	3	2.420	9.40
16江西债18	银行间/交易所	5	2.570	28.18
16江西债19	银行间/交易所	7	2.790	28.18
16江西债20	银行间/交易所	10	2.860	28.18
16江西债21	银行间/交易所	3	2.420	17.89
16江西债22	银行间/交易所	5	2.570	17.89
16江西债23	银行间/交易所	7	2.790	17.89
16江西债24	银行间/交易所	10	3.000	17.89
16辽宁定向01	银行间/交易所	3	2.830	52.58
16辽宁定向02	银行间/交易所	5	3.050	76.73
16辽宁定向03	银行间/交易所	7	3.290	76.51
16辽宁定向04	银行间/交易所	10	3.380	52.19
16辽宁定向05	银行间/交易所	3	2.830	96.48
16辽宁定向06	银行间/交易所	5	3.050	74.87
16辽宁定向07	银行间/交易所	7	3.290	73.70
16辽宁定向08	银行间/交易所	10	3.380	51.29
16辽宁债01	银行间/交易所	3	2.630	227.00
16辽宁债02	银行间/交易所	5	2.850	227.00
16辽宁债03	银行间/交易所	7	3.140	227.00
16辽宁债04	银行间/交易所	10	3.180	78.00
16辽宁债05	银行间/交易所	3	2.830	61.00
16辽宁债06	银行间/交易所	5	3.050	61.00
16辽宁债07	银行间/交易所	7	3.300	61.00
16辽宁债08	银行间/交易所	10	3.300	22.00
16辽宁债09	银行间/交易所	3	2.730	138.00
16辽宁债10	银行间/交易所	5	2.950	138.00
16辽宁债11	银行间/交易所	7	3.120	138.00
16辽宁债12	银行间/交易所	10	3.110	46.00

3-13 续表 14 continued

债券名称 Bond Name	发行对象 Object of Issuance	期限(年) Term(year)	利率(%) Interest Rate(%)	累计发行额(亿元) Total Issuance(100 million yuan)
16辽宁债13	银行间/交易所	3	2.510	60.00
16辽宁债14	银行间/交易所	5	2.710	60.00
16辽宁债15	银行间/交易所	7	2.880	60.00
16辽宁债16	银行间/交易所	10	2.910	19.06
16辽宁债17	银行间/交易所	3	2.350	49.50
16辽宁债18	银行间/交易所	5	2.490	49.50
16辽宁债19	银行间/交易所	7	2.700	49.50
16辽宁债20	银行间/交易所	10	2.750	16.50
16辽宁债21	银行间/交易所	3	2.360	18.40
16辽宁债22	银行间/交易所	5	2.500	18.40
16辽宁债23	银行间/交易所	7	2.700	11.00
16辽宁债24	银行间/交易所	10	2.760	2.95
16内蒙古定向01	银行间/交易所	3	2.960	21.51
16内蒙古定向02	银行间/交易所	5	3.190	53.38
16内蒙古定向03	银行间/交易所	7	3.480	53.38
16内蒙古定向04	银行间/交易所	10	3.380	51.18
16内蒙古定向05	银行间/交易所	5	3.190	40.15
16内蒙古定向06	银行间/交易所	10	3.380	40.15
16内蒙古定向07	银行间/交易所	3	2.780	14.41
16内蒙古定向08	银行间/交易所	5	2.940	34.27
16内蒙古定向09	银行间/交易所	7	3.170	34.27
16内蒙古定向10	银行间/交易所	10	3.140	34.27
16内蒙古定向11	银行间/交易所	5	2.940	12.66
16内蒙古定向12	银行间/交易所	10	3.140	12.66
16内蒙古定向13	银行间/交易所	3	2.810	17.50
16内蒙古定向14	银行间/交易所	5	2.970	51.45
16内蒙古定向15	银行间/交易所	7	3.190	51.45
16内蒙古定向16	银行间/交易所	10	3.180	51.45
16内蒙古定向17	银行间/交易所	5	2.970	8.39
16内蒙古定向18	银行间/交易所	10	3.180	8.39
16内蒙古债01	银行间/交易所	3	2.760	63.00
16内蒙古债02	银行间/交易所	5	2.930	189.00
16内蒙古债03	银行间/交易所	7	3.190	189.00
16内蒙古债04	银行间/交易所	10	3.200	189.00
16内蒙古债05	银行间/交易所	3	2.860	24.75
16内蒙古债06	银行间/交易所	5	3.050	74.21
16内蒙古债07	银行间/交易所	7	3.310	74.21
16内蒙古债08	银行间/交易所	10	3.290	74.21
16内蒙古债09	银行间/交易所	3	2.890	75.45
16内蒙古债10	银行间/交易所	5	3.060	75.45
16内蒙古债11	银行间/交易所	7	3.260	75.45
16内蒙古债12	银行间/交易所	10	3.300	25.15
16内蒙古债13	银行间/交易所	3	2.890	34.14
16内蒙古债14	银行间/交易所	5	3.060	51.88
16内蒙古债15	银行间/交易所	7	3.260	51.64
16内蒙古债16	银行间/交易所	10	3.300	11.34
16内蒙古债17	银行间/交易所	3	2.430	40.60
16内蒙古债18	银行间/交易所	5	2.570	121.30
16内蒙古债19	银行间/交易所	7	2.810	121.30
16内蒙古债20	银行间/交易所	10	2.890	121.30

3-13 续表 15 continued

债券名称 Bond Name	发行对象 Object of Issuance	期限(年) Term(year)	利率(%) Interest Rate(%)	累计发行额(亿元) Total Issuance(100 million yuan)
16内蒙古债21	银行间/交易所	5	2.570	9.50
16内蒙古债22	银行间/交易所	10	2.890	9.50
16内蒙古债23	银行间/交易所	3	2.770	18.04
16内蒙古债24	银行间/交易所	5	3.060	53.90
16内蒙古债25	银行间/交易所	7	3.290	53.90
16内蒙古债26	银行间/交易所	10	3.420	53.90
16内蒙古债27	银行间/交易所	5	3.060	15.13
16内蒙古债28	银行间/交易所	10	3.420	15.13
16宁波定向01	银行间/交易所	3	2.950	17.04
16宁波定向02	银行间/交易所	5	3.110	25.52
16宁波定向03	银行间/交易所	7	3.350	17.14
16宁波定向04	银行间/交易所	10	3.330	25.54
16宁波定向05	银行间/交易所	3	2.950	20.56
16宁波定向06	银行间/交易所	5	3.110	30.59
16宁波定向07	银行间/交易所	7	3.350	21.04
16宁波定向08	银行间/交易所	10	3.330	29.76
16宁波定向09	银行间/交易所	3	2.790	9.95
16宁波定向10	银行间/交易所	5	2.960	15.08
16宁波定向11	银行间/交易所	7	3.210	10.42
16宁波定向12	银行间/交易所	10	3.180	15.12
16宁波定向13	银行间/交易所	3	2.790	6.17
16宁波定向14	银行间/交易所	5	2.960	9.37
16宁波定向15	银行间/交易所	7	3.210	6.15
16宁波定向16	银行间/交易所	10	3.180	9.38
16宁波债01	银行间/交易所	3	2.610	18.10
16宁波债02	银行间/交易所	5	2.780	26.20
16宁波债03	银行间/交易所	7	3.020	19.20
16宁波债04	银行间/交易所	10	3.090	26.20
16宁波债05	银行间/交易所	3	2.560	5.30
16宁波债06	银行间/交易所	5	2.700	7.60
16宁波债07	银行间/交易所	7	2.910	4.20
16宁波债08	银行间/交易所	10	2.950	7.60
16宁波债09	银行间/交易所	3	2.430	17.40
16宁波债10	银行间/交易所	5	2.590	25.90
16宁波债11	银行间/交易所	7	2.830	17.40
16宁波债12	银行间/交易所	10	2.820	25.90
16宁波债13	银行间/交易所	3	2.430	2.50
16宁波债14	银行间/交易所	5	2.570	3.80
16宁波债15	银行间/交易所	7	2.790	2.40
16宁波债16	银行间/交易所	10	2.780	3.80
16宁夏定向01	银行间/交易所	3	2.920	5.14
16宁夏定向02	银行间/交易所	5	3.160	9.00
16宁夏定向03	银行间/交易所	7	3.400	9.00
16宁夏定向04	银行间/交易所	10	3.390	9.00
16宁夏定向05	银行间/交易所	5	3.160	13.39
16宁夏定向06	银行间/交易所	7	3.400	4.50
16宁夏定向07	银行间/交易所	10	3.390	4.50
16宁夏定向08	银行间/交易所	3	2.720	2.67
16宁夏定向09	银行间/交易所	5	2.850	3.32
16宁夏定向10	银行间/交易所	7	3.150	3.40

3–13 续表 16 continued

债券名称 Bond Name	发行对象 Object of Issuance	期限(年) Term(year)	利率(%) Interest Rate(%)	累计发行额(亿元) Total Issuance(100 million yuan)
16宁夏定向11	银行间/交易所	10	3.180	2.00
16宁夏定向12	银行间/交易所	3	2.720	5.68
16宁夏定向13	银行间/交易所	5	2.850	5.00
16宁夏定向14	银行间/交易所	7	3.150	4.90
16宁夏定向15	银行间/交易所	10	3.180	5.00
16宁夏债01	银行间/交易所	3	2.550	21.00
16宁夏债02	银行间/交易所	5	2.780	21.00
16宁夏债03	银行间/交易所	7	3.040	21.00
16宁夏债04	银行间/交易所	10	3.050	7.00
16宁夏债05	银行间/交易所	3	2.640	14.00
16宁夏债06	银行间/交易所	5	2.900	14.00
16宁夏债07	银行间/交易所	7	3.180	14.00
16宁夏债08	银行间/交易所	10	3.200	4.21
16宁夏债09	银行间/交易所	3	2.760	20.00
16宁夏债10	银行间/交易所	5	3.010	23.00
16宁夏债11	银行间/交易所	7	3.270	23.00
16宁夏债12	银行间/交易所	10	3.290	10.80
16宁夏债13	银行间/交易所	5	3.010	6.00
16宁夏债14	银行间/交易所	7	3.250	4.00
16宁夏债15	银行间/交易所	10	3.280	3.00
16宁夏债16	银行间/交易所	3	2.420	18.14
16宁夏债17	银行间/交易所	5	2.640	22.00
16宁夏债18	银行间/交易所	7	2.910	22.00
16宁夏债19	银行间/交易所	10	2.920	12.00
16青岛定向01	银行间/交易所	3	2.840	5.73
16青岛定向02	银行间/交易所	5	2.980	17.18
16青岛定向03	银行间/交易所	7	3.280	17.18
16青岛定向04	银行间/交易所	10	3.290	17.18
16青岛定向05	银行间/交易所	5	2.980	16.66
16青岛定向06	银行间/交易所	7	3.280	6.66
16青岛定向07	银行间/交易所	10	3.290	10.00
16青岛定向08	银行间/交易所	3	2.930	6.83
16青岛定向09	银行间/交易所	5	3.110	20.48
16青岛定向10	银行间/交易所	7	3.340	20.48
16青岛定向11	银行间/交易所	10	3.330	20.48
16青岛定向12	银行间/交易所	5	3.110	11.17
16青岛定向13	银行间/交易所	7	3.340	4.47
16青岛定向14	银行间/交易所	10	3.330	6.70
16青岛定向15	银行间/交易所	3	2.790	0.51
16青岛定向16	银行间/交易所	5	2.950	1.53
16青岛定向17	银行间/交易所	7	3.210	1.53
16青岛定向18	银行间/交易所	10	3.160	1.53
16青岛定向19	银行间/交易所	5	2.950	20.55
16青岛定向20	银行间/交易所	7	3.210	8.22
16青岛定向21	银行间/交易所	10	3.160	12.33
16青岛定向22	银行间/交易所	3	2.750	7.24
16青岛定向23	银行间/交易所	5	2.880	21.72
16青岛定向24	银行间/交易所	7	3.090	21.72
16青岛定向25	银行间/交易所	10	3.100	21.72
16青岛债01	银行间/交易所	3	2.700	3.90

3–13 续表 17 continued

债券名称 Bond Name	发行对象 Object of Issuance	期限(年) Term(year)	利率(%) Interest Rate(%)	累计发行额(亿元) Total Issuance(100 million yuan)
16青岛债02	银行间/交易所	5	2.870	11.70
16青岛债03	银行间/交易所	7	3.120	11.70
16青岛债04	银行间/交易所	10	3.150	11.70
16青岛债05	银行间/交易所	5	2.850	19.50
16青岛债06	银行间/交易所	7	3.100	7.80
16青岛债07	银行间/交易所	10	3.140	11.70
16青岛债08	银行间/交易所	3	2.390	0.40
16青岛债09	银行间/交易所	5	2.510	1.20
16青岛债10	银行间/交易所	7	2.690	1.20
16青岛债11	银行间/交易所	10	2.690	1.20
16青岛债12	银行间/交易所	5	2.510	16.00
16青岛债13	银行间/交易所	7	2.690	6.40
16青岛债14	银行间/交易所	10	2.690	9.60
16青海定向01	银行间/交易所	3	2.930	4.60
16青海定向02	银行间/交易所	5	3.160	8.06
16青海定向03	银行间/交易所	7	3.420	8.70
16青海定向04	银行间/交易所	10	3.390	8.70
16青海定向05	银行间/交易所	3	2.930	4.50
16青海定向06	银行间/交易所	5	3.160	4.59
16青海定向07	银行间/交易所	7	3.420	5.20
16青海定向08	银行间/交易所	10	3.390	3.80
16青海定向09	银行间/交易所	3	2.920	1.16
16青海定向10	银行间/交易所	5	3.060	1.62
16青海定向11	银行间/交易所	7	3.250	1.62
16青海定向12	银行间/交易所	10	3.250	1.16
16青海定向13	银行间/交易所	3	2.760	11.14
16青海定向14	银行间/交易所	5	2.900	19.49
16青海定向15	银行间/交易所	7	3.100	19.49
16青海定向16	银行间/交易所	10	3.090	19.50
16青海定向17	银行间/交易所	3	2.760	5.05
16青海定向18	银行间/交易所	5	2.900	6.96
16青海定向19	银行间/交易所	7	3.100	6.96
16青海定向20	银行间/交易所	10	3.090	5.03
16青海债01	银行间/交易所	3	2.460	36.00
16青海债02	银行间/交易所	5	2.660	52.00
16青海债03	银行间/交易所	7	3.000	52.00
16青海债04	银行间/交易所	10	3.040	58.50
16青海债05	银行间/交易所	3	2.700	11.00
16青海债06	银行间/交易所	5	2.900	19.50
16青海债07	银行间/交易所	7	3.180	20.00
16青海债08	银行间/交易所	10	3.180	20.50
16青海债09	银行间/交易所	3	2.700	6.00
16青海债10	银行间/交易所	5	2.900	6.10
16青海债11	银行间/交易所	7	3.180	6.90
16青海债12	银行间/交易所	10	3.240	5.00
16青海债13	银行间/交易所	3	2.640	5.48
16青海债14	银行间/交易所	5	2.810	7.59
16青海债15	银行间/交易所	7	2.980	7.59
16青海债16	银行间/交易所	10	3.030	5.49
16青海债17	银行间/交易所	3	2.400	0.32

3-13 续表 18 continued

债券名称 Bond Name	发行对象 Object of Issuance	期限(年) Term(year)	利率(%) Interest Rate(%)	累计发行额(亿元) Total Issuance(100 million yuan)
16青海债18	银行间/交易所	5	2.520	0.57
16青海债19	银行间/交易所	7	2.700	0.57
16青海债20	银行间/交易所	10	2.690	0.57
16厦门定向01	银行间/交易所	3	2.960	2.46
16厦门定向02	银行间/交易所	5	3.110	3.69
16厦门定向03	银行间/交易所	7	3.360	3.69
16厦门定向04	银行间/交易所	10	3.330	2.46
16厦门定向05	银行间/交易所	5	3.110	7.77
16厦门定向06	银行间/交易所	10	3.330	7.77
16厦门定向07	银行间/交易所	3	2.700	13.42
16厦门定向08	银行间/交易所	5	2.820	20.13
16厦门定向09	银行间/交易所	7	3.120	20.13
16厦门定向10	银行间/交易所	10	3.150	13.42
16厦门定向11	银行间/交易所	5	2.820	46.51
16厦门定向12	银行间/交易所	10	3.150	46.51
16厦门债01	银行间/交易所	3	2.350	19.25
16厦门债02	银行间/交易所	5	2.450	28.60
16厦门债03	银行间/交易所	7	2.700	28.60
16厦门债04	银行间/交易所	10	2.740	19.00
16厦门债05	银行间/交易所	5	2.450	32.90
16厦门债06	银行间/交易所	10	2.740	32.80
16山东定向01	银行间/交易所	3	2.690	42.18
16山东定向02	银行间/交易所	5	2.940	63.28
16山东定向03	银行间/交易所	7	3.240	63.28
16山东定向04	银行间/交易所	10	3.250	42.18
16山东定向05	银行间/交易所	3	2.690	27.18
16山东定向06	银行间/交易所	5	2.940	40.77
16山东定向07	银行间/交易所	7	3.240	40.77
16山东定向08	银行间/交易所	10	3.250	27.18
16山东定向09	银行间/交易所	3	2.780	93.51
16山东定向10	银行间/交易所	5	2.930	140.27
16山东定向11	银行间/交易所	7	3.170	140.27
16山东定向12	银行间/交易所	10	3.120	93.52
16山东定向13	银行间/交易所	3	2.780	100.42
16山东定向14	银行间/交易所	5	2.930	150.64
16山东定向15	银行间/交易所	7	3.170	150.64
16山东定向16	银行间/交易所	10	3.120	100.42
16山东债01	银行间/交易所	3	2.600	63.20
16山东债02	银行间/交易所	5	2.790	94.80
16山东债03	银行间/交易所	7	3.090	94.80

3-13 续表 19 continued

债券名称 Bond Name	发行对象 Object of Issuance	期限(年) Term(year)	利率(%) Interest Rate(%)	累计发行额(亿元) Total Issuance(100 million yuan)
16山东债04	银行间/交易所	10	3.110	63.20
16山东债05	银行间/交易所	3	2.590	56.80
16山东债06	银行间/交易所	5	2.790	85.20
16山东债07	银行间/交易所	7	3.090	85.20
16山东债08	银行间/交易所	10	3.110	56.80
16山东债09	银行间/交易所	3	2.660	138.08
16山东债10	银行间/交易所	5	2.940	207.12
16山东债11	银行间/交易所	7	3.180	207.12
16山东债12	银行间/交易所	10	3.150	138.08
16山东债13	银行间/交易所	3	2.830	129.96
16山东债14	银行间/交易所	5	3.030	194.93
16山东债15	银行间/交易所	7	3.260	194.93
16山东债16	银行间/交易所	10	3.270	129.96
16山东债17	银行间/交易所	3	2.830	6.00
16山东债18	银行间/交易所	5	3.030	9.00
16山东债19	银行间/交易所	7	3.260	9.00
16山东债20	银行间/交易所	10	3.270	6.00
16山东债21	银行间/交易所	3	2.450	29.34
16山东债22	银行间/交易所	5	2.600	44.02
16山东债23	银行间/交易所	7	2.880	44.02
16山东债24	银行间/交易所	10	2.890	29.34
16山东债25	银行间/交易所	3	2.410	47.30
16山东债26	银行间/交易所	5	2.520	70.94
16山东债27	银行间/交易所	7	2.740	70.94
16山东债28	银行间/交易所	10	2.780	47.29
16山东债29	银行间/交易所	3	2.410	36.41
16山东债30	银行间/交易所	5	2.520	54.61
16山东债31	银行间/交易所	7	2.740	54.61
16山东债32	银行间/交易所	10	2.780	36.40
16山东债33	银行间/交易所	3	2.410	2.70
16山东债34	银行间/交易所	5	2.520	4.05
16山东债35	银行间/交易所	7	2.740	4.05
16山东债36	银行间/交易所	10	2.780	2.70
16山西定向01	银行间/交易所	3	2.750	5.28
16山西定向02	银行间/交易所	5	2.900	15.80
16山西定向03	银行间/交易所	7	3.110	15.80
16山西定向04	银行间/交易所	10	3.130	15.80
16山西定向05	银行间/交易所	5	2.900	9.77
16山西定向06	银行间/交易所	10	3.130	8.00
16山西债01	银行间/交易所	3	2.430	27.00
16山西债02	银行间/交易所	5	2.650	81.00

3-13 续表 20 continued

债券名称 Bond Name	发行对象 Object of Issuance	期限(年) Term(year)	利率(%) Interest Rate(%)	累计发行额(亿元) Total Issuance(100 million yuan)
16山西债03	银行间/交易所	7	2.980	81.00
16山西债04	银行间/交易所	10	3.120	81.00
16山西债05	银行间/交易所	3	2.590	13.60
16山西债06	银行间/交易所	5	2.770	40.00
16山西债07	银行间/交易所	7	3.020	40.00
16山西债08	银行间/交易所	10	3.080	40.00
16山西债09	银行间/交易所	5	2.760	29.00
16山西债10	银行间/交易所	10	3.060	29.00
16山西债11	银行间/交易所	3	2.400	3.40
16山西债12	银行间/交易所	5	2.540	10.20
16山西债13	银行间/交易所	7	2.720	10.20
16山西债14	银行间/交易所	10	2.740	10.20
16山西债15	银行间/交易所	5	2.540	49.16
16山西债16	银行间/交易所	10	2.750	49.00
16山西债17	银行间/交易所	3	2.350	22.75
16山西债18	银行间/交易所	5	2.450	7.86
16山西债19	银行间/交易所	7	2.700	22.90
16山西债20	银行间/交易所	10	2.740	22.90
16山西债21	银行间/交易所	3	2.350	23.97
16山西债22	银行间/交易所	7	2.700	23.00
16陕西定向01	银行间/交易所	3	2.720	125.77
16陕西定向02	银行间/交易所	5	2.970	125.77
16陕西定向03	银行间/交易所	7	3.290	125.77
16陕西定向04	银行间/交易所	10	3.320	41.92
16陕西定向05	银行间/交易所	3	2.860	119.87
16陕西定向06	银行间/交易所	5	2.970	119.87
16陕西定向07	银行间/交易所	7	3.200	119.87
16陕西定向08	银行间/交易所	10	3.200	39.96
16陕西债01	银行间/交易所	3	2.710	92.90
16陕西债02	银行间/交易所	5	2.940	92.90
16陕西债03	银行间/交易所	7	3.230	92.90
16陕西债04	银行间/交易所	10	3.200	31.54
16陕西债05	银行间/交易所	3	2.730	65.90
16陕西债06	银行间/交易所	5	2.950	65.90
16陕西债07	银行间/交易所	7	3.230	65.90
16陕西债08	银行间/交易所	10	3.210	22.26
16陕西债09	银行间/交易所	3	2.740	90.60
16陕西债10	银行间/交易所	5	2.940	90.60
16陕西债11	银行间/交易所	7	3.200	90.60
16陕西债12	银行间/交易所	10	3.250	30.20
16陕西债13	银行间/交易所	3	2.730	10.20

3–13 续表 21 continued

债券名称 Bond Name	发行对象 Object of Issuance	期限(年) Term(year)	利率(%) Interest Rate(%)	累计发行额(亿元) Total Issuance(100 million yuan)
16陕西债14	银行间/交易所	5	2.950	10.20
16陕西债15	银行间/交易所	7	3.180	10.20
16陕西债16	银行间/交易所	10	3.190	3.40
16陕西债17	银行间/交易所	3	2.690	1.50
16陕西债18	银行间/交易所	5	2.900	1.50
16陕西债19	银行间/交易所	7	3.130	1.50
16陕西债20	银行间/交易所	10	3.100	0.50
16陕西债21	银行间/交易所	3	2.490	50.70
16陕西债22	银行间/交易所	5	2.590	50.70
16陕西债23	银行间/交易所	7	2.830	50.70
16陕西债24	银行间/交易所	10	2.940	17.40
16陕西债25	银行间/交易所	3	2.450	32.60
16陕西债26	银行间/交易所	5	2.570	32.60
16陕西债27	银行间/交易所	7	2.770	32.60
16陕西债28	银行间/交易所	10	2.780	11.93
16陕西债29	银行间/交易所	3	2.370	18.00
16陕西债30	银行间/交易所	5	2.490	18.00
16陕西债31	银行间/交易所	7	2.750	18.00
16陕西债32	银行间/交易所	10	2.780	7.80
16上海09	银行间/交易所	3	2.410	60.00
16上海10	银行间/交易所	5	2.520	60.00
16上海11	银行间/交易所	7	2.810	90.00
16上海12	银行间/交易所	10	2.860	90.00
16上海定向01	银行间/交易所	3	2.860	39.20
16上海定向02	银行间/交易所	5	3.050	39.20
16上海定向03	银行间/交易所	7	3.240	58.80
16上海定向04	银行间/交易所	10	3.250	58.80
16上海定向05	银行间/交易所	3	2.860	70.80
16上海定向06	银行间/交易所	5	3.050	106.20
16上海定向07	银行间/交易所	7	3.240	70.80
16上海定向08	银行间/交易所	10	3.250	106.20
16上海债01	银行间/交易所	3	2.520	162.60
16上海债02	银行间/交易所	5	2.650	243.90
16上海债03	银行间/交易所	7	2.810	162.60
16上海债04	银行间/交易所	10	2.810	243.90
16上海债05	银行间/交易所	3	2.410	77.40
16上海债06	银行间/交易所	5	2.530	107.40
16上海债07	银行间/交易所	7	2.720	161.10
16上海债08	银行间/交易所	10	2.750	161.10
16上海债13	银行间/交易所	3	2.850	30.00
16四川定向01	银行间/交易所	3	2.930	16.61

3–13 续表 22 continued

债券名称 Bond Name	发行对象 Object of Issuance	期限(年) Term(year)	利率(%) Interest Rate(%)	累计发行额(亿元) Total Issuance(100 million yuan)
16四川定向02	银行间/交易所	5	3.070	24.93
16四川定向03	银行间/交易所	7	3.300	24.93
16四川定向04	银行间/交易所	10	3.280	16.57
16四川定向05	银行间/交易所	3	2.930	53.19
16四川定向06	银行间/交易所	5	3.070	53.19
16四川定向07	银行间/交易所	7	3.300	70.95
16四川债01	银行间/交易所	3	2.530	138.00
16四川债02	银行间/交易所	5	2.750	138.00
16四川债03	银行间/交易所	7	3.040	138.00
16四川债04	银行间/交易所	10	3.080	45.62
16四川债05	银行间/交易所	3	2.760	60.00
16四川债06	银行间/交易所	5	2.980	60.00
16四川债07	银行间/交易所	7	3.160	60.00
16四川债08	银行间/交易所	10	3.210	20.00
16四川债09	银行间/交易所	3	2.790	120.00
16四川债10	银行间/交易所	5	2.980	120.00
16四川债11	银行间/交易所	7	3.180	120.00
16四川债12	银行间/交易所	10	3.210	40.00
16四川债13	银行间/交易所	3	2.800	82.00
16四川债14	银行间/交易所	5	2.990	82.00
16四川债15	银行间/交易所	7	3.180	82.00
16四川债16	银行间/交易所	10	3.270	29.10
16四川债17	银行间/交易所	3	2.800	92.00
16四川债18	银行间/交易所	5	2.990	92.00
16四川债19	银行间/交易所	7	3.230	92.00
16四川债20	银行间/交易所	10	3.260	33.00
16四川债21	银行间/交易所	3	2.610	90.00
16四川债22	银行间/交易所	5	2.690	90.00
16四川债23	银行间/交易所	7	2.930	90.00
16四川债24	银行间/交易所	10	3.030	30.00
16四川债25	银行间/交易所	3	2.610	90.00
16四川债26	银行间/交易所	5	2.730	90.00
16四川债27	银行间/交易所	7	2.930	90.00
16四川债28	银行间/交易所	10	3.070	30.00
16四川债29	银行间/交易所	3	2.370	91.00
16四川债30	银行间/交易所	5	2.480	91.00
16四川债31	银行间/交易所	7	2.700	91.00
16四川债32	银行间/交易所	10	2.870	33.24
16四川债33	银行间/交易所	3	2.420	24.00
16四川债34	银行间/交易所	5	2.570	24.00
16四川债35	银行间/交易所	7	2.700	24.00

3–13 续表 23 continued

债券名称 Bond Name	发行对象 Object of Issuance	期限(年) Term(year)	利率(%) Interest Rate(%)	累计发行额(亿元) Total Issuance(100 million yuan)
16四川债36	银行间/交易所	10	3.070	8.28
16天津定向01	银行间/交易所	3	2.780	1.73
16天津定向02	银行间/交易所	5	2.960	5.02
16天津定向03	银行间/交易所	7	3.250	10.11
16天津定向04	银行间/交易所	10	3.260	4.40
16天津定向05	银行间/交易所	5	2.960	86.27
16天津定向06	银行间/交易所	7	3.250	47.67
16天津定向07	银行间/交易所	10	3.260	29.01
16天津定向08	银行间/交易所	3	2.960	3.55
16天津定向09	银行间/交易所	5	3.170	7.50
16天津定向10	银行间/交易所	7	3.420	7.43
16天津定向11	银行间/交易所	10	3.390	7.50
16天津定向12	银行间/交易所	5	3.170	54.77
16天津定向13	银行间/交易所	7	3.420	26.51
16天津定向14	银行间/交易所	10	3.390	27.50
16天津定向15	银行间/交易所	3	2.710	7.86
16天津定向16	银行间/交易所	5	2.860	14.81
16天津定向17	银行间/交易所	7	3.070	16.69
16天津定向18	银行间/交易所	10	3.070	14.93
16天津定向19	银行间/交易所	5	2.860	101.56
16天津定向20	银行间/交易所	7	3.070	39.01
16天津定向21	银行间/交易所	10	3.070	58.54
16天津定向22	银行间/交易所	3	2.950	5.89
16天津定向23	银行间/交易所	3	2.950	57.97
16天津定向24	银行间/交易所	7	3.330	36.54
16天津定向25	银行间/交易所	10	3.350	32.14
16天津债01	银行间/交易所	3	2.520	8.64
16天津债02	银行间/交易所	5	2.760	5.50
16天津债03	银行间/交易所	5	2.730	49.75
16天津债04	银行间/交易所	7	2.980	23.26
16天津债05	银行间/交易所	10	3.030	26.95
16天津债06	银行间/交易所	3	2.670	49.28
16天津债07	银行间/交易所	5	2.860	134.80
16天津债08	银行间/交易所	7	3.100	137.61
16天津债09	银行间/交易所	10	3.130	137.60
16天津债10	银行间/交易所	5	2.750	58.35
16天津债11	银行间/交易所	7	2.970	21.20
16天津债12	银行间/交易所	10	2.950	20.28
16天津债13	银行间/交易所	3	2.630	48.71
16天津债14	银行间/交易所	10	3.070	33.71
16天津债15	银行间/交易所	3	2.720	68.06
16天津债16	银行间/交易所	5	2.870	60.01

3—13 续表 24 continued

债券名称 Bond Name	发行对象 Object of Issuance	期限(年) Term(year)	利率(%) Interest Rate(%)	累计发行额(亿元) Total Issuance(100 million yuan)
16天津债17	银行间/交易所	7	2.970	24.91
16天津债18	银行间/交易所	10	3.170	53.80
16西藏债01	银行间/交易所	3	2.480	3.40
16西藏债02	银行间/交易所	5	2.650	3.48
16西藏债03	银行间/交易所	7	2.840	2.83
16西藏债04	银行间/交易所	10	2.860	3.05
16西藏债05	银行间/交易所	3	2.480	3.00
16新疆定向01	银行间/交易所	3	2.730	14.16
16新疆定向02	银行间/交易所	5	2.980	21.24
16新疆定向03	银行间/交易所	7	3.270	21.24
16新疆定向04	银行间/交易所	10	3.300	14.16
16新疆定向05	银行间/交易所	3	2.730	8.94
16新疆定向06	银行间/交易所	5	2.980	13.41
16新疆定向07	银行间/交易所	7	3.270	13.41
16新疆定向08	银行间/交易所	10	3.300	8.94
16新疆债01	银行间/交易所	3	2.520	37.30
16新疆债02	银行间/交易所	5	2.720	55.95
16新疆债03	银行间/交易所	7	3.000	55.95
16新疆债04	银行间/交易所	10	3.020	37.30
16新疆债05	银行间/交易所	3	2.420	47.10
16新疆债06	银行间/交易所	5	2.620	70.60
16新疆债07	银行间/交易所	7	2.980	70.60
16新疆债08	银行间/交易所	10	3.080	47.00
16新疆债09	银行间/交易所	3	2.370	14.60
16新疆债10	银行间/交易所	5	2.580	21.80
16新疆债11	银行间/交易所	7	2.930	21.80
16新疆债12	银行间/交易所	10	3.050	14.50
16新疆债13	银行间/交易所	3	2.600	9.40
16新疆债14	银行间/交易所	5	2.800	14.10
16新疆债15	银行间/交易所	7	2.990	14.10
16新疆债16	银行间/交易所	10	3.000	9.40
16新疆债17	银行间/交易所	3	2.530	32.10
16新疆债18	银行间/交易所	5	2.660	48.10
16新疆债19	银行间/交易所	7	2.830	48.20
16新疆债20	银行间/交易所	10	2.820	32.10
16新疆债21	银行间/交易所	3	2.530	3.00
16新疆债22	银行间/交易所	5	2.660	4.50
16新疆债23	银行间/交易所	7	2.830	4.50
16新疆债24	银行间/交易所	10	2.820	3.00
16新疆债25	银行间/交易所	3	2.460	8.90
16新疆债26	银行间/交易所	5	2.610	13.30

3–13 续表 25 continued

债券名称 Bond Name	发行对象 Object of Issuance	期限(年) Term(year)	利率(%) Interest Rate(%)	累计发行额(亿元) Total Issuance(100 million yuan)
16新疆债27	银行间/交易所	7	2.870	13.30
16新疆债28	银行间/交易所	10	2.850	8.80
16新疆债29	银行间/交易所	3	2.460	9.80
16新疆债30	银行间/交易所	5	2.610	14.70
16新疆债31	银行间/交易所	7	2.870	14.70
16新疆债32	银行间/交易所	10	2.850	9.80
16新疆债33	银行间/交易所	3	2.460	14.10
16新疆债34	银行间/交易所	5	2.670	21.20
16新疆债35	银行间/交易所	7	2.950	21.20
16新疆债36	银行间/交易所	10	2.980	14.10
16新疆债37	银行间/交易所	3	2.460	9.30
16新疆债38	银行间/交易所	5	2.670	14.00
16新疆债39	银行间/交易所	7	2.950	14.00
16新疆债40	银行间/交易所	10	2.980	9.20
16新疆债41	银行间/交易所	5	3.100	6.20
16新疆债42	银行间/交易所	10	3.340	6.10
16云南定向01	银行间/交易所	3	2.750	13.24
16云南定向02	银行间/交易所	5	2.960	33.00
16云南定向03	银行间/交易所	7	3.250	33.00
16云南定向04	银行间/交易所	10	3.250	33.00
16云南定向05	银行间/交易所	3	2.750	18.66
16云南定向06	银行间/交易所	5	2.960	20.00
16云南定向07	银行间/交易所	7	3.250	18.00
16云南定向08	银行间/交易所	10	3.250	18.00
16云南定向09	银行间/交易所	3	2.820	14.87
16云南定向10	银行间/交易所	5	2.970	30.00
16云南定向11	银行间/交易所	7	3.190	30.00
16云南定向12	银行间/交易所	10	3.190	30.00
16云南定向13	银行间/交易所	3	2.820	36.23
16云南定向14	银行间/交易所	5	2.970	40.00
16云南定向15	银行间/交易所	7	3.190	38.00
16云南定向16	银行间/交易所	10	3.190	38.00
16云南定向17	银行间/交易所	3	2.760	10.49
16云南定向18	银行间/交易所	5	2.990	32.00
16云南定向19	银行间/交易所	7	3.250	32.00
16云南定向20	银行间/交易所	10	3.290	32.00
16云南定向21	银行间/交易所	3	2.760	9.11
16云南定向22	银行间/交易所	5	2.990	9.00
16云南定向23	银行间/交易所	10	3.290	6.00
16云南债01	银行间/交易所	7	3.020	37.60
16云南债02	银行间/交易所	10	3.050	37.00

3–13 续表 26 continued

债券名称 Bond Name	发行对象 Object of Issuance	期限(年) Term(year)	利率(%) Interest Rate(%)	累计发行额(亿元) Total Issuance(100 million yuan)
16云南债03	银行间/交易所	7	3.000	68.50
16云南债04	银行间/交易所	10	3.050	70.00
16云南债05	银行间/交易所	5	2.980	235.00
16云南债06	银行间/交易所	7	3.230	250.00
16云南债07	银行间/交易所	5	2.980	55.00
16云南债08	银行间/交易所	7	3.230	40.00
16云南债09	银行间/交易所	3	2.540	138.80
16云南债10	银行间/交易所	10	2.960	163.00
16云南债11	银行间/交易所	3	2.460	23.10
16云南债12	银行间/交易所	5	2.580	9.00
16云南债13	银行间/交易所	7	2.770	9.00
16云南债14	银行间/交易所	10	2.910	9.00
16云南债15	银行间/交易所	3	2.450	45.30
16云南债16	银行间/交易所	5	2.680	78.00
16云南债17	银行间/交易所	10	2.960	127.00
16云南债18	银行间/交易所	3	2.450	45.80
16云南债19	银行间/交易所	5	2.680	50.00
16浙江定向01	银行间/交易所	3	2.790	70.33
16浙江定向02	银行间/交易所	5	2.980	210.99
16浙江定向03	银行间/交易所	7	3.250	210.99
16浙江定向04	银行间/交易所	10	3.360	210.99
16浙江定向05	银行间/交易所	3	2.790	159.34
16浙江定向06	银行间/交易所	5	2.980	239.01
16浙江定向07	银行间/交易所	7	3.250	159.34
16浙江定向08	银行间/交易所	10	3.360	239.01
16浙江债01	银行间/交易所	3	2.570	30.00
16浙江债02	银行间/交易所	5	2.790	90.00
16浙江债03	银行间/交易所	7	3.070	90.00
16浙江债04	银行间/交易所	10	3.210	90.00
16浙江债05	银行间/交易所	3	2.650	42.20
16浙江债06	银行间/交易所	5	2.880	126.50
16浙江债07	银行间/交易所	7	3.100	126.50
16浙江债08	银行间/交易所	10	3.200	126.50
16浙江债09	银行间/交易所	5	2.800	19.50
16浙江债10	银行间/交易所	10	3.090	19.50
16浙江债11	银行间/交易所	3	2.440	27.15
16浙江债12	银行间/交易所	5	2.580	81.44
16浙江债13	银行间/交易所	7	2.770	81.44
16浙江债14	银行间/交易所	10	2.770	81.44
16浙江债15	银行间/交易所	3	2.440	125.71
16浙江债16	银行间/交易所	5	2.580	188.56
16浙江债17	银行间/交易所	7	2.770	125.71

3–13 续表 27 continued

债券名称 Bond Name	发行对象 Object of Issuance	期限(年) Term(year)	利率(%) Interest Rate(%)	累计发行额(亿元) Total Issuance(100 million yuan)
16浙江债18	银行间/交易所	10	2.770	188.56
16浙江债19	银行间/交易所	3	2.350	20.42
16浙江债20	银行间/交易所	5	2.450	61.27
16浙江债21	银行间/交易所	7	2.680	61.27
16浙江债22	银行间/交易所	10	2.730	61.27
16浙江债23	银行间/交易所	3	2.350	43.56
16浙江债24	银行间/交易所	5	2.450	65.33
16浙江债25	银行间/交易所	7	2.680	43.56
16浙江债26	银行间/交易所	10	2.730	65.33
16重庆定向01	银行间/交易所	3	2.900	19.66
16重庆定向02	银行间/交易所	5	3.120	35.00
16重庆定向03	银行间/交易所	7	3.350	35.00
16重庆定向04	银行间/交易所	10	3.350	29.00
16重庆定向05	银行间/交易所	3	2.900	71.34
16重庆定向06	银行间/交易所	10	3.350	70.00
16重庆定向07	银行间/交易所	3	2.750	30.00
16重庆定向08	银行间/交易所	5	2.920	59.00
16重庆定向09	银行间/交易所	7	3.140	59.00
16重庆定向10	银行间/交易所	10	3.120	50.10
16重庆定向11	银行间/交易所	3	2.750	38.00
16重庆定向12	银行间/交易所	5	2.920	38.00
16重庆定向13	银行间/交易所	7	3.140	38.00
16重庆定向14	银行间/交易所	10	3.120	37.75
16重庆债01	银行间/交易所	3	2.640	26.00
16重庆债02	银行间/交易所	5	2.780	51.00
16重庆债03	银行间/交易所	7	3.040	51.00
16重庆债04	银行间/交易所	10	3.040	42.00
16重庆债05	银行间/交易所	5	2.780	65.00
16重庆债06	银行间/交易所	7	3.040	65.00
16重庆债07	银行间/交易所	3	2.810	21.00
16重庆债08	银行间/交易所	5	3.000	40.00
16重庆债09	银行间/交易所	7	3.190	40.00
16重庆债10	银行间/交易所	10	3.270	36.00
16重庆债11	银行间/交易所	3	2.790	68.00
16重庆债12	银行间/交易所	5	2.960	67.00
16重庆债13	银行间/交易所	7	3.190	67.00
16重庆债14	银行间/交易所	10	3.230	67.00
16重庆债15	银行间/交易所	3	2.310	28.30
16重庆债16	银行间/交易所	5	2.430	40.00
16重庆债17	银行间/交易所	7	2.630	40.00
16重庆债18	银行间/交易所	10	2.660	28.00
16重庆债19	银行间/交易所	5	2.430	59.20
16重庆债20	银行间/交易所	10	2.660	59.00

数据来源：公开数据。
Source：Public Data.

主要统计指标解释

Explantory Notes on Main Statistical Indicators

债券发行只数 指统计期内成功发行的债券数量。按发行首日口径计算。

债券发行额 指统计期内各类债券发行票面金额合计。按发行首日口径计算。

债券兑付金额 指统计期内债券发行人按照约定向债券投资者偿还本金和支付利息。

债券成交金额 指统计期内各类债券成交金额合计，包括债券现货成交金额和债券回购成交金额。

公式：现货成交金额=Σ[成交价格×成交量(现货)]；回购成交金额=Σ[成交量（回购）×1000]。

债券托管额 指统计期末托管在债券登记结算机构的各类债券面额合计。

债券成交量 指统计期内各类债券成交数量合计，包括债券现货成交数量和债券回购成交数量。现货成交量的单位以张计，回购成交量的单位以手计，每手10张。

贰 零 壹 柒

四、证券投资基金

Securities Investment Funds

贰 零 壹 柒

2016年证券投资基金情况综述

截至2016年底,全国共有109家基金管理公司,其中已有79家设立专户子公司。基金管理公司总资产1346.32亿元,净资产974.01亿元,管理资产合计15.53万亿元。其中,管理公募基金规模9.16万亿元,基金公司专户规模5.1万亿元;受托管理社保基金规模8621亿元;受托管理企业年金规模4081亿元。

4-1 证券投资基金概况
Overview of Securities Investment Funds

年份 Year	基金只数(只) Number of Funds(unit)			基金份额(亿份) Fund Units (100 million units)		
	合计 Total	封闭式 Close-ended Funds	开放式 Open-ended Funds	合计 Total	封闭式 Close-ended Funds	开放式 Open-ended Funds
1998	5	5	—	100.00	100.00	—
1999	16	16	—	505.00	505.00	—
2000	34	34	—	562.00	562.00	—
2001	51	48	3	804.23	686.73	117.50
2002	71	54	17	1318.85	817.00	501.85
2003	95	54	41	1614.67	817.00	797.67
2004	161	54	107	3308.79	817.00	2491.79
2005	218	54	164	4714.18	817.00	3897.18
2006	307	53	254	6220.67	812.00	5408.67
2007	346	36	310	22339.84	844.14	21495.70
2008	439	33	406	25741.78	890.32	24851.46
2009	547	31	516	23518.55	945.02	22573.53
2010	704	39	665	23955.33	1119.80	22835.53
2011	914	57	857	26510.37	1371.32	25139.05
2012	1173	68	1105	31708.41	1424.85	30283.56
2013	1551	130	1421	31167.18	1953.94	29213.24
2014	1899	135	1764	42032.72	1256.71	40776.00
2015	2723	164	2559	76674.13	1669.54	75004.59
2016	3823	302	3521	88456.38	6188.44	82267.94

注：1.本表中封闭式基金分类以截至统计时点的基金运作模式划分。
2.本章所有基金资产规模均指公募基金，不包括社保基金、基金专户等。

数据来源：中国证监会、上海证券交易所、深圳证券交易所。

Source：CSRC、SSE、SZSE.

4—1 续表 continued

年份 Year	基金资产规模(亿元) Fund Asset Value (100 million yuan)			上市基金成交份额(亿份) Trading Volume of Listed Funds (100 million units)			上市基金成交金额(亿元) Trading Turnover of Listed Funds(100 million yuan)		
	合计 Total	封闭式 Close—ended Funds	开放式 Open—ended Funds	合计 Total	上交所 SSE	深交所 SZSE	合计 Total	上交所 SSE	深交所 SZSE
1998	107.00	107.00	—	555.33	329.58	225.75	1016.89	605.28	411.61
1999	577.00	577.00	—	1623.12	827.95	795.17	2485.48	1365.82	1119.66
2000	847.35	847.35	—	2180.62	995.32	1185.30	2801.84	1334.18	1467.66
2001	809.24	691.15	118.09	2208.62	1148.35	1060.27	2561.88	1348.92	1212.96
2002	1185.56	717.06	468.50	1218.60	573.69	644.91	1166.62	556.77	609.85
2003	1699.22	862.00	837.22	849.18	441.62	407.56	682.65	362.16	320.49
2004	3246.34	809.71	2436.63	589.72	297.78	291.94	479.47	249.10	230.37
2005	4691.38	822.17	3869.21	1098.41	778.73	319.68	773.15	576.78	196.37
2006	8565.05	1623.64	6941.41	2058.16	1042.85	1015.31	2002.65	1024.35	978.30
2007	32762.32	2442.17	30320.15	4330.52	1981.36	2349.16	8620.09	4298.24	4321.85
2008	19403.25	758.95	18644.30	3742.28	2001.43	1740.85	5831.05	3700.23	2130.82
2009	26024.80	1238.78	24786.02	6531.40	3690.94	2840.46	10340.02	6549.06	3790.96
2010	25040.86	1299.00	23741.86	6582.01	3580.37	3001.64	8996.44	4771.71	4224.73
2011	21918.55	1234.15	20684.40	6125.90	2370.84	3755.06	6365.81	2901.41	3464.40
2012	28661.81	1413.01	27248.80	9375.05	2541.17	6833.88	8123.86	3171.36	4952.49
2013	30011.54	1987.56	28023.98	11281.55	3744.80	7536.75	14786.16	8989.48	5796.68
2014	45374.30	1366.81	44007.49	6465.89	4277.60	2188.29	13814.94	10335.68	3479.26
2015	83971.83	1947.72	82024.11	11377.94	4786.24	4786.24	44251.69	30941.91	13309.78
2016	91526.02	6349.34	85176.68	6023.94	3760.13	2263.81	16000.60	7334.26	8666.34

4–2 证券投资基金规模
Dimensions of Securities Investment Funds

基金类型	Type of Funds	基金只数(只) Number of Funds (unit)		基金份额(亿份) Fund Units (100 million units)		基金资产规模(亿元) Fund Asset Value (100 million yuan)	
		2015	2016	2015	2016	2016	2016
封闭式基金合计	Close-ended Funds	164	302	1669.54	6188.44	1947.72	6349.34
开放式基金合计	Open-ended Funds	2559	3521	75004.59	82267.94	82024.11	85176.68
其中：股票型	Thereinto:Equity Funds	587	652	5988.13	6545.42	7657.13	7059.02
混合型	Blend Funds	1184	1705	17948.31	18667.35	22287.25	20090.29
债券型	Bond Funds	467	763	5895.92	13310.59	6973.84	14239.10
货币市场型	Money Market Funds	220	281	44371.59	42730.63	44443.36	42840.57
QDII	Qualified Domestic Institutional Investor	101	120	800.64	1013.94	662.53	947.70
私募证券投资基金		10025	25950	—	—	9530.36	26116.70
合计	Total	15307	33294	151678.72	170724.32	175526.30	202819.39

注：1.本表中封闭式基金分类以截至统计时点的基金运作模式划分。
　　2.私募证券投资基金规模为认缴规模。
数据来源：中国证监会、中国证券投资基金业协会。
Source: CSRC.

4–3 基金对外开放情况
Statistics of QFII, RQFII and QDII

年份 Year	QFII Qualified Foreign Institutional Investor					
	累计批准额度(亿美元) Cumulative Approved Quota (100 million USD)	基金资产规模(亿美元) Fund Asset Value(100 million USD)				
		合计 Total	股票 Stock	债券 Bond	现金 Cash	其他 Other
2003	17.00	—	—	—	—	—
2004	34.75	37.00	11.30	11.20	11.00	3.50
2005	56.95	47.80	28.90	7.80	3.70	7.40
2006	90.95	62.75	48.76	0.69	7.88	5.42
2007	99.45	296.22	157.34	5.63	113.30	19.96
2008	133.43	261.58	118.36	28.54	108.27	6.41
2009	165.70	424.57	311.22	24.88	77.40	11.07
2010	197.20	448.66	357.66	33.81	47.36	9.83
2011	216.40	401.56	282.13	57.60	49.98	11.84
2012	360.43	525.81	393.11	67.15	46.74	18.82
2013	497.01	693.64	496.39	100.05	70.55	26.65
2014	669.23	1027.89	723.63	95.32	134.10	74.84
2015	810.68	1049.07	626.52	124.99	154.90	142.66
2016	873.09	785.54	571.03	84.28	78.33	51.91

注：1.RQFII统计中“债券”定义为固定收益类资产。
　　2.RQFII基金资产规模数据中，不含证券公司香港子公司数据。
数据来源：中国证监会、国家外汇管理局。
Source: CSRC、SFFE.

4-3 续表 1 continued

年份 Year	RQFII RMB Qualified Foreign Institutional Investor					
	累计批准额度(亿元) Cumulative Approved Quota (100 million yuan)	基金资产规模(亿元) Fund Asset Value (100 million yuan)				
		合计 Total	股票 Stock	债券 Bond	现金 Cash	其他 Other
2003	—	—	—	—	—	—
2004	—	—	—	—	—	—
2005	—	—	—	—	—	—
2006	—	—	—	—	—	—
2007	—	—	—	—	—	—
2008	—	—	—	—	—	—
2009	—	—	—	—	—	—
2010	—	—	—	—	—	—
2011	107.00	0.00	0.00	0.00	0.00	0.00
2012	670.00	507.00	443.52	109.85	21.43	3.62
2013	1575.00	532.26	430.53	74.01	8.96	18.76
2014	2997.00	2195.40	1058.06	785.57	181.73	170.04
2015	4443.25	1735.44	715.27	649.63	218.86	151.68
2016	5284.75	1489.43	864.17	460.27	119.48	45.50

4-3 续表 2 continued

年份 Year	QDII Qualified Domestic Institutional Investor					
	成立的产品数量(只) Number of Products (unit)	累计批准额度(亿美元) Cumulative Approved Quota (100 million USD)	基金资产规模(亿元) Fund Asset Value (100 million yuan)			
			合计 Total	股票 Stock	债券 Bond	其他 Other
2003	—	—	—	—	—	—
2004	—	98.90	—	—	—	—
2005	—	98.90	—	—	—	—
2006	1	206.65	—	—	—	—
2007	4	523.66	1081.73	799.56	0.00	282.17
2008	9	551.21	522.41	319.86	71.35	131.20
2009	10	668.00	742.24	542.07	4.93	195.24
2010	27	759.17	735.50	546.84	11.68	176.98
2011	51	783.97	576.02	358.83	9.51	207.68
2012	67	828.77	632.02	422.87	33.61	175.54
2013	83	842.32	597.60	390.70	28.73	178.17
2014	90	833.23	495.54	342.61	41.13	111.80
2015	101	899.93	662.53	412.46	38.98	211.09
2016	120	899.93	947.70	550.05	195.54	202.11

4-4 基金市场指数情况
Fund Index

年份 Year	上证基金指数 SSE Fund Index					
	开市 Open	最高 Highest	最低 Lowest	收市 Close	涨跌幅(%) Change Rate(%)	振幅(%) Amplitude(%)
2000	996.69	1121.71	968.70	1121.71	12.17	15.80
2001	1133.17	1367.37	1077.73	1183.13	5.48	26.88
2002	1168.82	1237.98	934.54	942.33	-20.35	32.47
2003	933.96	1057.46	889.81	1016.96	7.92	18.84
2004	1012.37	1101.88	836.81	872.01	-14.25	31.68
2005	866.93	866.93	706.53	840.19	-3.65	22.70
2006	837.92	2091.30	837.82	2090.52	148.82	149.61
2007	2132.24	5112.83	2041.89	5070.79	142.56	150.40
2008	5088.47	5525.57	2214.27	2512.49	-50.45	149.54
2009	2541.64	4813.13	2528.83	4765.75	89.68	90.33
2010	4785.96	5038.23	3752.78	4557.66	-4.37	34.25
2011	4580.40	4854.30	3516.42	3592.26	-21.18	38.05
2012	3603.59	4014.86	3347.34	3921.09	9.15	19.94
2013	3956.37	4319.18	3398.71	3880.27	-1.04	27.08
2014	3874.76	5557.49	3624.31	5550.63	43.05	53.34
2015	5578.87	7670.68	5114.16	5904.92	6.38	49.99
2016	3956.37	4319.18	3398.71	3880.27	-1.04	27.08

数据来源：上海证券交易所、深圳证券交易所。
Source:SSE、SZSE.

4-4 续表 continued

年份 Year	深证基金指数 SZSE Fund Index					
	开市 Open	最高 Highest	最低 Lowest	收市 Close	涨跌幅(%) Change Rate(%)	振幅(%) Amplitude(%)
2000	1297.50	1600.09	932.23	1145.20	-11.51	71.64
2001	1156.99	1363.26	1042.26	1139.75	-0.47	30.80
2002	1112.72	1176.06	866.22	876.97	-23.06	35.77
2003	864.76	975.31	824.25	938.47	7.01	18.33
2004	935.33	999.95	742.81	771.25	-17.82	34.62
2005	764.18	783.51	640.30	772.13	0.11	22.37
2006	769.07	2004.62	757.62	1997.62	158.72	164.59
2007	2035.86	5018.60	1886.81	4977.27	149.16	165.98
2008	5011.70	5404.91	2373.40	2626.25	-47.24	127.73
2009	2651.82	4768.90	2641.21	4720.45	79.74	80.56
2010	4739.89	5976.42	4191.79	5655.98	19.82	42.57
2011	5672.33	6005.05	4200.91	4274.31	-24.43	42.95
2012	4285.31	4726.69	4104.95	4567.49	6.86	15.15
2013	4595.10	5141.80	4306.84	4976.74	8.96	18.28
2014	4974.04	6357.06	4719.62	6216.27	24.91	32.92
2015	6217.17	9695.56	5504.56	8278.72	33.18	76.14
2016	8306.25	8720.89	6651.73	8284.27	0.07	31.11

4–5 上市基金成交情况
Transaction Data of Listed Fund

年份 Year	交易天数（天） Trading days (day)	封闭式基金 Close-ended Funds			ETF		
		成交份额（亿份） Trading Volume (100 million units)	成交金额（亿元） Trading Turnover (100 million yuan)	日均成交金额（亿元） Daily Average Turnover (100 million yuan)	成交份额（亿份） Trading Volume (100 million units)	成交金额（亿元） Trading Turnover (100 million yuan)	日均成交金额（亿元） Daily Average Turnover (100 million yuan)
2005	242	562.07	341.09	1.41	—	—	—
2006	241	1723.59	1626.36	6.75	306.21	339.97	1.41
2007	242	3152.77	5085.80	21.02	475.88	1544.62	6.38
2008	246	1722.55	2051.89	8.34	1411.50	3178.58	12.92
2009	244	1932.25	1694.95	6.95	3452.19	7652.13	31.36
2010	242	1178.04	1206.69	4.99	4020.86	6450.80	26.66
2011	244	510.29	509.25	2.09	3933.13	4213.25	17.27
2012	243	395.59	309.32	1.27	4766.86	4781.75	19.68
2013	238	491.94	435.83	1.83	5956.32	8962.32	37.66
2014	245	403.47	383.46	1.57	5878.95	13247.02	54.07
2015	244	815.73	981.84	4.02	11979.64	40302.88	165.18
2016	244	303.67	327.15	1.34	4200.22	14470.97	59.31

数据来源：上海证券交易所、深圳证券交易所。
Source: SSE、SZSE.

4–5 续表 continued

年份 Year	LOF			Total		
	成交份额（亿份） Trading Volume (100 million units)	成交金额（亿元） Trading Turnover (100 million yuan)	日均成交金额(亿元) Daily Average Turnover (100 million yuan)	成交份额（亿份） Trading Volume (100 million units)	成交金额（亿元） Trading Turnover (100 million yuan)	日均成交金额(亿元) Daily Average Turnover (100 million yuan)
2005	11.33	11.14	0.05	573.40	352.23	1.46
2006	28.36	36.32	0.15	2058.17	2002.65	8.31
2007	651.53	919.52	3.80	4330.53	7620.09	31.49
2008	378.71	415.29	1.69	3742.28	5831.06	23.70
2009	365.10	324.73	1.33	6531.40	10340.02	42.38
2010	324.26	307.07	1.27	6582.02	8996.44	37.18
2011	238.34	214.16	0.88	6125.90	6365.81	26.09
2012	213.19	186.12	0.77	9374.61	8123.61	33.43
2013	185.32	173.02	0.73	11260.12	12735.06	53.51
2014	183.47	184.47	0.75	6465.89	13814.94	56.39
2015	3368.81	2966.97	12.16	16164.18	44251.69	181.36
2016	1520.05	1202.48	4.93	6023.94	16000.60	65.58

4-6 2016年QDII基金名录
List of QDII Funds in 2016

序号 No.	基金名称 Fund Name	成立时间 Issue Date	基金份额(亿份) Fund Units (100 million units)	基金资产规模(亿元) Fund Asset Value (100 million yuan)
1	南方全球精选配置(QDII-FOF)	2007-09-19	59.09	46.54
2	华夏全球股票(QDII)	2007-10-09	62.84	48.34
3	嘉实海外中国股票混合(QDII)	2007-10-12	81.17	53.97
4	上投摩根亚太优势混合(QDII)	2007-10-22	75.87	46.12
5	工银全球股票(QDII)	2008-02-14	2.76	3.15
6	华宝兴业海外中国混合(QDII)	2008-05-07	1.10	1.34
7	银华全球优选(QDII-FOF)	2008-05-26	0.66	0.62
8	海富通中国海外混合(QDII)	2008-06-27	1.21	1.65
9	交银环球精选混合(QDII)	2008-08-22	0.61	1.01
10	易方达亚洲精选股票(QDII)	2010-01-21	8.34	6.09
11	招商全球资源股票(QDII)	2010-03-25	0.37	0.35
12	国泰纳斯达克100指数(QDII)	2010-04-29	1.82	4.20
13	工银全球精选股票(QDII)	2010-05-25	0.89	1.45
14	长盛环球行业混合(QDII)	2010-05-26	0.27	0.29
15	国投瑞银新兴市场股票(QDII-LOF)	2010-06-10	0.60	0.51
16	汇添富香港优势精选混合（QDII）	2010-06-25	2.53	2.42
17	博时大中华亚太精选股票(QDII)	2010-07-27	1.72	1.77
18	广发全球精选股票（QDII）	2010-08-18	6.56	9.58
19	建信全球机遇混合(QDII)	2010-09-14	0.23	0.26
20	华安香港精选股票(QDII)	2010-09-20	10.19	11.38
21	嘉实H股指数（QDII）	2010-09-30	28.21	20.25
22	鹏华环球发现（QDII-FOF）	2010-10-12	0.49	0.48
23	富国全球债券（QDII-FOF）	2010-10-20	0.68	0.73
24	华泰柏瑞亚洲领导企业混合(QDII)	2010-12-02	0.32	0.24
25	银华抗通胀主题（QDII-FOF-LOF）	2010-12-06	1.98	0.94
26	南方金砖四国指数（QDII）	2010-12-09	1.00	0.87
27	信诚四国配置（QDII-FOF-LOF）	2010-12-17	0.24	0.17
28	诺安全球黄金（QDII-FOF）	2011-01-13	9.11	6.98
29	海富通大中华混合（QDII）	2011-01-27	0.70	0.60
30	上投摩根全球新兴市场混合（QDII）	2011-01-31	0.54	0.43
31	招商标普金砖四国指数（QDII-LOF）	2011-02-11	0.52	0.41
32	中银全球策略（QDII-FOF）	2011-03-03	1.02	0.59
33	大成标普500等权重指数QDII	2011-03-23	1.46	2.41
34	长信标普100等权重指数（QDII）	2011-03-30	0.36	0.41
35	博时抗通胀增强回报（QDII-FOF）	2011-04-25	1.42	0.75
36	易方达黄金主题（QDII-LOF-FOF）	2011-05-06	6.24	4.36
37	华安大中华升级股票（QDII）	2011-05-17	2.20	2.63
38	建信新兴市场混合（QDII）	2011-06-21	0.85	0.66
39	广发全球农业指数（QDII）	2011-06-28	0.71	0.82
40	富国全球顶级消费品混合（QDII）	2011-07-13	0.13	0.15
41	嘉实黄金（QDII-FOF-LOF）	2011-08-04	4.58	3.11
42	汇添富黄金及贵金属（QDII-LOF-FOF）	2011-08-31	4.44	2.59
43	景顺长城大中华混合（QDII）	2011-09-22	1.20	1.51
44	诺安全球收益不动产（QDII）	2011-09-23	1.48	2.25
45	南方中国中小盘股票指数（QDII-LOF）	2011-09-26	5.53	4.51
46	诺安油气能源（QDII-FOF-LOF）	2011-09-27	2.10	2.08
47	华宝兴业标普石油天然气上游股票指数基金（LOF）	2011-09-29	8.66	9.18
48	鹏华美国房地产（QDII）	2011-11-25	1.06	1.24
49	信诚全球商品主题（QDII-FOF-LOF）	2011-12-20	0.91	0.44
50	国富亚洲机会股票（QDII）	2012-02-22	3.85	3.27
51	上投摩根全球天然资源混合（QDII）	2012-03-26	4.45	2.91
52	华安标普全球石油指数（QDII-LOF）	2012-03-29	5.23	5.36
53	国泰大宗商品（QDII-LOF）	2012-05-03	7.24	3.39
54	交银全球资源混合（QDII）	2012-05-22	0.32	0.39
55	易方达标普消费品指数增强（QDII）	2012-06-04	0.13	0.23
56	博时标普500ETF联接(QDII)	2012-06-14	1.05	1.87
57	建信全球资源混合（QDII）	2012-06-26	0.35	0.28
58	嘉实全球房地产（QDII）	2012-07-24	0.66	0.73
59	华夏恒生ETF	2012-08-09	13.52	16.44
60	易方达恒生国企(QDII-ETF)	2012-08-09	90.55	95.02

4-6 续表 continued

序号 No.	基金名称 Fund Name	成立时间 Issue Date	基金份额(亿份) Fund Units (100 million units)	基金资产规模(亿元) Fund Asset Value (100 million yuan)
61	广发纳斯达克100指数（QDII）	2012-08-15	1.58	2.42
62	华夏恒生ETF联接	2012-08-21	9.36	11.17
63	易方达恒生国企联接(QDII)	2012-08-21	40.69	41.12
64	富国中国中小盘混合	2012-09-04	10.93	18.49
65	华夏收益债券（QDII）	2012-12-07	14.14	17.95
66	博时亚洲票息收益债券（QDII）	2013-02-04	16.77	21.33
67	融通丰利四分法（QDII-FOF）	2013-02-05	0.31	0.24
68	中银标普全球资源等权重指数（QDII）	2013-03-19	0.47	0.46
69	国泰纳斯达克100（QDII-ETF）	2013-04-25	0.99	1.76
70	国泰中国企业境外高收益债券	2013-04-26	7.94	10.70
71	工银国际原油（QDII-LOF）	2013-05-28	0.25	0.22
72	嘉实美国成长股票	2013-06-14	0.35	0.77
73	华安纳斯达克100指数	2013-08-02	0.50	0.77
74	国泰美国房地产开发股票（QDII）	2013-08-06	0.13	0.15
75	广发美国房地长指数（QDII）	2013-08-09	1.34	1.76
76	鹏华全球高收益债(QDII)	2013-10-22	17.29	21.57
77	嘉实新兴市场	2013-11-26	5.69	8.87
78	广发亚太中高收益债券（QDII）	2013-11-28	2.47	3.04
79	博时标普500ETF	2013-12-05	1.85	2.65
80	广发全球医疗保健（QDII）	2013-12-10	1.29	1.51
81	汇添富恒生指数分级	2014-03-07	14.56	14.61
82	银华恒生国企指数分级	2014-04-09	86.36	76.01
83	华安德国30(DAX)ETF	2014-08-08	1.71	1.68
84	华安德国30（DAX）ETF联接	2014-08-12	0.95	1.02
85	大成纳斯达克100指数	2014-11-13	0.30	0.38
86	国富大中华精选混合（QDII）	2015-02-03	0.90	0.86
87	广发生物科技指数（QDII）	2015-03-30	4.14	3.46
88	嘉实全球互联网股票	2015-04-15	18.28	23.16
89	交银中证海外中国互联网指数（QDII-LOF）	2015-05-27	4.42	4.13
90	广发纳指100ETF	2015-06-10	0.30	0.34
91	华宝中国互联股票人民币(QDII)	2015-09-23	35.30	25.22
92	南方香港成长(QDII)	2015-09-30	16.85	15.17
93	国泰全球绝对收益型基金优选	2015-12-03	0.81	1.99
94	国投瑞银中国价值发现股票(QDII-LOF)	2015-12-21	1.41	1.61
95	中银美元债(QDII)	2015-12-30	9.38	10.29
96	华夏大中华混合	2016-01-20	1.92	2.11
97	南方亚洲美元收益债券	2016-03-03	39.03	43.01
98	工银香港中小盘股票(QDII)	2016-03-09	2.25	2.45
99	华宝兴业标普美国品质消费股票指数基金(LOF)	2016-03-18	1.75	2.15
100	华安全球美元收益债券	2016-03-23	16.19	17.68
101	国投瑞银全球债券精选(QDII-FOF)	2016-04-19	0.83	1.71
102	长信海外收益一年定开债	2016-05-17	2.44	2.67
103	华安全球美元票息债券	2016-06-03	17.80	19.02
104	南方原油(LOF-QDII)	2016-06-15	2.79	2.98
105	华宝兴业标普香港上市中国中小盘指数(QDII-LOF)	2016-06-24	0.43	0.40
106	华夏大中华信用债券(QDII)	2016-07-27	14.32	13.98
107	招商信用定开债(QDII)	2016-09-02	2.09	2.16
108	泰达宏利亚洲债券(QDII)	2016-10-14	6.98	7.05
109	易方达香港恒生综合小型股指数(QDII-LOF)	2016-11-02	5.60	5.53
110	上投摩根中国世纪	2016-11-11	2.56	2.53
111	海富通全球美元收益债券型基金（LOF）	2016-11-28	2.63	2.65
112	易方达标普医疗保健指数(QDII-LOF)	2016-11-28	0.93	0.94
113	大成恒生综合中小型股指数基金（QDII-LOF）	2016-12-01	2.30	2.30
114	易方达标普500指数(QDII-LOF)	2016-12-02	5.65	5.68
115	易方达标普科技指数(QDII-LOF)	2016-12-13	2.89	2.89
116	易方达标普生物科技指数(QDII-LOF)	2016-12-13	2.69	2.69
117	华夏移动互联网混合	2016-12-14	3.16	3.16
118	上投摩根全球多元配置基金（QDII）	2016-12-19	3.10	3.10
119	易方达原油(QDII-LOF-FOF)	2016-12-19	3.03	3.02
120	大成海外中国机会混合型基金（LOF）	2016-12-29	6.20	6.20

数据来源：中国证监会。
Source: CSRC.

主要统计指标解释

Explantory Notes on Main Statistical Indicators

基金只数 指统计期末基金市场上基金产品的只数。自基金合同生效日（基金成立日）纳入统计，自基金合同终止日从统计中剔除。一般根据中国证监会主代码（基金主合同）口径统计。

基金份额 指统计期末基金市场基金份额的合计。

基金资产规模 指在统计期末市场上基金产品资产的合计。FOF 产品、联接基金不纳入资产规模统计。对统一募集、自动拆分的分级基金统计基金资产规模时，只计母基金资产规模。对分开募集的分级基金统计基金资产规模时，同时统计不同子基金份额的资产规模。

上市基金成交金额 指统计期内在交易所上市的各类基金成交金额合计。

QFII 额度 指统计期末国家外汇管理局批准合格境外机构投资者投资境内证券市场的投资额度。

RQFII 额度 指国家外汇管理局批准人民币合格境外机构投资者投资境内证券市场的投资额度。

QDII 额度 指国家外汇管理局批准合格境内机构投资者进行境外证券投资的投资额度。

封闭式基金 采用封闭式运作方式的基金，是指经核准的基金份额总额在基金合同期限内固定不变，基金份额可以在依法设立的证券交易场所交易，但基金份额持有人不得申请赎回的基金。

开放式基金 采用开放式运作方式的基金，是指基金份额总额不固定，基金份额可以在基金合同约定的时间和场所申购或者赎回的基金。

贰零壹柒

五、期货

Futures

贰零壹柒

2016年上海期货交易所工作综述

上海期货交易所是在中国证监会集中统一监督管理下，依法依规组织期货交易并实行自律管理的法人，根本宗旨是促进社会主义市场经济的发展。上海期货交易所目前挂牌交易黄金、白银、铜、铝、锌、铅、螺纹钢、线材、燃料油、天然橡胶、石油沥青、热轧卷板、镍、锡 14 种期货合约。上海上期商务服务有限公司、上海期货信息技术有限公司、上海期货与衍生品研究院有限公司和上海国际能源交易中心股份有限公司是上海期货交易所的下属子公司。

上海期货交易所坚决维护以习近平同志为核心的党中央权威，牢固树立“四个意识”，立足服务“五位一体”总体布局和“四个全面”战略布局，以新发展理念统一思想、引领工作，坚持市场化、法治化、国际化的改革发展方向，严格依照法规政策制度组织交易，切实履行市场一线监管职责，服务好实体经济发展。长期目标是努力建设成为规范、高效、透明，综合性、国际化的衍生品交易所。

上海期货交易所现有会员 190 多家（其中期货公司会员占近 75%），在全国各地开通远程交易终端 1400 多个。

随着行业风险控制能力的强化提高、市场交易的持续活跃和规模的稳步扩大，市场功能及其辐射影响力显著增强，铜期货价格作为世界铜市场三大定价中心权威报价之一的地位进一步巩固；天然橡胶期货价格得到国内外各方的高度关注；燃料油期货在探索能源期货发展的道路上稳健运行；镍、锡期货上市，与铜、铝、锌、铅期货关联，初步形成了有色金属期货品种系列；黄金期货上市，为促进黄金市场的发展，增进商品期货市场与金融市场的联系开辟了新路径；螺纹钢、线材和热轧卷板的先后上市，将逐步优化钢材价格形成机制，促进钢铁工业健康有序发展，进一步提高我国钢铁工业的国际竞争力；白银期货的上市，丰富了我国贵金属期货品种，完善了国内白银市场价格体系，促进了国内白银产业可持续健康发展；石油沥青期货多种交割方式的创新，顺应了石油沥青产业发展趋势，提高了企业风险管理效率。黄金、白银和有色金属的连续交易上线运行，促进了相关品种国内外价格的及时联动，增强了我国期货市场的价格影响力，并为投资者实时进行风险管理提供了便利。

按照《上海期货交易所章程》，会员大会是交易所的权力机构，由全体会员组成；理事会是会员大会的常设机构，下设监察、交易、结算、会员资格审查、调解、财务、技术、有色金属产品、能源化工产品、黄金钢材产品 10 个专门委员会；监事会是交易所的内部监督机构，监督理事会、经营管理层的履职情况。

交易所设有文化建设委员会、交易运作委员会、人才发展委员会、技术管理委员会、产业服务与发展委员会 5 个专业委员会，以及办公室、文化建设办公室、新闻信息部、衍生品部、国际合作部、商品一部、商品二部、会员服务和投资者教育部、交易部、结算部、交割部、监查部、法律事务部、技术中心、人力资源部、党委办公室、纪律检查办公室、内审合规部、财务部、行政部（保卫部）、北京联络处 21 个职能部门。

根据国务院颁布的《期货交易管理条例》及中国证监会发布的《期货交易所管理办法》等法规，交易所建立了交易运作和市场管理规章制度体系。

交易所拥有适用可靠的计算机交易系统，通过高容量光纤及数据专线、双向卫星、三所联网等通信手段确保前台和远程交易的实时和安全可靠。同时，通过中心数据库实现结算、资金、交割、异地交割仓库、风险监控等系统数据的实时同步传送和交换。

为维护市场稳定和投资者合法权益，交易所建有多元结合的风险控制体系，主要包括以交易规范为准则的一系列制度措施；以量化系列指标与计算机自动化运作相结合的风险预警系统；以全程控制风险为目标，按职能分工落实相关责任制的风险动态跟踪、分析、应对的工作机制。

上海期货交易所坚持监管、服务两手抓的理念，坚持稳健运行，稳步发展，推进改革创新，深化服务，真诚地为会员及投资者提供全面及时的各项服务。

交易所实行保证金和每日无负债结算制度，通过指定的结算银行每天对会员的交易进行集中清算，会员负责对其客户交易进行清算。交易所实行实物交割履约制度，合约到期须在规定期限内，以实物交割方式履约。交易所指定交割仓库为交割双方提供相关服务。客户交割须通过会员办理。

交易所坚持维护投资者合法权益的基本宗旨，制定、实施风险控制管理制度，健全风险监控机制，保证市场规范有序地运行。

交易所通过建立的卫星广播网和公共电讯网，将实时和延时交易行情经授权的国内外信息资讯机构进行同步信息发布。通过实时行情短信播报服务系统和电话语音报价服务系统，向市场提供动态交易行情咨询服务。交易所通过自建的网站(http://www.shfe.com.cn/) 及时规范地向市场发布交易、交割、持仓、库存等各类统计数据资料及相关信息。交易所还通过新闻媒体报道、电话咨询交流、举办多种形式的培训班、开展各种形式的对外交流等活动，向会员、投资者及社会提供咨询、培训等服务。

2016年郑州商品交易所工作综述

2016年，郑州商品交易所（以下简称郑商所）深入学习领会党的十八大和十八届三中、四中、五中、六中全会精神，坚决贯彻落实会党委决策部署，抓党建、强管理、保稳定、促发展，推动各项工作持续向前发展，管党治党明显加强，内部管理进一步规范，市场运行质量得到提升，服务实体经济能力得到增强。一年来，郑商所主要做了以下工作。

一、坚持全面从严治党，不断加强党建工作

着力推进从严治所。坚决贯彻党要管党、从严治党的方针，增强管党治党意识，落实从严治党责任，扎实推进从严治党、从严治所。在思想建设上从严，认真落实“三会一课”制度，召开党委中心组学习会议9次，支部大会63次，支委会102次，党小组会议122次，党委成员讲党课9次，主动深入党支部参加双重组织生活会32次。在组织建设上从严，成立全面从严治党工作领导小组，在党委领导下负责研究和推进全面从严治党工作；选优配强支部成员，改（补）选新任党支部书记、副书记各4名，调整新任支委8名，为10个党支部配齐了纪检委员；坚持好中选优标准，严把党员发展关，2016年发展党员2名；组织党务骨干培训班4期，培训各支部业务骨干246人次；严格党费收缴管理，按时完成党费补交工作；规范党员组织关系管理，对1名出国定居的党员党组织关系进行处置并报告组织部；严格执行《党政领导干部选拔任用工作条例》《关于防止干部“带病提拔”的意见》及中国证监会有关规定，严格贯彻落实好干部标准，严格履行选人用人程序，选拔1名助理总监（二级），开展2名部门总监选拔工作。在作风建设上从严，主动将交流干部临时性周转住房面积控制在120平方米以内，按时完成超标公务用车拍卖；制定《负责人履职待遇和业务接待管理实施细则》，强化负责人履职待遇和业务接待管理；完善所领导出差审批和离岗报备制度；开展“四风”问题整治情况“回头看”，强化认识，完善制度，防止“四风”反弹。加强外部监督，组织会员单位、保证金存管银行、交割仓库等单位对所内交割部等10个部门进行廉政评议。在制度建设上从严，制定《党委工作规则（试行）》《“三重一大”事项决策实施办法》《财务事项决策审批管理办法（试行）》《党建工作考核办法》，规范党委权力运行，强化部门负责人的“一岗双责”，推动党建工作与业务工作有机结合、融为一体。在执纪反腐上从严，严肃查办系统运行部1名员工在采购工作中违规失职问题，给予其降低岗位等级处分（由助理经理降为主管），并将其调离原工作岗位；加强对权力集中、资金密集、资源富集等部门的监督检查，组织开展大额采购、保证金与自有资金存管等9个项目的专项检查，切实防范廉政风险；组织开展员工及其亲属股票账户清理，主动开展期货账户排查清理；充实纪检监察力量，为郑商所纪检监察室充实1名工作人员；按照《关于加强会管单位下属单位廉政风险防控工作的意见》的规定，为3家人员在100人以上的下属公司各配备2名专职纪检干部，为1家100人以下的下属公司配备1名纪检岗位人员。

持续推进巡视整改。抓好巡视整改是巩固巡视成效、检验巡视成果的重要抓手，也是全面从严治党、从严治所的重要举措。加强组织领导，先后召开13次党委会议和1次民主生活会，认真研究和推进整改工作。新的党委班子高度重视巡视整改工作，把整改落实作为工作的重中之重，进一步加大对整改工作的部署和督促检查力度。抓好整改落实，督促各部门对照专项检查和巡视反馈意见，系统梳理，逐条对照，建账造表，列明清单，摸清整改落实情况；党委研究制订进一步整改方案，明确

责任领导、责任部门和责任人员，加强督办督查，持续深入推进巡视整改工作。认真开展“回头看”，郑商所全面从严治党工作领导小组召开两次专题会议，研究部署巡视整改“回头看”工作，制订自查工作方案，并指派专人同15个责任部门逐一沟通，督促责任部门开展自查工作；党委专题研究“回头看”情况，及时向驻会纪检组提交报告。经认真自查，巡视和专项检查反馈的25个问题已经基本完成18个，7个已经完成建章立制的工作需在今后持续完善。深入开展进阶式整改，郑商所党委将需进一步整改的7个问题细化为18个具体工作事项，制订持续整改工作方案，明确落实部门和完成时限，持续推进并动态跟踪整改工作；对前期已经完成整改的问题，按照中央和中国证监会新标准新要求，重新进行梳理自查，按照高标准严要求进行持续进阶式整改，推动整改工作不断深入。

深入开展“两学一做”。制订“两学一做”实施工作方案，坚持“学是基础、做是关键”，坚持以上率下，推动“两学一做”学习教育不断深入。围绕党章党规和习近平总书记系列讲话，各支部组织集中学习236次，各党小组组织集中学习175次。通过学习，全体党员进一步增强了“四个意识”，特别是核心意识和看齐意识。按照“四讲四有”党员标准和中国证监会“党性强、业务精、守纪律、敢担当”的优秀监管干部标准，全体党员通过对照检查共提出改进措施1000余条，边学边查边改。在学习教育中坚持以学促做，党员干部坚持理论指导实践，把“两学一做”与期货市场创新发展紧密结合起来，用马克思主义立场观点方法解决期货市场创新发展、风险防控等问题，推动期货市场更好地服务实体经济和供给侧结构性改革。

努力做好扶贫工作。认真落实会党委扶贫工作部署，把扶贫作为一项重要政治任务，在定点扶贫、设立助学奖学金等扶贫工作的基础上，把期货市场创新发展与扶贫工作结合起来，多种方式推进扶贫工作。加强扶贫组织领导，成立扶贫工作领导小组，明确组成人员及工作职责，完善扶贫工作组织体系，加强对扶贫工作的检查督促。完善扶贫工作制度，修订《郑州商品交易所扶贫开发工作办法（试行）》，制订具体的扶贫工作落实方案，明确扶贫工作措施、时间进度和责任部门，强化扶贫工作制度保障。落实扶贫工作任务，选派中层干部到定点扶贫县桐柏挂职，推动扶贫措施、扶贫项目、扶贫资金的落实。加强与定点扶贫县的沟通交流，下半年主要负责人与分管负责人3次到定点扶贫县调研，了解情况、对接工作。在做好定点县扶贫工作的同时，积极参与其他地区扶贫工作，组织人员到兰考、新县等县市实地调研考察4次，对两地700名学生进行助学帮扶。创新扶贫工作方式，投入资金400多万元，支持6个“保险＋期货”试点项目，对8省区棉花、白糖相关农业生产经营主体予以扶持，其中涉及5个国家扶贫开发工作重点县。

二、着力改善内部治理，努力提高管理效率

认真筹备会员大会。召开会员大会，完善交易所治理结构，对于凝聚会员共识及力量，提高规范运作水平，推动期货市场健康发展和功能发挥具有重要意义。制订会员大会筹备工作方案，由理事会决定成立筹备工作领导小组，统筹规则制度修订、理事监事选举、会务服务工作以及综合组织协调，有序推进各项筹备工作。

改进加强内部管理。修订完善内部管理制度，坚持用制度管权、管事、管人。召开党委会议，专门听取外部审计发现问题整改情况汇报，研究制定整改措施，明确落实责任部门和整改期限，努力提高所本部和下属单位财务管理规范化水平。改进加强信息报送工作，为决策提供科学依据。优化办公平台，规范公文运转，进一步提升工作效率。上线制度统筹管理平台系统，简化制度起草、审批、备案流程，提高制度管理工作的透明度与效率。

优化人力资源管理。修订《岗职体系管理办法》《劳动人事管理制度》等，完善人力资源管理制度体系。启动人力资源优化项目，对内设机构、职级体系、薪酬体系、绩效管理等进行仔细梳理、认真评估和研究完善，完成内设机构调整工作。充实员工队伍，新招聘员工45人。对近3年新晋升的总监、助理总监进行管理培训，中层人员管理技能得到提

升。拓展培训通道，组织 7 名业务骨干赴芝加哥参加境外期权培训，利用期货业协会网站等平台培训员工 354 学时，进一步提升了员工素质和专业能力。

三、加强改进市场监管，维护市场稳定运行

抑制市场交易过热。受市场整体流动性充裕、去产能政策落地等因素影响，棉花、动力煤等品种一度交易量明显加大、价格快速上涨。针对这种情况，郑商所及时采取了提高保证金、调高交易手续费、发布风险警示函等措施，加强对重点品种的监测，有效遏制过热炒作行为，市场交易规模得到有效控制，换手率恢复到合理水平，目前市场运行总体平稳。

加强日常一线监管。加强市场风险监测，强化规则制度执行，努力做到异常交易全覆盖、违规行为全发现、违法行为全处理。深入排查异常交易线索。实时监控市场订单、成交持仓等指标变化，力争不放过一起异常交易行为，2016 年共排查异动线索 6706 起，确认异常交易线索 494 起，发现违法违规线索 92 起。针对 2016 年 3 月以来出现的部分客户在涨跌停板价位大量、频繁报撤单情况，完善异常交易监管制度，及时发布对异常交易认定标准及处理程序的补充规定，强化对影响结算价格行为的监管。严厉打击违法违规行为，2016 年郑商所共处理违规案件 55 件，给予 75 个自然人和 6 个法人客户纪律处分，并将当事人的违规行为纪律处分结果及时记入资本市场诚信信息数据库。

改进市场监管工作。建立风控例会机制，召开 17 次风控例会，分析市场运行态势，及时采取化解风险措施。加强实控组管理。2016 年共认定实控账户 206 组，涉及 644 个客户。其中主动申报 158 组 490 个客户，询问排查认定 48 组 154 个客户。加强新型违法违规行为研究，持续跟踪分析私募基金、风险管理公司等新型市场参与者的业务运作情况，有针对性地采取措施防范创新业务带来的风险。借鉴境外幌骗交易自动化识别机制，拟定识别算法，强化高频交易行为监管。

加强内外部监管协作。建立内部会商机制，定期召开所内监察业务专项工作会议，对市场出现的新情况和疑难违规行为线索及时分析研究，采取有针对性的措施。探索与中国证监会稽查局、各地证监局联合办案机制，今年先后向稽查局移送了两起涉嫌违法案件，并在稽查局指导下，与相关派出机构合作完成了调查工作。

四、做深做细上市品种，着力提升功能作用

持续优化合约规则。适应现货市场变化及产业政策调整，今年累计调整合约规则 15 项。在优化规则方面，将动力煤合约单位由 200 吨／手调整至 100 吨／手、菜油最小变动价位修改为 1 元／吨，降低企业参与门槛，方便企业套期保值。提高动力煤交割基准品标准，将含硫量由 1% 降低至 0.6%，并对挥发分作出限制性要求，提高交易对象的质量确定性。为落实中央新疆工作会议精神，更好服务新疆棉花产业发展，在新疆增设棉花交割仓库，并将交割基准区域调整至新疆，便利新疆棉企参与期货市场。在完善制度方面，推出玻璃交割厂库自报现货升贴水窗口，满足玻璃期货标准仓单客户的个性化提货需求。延长套保额度申请及使用截止日期，取消临近交割月套保建仓时间限制，方便产业企业根据市场形势灵活采用套保策略。

完善市场服务平台。坚持依托会员开展市场培育，开展“重点会员走进郑商所”活动，累计接待 19 家重点会员来郑商所召开年中工作会议，培训会员单位中高层管理人员 1500 余人次。加强业务交流与培训，分别在上海、杭州、武汉等重点地区举办 6 期会员中层业务培训班，培训期货公司中层及业务骨干 850 余人次。创新市场服务方式，以郑商所主办、会员单位承办的形式开展机构投资者市场活动，召开市场会议 20 多场，参会机构投资者近千家次。搭建新的服务平台，举办“首届中国（郑州）国际期货大会”，邀请地方政府及金融机构、行业协会、实体企业 1000 余人参加，进行经验交流和理论探讨，受到各方广泛欢迎。先后联合广西糖业协会、中国建筑玻璃与工业玻璃协会、中国化纤信息网、卓创资讯等举办产业大会 10 余场

次，积极发挥行业协会与专业网站在现货领域的优势，共同加强产业企业培训。联合期米信息等机构平台举办8次市场会议，与东北亚煤炭交易有限公司等14家单位签订合作协议，共同开展专业机构投资者培育。与地方政府金融办及期货业协会、重点地区基金小镇等加强交流对接，探索机构投资者服务新模式。加强银期交流合作，与建设银行签署战略合作备忘录，在产品创新、客户培育、仓单融资、多币种结算等方面加强合作。联合建设银行、交通银行、浦发银行、民生银行等举办银期合作服务实体经济论坛6场，累计培训900余人次。

加强新闻宣传工作。与经济日报、中国证券报、中国建材报、新浪网等9家媒体签署战略合作协议，召开媒体座谈会，整合郑商所宣传资源，加强宣传协作。加强舆论监测监控，针对市场运行中出现的突出问题及矛盾，积极主动开展宣传策划48次，为市场发展营造良好舆论环境。加强典型模式总结，对企业利用期货市场进行风险管理的成功经验进行交流与推广，累计形成媒体专版47个，深度报告150篇。

五、研发新品种新工具，拓展服务覆盖范围

积极研发新的期货品种。开展棉纱异纤检验课题研究，制定两套不同异纤检验标准，创新性地解决了棉纱期货规则设计中的重大难点问题，目前棉纱期货征求部委意见工作已完成，各部委和行业协会均同意在郑商所上市棉纱期货。大力加强储备品种研究，尿素、苯乙烯、短纤、长丝、水泥、液化气及易盛农产品指数期货合约设计已基本完成。根据市场发展形势和产业政策变化，加强前瞻性研究，有序推进苹果、红枣、牛肉、咖啡、电力、生丝等品种研究。

认真做好期权上市准备工作。在既往工作的基础上，继续优化规则制度与技术系统，不断提高期权试点准备工作的精细化水平。修订期权交易管理办法、做市商管理办法等制度，制定期权投资者适当性管理办法，进一步完善期权规则制度体系，持续完善期权规则制度。完善期权行权资金测算、结算价功能，并组织期货公司在证联网开展了为期2周的期货与期权仿真夜盘测试，进一步做好期权上市技术准备工作。制订做市商选择方案，开发做市商报价能力评价系统，完成对16家做市商申请单位的材料审核及现场检查，为期权做市商后续选择奠定基础。加强期权投资者教育，印制期权培训材料，制订期权上市宣传方案，开展仿真交易，不断提高投资者对期权的认识水平。12月，中国证监会批准郑商所白糖期权上市申请后，郑商所制订挂牌上市工作方案，认真做好白糖期权合约挂牌上市前的各项准备工作。

继续推进场外市场建设。为满足企业个性化、精细化的风险管理需求，郑商所明确了场外市场发展路径，先从目前需求最为迫切的仓单业务入手，逐步丰富场外衍生品市场体系。建设综合业务平台，完成一期开发，支持仓单回购业务。开展市场需求调研，完成场外期权、基差交易、仓单交易等二期业务模式设计，目前正在进行技术系统开发工作。

研发推广商品指数产品。借鉴境外商品指数产品运行机制及监管思路，不断优化易盛农期指数编制，建立指数通用服务平台，为机构投资者提供完善的指数产品配套服务。依据《郑州商品交易所期货价格指数暂行管理办法》，建立指数基金申报材料的规范指引，明确指数基金的申请及监管要求，并授权华泰柏瑞基金和招商基金开发郑商所相关指数基金产品。

六、推进技术系统建设，提高系统保障能力

持续完善五期系统。郑商所根据市场发展需要，着力开展系统优化，在确保稳定运行的前提下，不断提高技术系统对市场发展的支撑能力。在提升系统完善性上，完成异构前置机系统开发测试，持续开展交易系统专项测试，加强实时交易代码审查工作，升级主备切换系统，交易峰值容量有效增加，技术风险概率大幅下降。在提升系统安全性上，制定《软件开发管理办法》，明确设计、编码、测试流程规范；建立技术评审与验收机制，开展全业务仿真测试，评估异地灾备中心运行情况，全面排查

系统风险隐患；在行业信息专项检查的基础上，开展业务连续性保障能力评估，提出进一步改进措施。在提升系统稳定性上，积极推进会员交易专线扩容升级，将由郑商所发起建立的148家会员296条交易专线全部由2M SDH线路升级为4M MSTP线路，同时完成了大商所和上期所分别到我所的一条三所环网线路的升级工作。

推进技术中心系统建设。完成技术中心交易系统软硬件的安装部署，实现技术中心至郑商所期货大厦和郑东同城灾备中心的网络连通及系统测试，12月18日郑商所将同城灾备中心切换至技术中心，12月19日郑商所技术中心同城灾备系统正式运行。

启动六期系统建设。组建六期系统建设团队，整理业务功能需求，初步完成项目整体规划。在对国内外交易所技术系统进行调研的基础上，明确六期系统业务及技术目标，持续推进新系统的概要设计。在FIX、FAST协议基础上形成六期系统内部通信协议，制定了六期系统与新结算系统、市场监察系统的接口方案，提高系统兼容性与可维护性。跟踪监测实时交易系统在新操作系统、新硬件平台下的性能，完成原有交易系统在LINUX平台下的移植工作，进行FPGA在交易系统的应用研究。

七、深化对外交流合作，稳步推进对外开放

推动品种对外开放。4月在江苏张家港保税区正式开展甲醇期货保税交割试点，为推动海外设置交割仓库积累经验。推动PTA期货引入境外交易者进程，举办PTA引入境外交易者规则论证会，制订《PTA期货引入境外交易者方案》，修订相关业务规则13项，新增规则2项，基本完成各项制度准备工作。

加强国际交流与合作。做好外事出访工作。全年累计安排出访团组12批次36人次，参加国际期货行业、相关现货行业和技术前沿会议。加强机构间交流合作。同印度多种商品交易所有限公司续签MOU已获中国证监会国际部批准，将择机签署。组织一批骨干员工赴美国巴鲁克学院交流培训，学习境外成熟市场期权运作、市场推广与监管经验。接待CME 及ICE集团高层来访，就联合开展产品研发、市场研究、场外市场建设等进行座谈交流。

2016年大连商品交易所工作综述

2016年，大连商品交易所（以下简称大商所）深入贯彻党的十八大和十八届三中、四中、五中、六中全会精神，认真落实党中央、国务院有关要求，按照中国证监会党委的要求和统一部署，坚持服务实体经济发展的根本宗旨，坚持市场化、法治化、国际化发展方向，坚持“保稳定、抓管理、促转型”的工作方针，以切实防范化解市场风险、保持市场安全稳定运行为前提，以农产品期权上市、场外市场建设、铁矿石期货国际化为重点，稳步实施改革、发展、创新举措，全面加强自身建设，推动交易所向多元、开放的综合性衍生品交易所战略转型，各项工作取得了积极进展。

1. 坚持依法从严全面监管，认真防范化解市场风险，确保市场安全平稳运行

今年在国际国内多重复杂因素影响下，国内相关商品现货市场价格波动剧烈，带动商品期货市场交易活跃，我所市场呈现明显波动特征，4月和11月分别出现两次比较集中的投机过热情况。按照中国证监会的统一部署，我所积极采取有效措施坚决遏制过度交易，确保了市场安全稳定运行。一是及时采取有效措施应对市场风险，坚决遏制过度投机。全天候跟踪期现货市场动态，及时分析研判市场形势，强化市场监测监控。及时修改风险管理办法，新增了交易限额制度，完善了连续涨跌停板下涨跌停板和交易保证金调整机制。针对交易过热期货品种连续出台市场化调控措施，根据市场情况13次调整交易保证金，10次调整涨跌停板，11次调整手续费标准，取消9个品种手续费日内开平减半政策。二是加强舆论引导和舆情监控，做好安全运维。切实加大舆论引导工作力度，做好“双微”平台、重点网媒等舆情监测，主动回应市场关切。及时组织召开突发事件应急处置领导小组办公室会议，做好应急演练。全面加强期货大厦安全管理，做好应急处置，切实维护大厦安全稳定。

2. 坚持服务供给侧结构性改革，大力推进新品种、新工具和新市场建设，市场创新取得新进展

大商所紧扣国家创新驱动发展战略，结合“十三五”规划要求，积极服务供给侧结构性改革，持续推进多项创新，不断推进向多元、开放的综合性衍生品交易所战略转型，在改革发展的多个方面均向前迈出了坚实步伐。一是加大新品种开发力度，生猪品种期货标准上升为国标，推动相关行业的规范发展。积极推进乙二醇期货立项，并成功获批。生猪、航运等战略品种研究取得较大进展，我所研究制定的生猪期货标准上升为国标，并将于2017年1月1日实施。积极推进全脂乳粉、尿素品种立项准备，做好瓦楞原纸、原木等后续储备品种的研究。二是积极推动豆粕期权上市，为市场提供新的避险工具。深入优化和完善业务规则，统一与兄弟交易所的各项期权业务规则，为市场提供便利。做好内外部协调，提供各项报批材料，积极协助推进期权上市进程。组织召开了10次期权工作组会议，深化期权上市准备工作。加强期权流程建设，建立做市商遴选办法、面向会员的业务指南和应急流程等多部操作手册和指引。提出期权5期及6期项目的总需求，不断增强期权业务功能，完善查询系统功能。多角度深入开展期权市场培育，组织全市场和全所范围内的期权仿真交易活动，加强期权网站功能建设，完成两本期权书籍的出版。开展玉米期权合约的研究设计。三是加快场外市场建设，助推期现货市场的进一步融合。完善场外市场综合服务平台，优化仓单登记与串换、场外期权与互换清算、现货价格采集与发布等系统功能，推动平台5月正式上线运行。制定场外非标仓单质押融资业务规则，推动开展仓单串换业务，累计审批现货报价信息12195条，完成1050吨豆粕的仓单串换，推进玉米仓单串换业务、铁矿石仓单服务商业务的系统开发。推进期现货指数价格采集、编制和发布平台建设，采集白条猪肉价格指数，完成13个主要产销区88家大型屠宰企业采价。协调管理商品期货基金及商品指数业务，推动11家基金公司15只商品期货基金的开发，同时推进商品指数自主研发工作，自主编制7只指数。四是持续推进铁矿石国际化，促进期货市场对外开放。做好部委沟通，全力争取高层对铁矿石国际化业务的认可与支持。进一步完善铁矿石国际化业务规则，开展跨境监管专门研究。增设大连港铁矿石保税交割仓库，推动保税交割5月正式落地实施。技术系统顺利推进，完成交易所端系统上线，并协调推动境外机构、银行、监控中心全市场联调测试。积极开展市场培育，在新加坡、中国香港、美国、英国等地区宣讲国际化业务。推进棕榈油国际化研究。

3. 坚持贴近现货市场完善合约规则，加强基础制度建设，相关政策取得新突破

大商所坚持根据现货市场发展变化调整完善合约规则制度，努力将已上市品种做深做实，真正契合实体经济的现实需求，今年在部分品种上取得了实质性的突破，为下一步品种的活跃创造了良好条件。一是积极争取黄大豆2号品种政策支持，大力促进老品种活跃度。推动国家质检总局下发通知，试行《进口大豆期货交割检验检疫监督管理规范》，为企业参与黄大豆2号期货交割提供便利，为促进黄大豆2号品种的活跃度提供了重要条件。推进了铁矿石仓单服务商制度，研究设计铁矿石期货做市商方案，着力解决铁矿石主力合约不连续、近月合约不活跃问题，推行焦煤现场交收制度，解决焦煤质量易变、二次检验误差问题。二是做好合约优化，全面推动交割制度完善，促进期现对接。配合国家玉米收储制度改革，大力推进玉米集团交割，推动延伸交割落地实施，跟踪研究玉米转基因问题。制订玉米淀粉地域升贴水调整机制和最大量调整方案，开展质量稳定性实验，发布玉米淀粉交割业务指引，填补交割业务指引空白。完善鸡蛋车板交割配套制度，推动新规则在1703合约实施。研究论证华南地区设立豆油交割库及采用区间动态升贴水。调整铁矿石厂库滞纳金标准。优化化工品种交割区域，增设塑料相关品种西南地区指定交割仓库。对PVC品种执行注册品牌交割制度。优化焦煤交割质量标准，调整反应后强度CSR、灰分和硫分等指标范围。优化研究焦炭地点升贴水方案，总结推广焦炭异地厂库交收制度。三是完善业务规则制度，降低市场参与成本，提高运行效率。在中国证监会统筹指导下，加强对《交易规则》的梳理、论证和修改，按照“业务通则＋合约分则”的架构完成规则体系优化方案，将于12月提交会员大会审议。深入推进交易创新业务研究，推进期货新合约自动挂牌项目。完成FMI原则评估及相关研究，推动FSAP评估相关工作。推进新一代清算系统的需求、架构、设计调研，为系统建设做好准备。优化结算风险管理业务，推进结算风险管理系统建设。对交易限额、连续停板下交易保证金标准和涨跌停板幅度的规则进行修改，制定《大连商品交易所套期保值业务流程》。持续跟进品种运行和功能发挥情况，完成品种功能评估。

4. 坚持落实国家服务“三农”和扶贫攻坚战略，不断创新模式和手段，市场服务取得新成效

大商所多年坚持创新多种服务模式和手段，树立了多个行业内具有一定影响力的服务品牌。尤其是今年我所首创的“保险＋期货”的“三农”服务模式受到高层关注后，我们进一步扩大试点范围，丰富试点内容，取得了比较好的成效。一是认真贯彻落实中央一号文件，扩大“保险＋期货”试点，推进场外期权试点，提升服务“三农”水平。我所联合12家期货公司和7家保险公司开展了12个“保险＋期货”扩大试点项目，其中贫困地区试点2个。今年试点数量和交易所对每个试点的资金支持额度都为去年的4倍，试点品种规模是去年的5倍，部分项目试点得到农业部专项资金的支持。“保险＋期货”试点打通了金融业服务“三农”的“最后一公里”，创新了保险与期货融合的金融发展模式，通过市场机制落实补贴，有利于提高财政补贴转化率。试点工作得到国家相关部委高度认可和重视，被写入国务院《全国农业现代化规划（2016—2020年）》。同时，今年我所继续加大力度推广场外期权试点项目，进一步完善试点模式、增加试点个数、丰富试点品种、拓展试点地域，在完成2015年13

个场外期权试点项目基础上，又审核批准了18个场外期权试点项目立项，涉及12个期货品种。二是大力推进产业拓展，做好品牌服务。成功举办塑料、煤焦矿、玉米和油脂油料四个产业大会，会议覆盖面和影响力进一步提升。成功承办“第五届风险管理与农业发展论坛”，充分展示大商所服务“三农”的创新举措。分层次有重点推进产业链市场服务工作，累计举办市场推介会57场，培训1.3万余人次。与农业部、地方政府和信息机构合作开展培训活动18次，培训人数2700人次，发送“三农”信息短信19.4万条，接听农民的咨询电话6.6万次。三是在服务好会员的同时，携手共同做好市场培育。通过组织EDP培训，针对重点龙头企业的高端论坛及各类市场培育活动，累计培训约2.5万人次，构建综合性培育平台，在产业集中地区建设市场培育基地。加强机构投资者培育工作，多次组织针对机构客户的产业调研活动和培训交流。加强期货公司人才培养力度，深化期货学院品牌，培训人员近6000人，组织分析师产业调研活动，开展十大期货投研团队评选。四是深入开展银期合作，深化与各方的交流与合作。加强银期合作，与银行进行各类业务座谈及培训近20场，推动期货类理财产品开发，今年共有3153只期货类理财产品参与我所期货品种交易，产品成交占总成交量的5.28%。今年我所与内蒙古自治区政府、巴西期货交易所签署、续签了战略合作协议，目前的战略合作单位共计68家，包括政府机构18家、行业协会8家、实体企业15家、金融机构8家、境外交易所19家。今年我所进一步巩固与境外交易所的沟通，加强了与国际机构的日常交流，积极参与国际论坛和境外投资者交流会。

总的来看，2016年大商所紧密围绕服务实体经济的根本宗旨，在确保市场安全平稳运行的基础上，坚持改革创新，贴近市场实际，各项工作顺利推进，实现了平稳较快发展。大商所市场运行总体呈现如下特点：一是流动性保持在合理水平。2016年大商所市场日均换手率为1.06，为三家商品交易所中最低水平；从单个品种看，三家商品交易所中大商所换手率月均超过2的品种最少，说明大商所市场基础坚实、未出现投机过热。二是市场结构不断优化。大商所法人客户继续保持较快增速，交易结构占比不断提升，整体市场结构进一步改善。三是市场功能发挥比较充分。各主要品种价格较为及时、准确地反映了相关商品的供求关系，为产业企业和宏观决策部门提供了重要的价格参考；大商所油脂油料、煤焦钢等期货体系完整、运行稳健，吸引了大批产业企业参与避险。

2016年金融期货市场综述

2016年，中国金融期货交易所（以下简称中金所）坚持服务国民经济和资本市场健康稳定发展大局，依法全面从严加强市场监管，切实维护市场安全平稳运行，大力促进市场功能发挥，稳步推进技术先行战略和国际战略，积极营造良好的市场发展环境。

一、改进工作机制，依法全面从严加强监管

2016年，中金所进一步完善监管规则体系与工作机制，依法全面从严改进和加强一线监管，切实提升一线监管效能。

（一）进一步完善监管规则体系与工作机制

强化以会员管理为枢纽的监管模式，督促会员落实客户管理责任，推动会员合规经营。健全动态监控体系，提升监控排查效能。努力优化套保套利监管，积极推动账户“一码通”，严格股指期现匹配核查。对期现货市场异动开展排查，防范跨市场风险传导。积极配合期货法立法和证券法修改，对《期货交易所管理办法》等法规规章研究提出完善建议。成立第二届案件审理委员会，引入外部专家担任委员，完善纪律处分工作机制。对标上位规则与监管要求，全面系统梳理业务规则。

（二）依法全面从严改进和加强一线监管

优化实时监控报警指标，对实时监控报警指标进行梳理、评估，调整参数设置，增加报警排查维度，全方位、多角度对市场进行监控扫描。增加周期性统计监控指标，在原有实时监控的基础上，定期对客户交易行为指标进行统计分析。严密监控交易行为，全面排查违规行为线索和证据，并及时将案件线索上报中国证监会。加强套保套利行为事中事后监管，加大跨市场期现匹配核查力度，进一步发挥跨市场监管协作合力，对违反期现匹配规则的客户采取相应自律监管措施。

二、保障金融期货市场平稳运行，促进市场功能发挥

2016年，我国金融期货市场总成交量0.18亿手，累计成交金额18.22万亿元，同比分别减少94.62%和95.64%，分别占全国期货市场的0.44%和9.31%。

（一）国债期货市场运行有序，成交持仓稳步增长

2016年，国债期货累计成交893.40万手，日均成交3.66万手，较2015年增长46.76%；累计成交金额8.90万亿元，日均成交金额364.81亿元，较2015年增长48.09%。截至2016年12月30日，国债期货总持仓8.03万手，较2015年底增长37.04%，其中5年期国债期货持仓1.91万手，10年期国债期货持仓6.12万手。2016年国债期货价格波动总体较小，期现货联动紧密。5年期国债期货主力合约日均波动0.12%，平均基差0.74元；10年期国债期货主力合约日均波动0.20%，平均基差0.95元；5年期国债期货和10年期国债期货主力合约与现货的价格相关性分别为98.90%和99.13%。2016年以来，国债期货顺利完成8个合约的交割，总交割量为5012手，平均交割率为1.76%，交割平稳顺畅，投资者交割行为理性。总体来看，2016年国债期货市场运行平稳，成交持仓稳步增长，期现货联动性增强，在促进国债顺利发行、提升国债市场流动性、健全反映市场供求关系的国债收益率曲线等方面的功能逐步显现。

（二）股指期货成交、持仓同比大幅下降，期现价格依然高度相关

2016年，我国股指期货市场总体运行平稳，股指期货市场仍实行较为严格的交易限制措施，全

市场成交量和持仓量较上年大幅下降，但期现货价格相关性依然较高。股指期货三个产品总成交量940.18万手，总成交金额9.32万亿元，分别同比下降97.19%和97.74%；日均成交量和日均持仓量分别为3.85万手和9.46万手，同比减少97.19%和47.39%；日均成交持仓比为0.41，同比下降93.76%。股指期货三个产品期现货价格相关性较高，沪深300、上证50和中证500股指期货主力合约收盘价和对应现货指数收盘价的价格相关系数分别为99.23%、99.63%和98.37%。

三、维护市场安全运行，夯实业务稳步发展根基

扎实做好交易、结算、交割等日常运维，实现全部交易日运行零事故，全市场资金风险可控，交割业务平稳顺畅。做深做细品种开发与储备，加强2年期国债期货合约规则论证和上市准备，完善现有国债期货品种合约及规则，积极推动各类金融机构入市参与，完成国债期货券款对付交割业务实施准备。全面推进股指期权上市准备，扎实做好外汇市场基础研究。继续推动权益类场外衍生品集中清算业务准备。

四、推进新一代技术系统和技术研发基地建设，夯实信息技术基础设施

继续推进新一代技术系统建设，先后完成新一代交易所管理系统生产上线及结算系统生产上线。加快信息技术基础设施建设，技术研发基地项目实现桩基工程正式开工。金融大数据平台建设取得阶段性成果，推动自主探索应用平台设计开发。稳步推进“两地三中心”建设，正式启用异地数据中心，按期推进数据中心设备更新换代。服务行业发展，推出支持国内各期货交易所品种交易的金融易连平台服务，提升交易和行情服务水平。

五、以“一带一路”战略为契机，积极稳妥推进国际合作

2016年，中金所继续稳步推进国际合作与对外开放。一是积极服务“一带一路”战略，与上海证券交易所、深圳证券交易所、中巴投资有限责任公司及巴基斯坦哈比银行组成联合体，成功竞得巴基斯坦证券交易所40%的股权。二是大力支持中欧国际交易所的建设与发展，成功举办首次欧洲衍生品市场培训项目。三是持续开展国际交流合作，正式成为国际掉期与衍生品协会附属会员，与阿联酋、韩国、加拿大、俄罗斯等相关交易所推进多领域合作。四是不断加强国际业务研究，成功申请英国政府“中国繁荣战略基金”相关课题，配合国际结算银行等制定场外衍生品数据报送标准。

六、持之以恒加强研究宣传，提升投资者教育成效

做好市场基础性研究，完成期货品种功能评估，加强市场运行质量研究，为金融期货市场发展和投教宣传提供理论支持。不断深化创新投教品牌，多种形式开展市场培育活动，累计支持94家会员在全国184个城市举办近900场、近10万参培人次的投资者教育活动。成功举办第四届“中金所杯”全国大学生金融及衍生品知识竞赛，吸引境内外1109所高校的2.66万名大学生参与，积极组织获奖学生对接金融机构实习，获得社会各界的广泛好评。大力推进投资者教育平台建设，中金所期货期权学院成为中国证监会公布的首批国家级证券期货投资者教育基地。完善舆情应对流程，做好突发舆情疏导应对工作，加强媒体培训交流。

5–1 期货交易品种名录
List of Futures Products

	交易品种 Futures Products
农产品 Agricultural Products	玉米、玉米淀粉、黄大豆1号、黄大豆2号、豆粕、豆油、棕榈油、强麦、普麦(硬麦)、棉花、白糖、菜籽油、早籼稻、晚籼稻、油菜籽、菜籽粕、天然橡胶、粳稻、鸡蛋、胶合板、纤维板
能源、化工及其他 Building Materials, Energy & Chemical Products & Others	聚乙烯、聚氯乙烯、聚丙烯、焦炭、燃料油、甲醇、PTA、玻璃、石油沥青、动力煤、焦煤、铁矿石
金属 Metal Products	铜、铝、锌、铅、镍、锡、黄金、白银、螺纹钢、线材、热轧卷板、硅铁、锰硅
金融 Financial Futures	指数期货、国债期货

数据来源：上海期货交易所、郑州商品交易所、大连商品交易所、中国金融期货交易所。
Source：SHFE、ZCE、DCE、CFFEX.

5–2 期货市场规模概况
Dimensions of Futures Market

年份 Year	市场资金 (亿元) Market Funds (100 million yuan)	期货账户数 (户) Number of Futures Accounts (unit)	客户数(个) Number of Futures Investors (unit)		
			个人 Individual Customers	单位 Corporate	合计 Total
2006	214.42	277390	—	—	244590
2007	395.40	447720	—	—	395533
2008	457.22	712773	595434	21001	616435
2009	1113.73	1106099	887627	28634	916261
2010	1696.31	1505530	1178225	35483	1213708
2011	1594.24	1793448	1370577	40804	1411381
2012	1904.68	896934	697442	19868	717310
2013	2069.06	977185	751665	20743	772408
2014	2923.84	993527	795210	27409	822619
2015	4138.50	1268765	1046190	29017	1075207
2016	4787.89	1385277	1150649	35771	1186420

注：1.2012年之前期货账户数和客户数为总账户数和总客户数，2012年起为有效账户数和有效客户数。
　　2.市场资金为双边数据。
数据来源：中国期货保证金监控中心公司。
Source：CFMMC.

5-3 期货会员机构数情况
Number of Futures Exchange Members

单位：家 (unit)

年份 Year	上海期货交易所 SHFE			郑州商品交易所 ZCE		
	合计 Total	期货公司会员 Members of Futures Companies	非期货公司会员 Not the Members of Futures Companies	合计 Total	期货公司会员 Members of Futures Companies	非期货公司会员 Not the Members of Futures Companies
1999	206	153	53	—	—	—
2000	216	165	51	—	—	—
2001	225	171	54	208	159	49
2002	215	178	37	212	166	46
2003	219	185	34	218	176	42
2004	224	184	40	219	185	44
2005	215	175	40	222	179	43
2006	209	172	37	226	180	46
2007	213	172	41	226	183	43
2008	207	167	40	215	172	43
2009	210	167	43	215	173	42
2010	209	164	45	215	173	42
2011	208	163	45	213	171	42
2012	208	161	47	209	167	42
2013	206	157	49	205	163	42
2014	203	151	52	198	157	41
2015	201	150	51	196	155	41
2016	199	149	50	196	149	47

5-3 续表 continued

单位：家 (unit)

年份 Year	大连商品交易所 DCE			中国金融期货交易所 CFFEX					
	合计 Total	期货公司会员 Members of Futures Companies	非期货公司会员 Not the Members of Futures Companies	合计 Total	期货公司会员 Members of Futures Companies				非期货公司会员 Not the Members of Futures Companies
					合计 Total	全面结算会员 Full Clearing Members	交易结算会员 Limited Clearing Members	交易会员 Trading Members	
1999	—	—	—	—	—	—	—	—	—
2000	164	150	14	—	—	—	—	—	—
2001	185	170	15	—	—	—	—	—	—
2002	195	180	15	—	—	—	—	—	—
2003	199	186	13	—	—	—	—	—	—
2004	199	186	13	—	—	—	—	—	—
2005	196	181	15	—	—	—	—	—	—
2006	196	180	16	—	—	—	—	—	—
2007	193	177	16	—	—	—	—	—	—
2008	193	175	18	—	—	—	—	—	—
2009	189	173	16	—	—	—	—	—	—
2010	189	173	16	133	133	15	61	57	0
2011	187	172	15	146	146	15	61	70	0
2012	178	163	15	146	146	15	61	70	0
2013	175	160	15	150	150	15	68	67	0
2014	170	155	15	146	146	24	76	46	0
2015	168	152	16	146	146	25	78	43	0
2016	166	151	15	147	147	26	83	38	0

注：交易所合计会员数量中存在冻结会员账户。
数据来源：上海期货交易所、郑州商品交易所、大连商品交易所、中国金融期货交易所。
Source：SHFE、ZCE、DCE、CFFEX.

5–4 期货交易概况
Overview of Futures Trading

年份 Year	成交金额(亿元) Trading Turnover (100 million yuan)			成交量(万手) Trading Volume (10 thousand lots)			持仓金额(亿元) Value of Positions (100 million yuan)		
	合计 Total	商品期货 Commodity Futures	金融期货 Financial Futures	合计 Total	商品期货 Commodity Futures	金融期货 Financial Futures	合计 Total	商品期货 Commodity Futures	金融期货 Financial Futures
2000	8041.14	8041.14	—	2730.54	2730.54	—	145.57	145.57	—
2001	15071.76	15071.76	—	6022.54	6022.54	—	175.75	175.75	—
2002	19745.30	19745.30	—	6971.50	6971.50	—	277.43	277.43	—
2003	54194.67	54194.67	—	13993.32	13993.32	—	423.65	423.66	—
2004	73465.27	73465.27	—	15283.27	15283.27	—	388.77	388.77	—
2005	67224.19	67224.19	—	16142.38	16142.38	—	350.71	350.71	—
2006	105023.16	105023.16	—	22473.70	22473.70	—	564.05	564.05	—
2007	204861.23	204861.23	—	36421.34	36421.34	—	990.31	990.31	—
2008	359570.98	359570.98	—	68194.36	68194.36	—	740.90	740.90	—
2009	652553.80	652553.80	—	107871.49	107871.49	—	2775.49	2775.49	—
2010	1545583.54	1134883.54	410698.77	156676.46	152089.14	4587.33	3069.22	2812.04	283.86
2011	1375175.68	937475.68	437658.55	105408.87	100367.68	5041.19	2974.60	2629.90	342.83
2012	1711224.54	952824.54	758406.78	145046.24	134540.06	10506.18	3831.77	3279.94	842.68
2013	2674739.52	1264673.31	1410066.21	206177.33	186822.39	19354.93	6744.94	5867.87	877.07
2014	2919882.26	1279712.53	1640169.73	250585.57	228827.45	21758.11	5556.25	4356.81	2543.44
2015	5542311.75	1364707.05	4177604.71	357791.06	323704.12	34086.93	6200.88	4828.81	1372.07
2016	1956316.10	1774125.00	182191.10	413776.83	411943.24	1833.59	7605.86	5845.66	1760.20

5–4 续表 continued

年份 Year	持仓量(万手) Positions (10 thousand lots)			交割金额(亿元) Delivery Amount (100 million yuan)			交割量(万手) Delivery Quantity (10 thousand lots)		
	合计 Total	商品期货 Commodity Futures	金融期货 Financial Futures	合计 Total	商品期货 Commodity Futures	金融期货 Financial Futures	合计 Total	商品期货 Commodity Futures	金融期货 Financial Futures
2000	111.67	111.67	—	65.16	65.16	—	8.40	8.40	—
2001	134.47	134.47	—	59.63	59.63	—	16.34	16.34	—
2002	101.58	101.58	—	100.99	100.99	—	23.32	23.32	—
2003	91.88	91.88	—	130.94	130.94	—	32.10	32.10	—
2004	106.95	106.95	—	183.21	183.21	—	32.70	32.70	—
2005	160.05	160.05	—	213.37	213.37	—	30.71	30.71	—
2006	345.31	345.31	—	225.47	225.47	—	30.66	30.66	—
2007	355.20	355.20	—	283.73	283.73	—	42.76	42.76	—
2008	162.55	162.55	—	339.26	339.26	—	54.94	54.94	—
2009	649.34	649.34	—	284.72	284.72	—	50.34	50.34	—
2010	580.46	577.65	2.98	587.28	516.89	69.60	74.04	73.25	0.80
2011	602.48	598.54	4.84	774.84	490.15	142.35	68.22	64.93	1.65
2012	754.30	746.64	11.04	695.48	528.04	167.44	61.30	58.96	2.34
2013	736.98	724.66	12.32	749.89	465.25	284.65	60.68	56.79	3.89
2014	903.60	886.24	23.70	712.00	451.58	260.70	67.19	63.50	3.69
2015	1178.32	1165.36	12.96	1426.65	641.76	784.89	122.14	115.36	6.78
2016	1190.48	1172.54	17.94	1544.98	850.20	694.78	151.67	144.63	7.04

注：1.成交量、成交金额为单边数据。
　　2.交割量中包含期转现。
数据来源：上海期货交易所、郑州商品交易所、大连商品交易所、中国金融期货交易所。
Source: SHFE、ZCE、DCE、CFFEX.

5–5 期货品种交易情况
Statistics for Futures Transaction by Futures Products

交易所 Exchanges	交易品种	Futures Products	成交金额(亿元) Trading Turnover (100 million yuan) 2015	2016	成交量(万手) Trading Volume (10000 lot) 2015	2016
上海期货交易所 SHFE	铜	Copper	175913.80	138872.04	8831.86	7239.49
	铝	Aluminum	12741.35	27547.66	2290.07	4439.18
	锌	Zinc	32178.85	62985.07	4523.74	7306.59
	铅	Lead	845.40	3981.09	131.01	456.12
	黄金	Gold	59919.53	93425.60	2531.72	3475.95
	白银	Silver	76151.47	51471.16	14478.65	8650.16
	螺纹钢	Steel Rebar	114949.40	217871.90	54103.59	93414.84
	线材	Steel Wire Rod	0.08	0.01	0.03	0.01
	热轧卷板	Hot Rolled Coils	430.52	11987.50	201.24	4328.18
	燃料油	Fuel Oil	5.75	5.17	0.39	0.29
	石油沥青	Bitumen	7358.81	36696.23	3239.78	18681.42
	天然橡胶	Natural Rubber	102448.18	123631.68	8306.75	9737.13
	锡	Tin	562.37	3768.84	51.58	316.83
	镍	Nickel	52047.12	77530.96	6359.01	10024.99
	合计	Total	635552.63	849774.91	105049.41	168071.18
郑州商品交易所 ZCE	强麦(WH)	Strong Gluten Wheat	252.92	281.09	45.76	49.97
	普麦	Wheat	1.46	0.21	0.12	0.02
	棉花	Cotton	14349.44	55013.09	2261.25	8052.75
	白糖	Sugar	100611.77	69642.04	18730.68	11725.74
	菜籽油(OI)	Rapeseed Oil	4537.73	17925.52	777.52	2731.02
	早籼稻(RI)	Early Indica Rice	1.74	1.09	0.35	0.20
	晚籼稻	Late Indica Rice	0.58	0.18	0.11	0.03
	甲醇 (MA)	Menthanol	69050.59	28255.32	31435.58	13673.47
	甲醇 (ME)	Menthanol	419.90	0.00	39.16	0.00
	玻璃	Glass	7419.24	14913.78	4154.83	6764.83
	油菜籽	Rapeseed	16.72	7.75	4.42	1.87
	菜籽粕	Rapeseed Meal	55808.37	57754.76	26148.61	24626.78
	动力煤TC	Thermal Coal	1353.39	0.09	167.09	0.01
	动力煤ZC	Thermal Coal	294.80	24017.53	98.07	5029.71
	粳稻	Japonica Rice	0.06	0.22	0.01	0.03
	PTA	PTA	55657.68	41816.74	23149.83	17265.24
	硅铁	Ferrosilicon	7.62	173.93	3.94	65.95
	锰硅	Ferromanganese-silicon	10.68	493.77	5.04	136.45
	合计	Total	309794.68	310297.11	107022.37	90124.08
大连商品交易所 DCE	玉米	Corn	8276.01	19101.34	4209.02	12236.30
	玉米淀粉	Corn Starch	5835.30	13057.55	2705.37	6744.53
	黄大豆1号	Soybean No.1	7722.09	12241.22	1881.09	3257.02
	黄大豆2号	Soybean No.2	1.50	0.66	0.49	0.18
	豆粕	Soybean Meal	76963.61	111768.06	28949.68	38895.00
	豆油	Soybean Oil	51831.06	59364.65	9250.43	9476.18
	棕榈油	RBD Palm Oil	52496.48	75669.15	11151.50	13915.79
	鸡蛋	Egg	5936.40	8072.88	1471.87	2247.47
	胶合板	Blockboard	103.73	4.43	18.27	0.82
	纤维板	Fiberboard	20.08	0.21	6.83	0.07
	聚乙烯	LLDPE	52741.03	44404.91	11985.70	10093.11
	聚氯乙烯	PVC	407.88	3658.64	156.66	1124.30
	聚丙烯	PP	38965.30	43534.08	10751.33	12376.83
	焦炭	Coke	13162.74	56346.93	1566.23	5046.11
	焦煤	Coking Coal	5932.84	22047.94	1570.66	4107.74
	铁矿石	Iron Ore	98963.68	144780.32	25957.21	34226.53
	小计	Total	419359.74	614052.98	111632.34	153747.98
中国金融期货交易所 CFFEX	沪深300股指期货	Index Futures	3419065.91	40142.63	27710.20	422.56
	5年期国债期货	5 Years Treasury Future	43594.99	27742.32	440.36	275.72
	10年期国债期货	10 Years Treasury Future	16511.76	61271.36	168.39	617.68
	上证50股指期货	SSE 50 Index Futures	306922.81	10472.62	3548.39	162.44
	中证500股指期货	CSI 500 Index Futures	391509.24	42562.18	2219.59	355.19
	合计	Total	4177604.71	182191.10	34086.93	1833.59
全国期货市场 Total			5542311.76	3912632.18	357791.06	827553.66

注：1.成交量、成交金额为单边数据。
　　2.交割量中包含期转现。
数据来源：上海期货交易所、郑州商品交易所、大连商品交易所、中国金融期货交易所。
Source：SHFE、ZCE、DCE、CFFEX.

5-5 续表 continued

持仓金额(亿元) Value of Positions (100 million yuan)		持仓量(万手) Positions (10 thousand lots)		交割金额(亿元) Delivery Amount (100 million yuan)		交割量(万手) Delivery Quantity (10 thousand lots)	
2015	2016	2015	2016	2015	2016	2015	2016
705.96	546.40	38.66	24.04	140.83	175.16	6.91	9.48
188.73	213.64	34.87	33.29	84.22	55.07	13.89	9.34
137.96	215.52	20.56	20.65	29.11	98.85	3.84	11.96
11.30	35.99	1.73	4.10	6.56	17.38	1.01	2.36
293.13	530.98	12.95	19.64	16.16	7.59	0.71	0.29
128.38	227.72	26.00	37.04	18.31	85.96	3.68	15.18
339.45	388.22	189.56	133.50	5.98	3.77	2.85	1.73
0.00	0.00	0.00	0.00	0.00	0.00	0.00	0.00
9.76	61.45	5.01	18.42	2.41	1.88	0.99	0.71
0.01	0.21	0.00	0.01	0.11	0.00	0.01	0.00
19.85	107.16	10.55	39.37	5.66	6.86	2.26	3.67
189.91	279.80	17.89	15.37	25.68	33.71	2.11	3.01
3.13	10.34	0.34	0.70	2.15	7.54	0.20	0.67
188.68	263.54	26.92	30.76	13.78	80.35	1.78	11.38
2216.25	2880.97	385.02	376.89	350.94	574.13	40.23	69.79
20.11	6.46	3.49	1.07	3.70	1.72	0.73	0.31
0.02	0.00	0.00	0.00	0.00	0.02	0.00	0.00
171.65	126.99	30.07	16.93	10.35	14.17	1.61	2.26
410.31	187.77	72.31	27.26	40.36	46.88	7.97	8.23
69.81	112.96	12.25	15.51	7.52	11.45	1.26	1.92
0.00	0.01	0.00	0.00	0.10	0.00	0.02	0.00
0.00	0.00	0.00	0.00	0.12	0.00	0.02	0.00
52.61	61.63	30.26	22.21	6.05	3.85	2.50	2.11
—	—	—	—	3.84	0.00	0.35	—
24.00	22.57	14.38	9.18	0.13	0.17	0.08	0.08
0.15	0.04	0.04	0.01	0.73	0.18	0.19	0.04
64.53	77.60	33.88	33.37	2.49	2.35	1.16	1.20
0.32	—	0.05	—	6.77	0.25	0.71	0.04
12.20	58.99	4.00	11.67	0.00	3.99	0.00	1.04
0.00	0.00	0.00	0.00	0.00	0.00	0.00	0.00
105.00	357.91	47.06	131.28	46.14	44.88	19.27	19.58
0.01	0.35	0.01	0.14	0.00	0.10	0.00	0.04
0.02	3.53	0.01	1.01	1.12	0.13	0.37	0.04
930.73	1013.63	247.80	269.65	129.44	130.14	36.26	36.90
159.25	178.60	86.88	117.10	21.18	12.74	9.29	7.08
75.96	91.03	38.01	50.58	2.42	3.36	0.91	1.63
46.60	62.65	12.94	14.61	27.09	3.71	6.16	1.01
0.00	0.00	0.00	0.00	0.00	0.00	0.00	0.00
257.62	393.86	108.75	139.90	9.10	6.98	3.31	2.46
229.31	301.82	40.22	43.13	24.21	29.87	4.36	4.98
231.09	194.41	47.73	31.40	20.03	28.17	4.57	5.82
30.09	36.89	9.17	10.67	0.05	0.02	0.01	0.01
0.01	0.02	0.00	0.00	2.52	0.01	0.40	0.00
0.01	0.00	0.00	0.00	0.24	0.01	0.09	0.01
131.93	73.16	33.15	14.74	5.73	9.41	1.20	2.13
6.91	28.55	2.86	9.19	1.40	5.97	0.52	2.05
110.77	102.20	38.08	22.98	15.41	14.05	3.41	3.55
59.85	119.81	9.29	7.70	19.44	4.69	1.81	0.42
38.98	63.18	11.53	8.92	8.58	9.70	1.96	2.38
303.46	301.67	93.91	55.07	3.97	17.26	0.86	4.42
1681.83	1947.86	532.54	526.00	161.36	145.93	38.87	37.94
410.02	394.23	3.75	4.01	419.16	248.06	3.52	2.57
278.03	189.11	2.76	1.91	39.40	15.25	0.39	0.15
309.91	593.46	3.10	6.12	14.76	36.19	0.14	0.35
112.33	175.63	1.57	2.58	122.11	106.94	1.53	1.64
261.78	407.76	1.79	3.32	189.46	288.34	1.21	2.33
1372.07	1760.20	12.96	17.94	784.89	694.78	6.78	7.04
6200.89	125208.51	1178.32	2380.97	1426.63	3089.98	122.13	303.35

5–6 按监管辖区划分的商品期货交易情况
Statistics for Futures Transaction by Regulatory Jurisdiction

辖区	Jurisdiction	成交金额(亿元) Trading Turnover (100 million yuan)		成交量(万手) Trading Volume (10 thousand lots)		持仓金额(亿元) Value of Positions (100 million yuan)	
		2015	2016	2015	2016	2015	2016
北京	Beijing	357550.05	444091.33	87449.44	106125.94	1782.18	2017.15
天津	Tianjin	26733.26	35634.00	6688.74	9049.79	151.18	131.96
河北	Hebei	1683.74	1471.91	465.28	413.33	3.12	2.28
山西	Shanxi	9159.94	7078.07	2435.13	1946.46	13.22	16.04
内蒙古	Neimenggu	0.00	0.00	0.00	0.00	0.00	0.00
辽宁	Liaoning	17797.22	14866.11	4454.36	3861.82	78.90	29.83
吉林	Jilin	47896.50	12538.03	8961.88	3154.53	95.94	20.05
黑龙江	Heilongjiang	2101.55	3099.39	547.70	833.90	4.88	13.83
上海	Shanghai	1015239.20	1319112.04	235286.30	296642.48	2378.19	3234.35
江苏	Jiangsu	126586.94	488707.98	36024.45	36186.85	352.86	368.81
浙江	Zhejiang	254764.87	345816.59	60615.73	82354.76	1435.07	1538.28
安徽	Anhui	101154.50	148662.17	26050.64	38258.62	152.39	187.30
福建	Fujian	62293.93	112122.71	14658.70	25292.14	265.26	379.32
江西	Jiangxi	5479.83	6790.3	1113.29	1704.30	20.17	15.11
山东	Shandong	37497.94	48139.58	9398.33	11832.91	161.07	180.89
河南	Henan	51490.23	55656.09	15138.79	14835.54	249.27	368.19
湖北	Hubei	46018.33	62188.90	10674.33	14181.94	140.45	151.74
湖南	Hunan	20774.01	25181.25	4653.63	5700.44	42.08	58.12
广东	Guangdong	350897.05	505164.65	71939.99	108457.38	1563.97	2075.26
广西	Guangxi	0.00	0.00	0.00	0.00	0.00	0.00
海南	Hainan	25801.50	22859.72	6316.18	5505.41	37.69	90.10
重庆	Chongqing	37909.10	63325.25	9589.90	15398.49	102.87	178.60
四川	Sichuan	34643.77	44092.07	7033.21	9619.53	124.97	84.90
贵州	Guizhou	0.00	0.00	0.00	0.00	0.00	0.00
云南	Yunnan	5965.40	5749.42	1290.98	1237.33	32.44	34.27
西藏	Xizang	0.00	0.00	0.00	0.00	0.00	0.00
陕西	Shaanxi	22766.58	43116.24	5032.73	9535.86	118.76	173.60
甘肃	Gansu	2085.62	2839.87	434.17	607.28	25.64	16.42
青海	Qinghai	1293.97	1365.98	268.41	318.67	36.94	22.40
宁夏	Ningxia	0.00	0.00	0.00	0.00	0.00	0.00
新疆	Xinjiang	4744.43	4625.42	1157.93	1125.51	9.75	13.27
深圳	Shenzhen	220390.98	322404.62	44691.93	68380.52	1224.30	1503.69
大连	Dalian	16019.60	11303.79	4354.81	3087.10	74.94	22.47
宁波	Ningbo	3273.66	4024.55	608.39	770.04	31.89	40.98
厦门	Xiamen	48136.06	55034.99	11517.56	12986.62	207.56	279.17
青岛	Qingdao	0.00	0.00	0.00	0.00	0.00	0.00
合计	Total	2729414.30	3747042.42	647408.35	858715.27	9657.62	12788.84

5-6 续表 continued

辖区	Jurisdiction	持仓量(万手) Positions (10000 lot)		交割金额(亿元) Delivery Amount (100 million yuan)		交割量(万手) Delivery Quantity (10000 lot)	
		2015	2016	2015	2016	2015	2016
北京	Beijing	426.23	401.72	243.58	296.45	48.95	60.79
天津	Tianjin	39.20	29.38	12.16	17.79	2.64	3.56
河北	Hebei	0.92	0.64	0.52	0.00	0.10	0.00
山西	Shanxi	2.24	2.07	5.47	15.53	0.30	0.87
内蒙古	Neimenggu	0.00	0.00	0.00	0.00	0.00	0.00
辽宁	Liaoning	21.86	6.42	4.99	2.98	1.24	0.85
吉林	Jilin	29.95	8.57	4.91	2.88	1.18	1.58
黑龙江	Heilongjiang	0.88	3.09	0.00	0.00	0.00	0.00
上海	Shanghai	561.38	640.86	229.19	323.32	44.05	55.35
江苏	Jiangsu	91.72	85.10	23.53	27.65	6.16	6.01
浙江	Zhejiang	360.49	333.75	89.28	132.31	22.09	26.69
安徽	Anhui	40.26	41.07	4.88	8.29	0.76	1.81
福建	Fujian	65.26	69.36	50.15	81.41	6.57	9.31
江西	Jiangxi	7.31	4.15	0.32	0.02	0.13	0.01
山东	Shandong	39.61	37.23	17.79	14.91	3.37	3.07
河南	Henan	64.03	82.11	38.33	42.03	7.63	7.81
湖北	Hubei	35.15	30.81	11.34	18.33	1.37	2.59
湖南	Hunan	8.93	10.15	5.60	16.23	0.99	2.44
广东	Guangdong	353.96	365.83	291.28	425.09	29.81	45.21
广西	Guangxi	0.00	0.00	0.00	0.00	0.00	0.00
海南	Hainan	9.09	18.68	6.14	11.59	0.35	0.68
重庆	Chongqing	26.66	33.10	18.22	17.11	2.68	2.43
四川	Sichuan	29.84	16.65	7.47	18.68	0.93	2.98
贵州	Guizhou	0.00	0.00	0.00	0.00	0.00	0.00
云南	Yunnan	5.07	4.36	4.05	12.64	0.29	1.63
西藏	Xizang	0.00	0.00	0.00	0.00	0.00	0.00
陕西	Shaanxi	22.58	28.71	16.44	29.70	1.67	3.23
甘肃	Gansu	3.26	1.78	11.59	5.43	0.66	0.56
青海	Qinghai	9.01	5.06	0.35	0.00	0.07	0.00
宁夏	Ningxia	0.00	0.00	0.00	0.00	0.00	0.00
新疆	Xinjiang	2.54	2.66	0.00	0.48	0.00	0.08
深圳	Shenzhen	271.40	251.21	280.24	351.06	31.10	34.71
大连	Dalian	18.65	6.13	33.24	3.93	19.18	0.94
宁波	Ningbo	5.37	5.27	9.97	7.20	2.48	0.94
厦门	Xiamen	53.35	60.84	69.88	99.41	11.70	17.73
青岛	Qingdao	0.00	0.00	0.41	0.00	1.62	0.00
合计	Total	2330.72	2467.03	1122.17	1970.51	127.00	290.95

注：1.成交量、成交金额为双边数据。
2.期货公司按总部注册地所属的监管辖区来划分。
3.交割量中包含期转现。
数据来源：上海期货交易所、郑州商品交易所、大连商品交易所。
Source：SHFE、ZCE、DCE.

5-7 2016年农产品期货交易情况
Futures Trading of Agricultural Products in 2016

交易品种 Futures Products	上市交易所 Futures Exchange	合约 Contracts	年开盘价（元/吨） Opening Price of the Year (yuan/ton)	年最高价（元/吨） Highest Price of the Year (yuan/ton)	最高价日 Highest Day	年最低价（元/吨） Lowest Price of the Year (yuan/ton)	最低价日 Lowest Day	成交金额（万元） Trading Turnover (10 thousand yuan)	交易天数（天） Trading Days (day)	日均成交金额（万元） Daily Trading Turnover (10 thousand yuan)
玉米 Corn	DCE	c1601	2108	2128	2016-01-04	1950	2016-01-15	2712.06	10	271.21
		c1603	1949	2074	2016-02-05	1905	2016-01-21	0.00	46	0.00
		c1605	1895	1981	2016-02-16	1683	2016-03-29	81262.24	89	913.06
		c1607	1876	2026	2016-06-29	1517	2016-04-01	17.87	130	0.14
		c1609	1706	1980	2016-09-08	1526	2016-02-29	654924.71	174	3763.94
		c1611	1681	1810	2016-11-01	1390	2016-10-24	1184.87	210	5.64
		c1701	1530	1681	2016-11-15	1382	2016-09-30	13627265.97	234	58236.18
		c1703	1517	1656	2016-06-13	1361	2016-09-29	8172.49	198	41.28
		c1705	1499	1653	2016-06-14	1391	2016-09-30	10559040.21	155	68122.84
		c1707	1500	1620	2016-12-06	1424	2016-09-30	9371.01	114	82.20
		c1709	1478	1645	2016-11-11	1400	2016-09-29	2304412.58	70	32920.18
		c1711	1592	1655	2016-11-29	1558	2016-11-15	1806.45	34	53.13
玉米淀粉 Corn Starch	DCE	cs1601	2231	2335	2016-01-12	2046	2016-01-15	24085.24	10	2408.52
		cs1603	2222	2231	2016-01-13	1990	2016-02-29	34.89	46	0.76
		cs1605	2047	2174	2016-02-16	1947	2016-04-29	2723.29	89	30.60
		cs1607	2056	2356	2016-06-30	1908	2016-04-08	0.00	130	0.00
		cs1609	1894	2374	2016-06-15	1809	2016-02-29	3374769.10	174	19395.22
		cs1611	1872	2191	2016-06-15	1733	2016-02-29	256.05	210	1.22
		cs1701	1798	2122	2016-06-13	1600	2016-09-28	5762192.06	234	24624.75
		cs1703	1877	2134	2016-04-22	1651	2016-09-29	226.92	198	1.15
		cs1705	1911	2070	2016-06-15	1658	2016-09-28	3997733.78	155	25791.83
		cs1707	1921	2005	2016-08-17	1653	2016-09-30	420.79	114	3.69
		cs1709	1784	2008	2016-12-05	1735	2016-09-22	816045.08	70	11657.79
		cs1711	1844	2017	2016-11-30	1844	2016-11-18	58.55	34	1.72
黄大豆1号 Soybean No.1	DCE	a1601	3800	3900	2016-01-15	3600	2016-01-04	6574.52	10	657.45
		a1603	3480	3690	2016-03-04	3199	2016-03-01	16.89	46	0.37
		a1605	3615	3734	2016-04-22	3276	2016-04-07	2394.58	89	26.91
		a1607	3639	4070	2016-06-30	3288	2016-04-12	3.90	130	0.03
		a1609	3518	4026	2016-07-01	3310	2016-04-07	966476.38	174	5554.46
		a1611	3530	3980	2016-06-28	3342	2016-04-05	472.53	210	2.25
		a1701	3477	4470	2016-12-16	3323	2016-02-29	6098990.71	244	24995.86
		a1703	3489	4274	2016-12-07	3310	2016-01-12	582.64	244	2.39
		a1705	3518	4416	2016-12-22	3359	2016-02-16	1829206.29	244	7496.75
		a1707	3655	4352	2016-12-16	3461	2016-04-13	1602.54	234	6.85
		a1709	3605	4400	2016-12-19	3425	2016-03-16	414144.83	198	2091.64
		a1711	3826	4356	2016-12-19	3630	2016-05-25	605.44	155	3.91
		a1801	3899	4337	2016-12-19	3715	2016-10-13	129271.38	114	1133.96
		a1803	4133	4340	2016-12-19	3880	2016-11-21	91.95	70	1.31
		a1805	3945	4351	2016-12-19	3915	2016-11-15	1353.55	34	39.81
黄大豆2号 Soybean No.2	DCE	b1605	3156	3466	2016-02-15	3080	2016-03-24	0.00	89	0.00
		b1607	3345	4280	2016-07-01	3101	2016-03-17	9.81	130	0.08
		b1609	3200	4065	2016-07-13	3070	2016-04-07	6.48	174	0.04
		b1611	3353	4300	2016-11-01	2874	2016-03-17	61.97	210	0.30
		b1701	3397	4226	2016-12-08	3116	2016-04-05	63.18	234	0.27
		b1703	3449	4108	2016-12-26	3120	2016-04-06	11.85	198	0.06
		b1705	3659	4123	2016-12-16	3659	2016-05-31	111.07	155	0.72
		b1707	4070	4150	2016-12-27	3793	2016-08-12	148.31	114	1.30
		b1709	3883	3940	2016-11-24	3570	2016-09-29	45.47	70	0.65
		b1711	3909	3990	2016-12-22	3800	2016-12-22	15.66	34	0.46
豆粕 Soybean Meal	DCE	m1601	2327	2602	2016-01-04	2327	2016-01-04	22176.49	10	2217.65
		m1603	2355	2652	2016-01-26	2327	2016-02-29	0.00	46	0.00
		m1605	2370	2860	2016-05-12	2275	2016-03-21	14793.16	89	166.22
		m1607	2378	3589	2016-06-29	2301	2016-03-21	6.38	130	0.05
		m1608	2338	3595	2016-07-01	2277	2016-02-29	766.17	151	5.07
		m1609	2372	3577	2016-07-01	2275	2016-03-01	11279458.46	174	64824.47

5–7 续表 1 continued

交易品种 Futures Products	上市交易所 Futures Exchange	合约 Contracts	年开盘价（元/吨） Opening Price of the Year (yuan/ton)	年最高价（元/吨） Highest Price of the Year (yuan/ton)	最高价日 Highest Day	年最低价（元/吨） Lowest Price of the Year (yuan/ton)	最低价日 Lowest Day	成交金额（万元） Trading Turnover (10 thousand yuan)	交易天数（天） Trading Days (day)	日均成交金额(万元) Daily Trading Turnover (10 thousand yuan)
豆粕 Soybean Meal	DCE	m1611	2378	3486	2016-07-04	2308	2016-03-01	1167.00	210	5.56
		m1612	2396	3714	2016-12-01	2345	2016-03-01	465.14	232	2.00
		m1701	2420	3475	2016-07-01	2360	2016-03-16	7396654.97	234	31609.64
		m1703	2315	3314	2016-06-15	2315	2016-03-15	260.02	198	1.31
		m1705	2800	3195	2016-07-01	2625	2016-05-25	53282330.84	155	343756.97
		m1707	2910	3051	2016-11-28	2620	2016-08-31	6077.18	114	53.31
		m1708	2774	3047	2016-11-28	2635	2016-08-31	5897.08	93	63.41
		m1709	2799	3023	2016-11-28	2676	2016-09-28	8262838.91	70	118040.56
		m1711	2978	3036	2016-11-29	2758	2016-12-26	563.80	34	16.58
		m1712	2817	2960	2016-12-19	2785	2016-12-23	49.09	12	4.09
豆油 Soybean Oil	DCE	y1601	5860	5860	2016-01-04	5600	2016-01-11	27240.61	10	2724.06
		y1603	5646	5678	2016-02-04	5338	2016-02-04	0.00	46	0.00
		y1605	5716	6514	2016-04-21	5500	2016-01-18	5157.59	89	57.95
		y1607	5544	6456	2016-04-21	5516	2016-01-25	0.00	130	0.00
		y1608	5762	6504	2016-04-21	5526	2016-01-12	159.31	151	1.06
		y1609	5686	6498	2016-07-05	5480	2016-01-13	2669997.08	174	15344.81
		y1611	5612	6834	2016-10-26	5582	2016-01-26	323.11	210	1.54
		y1612	5828	6962	2016-11-30	5504	2016-01-04	94.19	232	0.41
		y1701	5542	7186	2016-12-19	5506	2016-01-20	3155141.14	234	13483.51
		y1703	6316	7164	2016-12-14	6070	2016-06-24	934.98	198	4.72
		y1705	6182	7348	2016-12-19	5918	2016-05-23	44518585.37	155	287216.68
		y1707	6270	7258	2016-12-07	6110	2016-07-27	2725.21	114	23.91
		y1708	6698	7304	2016-12-16	6294	2016-09-01	319.65	93	3.44
		y1709	6298	7364	2016-12-19	6290	2016-09-19	4929641.09	70	70423.44
		y1711	6700	7240	2016-11-30	6700	2016-11-17	147.64	34	4.34
		y1712	6782	7104	2016-12-29	6782	2016-12-26	20.95	12	1.75
棕榈油 RBD Palm Oil	DCE	p1601	4580	4580	2016-01-04	4354	2016-01-11	36128.70	10	3612.87
		p1602	4898	4898	2016-01-06	4300	2016-01-26	0.00	30	0.00
		p1603	4438	4678	2016-01-14	4356	2016-01-13	0.00	46	0.00
		p1604	4792	5338	2016-03-25	4556	2016-01-28	0.00	69	0.00
		p1605	4850	5948	2016-04-21	4540	2016-01-21	1859598.67	89	20894.37
		p1606	4864	5810	2016-04-20	4586	2016-01-21	109.67	110	1.00
		p1607	4640	5966	2016-04-21	4624	2016-01-15	68.51	130	0.53
		p1608	4752	5828	2016-04-22	4670	2016-01-12	108.42	151	0.72
		p1609	4952	6300	2016-09-09	4684	2016-01-21	2481285.81	174	14260.26
		p1610	4932	6478	2016-09-30	4770	2016-01-11	166.92	194	0.86
		p1611	4914	6314	2016-10-31	4802	2016-01-29	22.04	210	0.10
		p1612	4826	6574	2016-11-11	4772	2016-01-22	220.54	232	0.95
		p1701	4700	6760	2016-12-16	4698	2016-01-21	3115714.70	234	13315.02
		p1702	4896	6918	2016-12-16	4896	2016-03-01	244.82	214	1.14
		p1703	5318	6298	2016-11-30	4998	2016-07-12	6.13	198	0.03
		p1704	5700	6582	2016-12-16	4978	2016-07-13	1140.06	175	6.51
		p1705	5182	6550	2016-12-16	4934	2016-07-08	100211342.44	155	646524.79
		p1706	4986	6694	2016-12-19	4986	2016-06-20	1089.87	134	8.13
		p1707	5190	6558	2016-12-16	5190	2016-07-18	916.40	114	8.04
		p1708	5422	6282	2016-12-02	5276	2016-09-14	222.67	93	2.39
		p1709	5384	6364	2016-12-19	5272	2016-09-19	4199580.95	70	59994.01
		p1710	6164	6344	2016-11-28	5878	2016-11-10	130.28	50	2.61

5-7 续表 2 continued

交易品种 Futures Products	上市交易所 Futures Exchange	合约 Contracts	年开盘价（元/吨）Opening Price of the Year (yuan/ton)	年最高价（元/吨）Highest Price of the Year (yuan/ton)	最高价日 Highest Day	年最低价（元/吨）Lowest Price of the Year (yuan/ton)	最低价日 Lowest Day	成交金额（万元）Trading Turnover (10 thousand yuan)	交易天数（天）Trading Days (day)	日均成交金额(万元) Daily Trading Turnover (10 thousand yuan)
鸡蛋(元/500千克) Egg	DCE	jd1601	3616	4130	2016-01-14	3340	2016-01-06	602.07	10	60.21
		jd1602	3152	3580	2016-01-22	2806	2016-02-02	92.90	30	3.10
		jd1603	3156	3422	2016-01-22	2417	2016-03-03	80.36	46	1.75
		jd1604	3119	3312	2016-01-22	2691	2016-04-06	69.23	69	1.00
		jd1605	3220	3391	2016-01-22	2930	2016-05-03	261859.14	89	2942.24
		jd1606	3238	3625	2016-04-22	2910	2016-06-01	3538.18	110	32.17
		jd1609	3699	4312	2016-07-07	3414	2016-02-29	3980209.27	174	22874.77
		jd1610	3322	3807	2016-04-21	2767	2016-09-30	3062.70	194	15.79
		jd1611	3333	3780	2016-04-22	2848	2016-09-29	2588.90	210	12.33
		jd1612	3188	3666	2016-11-29	3064	2016-09-29	526.56	232	2.27
		jd1701	3242	3899	2016-07-07	3086	2016-12-30	412334.84	234	1762.11
		jd1702	3245	3587	2016-04-21	3043	2016-12-30	2841.33	214	13.28
		jd1703	3066	3655	2016-04-22	3001	2016-09-30	8767.23	198	44.28
		jd1704	3433	3590	2016-07-04	3044	2016-10-11	1284.39	175	7.34
		jd1705	3288	3715	2016-12-02	3085	2016-10-10	10251695.06	155	66139.97
		jd1706	3234	3679	2016-12-02	3091	2016-10-10	1344.42	134	10.03
		jd1707	3480	3765	2016-12-02	3326	2016-07-29	872.13	114	7.65
		jd1708	3420	3890	2016-11-30	3420	2016-08-15	865.67	93	9.31
		jd1709	3601	4213	2016-12-02	3601	2016-09-19	453850.32	70	6483.58
		jd1710	3549	3838	2016-11-30	3515	2016-10-25	670.60	50	13.41
		jd1711	3599	3750	2016-11-30	3560	2016-11-17	102.36	34	3.01
		jd1712	3633	3633	2016-12-20	3633	2016-12-20	3.63	12	0.30
胶合板(元/张) Blockboard	DCE	bb1601	72.15	72.15	2016-01-05	72.15	2016-01-05	7.22	10	0.72
		bb1609	83.25	118.65	2016-08-30	79.15	2016-04-20	0.00	174	0.00
		bb1611	89.85	90.00	2016-05-12	81.65	2016-04-27	0.00	210	0.00
		bb1701	71.40	119.95	2016-11-21	71.40	2016-04-01	111.60	234	0.48
		bb1702	100.00	100.00	2016-11-15	100.00	2016-11-15	0.00	214	0.00
		bb1703	100.00	100.00	2016-11-15	95.00	2016-11-15	0.00	198	0.00
		bb1704	100.00	100.00	2016-11-15	95.00	2016-11-15	39.00	175	0.22
		bb1705	90.65	94.65	2016-08-10	90.65	2016-08-10	9.27	155	0.06
		bb1711	100.00	107.80	2016-11-18	95.00	2016-11-17	63.68	34	1.87
纤维板(元/张) Fiberboard	DCE	fb1601	49.35	51.90	2016-01-06	45.90	2016-01-12	44.02	10	4.40
		fb1602	52.30	52.30	2016-01-11	46.75	2016-01-27	0.00	30	0.00
		fb1603	51.95	54.90	2016-01-04	40.75	2016-03-01	12.23	46	0.27
		fb1604	63.80	82.50	2016-04-08	61.00	2016-03-28	0.00	69	0.00
		fb1605	55.55	64.45	2016-04-29	53.05	2016-03-10	2.65	89	0.03
		fb1609	54.70	81.30	2016-08-29	50.05	2016-07-05	0.00	174	0.00
		fb1611	55.00	61.00	2016-08-10	55.00	2016-08-10	0.00	210	0.00
		fb1701	43.70	65.10	2016-12-28	39.50	2016-03-31	0.00	234	0.00

5—7 续表 3 continued

交易品种 Futures Products	上市交易所 Futures Exchange	合约 Contracts	年开盘价(元/吨) Opening Price of the Year (yuan/ton)	年最高价(元/吨) Highest Price of the Year (yuan/ton)	最高价日 Highest Day	年最低价(元/吨) Lowest Price of the Year (yuan/ton)	最低价日 Lowest Day	成交金额(万元) Trading Turnover (10 thousand yuan)	交易天数(天) Trading Days (day)	日均成交金额(万元) Daily Trading Turnover (10 thousand yuan)
棉花 Cotton	ZCE	CF601	11850	12010	2016-01-14	11500	2016-01-15	137372.57	10	13737.25
		CF603	11475	11710	2016-01-11	10400	2016-03-07	13057.01	46	283.85
		CF605	11410	13080	2016-04-22	10560	2016-03-11	10776024.38	89	121078.93
		CF607	11250	15070	2016-07-13	10055	2016-03-01	118978.78	130	915.22
		CF609	11305	15780	2016-07-18	9890	2016-03-01	183077190.34	174	1052167.76
		CF611	11310	16880	2016-11-14	9885	2016-03-01	152034.55	210	723.97
		CF701	11020	17005	2016-11-14	9645	2016-03-01	303201661.81	234	1295733.60
		CF703	9630	16835	2016-11-14	9630	2016-03-15	120912.19	198	610.67
		CF705	12360	16910	2016-11-14	12285	2016-05-24	51304339.84	155	330995.74
		CF707	15855	17200	2016-11-14	13655	2016-09-01	5190.34	114	45.53
		CF709	14670	16995	2016-11-14	14610	2016-09-19	1221874.41	70	17455.35
		CF711	15515	16765	2016-11-29	15090	2016-12-26	2235.54	34	65.73
粳稻 Japonica Rice	ZCE	JR601	—	0	—	—	—	0.00	10	0.00
		JR603	—	0	—	—	—	0.00	46	0.00
		JR605	—	0	—	—	—	0.00	89	0.00
		JR607	2750	3268	2016-05-09	2750	2016-02-23	269.44	130	2.07
		JR609	3431	3497	2016-08-18	2955	2016-06-29	1015.47	174	5.84
		JR611	—	0	—	—	—	0.00	210	0.00
		JR701	2750	3323	2016-11-02	2750	2016-02-22	230.30	234	0.98
		JR703	2746	3224	2016-05-05	2746	2016-05-05	142.08	198	0.72
		JR705	3000	3543	2016-11-23	3000	2016-09-12	212.90	155	1.37
		JR707	—	0	—	—	—	0.00	114	0.00
		JR709	—	0	—	—	—	0.00	70	0.00
		JR711	2884	3490	2016-12-14	2884	2016-12-06	333.24	34	9.80
晚籼稻 (LR) Late Indica Rice	ZCE	LR601	—	0	—	—	—	0.00	10	0.00
		LR603	—	0	—	—	—	0.00	46	0.00
		LR605	2700	2700	2016-02-15	2700	2016-02-15	10.80	89	0.12
		LR607	3039	3039	2016-03-14	2587	2016-03-14	254.64	130	1.96
		LR609	2460	2732	2016-08-05	2369	2016-05-24	217.79	174	1.25
		LR611	2580	2789	2016-09-28	2446	2016-10-17	662.13	210	3.15
		LR701	2931	2962	2016-11-14	2749	2016-11-14	22.88	234	0.10
		LR703	—	0	—	—	—	0.00	198	0.00
		LR705	2627	2984	2016-12-15	2627	2016-11-14	443.94	155	2.90
		LR707	—	0	—	—	—	0.00	114	0.00
		LR709	2972	2972	2016-10-24	2544	2016-10-24	11.03	70	0.16
		LR711	2755	2866	2016-12-23	2660	2016-12-26	176.25	34	5.18
菜籽油 (OI) Rapeseed Oil	ZCE	OI601	5446	5768	2016-01-07	5446	2016-01-04	5673.66	10	567.37
		OI603	5698	5908	2016-02-15	5542	2016-02-15	28.59	46	0.62
		OI605	5696	6116	2016-04-26	5440	2016-03-02	9149873.74	89	102807.57
		OI607	5658	6358	2016-06-07	5548	2016-01-11	1607.92	130	12.37
		OI609	5724	6678	2016-07-05	5540	2016-01-13	47695290.33	174	274110.86
		OI611	5540	7240	2016-11-01	5540	2016-01-28	2542.68	210	12.11
		OI701	5602	7632	2016-12-01	5598	2016-01-18	79016167.96	234	337675.93
		OI703	6048	7610	2016-12-19	6048	2016-03-18	1171.94	198	5.92
		OI705	6320	7840	2016-12-01	6150	2016-05-24	40852723.66	155	263565.96
		OI707	6722	7764	2016-12-01	6440	2016-09-08	1371.52	114	12.03
		OI709	6426	7918	2016-12-01	6426	2016-09-19	2528564.45	70	36122.35
		OI711	7414	7920	2016-12-19	7414	2016-11-24	227.85	34	6.70

5–7 续表 4 continued

交易品种 Futures Products	上市交易所 Futures Exchange	合约 Contracts	年开盘价(元/吨) Opening Price of the Year (yuan/ton)	年最高价(元/吨) Highest Price of the Year (yuan/ton)	最高价日 Highest Day	年最低价(元/吨) Lowest Price of the Year (yuan/ton)	最低价日 Lowest Day	成交金额(万元) Trading Turnover (10 thousand yuan)	交易天数(天) Trading Days (day)	日均成交金额(万元) Daily Trading Turnover (10 thousand yuan)
普通小麦 Wheat	ZCE	PM601	2350	2350	2016-01-04	2350	2016-01-04	82.25	10	8.23
		PM603	2370	2370	2016-01-25	2370	2016-01-25	11.85	46	0.26
		PM605	2543	2605	2016-04-12	2031	2016-04-26	109.94	89	1.24
		PM607	2606	2710	2016-04-25	2325	2016-06-13	177.48	130	1.37
		PM609	2242	2634	2016-01-06	2242	2016-01-06	120.95	174	0.70
		PM611	2634	2634	2016-04-25	2173	2016-05-23	825.36	210	3.93
		PM701	2243	2511	2016-11-18	2158	2016-09-28	470.77	234	2.01
		PM703		0	—	—	—	0.00	198	0.00
		PM705	2640	2640	2016-10-27	2273	2016-12-15	61.61	155	0.40
		PM707	2642	2676	2016-11-23	2312	2016-09-12	163.94	114	1.44
		PM709	2616	2616	2016-09-28	2301	2016-09-28	49.17	70	0.70
		PM711		0	—	—	—	0.00	34	0.00
早籼稻(RI) Early Indica Rice	ZCE	RI601	2909	2909	2016-01-06	2909	2016-01-06	5.82	10	0.58
		RI603		0	—	—	—	0.00	46	0.00
		RI605	2535	3373	2016-04-29	2301	2016-04-11	1231.91	89	13.84
		RI607	2619	2619	2016-03-25	2435	2016-03-28	15.11	130	0.12
		RI609	2360	2808	2016-05-16	2360	2016-01-19	669.42	174	3.85
		RI611	2978	3096	2016-06-14	2859	2016-06-14	23.67	210	0.11
		RI701	2581	2953	2016-07-04	2525	2016-06-13	4263.58	234	18.22
		RI703	2435	3061	2016-11-08	2435	2016-04-20	1892.09	198	9.56
		RI705	2924	2944	2016-08-02	2638	2016-10-17	525.94	155	3.39
		RI707	2638	2735	2016-10-27	2547	2016-11-02	74.69	114	0.66
		RI709	2445	2880	2016-11-24	2445	2016-09-19	2178.65	70	31.12
		RI711		0	—	—	—	0.00	34	0.00
菜籽粕 Rapeseed Meal	ZCE	RM601	1800	1856	2016-01-12	1778	2016-01-04	7655.99	10	765.60
		RM603	1842	1927	2016-01-28	1771	2016-02-29	6470.53	46	140.66
		RM605	1911	2175	2016-05-13	1824	2016-02-29	46812646.02	89	525984.79
		RM607	1907	2900	2016-06-30	1836	2016-02-29	18988.69	130	146.07
		RM608	1869	2986	2016-07-04	1864	2016-01-06	14373.13	151	95.19
		RM609	1878	3003	2016-07-04	1824	2016-01-05	358392362.04	174	2059726.22
		RM611	1844	2746	2016-07-04	1790	2016-01-05	50608.54	210	240.99
		RM701	1828	2715	2016-07-04	1782	2016-02-29	135862893.18	234	580610.65
		RM703	1900	2659	2016-07-01	1853	2016-03-16	75988.18	198	383.78
		RM705	2205	2653	2016-07-04	2121	2016-05-25	34273591.69	155	221119.95
		RM707	2387	2515	2016-11-29	2185	2016-10-10	2874.99	114	25.22
		RM708	2429	2480	2016-12-07	2212	2016-10-10	814.05	93	8.75
		RM709	2252	2517	2016-11-29	2177	2016-10-14	2025038.95	70	28929.13
		RM711	2257	2439	2016-11-28	2220	2016-12-26	3253.57	34	95.69
油菜籽 Rapeseed	ZCE	RS607	3930	4367	2016-06-03	3801	2016-01-12	54289.71	130	417.61
		RS608		0	—	—	—	0.00	151	0.00
		RS609	4007	4485	2016-06-27	3843	2016-02-16	13326.06	174	76.59
		RS611	4166	4280	2016-05-30	3693	2016-03-18	167.28	210	0.80
		RS707	3889	5158	2016-12-15	3889	2016-11-15	9537.41	114	83.66
		RS708	4143	5150	2016-12-01	4010	2016-11-21	46.42	93	0.50
		RS709	5034	5186	2016-12-05	4686	2016-12-05	49.29	70	0.70
		RS711	4100	4769	2016-11-28	4100	2016-11-28	40.62	34	1.19
白糖 Sugar	ZCE	SR601	5506	5726	2016-01-04	5293	2016-01-13	98596.10	10	9859.61
		SR603	5530	5536	2016-01-05	5105	2016-03-08	31015.06	46	674.24
		SR605	5663	5696	2016-01-04	5284	2016-03-09	141290771.49	89	1587536.76

5—7 续表 5 continued

交易品种 Futures Products	上 市 交易所 Futures Exchange	合约 Contracts	年开盘价（元/吨） Opening Price of the Year (yuan/ton)	年最高价（元/吨） Highest Price of the Year (yuan/ton)	最高价日 Highest Day	年最低价（元/吨） Lowest Price of the Year (yuan/ton)	最低价日 Lowest Day	成交金额（万元） Trading Turnover (10 thousand yuan)	交易天数（天） Trading Days (day)	日均成交金额(万元) Daily Trading Turnover (10 thousand yuan)
白糖 Sugar	ZCE	SR607	5641	6056	2016-07-01	5346	2016-03-09	18322.65	130	140.94
		SR609	5758	6170	2016-07-04	5372	2016-03-09	268549937.55	174	1543390.45
		SR611	5690	6450	2016-11-11	5440	2016-03-10	64892.91	210	309.01
		SR701	5676	7314	2016-11-29	5484	2016-02-19	221202472.78	244	906567.51
		SR703	5619	7310	2016-11-29	5512	2016-01-14	5829.88	244	23.89
		SR705	5652	7380	2016-11-29	5482	2016-01-13	61387541.36	244	251588.28
		SR707	5662	7306	2016-11-30	5528	2016-02-22	4330.87	234	18.51
		SR709	5714	7415	2016-11-29	5621	2016-04-01	2901609.66	198	14654.59
		SR711	5896	7264	2016-12-08	5896	2016-05-20	2129.88	155	13.74
		SR801	6400	7445	2016-11-29	6230	2016-07-29	829817.06	114	7279.10
		SR803	6755	7353	2016-11-29	6748	2016-09-27	1056.84	70	15.10
		SR805	6964	7416	2016-11-29	6737	2016-12-26	32078.36	34	943.48
优质强筋小麦(WH) Strong Gluten Wheat	ZCE	WH601	2950	3168	2016-01-08	2928	2016-01-04	4361.15	10	436.11
		WH603	2837	2838	2016-02-25	2722	2016-02-25	22.24	46	0.48
		WH605	2892	3002	2016-01-04	2498	2016-05-13	1256878.98	89	14122.24
		WH607	2800	2800	2016-01-08	2556	2016-06-17	511.24	130	3.93
		WH609	2635	2763	2016-04-21	2425	2016-09-08	477396.24	174	2743.66
		WH611	2743	2769	2016-01-18	2567	2016-08-05	234.96	210	1.12
		WH701	2778	3343	2016-12-30	2553	2016-03-03	834146.93	234	3564.73
		WH703	2693	2786	2016-07-04	2622	2016-04-27	168.26	198	0.85
		WH705	2654	3077	2016-12-21	2572	2016-08-31	199289.05	155	1285.74
		WH707	2510	3049	2016-11-22	2508	2016-07-18	1697.51	114	14.89
		WH709	2578	2767	2016-11-22	2577	2016-09-19	36152.42	70	516.46
		WH711	2798	2798	2016-12-20	2798	2016-12-20	5.60	34	0.16
天然橡胶 Natural Rubber	SHFE	ru1601	11445	11475	2016-01-04	9255	2016-01-12	188238.28	10	18823.83
		ru1603	10695	11760	2016-03-08	9520	2016-01-12	53036.17	47	1128.43
		ru1604	10250	12350	2016-04-13	9600	2016-01-12	32060.00	68	471.47
		ru1605	10585	13240	2016-04-21	9590	2016-01-12	189723863.82	89	2131728.81
		ru1606	10535	13160	2016-04-21	9705	2016-01-12	72647.27	108	672.66
		ru1607	10620	13320	2016-04-21	9745	2016-01-12	56041.95	128	437.83
		ru1608	10530	13640	2016-04-21	9700	2016-01-12	69385.01	147	472.01
		ru1609	10420	13670	2016-04-21	9705	2016-01-12	464884193.07	175	2656481.10
		ru1610	10320	13630	2016-04-21	9820	2016-01-12	164796.15	185	890.79
		ru1611	10310	14100	2016-11-14	9795	2016-01-12	2302051.94	211	10910.20
		ru1701	10200	19995	2016-12-15	10200	2016-01-18	374135408.38	234	1598869.27
		ru1703	12400	19895	2016-12-15	11535	2016-05-23	105687.65	194	544.78
		ru1704	13975	20120	2016-12-14	11710	2016-05-23	49702.40	165	301.23
		ru1705	12710	20580	2016-12-14	11635	2016-05-23	188472327.67	155	1215950.50
		ru1706	12800	20470	2016-12-14	11945	2016-06-16	80622.25	126	639.86
		ru1707	13480	20370	2016-12-15	12470	2016-08-31	8428.39	83	101.55
		ru1708	13475	20635	2016-12-14	12500	2016-09-01	4339.23	68	63.81
		ru1709	13085	20965	2016-12-14	13085	2016-09-20	17275695.19	69	250372.39
		ru1710	14640	20515	2016-12-16	14105	2016-10-21	5282.76	45	117.39
		ru1711	16785	20855	2016-12-14	16585	2016-11-16	25548.75	33	774.20

注：1.成交量、成交金额为单边数据。
　　2.年开盘价和年最高价以自然年为统计周期。
数据来源：上海期货交易所、郑州商品交易所、大连商品交易所。
Source：SHFE、ZCE、DCE.

5-8 2016年金属期货交易情况
Futures Trading of Metal Products in 2016

交易品种 Futures Products	上市交易所 Futures Exchange	合约 Contracts	年开盘价(元/吨) Opening Price of the Year (yuan/ton)	年最高价(元/吨) Highest Price of the Year (yuan/ton)	最高价日 Highest Day	年最低价(元/吨) Lowest Price of the Year (yuan/ton)	最低价日 Lowest Day	成交金额(万元) Trading Turnover (10 thousand yuan)	交易天数(天) Trading Days (day)	日均成交金额(万元) Daily Trading Turnover (10 thousand yuan)
铜 Copper	SHFE	cu1601	36610	36720	2016-01-04	34040	2016-01-14	1364234.05	10	136423.41
		cu1602	36540	36680	2016-01-04	33820	2016-02-15	17160874.88	26	660033.65
		cu1603	36480	38690	2016-03-07	34350	2016-01-14	117089283.59	47	2491261.35
		cu1604	36280	39000	2016-03-07	34300	2016-01-14	88767944.99	69	1286491.96
		cu1605	36260	39400	2016-03-07	34270	2016-01-14	150744028.47	89	1693753.13
		cu1606	36280	39500	2016-03-07	34250	2016-01-14	131788593.51	109	1209069.67
		cu1607	36200	39320	2016-03-07	34220	2016-01-14	120233456.83	132	910859.52
		cu1608	36150	39400	2016-03-07	33510	2016-01-18	103282863.80	152	679492.53
		cu1609	36170	39450	2016-03-07	34190	2016-01-14	133583575.10	175	763334.71
		cu1610	36090	39300	2016-03-07	34200	2016-01-14	88767039.76	190	467194.95
		cu1611	36150	48090	2016-11-14	34170	2016-01-14	56444250.33	211	267508.30
		cu1612	36160	49430	2016-11-28	34100	2016-01-14	61282687.67	233	263015.83
		cu1701	34670	49660	2016-11-28	34470	2016-01-18	152345605.56	234	651049.60
		cu1702	36090	49840	2016-11-28	35060	2016-06-15	112082979.21	218	514142.11
		cu1703	37890	49940	2016-11-28	35150	2016-06-15	40211328.35	196	205159.84
		cu1704	36930	50010	2016-11-28	35190	2016-05-23	6848001.56	175	39131.44
		cu1705	36170	50180	2016-11-28	35080	2016-06-13	4424520.80	155	28545.30
		cu1706	35850	50190	2016-11-28	35410	2016-06-17	639453.48	135	4736.69
		cu1707	38600	50080	2016-11-28	36590	2016-09-12	152006.00	112	1357.20
		cu1708	37740	50230	2016-11-28	36650	2016-09-12	103278.96	92	1122.60
		cu1709	37560	50500	2016-12-09	37150	2016-10-21	185592.57	69	2689.75
		cu1710	37540	50230	2016-11-28	37310	2016-10-20	104865.03	54	1941.95
		cu1711	44170	50360	2016-12-06	43610	2016-11-17	98213.06	33	2976.15
		cu1712	47850	48050	2016-12-16	45000	2016-12-26	84947.68	11	7722.52
铝 Aluminum	SHFE	al1601	11110	11150	2016-01-04	10690	2016-01-15	145254.76	10	14525.48
		al1602	10875	10980	2016-01-11	10450	2016-02-15	1461447.01	26	56209.50
		al1603	10850	11485	2016-03-09	10500	2016-01-13	13326848.93	47	283549.98
		al1604	10765	12020	2016-04-14	10400	2016-01-05	13062531.79	69	189312.05
		al1605	10745	13025	2016-04-25	10460	2016-01-13	18816682.26	89	211423.40
		al1606	10765	13075	2016-04-25	10470	2016-01-13	22145672.36	109	203171.31
		al1607	10725	13180	2016-07-04	10480	2016-01-13	25725146.58	132	194887.47
		al1608	10620	12985	2016-07-04	10490	2016-01-13	21265700.61	152	139905.93
		al1609	10760	12880	2016-04-25	10490	2016-01-05	19855278.26	175	113458.73
		al1610	10665	13550	2016-10-14	10500	2016-01-13	15371250.27	190	80901.32
		al1611	10720	15985	2016-11-14	10360	2016-01-06	14618914.39	210	69613.88
		al1612	10685	15215	2016-11-14	10480	2016-01-12	21850135.87	226	96682.02
		al1701	10535	14850	2016-11-14	10535	2016-01-18	40398086.42	224	180348.60
		al1702	11150	14600	2016-11-14	11150	2016-02-16	31696891.54	211	150222.23
		al1703	11725	14385	2016-11-14	11465	2016-03-21	10012480.44	194	51610.72
		al1704	12030	14330	2016-11-14	11580	2016-09-19	2622413.15	172	15246.59
		al1705	12195	14300	2016-11-14	11555	2016-06-07	2658957.59	152	17493.14
		al1706	11810	14290	2016-11-14	11610	2016-09-14	448066.68	131	3420.36

5-8 续表 1 continued

交易品种 Futures Products	上市交易所 Futures Exchange	合约 Contracts	年开盘价(元/吨) Opening Price of the Year (yuan/ton)	年最高价(元/吨) Highest Price of the Year (yuan/ton)	最高价日 Highest Day	年最低价(元/吨) Lowest Price of the Year (yuan/ton)	最低价日 Lowest Day	成交金额(万元) Trading Turnover (10 thousand yuan)	交易天数(天) Trading Days (day)	日均成交金额(万元) Daily Trading Turnover (10 thousand yuan)
铝 Aluminum	SHFE	al1707	12170	14250	2016-11-14	11640	2016-09-14	88333.94	110	803.04
		al1708	12110	14270	2016-11-14	11645	2016-09-19	79653.27	92	865.80
		al1709	11685	14340	2016-11-28	11685	2016-09-20	141810.03	69	2055.22
		al1710	12220	14340	2016-11-28	12125	2016-10-21	37474.14	54	693.97
		al1711	13175	14380	2016-11-28	13000	2016-11-17	15816.88	33	479.30
		al1712	13685	13705	2016-12-16	13170	2016-12-26	2775.02	11	252.27
锌 Zinc	SHFE	zn1601	13255	13255	2016-01-04	12350	2016-01-12	100910.73	10	10091.07
		zn1602	13385	13835	2016-02-04	12330	2016-01-12	2967666.40	26	114141.02
		zn1603	13415	14625	2016-03-07	12335	2016-01-12	30193941.28	47	642424.28
		zn1604	13400	15050	2016-04-14	12345	2016-01-12	29697747.05	69	430402.13
		zn1605	13350	15415	2016-04-25	12360	2016-01-12	44546628.74	89	500523.92
		zn1606	13445	15950	2016-06-13	12370	2016-01-12	43222026.79	109	396532.36
		zn1607	13405	17110	2016-07-13	12400	2016-01-12	40433925.83	132	306317.62
		zn1608	13245	17655	2016-08-11	12475	2016-01-14	38315180.59	152	252073.56
		zn1609	13295	18615	2016-09-05	12315	2016-01-12	50271651.91	175	287266.58
		zn1610	13305	18600	2016-09-05	12480	2016-01-13	47551773.62	184	258433.55
		zn1611	13280	21925	2016-11-15	12500	2016-01-12	45035747.10	204	220763.47
		zn1612	13460	24930	2016-11-29	12600	2016-01-12	46155594.43	224	206051.76
		zn1701	12750	25060	2016-11-29	12530	2016-02-02	102143411.77	229	446041.10
		zn1702	13740	25180	2016-11-29	13740	2016-02-17	86621413.91	200	433107.07
		zn1703	14110	25300	2016-11-29	14065	2016-03-16	18690853.22	180	103838.07
		zn1704	14980	25090	2016-11-29	14720	2016-05-25	2523225.77	160	15770.16
		zn1705	15255	25095	2016-11-29	14670	2016-05-25	822416.87	150	5482.78
		zn1706	15885	25025	2016-11-29	15590	2016-06-27	95072.63	135	704.24
		zn1707	17170	24605	2016-11-29	16870	2016-07-19	35923.49	108	332.62
		zn1708	16410	24835	2016-11-29	16410	2016-08-16	22727.92	85	267.39
		zn1709	17585	24855	2016-11-29	16960	2016-10-10	19549.62	69	283.33
		zn1710	17980	25030	2016-11-29	17735	2016-10-18	29935.74	54	554.37
		zn1711	21120	24495	2016-11-29	19975	2016-12-26	11658.69	33	353.29
		zn1712	23120	23120	2016-12-16	20000	2016-12-26	1486.52	11	135.14
铅 Lead	SHFE	pb1601	13215	13280	2016-01-05	12630	2016-01-12	9180.26	10	918.03
		pb1602	13130	15515	2016-02-02	12605	2016-01-12	186417.14	26	7169.89
		pb1603	13150	14210	2016-02-23	12520	2016-01-12	1004556.76	47	21373.55
		pb1604	13005	14260	2016-03-08	12415	2016-01-18	958681.23	68	14098.25
		pb1605	13020	14275	2016-03-08	12390	2016-01-13	1010814.23	88	11486.53
		pb1606	12920	14200	2016-03-08	12475	2016-01-18	869528.96	105	8281.23
		pb1607	12795	14125	2016-03-08	12480	2016-01-18	818108.34	106	7718.00
		pb1608	12745	14005	2016-08-02	12405	2016-01-15	760519.72	127	5988.34
		pb1609	12720	14640	2016-09-02	12350	2016-01-12	1560652.73	159	9815.43
		pb1610	12710	16115	2016-10-14	12200	2016-01-18	1261979.71	154	8194.67
		pb1611	12410	18655	2016-11-15	12140	2016-01-18	1565398.67	157	9970.69
		pb1612	12540	23200	2016-11-29	11850	2016-01-12	2071074.89	198	10459.97
		pb1701	12185	22940	2016-11-29	12120	2016-01-28	14593243.85	171	85340.61

5–8 续表 2 continued

交易品种 Futures Products	上市交易所 Futures Exchange	合约 Contracts	年开盘价（元/吨） Opening Price of the Year (yuan/ton)	年最高价（元/吨） Highest Price of the Year (yuan/ton)	最高价日 Highest Day	年最低价（元/吨） Lowest Price of the Year (yuan/ton)	最低价日 Lowest Day	成交金额（万元） Trading Turnover (10 thousand yuan)	交易天数（天） Trading Days (day)	日均成交金额(万元) Daily Trading Turnover (10 thousand yuan)
铅 Lead	SHFE	pb1702	13400	22560	2016-11-29	12705	2016-02-18	11761519.47	161	73052.92
		pb1703	13295	22295	2016-11-29	12735	2016-05-24	1096462.80	120	9137.19
		pb1704	13375	22645	2016-11-29	12725	2016-05-24	127660.37	112	1139.82
		pb1705	12940	22205	2016-11-29	12895	2016-05-30	61265.35	102	600.64
		pb1706	13170	21680	2016-11-29	13035	2016-06-28	13959.52	85	164.23
		pb1707	13765	21775	2016-11-29	13350	2016-07-18	4964.82	76	65.33
		pb1708	14220	21700	2016-11-29	14125	2016-09-12	4904.16	64	76.63
		pb1709	14910	21640	2016-11-30	14840	2016-10-20	9220.94	57	161.77
		pb1710	15530	21835	2016-11-29	15120	2016-10-20	16296.95	48	339.52
		pb1711	18510	21905	2016-11-29	17415	2016-12-26	11717.66	28	418.49
		pb1712	18220	18410	2016-12-26	17275	2016-12-26	522.26	8	65.28
黄金（元/克） Gold (yuan/g)	SHFE	au1601	223.00	234.00	2016-01-12	223.00	2016-01-04	893.66	6	148.94
		au1602	223.25	243.00	2016-02-02	223.25	2016-01-04	15002.87	21	714.42
		au1603	232.85	262.20	2016-02-25	228.85	2016-01-15	6301.12	24	262.55
		au1604	225.60	268.00	2016-03-11	225.60	2016-01-04	17339.41	55	315.26
		au1605	254.35	269.65	2016-03-17	249.95	2016-02-16	91045.79	54	1686.03
		au1606	226.70	273.50	2016-06-13	226.20	2016-01-04	363165303.96	108	3362641.70
		au1607	262.50	286.75	2016-06-30	253.80	2016-05-30	4954.30	30	165.14
		au1608	231.60	305.00	2016-08-11	231.50	2016-01-06	78459.32	132	594.39
		au1609	273.70	296.85	2016-07-06	260.40	2016-06-21	32280.21	49	658.78
		au1610	227.75	296.30	2016-07-06	227.75	2016-01-04	66215.24	158	419.08
		au1611	286.45	289.85	2016-09-23	270.90	2016-10-13	4567.46	29	157.50
		au1612	229.35	297.70	2016-07-06	229.10	2016-01-04	448523538.95	232	1933291.12
		au1701	277.90	295.00	2016-11-09	257.00	2016-12-30	111405.26	52	2142.41
		au1702	239.50	298.80	2016-07-06	237.05	2016-01-25	107626.91	210	512.51
		au1703	269.15	269.95	2016-12-30	266.55	2016-12-28	133.97	4	33.49
		au1704	267.60	297.30	2016-07-06	257.40	2016-03-28	50765.47	160	317.28
		au1706	274.25	299.50	2016-07-06	257.90	2016-05-30	122833094.10	154	797617.49
		au1708	289.50	297.25	2016-08-05	262.75	2016-12-21	44642.46	95	469.92
		au1710	289.00	296.45	2016-11-09	266.20	2016-12-21	9380.57	45	208.46
		au1712	278.40	288.55	2016-11-30	263.40	2016-12-23	228629.34	32	7144.67
白银（元/千克） Silver (yuan/kg)	SHFE	ag1601	3182	3298	2016-01-08	3162	2016-01-13	33058.13	10	3305.81
		ag1602	3214	3580	2016-02-15	3199	2016-01-13	49951.24	26	1921.20
		ag1603	3249	3563	2016-02-23	3171	2016-02-29	68072.88	46	1479.85
		ag1604	3249	3495	2016-03-08	3238	2016-01-06	81578.24	67	1217.59
		ag1605	3274	3869	2016-04-29	3108	2016-01-18	212652.64	89	2389.36
		ag1606	3302	3877	2016-04-22	3250	2016-01-04	135796891.93	109	1245843.05
		ag1607	3333	4489	2016-07-06	3300	2016-01-12	67649.48	117	578.20
		ag1608	3349	4516	2016-07-05	3327	2016-01-18	31061.67	123	252.53
		ag1609	3312	4543	2016-07-05	3312	2016-01-04	219677.87	158	1390.37
		ag1610	3343	4582	2016-07-11	3327	2016-01-14	55570.99	155	358.52
		ag1611	3399	4556	2016-08-03	3368	2016-01-12	74075.49	156	474.84
		ag1612	3369	4599	2016-07-05	3335	2016-01-04	292459789.26	233	1255192.23

5-8 续表 3 continued

交易品种 Futures Products	上市交易所 Futures Exchange	合约 Contracts	年开盘价(元/吨) Opening Price of the Year (yuan/ton)	年最高价(元/吨) Highest Price of the Year (yuan/ton)	最高价日 Highest Day	年最低价(元/吨) Lowest Price of the Year (yuan/ton)	最低价日 Lowest Day	成交金额(万元) Trading Turnover (10 thousand yuan)	交易天数(天) Trading Days (day)	日均成交金额(万元) Daily Trading Turnover (10 thousand yuan)
白银(元/千克) Silver (yuan/kg)	SHFE	ag1701	3355	4598	2016-07-11	3355	2016-01-18	548385.97	218	2515.53
		ag1702	3557	4616	2016-07-06	3425	2016-03-02	43624.40	189	230.82
		ag1703	3466	4615	2016-07-05	3466	2016-03-16	13928.45	158	88.15
		ag1704	3892	4745	2016-07-05	3628	2016-05-30	17952.81	143	125.54
		ag1705	3887	4677	2016-08-03	3635	2016-05-30	51958.86	143	363.35
		ag1706	3980	4692	2016-08-03	3879	2016-06-16	85161438.41	135	630825.47
		ag1707	4635	4709	2016-08-03	3934	2016-12-21	5754.97	74	77.77
		ag1708	4554	4572	2016-08-18	3984	2016-12-21	6925.26	77	89.94
		ag1709	4480	4570	2016-09-23	3995	2016-12-21	7974.56	65	122.69
		ag1710	4205	4494	2016-11-11	4026	2016-12-21	2048.94	43	47.65
		ag1711	4216	4410	2016-12-13	4055	2016-12-21	667.14	23	29.01
		ag1712	4248	4260	2016-12-30	4066	2016-12-21	28168.66	11	2560.79
螺纹钢 Steel Rebar	SHFE	rb1601	1890	1910	2016-01-04	1650	2016-01-13	93197.94	10	9319.79
		rb1602	1778	1849	2016-01-19	1682	2016-01-13	76608.90	26	2946.50
		rb1603	1738	2051	2016-03-09	1682	2016-01-13	84594.90	44	1922.61
		rb1604	1775	2550	2016-04-11	1714	2016-01-14	45666.65	67	681.59
		rb1605	1821	2911	2016-04-21	1732	2016-01-14	291129800.91	88	3308293.19
		rb1606	1781	2830	2016-04-21	1719	2016-01-14	323200.20	106	3049.06
		rb1607	1828	2750	2016-04-25	1718	2016-01-14	106453.46	124	858.50
		rb1608	1811	2776	2016-04-25	1737	2016-01-12	66963.18	143	468.27
		rb1609	1813	2795	2016-04-25	1745	2016-01-13	2675872.98	173	15467.47
		rb1610	1825	2787	2016-04-21	1743	2016-01-14	1152320424.94	190	6064844.34
		rb1611	1810	2850	2016-11-14	1733	2016-01-14	155143.06	211	735.28
		rb1612	1823	3301	2016-12-15	1750	2016-01-14	139848.56	230	608.04
		rb1701	1820	3419	2016-12-12	1785	2016-01-18	509680443.99	234	2178121.56
		rb1702	1874	3388	2016-12-12	1845	2016-02-18	537252.40	218	2464.46
		rb1703	1960	3479	2016-12-12	1877	2016-05-30	112963.15	197	573.42
		rb1704	2201	3501	2016-12-12	1888	2016-05-30	58673.53	175	335.28
		rb1705	2008	3557	2016-12-12	1893	2016-05-30	213937396.91	155	1380241.27
		rb1706	2031	3491	2016-12-12	2017	2016-06-17	37389.73	135	276.96
		rb1707	2360	3458	2016-12-12	2196	2016-07-19	19067.17	112	170.24
		rb1708	2420	3449	2016-12-12	2258	2016-09-14	5765.81	91	63.36
		rb1709	2267	3490	2016-12-12	2259	2016-10-10	85840.00	69	1244.06
		rb1710	2435	3488	2016-12-12	2384	2016-10-21	8337037.06	54	154389.58
		rb1711	2905	3457	2016-12-12	2699	2016-11-21	7672.26	33	232.49
		rb1712	3256	3256	2016-12-16	2829	2016-12-26	533.15	11	48.47
线材 Steel Wire Rod	SHFE	wr1601	—	—	2016-01-04	—	2016-01-04	0.00	0	0.00
		wr1602	—	—	2016-01-04	—	2016-01-04	0.00	0	0.00
		wr1603	—	—	2016-01-04	—	2016-01-04	0.00	0	0.00
		wr1604	—	—	2016-01-04	—	2016-01-04	0.00	0	0.00
		wr1605	—	—	2016-01-04	—	2016-01-04	0.00	0	0.00
		wr1606	2095	2340	2016-03-24	1792	2016-03-17	12.77	2	6.39

5-8 续表 4 continued

交易品种 Futures Products	上市交易所 Futures Exchange	合约 Contracts	年开盘价(元/吨) Opening Price of the Year (yuan/ton)	年最高价(元/吨) Highest Price of the Year (yuan/ton)	最高价日 Highest Day	年最低价(元/吨) Lowest Price of the Year (yuan/ton)	最低价日 Lowest Day	成交金额(万元) Trading Turnover (10 thousand yuan)	交易天数(天) Trading Days (day)	日均成交金额(万元) Daily Trading Turnover (10 thousand yuan)
线材 Steel Wire Rod	SHFE	wr1607	2122	2123	2016-05-25	2122	2016-05-25	4.25	1	4.25
		wr1608	—	—	2016-01-04	—	2016-01-04	0.00	0	0.00
		wr1609	2128	2340	2016-03-24	2128	2016-03-24	6.79	1	6.79
		wr1610	2073	2553	2016-07-13	2073	2016-05-05	39.60	5	7.92
		wr1611	1931	2340	2016-09-30	1931	2016-09-30	4.27	1	4.27
		wr1612	—	—	2016-01-04	—	2016-01-04	0.00	0	0.00
		wr1701	1888	2649	2016-04-28	1888	2016-01-26	29.53	7	4.22
		wr1702	2186	2555	2016-10-10	2186	2016-08-23	16.49	5	3.30
		wr1703	2322	2438	2016-09-07	2322	2016-09-06	4.76	2	2.38
		wr1704	—	—	2016-04-18	—	2016-04-18	0.00	0	0.00
		wr1705	—	—	2016-05-17	—	2016-05-17	0.00	0	0.00
		wr1706	—	—	2016-06-16	—	2016-06-16	0.00	0	0.00
		wr1707	—	—	2016-07-18	—	2016-07-18	0.00	0	0.00
		wr1708	—	—	2016-08-16	—	2016-08-16	0.00	0	0.00
		wr1709	—	—	2016-09-20	—	2016-09-20	0.00	0	0.00
		wr1710	—	—	2016-10-18	—	2016-10-18	0.00	0	0.00
		wr1711	—	—	2016-11-16	—	2016-11-16	0.00	0	0.00
		wr1712	2097	2767	2016-12-27	2097	2016-12-23	24.92	3	8.31
热轧卷板 Hot Rolled Coils	SHFE	hc1601	2060	2060	2016-01-04	1999	2016-01-11	667.32	2	333.66
		hc1602	—	—	2016-01-04	—	2016-01-04	0.00	0	0.00
		hc1603	1900	2036	2016-01-11	1850	2016-01-28	22.85	3	7.62
		hc1604	2008	2384	2016-03-28	1852	2016-01-29	87.02	9	9.67
		hc1605	1980	3245	2016-04-21	1850	2016-01-13	13140928.70	86	152801.50
		hc1606	1959	2996	2016-04-25	1916	2016-01-18	771.06	36	21.42
		hc1607	2098	3066	2016-04-22	1982	2016-02-19	117.80	15	7.85
		hc1608	2015	3080	2016-04-21	1915	2016-01-08	846.31	34	24.89
		hc1609	1920	3094	2016-04-22	1890	2016-02-05	26493.55	121	218.95
		hc1610	1949	2969	2016-04-25	1850	2016-01-12	47813375.50	189	252980.82
		hc1611	1870	3042	2016-10-31	1870	2016-01-21	364.94	30	12.16
		hc1612	1940	3755	2016-11-30	1940	2016-01-13	788.16	53	14.87
		hc1701	1900	3931	2016-12-12	1880	2016-02-01	35324059.38	222	159117.38
		hc1702	2602	3903	2016-12-16	2150	2016-05-27	948.84	28	33.89
		hc1703	2165	3785	2016-12-08	2156	2016-03-31	444.11	27	16.45
		hc1704	2446	3842	2016-12-14	2228	2016-05-30	220.52	23	9.59
		hc1705	2200	3898	2016-12-12	2058	2016-05-23	23475023.99	154	152435.22
		hc1706	2709	3978	2016-12-12	2528	2016-09-08	1894.04	28	67.64
		hc1707	2330	3734	2016-12-14	2329	2016-07-19	302.99	9	33.67
		hc1708	2830	3111	2016-11-08	2785	2016-08-25	20.24	5	4.05
		hc1709	2486	3798	2016-12-13	2481	2016-09-21	241.49	21	11.50
		hc1710	2661	3820	2016-12-12	2632	2016-10-18	66043.31	54	1223.02
		hc1711	—	—	2016-11-16	—	2016-11-16	0.00	0	0.00
		hc1712	—	—	2016-12-16	—	2016-12-16	0.00	0	0.00

5–8 续表 5 continued

交易品种 Futures Products	上市交易所 Futures Exchange	合约 Contracts	年开盘价(元/吨) Opening Price of the Year (yuan/ton)	年最高价(元/吨) Highest Price of the Year (yuan/ton)	最高价日 Highest Day	年最低价(元/吨) Lowest Price of the Year (yuan/ton)	最低价日 Lowest Day	成交金额(万元) Trading Turnover (10 thousand yuan)	交易天数(天) Trading Days (day)	日均成交金额(万元) Daily Trading Turnover (10 thousand yuan)
锡 Tin	SHFE	sn1601	94850	99530	2016-01-12	90560	2016-01-04	2257.25	9	250.81
		sn1602			2016-01-04		2016-01-04	0.00	0	—
		sn1603	90680	110200	2016-03-08	90680	2016-01-13	732.93	4	183.23
		sn1604	90790	116330	2016-03-08	90360	2016-01-13	410.90	8	51.36
		sn1605	92680	117600	2016-03-08	90110	2016-01-08	13952824.54	89	156773.31
		sn1606	91190	116560	2016-04-21	91190	2016-01-05	2098.95	34	61.73
		sn1607	105320	114480	2016-03-08	102110	2016-05-26	1091.33	13	83.95
		sn1608	115140	123500	2016-08-15	106840	2016-06-01	8829.15	17	519.36
		sn1609	94800	127100	2016-09-05	90820	2016-01-14	10330669.00	174	59371.66
		sn1610	91060	129000	2016-10-12	91060	2016-01-13	2045.39	37	55.28
		sn1611	108030	122720	2016-09-12	103810	2016-05-23	232.06	7	33.15
		sn1612	97530	155250	2016-11-22	97530	2016-02-16	1901.25	19	100.07
		sn1701	117190	157310	2016-11-14	104500	2016-03-09	12512847.65	155	80728.05
		sn1702	125070	155980	2016-11-09	125070	2016-09-07	1657.21	22	75.33
		sn1703	116110	151980	2016-12-14	111560	2016-04-26	1093.14	15	72.88
		sn1704	—	—	2016-04-18	—	2016-04-18	0.00	0	—
		sn1705	111460	159560	2016-11-14	111460	2016-06-29	907840.94	113	8033.99
		sn1706	117710	158610	2016-11-10	111530	2016-07-01	273.31	10	27.33
		sn1707	—	—	2016-07-18	—	2016-07-18	0.00	0	—
		sn1708	—	—	2016-08-16	—	2016-08-16	0.00	0	—
		sn1709	128910	157500	2016-11-10	128910	2016-10-13	4395.29	35	125.58
		sn1710	142560	151130	2016-12-15	142560	2016-11-30	205.20	5	41.04
		sn1711	147260	148870	2016-12-02	141010	2016-11-30	72.49	4	18.12
		sn1712	—	—	2016-12-16	—	2016-12-16	0.00	0	—
镍 Nickel	SHFE	ni1601	69490	69550	2016-01-15	64300	2016-01-12	205470.47	10	20547.05
		ni1602	67710	70330	2016-01-19	62400	2016-02-15	19000.18	25	760.01
		ni1603	69120	72500	2016-03-07	63880	2016-02-15	32591.37	44	740.71
		ni1604	69960	74560	2016-03-08	64380	2016-02-15	12343.87	57	216.56
		ni1605	70810	75840	2016-03-08	64280	2016-02-15	172959766.79	89	1943368.17
		ni1606	71220	76060	2016-03-08	65170	2016-06-02	85943.12	109	788.47
		ni1607	68520	81390	2016-07-13	65330	2016-05-24	48446.86	96	504.65
		ni1608	69830	84280	2016-07-29	66500	2016-02-15	41754.09	120	347.95
		ni1609	71920	84080	2016-07-22	64450	2016-02-15	278938509.90	175	1593934.34
		ni1610	67830	84570	2016-08-11	66930	2016-05-27	39357.68	140	281.13
		ni1611	71390	95600	2016-11-11	67020	2016-06-01	16928.51	121	139.91
		ni1612	72160	98590	2016-11-28	67430	2016-04-08	62267.70	170	366.28
		ni1701	71040	99800	2016-11-14	67460	2016-05-27	242143261.84	233	1039241.47
		ni1702	70480	99640	2016-12-06	67700	2016-02-17	36024.06	161	223.75
		ni1703	71700	100100	2016-11-14	67520	2016-04-05	13006.49	113	115.10
		ni1704	75430	101710	2016-12-12	68160	2016-05-25	5352.16	60	89.20
		ni1705	71610	101360	2016-11-14	68530	2016-05-27	81710783.62	155	527166.35
		ni1706	74920	99390	2016-11-28	73440	2016-06-24	17268.27	71	243.22
		ni1707	85190	98250	2016-11-14	81900	2016-09-22	965.88	18	53.66
		ni1708	81060	99220	2016-11-11	80500	2016-09-02	1575.46	37	42.58
		ni1709	82600	102500	2016-11-14	81950	2016-10-24	684918.74	68	10072.33
		ni1710	84380	102990	2016-11-14	84200	2016-10-18	1277.86	29	44.06
		ni1711	94480	99750	2016-11-24	87250	2016-12-29	279.01	10	27.90
		ni1712	94910	95350	2016-12-21	87080	2016-12-27	330.34	6	55.06

注：1.成交量、成交金额为单边数据。
2.年开盘价和年最高价以自然年为统计周期。

数据来源：上海期货交易所。

Source：SHFE.

5-9 2016年能源、化工及其他期货交易情况
Futures Trading of Metal Products Building Materials,Energy & Chemical Products & Others in 2016

交易品种 Futures Products	上市交易所 Futures Exchange	合约 Contracts	年开盘价(元/吨) Opening Price of the Year (yuan/ton)	年最高价(元/吨) Highest Price of the Year (yuan/ton)	最高价日 Highest Day	年最低价(元/吨) Lowest Price of the Year (yuan/ton)	最低价日 Lowest Day	成交金额(万元) Trading Turnover (10 thousand yuan)	交易天数(天) Trading Days (day)	日均成交金额(万元) Daily Trading Turnover (10 thousand yuan)
聚乙烯 LLDPE	DCE	l1601	9080	9100	2016-01-04	8400	2016-01-15	4192.51	10	419.25
		l1602	9000	9000	2016-01-21	8380	2016-01-21	0.00	30	0.00
		l1603	8110	8985	2016-02-24	7500	2016-01-13	0.00	46	0.00
		l1604	8250	10190	2016-03-31	7920	2016-01-13	0.00	69	0.00
		l1605	8075	9630	2016-03-21	7710	2016-01-13	4026954.24	89	45246.68
		l1606	8035	9575	2016-03-18	7560	2016-01-15	288.70	110	2.62
		l1607	7805	10340	2016-06-30	7805	2016-01-08	13.08	130	0.10
		l1608	7770	9555	2016-07-04	7550	2016-01-08	132.79	151	0.88
		l1609	7680	9565	2016-07-05	7230	2016-01-13	3258953.20	174	18729.62
		l1610	7340	9455	2016-07-07	7340	2016-01-15	145.22	194	0.75
		l1611	7655	9450	2016-10-27	7655	2016-02-17	4.44	210	0.02
		l1612	7600	10075	2016-11-22	7600	2016-01-19	0.00	232	0.00
		l1701	7080	10615	2016-11-11	6940	2016-01-18	1268507.25	234	5420.97
		l1702	8105	10440	2016-11-02	7735	2016-06-08	39.90	214	0.19
		l1703	7750	10395	2016-12-16	7750	2016-03-23	59.73	198	0.30
		l1704	7540	10495	2016-12-12	7540	2016-06-07	224.54	175	1.28
		l1705	7410	10710	2016-12-12	7155	2016-05-23	41679370.26	155	268899.16
		l1706	8375	10480	2016-12-13	8375	2016-09-06	380.63	134	2.84
		l1707	8675	10360	2016-12-13	8355	2016-08-23	194.10	114	1.70
		l1708	8280	10195	2016-12-13	8280	2016-09-06	146.41	93	1.57
		l1709	8220	10390	2016-12-12	7840	2016-09-27	2121824.52	70	30311.78
		l1710	9265	9305	2016-11-28	9260	2016-11-28	18.55	50	0.37
		l1711	9395	9595	2016-12-05	9395	2016-11-29	19.06	34	0.56
		l1712	9885	9885	2016-12-27	9885	2016-12-27	4.94	12	0.41
聚氯乙烯 PVC	DCE	v1601	4860	4965	2016-01-04	4700	2016-01-12	1699.00	10	169.90
		v1602	5040	5040	2016-01-18	4345	2016-02-02	6.52	30	0.22
		v1604	4730	4980	2016-01-04	4670	2016-01-07	0.00	69	0.00
		v1605	4850	5645	2016-04-29	4570	2016-01-12	46843.88	89	526.34
		v1606	4965	5640	2016-06-01	4965	2016-02-23	5.46	110	0.05
		v1607	5370	5405	2016-06-17	5035	2016-04-12	0.00	130	0.00
		v1608	5415	6000	2016-07-25	5030	2016-04-19	7.89	151	0.05
		v1609	4825	6200	2016-09-14	4520	2016-01-12	866608.40	174	4980.51
		v1610	5165	5695	2016-07-11	4930	2016-04-07	0.00	194	0.00
		v1611	4805	5620	2016-07-14	4800	2016-01-22	0.00	210	0.00
		v1612	4930	7945	2016-11-18	4620	2016-01-25	0.00	232	0.00
		v1701	4405	8205	2016-11-15	4405	2016-01-18	691081.35	234	2953.34
		v1702	5170	8190	2016-11-11	4800	2016-06-13	143.17	214	0.67
		v1703	4790	7495	2016-11-18	4790	2016-04-25	32.75	198	0.17
		v1704	6955	7655	2016-11-10	6460	2016-12-19	149.48	175	0.85
		v1705	4805	7560	2016-11-11	4720	2016-06-16	11772535.45	155	75951.84
		v1706	6840	6840	2016-12-15	6330	2016-12-27	13.13	134	0.10
		v1707	6805	7325	2016-11-15	6580	2016-12-16	171.51	114	1.50
		v1708	6220	6860	2016-12-14	6220	2016-10-24	65.89	93	0.71
		v1709	5390	7025	2016-11-11	5275	2016-09-30	568254.71	70	8117.92

5–9 续表 1 continued

交易品种 Futures Products	上市交易所 Futures Exchange	合约 Contracts	年开盘价(元/吨) Opening Price of the Year (yuan/ton)	年最高价(元/吨) Highest Price of the Year (yuan/ton)	最高价日 Highest Day	年最低价(元/吨) Lowest Price of the Year (yuan/ton)	最低价日 Lowest Day	成交金额(万元) Trading Turnover (10 thousand yuan)	交易天数(天) Trading Days (day)	日均成交金额(万元) Daily Trading Turnover (10 thousand yuan)
聚丙烯 PP	DCE	pp1601	6400	6410	2016-01-04	5700	2016-01-15	8545.13	10	854.61
		pp1602	6430	6725	2016-01-22	5843	2016-01-27	0.00	30	0.00
		pp1603	6011	6783	2016-02-15	5711	2016-01-11	0.00	46	0.00
		pp1604	5788	7995	2016-03-30	5651	2016-01-14	29.36	69	0.43
		pp1605	5880	7629	2016-04-01	5525	2016-01-12	5370777.16	89	60345.81
		pp1606	5751	7536	2016-03-23	5434	2016-01-12	1037.33	110	9.43
		pp1607	5797	8820	2016-07-05	5741	2016-01-20	95.52	130	0.73
		pp1608	5470	8550	2016-07-27	5470	2016-01-11	249.86	151	1.65
		pp1609	5667	8570	2016-09-02	5296	2016-01-12	8479407.51	174	48732.23
		pp1610	5630	8485	2016-07-07	5485	2016-01-18	390.57	194	2.01
		pp1611	5630	8893	2016-10-28	5630	2016-01-26	87.63	210	0.42
		pp1612	5625	8913	2016-11-23	5625	2016-01-04	85.86	232	0.37
		pp1701	5306	9742	2016-12-14	5166	2016-01-18	1866370.89	234	7975.94
		pp1702	5989	9753	2016-12-14	5664	2016-02-25	308.60	214	1.44
		pp1703	6850	9300	2016-12-28	6116	2016-05-25	85.51	198	0.43
		pp1704	6906	9720	2016-12-16	6340	2016-06-07	2035.79	175	11.63
		pp1705	6388	9857	2016-12-14	5908	2016-05-24	28556825.36	155	184237.58
		pp1706	6660	9759	2016-12-16	6590	2016-06-21	1534.78	134	11.45
		pp1707	7538	9322	2016-12-19	6717	2016-09-20	278.83	114	2.45
		pp1708	6784	9542	2016-12-14	6741	2016-09-12	314.16	93	3.38
		pp1709	6620	9657	2016-12-16	6499	2016-09-20	1347182.58	70	19245.47
		pp1710	7629	9637	2016-12-16	7338	2016-10-27	635.67	50	12.71
		pp1711	8056	9403	2016-12-19	8056	2016-11-16	25.71	34	0.76
焦炭 Coke	DCE	j1601	698	791	2016-01-15	655	2016-01-08	11671.20	10	1167.12
		j1602	677	678	2016-01-13	614	2016-01-29	239.12	30	7.97
		j1603	660	774	2016-03-02	633	2016-01-21	6.88	46	0.15
		j1604	700	791	2016-04-14	643	2016-02-03	72.56	69	1.05
		j1605	647	1090	2016-05-10	610	2016-01-14	1958881.85	89	22009.91
		j1606	622	1046	2016-04-26	615	2016-01-12	733.29	110	6.67
		j1607	687	1050	2016-04-26	677	2016-02-26	301.43	130	2.32
		j1608	652	1233	2016-08-10	634	2016-02-16	274.51	151	1.82
		j1609	641	1418	2016-09-06	600	2016-01-12	13025785.38	174	74860.84
		j1610	628	1430	2016-09-30	628	2016-01-19	388.70	194	2.00
		j1611	637	2211	2016-11-14	598	2016-01-08	644.50	210	3.07
		j1612	620	3048	2016-12-01	593	2016-01-22	860.17	232	3.71
		j1701	599	2277	2016-11-14	558	2016-01-18	3923857.97	234	16768.62
		j1702	690	2185	2016-12-15	690	2016-03-16	1171.75	214	5.48
		j1703	759	2111	2016-11-14	708	2016-03-18	133.80	198	0.68
		j1704	1000	2016	2016-11-29	817	2016-06-01	1975.24	175	11.29

5-9 续表 2 continued

交易品种 Futures Products	上市交易所 Futures Exchange	合约 Contracts	年开盘价(元/吨) Opening Price of the Year (yuan/ton)	年最高价(元/吨) Highest Price of the Year (yuan/ton)	最高价日 Highest Day	年最低价(元/吨) Lowest Price of the Year (yuan/ton)	最低价日 Lowest Day	成交金额(万元) Trading Turnover (10 thousand yuan)	交易天数(天) Trading Days (day)	日均成交金额(万元) Daily Trading Turnover (10 thousand yuan)
焦炭 Coke	DCE	j1705	835	2085	2016-11-28	791.5	2016-05-27	41736993.33	155	269270.92
		j1706	834.5	2023.5	2016-11-28	834.5	2016-06-17	1658.605	134	12.38
		j1707	1066	1955	2016-11-14	996	2016-07-26	714.315	114	6.27
		j1708	1159	2000	2016-11-28	1159	2016-09-09	855.8	93	9.20
		j1709	1080	1941	2016-11-14	1080	2016-09-19	471006.595	70	6728.67
		j1710	1419	1904	2016-11-29	1348	2016-10-24	2395.83	50	47.92
		j1711	1587	1924	2016-11-28	1398	2016-12-27	979.09	34	28.80
		j1712	1699	1699	2016-12-21	1454	2016-12-27	47.62	12	3.97
焦煤 Coking Coal	DCE	jm1601	625	660	2016-01-15	612	2016-01-05	5920.39	10	592.04
		jm1602	613	613	2016-01-12	613	2016-01-12	0.00	30	0.00
		jm1603	561	590	2016-02-01	527	2016-01-15	0.00	46	0.00
		jm1605	567	682	2016-04-25	521	2016-01-14	1225765.17	89	13772.64
		jm1606	542	712	2016-04-25	536	2016-01-25	38.30	110	0.35
		jm1607	603	768	2016-04-26	603	2016-02-23	0.00	130	0.00
		jm1608	574	810	2016-04-26	573	2016-03-04	56.50	151	0.37
		jm1609	548	870	2016-09-05	498	2016-01-18	2483046.96	174	14270.38
		jm1610	604	1154	2016-10-11	592	2016-03-10	189.24	194	0.98
		jm1611	525	1476	2016-11-02	524	2016-01-28	5.10	210	0.02
		jm1612	532	1905	2016-11-24	504	2016-01-26	66.50	232	0.29
		jm1701	499	1676	2016-11-14	493	2016-01-18	1493587.65	234	6382.85
		jm1702	680	1609	2016-11-14	680	2016-04-07	318.60	214	1.49
		jm1703	586	1557	2016-11-29	586	2016-03-30	251.07	198	1.27
		jm1704	770	1521	2016-11-14	638	2016-05-16	824.75	175	4.71
		jm1705	676	1558	2016-11-14	651	2016-05-24	24790299.87	155	159937.42
		jm1706	1426	1448	2016-11-25	1144	2016-12-29	779.09	134	5.81
		jm1707	861	1470	2016-11-14	847	2016-08-22	504.45	114	4.43
		jm1708	1280	1481	2016-11-14	1184	2016-12-26	163.84	93	1.76
		jm1709	891	1463	2016-11-14	879	2016-09-23	291908.30	70	4170.12
		jm1710	1021	1389	2016-11-28	1021	2016-11-01	390.41	50	7.81
		jm1711	1214	1323	2016-11-24	1198	2016-11-30	89.36	34	2.63
		jm1712	1090	1090	2016-12-26	1090	2016-12-26	6.54	12	0.55
铁矿石 Iron Ore	DCE	i1601	370	375	2016-01-05	318	2016-01-13	62110.59	10	6211.06
		i1602	339	346	2016-01-04	311	2016-01-13	49.46	30	1.65
		i1603	345	400	2016-03-01	304	2016-01-13	19.51	46	0.42
		i1604	326	467	2016-03-09	304	2016-01-13	80.86	69	1.17
		i1605	326	572	2016-05-03	298	2016-01-14	5709200.67	89	64148.32
		i1606	320	507	2016-04-25	299	2016-01-12	3631.33	110	33.01
		i1607	304	494	2016-04-25	290	2016-01-14	641.99	130	4.94
		i1608	311	498	2016-07-29	293	2016-01-13	622.37	151	4.12
		i1609	313	511	2016-08-09	285	2016-01-13	29737883.65	174	170907.38
		i1610	313	495	2016-08-23	285	2016-01-13	701.23	194	3.61
		i1611	313	571	2016-11-14	286	2016-01-13	170.41	210	0.81
		i1612	314	630	2016-11-30	288	2016-01-13	183.46	232	0.79

5–9 续表 3 continued

交易品种 Futures Products	上市交易所 Futures Exchange	合约 Contracts	年开盘价(元/吨) Opening Price of the Year (yuan/ton)	年最高价(元/吨) Highest Price of the Year (yuan/ton)	最高价日 Highest Day	年最低价(元/吨) Lowest Price of the Year (yuan/ton)	最低价日 Lowest Day	成交金额(万元) Trading Turnover (10 thousand yuan)	交易天数(天) Trading Days (day)	日均成交金额(万元) Daily Trading Turnover (10 thousand yuan)
铁矿石 Iron Ore	DCE	i1701	284	701	2016-12-12	283	2016-01-18	4389572.41	234	18758.86
		i1702	320.5	666.5	2016-12-07	313	2016-05-30	2460.62	214	11.50
		i1703	347	662.5	2016-12-12	311	2016-05-30	693.98	198	3.50
		i1704	399	675	2016-12-12	311	2016-05-27	8643.53	175	49.39
		i1705	330	657	2016-12-12	302.5	2016-05-30	179532898.14	155	1158276.76
		i1706	315	636	2016-12-13	315	2016-06-17	10426.87	134	77.81
		i1707	384	606	2016-11-28	361	2016-09-19	5372.45	114	47.13
		i1708	390	627	2016-12-12	356	2016-09-19	8165.95	93	87.81
		i1709	359	620	2016-12-12	344	2016-09-19	10029831.24	70	143283.30
		i1710	387	605	2016-12-12	386	2016-10-24	8646.42	50	172.93
		i1711	489	604	2016-12-12	458	2016-11-22	5106.15	34	150.18
		i1712	572	572	2016-12-16	475	2016-12-26	1079.73	12	89.98
甲醇(MA) Menth–anol	ZCE	MA601	1694	1832	2016-01-08	1684	2016-01-04	7260.88	10	726.09
		MA602	1822	1822	2016-01-12	1504	2016-01-29	30.71	30	1.02
		MA603	1781	1843	2016-02-02	1586	2016-01-26	114.63	46	2.49
		MA604	1801	1883	2016-02-22	1706	2016-01-19	140.62	69	2.04
		MA605	1750	2075	2016-03-22	1685	2016-01-18	82463210.15	89	926552.92
		MA606	1729	2080	2016-03-22	1634	2016-02-15	6160.16	110	56.00
		MA607	1717	2039	2016-06-29	1717	2016-01-18	178.57	130	1.37
		MA608	1764	2121	2016-04-27	1696	2016-01-12	18117.68	151	119.98
		MA609	1766	2098	2016-04-25	1674	2016-01-18	79987790.79	174	459699.95
		MA610	1750	2099	2016-04-21	1732	2016-02-02	18393.17	194	94.81
		MA611	1770	2354	2016-10-28	1693	2016-01-18	14556.87	210	69.32
		MA612	1807	2697	2016-11-25	1744	2016-02-02	410.62	232	1.77
		MA701	1696	3101	2016-12-16	1696	2016-01-18	79809655.09	234	341066.90
		MA702	1870	2997	2016-12-19	1832	2016-05-24	983.21	214	4.62
		MA703	2068	2978	2016-12-15	1879	2016-05-24	344.25	198	1.74
		MA704	1955	2966	2016-12-15	1920	2016-05-19	37295.12	175	213.12
		MA705	1978	3011	2016-12-16	1855	2016-05-24	39720944.18	155	256264.16
		MA706	2144	2949	2016-12-14	1948	2016-07-27	15482.79	134	115.54
		MA707	2084	2901	2016-12-14	2020	2016-08-22	245.47	114	2.16
		MA708	2229	2895	2016-12-14	2229	2016-10-26	65.51	93	0.72
		MA709	2084	2956	2016-12-16	2028	2016-09-23	451755.72	70	6453.67
		MA710	2386	2480	2016-11-30	2360	2016-11-04	35.85	50	0.72
		MA711	—	0	—	—	—	0.00	34	0.00
		MA712	2628	2824	2016-12-22	2628	2016-12-22	13.71	12	1.14
PTA	ZCE	TA601	4356	4508	2016-01-04	4102	2016-01-14	28154.60	10	2815.46
		TA602	4322	4352	2016-02-18	4092	2016-01-19	675.72	30	22.52
		TA603	4400	4708	2016-03-08	4162	2016-01-18	545.37	46	11.86
		TA604	4448	4746	2016-03-08	4212	2016-01-13	669.01	69	9.70
		TA605	4490	5070	2016-04-27	4200	2016-01-18	70483854.88	89	791953.43
		TA606	4472	4962	2016-04-21	4214	2016-01-18	4937.38	110	44.89
		TA607	4486	5130	2016-04-28	4402	2016-03-01	938.98	130	7.22
		TA608	4338	5142	2016-04-27	4286	2016-01-18	3075.44	151	20.37

5−9 续表 4 continued

交易品种 Futures Products	上市交易所 Futures Exchange	合约 Contracts	年开盘价(元/吨) Opening Price of the Year (yuan/ton)	年最高价(元/吨) Highest Price of the Year (yuan/ton)	最高价日 Highest Day	年最低价(元/吨) Lowest Price of the Year (yuan/ton)	最低价日 Lowest Day	成交金额(万元) Trading Turnover (10 thousand yuan)	交易天数(天) Trading Days (day)	日均成交金额(万元) Daily Trading Turnover (10 thousand yuan)
PTA	ZCE	TA609	4576	5212	2016-04-27	4252	2016-01-18	143543577.97	174	824963.09
		TA610	4590	5232	2016-04-27	4382	2016-01-20	4453.80	194	22.96
		TA611	4528	5146	2016-04-25	4518	2016-02-26	605.32	210	2.88
		TA612	4594	5308	2016-12-13	4498	2016-02-05	5196.89	232	22.40
		TA701	4374	5450	2016-12-16	4316	2016-01-18	115005544.24	234	491476.68
		TA702	4704	5396	2016-12-19	4592	2016-02-23	2448.55	214	11.44
		TA703	4844	5464	2016-12-13	4642	2016-03-28	1464.20	198	7.39
		TA704	5060	5586	2016-12-16	4686	2016-05-27	782.55	175	4.47
		TA705	4882	5612	2016-12-16	4708	2016-05-25	87067587.23	155	561726.37
		TA706	5102	5642	2016-12-16	4814	2016-08-31	9389.64	134	70.07
		TA707	4880	5618	2016-12-16	4642	2016-08-30	4245.37	114	37.24
		TA708	4938	5584	2016-12-19	4828	2016-08-30	212.47	93	2.28
		TA709	4888	5688	2016-12-12	4808	2016-09-23	1995150.09	70	28502.14
		TA710	5118	5656	2016-12-14	5058	2016-11-02	349.38	50	6.99
		TA711	5350	5716	2016-12-28	5222	2016-11-30	3559.83	34	104.70
		TA712	5718	5738	2016-12-28	5536	2016-12-27	11.30	12	0.94
动力煤 TC Thermal Coal	ZCE	TC601	297	321.8	2016-01-04	297	2016-01-04	707.01	5	141.40
		TC602	—	0	—	—	—	0.00	25	0.00
		TC603	286	332.8	2016-02-24	286	2016-01-07	72.77	41	1.77
		TC604	311.4	322	2016-03-08	270.2	2016-01-04	116.97	64	1.83
动力煤 ZC Thermal Coal	ZCE	ZC605	306	386.8	2016-04-28	291	2016-01-18	24405733.95	84	290544.45
		ZC606	298.4	386.2	2016-05-04	289.2	2016-01-18	1673.19	105	15.94
		ZC607	306.8	412.6	2016-06-30	306.8	2016-01-05	238.16	125	1.91
		ZC608	304.8	459	2016-07-21	292.8	2016-01-14	811.13	146	5.56
		ZC609	301.8	480.8	2016-08-10	284.4	2016-01-18	65690523.86	169	388701.32
		ZC610	315	575	2016-10-12	300.8	2016-01-18	3351.80	189	17.73
		ZC611	321.4	629.4	2016-10-27	319.4	2016-02-24	270.01	205	1.32
		ZC612	298.6	674.8	2016-11-08	289.8	2016-01-14	2863.75	227	12.62
		ZC701	339.6	681.6	2016-11-07	305.8	2016-01-18	136102246.93	239	569465.47
		ZC702	377	657.8	2016-11-10	365.4	2016-03-28	8190.42	219	37.40
		ZC703	408	625.8	2016-11-07	357.2	2016-03-18	409.25	203	2.02
		ZC704	399	619.6	2016-11-07	399	2016-04-11	495.94	180	2.76
		ZC705	387.6	605.2	2016-11-14	382	2016-05-12	13698964.63	160	85618.53
		ZC706	465.8	575	2016-11-16	442.6	2016-07-15	1279.41	139	9.20
		ZC707	441.8	586.2	2016-11-08	441.8	2016-08-04	230.44	119	1.94
		ZC708	550.6	551.8	2016-11-01	512.2	2016-12-28	106.86	98	1.09
		ZC709	456.8	583.8	2016-11-14	456.8	2016-09-08	257820.26	75	3437.60
		ZC710	548.4	578	2016-11-08	506.6	2016-10-28	113.47	55	2.06
		ZC711	—	0	—	—	—	0.00	39	0.00
		ZC712	566.2	566.2	2016-12-16	518	2016-12-22	10.84	17	0.64
玻璃 Glass	ZCE	FG601	885	928	2016-01-06	861	2016-01-12	2999.63	10	299.96
		FG602	912	920	2016-01-12	849	2016-01-27	131.85	30	4.39
		FG603	860	985	2016-02-29	825	2016-01-11	66.06	46	1.44
		FG604	823	975	2016-03-09	823	2016-01-07	640.50	69	9.28

5-9 续表 5 continued

交易品种 Futures Products	上市交易所 Futures Exchange	合约 Contracts	年开盘价（元/吨） Opening Price of the Year (yuan/ton)	年最高价（元/吨） Highest Price of the Year (yuan/ton)	最高价日 Highest Day	年最低价（元/吨） Lowest Price of the Year (yuan/ton)	最低价日 Lowest Day	成交金额（万元） Trading Turnover (10 thousand yuan)	交易天数（天） Trading Days (day)	日均成交金额(万元) Daily Trading Turnover (10 thousand yuan)
玻璃Glass	ZCE	FG605	833	1019	2016-03-08	820	2016-01-06	15326930.10	89	172212.70
		FG606	876	1060	2016-06-01	858	2016-01-14	8109.66	110	73.72
		FG607	864	1155	2016-07-01	864	2016-01-07	733.22	130	5.64
		FG608	865	1240	2016-08-09	859	2016-01-12	771.68	151	5.11
		FG609	838	1358	2016-09-01	818	2016-01-14	43876224.61	174	252162.21
		FG610	815	1255	2016-10-12	806	2016-01-14	2322.81	194	11.97
		FG611	825	1255	2016-10-31	813	2016-01-14	2103.85	210	10.02
		FG612	938	1373	2016-11-15	882	2016-01-18	16617.28	232	71.63
		FG701	886	1382	2016-12-16	850	2016-01-18	75067630.33	234	320801.84
		FG702	932	1370	2016-12-14	910	2016-03-01	1884.67	214	8.81
		FG703	1008	1373	2016-12-14	944	2016-05-10	21355.95	198	107.86
		FG704	1045	1341	2016-12-13	953	2016-05-27	354.66	175	2.03
		FG705	1009	1390	2016-12-14	938	2016-05-24	14432151.65	155	93110.66
		FG706	1037	1379	2016-12-16	1019	2016-06-23	1669.81	134	12.46
		FG707	1110	1335	2016-12-13	1045	2016-10-17	282.69	114	2.48
		FG708	1151	1365	2016-12-19	1029	2016-09-28	528.10	93	5.68
		FG709	1075	1385	2016-12-14	988	2016-10-12	374008.77	70	5342.98
		FG710	1113	1298	2016-11-28	1039	2016-10-27	164.29	50	3.29
		FG711	1152	1361	2016-12-13	1144	2016-11-18	129.97	34	3.82
		FG712	—	0	—	—	—	0.00	12	0.00
硅铁 Ferrosilicon	ZCE	SF601	3780	3832	2016-01-04	3780	2016-01-04	5.72	10	0.57
		SF602	—	0	—	—	—	0.00	30	0.00
		SF603	—	0	—	—	—	0.00	46	0.00
		SF604	—	0	—	—	—	0.00	69	0.00
		SF605	3628	5216	2016-03-08	3580	2016-01-05	55610.23	89	624.83
		SF606	—	0	—	—	—	0.00	110	0.00
		SF607	—	0	—	—	—	0.00	130	0.00
		SF608	—	0	—	—	—	0.00	151	0.00
		SF609	3802	5038	2016-03-08	3802	2016-01-15	213853.34	174	1229.04
		SF610	3968	4650	2016-04-14	3968	2016-04-14	8.56	194	0.04
		SF611	4216	4396	2016-07-29	3904	2016-07-11	51.48	210	0.25
		SF612	4730	4730	2016-04-05	4416	2016-06-20	4.57	232	0.02
		SF701	4626	5898	2016-11-29	4078	2016-05-13	1403113.24	234	5996.21
		SF702	3558	5656	2016-11-17	3558	2016-06-23	482.35	214	2.25
		SF703	5160	5498	2016-11-02	4416	2016-07-29	104.40	198	0.53
		SF704	3940	4900	2016-07-29	3940	2016-07-08	4240.99	175	24.23
		SF705	4000	5724	2016-10-17	4000	2016-07-08	52736.79	155	340.24
		SF706	4000	5200	2016-10-28	4000	2016-07-08	8738.26	134	65.21
		SF707	3594	4500	2016-08-24	3594	2016-08-09	7.87	114	0.07
		SF708	5000	5200	2016-10-28	5000	2016-10-28	5.10	93	0.05
		SF709	4252	5798	2016-11-28	4230	2016-09-22	272.86	70	3.90
		SF710	5960	5960	2016-12-08	5388	2016-12-12	60.84	50	1.22
		SF711	—	0	—	—	—	0.00	34	0.00
		SF712	—	0	—	—	—	0.00	12	0.00

5-9 续表 6 continued

交易品种 Futures Products	上市交易所 Futures Exchange	合约 Contracts	年开盘价(元/吨) Opening Price of the Year (yuan/ton)	年最高价(元/吨) Highest Price of the Year (yuan/ton)	最高价日 Highest Day	年最低价(元/吨) Lowest Price of the Year (yuan/ton)	最低价日 Lowest Day	成交金额(万元) Trading Turnover (10 thousand yuan)	交易天数(天) Trading Days (day)	日均成交金额(万元) Daily Trading Turnover (10 thousand yuan)
锰硅 Ferromanganese-silicon	ZCE	SM601	4118	4118	2016-01-04	4118	2016-01-04	2.06	10	0.21
		SM602	—	0	—	—	—	0.00	30	0.00
		SM603	—	0	—	—	—	0.00	46	0.00
		SM604	—	0	—	—	—	0.00	69	0.00
		SM605	3750	5812	2016-04-29	3750	2016-01-04	74001.30	89	831.48
		SM606	—	0	—	—	—	0.00	110	0.00
		SM607	—	0	—	—	—	0.00	130	0.00
		SM608	—	0	—	—	—	0.00	151	0.00
		SM609	3622	6518	2016-08-05	3622	2016-01-08	951661.93	174	5469.32
		SM610	—	0	—	—	—	0.00	194	0.00
		SM611	—	0	—	—	—	0.00	210	0.00
		SM612	4864	8072	2016-11-09	4864	2016-07-26	267.22	232	1.15
		SM701	3420	8768	2016-12-30	3420	2016-01-28	3588172.24	234	15334.07
		SM702	5330	5970	2016-07-29	5330	2016-07-29	5.65	214	0.03
		SM703	—	0	—	—	—	0.00	198	0.00
		SM704	—	0	—	—	—	0.00	175	0.00
		SM705	5886	8500	2016-11-28	5392	2016-07-29	322745.69	155	2082.23
		SM706	—	0	—	—	—	0.00	134	0.00
		SM707	—	0	—	—	—	0.00	114	0.00
		SM708	5106	8064	2016-11-07	5106	2016-09-05	9.23	93	0.10
		SM709	6400	8478	2016-12-02	6006	2016-09-22	880.40	70	12.58
		SM710	—	0	—	—	—	0.00	50	0.00
		SM711	—	0	—	—	—	0.00	34	0.00
		SM712	—	0	—	—	—	0.00	12	0.00
燃料油 Fuel Oil	SHFE	fu1603	2225	2230	2016-02-22	2225	2016-02-22	22.28	1	22.28
		fu1604	2576	2720	2016-03-01	2411	2016-01-11	1840.54	29	63.47
		fu1605	2677	2677	2016-01-08	2013	2016-03-11	2309.97	39	59.23
		fu1606	2301	2301	2016-02-23	2040	2016-04-29	65.51	6	10.92
		fu1607	2159	2495	2016-06-27	2159	2016-03-03	99.99	7	14.28
		fu1608	2600	2625	2016-01-19	2080	2016-05-05	955.18	21	45.48
		fu1609	2746	2746	2016-01-13	2190	2016-05-11	250.93	10	25.09
		fu1610	—	—	2016-01-04	—	2016-01-04	0.00	0	—
		fu1611	2635	2635	2016-07-01	2550	2016-07-01	207.40	1	207.40
		fu1612	2147	2750	2016-05-17	2099	2016-08-03	607.67	27	22.51
		fu1702	2734	4001	2016-12-15	2237	2016-02-26	3099.01	57	54.37
		fu1703	2781	2781	2016-03-22	2201	2016-08-08	119.13	9	13.24
		fu1704	2666	4627	2016-12-14	2402	2016-07-22	40529.27	97	417.83
		fu1705	2650	3548	2016-12-01	2350	2016-10-13	1125.25	26	43.28
		fu1706	2758	3711	2016-12-15	2633	2016-11-01	215.78	10	21.58
		fu1707	—	—	2016-07-01	—	2016-07-01	0.00	0	—
		fu1708	2216	4401	2016-12-14	2216	2016-11-21	72.92	3	24.31

5—9 续表 7　continued

交易品种 Futures Products	上市交易所 Futures Exchange	合约 Contracts	年开盘价(元/吨) Opening Price of the Year (yuan/ton)	年最高价(元/吨) Highest Price of the Year (yuan/ton)	最高价日 Highest Day	年最低价(元/吨) Lowest Price of the Year (yuan/ton)	最低价日 Lowest Day	成交金额(万元) Trading Turnover (10 thousand yuan)	交易天数(天) Trading Days (day)	日均成交金额(万元) Daily Trading Turnover (10 thousand yuan)
燃料油 Fuel Oil	SHFE	fu1709	—	—	2016-09-01	—	2016-09-01	0.00	0	—
		fu1710	—	—	2016-10-10	—	2016-10-10	0.00	0	—
		fu1711	3099	4009	2016-12-28	2762	2016-11-18	167.37	6	27.90
		fu1712	—	—	2016-12-01	—	2016-12-01	0.00	0	—
石油沥青 Bitumen	SHFE	bu1601	1702	1724	2016-01-04	1506	2016-01-13	28423.85	10	2842.39
		bu1602	1700	1788	2016-01-20	1498	2016-02-03	255.13	19	13.43
		bu1603	1768	1854	2016-03-09	1560	2016-02-05	1134.87	36	31.52
		bu1604	1750	1908	2016-03-08	1606	2016-04-06	875.41	33	26.53
		bu1605	1884	1982	2016-04-22	1582	2016-02-15	128742.07	89	1446.54
		bu1606	1918	2050	2016-04-22	1620	2016-02-15	92736559.96	109	850794.13
		bu1607	1770	2142	2016-04-22	1664	2016-02-03	2372.24	89	26.65
		bu1608	1764	2114	2016-04-25	1682	2016-08-11	6876.17	107	64.26
		bu1609	1980	2184	2016-04-25	1550	2016-09-13	135900577.58	175	776574.73
		bu1610	1980	2230	2016-04-25	1428	2016-10-13	15287.76	116	131.79
		bu1611	2088	2220	2016-07-04	1624	2016-10-13	3297.24	84	39.25
		bu1612	1990	2394	2016-12-13	1702	2016-09-28	70615917.64	233	303072.61
		bu1701	2116	2546	2016-12-29	1714	2016-10-14	2257030.60	112	20152.06
		bu1702	2014	2594	2016-12-29	1776	2016-09-28	3884.75	73	53.22
		bu1703	1926	2632	2016-12-30	1828	2016-09-29	20883.70	196	106.55
		bu1704	1994	2866	2016-12-29	1930	2016-10-27	948.18	36	26.34
		bu1705	2120	2900	2016-12-29	2044	2016-11-16	147100.50	33	4457.59
		bu1706	2124	2778	2016-12-29	1858	2016-09-29	64867327.76	244	265849.70
		bu1709	2204	2878	2016-12-29	1970	2016-01-14	451112.22	238	1895.43
		bu1712	2170	2954	2016-12-29	1972	2016-01-13	42515.95	240	177.15
		bu1803	2110	2996	2016-12-28	2108	2016-03-16	4616.04	172	26.84
		bu1806	2320	3044	2016-12-28	2192	2016-09-29	12707.84	133	95.55
		bu1809	2364	3128	2016-12-28	2208	2016-09-29	18135.00	69	262.83
		bu1812	2972	3148	2016-12-28	2834	2016-12-26	4463.18	11	405.74

5-10 2016年金融期货交易情况
Futures Trading of Financial Futures in 2016

交易品种 Futures Products	上市交易所 Futures Exchange	合约 Contracts	年开盘价(元) Opening Price of the Year (yuan)	年最高价(元) Highest Price of the Year (yuan)	最高价日 Highest Day	年最低价(元) Lowest Price of the Year (yuan)	最低价日 Lowest Day	成交金额(亿元) Trading Turnover (100 million yuan)	交易天数(天) Trading Days (day)	日均成交金额(亿元) Daily Trading Turnover (100 million yuan)
沪深300股指期货 Index Futures	CFFEX	IF1601	3640.0	3657.4	2016-01-04	3082.0	2016-01-14	1534.05	10	153.40
		IF1602	3600.0	3605.4	2016-01-04	2808.0	2016-01-27	3350.25	30	111.67
		IF1603	3548.0	3560.0	2016-01-04	2743.0	2016-01-28	4617.70	50	92.35
		IF1604	2988.0	3306.6	2016-04-13	2699.0	2016-02-29	3922.03	39	100.56
		IF1605	3120.6	3267.6	2016-04-13	3014.8	2016-05-12	3830.10	43	89.07
		IF1606	3455.0	3465.0	2016-01-04	2600.0	2016-02-29	3580.53	111	32.26
		IF1607	3014.4	3299.0	2016-07-13	2920.0	2016-05-31	2821.59	38	74.25
		IF1608	3034.8	3423.8	2016-08-15	2940.0	2016-06-24	3248.66	45	72.19
		IF1609	2734.6	3403.8	2016-08-15	2474.2	2016-02-29	3663.77	165	22.20
		IF1610	3310.8	3343.0	2016-10-21	3185.6	2016-09-14	2167.75	38	57.05
		IF1611	3184.6	3449.6	2016-11-14	3172.4	2016-09-27	2281.50	39	58.50
		IF1612	2967.4	3583.0	2016-12-01	2696.0	2016-05-24	3249.14	165	19.69
		IF1701	3374.6	3563.0	2016-12-01	3233.8	2016-12-26	1359.84	30	45.33
		IF1702	3290.0	3295.0	2016-12-21	3215.6	2016-12-26	23.06	10	2.31
		IF1703	3057.8	3531.6	2016-12-01	2961.6	2016-07-27	409.77	113	3.63
		IF1706	3197.2	3483.8	2016-12-01	3145.2	2016-12-26	82.89	50	1.66
5年期国债期货 5 Years Treasury Future	CFFEX	TF1603	100.7	102.2	2016-03-07	100.3	2016-01-06	5603.78	45	124.53
		TF1606	100.5	101.3	2016-05-10	99.5	2016-02-03	6949.89	107	64.95
		TF1609	100.4	102.3	2016-08-15	99.2	2016-04-26	5626.82	171	32.91
		TF1612	99.9	102.2	2016-10-21	98.5	2016-04-21	4645.66	184	25.25
		TF1703	99.7	101.9	2016-10-21	96.9	2016-12-20	4579.16	137	33.42
		TF1706	100.6	101.6	2016-10-24	96.0	2016-12-20	330.29	73	4.52
		TF1709	98.6	98.6	2016-12-12	95.4	2016-12-20	6.72	15	0.45
10年期国债期货 10 Years Treasury Future	CFFEX	T1603	100.0	101.1	2016-02-26	99.1	2016-03-03	6857.30	45	152.38
		T1606	99.8	100.6	2016-01-14	98.5	2016-03-08	11723.55	107	109.57
		T1609	99.8	102.4	2016-08-15	97.4	2016-04-25	10852.46	171	63.46
		T1612	98.5	102.0	2016-10-24	96.6	2016-04-25	11984.47	184	65.13
		T1703	98.1	101.6	2016-10-24	93.5	2016-12-20	18198.20	137	132.83
		T1706	100.0	101.5	2016-10-24	92.5	2016-12-20	1611.57	73	22.08
		T1709	96.4	96.4	2016-12-12	92.0	2016-12-20	43.81	15	2.92
上证50股指期货 SSE 50 Index Futures	CFFEX	IH1601	2374.0	2388.4	2016-01-04	2050.0	2016-01-14	388.06	10	38.81
		IH1602	2344.8	2364.0	2016-01-04	1890.2	2016-01-28	803.70	30	26.79
		IH1603	2340.0	2343.0	2016-01-04	1860.0	2016-01-28	1187.46	50	23.75
		IH1604	1981.0	2204.8	2016-03-21	1829.2	2016-02-29	975.72	39	25.02
		IH1605	2126.0	2196.0	2016-04-14	2044.6	2016-05-18	917.32	43	21.33
		IH1606	2298.8	2298.8	2016-01-04	1790.0	2016-02-29	838.14	111	7.55
		IH1607	2048.6	2222.0	2016-07-13	2021.4	2016-05-24	699.95	38	18.42
		IH1608	2052.0	2311.6	2016-08-15	2010.0	2016-06-24	752.12	45	16.71
		IH1609	1926.8	2311.0	2016-08-15	1736.2	2016-02-29	907.87	165	5.50
		IH1610	2235.6	2248.8	2016-10-21	2150.4	2016-09-14	594.43	38	15.64
		IH1611	2160.2	2335.0	2016-11-14	2148.6	2016-09-27	684.95	39	17.56
		IH1612	2082.2	2460.4	2016-11-29	1939.0	2016-05-12	1071.45	165	6.49
		IH1701	2295.2	2444.6	2016-11-29	2236.4	2016-12-26	464.61	30	15.49
		IH1702	2282.2	2284.8	2016-12-19	2227.4	2016-12-26	9.88	10	0.99
		IH1703	2125.0	2437.2	2016-11-29	2075.6	2016-07-27	148.83	113	1.32
		IH1706	2159.2	2396.8	2016-12-01	2159.2	2016-10-24	28.14	50	0.56
中证500股指期货 CSI 500 Index Futures	CFFEX	IC1601	7350.0	7364.8	2016-01-04	5723.0	2016-01-14	1089.46	10	108.95
		IC1602	7104.8	7150.0	2016-01-04	5112.2	2016-01-27	2734.36	30	91.15
		IC1603	6980.0	6990.0	2016-01-04	4948.0	2016-01-27	4050.32	50	81.01
		IC1604	5769.8	6427.8	2016-04-13	4869.2	2016-02-29	3883.53	39	99.58
		IC1605	5750.0	6248.4	2016-04-13	5505.6	2016-05-12	4325.92	43	100.60
		IC1606	6550.0	6563.0	2016-01-04	4506.6	2016-01-27	4255.97	111	38.34
		IC1607	5458.8	6469.6	2016-07-15	5341.0	2016-05-26	3815.05	38	100.40
		IC1608	5723.0	6520.2	2016-08-18	5564.2	2016-06-24	4068.61	45	90.41
		IC1609	4565.0	6487.2	2016-09-09	4206.2	2016-01-27	4163.11	165	25.23
		IC1610	6313.0	6981.6	2016-09-07	6115.0	2016-08-25	2446.35	38	64.38
		IC1611	6126.6	6649.6	2016-11-17	6086.6	2016-09-27	2467.31	39	63.26
		IC1612	5294.6	6617.8	2016-11-28	4748.6	2016-05-12	3303.20	165	20.02
		IC1701	6433.8	6530.0	2016-11-28	6058.8	2016-12-13	1245.75	30	41.53
		IC1702	6131.2	6171.2	2016-12-21	6027.2	2016-12-26	25.34	10	2.53
		IC1703	5730.0	6369.8	2016-11-28	5417.0	2016-08-01	529.15	113	4.68
		IC1706	5878.0	6156.2	2016-11-28	5650.0	2016-12-15	158.74	50	3.17

注：1.成交量、成交金额为单边数据。
2.年开盘价和年最高价以自然年为统计周期；若自然年首个交易日无交易，则使用第一个交易日的开盘价作为年开盘价。
数据来源：中国金融期货交易所。
Source：CFFEX.

5-11 2016年期货市场主力合约情况
Statistics of Dominate Contract in 2016

交易所 Exchanges	交易品种	Futures Products	持仓量（手）Positions (lot)	上年末最后交易日结算价（元/吨）Last Trading Day Clearing Price of Last Year (yuan/ton)	本年末最后交易日结算价（元/吨）Last Trading Day Clearing Price of This Year (yuan/ton)	涨跌幅（%）Range of Fluctuation (%)
上海期货交易所 SHFE	铜	Copper	93679	36520	45430	24.40
	铝	Aluminum	106346	10810	12815	18.55
	锌	Zinc	86185	13430	20895	55.58
	铅	Lead	20607	13145	17555	33.55
	黄金(元/克)	Gold (yuan/g)	191539	226.30	270.35	19.47
	白银(元/千克)	Silver (yuan/kg)	354188	3294	4102	24.53
	螺纹钢	Steel Rebar	1221483	1789	2911	62.72
	线材	Steel Wire Rod	0	1911	2330	21.93
	热轧卷板	Hot Rolled Coils	177086	1949	3329	70.81
	燃料油	Fuel Oil	87	2530	4496	77.71
	石油沥青	Bitumen	366566	1902	2722	43.11
	天然橡胶	Natural Rubber	117133	10605	18170	71.33
	锡	Tin	4172	93280	146890	57.47
	镍	Nickel	267470	70360	85760	21.89
郑州商品交易所 ZCE	强麦(WH)	Strong Gluten Wheat	6647	2540	3035	19.49
	普麦	Wheat	2	2646	2588	-2.19
	棉花	Cotton	143624	13310	14985	12.58
	白糖	Sugar	166277	4615	6826	47.91
	菜籽油(OI)	Rapeseed Oil	111366	6082	7246	19.14
	早籼稻(RI)	Early Indica Rice	15	2277	2704	18.75
	晚籼稻	Late Indica Rice	2	2890	2918	0.97
	甲醇(MA)	Menthanol	205237	2057	2777	35.00
	甲醇(ME)	Menthanol	—	2005	—	—
	玻璃	Glass	84399	956	1229	28.56
	油菜籽	Rapeseed	88	4462	4994	11.92
	菜籽粕	Rapeseed Meal	256926	2272	2324	2.29
	动力煤（TC）	Thermal Coal	—	484	—	—
	动力煤（ZC）	Thermal Coal	107025	—	503.4	—
	硅铁	Silicon Iron	1289	5354	5168	-3.47
	锰硅	Manganese Silicon	9872	6080	6928	13.95
	粳稻	Japonica Rice	4	3000	3307	10.23
	PTA	PTA	1113115	4872	5458	12.03
大连商品交易所 DCE	玉米	Corn	1002141	1535	1519	-1.04
	玉米淀粉	Corn Starch	455907	1945	1792	-7.87
	黄大豆1号	Soybean No.1	116772	3517	4296	22.15
	黄大豆2号	Soybean No.2	5	3122	4004	28.25
	豆粕	Soybean Meal	1113562	2861	2812	-1.71
	豆油	Soybean Oil	341599	6268	6992	11.55
	棕榈油	RBD Palm Oil	251579	5194	6220	19.75
	鸡蛋(元/500千克)	Egg(yuan/500 kg)	90257	3352	3374	0.66
	胶合板(元/张)	Blockboard(yuan)	40	77	86.4	11.69
	纤维板(元/张)	Fiberboard(yuan)	8	44	64.50	47.73
	聚乙烯	LLDPE	128017	7760	9950	28.22
	聚丙烯	Polypropylene	77039	4895	6220	27.07
	聚氯乙烯	PVC	198384	6523	8910	36.59
	焦炭	Coke	68703	853	1538	80.30
	焦煤	Coking Coal	78692	655	1182	80.46
	铁矿石	Iron Ore	460596	337	555	64.69
中国金融期货交易所 CFFEX	沪深300股指期货	Index Futures	27570	3672.8	3292.0	-10.37
	上证50股指期货	SSE 50 Index Futures	17811	2403.6	2274.4	-5.41
	中证500股指期货	CSI 500 Index Futures	19468	7399.0	6217.2	-15.98
	5年期国债期货	5 Years Treasury Future	14225	100.7	99.4	-1.98
	10年期国债期货	10 Years Treasury Future	41239	100.1	97.3	-3.00

注：1.主力合约选用统计期末各期限合约中持仓量最大的合约，如持仓量相同则选取成交量最大合约为主力合约。
2.持仓量为2016年年末数据。
3.上年末最后交易日结算价指的是上年末最后交易日按持仓量最大来选取的主力合约结算价，本年末最后交易日结算价指的是本年末最后交易日按持仓量最大来选取的主力合约的结算价。

数据来源：上海期货交易所、郑州商品交易所、大连商品交易所、中国金融期货交易所。

Source：SHFE、ZCE、DCE、CFFEX.

5-12 2016年农产品期货持仓情况
Positions of Agricultural Products Futures in 2016

交易品种 Futures Products	上市交易所 Futures Exchange	合约 Contracts	最高持仓量（手） Highest Positions (lot)	最高持仓日期 Highest Positions Day	最后持仓量（手） Last Positions (lot)	最后持仓日期 Last Positions Day	年末持仓量（手） Positions at the End of the Year (lot)
玉米 Corn	DCE	c1601	2005	2016-01-04	545	2016-01-14	0
		c1603	364	2016-01-26	149	2016-03-11	0
		c1605	590484	2016-01-04	14354	2016-05-13	0
		c1607	1243	2016-03-17	5	2016-07-13	0
		c1609	507309	2016-03-16	1511	2016-09-13	0
		c1611	822	2016-01-13	1	2016-11-01	0
		c1701	1136486	2016-09-06	10245	2016-12-30	10245
		c1703	4423	2016-12-30	4423	2016-12-30	4423
		c1705	1066693	2016-12-19	1002141	2016-12-30	1002141
		c1707	1082	2016-09-29	778	2016-12-30	778
		c1709	155325	2016-12-19	153098	2016-12-30	153098
		c1711	356	2016-12-30	356	2016-12-30	356
玉米淀粉 Corn Starch	DCE	cs1601	8561	2016-01-04	4491	2016-01-14	0
		cs1603	45	2016-01-11	18	2016-03-11	0
		cs1605	267115	2016-01-14	1160	2016-05-13	0
		cs1607	30	2016-06-24	1	2016-06-29	0
		cs1609	183008	2016-06-01	1788	2016-09-13	0
		cs1611	64	2016-10-14	6	2016-11-11	0
		cs1701	543386	2016-09-23	2674	2016-12-30	2674
		cs1703	70	2016-05-23	51	2016-12-30	51
		cs1705	492797	2016-12-19	455907	2016-12-30	455907
		cs1707	30	2016-12-13	29	2016-12-30	29
		cs1709	47090	2016-12-30	47090	2016-12-30	47090
		cs1711	8	2016-12-30	8	2016-12-30	8
黄大豆1号 Soybean No.1	DCE	a1601	3536	2016-01-04	1613	2016-01-14	0
		a1603	908	2016-02-24	534	2016-03-03	0
		a1605	103308	2016-01-11	439	2016-05-13	0
		a1607	37	2016-05-09	6	2016-07-05	0
		a1609	156659	2016-05-11	101	2016-09-13	0
		a1611	249	2016-05-11	6	2016-11-10	0
		a1701	105292	2016-07-29	12203	2016-12-30	12203
		a1703	560	2016-12-26	549	2016-12-30	549
		a1705	154354	2016-12-22	116772	2016-12-30	116772
		a1707	18	2016-10-26	15	2016-12-30	15
		a1709	11014	2016-12-30	11014	2016-12-30	11014
		a1711	19	2016-11-11	2	2016-12-30	2
		a1801	5515	2016-12-22	5453	2016-12-30	5453
		a1803	6	2016-11-15	5	2016-12-30	5
		a1805	54	2016-12-21	42	2016-12-30	42
黄大豆2号 Soybean No.2	DCE	b1601	0	2016-01-04	1	2015-12-18	0
		b1603	0	2016-01-04	1	2015-10-29	0
		b1605	12	2016-01-26	1	2016-04-28	0
		b1607	61	2016-06-30	38	2016-07-11	0
		b1609	12	2016-05-12	4	2016-07-18	0
		b1611	8	2016-09-01	1	2016-10-31	0
		b1701	20	2016-04-06	1	2016-12-08	0
		b1703	16	2016-04-06	5	2016-12-30	5
		b1705	3	2016-07-15	1	2016-12-30	1
		b1707	1	2016-08-01	1	2016-08-12	0
		b1709	4	2016-11-24	4	2016-12-30	4
		b1711	1	2016-12-22	1	2016-12-30	1
豆粕 Soybean Meal	DCE	m1601	7371	2016-01-04	5180	2016-01-14	0
		m1603	170	2016-01-19	6	2016-02-26	0
		m1605	789048	2016-01-18	1513	2016-05-13	0

5—12 续表 1 continued

交易品种 Futures Products	上市交易所 Futures Exchange	合约 Contracts	最高持仓量(手) Highest Positions (lot)	最高持仓日期 Highest Positions Day	最后持仓量(手) Last Positions (lot)	最后持仓日期 Last Positions Day	年末持仓量(手) Positions at the End of the Year (lot)
豆粕 Soybean Meal	DCE	m1607	333	2016-01-04	1	2016-07-13	0
		m1608	144	2016-04-25	15	2016-07-28	0
		m1609	1684739	2016-04-19	2163	2016-09-13	0
		m1611	309	2016-06-02	1	2016-10-31	0
		m1612	65	2016-07-04	1	2016-12-13	0
		m1701	1042891	2016-09-07	6992	2016-12-30	6992
		m1703	123	2016-05-13	57	2016-12-30	57
		m1705	1301851	2016-12-07	1113562	2016-12-30	1113562
		m1707	133	2016-12-15	82	2016-12-30	82
		m1708	124	2016-10-31	53	2016-12-30	53
		m1709	278244	2016-12-30	278244	2016-12-30	278244
		m1711	42	2016-12-22	38	2016-12-30	38
		m1712	6	2016-12-21	5	2016-12-30	5
豆油 Soybean Oil	DCE	y1601	7315	2016-01-04	6698	2016-01-14	0
		y1603	10	2016-02-04	1	2016-02-24	0
		y1605	326534	2016-01-19	4760	2016-05-13	0
		y1607	21	2016-05-03	1	2016-06-24	0
		y1608	33	2016-04-28	1	2016-08-11	0
		y1609	509424	2016-04-15	7775	2016-09-13	0
		y1611	53	2016-07-05	1	2016-08-31	0
		y1612	10	2016-07-12	4	2016-10-21	0
		y1701	433542	2016-10-20	9606	2016-12-30	9606
		y1703	34	2016-08-03	2	2016-12-30	2
		y1705	424272	2016-12-07	341599	2016-12-30	341599
		y1707	22	2016-11-22	1	2016-12-20	0
		y1708	2	2016-12-08	1	2016-12-30	1
		y1709	80115	2016-12-30	80115	2016-12-30	80115
		y1711	5	2016-12-27	3	2016-12-30	3
		y1712	1	2016-12-29	1	2016-12-30	1
棕榈油 RBD Palm Oil	DCE	p1601	24463	2016-01-04	20222	2016-01-14	0
		p1602	13	2016-01-04	3	2016-01-28	0
		p1603	38	2016-01-13	1	2016-01-22	0
		p1604	5	2016-01-14	1	2016-03-24	0
		p1605	393367	2016-01-05	5727	2016-05-13	0
		p1606	15	2016-01-26	1	2016-05-20	0
		p1607	20	2016-01-14	4	2016-06-29	0
		p1608	12	2016-04-13	1	2016-07-28	0
		p1609	413192	2016-04-05	3126	2016-09-13	0
		p1610	8	2016-08-11	1	2016-09-29	0
		p1611	6	2016-01-04	1	2016-10-28	0
		p1612	27	2016-10-26	2	2016-11-29	0
		p1701	406224	2016-09-26	3352	2016-12-30	3352
		p1702	11	2016-07-14	9	2016-12-30	9
		p1703	4	2016-08-19	1	2016-12-26	0
		p1704	8	2016-12-06	2	2016-12-30	2
		p1705	351710	2016-11-28	251579	2016-12-30	251579
		p1706	7	2016-12-29	7	2016-12-30	7
		p1707	6	2016-11-25	2	2016-12-19	0
		p1708	1	2016-09-06	1	2016-12-30	1
		p1709	59348	2016-12-29	59095	2016-12-30	59095
		p1710	4	2016-12-01	2	2016-12-30	2
		p1711	0	2016-11-15	—	—	—
		p1712	0	2016-12-15	—	—	—

5-12 续表 2 continued

交易品种 Futures Products	上市交易所 Futures Exchange	合约 Contracts	最高持仓量（手） Highest Positions (lot)	最高持仓日期 Highest Positions Day	最后持仓量（手） Last Positions (lot)	最后持仓日期 Last Positions Day	年末持仓量（手） Positions at the End of the Year (lot)
鸡蛋 Egg	DCE	jd1601	31	2016-01-04	1	2016-01-14	0
		jd1602	140	2016-01-20	9	2016-02-18	0
		jd1603	320	2016-01-15	4	2016-03-11	0
		jd1604	169	2016-02-19	7	2016-04-14	0
		jd1605	107873	2016-02-24	3	2016-05-12	0
		jd1606	837	2016-04-26	1	2016-06-15	0
		jd1609	76117	2016-06-14	7	2016-09-13	0
		jd1610	602	2016-08-19	10	2016-10-20	0
		jd1611	596	2016-09-28	3	2016-11-11	0
		jd1612	101	2016-08-30	8	2016-11-30	0
		jd1701	147266	2016-08-29	138	2016-12-30	138
		jd1702	501	2016-12-30	501	2016-12-30	501
		jd1703	1381	2016-12-30	1381	2016-12-30	1381
		jd1704	30	2016-05-13	18	2016-12-30	18
		jd1705	90257	2016-12-30	90257	2016-12-30	90257
		jd1706	41	2016-10-17	15	2016-12-30	15
		jd1707	24	2016-08-23	16	2016-12-30	16
		jd1708	57	2016-12-06	49	2016-12-30	49
		jd1709	14340	2016-12-30	14340	2016-12-30	14340
		jd1710	38	2016-12-02	23	2016-12-30	23
		jd1711	10	2016-12-19	10	2016-12-30	10
		jd1712	1	2016-12-20	1	2016-12-30	1
纤维板 Fiberboard	DCE	fb1601	22	2016-01-04	18	2016-01-14	0
		fb1602	2	2016-01-04	2	2016-02-18	0
		fb1603	14	2016-02-22	10	2016-03-11	0
		fb1604	9	2016-01-04	2	2016-04-07	0
		fb1605	1	2016-01-04	1	2016-04-28	0
		fb1606	0	2016-01-04	—	—	—
		fb1607	0	2016-01-04	—	—	—
		fb1608	0	2016-01-04	—	—	—
		fb1609	4	2016-07-15	2	2016-08-30	0
		fb1610	0	2016-01-04	—	—	—
		fb1611	0	2016-01-04	—	—	—
		fb1612	0	2016-01-04	—	—	—
		fb1701	3	2016-03-31	1	2016-12-30	1
		fb1702	26	2016-11-23	8	2016-12-30	8
		fb1703	0	2016-03-15	—	—	—
		fb1704	0	2016-04-18	—	—	—
		fb1705	0	2016-05-17	—	—	—
		fb1706	0	2016-06-17	—	—	—
		fb1707	0	2016-07-15	—	—	—
		fb1708	0	2016-08-15	—	—	—
		fb1709	0	2016-09-19	—	—	—
		fb1710	0	2016-10-24	—	—	—
		fb1711	0	2016-11-15	—	—	—
		fb1712	0	2016-12-15	—	—	—
胶合板 Blockboard	DCE	bb1601	18	2016-01-04	18	2016-01-14	0
		bb1602	0	2016-01-04	1	2015-04-17	0
		bb1603	0	2016-01-04	—	—	—
		bb1604	0	2016-01-04	1	2015-08-11	0
		bb1605	0	2016-01-04	1	2015-05-27	0
		bb1606	0	2016-01-04	—	—	—
		bb1607	0	2016-01-04	—	—	—
		bb1608	0	2016-01-04	—	—	—
		bb1609	2	2016-06-22	1	2016-08-29	0

5-12 续表 3 continued

交易品种 Futures Products	上市交易所 Futures Exchange	合约 Contracts	最高持仓量（手） Highest Positions (lot)	最高持仓日期 Highest Positions Day	最后持仓量（手） Last Positions (lot)	最后持仓日期 Last Positions Day	年末持仓量（手） Positions at the End of the Year (lot)
胶合板 Blockboard	DCE	bb1610	0	2016-01-04	—	—	—
		bb1611	0	2016-01-04	—	—	—
		bb1612	0	2016-01-04	—	—	—
		bb1701	316	2016-11-21	40	2016-12-30	40
		bb1702	0	2016-02-22	—	—	—
		bb1703	0	2016-03-15	—	—	—
		bb1704	0	2016-04-18	—	—	—
		bb1705	0	2016-05-17	—	—	—
		bb1706	0	2016-06-17	—	—	—
		bb1707	0	2016-07-15	—	—	—
		bb1708	0	2016-08-15	—	—	—
		bb1709	0	2016-09-19	—	—	—
		bb1710	0	2016-10-24	—	—	—
		bb1711	2	2016-11-17	2	2016-11-17	0
		bb1712	0	2016-12-15	—	—	—
棉花 Cotton	ZCE	CF601	47872	2016-01-04	18846	2016-01-14	0
		CF603	1504	2016-03-08	1432	2016-03-11	0
		CF605	381290	2016-01-05	12854	2016-05-13	0
		CF607	5640	2016-07-07	5576	2016-07-13	0
		CF609	634774	2016-03-16	10380	2016-09-13	0
		CF611	2594	2016-06-20	2218	2016-11-11	0
		CF701	524848	2016-07-15	19246	2016-12-30	19246
		CF703	1586	2016-12-14	1236	2016-12-30	1236
		CF705	372958	2016-12-13	287248	2016-12-30	287248
		CF707	108	2016-12-22	66	2016-10-31	66
		CF709	31584	2016-12-26	30816	2016-12-30	30816
		CF711	80	2016-12-09	36	2016-12-30	36
粳稻 Japonica Rice	ZCE	JR601	0	—	0	—	0
		JR603	0	—	0	—	0
		JR605	0	—	0	—	0
		JR607	6	2016-03-07	0	—	0
		JR609	34	2016-06-29	0	—	0
		JR611	0	—	0	—	0
		JR701	4	2016-09-13	0	—	0
		JR703	0	—	0	—	0
		JR705	4	2016-11-28	4	2016-12-30	4
		JR707	0	—	0	—	0
		JR709	0	—	0	—	0
		JR711	12	2016-12-13	8	2016-12-30	8
晚籼稻 Late Indica Rice	ZCE	LR601	0	—	0	—	0
		LR603	0	—	0	—	0
		LR605	2	2016-01-04	0	—	0
		LR607	4	2016-03-14	0	—	0
		LR609	4	2016-01-04	0	—	0
		LR611	48	2016-10-14	0	—	0
		LR701	0	—	0	—	0
		LR703	0	—	0	—	0
		LR705	12	2016-11-15	4	2016-12-30	4
		LR707	0	—	0	—	0
		LR709	0	—	0	—	0
		LR711	10	2016-12-23	2	2016-12-30	2
菜籽油 Rapeseed Oil	ZCE	OI601	5794	2016-01-11	4594	2016-01-14	0
		OI603	2	2016-01-04	0	—	0

5—12 续表 4 continued

交易品种 Futures Products	上市交易所 Futures Exchange	合约 Contracts	最高持仓量(手) Highest Positions (lot)	最高持仓日期 Highest Positions Day	最后持仓量(手) Last Positions (lot)	最后持仓日期 Last Positions Day	年末持仓量(手) Positions at the End of the Year (lot)
菜籽油 Rapeseed Oil	ZCE	OI605	178536	2016-01-20	3200	2016-05-13	0
		OI607	106	2016-06-13	40	2016-05-31	0
		OI609	300626	2016-04-27	25396	2016-09-13	0
		OI611	170	2016-08-03	52	2016-10-31	0
		OI701	373414	2016-10-24	15810	2016-12-30	15810
		OI703	34	2016-09-21	2	2016-03-31	2
		OI705	368354	2016-12-01	222732	2016-12-30	222732
		OI707	58	2016-09-22	6	2016-12-30	6
		OI709	71736	2016-12-30	71736	2016-12-30	71736
		OI711	2	2016-11-24	2	2016-11-30	0
普麦 Wheat	ZCE	PM601	26	2016-01-04	26	2016-01-14	0
		PM603	2	2016-01-04	0	—	0
		PM605	8	2016-01-04	0	—	0
		PM607	10	2016-04-25	0	—	0
		PM609	0	—	0	—	0
		PM611	20	2016-05-05	0	—	0
		PM701	8	2016-10-20	4	2016-01-29	4
		PM703	0	—	0	—	0
		PM705	4	2016-12-15	2	2016-10-31	2
		PM707	2	2016-09-12	0	—	0
		PM709	0	—	0	—	0
		PM711	0	—	0	—	0
早籼稻 Early Indica Rice	ZCE	RI601	2	2016-01-04	2	2016-01-05	0
		RI603	0	—	0	—	0
		RI605	18	2016-04-22	2	2016-02-29	0
		RI607	2	2016-03-25	0	—	0
		RI609	14	2016-03-01	0	—	0
		RI611	2	2016-06-13	0	—	0
		RI701	92	2016-08-05	0	—	0
		RI703	76	2016-12-15	22	2016-12-30	22
		RI705	20	2016-10-14	0	—	0
		RI707	4	2016-08-24	2	2016-11-30	2
		RI709	58	2016-11-28	30	2016-12-30	30
		RI711	0	—	0	—	0
菜籽粕 Rapeseed Meal	ZCE	RM601	15034	2016-01-04	7610	2016-01-14	0
		RM603	6670	2016-01-05	3682	2016-03-11	0
		RM605	727538	2016-01-18	9214	2016-05-13	0
		RM607	4574	2016-01-29	614	2016-07-13	0
		RM608	4050	2016-01-28	12	2016-08-11	0
		RM609	1054782	2016-06-03	224	2016-09-13	0
		RM611	1786	2016-01-04	0	—	0
		RM701	838050	2016-09-05	12478	2016-12-30	12478
		RM703	18784	2016-12-20	2710	2016-12-30	2710
		RM705	648938	2016-12-13	513852	2016-12-30	513852
		RM707	146	2016-09-06	52	2016-12-30	52
		RM708	176	2016-12-06	166	2016-12-30	166
		RM709	137822	2016-12-26	137680	2016-12-30	137680
		RM711	606	2016-12-26	554	2016-12-30	554
油菜籽 Rapeseed	ZCE	RS607	2086	2016-04-21	628	2016-07-13	0
		RS608	0	—	0	—	0
		RS609	356	2016-07-18	0	—	0
		RS611	10	2016-03-18	0	—	0
		RS707	374	2016-11-18	176	2016-12-30	176

5-12 续表 5 continued

交易品种 Futures Products	上市交易所 Futures Exchange	合约 Contracts	最高持仓量（手） Highest Positions (lot)	最高持仓日期 Highest Positions Day	最后持仓量（手） Last Positions (lot)	最后持仓日期 Last Positions Day	年末持仓量（手） Positions at the End of the Year (lot)
油菜籽 Rapeseed	ZCE	RS708	4	2016-11-21	2	2016-11-30	0
		RS709	2	2016-12-05	2	2016-12-30	2
		RS711	0		0	—	0
白糖 Sugar	ZCE	SR601	48124	2016-01-04	25288	2016-01-14	0
		SR603	4064	2016-03-09	4064	2016-03-11	0
		SR605	981460	2016-01-15	36972	2016-05-13	0
		SR607	1366	2016-07-11	1010	2016-07-13	0
		SR609	1225120	2016-04-18	36426	2016-09-13	0
		SR611	4564	2016-10-27	1956	2016-11-11	0
		SR701	930538	2016-10-17	108392	2016-12-30	108392
		SR703	142	2016-01-06	46	2016-11-30	46
		SR705	399764	2016-12-12	332554	2016-12-30	332554
		SR707	128	2016-09-12	12	2016-11-30	12
		SR709	62216	2016-12-30	62216	2016-12-30	62216
		SR711	24	2016-09-28	8	2016-07-29	8
		SR801	40162	2016-12-30	40162	2016-12-30	40162
		SR803	110	2016-12-30	110	2016-12-30	110
		SR805	1728	2016-12-22	1682	2016-12-30	1682
强麦 Strong Gluten Wheat	ZCE	WH601	4200	2016-01-04	3418	2016-01-14	0
		WH603	4	2016-01-04	0	—	0
		WH605	64740	2016-01-06	1086	2016-05-13	0
		WH607	52	2016-01-08	22	2016-06-30	0
		WH609	13008	2016-05-27	696	2016-09-13	0
		WH611	16	2016-01-05	0	—	0
		WH701	14716	2016-11-30	4222	2016-12-30	4222
		WH703	4	2016-04-13	0	—	0
		WH705	13294	2016-12-30	13294	2016-12-30	13294
		WH707	76	2016-07-18	4	2016-10-31	4
		WH709	3858	2016-12-30	3858	2016-12-30	3858
		WH711	2	2016-12-20	2	2016-12-30	2
天然橡胶 Natural Rubber	SHFE	ru1601	9172	2016-01-04	3442	2016-01-15	—
		ru1603	866	2016-03-15	866	2016-03-15	—
		ru1604	461	2016-01-25	459	2016-04-15	—
		ru1605	153135	2016-01-11	12590	2016-05-16	—
		ru1606	551	2016-01-11	308	2016-06-15	—
		ru1607	553	2016-02-17	313	2016-07-08	—
		ru1608	686	2016-01-08	223	2016-08-15	—
		ru1609	187761	2016-06-17	6513	2016-09-19	—
		ru1610	735	2016-03-04	145	2016-10-17	—
		ru1611	15951	2016-09-19	5097	2016-11-15	—
		ru1701	157989	2016-10-14	9191	2016-12-30	9191
		ru1703	708	2016-11-08	77	2016-12-30	77
		ru1704	548	2016-07-06	76	2016-12-30	76
		ru1705	144852	2016-12-13	117133	2016-12-30	117133
		ru1706	544	2016-08-10	121	2016-12-30	121
		ru1707	73	2016-11-14	57	2016-12-30	57
		ru1708	33	2016-12-26	30	2016-12-30	30
		ru1709	31000	2016-12-16	26734	2016-12-30	26734
		ru1710	37	2016-12-12	28	2016-12-30	28
		ru1711	299	2016-12-20	250	2016-12-30	250

5-13 2016年金属期货持仓情况
Positions of Metal Products Futures in 2016

交易品种 Futures Products	上市交易所 Futures Exchange	合约 Contracts	最高持仓量（手） Highest Positions (lot)	最高持仓日期 Highest Positions Day	最后持仓量（手） Last Positions (lot)	最后持仓日期 Last Positions Day	年末持仓量（手） Positions at the End of the Year (lot)
铜 Copper	SHFE	cu1601	25200	2016-01-04	9005	2016-01-15	—
		cu1602	87673	2016-01-04	11060	2016-02-15	—
		cu1603	178250	2016-01-11	14895	2016-03-15	—
		cu1604	135358	2016-02-19	10885	2016-04-15	—
		cu1605	162851	2016-03-02	10405	2016-05-16	—
		cu1606	174647	2016-04-08	8475	2016-06-15	—
		cu1607	169563	2016-05-09	19550	2016-07-08	—
		cu1608	181266	2016-06-02	9055	2016-08-15	—
		cu1609	154872	2016-07-15	3095	2016-09-19	—
		cu1610	127785	2016-08-24	3680	2016-10-17	—
		cu1611	121529	2016-09-12	2510	2016-11-15	—
		cu1612	102685	2016-10-13	3735	2016-12-15	—
		cu1701	131356	2016-11-11	22120	2016-12-30	22120
		cu1702	140512	2016-12-07	65126	2016-12-30	65126
		cu1703	96071	2016-12-29	93679	2016-12-30	93679
		cu1704	33998	2016-12-29	33774	2016-12-30	33774
		cu1705	14096	2016-12-30	14096	2016-12-30	14096
		cu1706	4003	2016-12-30	4003	2016-12-30	4003
		cu1707	1121	2016-12-30	1121	2016-12-30	1121
		cu1708	854	2016-12-29	844	2016-12-30	844
		cu1709	1426	2016-12-12	1380	2016-12-30	1380
		cu1710	671	2016-12-30	671	2016-12-30	671
		cu1711	1560	2016-12-29	1558	2016-12-30	1558
		cu1712	2042	2016-12-29	2041	2016-12-30	2041
铝 Aluminum	SHFE	al1601	15980	2016-01-04	7460	2016-01-15	—
		al1602	58359	2016-01-04	12245	2016-02-15	—
		al1603	140124	2016-01-13	23750	2016-03-15	—
		al1604	128898	2016-02-16	13080	2016-04-15	—
		al1605	129422	2016-03-07	13585	2016-05-16	—
		al1606	140701	2016-04-14	6790	2016-06-15	—
		al1607	142809	2016-05-03	15685	2016-07-08	—
		al1608	132720	2016-06-07	1495	2016-08-15	—
		al1609	110930	2016-07-13	2055	2016-09-19	—
		al1610	126299	2016-08-18	1790	2016-10-17	—
		al1611	121099	2016-09-06	2590	2016-11-15	—
		al1612	122347	2016-10-18	4920	2016-12-15	—
		al1701	120737	2016-11-10	25607	2016-12-30	25607
		al1702	152135	2016-12-19	100113	2016-12-30	100113
		al1703	106592	2016-12-29	106346	2016-12-30	106346
		al1704	39367	2016-12-29	39048	2016-12-30	39048
		al1705	36410	2016-12-07	36099	2016-12-30	36099
		al1706	13250	2016-11-24	13015	2016-12-30	13015

5-13 续表 1 continued

交易品种 Futures Products	上市交易所 Futures Exchange	合约 Contracts	最高持仓量(手) Highest Positions (lot)	最高持仓日期 Highest Positions Day	最后持仓量(手) Last Positions (lot)	最后持仓日期 Last Positions Day	年末持仓量(手) Positions at the End of the Year (lot)
铝 Aluminum	SHFE	al1707	3545	2016-12-30	3545	2016-12-30	3545
		al1708	3003	2016-12-30	3003	2016-12-30	3003
		al1709	4567	2016-11-22	4380	2016-12-30	4380
		al1710	1158	2016-12-30	1158	2016-12-30	1158
		al1711	428	2016-12-16	416	2016-12-30	416
		al1712	186	2016-12-30	186	2016-12-30	186
锌 Zinc	SHFE	zn1601	10010	2016-01-04	4880	2016-01-15	—
		zn1602	50607	2016-01-04	6960	2016-02-15	—
		zn1603	101565	2016-01-12	13845	2016-03-15	—
		zn1604	102974	2016-02-22	13690	2016-04-15	—
		zn1605	99762	2016-03-07	9700	2016-05-16	—
		zn1606	111347	2016-04-18	17615	2016-06-15	—
		zn1607	98087	2016-05-16	11000	2016-07-08	—
		zn1608	115703	2016-06-07	6430	2016-08-15	—
		zn1609	138595	2016-07-22	8265	2016-09-19	—
		zn1610	154868	2016-08-10	7540	2016-10-17	—
		zn1611	174355	2016-09-02	10500	2016-11-15	—
		zn1612	112749	2016-10-13	6615	2016-12-15	—
		zn1701	139340	2016-11-07	13853	2016-12-30	13853
		zn1702	125181	2016-12-07	56992	2016-12-30	56992
		zn1703	86185	2016-12-30	86185	2016-12-30	86185
		zn1704	36586	2016-12-30	36586	2016-12-30	36586
		zn1705	10840	2016-12-30	10840	2016-12-30	10840
		zn1706	999	2016-12-28	975	2016-12-30	975
		zn1707	400	2016-08-31	283	2016-12-30	283
		zn1708	227	2016-09-08	190	2016-12-30	190
		zn1709	133	2016-11-28	126	2016-12-30	126
		zn1710	315	2016-12-30	315	2016-12-30	315
		zn1711	172	2016-12-23	158	2016-12-30	158
		zn1712	21	2016-12-28	20	2016-12-30	20
铅 Lead	SHFE	pb1601	1315	2016-01-04	225	2016-01-15	—
		pb1602	8267	2016-01-04	2180	2016-02-15	—
		pb1603	10290	2016-02-03	2890	2016-03-15	—
		pb1604	11496	2016-02-25	280	2016-04-15	—
		pb1605	9607	2016-03-14	1600	2016-05-16	—
		pb1606	9114	2016-04-21	2065	2016-06-15	—
		pb1607	9213	2016-05-12	3020	2016-07-08	—
		pb1608	8484	2016-06-30	2940	2016-08-15	—
		pb1609	11961	2016-07-27	1740	2016-09-19	—
		pb1610	12220	2016-09-02	2535	2016-10-17	—
		pb1611	15501	2016-10-11	1085	2016-11-15	—
		pb1612	16599	2016-10-25	2435	2016-12-15	—

5—13 续表 2 continued

交易品种 Futures Products	上市交易所 Futures Exchange	合约 Contracts	最高持仓量(手) Highest Positions (lot)	最高持仓日期 Highest Positions Day	最后持仓量(手) Last Positions (lot)	最后持仓日期 Last Positions Day	年末持仓量(手) Positions at the End of the Year (lot)
铅 Lead	SHFE	pb1701	22721	2016-11-28	5135	2016-12-30	5135
		pb1702	23768	2016-12-15	20607	2016-12-30	20607
		pb1703	10648	2016-12-30	10648	2016-12-30	10648
		pb1704	3172	2016-12-30	3172	2016-12-30	3172
		pb1705	897	2016-12-30	897	2016-12-30	897
		pb1706	229	2016-12-29	229	2016-12-30	229
		pb1707	90	2016-12-29	90	2016-12-30	90
		pb1708	69	2016-12-08	66	2016-12-30	66
		pb1709	121	2016-12-06	82	2016-12-30	82
		pb1710	99	2016-11-29	61	2016-12-30	61
		pb1711	42	2016-12-26	42	2016-12-30	42
		pb1712	15	2016-12-29	14	2016-12-30	14
黄金(元/克) Gold (yuan/g)	SHFE	au1601	150	2016-01-04	138	2016-01-15	—
		au1602	148	2016-01-08	84	2016-02-15	—
		au1603	31	2016-02-01	0	2016-03-15	—
		au1604	71	2016-01-14	6	2016-04-15	—
		au1605	84	2016-03-14	0	2016-05-16	—
		au1606	175868	2016-03-01	1791	2016-06-15	—
		au1607	19	2016-05-20	0	2016-07-08	—
		au1608	89	2016-06-27	3	2016-08-15	—
		au1609	60	2016-07-11	0	2016-09-19	—
		au1610	87	2016-07-14	3	2016-10-17	—
		au1611	15	2016-09-22	0	2016-11-15	—
		au1612	195653	2016-07-04	867	2016-12-15	—
		au1701	369	2016-12-15	270	2016-12-30	270
		au1702	249	2016-12-30	249	2016-12-30	249
		au1703	2	2016-12-28	0	2016-12-30	0
		au1704	183	2016-12-08	159	2016-12-30	159
		au1706	191539	2016-12-30	191539	2016-12-30	191539
		au1708	228	2016-11-10	104	2016-12-30	104
		au1710	62	2016-11-14	53	2016-12-30	53
		au1712	3980	2016-12-30	3980	2016-12-30	3980
白银(元/千克) Silver (yuan/kg)	SHFE	ag1601	8984	2016-01-07	8410	2016-01-15	—
		ag1602	6928	2016-02-15	6928	2016-02-15	—
		ag1603	8068	2016-03-15	8068	2016-03-15	—
		ag1604	10066	2016-04-15	10066	2016-04-15	—
		ag1605	14244	2016-05-06	13418	2016-05-16	—
		ag1606	395146	2016-04-19	49320	2016-06-15	—
		ag1607	2206	2016-07-06	1918	2016-07-08	—
		ag1608	1420	2016-08-15	1420	2016-08-15	—
		ag1609	2516	2016-09-19	2516	2016-09-19	—
		ag1610	2560	2016-10-17	2560	2016-10-17	—

5—13 续表 3 continued

交易品种 Futures Products	上市交易所 Futures Exchange	合约 Contracts	最高持仓量（手） Highest Positions (lot)	最高持仓日期 Highest Positions Day	最后持仓量（手） Last Positions (lot)	最后持仓日期 Last Positions Day	年末持仓量（手） Positions at the End of the Year (lot)
白银（元/千克） Silver (yuan/kg)	SHFE	ag1611	4740	2016-11-15	4740	2016-11-15	—
		ag1612	403720	2016-07-13	40210	2016-12-15	—
		ag1701	11919	2016-12-29	11858	2016-12-30	11858
		ag1702	1120	2016-12-15	1083	2016-12-30	1083
		ag1703	281	2016-12-29	275	2016-12-30	275
		ag1704	622	2016-08-19	395	2016-12-30	395
		ag1705	439	2016-12-15	380	2016-12-30	380
		ag1706	438035	2016-12-14	354188	2016-12-30	354188
		ag1707	139	2016-11-28	105	2016-12-30	105
		ag1708	150	2016-11-23	112	2016-12-30	112
		ag1709	283	2016-12-22	274	2016-12-30	274
		ag1710	82	2016-12-21	82	2016-12-30	82
		ag1711	28	2016-12-27	28	2016-12-30	28
		ag1712	1604	2016-12-30	1604	2016-12-30	1604
螺纹钢 Steel Rebar	SHFE	rb1601	38220	2016-01-04	4170	2016-01-15	—
		rb1602	14500	2016-01-04	1620	2016-02-15	—
		rb1603	13161	2016-01-13	810	2016-03-15	—
		rb1604	4075	2016-02-19	720	2016-04-15	—
		rb1605	1833544	2016-01-27	1890	2016-05-16	—
		rb1606	8855	2016-01-14	690	2016-06-15	—
		rb1607	3758	2016-02-26	660	2016-07-08	—
		rb1608	1537	2016-03-16	150	2016-08-15	—
		rb1609	15730	2016-03-21	1080	2016-09-19	—
		rb1610	2136531	2016-04-12	3240	2016-10-17	—
		rb1611	3341	2016-03-23	1470	2016-11-15	—
		rb1612	3920	2016-10-19	900	2016-12-15	—
		rb1701	1684975	2016-09-19	7201	2016-12-30	7201
		rb1702	7907	2016-07-04	1661	2016-12-30	1661
		rb1703	2414	2016-05-27	1501	2016-12-30	1501
		rb1704	1488	2016-05-13	822	2016-12-30	822
		rb1705	1249979	2016-12-26	1221483	2016-12-30	1221483
		rb1706	1187	2016-11-03	725	2016-12-30	725
		rb1707	745	2016-10-21	631	2016-12-30	631
		rb1708	144	2016-09-21	90	2016-12-30	90
		rb1709	1826	2016-12-28	1555	2016-12-30	1555
		rb1710	98681	2016-12-30	98681	2016-12-30	98681
		rb1711	641	2016-12-23	537	2016-12-30	537
		rb1712	105	2016-12-30	105	2016-12-30	105
线材 Steel Wire Rod	SHFE	wr1601	0	2016-01-04	0	2016-01-15	—
		wr1602	0	2016-01-04	0	2016-02-15	—
		wr1603	0	2016-01-04	0	2016-03-15	—
		wr1604	0	2016-01-04	0	2016-04-15	—

5-13 续表 4 continued

交易品种 Futures Products	上市交易所 Futures Exchange	合约 Contracts	最高持仓量（手） Highest Positions (lot)	最高持仓日期 Highest Positions Day	最后持仓量（手） Last Positions (lot)	最后持仓日期 Last Positions Day	年末持仓量（手） Positions at the End of the Year (lot)
线材 Steel Wire Rod	SHFE	wr1605	0	2016-01-04	0	2016-05-16	—
		wr1606	2	2016-03-17	0	2016-06-15	—
		wr1607	0	2016-01-04	0	2016-07-08	—
		wr1608	0	2016-01-04	0	2016-08-15	—
		wr1609	0	2016-01-04	0	2016-09-19	—
		wr1610	7	2016-07-13	0	2016-10-17	—
		wr1611	0	2016-01-04	0	2016-11-15	—
		wr1612	0	2016-01-04	0	2016-12-15	—
		wr1701	2	2016-04-25	0	2016-12-30	0
		wr1702	2	2016-08-23	0	2016-12-30	0
		wr1703	1	2016-09-06	0	2016-12-30	0
		wr1704	0	2016-04-18	0	2016-12-30	0
		wr1705	0	2016-05-17	0	2016-12-30	0
		wr1706	0	2016-06-16	0	2016-12-30	0
		wr1707	0	2016-07-18	0	2016-12-30	0
		wr1708	0	2016-08-16	0	2016-12-30	0
		wr1709	0	2016-09-20	0	2016-12-30	0
		wr1710	0	2016-10-18	0	2016-12-30	0
		wr1711	0	2016-11-16	0	2016-12-30	0
		wr1712	4	2016-12-23	0	2016-12-30	0
热轧卷板 Hot Rolled Coils	SHFE	hc1601	480	2016-01-04	480	2016-01-15	—
		hc1602	0	2016-01-04	0	2016-02-15	—
		hc1603	0	2016-01-04	0	2016-03-15	—
		hc1604	7	2016-03-09	0	2016-04-15	—
		hc1605	115372	2016-03-02	4290	2016-05-16	—
		hc1606	18	2016-05-10	0	2016-06-15	—
		hc1607	9	2016-01-20	0	2016-07-08	—
		hc1608	38	2016-04-18	0	2016-08-15	—
		hc1609	212	2016-03-08	30	2016-09-19	—
		hc1610	170997	2016-06-02	2280	2016-10-17	—
		hc1611	23	2016-05-12	0	2016-11-15	—
		hc1612	12	2016-11-23	0	2016-12-15	—
		hc1701	188565	2016-09-21	5199	2016-12-30	5199
		hc1702	107	2016-06-29	5	2016-12-30	5
		hc1703	39	2016-03-29	0	2016-12-30	0
		hc1704	4	2016-05-12	0	2016-12-30	0
		hc1705	182919	2016-12-07	177086	2016-12-30	177086
		hc1706	126	2016-12-12	32	2016-12-30	32
		hc1707	52	2016-07-19	2	2016-12-30	2
		hc1708	2	2016-08-24	1	2016-12-30	1
		hc1709	5	2016-11-24	4	2016-12-30	4
		hc1710	1883	2016-12-30	1883	2016-12-30	1883
		hc1711	0	2016-11-16	0	2016-12-30	0
		hc1712	0	2016-12-16	0	2016-12-30	0

5–13 续表 5 continued

交易品种 Futures Products	上市交易所 Futures Exchange	合约 Contracts	最高持仓量（手） Highest Positions (lot)	最高持仓日期 Highest Positions Day	最后持仓量（手） Last Positions (lot)	最后持仓日期 Last Positions Day	年末持仓量（手） Positions at the End of the Year (lot)
锡 Tin	SHFE	sn1601	464	2016-01-04	344	2016-01-15	—
		sn1602	0	2016-01-04	0	2016-02-15	—
		sn1603	3	2016-01-13	0	2016-03-15	—
		sn1604	6	2016-01-04	4	2016-04-15	—
		sn1605	10040	2016-03-03	3990	2016-05-16	—
		sn1606	7	2016-04-27	2	2016-06-15	—
		sn1607	10	2016-05-25	0	2016-07-08	—
		sn1608	138	2016-06-16	20	2016-08-15	—
		sn1609	9052	2016-07-01	2342	2016-09-19	—
		sn1610	17	2016-08-19	0	2016-10-17	—
		sn1611	1	2016-05-23	0	2016-11-15	—
		sn1612	16	2016-10-21	0	2016-12-15	—
		sn1701	10686	2016-11-10	2820	2016-12-30	2820
		sn1702	5	2016-12-21	2	2016-12-30	2
		sn1703	11	2016-12-27	11	2016-12-30	11
		sn1704	0	2016-04-18	0	2016-12-30	0
		sn1705	4300	2016-12-29	4172	2016-12-30	4172
		sn1706	2	2016-07-04	2	2016-12-30	2
		sn1707	0	2016-07-18	0	2016-12-30	0
		sn1708	0	2016-08-16	0	2016-12-30	0
		sn1709	47	2016-12-15	37	2016-12-30	37
		sn1710	4	2016-11-30	2	2016-12-30	2
		sn1711	2	2016-12-02	1	2016-12-30	1
		sn1712	0	2016-12-16	0	2016-12-30	0
镍 Nickel	SHFE	ni1601	50406	2016-01-04	38130	2016-01-15	—
		ni1602	700	2016-01-12	252	2016-02-15	—
		ni1603	1446	2016-03-03	1416	2016-03-15	—
		ni1604	212	2016-03-02	186	2016-04-15	—
		ni1605	252312	2016-01-13	39912	2016-05-16	—
		ni1606	732	2016-06-15	732	2016-06-15	—
		ni1607	1632	2016-07-05	1632	2016-07-08	—
		ni1608	324	2016-08-03	324	2016-08-15	—
		ni1609	340791	2016-06-01	29112	2016-09-19	—
		ni1610	257	2016-09-12	168	2016-10-17	—
		ni1611	378	2016-11-15	378	2016-11-15	—
		ni1612	1542	2016-12-15	1542	2016-12-15	—
		ni1701	310838	2016-08-22	24775	2016-12-30	24775
		ni1702	331	2016-10-13	60	2016-12-30	60
		ni1703	152	2016-12-09	106	2016-12-30	106
		ni1704	52	2016-12-19	52	2016-12-30	52
		ni1705	278363	2016-12-22	267470	2016-12-30	267470
		ni1706	349	2016-11-22	211	2016-12-30	211
		ni1707	20	2016-11-14	19	2016-12-30	19
		ni1708	53	2016-12-27	50	2016-12-30	50
		ni1709	14762	2016-12-30	14762	2016-12-30	14762
		ni1710	44	2016-11-25	37	2016-12-30	37
		ni1711	8	2016-12-30	8	2016-12-30	8
		ni1712	24	2016-12-30	24	2016-12-30	24

注：最后持仓量为交割日前一天的持仓量。

数据来源：上海期货交易所。

Source：SHFE.

5-14 2016年能源、化工及其他期货持仓情况

Positions of Metal Products Building Materials,Energy & Chemical Products & Others in 2016

交易品种 Futures Products	上市交易所 Futures Exchange	合约 Contracts	最高持仓量（手）Highest Positions (lot)	最高持仓日期 Highest Positions Day	最后持仓量（手）Last Positions (lot)	最后持仓日期 Last Positions Day	年末持仓量（手）Positions at the End of the Year (lot)
聚乙烯 LLDPE	DCE	l1601	642	2016-01-04	298	2016-01-14	0
		l1602	4	2016-01-21	3	2016-01-25	0
		l1603	3	2016-01-12	2	2016-02-16	0
		l1604	20	2016-01-04	6	2016-03-30	0
		l1605	404649	2016-01-27	3385	2016-05-13	0
		l1606	80	2016-02-24	7	2016-06-15	0
		l1607	13	2016-03-16	3	2016-07-13	0
		l1608	21	2016-04-05	3	2016-07-25	0
		l1609	363944	2016-04-06	8123	2016-09-13	0
		l1610	49	2016-08-01	1	2016-09-23	0
		l1611	10	2016-06-15	1	2016-10-26	0
		l1612	13	2016-08-02	1	2016-10-21	0
		l1701	304540	2016-09-23	4627	2016-12-30	4627
		l1702	99	2016-11-02	1	2016-12-30	1
		l1703	11	2016-12-05	8	2016-12-30	8
		l1704	2	2016-06-30	1	2016-12-30	1
		l1705	173527	2016-12-09	128017	2016-12-30	128017
		l1706	11	2016-12-13	9	2016-12-30	9
		l1707	8	2016-08-04	3	2016-12-30	3
		l1708	5	2016-12-21	4	2016-12-30	4
		l1709	17962	2016-11-18	14732	2016-12-30	14732
		l1710	1	2016-11-25	1	2016-12-30	1
		l1711	1	2016-11-29	1	2016-12-02	0
		l1712	1	2016-12-27	1	2016-12-30	1
聚氯乙烯 PVC	DCE	v1601	870	2016-01-04	542	2016-01-14	0
		v1602	3	2016-01-04	3	2016-02-18	0
		v1603	0	2016-01-04	1	2015-12-18	0
		v1604	2	2016-01-04	2	2016-01-06	0
		v1605	32967	2016-02-18	335	2016-05-13	0
		v1606	5	2016-02-23	1	2016-05-31	0
		v1607	1	2016-06-17	1	2016-06-17	0
		v1608	10	2016-06-30	4	2016-07-22	0
		v1609	80146	2016-07-01	9529	2016-09-13	0
		v1610	2	2016-07-08	2	2016-07-08	0
		v1611	10	2016-04-26	3	2016-08-01	0
		v1612	14	2016-04-27	2	2016-11-29	0
		v1701	121677	2016-10-13	5086	2016-12-30	5086
		v1702	25	2016-12-19	25	2016-12-30	25
		v1703	10	2016-11-21	4	2016-12-30	4
		v1704	5	2016-11-24	5	2016-12-30	5
		v1705	87186	2016-12-28	77039	2016-12-30	77039
		v1706	1	2016-12-15	1	2016-12-26	0
		v1707	3	2016-11-15	2	2016-12-15	0
		v1708	2	2016-10-24	1	2016-12-30	1
		v1709	16469	2016-12-02	9720	2016-12-30	9720
		v1710	0	2016-10-24	—	—	—
		v1711	0	2016-11-15	—	—	—
		v1712	0	2016-12-15	—	—	—

5-14 续表 1 continued

交易品种 Futures Products	上市交易所 Futures Exchange	合约 Contracts	最高持仓量(手) Highest Positions (lot)	最高持仓日期 Highest Positions Day	最后持仓量(手) Last Positions (lot)	最后持仓日期 Last Positions Day	年末持仓量(手) Positions at the End of the Year (lot)
聚丙烯 PP	DCE	pp1601	1977	2016-01-04	1015	2016-01-14	0
		pp1602	51	2016-01-04	28	2016-02-18	0
		pp1603	10	2016-01-04	1	2016-02-17	0
		pp1604	16	2016-01-07	4	2016-03-31	0
		pp1605	357818	2016-01-28	5450	2016-05-13	0
		pp1606	240	2016-05-23	13	2016-06-15	0
		pp1607	72	2016-04-05	4	2016-07-13	0
		pp1608	26	2016-02-19	2	2016-07-27	0
		pp1609	406224	2016-07-06	15165	2016-09-13	0
		pp1610	148	2016-04-18	3	2016-10-13	0
		pp1611	34	2016-03-02	2	2016-10-28	0
		pp1612	40	2016-04-12	1	2016-11-29	0
		pp1701	384186	2016-10-19	1775	2016-12-30	1775
		pp1702	277	2016-10-31	8	2016-12-30	8
		pp1703	31	2016-05-06	6	2016-12-30	6
		pp1704	59	2016-12-08	28	2016-12-30	28
		pp1705	255556	2016-12-14	198384	2016-12-30	198384
		pp1706	53	2016-10-11	6	2016-12-30	6
		pp1707	25	2016-11-10	6	2016-12-30	6
		pp1708	17	2016-11-28	7	2016-12-30	7
		pp1709	31764	2016-11-21	29505	2016-12-30	29505
		pp1710	27	2016-12-16	27	2016-12-30	27
		pp1711	2	2016-11-16	2	2016-12-30	2
		pp1712	0	2016-12-15	—	—	—
焦炭 Coke	DCE	j1601	1286	2016-01-04	460	2016-01-14	0
		j1602	60	2016-01-04	32	2016-02-03	0
		j1603	11	2016-01-04	10	2016-03-11	0
		j1604	82	2016-03-08	11	2016-04-14	0
		j1605	98536	2016-02-24	950	2016-05-13	0
		j1606	55	2016-04-05	21	2016-06-15	0
		j1607	22	2016-03-30	1	2016-06-21	0
		j1608	45	2016-05-03	25	2016-08-11	0
		j1609	187918	2016-04-26	1230	2016-09-13	0
		j1610	52	2016-04-13	1	2016-09-30	0
		j1611	31	2016-07-12	2	2016-11-11	0
		j1612	61	2016-07-04	10	2016-12-13	0
		j1701	223080	2016-10-31	3415	2016-12-30	3415
		j1702	36	2016-11-07	12	2016-12-30	12
		j1703	15	2016-11-24	15	2016-12-30	15
		j1704	13	2016-12-30	13	2016-12-30	13
		j1705	74489	2016-12-26	68703	2016-12-30	68703
		j1706	7	2016-11-24	5	2016-12-30	5
		j1707	6	2016-11-09	4	2016-12-30	4
		j1708	8	2016-11-29	7	2016-12-30	7
		j1709	4771	2016-12-30	4771	2016-12-30	4771
		j1710	13	2016-12-26	12	2016-12-30	12
		j1711	15	2016-12-27	15	2016-12-30	15
		j1712	3	2016-12-27	3	2016-12-30	3

5-14 续表 2 continued

交易品种 Futures Products	上市交易所 Futures Exchange	合约 Contracts	最高持仓量（手） Highest Positions (lot)	最高持仓日期 Highest Positions Day	最后持仓量（手） Last Positions (lot)	最后持仓日期 Last Positions Day	年末持仓量（手） Positions at the End of the Year (lot)
焦煤 Coking Coal	DCE	jm1601	4060	2016-01-04	3501	2016-01-14	0
		jm1602	2	2016-01-04	2	2016-01-11	0
		jm1603	6	2016-01-15	2	2016-02-16	0
		jm1604	0	2016-01-04	1	2015-11-09	0
		jm1605	103048	2016-01-05	5290	2016-05-13	0
		jm1606	2	2016-01-11	1	2016-05-27	0
		jm1607	7	2016-05-20	2	2016-05-30	0
		jm1608	35	2016-03-04	5	2016-07-12	0
		jm1609	174479	2016-04-26	3968	2016-09-13	0
		jm1610	195	2016-05-03	50	2016-10-10	0
		jm1611	20	2016-10-25	4	2016-11-07	0
		jm1612	4	2016-04-27	1	2016-11-28	0
		jm1701	269278	2016-10-24	2551	2016-12-30	2551
		jm1702	16	2016-10-21	11	2016-12-30	11
		jm1703	30	2016-11-14	15	2016-12-30	15
		jm1704	8	2016-12-14	3	2016-12-30	3
		jm1705	103519	2016-12-20	78692	2016-12-30	78692
		jm1706	9	2016-12-09	7	2016-12-30	7
		jm1707	10	2016-11-22	7	2016-12-30	7
		jm1708	6	2016-11-25	4	2016-12-30	4
		jm1709	7841	2016-12-30	7841	2016-12-30	7841
		jm1710	17	2016-12-30	17	2016-12-30	17
		jm1711	2	2016-11-24	2	2016-12-30	2
		jm1712	1	2016-12-26	1	2016-12-30	1
铁矿石 Iron Ore	DCE	i1601	24360	2016-01-04	16133	2016-01-14	0
		i1602	235	2016-01-05	15	2016-01-29	0
		i1603	50	2016-01-06	5	2016-02-29	0
		i1604	312	2016-03-18	200	2016-04-14	0
		i1605	866313	2016-02-19	3300	2016-05-13	0
		i1606	202	2016-03-18	101	2016-06-15	0
		i1607	140	2016-03-18	4	2016-06-29	0
		i1608	81	2016-03-23	2	2016-07-28	0
		i1609	785332	2016-03-23	3948	2016-09-13	0
		i1610	292	2016-04-18	1	2016-09-30	0
		i1611	123	2016-01-25	1	2016-11-11	0
		i1612	149	2016-06-13	2	2016-12-13	0
		i1701	849136	2016-10-12	2644	2016-12-30	2644
		i1702	256	2016-04-08	89	2016-12-30	89
		i1703	245	2016-05-05	28	2016-12-30	28
		i1704	181	2016-05-27	52	2016-12-30	52
		i1705	595567	2016-12-14	460596	2016-12-30	460596
		i1706	125	2016-07-20	29	2016-12-30	29
		i1707	145	2016-08-15	11	2016-12-30	11
		i1708	222	2016-09-19	37	2016-12-30	37
		i1709	99863	2016-12-26	87001	2016-12-30	87001
		i1710	108	2016-11-22	48	2016-12-30	48
		i1711	108	2016-12-16	97	2016-12-30	97
		i1712	90	2016-12-30	90	2016-12-30	90

5-14 续表 3 continued

交易品种 Futures Products	上市交易所 Futures Exchange	合约 Contracts	最高持仓量（手） Highest Positions (lot)	最高持仓日期 Highest Positions Day	最后持仓量（手） Last Positions (lot)	最后持仓日期 Last Positions Day	年末持仓量（手） Positions at the End of the Year (lot)
甲醇（MA） Menthanol	ZCE	MA601	19042	2016-01-04	6956	2016-01-14	0
		MA602	4	2016-01-04	0	—	0
		MA603	24	2016-01-04	0	—	0
		MA604	40	2016-01-04	0	—	0
		MA605	681282	2016-02-22	5540	2016-05-13	0
		MA606	208	2016-03-07	2	2016-06-15	0
		MA607	14	2016-05-26	0	—	0
		MA608	8008	2016-01-20	0	—	0
		MA609	533906	2016-07-04	22520	2016-09-13	0
		MA610	10006	2016-01-26	0	—	0
		MA611	8024	2016-01-19	0	—	0
		MA612	24	2016-05-31	0	—	0
		MA701	771314	2016-10-18	7912	2016-12-30	7912
		MA702	30	2016-10-31	12	2016-03-31	12
		MA703	8	2016-05-24	2	2016-03-31	0
		MA704	14184	2016-09-02	4	2016-12-30	4
		MA705	548574	2016-12-15	410474	2016-12-30	410474
		MA706	5216	2016-12-19	10	2016-12-30	10
		MA707	18	2016-08-09	2	2016-07-29	2
		MA708	2	2016-11-17	2	2016-11-23	0
		MA709	26756	2016-12-28	25828	2016-12-30	25828
		MA710	2	2016-10-31	0	—	0
		MA711	0	—	0	—	0
		MA712	4	2016-12-22	4	2016-12-30	4
PTA	ZCE	TA601	62278	2016-01-04	59300	2016-01-14	0
		TA602	254	2016-02-15	254	2016-02-18	0
		TA603	134	2016-01-26	66	2016-03-11	0
		TA604	74	2016-03-04	62	2016-03-31	0
		TA605	1299802	2016-01-20	144476	2016-05-13	0
		TA606	766	2016-02-23	98	2016-06-15	0
		TA607	186	2016-04-25	114	2016-06-30	0
		TA608	242	2016-03-09	50	2016-07-29	0
		TA609	1484226	2016-07-04	206138	2016-09-13	0
		TA610	358	2016-03-22	248	2016-10-20	0
		TA611	48	2016-09-19	2	2016-11-11	0
		TA612	542	2016-09-21	18	2016-12-13	0
		TA701	1994932	2016-10-20	181386	2016-12-30	181386
		TA702	218	2016-10-20	52	2016-12-30	52
		TA703	222	2016-04-06	34	2016-12-30	34
		TA704	42	2016-11-17	28	2016-11-30	28
		TA705	2430374	2016-12-15	2226230	2016-12-30	2226230
		TA706	1322	2016-12-16	268	2016-12-30	268
		TA707	568	2016-11-14	82	2016-12-30	82
		TA708	34	2016-11-15	14	2016-12-30	14
		TA709	217694	2016-12-29	217338	2016-12-30	217338
		TA710	42	2016-12-28	42	2016-12-30	42
		TA711	148	2016-12-08	58	2016-12-30	58
		TA712	8	2016-12-28	8	2016-12-30	8

5–14 续表 4 continued

交易品种 Futures Products	上市交易所 Futures Exchange	合约 Contracts	最高持仓量（手） Highest Positions (lot)	最高持仓日期 Highest Positions Day	最后持仓量（手） Last Positions (lot)	最后持仓日期 Last Positions Day	年末持仓量（手） Positions at the End of the Year (lot)
动力煤 TC Thermal Coal	ZCE	TC601	1002	2016-01-04	1000	2016-01-07	0
		TC602	0	—	0	—	0
		TC603	6	2016-01-04	0	—	0
		TC604	10	2016-01-04	0	—	0
动力煤 ZC Thermal Coal	ZCE	ZC605	160292	2016-01-25	1600	2016-05-06	0
		ZC606	40	2016-03-02	0	—	0
		ZC607	10	2016-03-15	0	—	0
		ZC608	12	2016-03-09	0	—	0
		ZC609	274662	2016-06-03	14200	2016-09-06	0
		ZC610	90	2016-02-17	8	2016-06-30	0
		ZC611	8	2016-07-08	0	—	0
		ZC612	100	2016-08-01	0	—	0
		ZC701	489536	2016-10-31	3826	2016-12-30	3826
		ZC702	608	2016-12-13	502	2016-12-30	502
		ZC703	14	2016-11-10	6	2016-12-30	6
		ZC704	24	2016-11-14	6	2016-10-31	6
		ZC705	219362	2016-12-29	214050	2016-12-30	214050
		ZC706	10	2016-12-02	10	2016-12-30	10
		ZC707	10	2016-11-17	4	2016-09-19	4
		ZC708	6	2016-12-27	4	2016-12-30	4
		ZC709	15060	2016-12-30	15060	2016-12-30	15060
		ZC710	4	2016-10-27	2	2016-11-30	2
		ZC711	0	—	0	—	0
		ZC712	2	2016-12-16	2	2016-12-30	2
玻璃 Glass	ZCE	FG601	2668	2016-01-04	826	2016-01-14	0
		FG602	32	2016-01-12	24	2016-01-29	0
		FG603	10	2016-01-20	0	—	0
		FG604	154	2016-03-11	14	2016-03-31	0
		FG605	348930	2016-01-11	246	2016-05-13	0
		FG606	1662	2016-04-25	304	2016-06-15	0
		FG607	142	2016-03-31	8	2016-07-13	0
		FG608	40	2016-01-26	14	2016-08-11	0
		FG609	281918	2016-06-30	500	2016-09-13	0
		FG610	192	2016-07-18	2	2016-10-11	0
		FG611	172	2016-03-08	0	—	0
		FG612	790	2016-07-04	22	2016-11-30	0
		FG701	398874	2016-08-26	2594	2016-12-30	2594
		FG702	160	2016-04-25	2	2016-03-31	2
		FG703	10086	2016-05-18	2	2016-11-18	0
		FG704	22	2016-08-10	2	2016-04-29	0
		FG705	277500	2016-12-14	168798	2016-12-30	168798
		FG706	122	2016-10-24	42	2016-12-30	42
		FG707	22	2016-10-24	6	2016-11-30	6
		FG708	110	2016-10-13	8	2016-12-30	8
		FG709	19674	2016-11-01	12138	2016-12-30	12138
		FG710	14	2016-10-31	2	2016-11-30	2
		FG711	18	2016-11-28	10	2016-12-30	10
		FG712	0	—	0	—	0

5-14 续表 5 continued

交易品种 Futures Products	上市交易所 Futures Exchange	合约 Contracts	最高持仓量（手） Highest Positions (lot)	最高持仓日期 Highest Positions Day	最后持仓量（手） Last Positions (lot)	最后持仓日期 Last Positions Day	年末持仓量（手） Positions at the End of the Year (lot)
硅铁 Ferrosilicon	ZCE	SF601	0	—	0	—	0
		SF602	0	—	0	—	0
		SF603	0	—	0	—	0
		SF604	0	—	0	—	0
		SF605	1042	2016-04-14	154	2016-04-29	0
		SF606	0	—	0	—	0
		SF607	0	—	0	—	0
		SF608	0	—	0	—	0
		SF609	4782	2016-08-03	728	2016-09-13	0
		SF610	0	—	0	—	0
		SF611	14	2016-07-29	0	—	0
		SF612	2	2016-04-05	0	—	0
		SF701	39572	2016-11-03	106	2016-12-30	106
		SF702	34	2016-10-21	4	2016-12-30	4
		SF703	10	2016-11-02	0	—	0
		SF704	2010	2016-07-29	0	—	0
		SF705	4418	2016-09-05	2578	2016-12-30	2578
		SF706	4012	2016-07-12	8	2016-10-31	8
		SF707	2	2016-08-09	0	—	0
		SF708	0	—	0	—	0
		SF709	24	2016-11-21	2	2016-12-30	2
		SF710	2	2016-12-08	2	2016-12-30	2
		SF711	0	—	0	—	0
		SF712	0	—	0	—	0
锰硅 Ferromanganese-silicon	ZCE	SM601	0	—	0	—	0
		SM602	0	—	0	—	0
		SM603	0	—	0	—	0
		SM604	0	—	0	—	0
		SM605	1648	2016-03-28	42	2016-05-10	0
		SM606	0	—	0	—	0
		SM607	0	—	0	—	0
		SM608	0	—	0	—	0
		SM609	27190	2016-08-05	840	2016-09-13	0
		SM610	0	—	0	—	0
		SM611	0	—	0	—	0
		SM612	28	2016-11-09	28	2016-11-30	0
		SM701	38650	2016-10-24	442	2016-12-30	442
		SM702	0	—	0	—	0
		SM703	0	—	0	—	0
		SM704	0	—	0	—	0
		SM705	19744	2016-12-30	19744	2016-12-30	19744
		SM706	0	—	0	—	0
		SM707	0	—	0	—	0
		SM708	2	2016-09-05	0	—	0
		SM709	88	2016-12-30	88	2016-12-30	88
		SM710	0	—	0	—	0
		SM711	0	—	0	—	0
		SM712	0	—	0	—	0

5-14 续表 6 continued

交易品种 Futures Products	上市交易所 Futures Exchange	合约 Contracts	最高持仓量（手） Highest Positions (lot)	最高持仓日期 Highest Positions Day	最后持仓量（手） Last Positions (lot)	最后持仓日期 Last Positions Day	年末持仓量（手） Positions at the End of the Year (lot)
燃料油 Fuel Oil	SHFE	fu1603	0	2016-01-04	0	2016-02-29	—
		fu1604	10	2016-01-08	0	2016-03-31	—
		fu1605	11	2016-03-30	0	2016-04-29	—
		fu1606	2	2016-04-05	0	2016-05-31	—
		fu1607	4	2016-03-03	0	2016-06-30	—
		fu1608	8	2016-05-05	1	2016-07-08	—
		fu1609	3	2016-05-11	0	2016-08-31	—
		fu1610	0	2016-01-04	0	2016-09-30	—
		fu1611	0	2016-01-04	0	2016-10-31	—
		fu1612	3	2016-05-17	0	2016-11-30	—
		fu1702	9	2016-05-25	0	2016-12-30	0
		fu1703	1	2016-03-22	0	2016-12-30	0
		fu1704	179	2016-12-13	87	2016-12-30	87
		fu1705	4	2016-07-13	2	2016-12-30	2
		fu1706	1	2016-10-28	0	2016-12-30	0
		fu1707	0	2016-07-01	0	2016-12-30	0
		fu1708	1	2016-11-21	0	2016-12-30	0
		fu1709	0	2016-09-01	0	2016-12-30	0
		fu1710	0	2016-10-10	0	2016-12-30	0
		fu1711	3	2016-12-13	3	2016-12-30	3
		fu1712	0	2016-12-01	0	2016-12-30	0
石油沥青 Bitumen	SHFE	bu1601	10142	2016-01-04	3599	2016-01-15	—
		bu1602	24	2016-01-04	2	2016-02-15	—
		bu1603	167	2016-01-04	3	2016-03-15	—
		bu1604	46	2016-03-16	28	2016-04-15	—
		bu1605	2858	2016-03-09	888	2016-05-16	—
		bu1606	437816	2016-03-07	14952	2016-06-15	—
		bu1607	63	2016-05-27	38	2016-07-08	—
		bu1608	102	2016-03-24	58	2016-08-15	—
		bu1609	484669	2016-05-05	5269	2016-09-19	—
		bu1610	801	2016-09-13	185	2016-10-17	—
		bu1611	298	2016-11-01	281	2016-11-15	—
		bu1612	668607	2016-09-27	11455	2016-12-15	—
		bu1701	50804	2016-11-11	6699	2016-12-30	6699
		bu1702	206	2016-12-30	206	2016-12-30	206
		bu1703	643	2016-12-28	481	2016-12-30	481
		bu1704	98	2016-12-29	98	2016-12-30	98
		bu1705	4543	2016-12-27	4195	2016-12-30	4195
		bu1706	476741	2016-11-28	366566	2016-12-30	366566
		bu1709	13780	2016-12-29	12513	2016-12-30	12513
		bu1712	1490	2016-12-30	1490	2016-12-30	1490
		bu1803	136	2016-06-03	27	2016-12-30	27
		bu1806	586	2016-11-22	564	2016-12-30	564
		bu1809	731	2016-12-13	612	2016-12-30	612
		bu1812	242	2016-12-28	212	2016-12-30	212

5-15 2016年金融期货持仓情况
Positions of Financial Futures in 2016

交易品种 Futures Products	上市交易所 Futures Exchange	合约 Contracts	最高持仓量(手) Highest Positions (lot)	最高持仓日期 Highest Positions Day	最后持仓量(手) Last Positions (lot)	最后持仓日期 Last Fositions Day	年末持仓量(手) Positions at the End of the Year (lot)
中证500股指期货 CSI 500 Index Futures	CFFEX	IC1601	14978	2016-01-05	6155	2016-01-14	—
		IC1602	17346	2016-01-27	5317	2016-02-18	—
		IC1603	21084	2016-02-26	6316	2016-03-17	—
		IC1604	23020	2016-03-23	6020	2016-04-14	—
		IC1605	24047	2016-05-03	5095	2016-05-19	—
		IC1606	28030	2016-05-26	6582	2016-06-16	—
		IC1607	24454	2016-07-04	6874	2016-07-14	—
		IC1608	22511	2016-07-26	4418	2016-08-18	—
		IC1609	25325	2016-08-30	6057	2016-09-14	—
		IC1610	20957	2016-09-27	4783	2016-10-20	—
		IC1611	19562	2016-10-28	4150	2016-11-17	—
		IC1612	25466	2016-11-23	4508	2016-12-15	—
		IC1701	20025	2016-12-26	19468	2016-12-30	19468
		IC1702	969	2016-12-30	969	2016-12-30	969
		IC1703	8260	2016-12-16	8172	2016-12-30	8172
		IC1706	4617	2016-12-30	4617	2016-12-30	4617
沪深300股指期货 Index Futures	CFFEX	IF1601	30025	2016-01-05	9564	2016-01-14	—
		IF1602	28533	2016-01-27	7665	2016-02-18	—
		IF1603	38725	2016-03-02	9399	2016-03-17	—
		IF1604	35953	2016-04-05	8994	2016-04-14	—
		IF1605	32816	2016-04-21	6353	2016-05-19	—
		IF1606	36054	2016-05-26	7889	2016-06-16	—
		IF1607	31850	2016-07-04	6653	2016-07-14	—
		IF1608	33150	2016-07-26	5632	2016-08-18	—
		IF1609	40244	2016-08-23	7970	2016-09-14	—
		IF1610	30879	2016-09-26	5195	2016-10-20	—
		IF1611	28027	2016-10-28	5649	2016-11-17	—
		IF1612	36986	2016-11-21	5662	2016-12-15	—
		IF1701	28626	2016-12-26	27570	2016-12-30	27570
		IF1702	1089	2016-12-30	1089	2016-12-30	1089
		IF1703	9741	2016-12-29	9705	2016-12-30	9705
		IF1706	1729	2016-12-30	1729	2016-12-30	1729
上证50股指期货 SSE 50 Index Futures	CFFEX	IH1601	11654	2016-01-05	4723	2016-01-14	—
		IH1602	11046	2016-01-27	3493	2016-02-18	—
		IH1603	16708	2016-02-29	4558	2016-03-17	—
		IH1604	13963	2016-04-01	4130	2016-04-14	—
		IH1605	12886	2016-04-28	2494	2016-05-19	—
		IH1606	13777	2016-05-31	3168	2016-06-16	—
		IH1607	13032	2016-07-04	3672	2016-07-14	—
		IH1608	10615	2016-07-27	2085	2016-08-18	—
		IH1609	15963	2016-08-29	3623	2016-09-14	—
		IH1610	15198	2016-09-26	3187	2016-10-20	—
		IH1611	15467	2016-10-26	3809	2016-11-17	—
		IH1612	21020	2016-11-24	4462	2016-12-15	—
		IH1701	17811	2016-12-30	17811	2016-12-30	17811
		IH1702	559	2016-12-30	559	2016-12-30	559
		IH1703	6085	2016-12-29	6063	2016-12-30	6063
		IH1706	1375	2016-12-30	1375	2016-12-30	1375
10年期国债期货 10 Years Treasury Future	CFFEX	T1603	29507	2016-01-13	518	2016-03-10	—
		T1606	37158	2016-03-22	1226	2016-06-08	—
		T1609	35954	2016-06-16	198	2016-09-08	—
		T1612	41130	2016-10-19	362	2016-12-08	—
		T1703	54753	2016-12-20	41239	2016-12-30	41239
		T1706	19079	2016-12-30	19079	2016-12-30	19079
		T1709	972	2016-12-20	905	2016-12-30	905
5年期国债期货 5 Years Treasury Future	CFFEX	TF1603	24717	2016-01-13	107	2016-03-10	—
		TF1606	33076	2016-03-30	289	2016-06-08	—
		TF1609	27854	2016-06-24	79	2016-09-08	—
		TF1612	21931	2016-10-21	552	2016-12-08	—
		TF1703	25263	2016-12-14	14225	2016-12-30	14225
		TF1706	4759	2016-12-29	4620	2016-12-30	4620
		TF1709	242	2016-12-29	230	2016-12-30	230

注：最后持仓量为交割日前一天的持仓量。
数据来源：中国金融期货交易所。
Source: CFFEX.

5-16 2016年农产品期货合约月末结算价

Clearing Price of Agricultural Products Futures Contracts in 2016

单位：元/吨 (yuan/ton)

交易品种 Futures Products	上市交易所 Futures Exchange	合约 Contracts	1月 Jan.	2月 Feb.	3月 Mar.	4月 Apr.	5月 May	6月 Jun.	7月 Jul.	8月 Aug.	9月 Sept.	10月 Oct.	11月 Nov.	12月 Dec.
玉米 Corn	DCE	c1601	2086	—	—	—	—	—	—	—	—	—	—	—
		c1603	1988	2001	2001	—	—	—	—	—	—	—	—	—
		c1605	1935	1815	1711	1789	1778	—	—	—	—	—	—	—
		c1607	1854	1737	1563	1650	1725	1898	1786	—	—	—	—	—
		c1609	1682	1542	1561	1650	1736	1793	1652	1756	1814	—	—	—
		c1611	1657	1528	1522	1569	1633	1664	1522	1528	1450	1783	1790	—
		c1701	1529	1457	1428	1523	1622	1577	1453	1456	1392	1519	1603	1501
		c1703	—	—	1440	1546	1582	1585	1473	1455	1389	1493	1544	1477
		c1705	—	—	—	—	1598	1588	1463	1470	1399	1484	1551	1519
		c1707	—	—	—	—	—	—	1493	1483	1427	1514	1558	1542
		c1709	—	—	—	—	—	—	—	—	1421	1511	1578	1568
		c1711	—	—	—	—	—	—	—	—	—	—	1600	1610
玉米淀粉 Corn Starch	DCE	cs1601	2163	—	—	—	—	—	—	—	—	—	—	—
		cs1603	2124	2120	2052	—	—	—	—	—	—	—	—	—
		cs1605	2121	2024	2014	2040	2017	—	—	—	—	—	—	—
		cs1607	2055	1952	1947	2105	2138	2356	2356	—	—	—	—	—
		cs1609	1929	1818	1914	2120	2246	2212	1961	1927	1974	—	—	—
		cs1611	1852	1751	1855	2023	2081	2038	1837	1792	1743	1804	1832	—
		cs1701	1800	1754	1790	1978	2063	1994	1773	1751	1636	1765	1946	1756
		cs1703	—	—	1848	2042	2095	2015	1812	1784	1679	1799	1929	1818
		cs1705	—	—	—	—	2016	1999	1810	1799	1690	1762	1922	1792
		cs1707	—	—	—	—	—	—	1868	1850	1704	1849	1933	1838
		cs1709	—	—	—	—	—	—	—	—	1774	1865	1974	1878
		cs1711	—	—	—	—	—	—	—	—	—	—	1994	1927
黄大豆一号 Soybean No.1	DCE	a1601	3759	—	—	—	—	—	—	—	—	—	—	—
		a1603	3456	3401	3377	—	—	—	—	—	—	—	—	—
		a1605	3522	3501	3418	3492	3617	—	—	—	—	—	—	—
		a1607	3529	3510	3444	3534	3681	3985	3900	—	—	—	—	—
		a1609	3457	3385	3451	3621	3700	3947	3566	3566	3530	—	—	—
		a1611	3451	3388	3474	3671	3702	3921	3608	3674	3564	3784	3760	—
		a1701	3423	3355	3463	3668	3727	3949	3602	3704	3718	3832	3912	4372
		a1703	3449	3391	3498	3681	3762	3978	3668	3775	3717	3895	3867	4205
		a1705	3450	3388	3524	3692	3743	3947	3678	3751	3726	3872	4039	4296
		a1707	3457	3406	3603	3720	3770	3939	3844	3837	3820	3873	4009	4265
		a1709	—	—	3579	3740	3789	3937	3738	3798	3769	3898	4051	4206
		a1711	—	—	—	—	3793	3932	3827	3757	3817	3918	3908	4149
		a1801	—	—	—	—	—	—	3820	3836	3812	3917	4019	4149
		a1803	—	—	—	—	—	—	—	—	3840	3930	4044	4217
		a1805	—	—	—	—	—	—	—	—	—	—	4112	4214
黄大豆二号 Soybean No.2	DCE	b1601	3200	—	—	—	—	—	—	—	—	—	—	—
		b1603	3197	3197	3197	—	—	—	—	—	—	—	—	—
		b1605	3280	3233	3320	3315	3315	—	—	—	—	—	—	—
		b1607	3275	3234	3210	3383	3711	4041	4249	—	—	—	—	—
		b1609	3201	3237	3299	3493	3660	3934	3945	3917	3917	—	—	—
		b1611	3250	3246	3299	3428	3640	3916	3872	3905	3805	4069	4300	—
		b1701	3304	3276	3338	3509	3514	3960	3813	3809	3742	3862	4071	4226
		b1703	—	—	3370	3516	3569	3959	3854	3766	3714	3896	3850	4004
		b1705	—	—	—	—	3671	3960	3871	3839	3785	3872	3850	4101
		b1707	—	—	—	—	—	—	3800	3902	3837	3884	3850	4075
		b1709	—	—	—	—	—	—	—	—	3738	3791	3900	3940
		b1711	—	—	—	—	—	—	—	—	—	—	3850	3900
豆粕 Soybean Meal	DCE	m1601	2500	—	—	—	—	—	—	—	—	—	—	—
		m1603	2555	2386	2386	—	—	—	—	—	—	—	—	—
		m1605	2424	2308	2299	2570	2684	—	—	—	—	—	—	—

5–16 续表 1 continued

单位：元/吨 (yuan/ton)

交易品种 Futures Products	上市交易所 Futures Exchange	合约 Contracts	1月 Jan.	2月 Feb.	3月 Mar.	4月 Apr.	5月 May	6月 Jun.	7月 Jul.	8月 Aug.	9月 Sept.	10月 Oct.	11月 Nov.	12月 Dec.
豆粕 Soybean Meal	DCE	m1601	2500	—	—	—	—	—	—	—	—	—	—	—
		m1603	2555	2386	2386	—	—	—	—	—	—	—	—	—
		m1605	2424	2308	2299	2570	2684	—	—	—	—	—	—	—
		m1607	2442	2329	2350	2601	2979	3395	3192	—	—	—	—	—
		m1608	2437	2323	2352	2635	2944	3392	3250	3250	—	—	—	—
		m1609	2383	2292	2344	2644	2942	3375	3009	3091	3097	—	—	—
		m1611	2414	2342	2373	2679	2962	3291	2959	2900	2918	3193	3384	—
		m1612	2442	2392	2401	2684	3018	3296	2935	2901	2958	3063	3505	3698
		m1701	2464	2383	2411	2687	3006	3293	2957	2886	2866	2930	3101	3053
		m1703	—	—	2440	2712	2961	3157	2838	2800	2803	2884	3059	3097
		m1705	—	—	—	—	2821	3025	2736	2676	2709	2838	2942	2812
		m1707	—	—	—	—	—	—	2706	2652	2704	2871	2954	2822
		m1708	—	—	—	—	—	—	—	2663	2715	2865	2976	2838
		m1709	—	—	—	—	—	—	—	—	2708	2832	2934	2822
		m1711	—	—	—	—	—	—	—	—	—	—	2940	2827
		m1712	—	—	—	—	—	—	—	—	—	—	—	2830
豆油 Soybean Oil	DCE	y1601	5736	—	—	—	—	—	—	—	—	—	—	—
		y1603	5556	5580	5580	—	—	—	—	—	—	—	—	—
		y1605	5620	5660	5900	6172	6168	—	—	—	—	—	—	—
		y1607	5652	5670	5996	6220	6052	6000	6000	—	—	—	—	—
		y1608	5632	5646	6084	6052	5782	6130	6088	6300	—	—	—	—
		y1609	5588	5688	6006	6186	5954	6108	5940	6036	6098	—	—	—
		y1611	5652	5698	6084	6346	5948	6134	6018	6218	6270	6812	6812	—
		y1612	5578	5730	6072	6380	6086	6196	6146	6266	6424	6688	6820	6820
		y1701	5670	5764	6156	6348	6114	6256	6062	6234	6288	6706	6944	6890
		y1703	—	—	6316	6538	6148	6254	6158	6314	6280	6856	6978	6832
		y1705	—	—	—	—	6180	6298	6104	6300	6344	6828	7116	6992
		y1707	—	—	—	—	—	—	6168	6374	6470	6890	7190	6990
		y1708	—	—	—	—	—	—	—	6460	6462	6884	7090	7008
		y1709	—	—	—	—	—	—	—	—	6414	6880	7128	7034
		y1711	—	—	—	—	—	—	—	—	—	—	7142	6982
		y1712	—	—	—	—	—	—	—	—	—	—	—	7104
棕榈油 RBD Palm Oil	DCE	p1601	4448	—	—	—	—	—	—	—	—	—	—	—
		p1602	4300	4300	—	—	—	—	—	—	—	—	—	—
		p1603	4362	4362	4362	—	—	—	—	—	—	—	—	—
		p1604	4692	5040	5194	5194	—	—	—	—	—	—	—	—
		p1605	4726	4936	5408	5520	5520	—	—	—	—	—	—	—
		p1606	4742	4888	5452	5496	5128	5128	—	—	—	—	—	—
		p1607	4750	4962	5430	5460	5200	5224	5224	—	—	—	—	—
		p1608	4780	4930	5542	5524	5078	5154	5190	5190	—	—	—	—
		p1609	4784	4902	5488	5464	5248	5176	5218	6054	6172	—	—	—
		p1610	4808	4926	5512	5442	5234	5162	5184	5720	6090	6090	—	—
		p1611	4804	4944	5380	5524	5228	5068	5136	5772	6062	6314	6314	—
		p1612	4812	4958	5480	5536	5212	5142	5168	5516	5794	5954	6270	6270
		p1701	4782	4848	5384	5402	5148	5094	4970	5394	5538	5966	6244	6394
		p1702	—	4854	5448	5556	5184	5104	5020	5380	5550	6046	6282	6528
		p1703	—	—	5360	5532	5164	5112	5052	5440	5518	6064	6264	6214
		p1704	—	—	—	5546	5232	5122	5040	5392	5418	6018	6194	6230
		p1705	—	—	—	—	5270	5188	5082	5316	5448	5994	6188	6220
		p1706	—	—	—	—	—	5132	5070	5456	5486	5966	6188	6250
		p1707	—	—	—	—	—	—	5110	5456	5542	6068	6204	6196
		p1708	—	—	—	—	—	—	—	5454	5524	6044	6266	6084
		p1709	—	—	—	—	—	—	—	—	5406	5990	6086	6054
		p1710	—	—	—	—	—	—	—	—	—	5960	6264	6172
		p1711	—	—	—	—	—	—	—	—	—	—	6390	6154
		p1712	—	—	—	—	—	—	—	—	—	—	—	6108

5-16 续表 2 continued

单位：元/吨 (yuan/ton)

交易品种 Futures Products	上市交易所 Futures Exchange	合约 Contracts	1月 Jan.	2月 Feb.	3月 Mar.	4月 Apr.	5月 May	6月 Jun.	7月 Jul.	8月 Aug.	9月 Sept.	10月 Oct.	11月 Nov.	12月 Dec.
鸡蛋 Egg	DCE	jd1601	3583	—	—	—	—	—	—	—	—	—	—	—
		jd1602	3164	2903	—	—	—	—	—	—	—	—	—	—
		jd1603	3162	2907	2771	—	—	—	—	—	—	—	—	—
		jd1604	3128	2858	2785	3010	—	—	—	—	—	—	—	—
		jd1605	3214	3001	3135	3117	3081	—	—	—	—	—	—	—
		jd1606	3181	3061	3125	3283	2983	3026	—	—	—	—	—	—
		jd1609	3548	3435	3680	4017	3969	4070	3847	3641	3516	—	—	—
		jd1610	3271	3197	3380	3662	3547	3555	3330	3236	2798	3230	—	—
		jd1611	3276	3052	3271	3584	3556	3467	3333	3179	2882	3203	3310	—
		jd1612	3293	3153	3291	3581	3560	3514	3326	3193	3098	3235	3530	3265
		jd1701	3303	3228	3368	3640	3598	3686	3485	3357	3259	3594	3606	3147
		jd1702	—	3112	3180	3456	3394	3440	3270	3211	3115	3255	3336	3059
		jd1703	—	—	3166	3499	3388	3435	3247	3167	3021	3224	3351	3071
		jd1704	—	—	—	3452	3396	3505	3278	3201	3025	3224	3514	3269
		jd1705	—	—	—	—	3332	3527	3259	3168	3114	3350	3617	3374
		jd1706	—	—	—	—	—	3521	3279	3175	3162	3378	3603	3434
		jd1707	—	—	—	—	—	—	3343	3470	3397	3415	3701	3510
		jd1708	—	—	—	—	—	—	—	3567	3561	3699	3850	3770
		jd1709	—	—	—	—	—	—	—	—	3659	3903	4145	4022
		jd1710	—	—	—	—	—	—	—	—	—	3637	3800	3618
		jd1711	—	—	—	—	—	—	—	—	—	—	3717	3615
		jd1712	—	—	—	—	—	—	—	—	—	—	—	3645
胶合板 Block-board	DCE	bb1601	72.15	—	—	—	—	—	—	—	—	—	—	—
		bb1602	63.6	63.6	—	—	—	—	—	—	—	—	—	—
		bb1603	67.85	67.85	67.85	—	—	—	—	—	—	—	—	—
		bb1604	77.85	77.85	77.85	77.85	—	—	—	—	—	—	—	—
		bb1605	78.95	78.95	75.05	75.05	75.05	—	—	—	—	—	—	—
		bb1606	80.75	80.75	80.75	80.75	80.75	80.75	—	—	—	—	—	—
		bb1607	92	92	92	92	92	92	92	—	—	—	—	—
		bb1608	92	92	92	92	92	92	92	92	—	—	—	—
		bb1609	77.3	77.3	81.1	81.2	81.2	85.8	85.8	118.7	118.7	—	—	—
		bb1610	90.6	90.6	90.6	90.6	90.6	92.85	92.85	95.35	95.35	90.6	—	—
		bb1611	88.15	88.15	88.15	85.75	90	92.25	92.25	92.05	92.05	92.05	92.05	—
		bb1612	81.25	81.25	81.25	81.25	81.25	83.25	83.25	85.45	85.45	85.45	85.45	81.25
		bb1701	77.3	77.3	77.3	74.3	76.05	92.2	89.8	94.75	94.65	97.25	104.3	86.4
		bb1702	—	77.3	77.3	77.3	75.45	90.1	87.8	99.65	98.9	101.6	101.3	84
		bb1703	—	—	77.3	77.3	75.45	90.1	87.8	99.65	98.9	101.6	98.75	81.9
		bb1704	—	—	—	76.3	74.45	88.8	86.6	98.3	97.6	100.3	98.75	81.9
		bb1705	—	—	—	—	82.4	98.3	95.75	98.55	97.85	100.5	98.9	86.75
		bb1706	—	—	—	—	—	94.3	91.85	97.4	96.65	99.25	98.55	81.75
		bb1707	—	—	—	—	—	—	89.15	94.5	93.9	96.4	95.7	79.4
		bb1708	—	—	—	—	—	—	—	92.85	92.3	94.8	94.15	78.1
		bb1709	—	—	—	—	—	—	—	—	92.3	94.8	94.15	78.1
		bb1710	—	—	—	—	—	—	—	—	—	94.8	94.15	78.1
		bb1711	—	—	—	—	—	—	—	—	—	—	93.35	77.45
		bb1712	—	—	—	—	—	—	—	—	—	—	—	77.45
纤维板 Fiberboard	DCE	fb1601	48.9	—	—	—	—	—	—	—	—	—	—	—
		fb1602	46.75	46.75	—	—	—	—	—	—	—	—	—	—
		fb1603	46.05	43.3	40.75	—	—	—	—	—	—	—	—	—
		fb1604	60	56.4	61	77.1	—	—	—	—	—	—	—	—
		fb1605	61.25	57.95	53.3	64.45	64.45	—	—	—	—	—	—	—
		fb1606	58.9	57.6	58.9	61.8	58.9	58.9	—	—	—	—	—	—
		fb1607	55.2	54	55.2	57.9	55.2	55.2	55.2	—	—	—	—	—
		fb1608	54.45	53.25	54.45	57.15	54.45	54.45	54.45	54.45	—	—	—	—
		fb1609	59.45	58.15	59.45	62.4	59.45	52.65	68.15	80.05	80.05	—	—	—

5–16 续表 3 continued

单位：元/吨 (yuan/ton)

交易品种 Futures Products	上市交易所 Futures Exchange	合约 Contracts	1月 Jan.	2月 Feb.	3月 Mar.	4月 Apr.	5月 May	6月 Jun.	7月 Jul.	8月 Aug.	9月 Sept.	10月 Oct.	11月 Nov.	12月 Dec.
纤维板 Fiberboard	DCE	fb1610	60.3	59.05	60.3	63.25	60.3	53.45	61.85	61.5	61.5	60.3	—	—
		fb1611	56.9	55.65	56.9	59.7	56.9	50.45	58.4	56.6	56.6	56.6	56.6	—
		fb1612	58.6	57.3	58.6	61.5	58.6	51.95	60.05	59.3	59.3	59.3	59.3	58.6
		fb1701	47.35	44.4	39.5	52.45	52.45	48	55.5	56.5	48	49.4	54.4	71.6
		fb1702	—	43.35	43.95	46.5	44.3	39.3	45.45	44.9	44.9	44.05	61.95	64.5
		fb1703	—	—	40.3	42.65	43.9	38.9	44.95	44.5	44.5	43.65	59.1	61.55
		fb1704	—	—	—	52.45	50	44.35	51.3	50.7	50.7	49.7	67.3	70.15
		fb1705	—	—	—	—	50	44.35	51.3	50.7	50.7	49.7	67.3	70.15
		fb1706	—	—	—	—	—	44.35	51.3	50.7	50.7	49.7	67.3	70.15
		fb1707	—	—	—	—	—	—	67.8	66.95	66.95	65.65	88.95	92.6
		fb1708	—	—	—	—	—	—	—	66.95	66.95	65.65	88.95	92.6
		fb1709	—	—	—	—	—	—	—	—	66.95	65.65	88.95	92.6
		fb1710	—	—	—	—	—	—	—	—	—	65.65	88.95	92.6
		fb1711	—	—	—	—	—	—	—	—	—	—	88.95	92.6
		fb1712	—	—	—	—	—	—	—	—	—	—	—	92.6
棉花 Cotton	ZCE	CF601	11895	—	—	—	—	—	—	—	—	—	—	—
		CF603	11590	10875	10830	—	—	—	—	—	—	—	—	—
		CF605	11390	10700	10915	12095	12040	—	—	—	—	—	—	—
		CF607	11040	10195	10390	12270	12985	14255	15040	—	—	—	—	—
		CF609	10950	10040	10235	12475	13120	14435	14465	13155	13505	—	—	—
		CF611	10935	10055	10100	12495	12840	14655	14725	13525	15015	15225	15485	—
		CF701	10780	9790	10010	12530	12875	14765	14780	13715	15100	15320	15745	14850
		CF703	—	—	10020	12530	12910	14655	14765	13720	15110	15255	15830	14880
		CF705	—	—	—	—	12865	14765	14710	13720	15105	15225	15960	14985
		CF707	—	—	—	—	—	—	14660	13625	15180	15320	16110	15005
		CF709	—	—	—	—	—	—	—	—	15240	15315	16270	15240
		CF711	—	—	—	—	—	—	—	—	—	—	16235	15250
粳稻 Japonica Rice	ZCE	JR601	2981	—	—	—	—	—	—	—	—	—	—	—
		JR603	2980	2980	2980	—	—	—	—	—	—	—	—	—
		JR605	2990	2990	2990	2990	2990	—	—	—	—	—	—	—
		JR607	2990	2890	2890	2801	3221	3221	3221	—	—	—	—	—
		JR609	2990	2890	2890	2774	3190	3201	3314	3124	3119	—	—	—
		JR611	2990	2890	2890	2774	3190	3190	3190	3190	3190	3190	3416	—
		JR701	2990	2884	2884	2768	3183	3190	3033	2799	3016	3016	3252	3489
		JR703	—	—	2884	2768	3034	3045	3383	3189	3241	3241	3439	3738
		JR705	—	—	—	—	3034	3045	3148	3148	3155	3155	3416	3478
		JR707	—	—	—	—	—	—	3148	3148	3148	3148	3234	3557
		JR709	—	—	—	—	—	—	—	—	3100	3100	3132	3444
		JR711	—	—	—	—	—	—	—	—	—	—	3132	3307
晚籼稻 Late Indica Rice	ZCE	LR601	2658	—	—	—	—	—	—	—	—	—	—	—
		LR603	2437	2437	2437	—	—	—	—	—	—	—	—	—
		LR605	2523	2700	2700	2700	2700	—	—	—	—	—	—	—
		LR607	2629	2813	2749	2730	2730	2730	2730	—	—	—	—	—
		LR609	2470	2542	2484	2467	2528	2500	2627	2622	2622	—	—	—
		LR611	2636	2713	2651	2633	2698	2632	2765	2681	2654	2598	2722	—
		LR701	2636	2713	2831	2811	2880	2810	2954	2864	2835	2753	2923	2821
		LR703	—	—	2831	2811	2880	2810	2954	2864	2835	2667	2912	2743
		LR705	—	—	—	—	2880	2810	2954	2864	2835	2667	2860	2918
		LR707	—	—	—	—	—	—	2954	2864	2835	2667	2860	2693
		LR709	—	—	—	—	—	—	—	—	2835	2753	2871	2821
		LR711	—	—	—	—	—	—	—	—	—	—	2871	2767
菜籽油(OI) Rapeseed Oil	ZCE	OI601	5492	—	—	—	—	—	—	—	—	—	—	—
		OI603	5618	5718	5718	—	—	—	—	—	—	—	—	—

5-16 续表 4 continued

单位：元/吨 (yuan/ton)

交易品种 Futures Products	上市交易所 Futures Exchange	合约 Contracts	1月 Jan.	2月 Feb.	3月 Mar.	4月 Apr.	5月 May	6月 Jun.	7月 Jul.	8月 Aug.	9月 Sept.	10月 Oct.	11月 Nov.	12月 Dec.
菜籽油(OI) Rapeseed Oil	ZCE	OI605	5556	5486	5620	2700	5728	—	—	—	—	—	—	—
		OI607	5608	5594	5800	2730	5934	6122	6198	—	—	—	—	—
		OI609	5600	5600	5848	2467	6140	6206	6034	6042	5934	—	—	—
		OI611	5604	5722	5946	2633	6208	6296	6144	6232	6154	6962	7080	—
		OI701	5678	5692	5998	2811	6306	6350	6192	6276	6298	6892	7366	7032
		OI703	—	—	6068	2811	6326	6440	6210	6340	6400	7016	7550	7156
		OI705	—	—	—	—	6434	6444	6282	6404	6448	7058	7582	7246
		OI707	—	—	—	—	—	—	6324	6450	6560	7164	7614	7356
		OI709	—	—	—	—	—	—	—	—	6684	7256	7692	7446
		OI711	—	—	—	—	—	—	—	—	—	—	7574	7412
普麦 Wheat	ZCE	PM601	2350	—	—	—	—	—	—	—	—	—	—	—
		PM603	2370	2370	2370	—	—	—	—	—	—	—	—	—
		PM605	2514	2514	2543	2151	2151	—	—	—	—	—	—	—
		PM607	2620	2620	2650	2512	2422	2325	2325	—	—	—	—	—
		PM609	2405	2405	2433	2378	2313	2220	2220	2212	2192	—	—	—
		PM611	2438	2438	2438	2416	2289	2357	2314	2350	2333	2479	2490	—
		PM701	2353	2444	2426	2249	2348	2361	2276	2268	2246	2508	2411	2588
		PM703	—	—	2444	2444	2444	2444	2444	2444	2444	2444	2444	2444
		PM705	—	—	—	—	2444	2444	2444	2444	2444	2360	2291	2569
		PM707	—	—	—	—	—	—	2446	2446	2420	2570	2494	2573
		PM709	—	—	—	—	—	—	—	—	2459	2613	2535	2616
		PM711	—	—	—	—	—	—	—	—	—	—	2535	2658
早籼稻(RI) Early Indica Rice	ZCE	RI601	2909	—	—	—	—	—	—	—	—	—	—	—
		RI603	2841	2841	2841	—	—	—	—	—	—	—	—	—
		RI605	2535	2518	2430	3309	3309	—	—	—	—	—	—	—
		RI607	2795	2776	2456	3194	3194	3194	3194	—	—	—	—	—
		RI609	2523	2552	2513	2655	2679	2648	2648	2511	2519	—	—	—
		RI611	2548	2584	2572	2733	2758	2894	2894	2746	2790	2777	2793	—
		RI701	2655	2655	2655	2655	2658	2814	2870	2718	2704	2745	2676	2525
		RI703	—	—	2641	2758	2777	2768	2825	2792	3038	3204	2800	2617
		RI705	—	—	—	—	2707	2707	2939	2673	2824	2698	2622	2452
		RI707	—	—	—	—	—	—	2890	2690	2800	2645	2459	2473
		RI709	—	—	—	—	—	—	—	—	2481	2720	2733	2704
		RI711	—	—	—	—	—	—	—	—	—	—	2733	2732
菜籽粕 Rapeseed Meal	ZCE	RM601	1838	—	—	—	—	—	—	—	—	—	—	—
		RM603	1855	1792	1885	—	—	—	—	—	—	—	—	—
		RM605	1944	1848	1889	2022	2127	—	—	—	—	—	—	—
		RM607	1942	1856	1920	2065	2491	2864	2788	—	—	—	—	—
		RM608	1956	1873	1967	2163	2437	2853	2563	2648	—	—	—	—
		RM609	1930	1857	1964	2178	2436	2856	2503	2350	2360	—	—	—
		RM611	1877	1809	1914	2132	2330	2604	2313	2212	2177	2418	2408	—
		RM701	1876	1802	1924	2121	2298	2562	2305	2250	2179	2323	2406	2496
		RM703	—	—	1935	2148	2299	2542	2281	2251	2158	2325	2446	2309
		RM705	—	—	—	—	2299	2528	2266	2221	2200	2352	2459	2324
		RM707	—	—	—	—	—	—	2259	2232	2208	2359	2413	2323
		RM708	—	—	—	—	—	—	—	2230	2237	2350	2446	2344
		RM709	—	—	—	—	—	—	—	—	2214	2339	2424	2314
		RM711	—	—	—	—	—	—	—	—	—	—	2359	2260
油菜籽 Rapeseed	ZCE	RS607	3944	3894	3916	3948	4084	4161	4080	—	—	—	—	—
		RS608	3942	3942	3917	3958	3958	4081	4179	4090	—	—	—	—
		RS609	4002	3983	3999	4051	4075	4369	4156	4272	4272	—	—	—
		RS611	3887	3850	3969	4081	4204	4374	4147	4259	4259	4259	4259	—
		RS707	—	—	—	—	—	—	4215	4215	4215	4215	4867	4994

5–16 续表 5 continued

单位：元/吨 (yuan/ton)

交易品种 Futures Products	上市交易所 Futures Exchange	合约 Contracts	1月 Jan.	2月 Feb.	3月 Mar.	4月 Apr.	5月 May	6月 Jun.	7月 Jul.	8月 Aug.	9月 Sept.	10月 Oct.	11月 Nov.	12月 Dec.
油菜籽 Rapeseed	ZCE	RS708	—	—	—	—	—	—	—	4455	4455	4455	4850	5100
		RS709	—	—	—	—	—	—	—	—	4455	4455	4701	5095
		RS711	—	—	—	—	—	—	—	—	—	—	4590	4866
白糖 Sugar	ZCE	SR601	5307	—	—	—	—	—	—	—	—	—	—	—
		SR603	5333	5282	—	—	—	—	—	—	—	—	—	—
		SR605	5413	5373	5422	5384	5450	—	—	—	—	—	—	—
		SR607	5492	5404	5490	5480	5484	5991	5800	—	—	—	—	—
		SR609	5524	5487	5571	5519	5559	6003	5748	5787	5904	—	—	—
		SR611	5520	5513	5639	5590	5630	6067	5846	5866	6280	6332	6372	—
		SR701	5603	5598	5775	5731	5856	6317	6125	6229	6695	6794	7188	7101
		SR703	5592	5575	5775	5795	5875	6361	6164	6222	6685	6806	7174	6812
		SR705	5559	5590	5798	5833	5935	6359	6201	6273	6717	6868	7235	6826
		SR707	5607	5660	5821	5877	5961	6368	6184	6311	6723	6868	7298	6829
		SR709	—	—	5852	5919	6000	6416	6247	6339	6760	6916	7284	6833
		SR711	—	—	—	—	5970	6395	6312	6368	6713	6901	7328	6865
		SR801	—	—	—	—	—	—	6255	6416	6704	6897	7303	6914
		SR803	—	—	—	—	—	—	—	—	6722	6824	7258	6869
		SR805	—	—	—	—	—	—	—	—	—	—	7296	6916
强麦(WH) Strong Gluten Wheat	ZCE	WH601	2940	—	—	—	—	—	—	—	—	—	—	—
		WH603	2771	2780	2780	—	—	—	—	—	—	—	—	—
		WH605	2870	2874	2895	2557	2498	—	—	—	—	—	—	—
		WH607	2715	2614	2610	2601	2584	2556	2556	—	—	—	—	—
		WH609	2653	2565	2638	2665	2670	2671	2563	2522	2529	—	—	—
		WH611	2730	2643	2677	2724	2653	2641	2606	2611	2670	2773	2857	—
		WH701	2678	2583	2636	2672	2671	2710	2602	2588	2693	2796	2960	3290
		WH703	—	—	2669	2687	2688	2726	2673	2654	2709	2757	2922	3251
		WH705	—	—	—	—	2649	2730	2628	2594	2694	2808	2959	3035
		WH707	—	—	—	—	—	—	2630	2613	2701	2870	2881	2859
		WH709	—	—	—	—	—	—	—	—	2604	2707	2664	2682
		WH711	—	—	—	—	—	—	—	—	—	—	2660	2788
天然橡胶 Natural Rubber	SHFE	ru1601	9565	—	—	—	—	—	—	—	—	—	—	—
		ru1603	10105	10135	10925	—	—	—	—	—	—	—	—	—
		ru1604	10105	10285	10775	11780	—	—	—	—	—	—	—	—
		ru1605	10220	10335	10910	12305	10830	—	—	—	—	—	—	—
		ru1606	10320	10355	11020	12485	10230	10035	—	—	—	—	—	—
		ru1607	10360	10405	11100	12515	10380	11185	10605	—	—	—	—	—
		ru1608	10365	10525	11180	12670	10405	11320	10925	10540	—	—	—	—
		ru1609	10250	10565	11310	12770	10575	11385	11055	10000	10530	—	—	—
		ru1610	10295	10630	11385	12875	10650	11495	11130	10130	11250	12095	—	—
		ru1611	10305	10650	11415	12885	10750	11620	11085	10190	11240	12010	13590	—
		ru1701	11220	11655	12625	14085	12020	13225	12450	12180	13265	14170	17645	17645
		ru1703	—	—	12630	14145	12095	13445	12405	12190	13325	14315	18005	18095
		ru1704	—	—	—	14365	12185	13240	12665	12200	13415	14475	18285	18030
		ru1705	—	—	—	—	12210	13435	12635	12360	13445	14565	18215	18170
		ru1706	—	—	—	—	—	13275	12670	12280	13470	14540	18500	18095
		ru1707	—	—	—	—	—	—	12805	12475	13425	14545	18155	18260
		ru1708	—	—	—	—	—	—	—	12545	13355	14630	18540	18385
		ru1709	—	—	—	—	—	—	—	—	13560	14875	18540	18545
		ru1710	—	—	—	—	—	—	—	—	—	14865	18030	18635
		ru1711	—	—	—	—	—	—	—	—	—	—	18365	18800

注：如果该合约在月中交割，则该月的月末结算价为最后一个交易日的结算价。
数据来源：上海期货交易所、郑州商品交易所、大连商品交易所。
Source：SHFE、ZCE、DCE.

5-17　2016年金属期货合约月末结算价
Clearing Price of Metal Products Futures Contracts in 2016

单位：元/吨　　(yuan/ton)

交易品种 Futures Products	上市交易所 Futures Exchange	合约 Contracts	1月 Jan.	2月 Feb.	3月 Mar.	4月 Apr.	5月 May	6月 Jun.	7月 Jul.	8月 Aug.	9月 Sept.	10月 Oct.	11月 Nov.	12月 Dec.
铜 Copper	SHFE	cu1601	34900	—	—	—	—	—	—	—	—	—	—	—
		cu1602	35500	35420	—	—	—	—	—	—	—	—	—	—
		cu1603	35630	35910	36940	—	—	—	—	—	—	—	—	—
		cu1604	35720	36090	36840	36780	—	—	—	—	—	—	—	—
		cu1605	35780	36140	36960	37430	35270	—	—	—	—	—	—	—
		cu1606	35810	36180	36890	37460	35770	35370	—	—	—	—	—	—
		cu1607	35870	36210	36840	37520	35810	37430	38220	—	—	—	—	—
		cu1608	35820	36320	36820	37560	35800	37400	37730	37040	—	—	—	—
		cu1609	35910	36360	36790	37550	35820	37470	37810	36270	37070	—	—	—
		cu1610	35830	36430	36810	37620	35860	37480	37870	36280	37670	37330	—	—
		cu1611	35860	36400	36850	37650	35840	37500	37930	36310	37690	38420	45360	—
		cu1612	35850	36350	36820	37780	35920	37500	37970	36340	37690	38420	46060	46500
		cu1701	35810	36580	36930	37720	35890	37470	37990	36400	37700	38430	46160	45210
		cu1702	—	36210	36860	37640	35940	37560	38090	36460	37720	38430	46220	45300
		cu1703	—	—	36790	37810	35980	37520	38120	36540	37750	38450	46340	45430
		cu1704	—	—	—	37930	35950	37520	38010	36560	37770	38450	46330	45570
		cu1705	—	—	—	—	36040	37550	38140	36620	37820	38510	46420	45720
		cu1706	—	—	—	—	—	37760	38210	36690	37790	38550	46440	45880
		cu1707	—	—	—	—	—	—	38060	36730	37940	38560	46820	46070
		cu1708	—	—	—	—	—	—	—	36780	37850	38580	46840	46230
		cu1709	—	—	—	—	—	—	—	—	37930	38570	46970	46380
		cu1710	—	—	—	—	—	—	—	—	—	38600	47040	46590
		cu1711	—	—	—	—	—	—	—	—	—	—	47360	46800
		cu1712	—	—	—	—	—	—	—	—	—	—	—	47010
铝 Aluminum	SHFE	al1601	10720	—	—	—	—	—	—	—	—	—	—	—
		al1602	10700	10690	—	—	—	—	—	—	—	—	—	—
		al1603	10735	11240	11230	—	—	—	—	—	—	—	—	—
		al1604	10760	11310	11715	11860	—	—	—	—	—	—	—	—
		al1605	10770	11350	11755	12615	12320	—	—	—	—	—	—	—
		al1606	10775	11390	11735	12620	12545	12230	—	—	—	—	—	—
		al1607	10770	11425	11710	12605	12305	12635	12955	—	—	—	—	—
		al1608	10795	11450	11700	12555	12135	12460	12440	12640	—	—	—	—
		al1609	10810	11475	11685	12485	12025	12300	12280	12485	12470	—	—	—
		al1610	10860	11490	11685	12440	11960	12170	12170	12300	12845	13395	—	—
		al1611	10850	11550	11705	12450	11935	12095	12105	12190	12520	14525	15110	—
		al1612	10865	11550	11700	12450	11950	12040	12050	12115	12295	14060	13790	12805
		al1701	10875	11590	11695	12485	11955	12020	12020	12050	12110	13690	13375	12765
		al1702	—	11620	11700	12455	11970	12015	12005	12015	11990	13400	13255	12755
		al1703	—	—	11695	12390	11980	12020	12015	12005	11935	13215	13295	12815
		al1704	—	—	—	12415	11945	12045	12065	11995	11925	13120	13295	12875
		al1705	—	—	—	—	11975	12065	12035	12000	11915	13100	13360	12940
		al1706	—	—	—	—	—	12010	12075	12025	11930	13065	13370	12995
		al1707	—	—	—	—	—	—	12065	12035	11925	13060	13530	13085
		al1708	—	—	—	—	—	—	—	12050	11900	13055	13460	13150
		al1709	—	—	—	—	—	—	—	—	11900	13050	13465	13230
		al1710	—	—	—	—	—	—	—	—	—	13035	13525	13270
		al1711	—	—	—	—	—	—	—	—	—	—	13580	13335
		al1712	—	—	—	—	—	—	—	—	—	—	—	13380
锌 Zinc	SHFE	zn1601	12555	—	—	—	—	—	—	—	—	—	—	—
		zn1602	12920	13645	—	—	—	—	—	—	—	—	—	—

5-17 续表 1 continued

单位：元/吨 (yuan/ton)

交易品种 Futures Products	上市交易所 Futures Exchange	合约 Contracts	1月 Jan.	2月 Feb.	3月 Mar.	4月 Apr.	5月 May	6月 Jun.	7月 Jul.	8月 Aug.	9月 Sept.	10月 Oct.	11月 Nov.	12月 Dec.
锌 Zinc	SHFE	zn1603	12980	14000	13950	—	—	—	—	—	—	—	—	—
		zn1604	13015	14075	14090	14830	—	—	—	—	—	—	—	—
		zn1605	13035	14135	14145	15095	15030	—	—	—	—	—	—	—
		zn1606	13055	14190	14170	15135	15000	15550	—	—	—	—	—	—
		zn1607	13055	14235	14180	15185	15040	16295	16820	—	—	—	—	—
		zn1608	13115	14280	14170	15215	15075	16320	16870	17180	—	—	—	—
		zn1609	13070	14295	14195	15240	15095	16365	16945	18065	17540	—	—	—
		zn1610	13100	14265	14200	15240	15135	16395	17005	18035	18200	17910	—	—
		zn1611	13125	14270	14220	15315	15130	16450	17050	18015	18225	19270	21725	—
		zn1612	13130	14310	14240	15265	15160	16415	17060	17985	18230	19225	22945	22655
		zn1701	13190	14320	14230	15310	15115	16490	17070	17930	18235	19215	23015	20755
		zn1702	—	14355	14245	15320	15030	16465	17225	17920	18205	19180	23075	20835
		zn1703	—	—	14310	15360	15040	16445	17030	17935	18245	19175	23065	20895
		zn1704	—	—	—	15340	15130	16535	17125	17850	18280	19130	23120	20905
		zn1705	—	—	—	—	15105	16565	17125	17820	18225	19100	23000	20895
		zn1706	—	—	—	—	—	16505	17185	17800	18260	19130	23005	20870
		zn1707	—	—	—	—	—	—	17225	17760	18245	19065	23025	20865
		zn1708	—	—	—	—	—	—	—	17760	18175	19060	22880	20920
		zn1709	—	—	—	—	—	—	—	—	18240	19065	22935	20970
		zn1710	—	—	—	—	—	—	—	—	—	19060	22840	21045
		zn1711	—	—	—	—	—	—	—	—	—	—	22635	21010
		zn1712	—	—	—	—	—	—	—	—	—	—	—	21040
铅 Lead	SHFE	pb1601	12900	—	—	—	—	—	—	—	—	—	—	—
		pb1602	13965	14385	—	—	—	—	—	—	—	—	—	—
		pb1603	13375	13860	13540	—	—	—	—	—	—	—	—	—
		pb1604	13145	13695	13330	13200	—	—	—	—	—	—	—	—
		pb1605	13010	13485	13275	13090	12810	—	—	—	—	—	—	—
		pb1606	12875	13340	13215	13155	12780	12725	—	—	—	—	—	—
		pb1607	12795	13175	13195	13190	12795	12950	13190	—	—	—	—	—
		pb1608	12730	13160	13200	13220	12810	13050	13630	13660	—	—	—	—
		pb1609	12715	13035	13155	13230	12840	13085	13710	13815	14250	—	—	—
		pb1610	12625	13050	13165	13195	12885	13140	13770	13870	15310	15555	—	—
		pb1611	12710	12905	13170	13200	12890	13135	13770	13915	15260	16430	18425	—
		pb1612	12645	12840	13065	13180	12945	13240	13850	13925	15225	16470	21655	20965
		pb1701	12555	12885	13140	13210	12865	13195	13910	13960	15185	16435	21270	17720
		pb1702	—	12910	13085	13150	12925	13230	13850	13975	15145	16380	21070	17555
		pb1703	—	—	13295	13100	12970	13240	14005	14025	15055	16265	20995	17455
		pb1704	—	—	—	13140	13015	13230	13825	13995	15075	16345	20985	17405
		pb1705	—	—	—	—	13020	13435	14035	14015	15120	16300	20960	17450
		pb1706	—	—	—	—	—	13370	14080	14070	15120	16350	20740	17475
		pb1707	—	—	—	—	—	—	14205	14115	15120	16325	21050	17395
		pb1708	—	—	—	—	—	—	—	14165	15095	16145	20930	17675
		pb1709	—	—	—	—	—	—	—	—	15195	16130	20940	17580
		pb1710	—	—	—	—	—	—	—	—	—	16200	20905	17645
		pb1711	—	—	—	—	—	—	—	—	—	—	20690	17560
		pb1712	—	—	—	—	—	—	—	—	—	—	—	17650
黄金（元/克） Gold (yuan/g)	SHFE	au1601	234	—	—	—	—	—	—	—	—	—	—	—
		au1602	235.9	241.3	—	—	—	—	—	—	—	—	—	—
		au1603	237.9	255.1	255.1	—	—	—	—	—	—	—	—	—
		au1604	238.2	257.8	252.6	256	—	—	—	—	—	—	—	—

5-17 续表 2 continued

单位：元/吨 (yuan/ton)

交易品种 Futures Products	上市交易所 Futures Exchange	合约 Contracts	1月 Jan.	2月 Feb.	3月 Mar.	4月 Apr.	5月 May	6月 Jun.	7月 Jul.	8月 Aug.	9月 Sept.	10月 Oct.	11月 Nov.	12月 Dec.
黄金（元/克）Gold (yuan/g)	SHFE	au1605	—	258.8	256.1	262.3	262.3	—	—	—	—	—	—	—
		au1606	238.5	258.9	256.6	265	256.4	272	—	—	—	—	—	—
		au1607	—	—	—	268.1	254.5	283.1	281	—	—	—	—	—
		au1608	240.4	262.1	259	265.5	257.3	282.7	286	297.5	—	—	—	—
		au1609	—	—	—	—	—	283.1	286.9	283.8	293.3	—	—	—
		au1610	241.3	259.9	258.4	266.3	258.2	283.3	288	282.9	288.9	266.1	—	—
		au1611	—	—	—	—	—	—	—	286.9	283.1	275.8	279.9	—
		au1612	240.8	261.7	258.5	267.5	258	283.9	288.4	283.9	284.8	279.4	268.6	264
		au1701	—	—	—	—	—	—	—	—	—	281.9	270.3	261.9
		au1702	241.5	262.4	260.4	267.4	259.6	284.9	288.5	285.4	287.6	281.4	270.4	265
		au1703	—	—	—	—	—	—	—	—	—	—	—	270
		au1704			260	269	259.7	285.1	291.1	285.5	287.1	282.1	271.3	269.8
		au1706	—	—	—	—	260.1	285.3	290.1	286	287	282.1	271.3	270.4
		au1708	—	—	—	—	—	—	290.4	287.8	288.3	284.2	271.8	271.4
		au1710	—	—	—	—	—	—	—	—	288.1	284.8	274.4	274
		au1712	—	—	—	—	—	—	—	—	—	—	275.4	274.7
白银（元/千克）Silver (yuan/kg)	SHFE	ag1601	3209	—	—	—	—	—	—	—	—	—	—	—
		ag1602	3258	3410	—	—	—	—	—	—	—	—	—	—
		ag1603	3275	3278	3332	—	—	—	—	—	—	—	—	—
		ag1604	3288	3305	3366	3450	—	—	—	—	—	—	—	—
		ag1605	3319	3314	3381	3785	3664	—	—	—	—	—	—	—
		ag1606	3338	3347	3409	3812	3480	3751	—	—	—	—	—	—
		ag1607	3337	3331	3425	3857	3492	3958	4370	—	—	—	—	—
		ag1608	3374	3349	3435	3846	3509	3975	4388	4310	—	—	—	—
		ag1609	3381	3371	3448	3864	3532	3995	4403	4116	4238	—	—	—
		ag1610	3431	3469	3460	3906	3540	4002	4438	4140	4231	3941	—	—
		ag1611	3444	3400	3467	3936	3547	4030	4439	4140	4252	4059	4006	—
		ag1612	3415	3428	3489	3920	3583	4052	4465	4165	4270	4073	4029	4101
		ag1701	3373	3456	3515	3937	3607	4068	4472	4175	4289	4100	4058	3994
		ag1702	—	3479	3504	3952	3627	4124	4509	4199	4289	4118	4085	4029
		ag1703	—	—	3538	3945	3635	4110	4509	4211	4315	4134	4102	4032
		ag1704	—	—	—	3999	3675	4121	4535	4236	4332	4147	4137	4067
		ag1705	—	—	—	—	3682	4130	4532	4246	4359	4165	4153	4089
		ag1706	—	—	—	—	—	4145	4569	4266	4366	4186	4160	4102
		ag1707	—	—	—	—	—	—	4587	4279	4372	4202	4185	4132
		ag1708	—	—	—	—	—	—	—	4299	4397	4203	4194	4144
		ag1709	—	—	—	—	—	—	—	—	4394	4222	4217	4168
		ag1710	—	—	—	—	—	—	—	—	—	4229	4218	4144
		ag1711	—	—	—	—	—	—	—	—	—	—	4272	4186
		ag1712	—	—	—	—	—	—	—	—	—	—	—	4214
螺纹钢 Steel Rebar	SHFE	rb1601	1706	—	—	—	—	—	—	—	—	—	—	—
		rb1602	1763	1732	—	—	—	—	—	—	—	—	—	—
		rb1603	1777	1831	2008	—	—	—	—	—	—	—	—	—
		rb1604	1807	1907	2275	2450	—	—	—	—	—	—	—	—
		rb1605	1815	1939	2258	2727	2340	—	—	—	—	—	—	—
		rb1606	1795	1896	2170	2618	1931	2000	—	—	—	—	—	—
		rb1607	1790	1873	2103	2559	2001	2208	2266	—	—	—	—	—
		rb1608	1804	1881	2104	2572	2043	2250	2343	2509	—	—	—	—
		rb1609	1818	1883	2122	2578	2024	2284	2408	2378	2287	—	—	—
		rb1610	1820	1898	2122	2567	1999	2295	2444	2461	2168	2322	—	—

5-17 续表 3 continued

单位：元/吨 (yuan/ton)

交易品种 Futures Products	上市交易所 Futures Exchange	合约 Contracts	1月 Jan.	2月 Feb.	3月 Mar.	4月 Apr.	5月 May	6月 Jun.	7月 Jul.	8月 Aug.	9月 Sept.	10月 Oct.	11月 Nov.	12月 Dec.
螺纹钢 Steel Rebar	SHFE	rb1611	1806	1882	2081	2495	1965	2240	2385	2405	2177	2415	2614	—
		rb1612	1815	1890	2083	2471	1966	2234	2366	2392	2271	2582	3044	3301
		rb1701	1831	1901	2045	2472	1969	2249	2396	2422	2264	2582	2959	2954
		rb1702	—	1891	2030	2454	1941	2224	2353	2384	2240	2531	2869	2895
		rb1703	—	—	2038	2452	1956	2229	2332	2376	2258	2536	2985	2895
		rb1704	—	—	—	2457	1981	2263	2380	2410	2279	2587	2998	2895
		rb1705	—	—	—	—	1979	2256	2370	2405	2297	2599	3040	2911
		rb1706	—	—	—	—	—	2231	2359	2369	2282	2573	2995	2888
		rb1707	—	—	—	—	—	—	2337	2379	2302	2591	2940	2869
		rb1708	—	—	—	—	—	—	—	2394	2304	2590	2973	2867
		rb1709	—	—	—	—	—	—	—	—	2317	2598	3035	2887
		rb1710	—	—	—	—	—	—	—	—	—	2589	3026	2870
		rb1711	—	—	—	—	—	—	—	—	—	—	3006	2859
		rb1712	—	—	—	—	—	—	—	—	—	—	—	2855
线材 Steel Wire Rod	SHFE	wr1601	2124	—	—	—	—	—	—	—	—	—	—	—
		wr1602	1830	1830	—	—	—	—	—	—	—	—	—	—
		wr1603	1985	1985	1985	—	—	—	—	—	—	—	—	—
		wr1604	2016	2016	2016	2016	—	—	—	—	—	—	—	—
		wr1605	1911	1911	1911	1911	1911	—	—	—	—	—	—	—
		wr1606	1911	1911	2340	2340	2340	2340	—	—	—	—	—	—
		wr1607	1911	1911	2122	2122	2122	2122	2122	—	—	—	—	—
		wr1608	1911	1911	2122	2122	2122	2122	2122	2122	—	—	—	—
		wr1609	2011	2011	2264	2264	2264	2264	2264	2264	2264	—	—	—
		wr1610	1881	1881	2073	2073	2283	2283	2431	2431	2431	2431	—	—
		wr1611	1881	1881	2117	2117	2221	2221	2145	2145	2135	2135	2135	—
		wr1612	1881	1881	2117	2117	2221	2221	2145	2145	2135	2135	2135	2135
		wr1701	1982	1982	2524	2649	2779	2448	2364	2364	2353	2353	2353	2353
		wr1702	—	1982	2338	2453	2573	2265	2187	2409	2388	2305	2305	2305
		wr1703	—	—	2338	2453	2573	2265	2187	2186	2416	2331	2331	2331
		wr1704	—	—	—	2453	2573	2265	2187	2186	2416	2330	2330	2330
		wr1705	—	—	—	—	2573	2265	2187	2186	2416	2330	2330	2330
		wr1706	—	—	—	—	—	2265	2187	2186	2416	2330	2330	2330
		wr1707	—	—	—	—	—	—	2187	2186	2416	2330	2330	2330
		wr1708	—	—	—	—	—	—	—	2186	2416	2330	2330	2330
		wr1709	—	—	—	—	—	—	—	—	2416	2330	2330	2330
		wr1710	—	—	—	—	—	—	—	—	—	2330	2330	2330
		wr1711	—	—	—	—	—	—	—	—	—	—	2330	2330
		wr1712	—	—	—	—	—	—	—	—	—	—	—	2767
热轧卷板 Hot Rolled Coils	SHFE	hc1601	1999	—	—	—	—	—	—	—	—	—	—	—
		hc1602	1943	1943	—	—	—	—	—	—	—	—	—	—
		hc1603	1882	1929	1929	—	—	—	—	—	—	—	—	—
		hc1604	1878	2020	2384	2384	—	—	—	—	—	—	—	—
		hc1605	1907	2065	2359	3027	2630	—	—	—	—	—	—	—
		hc1606	1926	2036	2358	2912	2553	2553	—	—	—	—	—	—
		hc1607	1997	2016	2300	2804	2404	2532	2532	—	—	—	—	—
		hc1608	1970	2093	2270	2861	2349	2508	2589	2589	—	—	—	—
		hc1609	1959	2049	2309	2805	2302	2541	2603	2776	2700	—	—	—
		hc1610	1894	2039	2242	2737	2229	2467	2630	2784	2729	2840	—	—
		hc1611	1906	2049	2190	2646	2186	2436	2576	2739	2604	3042	3042	—
		hc1612	1932	2089	2273	2649	2267	2398	2554	2718	2610	2965	3475	3475

5-17 续表 4 continued

单位：元/吨 (yuan/ton)

交易品种 Futures Products	上市交易所 Futures Exchange	合约 Contracts	1月 Jan.	2月 Feb.	3月 Mar.	4月 Apr.	5月 May	6月 Jun.	7月 Jul.	8月 Aug.	9月 Sept.	10月 Oct.	11月 Nov.	12月 Dec.
热轧卷板 Hot Rolled Coils	SHFE	hc1701	1934	2042	2189	2663	2178	2397	2566	2659	2551	2930	3358	3604
		hc1702	—	2001	2160	2691	2188	2485	2571	2755	2589	2895	3306	3540
		hc1703	—	—	2174	2631	2173	2474	2616	2714	2570	2895	3316	3416
		hc1704	—	—	—	2646	2228	2445	2616	2717	2539	2839	3438	3372
		hc1705	—	—	—	—	2182	2394	2544	2632	2524	2869	3307	3329
		hc1706	—	—	—	—	—	2340	2570	2671	2551	2860	3373	3380
		hc1707	—	—	—	—	—	—	2553	2662	2572	2835	3365	3204
		hc1708	—	—	—	—	—	—	—	2744	2607	2833	3302	3423
		hc1709	—	—	—	—	—	—	—	—	2559	2800	3262	3292
		hc1710	—	—	—	—	—	—	—	—	—	2808	3271	3245
		hc1711	—	—	—	—	—	—	—	—	—	—	3449	3193
		hc1712	—	—	—	—	—	—	—	—	—	—	—	3379
锡 Tin	SHFE	sn1601	94400	—	—	—	—	—	—	—	—	—	—	—
		sn1602	94410	94410	—	—	—	—	—	—	—	—	—	—
		sn1603	94230	101900	108080	—	—	—	—	—	—	—	—	—
		sn1604	96990	107560	110400	110400	—	—	—	—	—	—	—	—
		sn1605	98790	104150	104530	108370	107300	—	—	—	—	—	—	—
		sn1606	99240	105210	105200	106890	106540	107700	—	—	—	—	—	—
		sn1607	100640	104660	105890	110580	107190	108510	108510	—	—	—	—	—
		sn1608	98910	102880	104640	107660	107380	110850	117920	122140	—	—	—	—
		sn1609	98520	103830	104920	110190	108380	112390	120530	122340	124000	—	—	—
		sn1610	97760	105500	106870	110450	109850	114390	120500	123000	128000	129000	—	—
		sn1611	99320	106800	103070	110820	107510	112250	121120	121850	123050	124010	130210	—
		sn1612	96920	105010	103150	111490	109930	111020	121170	118490	126380	132860	148650	148650
		sn1701	98160	103810	107310	110580	107170	113340	121320	124050	128500	134840	141170	146480
		sn1702	—	110380	112500	120330	123750	120540	126890	129760	128620	132440	138730	148130
		sn1703	—	—	111490	111930	115090	115530	119790	122490	128190	131960	142290	144950
		sn1704	—	—	—	112030	115180	122180	120290	122970	121970	125590	142980	145620
		sn1705	—	—	—	—	113360	112840	123650	125160	129220	135270	142610	146890
		sn1706	—	—	—	—	—	112870	120960	125580	129600	137120	144660	145710
		sn1707	—	—	—	—	—	—	122590	126510	130620	136710	143520	144550
		sn1708	—	—	—	—	—	—	—	126510	130620	136710	143400	144420
		sn1709	—	—	—	—	—	—	—	—	130820	137270	144100	148060
		sn1710	—	—	—	—	—	—	—	—	—	137270	143500	148970
		sn1711	—	—	—	—	—	—	—	—	—	—	144130	151470
		sn1712	—	—	—	—	—	—	—	—	—	—	—	148400
镍 Nickel	SHFE	ni1601	67340	—	—	—	—	—	—	—	—	—	—	—
		ni1602	68540	62400	—	—	—	—	—	—	—	—	—	—
		ni1603	68930	65950	68090	—	—	—	—	—	—	—	—	—
		ni1604	69530	66830	66100	70000	—	—	—	—	—	—	—	—
		ni1605	69730	67410	66700	70990	67300	—	—	—	—	—	—	—
		ni1606	69980	67650	66920	71560	66770	70000	—	—	—	—	—	—
		ni1607	70070	68120	66610	71640	66940	73280	79300	—	—	—	—	—
		ni1608	70610	68500	67170	72380	67590	74290	80870	79050	—	—	—	—
		ni1609	70810	68340	67620	72500	67820	74330	81260	76910	77550	—	—	—
		ni1610	70980	68650	67600	73030	68080	74990	81650	77240	81030	81360	—	—
		ni1611	71940	69590	68120	73290	68990	75640	81390	77610	80330	82000	92510	—
		ni1612	72560	69670	69120	73260	68510	75340	81810	77950	80790	82080	91900	93650
		ni1701	71930	69670	68850	73440	68890	75810	82730	78380	81310	82810	91200	84000
		ni1702	—	68630	69430	73720	69810	75850	82190	78740	81830	82960	92600	84360
		ni1703	—	—	69890	74550	69890	74180	83010	79270	80670	83230	92660	85020
		ni1704	—	—	—	74630	68130	76980	82900	80420	81250	83180	93320	85060
		ni1705	—	—	—	—	70270	77170	83860	79610	82570	84150	92440	85760
		ni1706	—	—	—	—	—	77180	83730	80160	82440	84510	94250	85720
		ni1707	—	—	—	—	—	—	84090	81030	81380	85320	92540	86790
		ni1708	—	—	—	—	—	—	—	80650	82720	83680	93930	85980
		ni1709	—	—	—	—	—	—	—	—	84030	85270	94080	87120
		ni1710	—	—	—	—	—	—	—	—	—	86290	95440	86430
		ni1711	—	—	—	—	—	—	—	—	—	—	96690	88290
		ni1712	—	—	—	—	—	—	—	—	—	—	—	89280

注：如果该合约在月中交割，则该月的月末结算价为最后一个交易日的结算价。
数据来源：上海期货交易所。
Source：SHFE.

5-18 2016年能源、化工及其他期货合约月末结算价
Clearing Price of Building Materials,Energy & Chemical Products & Others Futures Contracts in 2016

单位：元/吨 (yuan/ton)

交易品种 Futures Products	上市交易所 Futures Exchange	合约 Contracts	1月 Jan.	2月 Feb.	3月 Mar.	4月 Apr.	5月 May	6月 Jun.	7月 Jul.	8月 Aug.	9月 Sept.	10月 Oct.	11月 Nov.	12月 Dec.
聚乙烯 LLDPE	DCE	l1601	8860	—	—	—	—	—	—	—	—	—	—	—
		l1602	8550	8550	—	—	—	—	—	—	—	—	—	—
		l1603	7990	8565	8565	—	—	—	—	—	—	—	—	—
		l1604	8540	8880	10150	10150	—	—	—	—	—	—	—	—
		l1605	8365	8825	9255	8640	8400	—	—	—	—	—	—	—
		l1606	8225	8760	9185	8830	8720	8455	—	—	—	—	—	—
		l1607	8245	8820	9045	8720	8475	9560	9560	—	—	—	—	—
		l1608	7825	8395	8710	8685	8100	9175	9030	9030	—	—	—	—
		l1609	7805	8155	8470	8645	8085	9030	9140	8990	8955	—	—	—
		l1610	7775	8105	8320	8475	7845	8910	8920	8810	8870	8870	—	—
		l1611	7720	7970	8180	8600	7750	8885	8835	8870	8820	9450	9450	—
		l1612	7685	7910	8015	8610	7820	8655	8665	8875	8770	9660	9840	9840
		l1701	7435	7720	8000	8335	7670	8485	8740	8775	8765	10040	9395	9780
		l1702	—	7600	8145	8210	7475	8345	8555	8730	8680	9950	9355	9840
		l1703	—	—	7845	8290	7630	8130	8555	8725	8470	9550	9385	9985
		l1704	—	—	—	8095	7655	8300	8530	8465	8370	9550	9355	10050
		l1705	—	—	—	—	7370	8075	8340	8370	8285	9495	9335	9950
		l1706	—	—	—	—	—	8050	8505	8505	8225	9400	9370	9890
		l1707	—	—	—	—	—	—	8480	8305	8220	9415	9305	9930
		l1708	—	—	—	—	—	—	—	8485	8125	9335	9255	9845
		l1709	—	—	—	—	—	—	—	—	7975	9065	9110	9765
		l1710	—	—	—	—	—	—	—	—	—	8870	9050	9780
		l1711	—	—	—	—	—	—	—	—	—	—	9165	9650
		l1712	—	—	—	—	—	—	—	—	—	—	—	9670
聚氯乙烯 PVC	DCE	v1601	4830	—	—	—	—	—	—	—	—	—	—	—
		v1602	4910	4345	—	—	—	—	—	—	—	—	—	—
		v1603	4750	4560	4560	—	—	—	—	—	—	—	—	—
		v1604	4620	4615	5490	5490	—	—	—	—	—	—	—	—
		v1605	4835	5145	5295	5495	5505	—	—	—	—	—	—	—
		v1606	4695	5010	5265	5305	5325	5640	—	—	—	—	—	—
		v1607	4540	4850	5090	5210	5240	5275	5275	—	—	—	—	—
		v1608	4840	5190	5400	5300	5260	5650	5940	5940	—	—	—	—
		v1609	4780	5050	5065	5265	5145	5720	5645	5760	5390	—	—	—
		v1610	4835	5105	5120	5155	5195	5670	5665	5780	5910	5910	—	—
		v1611	4860	5130	5195	5320	5070	5435	5380	5420	5535	5535	5535	—
		v1612	4785	5015	5070	5290	4875	5340	5285	5325	5715	6975	7150	7150
		v1701	4700	4950	4930	5150	4955	5345	5260	5480	5985	7290	7020	6180
		v1702	—	4835	4810	5080	5000	5445	5360	5490	5380	7150	7180	6150
		v1703	—	—	5120	5195	5000	5035	4945	5065	5560	6840	6690	5725
		v1704	—	—	—	5030	5035	5070	4980	5100	5595	6885	6640	5980
		v1705	—	—	—	—	4915	5170	5150	5320	5605	6785	6815	6220
		v1706	—	—	—	—	—	5175	5155	5325	5480	6590	6625	6265
		v1707	—	—	—	—	—	—	5155	5325	5480	6590	6770	6265
		v1708	—	—	—	—	—	—	—	5320	5570	6685	6810	6345
		v1709	—	—	—	—	—	—	—	—	5330	6370	6485	6195
		v1710	—	—	—	—	—	—	—	—	—	6410	6525	6235
		v1711	—	—	—	—	—	—	—	—	—	—	6725	6435
		v1712	—	—	—	—	—	—	—	—	—	—	—	6435

5-18 续表 1 continued

单位：元/吨 (yuan/ton)

交易品种 Futures Products	上市交易所 Futures Exchange	合约 Contracts	1月 Jan.	2月 Feb.	3月 Mar.	4月 Apr.	5月 May	6月 Jun.	7月 Jul.	8月 Aug.	9月 Sept.	10月 Oct.	11月 Nov.	12月 Dec.
聚丙烯 PP	DCE	pp1601	6206	—	—	—	—	—	—	—	—	—	—	—
		pp1602	5880	5880	—	—	—	—	—	—	—	—	—	—
		pp1603	6147	6444	6444	—	—	—	—	—	—	—	—	—
		pp1604	6099	6591	7631	7339	—	—	—	—	—	—	—	—
		pp1605	6108	6543	7338	6821	6709	—	—	—	—	—	—	—
		pp1606	6066	6500	7260	6951	6974	7224	—	—	—	—	—	—
		pp1607	5970	6505	7073	7144	6803	8329	8380	—	—	—	—	—
		pp1608	5856	6294	6974	7130	6645	8100	8351	8351	—	—	—	—
		pp1609	5790	6130	6730	6955	6665	8081	8231	8331	8390	—	—	—
		pp1610	5660	6141	6724	7032	6609	8055	8108	7766	8024	8024	—	—
		pp1611	5745	6123	6698	7068	6578	7789	7817	7733	7595	8787	8787	—
		pp1612	5790	6103	6705	6920	6509	7414	7479	7347	7334	8818	8522	8522
		pp1701	5591	5825	6469	6819	6370	7292	7339	7276	7299	8627	8231	8756
		pp1702	—	5872	6591	6866	6362	7255	7133	7238	7163	8308	8258	8700
		pp1703	—	—	6708	6804	6315	7136	7267	7316	7308	8466	8089	8762
		pp1704	—	—	—	6898	6380	7145	7075	7129	7221	8314	7831	8591
		pp1705	—	—	—	—	6201	6995	7026	6952	6964	8173	8193	8910
		pp1706	—	—	—	—	—	6821	6975	7001	7006	8122	8291	8921
		pp1707	—	—	—	—	—	—	6905	6997	6840	7923	8286	8774
		pp1708	—	—	—	—	—	—	—	7040	6909	8143	8369	8718
		pp1709	—	—	—	—	—	—	—	—	6724	7857	8068	8815
		pp1710	—	—	—	—	—	—	—	—	—	7940	8072	9034
		pp1711	—	—	—	—	—	—	—	—	—	—	7965	8815
		pp1712	—	—	—	—	—	—	—	—	—	—	—	8802
焦炭 Coke	DCE	j1601	692	—	—	—	—	—	—	—	—	—	—	—
		j1602	635	664	—	—	—	—	—	—	—	—	—	—
		j1603	666.5	676	773.5	—	—	—	—	—	—	—	—	—
		j1604	653	681	724.5	756.5	—	—	—	—	—	—	—	—
		j1605	641	703.5	762.5	1023	1006	—	—	—	—	—	—	—
		j1606	633.5	690	753	1028	879.5	865.5	—	—	—	—	—	—
		j1607	613	687.5	742	1024	802	871	871	—	—	—	—	—
		j1608	631.5	688	757	1058	831.5	918	1029	1197	—	—	—	—
		j1609	628	689	780.5	1091	858	944.5	1078	1349	1360	—	—	—
		j1610	629	690	761	1041	823	905	1051	1209	1365	1365	—	—
		j1611	628	692	764.5	1038	824.5	915	1059	1201	1311	1914	2183	—
		j1612	647.5	706.5	761.5	1035	814.5	919	1027	1203	1322	1870	2722	2877
		j1701	626	680	783	1099	836	971	1041	1220	1290	1759	2067	2201
		j1702	—	655.5	789.5	1090	834.5	987.5	1025	1207	1294	1748	2003	2019
		j1703	—	—	791	1073	806	986	1033	1227	1254	1732	1959	1742
		j1704	—	—	—	1096	818.5	957.5	1030	1175	1233	1576	1796	1564
		j1705	—	—	—	—	833.5	972	1041	1169	1197	1574	1801	1538
		j1706	—	—	—	—	—	951	1026	1236	1194	1601	1744	1510
		j1707	—	—	—	—	—	—	1033	1206	1201	1538	1819	1522
		j1708	—	—	—	—	—	—	—	1206	1207	1532	1762	1470
		j1709	—	—	—	—	—	—	—	—	1166	1489	1722	1361
		j1710	—	—	—	—	—	—	—	—	—	1502	1766	1362
		j1711	—	—	—	—	—	—	—	—	—	—	1767	1415
		j1712	—	—	—	—	—	—	—	—	—	—	—	1454

5—18 续表 2 continued

单位：元/吨 (yuan/ton)

交易品种 Futures Products	上市交易所 Futures Exchange	合约 Contracts	1月 Jan.	2月 Feb.	3月 Mar.	4月 Apr.	5月 May	6月 Jun.	7月 Jul.	8月 Aug.	9月 Sept.	10月 Oct.	11月 Nov.	12月 Dec.
		jm1601	625	—	—	—	—	—	—	—	—	—	—	—
		jm1602	611	611	—	—	—	—	—	—	—	—	—	—
		jm1603	573	565	565	—	—	—	—	—	—	—	—	—
		jm1604	595	586	586	586	—	—	—	—	—	—	—	—
		jm1605	554	605	612	626	620	—	—	—	—	—	—	—
		jm1606	548	598	617	667	625	625	—	—	—	—	—	—
		jm1607	551	611	632	736	658	658	658	—	—	—	—	—
		jm1608	523	580	632	736	657	698	780	780	—	—	—	—
		jm1609	535	590	632	760	693	718	765	766	797	—	—	—
		jm1610	539	594	626	765	656	717	755	755	920	1099	—	—
		jm1611	523	583	630	776	690	737	751	828	935	1255	1452	—
焦煤 Coking Coal	DCE	jm1612	520	580	625	773	678	721	767	859	1057	1252	1739	1739
		jm1701	531	583	637	782	688	762	794	877.5	999.5	1290	1497	1570
		jm1702	—	558	625	790	677	758	790	899	968.5	1234	1426	1316
		jm1703	—	—	623	761	654	790	791	876	989	1213	1415	1345
		jm1704	—	—	—	767	670	762	797	890	917.5	1143	1369	1192
		jm1705	—	—	—	—	684	770	790	881	939	1152	1308	1182
		jm1706	—	—	—	—	—	720	772	856	908.5	1119	1308	1157
		jm1707	—	—	—	—	—	—	786	868	925	1146	1287	1140
		jm1708	—	—	—	—	—	—	—	851.5	904.5	1131	1299	1142
		jm1709	—	—	—	—	—	—	—	—	917	1072	1241	1047
		jm1710	—	—	—	—	—	—	—	—	—	1058	1215	1098
		jm1711	—	—	—	—	—	—	—	—	—	—	1213	1118
		jm1712	—	—	—	—	—	—	—	—	—	—	—	1090
		i1601	347	—	—	—	—	—	—	—	—	—	—	—
		i1602	316	330	—	—	—	—	—	—	—	—	—	—
		i1603	323	378	390	—	—	—	—	—	—	—	—	—
		i1604	324	366	440	426	—	—	—	—	—	—	—	—
		i1605	320	364	413	540	542	—	—	—	—	—	—	—
		i1606	319	349	388	476	434	475	—	—	—	—	—	—
		i1607	317	347	384	465	415	444	444	—	—	—	—	—
		i1608	313	342	382	460	380	435	480	466	—	—	—	—
		i1609	304	339	379	456	348	424	468	477	471.5	—	—	—
		i1610	303	336	363	429	342	422	458	451	443.5	443.5	—	—
		i1611	305	332	364	427	336	403	442	434.5	433.5	487	534	—
铁矿石 Iron Ore	DCE	i1612	305	330	363	419	329	399	433	426	419	498	615.5	600
		i1701	297	325	357	420	326	394	423	415.5	407.5	494.5	611.5	652
		i1702	—	325	353	412	321	387	422	410.5	403.5	483.5	574	625.5
		i1703	—	—	352	411	321	382	412	400.5	394	471	582	604.5
		i1704	—	—	—	413	318	378	406	399	389	459.5	575.5	581
		i1705	—	—	—	—	314	374	398	390.5	381	456	566	554.5
		i1706	—	—	—	—	—	371	396	388.5	382	447	575	542
		i1707	—	—	—	—	—	—	393	389	374	437.5	551	525
		i1708	—	—	—	—	—	—	—	384	370	435	543	515
		i1709	—	—	—	—	—	—	—	—	364	430.5	533	509
		i1710	—	—	—	—	—	—	—	—	—	426.5	531	510.5
		i1711	—	—	—	—	—	—	—	—	—	—	524.5	498.5
		i1712	—	—	—	—	—	—	—	—	—	—	—	493.5

5–18 续表 3 continued

单位：元/吨 (yuan/ton)

交易品种 Futures Products	上市交易所 Futures Exchange	合约 Contracts	1月 Jan.	2月 Feb.	3月 Mar.	4月 Apr.	5月 May	6月 Jun.	7月 Jul.	8月 Aug.	9月 Sept.	10月 Oct.	11月 Nov.	12月 Dec.
甲醇（MA）Menthanol	ZCE	MA601	1756	—	—	—	—	—	—	—	—	—	—	—
		MA602	1542	1542	—	—	—	—	—	—	—	—	—	—
		MA603	1755	1744	1744	—	—	—	—	—	—	—	—	—
		MA604	1751	1870	1870	1870	—	—	—	—	—	—	—	—
		MA605	1755	1781	1889	1917	1843	—	—	—	—	—	—	—
		MA606	1728	1782	1876	1946	1796	1953	—	—	—	—	—	—
		MA607	1749	1777	1924	2007	1796	1949	1949	—	—	—	—	—
		MA608	1777	1789	1938	2036	1870	1930	1926	1992	—	—	—	—
		MA609	1764	1798	1930	2047	1900	1993	1862	1838	1889	—	—	—
		MA610	1759	1801	1952	2066	1932	2007	1890	1864	2008	2149	—	—
		MA611	1775	1794	1935	2071	1926	2038	1890	1892	2071	2337	2313	—
		MA612	1771	1831	1958	2070	1943	2062	1936	1946	2083	2453	2526	2984
		MA701	1779	1815	1953	2089	1930	2065	1948	1937	2094	2428	2475	2906
		MA702	—	1830	1965	2088	1941	2076	1950	1941	2068	2350	2486	2782
		MA703	—	—	1972	2083	1936	2066	1950	1951	2096	2380	2490	2800
		MA704	—	—	—	2076	1936	1998	1964	1943	2131	2420	2474	2756
		MA705	—	—	—	—	1945	2060	1987	1972	2112	2402	2482	2777
		MA706	—	—	—	—	—	2029	1948	1987	2136	2389	2513	2783
		MA707	—	—	—	—	—	—	2014	1970	2086	2370	2484	2716
		MA708	—	—	—	—	—	—	—	2048	2090	2350	2487	2689
		MA709	—	—	—	—	—	—	—	—	2094	2371	2470	2695
		MA710	—	—	—	—	—	—	—	—	—	2393	2480	2700
		MA711	—	—	—	—	—	—	—	—	—	—	2517	2687
		MA712	—	—	—	—	—	—	—	—	—	—	—	2742
PTA	ZCE	TA601	4172	—	—	—	—	—	—	—	—	—	—	—
		TA602	4258	4386	—	—	—	—	—	—	—	—	—	—
		TA603	4274	4342	4430	—	—	—	—	—	—	—	—	—
		TA604	4322	4352	4670	4718	—	—	—	—	—	—	—	—
		TA605	4356	4388	4696	4898	4532	—	—	—	—	—	—	—
		TA606	4380	4420	4754	4952	4570	4556	—	—	—	—	—	—
		TA607	4388	4414	4758	4942	4504	4756	4592	—	—	—	—	—
		TA608	4432	4452	4814	4974	4570	4782	4550	4652	—	—	—	—
		TA609	4438	4464	4820	5038	4612	4826	4562	4562	4564	—	—	—
		TA610	4432	4478	4912	5116	4648	4882	4624	4656	4626	4774	—	—
		TA611	4464	4512	4914	5112	4652	4902	4598	4698	4620	4850	5000	—
		TA612	4500	4522	4932	5120	4686	4924	4720	4716	4704	4880	4872	5260
		TA701	4516	4538	4934	5150	4732	4948	4732	4752	4718	4930	4986	5296
		TA702	—	4580	4928	5168	4726	4960	4692	4764	4752	4970	5020	5320
		TA703	—	—	4948	5176	4748	4988	4734	4844	4800	4970	5096	5392
		TA704	—	—	—	5170	4762	4998	4702	4818	4768	4998	5090	5426
		TA705	—	—	—	—	4820	5022	4816	4824	4804	5042	5138	5458
		TA706	—	—	—	—	—	5102	4778	4834	4784	5044	5128	5468
		TA707	—	—	—	—	—	—	4908	4858	4814	5100	5168	5498
		TA708	—	—	—	—	—	—	—	4828	4894	5116	5160	5512
		TA709	—	—	—	—	—	—	—	—	4874	5140	5220	5530
		TA710	—	—	—	—	—	—	—	—	—	5164	5274	5596
		TA711	—	—	—	—	—	—	—	—	—	—	5222	5630
		TA712	—	—	—	—	—	—	—	—	—	—	—	5732

5-18 续表 4 continued

单位：元/吨 (yuan/ton)

交易品种 Futures Products	上市交易所 Futures Exchange	合约 Contracts	1月 Jan.	2月 Feb.	3月 Mar.	4月 Apr.	5月 May	6月 Jun.	7月 Jul.	8月 Aug.	9月 Sept.	10月 Oct.	11月 Nov.	12月 Dec.
动力煤(TC) Thermal Coal	ZCE	TC601	305	—	—	—	—	—	—	—	—	—	—	—
		TC602	307	307	—	—	—	—	—	—	—	—	—	—
		TC603	300	324	324	—	—	—	—	—	—	—	—	—
		TC604	298	320	322	322	—	—	—	—	—	—	—	—
动力煤(ZC) Thermal Coal	ZCE	ZC605	323	340	357	380	380	—	—	—	—	—	—	—
		ZC606	318	335	355	379	358	358	—	—	—	—	—	—
		ZC607	315	335	350	390	394	408	408	—	—	—	—	—
		ZC608	315	326	343	392	388	425	440	446	—	—	—	—
		ZC609	311	323	341	395	406	431	447	388	415	—	—	—
		ZC610	321	332	352	406	408	434	453	412	525	592	—	—
		ZC611	321	329	354	407	413	450	452	470	478	577	624	—
		ZC612	317	329	355	411	422	459	477	490	489	599	591	619
		ZC701	334	344	368	424	430	469	488	510	538	620	582	620
		ZC702	—	338	371	419	419	462	481	506	528	596	587	606
		ZC703	—	—	374	421	417	454	475	499	517	565	580	558
		ZC704	—	—	—	415	418	453	475	495	512	575	541	511
		ZC705	—	—	—	—	413	453	463	490	503	555	532	503
		ZC706	—	—	—	—	—	432	455	495	505	540	532	500
		ZC707	—	—	—	—	—	—	460	493	493	531	533	502
		ZC708	—	—	—	—	—	—	—	488	483	526	538	502
		ZC709	—	—	—	—	—	—	—	—	487	535	526	500
		ZC710	—	—	—	—	—	—	—	—	—	525	522	503
		ZC711	—	—	—	—	—	—	—	—	—	—	526	516
		ZC712	—	—	—	—	—	—	—	—	—	—	—	515
玻璃 Glass	ZCE	FG601	870	—	—	—	—	—	—	—	—	—	—	—
		FG602	849	880	—	—	—	—	—	—	—	—	—	—
		FG603	897	985	985	—	—	—	—	—	—	—	—	—
		FG604	854	902	901	938	—	—	—	—	—	—	—	—
		FG605	851	914	928	859	865	—	—	—	—	—	—	—
		FG606	890	933	967	999	1045	951	—	—	—	—	—	—
		FG607	890	932	963	989	1009	1079	1124	—	—	—	—	—
		FG608	888	940	951	1000	1036	1067	1132	1219	—	—	—	—
		FG609	853	912	934	1002	1023	1074	1087	1288	1132	—	—	—
		FG610	856	896	937	1004	1018	1064	1073	1181	1197	1309	—	—
		FG611	844	901	929	996	1016	1079	1068	1200	1178	1252	1431	—
		FG612	899	932	970	1031	1050	1105	1096	1186	1152	1204	1275	1452
		FG701	871	918	945	1024	1031	1092	1079	1170	1092	1115	1244	1242
		FG702	—	909	951	1036	1026	1085	1067	1156	1085	1114	1247	1230
		FG703	—	—	978	1040	1034	1065	1059	1157	1060	1110	1224	1251
		FG704	—	—	—	1070	1014	1076	1059	1142	1048	1070	1220	1207
		FG705	—	—	—	—	1009	1071	1052	1130	1035	1073	1235	1229
		FG706	—	—	—	—	—	1072	1057	1138	1040	1076	1237	1211
		FG707	—	—	—	—	—	—	1052	1151	1060	1079	1224	1241
		FG708	—	—	—	—	—	—	—	1163	1058	1084	1223	1223
		FG709	—	—	—	—	—	—	—	—	1026	1058	1234	1227
		FG710	—	—	—	—	—	—	—	—	—	1058	1229	1236
		FG711	—	—	—	—	—	—	—	—	—	—	1210	1234
		FG712	—	—	—	—	—	—	—	—	—	—	—	1258

5–18 续表 5 continued

单位：元/吨 (yuan/ton)

交易品种 Futures Products	上市交易所 Futures Exchange	合约 Contracts	1月 Jan.	2月 Feb.	3月 Mar.	4月 Apr.	5月 May	6月 Jun.	7月 Jul.	8月 Aug.	9月 Sept.	10月 Oct.	11月 Nov.	12月 Dec.
		SF601	3816	—	—	—	—	—	—	—	—	—	—	—
		SF602	3724	3724	—	—	—	—	—	—	—	—	—	—
		SF603	3796	3796	3796	—	—	—	—	—	—	—	—	—
		SF604	3730	3730	3730	3730	—	—	—	—	—	—	—	—
		SF605	4088	4274	4502	4194	4194	—	—	—	—	—	—	—
		SF606	4080	4266	4364	4074	4074	4074	—	—	—	—	—	—
		SF607	3846	4028	4126	3848	3848	3848	3848	—	—	—	—	—
		SF608	3846	4028	4260	3976	3976	3976	3976	4024	—	—	—	—
		SF609	3840	3988	4500	4418	3974	4146	4462	4580	4672	—	—	—
		SF610	3786	3960	4314	4232	3814	3986	4300	4356	4666	4926	—	—
		SF611	4062	4248	4490	4398	3956	4128	4396	4290	4534	4808	4864	—
硅铁 Ferrosilicon	ZCE	SF612	4062	4248	4628	4716	4250	4414	4838	4788	5098	5396	5640	5394
		SF701	3982	4116	4752	4396	4078	4246	4376	4494	5114	5412	5656	5166
		SF702	—	4116	4558	4200	3746	4276	4750	4508	4966	5238	5146	5210
		SF703	—	—	4558	4200	3746	4276	4746	4760	5036	5386	5590	5208
		SF704	—	—	—	4200	3746	4276	4900	4420	4534	5082	5272	4870
		SF705	—	—	—	—	3746	4276	4320	4432	5066	5410	5478	5168
		SF706	—	—	—	—	—	4276	4014	4392	4616	5200	5284	5122
		SF707	—	—	—	—	—	—	4052	4492	4554	5144	5218	4934
		SF708	—	—	—	—	—	—	—	4048	4536	5112	5192	4912
		SF709	—	—	—	—	—	—	—	—	4928	5386	5346	5136
		SF710	—	—	—	—	—	—	—	—	—	5750	5896	5248
		SF711	—	—	—	—	—	—	—	—	—	—	5896	5078
		SF712	—	—	—	—	—	—	—	—	—	—	—	5078
		SM601	4118	—	—	—	—	—	—	—	—	—	—	—
		SM602	3820	3820	—	—	—	—	—	—	—	—	—	—
		SM603	4122	4122	4122	—	—	—	—	—	—	—	—	—
		SM604	3890	3890	3890	3890	—	—	—	—	—	—	—	—
		SM605	4312	4646	5320	5732	5600	—	—	—	—	—	—	—
		SM606	4216	4548	5214	5628	5500	5500	—	—	—	—	—	—
		SM607	4514	4872	5562	6004	5866	5866	5866	—	—	—	—	—
		SM608	4694	5068	5816	6282	6138	6138	6138	6494	—	—	—	—
		SM609	4122	4354	5076	5080	4584	4690	5950	6150	6104	—	—	—
		SM610	3662	3954	4670	4666	4220	4324	5450	5548	6406	6970	—	—
		SM611	3632	3922	4630	4630	4186	4292	5460	5654	6534	7492	8100	—
锰硅 Ferromanganese–silicon	ZCE	SM612	3632	3922	4630	4630	4186	4292	5152	5254	6392	7838	8122	9150
		SM701	3608	3948	4988	4988	4698	4894	5794	5500	6850	7846	8510	8392
		SM702	—	4100	4920	4768	4460	4640	5650	5376	6708	7690	8352	8246
		SM703	—	—	4920	4768	4460	4640	5650	5472	6824	7822	8486	8368
		SM704	—	—	—	4768	4460	4640	5650	5472	6824	7822	8486	8368
		SM705	—	—	—	—	4568	4640	5582	5400	6496	7278	8258	6928
		SM706	—	—	—	—	—	4640	5922	5632	7114	7974	9062	7614
		SM707	—	—	—	—	—	—	5922	5632	7114	7974	9062	7614
		SM708	—	—	—	—	—	—	—	5632	6668	7486	8870	7452
		SM709	—	—	—	—	—	—	—	—	6568	7370	8126	6836
		SM710	—	—	—	—	—	—	—	—	—	7546	9174	7702
		SM711	—	—	—	—	—	—	—	—	—	—	9174	7702
		SM712	—	—	—	—	—	—	—	—	—	—	—	7702

5-18 续表 6 continued

单位：元/吨 (yuan/ton)

交易品种 Futures Products	上市交易所 Futures Exchange	合约 Contracts	1月 Jan.	2月 Feb.	3月 Mar.	4月 Apr.	5月 May	6月 Jun.	7月 Jul.	8月 Aug.	9月 Sept.	10月 Oct.	11月 Nov.	12月 Dec.
		fu1603	2340	2227	—	—	—	—	—	—	—	—	—	—
		fu1604	2571	2598	2498	—	—	—	—	—	—	—	—	—
		fu1605	2440	2366	2350	2355	—	—	—	—	—	—	—	—
		fu1606	2211	2285	2329	2040	2040	—	—	—	—	—	—	—
		fu1607	2280	2277	2333	2157	2264	2495	—	—	—	—	—	—
		fu1608	2481	2483	2363	2184	2350	2516	2270	—	—	—	—	—
		fu1609	2588	2340	2606	2217	2360	2298	2073	2073	—	—	—	—
		fu1610	2472	2472	2472	2484	2455	2455	2455	2455	2455	—	—	—
		fu1611	2472	2472	2472	2484	2455	2455	2592	2592	2592	2592	—	—
		fu1612	2335	2423	2417	2380	2346	2398	2270	2250	2610	2646	2646	—
燃料油 Fuel Oil	SHFE	fu1702	—	2529	2365	2607	2579	2613	2568	2637	2620	2728	2830	4001
		fu1703	—	—	2409	2340	2464	2403	2365	2425	2325	2454	2917	4100
		fu1704	—	—	—	2467	2424	2624	2637	2506	2675	2667	3267	4496
		fu1705	—	—	—	—	2467	2481	2626	2627	2406	2625	3383	4050
		fu1706	—	—	—	—	—	2478	2478	2478	2512	2758	2750	3997
		fu1707	—	—	—	—	—	—	2478	2478	2512	2478	2658	3955
		fu1708	—	—	—	—	—	—	—	2478	2512	2512	2899	4147
		fu1709	—	—	—	—	—	—	—	—	2512	2512	2620	3880
		fu1710	—	—	—	—	—	—	—	—	—	2512	2869	3910
		fu1711	—	—	—	—	—	—	—	—	—	—	2740	4009
		fu1712	—	—	—	—	—	—	—	—	—	—	—	4164
		bu1601	1644	—	—	—	—	—	—	—	—	—	—	—
		bu1602	1752	1558	—	—	—	—	—	—	—	—	—	—
		bu1603	1708	1624	1620	—	—	—	—	—	—	—	—	—
		bu1604	1720	1700	1638	1680	—	—	—	—	—	—	—	—
		bu1605	1722	1716	1736	1856	1750	—	—	—	—	—	—	—
		bu1606	1738	1762	1760	1912	1720	1804	—	—	—	—	—	—
		bu1607	1756	1786	1808	1956	1772	1962	1892	—	—	—	—	—
		bu1608	—	1822	1854	2036	1828	2034	1872	1744	—	—	—	—
		bu1609	1812	1822	1876	2072	1870	2078	1936	1662	1598	—	—	—
		bu1610	—	—	—	2094	1894	2106	1974	1714	1606	1460	—	—
		bu1611	—	—	—	—	1924	2096	1970	1812	1700	1728	1842	—
石油沥青 Bitumen	SHFE	bu1612	1866	1904	1960	2120	1950	2190	1970	1846	1734	1800	1936	2210
		bu1701	—	—	—	—	—	—	2014	1886	1756	1814	1974	2494
		bu1702	—	—	—	—	—	—	—	1922	1848	1896	2032	2544
		bu1703	1968	1940	2098	2262	2038	2260	2070	1962	1868	1924	2088	2584
		bu1704	—	—	—	—	—	—	—	—	—	2002	2152	2610
		bu1705	—	—	—	—	—	—	—	—	—	—	2200	2692
		bu1706	2022	2048	2168	2328	2150	2380	2156	2012	1918	2046	2240	2722
		bu1709	2100	2076	2210	2436	2224	2448	2264	2132	2018	2164	2344	2810
		bu1712	2074	2114	2318	2486	2248	2506	2374	2214	2078	2228	2458	2900
		bu1803	—	—	2352	2542	2252	2552	2414	2298	2172	2314	2520	2962
		bu1806	—	—	—	—	—	2556	2512	2338	2216	2358	2582	2990
		bu1809	—	—	—	—	—	—	—	—	2264	2444	2696	3064
		bu1812	—	—	—	—	—	—	—	—	—	—	—	3102

注：如果该合约在月中交割，则该月的月末结算价为最后一个交易日的结算价。

数据来源：上海期货交易所、郑州商品交易所、大连商品交易所。

Source：SHFE、ZCE、DCE.

5-19 2016年金融期货合约月末结算价
Clearing Price of Financial Futures Contracts in 2016

单位：元 (yuan)

交易品种 Futures Products	上市交易所 Futures Exchange	合约 Contracts	1月 Jan.	2月 Feb.	3月 Mar.	4月 Apr.	5月 May	6月 Jun.	7月 Jul.	8月 Aug.	9月 Sept.	10月 Oct.	11月 Nov.	12月 Dec.
10年期国债期货 10 Years Treasury Future	CFFEX	T1603	100.34	100.71	101.035	—	—	—	—	—	—	—	—	—
		T1606	99.84	99.425	99.8	99.51	99.995	100.1	—	—	—	—	—	—
		T1609	99.51	98.865	98.97	97.985	99.09	100.4	101.1	101.2	101.5	—	—	—
		T1612	—	—	98.475	97.055	98.245	99.74	100.6	100.7	101.2	101.3	100	99.5
		T1703	—	—	—	—	—	99.34	100.1	100.3	100.8	100.6	98.82	97.33
		T1706	—	—	—	—	—	—	—	—	100.5	100.2	97.97	96.16
		T1709	—	—	—	—	—	—	—	—	—	—	—	95.37
5年期国债期货 5 Years Treasury Future	CFFEX	TF1603	100.78	101.3	101.865	—	—	—	—	—	—	—	—	—
		TF1606	100.455	100.44	100.985	100.6	101.05	100.9	—	—	—	—	—	—
		TF1609	100.205	100.06	100.505	99.64	100.29	101	101.5	101.8	101.7	—	—	—
		TF1612	—	—	100.15	99.03	99.72	100.6	101.1	101.3	101.6	101.7	100.7	100.7
		TF1703	—	—	—	—	—	100.3	100.8	101	101.3	101.3	100.1	99.36
		TF1706	—	—	—	—	—	—	—	—	101	101	99.69	98.55
		TF1709	—	—	—	—	—	—	—	—	—	—	—	98.01
沪深300股指期货 Index Futures	CFFEX	IF1601	3133.69	—	—	—	—	—	—	—	—	—	—	—
		IF1602	2918.6	3049.5	—	—	—	—	—	—	—	—	—	—
		IF1603	2855.6	2782.4	3177.12	—	—	—	—	—	—	—	—	—
		IF1604	—	2726.2	3192.4	3270.6	—	—	—	—	—	—	—	—
		IF1605	—		3142.4	3131.2	3065.5	—	—	—	—	—	—	—
		IF1606	2720.6	2618.8	3091.6	3090.6	3142.8	3112	—	—	—	—	—	—
		IF1607	—	—	—	—	3111	3113	3275	—	—	—	—	—
		IF1608	—	—	—	—	—	3075	3185	3359	—	—	—	—
		IF1609	2612.2	2490.4	2974	2981.2	3066.4	3044	3158	3306	3260	—	—	—
		IF1610	—	—	—	—	—	—	—	3287	3247	3319	—	—
		IF1611	—	—	—	—	—	—	—		3220	3318	3427	—
		IF1612	—	—	—	2904.4	3028.4	2981	3103	3251	3196	3295	3536	3343
		IF1701	—	—	—	—	—	—	—	—	—	—	3514	3292
		IF1702	—	—	—	—	—	—	—	—	—	—		3272
		IF1703	—	—	—	—	—	—	3052	3219	3128	3229	3480	3251
		IF1706	—	—	—	—	—	—	—	—	—	3165	3433	3203
上证50股指期货 SSE 50 Index Futures	CFFEX	IH1601	2078.22	—	—	—	—	—	—	—	—	—	—	—
		IH1602	1961.4	2002.7	—	—	—	—	—	—	—	—	—	—
		IH1603	1930.8	1891.8	2146.94	—	—	—	—	—	—	—	—	—
		IH1604	—	1865	2152.6	2181.5	—	—	—	—	—	—	—	—
		IH1605	—	—	2129.2	2126.2	2078.4	—	—	—	—	—	—	—
		IH1606	1866.4	1805.8	2105.6	2107.4	2138.4	2104	—	—	—	—	—	—
		IH1607	—	—	—	—	2116.4	2105	2192	—	—	—	—	—
		IH1608	—	—	—	—	—	2088	2151	2243	—	—	—	—
		IH1609	1811	1748.4	2044.6	2059.8	2092.2	2072	2142	2227	2188	—	—	—
		IH1610	—	—	—	—	—	—	—	2219	2175	2235	—	—
		IH1611	—	—	—	—	—	—	—		2168	2242	2313	—
		IH1612	—	—	—	2037.2	2067.6	2041	2124	2206	2159	2234	2421	2304
		IH1701	—	—	—	—	—	—	—	—	—	—	2411	2274
		IH1702	—	—	—	—	—	—	—	—	—	—		2266
		IH1703	—	—	—	—	—	—	2112	2191	2135	2205	2393	2259
		IH1706	—	—	—	—	—	—				2178	2367	2235
中证500股指期货 CSI 500 Index Futures	CFFEX	IC1601	5940.3	—	—	—	—	—	—	—	—	—	—	—
		IC1602	5370	5968.4	—	—	—	—	—	—	—	—	—	—
		IC1603	5203.8	5102.8	5944.29	—	—	—	—	—	—	—	—	—
		IC1604	—	4925	6037.6	6374.4	—	—	—	—	—	—	—	—
		IC1605	—	—	5860.6	5863	5689.5	—	—	—	—	—	—	—
		IC1606	4793.8	4621.4	5696.6	5703.4	5889.8	5961	—	—	—	—	—	—
		IC1607	—	—	—	—	5803.8	6043	6440	—	—	—	—	—
		IC1608	—	—	—	—		5944	6110	6490	—	—	—	—
		IC1609	4477.4	4269.8	5312.4	5294.6	5703.2	5870	6015	6331	6330	—	—	—
		IC1610	—	—	—	—	—	—	—	6238	6315	6451	—	—
		IC1611	—	—	—	—	—	—	—	—	6235	6406	6617	—
		IC1612	—	—	—	4949.8	5521.2	5656	5745	6119	6157	6333	6537	6312
		IC1701	—	—	—	—	—	—	—	—	—	—	6453	6217
		IC1702	—	—	—	—	—	—	—	—	—	—	—	6138
		IC1703	—	—	—	—	—	—	5554	5937	5915	6126	6293	6080
		IC1706	—	—	—	—	—	—	—	—	—	5951	6086	5893

注：如果该合约在月中交割，则该月的月末结算价为交割结算价。

数据来源：中国金融期货交易所。

Source：CFFEX.

5-20 2016年农产品期货实物交割情况
Physical Delivery of Agricultural Products Futures in 2016

交易品种 Futures Products	上市交易所 Futures Exchange	合约 Contracts	交割量（手） Delivery Quantity (lot)	交割金额（万元） Delivery Amount (10 thousand yuan)	成交量（手） Trading Volume (lot)	成交金额（万元） Trading Turnover(10 thousand yuan)	结算价（元/吨） Clearing Price (yuan/ton)	交割率(%) Delivery Rate (%)
玉米 Corn	DCE	c1601	2044	4243	10618431	21100365	2076	0.01
		c1603	149	298	3484	6932	2001	2.14
		c1605	31711	56409	30081166	56072786	1779	0.05
		c1607	5	9	11923	20832	1786	0.02
		c1609	1501	2723	22060824	36609558	1814	0.00
玉米淀粉 Corn Starch	DCE	cs1601	2448	5339	7542393	15939519	2181	0.02
		cs1603	18	37	1125	2514	2052	0.80
		cs1605	3904	7890	29154486	60892208	2021	0.01
		cs1609	1788	3530	18964819	39165167	1974	0.00
		cs1611	6	11	1168	2220	1832	0.26
黄大豆一号 Soybean No.1	DCE	a1601	2576	9726	7181159	29443732	3776	0.02
		a1603	844	2993	12554	44746	3547	3.36
		a1605	669	2408	6029335	22241474	3600	0.01
		a1607	25	98	709	2709	3900	1.76
		a1609	873	3087	14901117	54561219	3536	0.00
		a1611	58	218	1955	7260	3766	1.48
豆粕 Soybean Meal	DCE	m1601	5158	12895	92651454	247229324	2500	0.00
		m1605	1413	3792	67803752	163560100	2684	0.00
		m1609	5751	18208	214223915	619974361	3166	0.00
		m1612	1	4	2068	6155	3698	0.02
豆油 Soybean Oil	DCE	y1601	6964	39931	38907199	217227159	5734	0.01
		y1605	4760	29360	28336819	159011633	6168	0.01
		y1608	1	6	377	2240	6300	0.13
		y1609	13150	80040	35868072	216819923	6087	0.02
棕榈油 RBD Palm Oil	DCE	p1601	20222	89947	57614131	265265925	4448	0.02
		p1605	5727	31613	45259983	215881606	5520	0.01
		p1609	3126	19294	47228327	251822900	6172	0.00
鸡蛋 Egg	DCE	jd1601	1	4	4785493	18623308	3583	0.00
		jd1602	9	26	1546	5493	2903	0.29
		jd1603	4	11	4412	15600	2771	0.05
		jd1604	7	21	1780	5630	3010	0.20
		jd1609	2	7	8038465	31514141	3516	0.00
		jd1610	10	32	8232	27793	3230	0.06
		jd1611	3	10	5778	18709	3310	0.03
胶合板Lockboard	DCE	bb1601	18	65	435	2255	72	2.07

5–20 续表 1 continued

交易品种 Futures Products	上市交易所 Futures Exchange	合约 Contracts	交割量（手）Delivery Quantity (lot)	交割金额（万元）Delivery Amount (10 thousand yuan)	成交量（手）Trading Volume (lot)	成交金额（万元）Trading Turnover(10 thousand yuan)	结算价（元/吨）Clearing Price (yuan/ton)	交割率(%) Delivery Rate (%)
纤维板 Fiberboard	DCE	fb1601	18	44	947	2770	49	0.95
		fb1602	2	5	99	277	47	1.01
		fb1603	10	20	149	352	41	3.36
棉花 CF	ZCE	CF601	9560	56713.02	6539511	41353203.71	11860	—
		CF603	744	4010.24	6547	39749.02	10780	—
		CF605	5384	32532.12	6608035	38353274.16	12110	—
		CF607	2648	19184.76	19874	124322.72	14490	—
		CF609	3208	21519.10	30111883	185640761.30	13415	—
		CF611	1000	7622.50	23910	156080.06	15245	—
		CF701	56	434.28	42105498	303201661.81	—	—
		CF703	0	0.00	17590	120912.19	—	—
		CF705	0	0.00	6594152	51304339.84	—	—
		CF707	0	0.00	676	5190.34	—	—
		CF709	0	0.00	155195	1221874.41	—	—
		CF711	0	0.00	282	2236.54	—	—
粳稻 Japonica Rice	ZCE	JR601	0	0.00	6	35.87	2981	—
		JR603	0	0.00	2	12.40	2980	—
		JR605	0	0.00	0	0.00	2990	—
		JR607	0	0.00	45	269.44	3221	—
		JR609	0	0.00	155	1015.47	3111	—
		JR611	0	0.00	0	0.00	3418	—
		JR701	0	0.00	37	230.30	—	—
		JR703	0	0.00	24	142.08	—	—
		JR705	0	0.00	31	212.90	—	—
		JR707	0	0.00	0	0.00	—	—
		JR709	0	0.00	0	0.00	—	—
		JR711	0	0.00	50	333.24	—	—
晚籼稻 Late Indica Rice	ZCE	LR601	0	0.00	13	65.06	2658	—
		LR603	0	0.00	14	69.58	2437	—
		LR605	0	0.00	17	85.59	2700	—
		LR607	0	0.00	46	254.64	2730	—
		LR609	0	0.00	60	300.78	2622	—
		LR611	0	0.00	127	662.13	2773	—
		LR701	0	0.00	4	22.88	—	—
		LR703	0	0.00	0	0.00	—	—
		LR705	0	0.00	78	448.94	—	—
		LR707	0	0.00	0	0.00	—	—
		LR709	0	0.00	2	11.03	—	—
		LR711	0	0.00	32	176.25	—	—
菜籽油 OI	ZCE	OI601	3217	18079.74	2945463	17182720.89	5608	—
		OI603	0	0.00	46	271.29	5718	—
		OI605	2700	15328.60	3407111	19169268.22	5696	—
		OI607	33	202.29	281	1692.84	6130	—

5-20 续表 2 continued

交易品种 Futures Products	上市交易所 Futures Exchange	合约 Contracts	交割量（手） Delivery Quantity (lot)	交割金额（万元） Delivery Amount (10 thousand yuan)	成交量（手） Trading Volume (lot)	成交金额（万元） Trading Turnover (10 thousand yuan)	结算价（元/吨） Clearing Price (yuan/ton)	交割率（%） Delivery Rate (%)
菜籽油 OI	ZCE	OI609	13172	79463.68	8036678	48791613.49	6032	—
		OI611	26	183.40	412	2576.93	7054	—
		OI701	600	4344.00	11937912	79016167.96	—	—
		OI703	0	0.00	181	1171.94	—	—
		OI705	0	0.00	5552106	40852723.66	—	—
		OI707	0	0.00	198	1371.52	—	—
		OI709	0	0.00	336204	2528564.45	—	—
		OI711	0	0.00	29	227.85	—	—
普麦 Wheat	ZCE	PM601	13	152.75	964	11875.11	2350	—
		PM603	0	0.00	8	98.10	2370	—
		PM605	0	0.00	82	1056.91	2151	—
		PM607	0	0.00	17	214.29	2325	—
		PM609	0	0.00	10	120.95	2207	—
		PM611	0	0.00	69	825.36	2506	—
		PM701	0	0.00	40	470.77	—	—
		PM703	0	0.00	0	0.00	—	—
		PM705	0	0.00	5	51.61	—	—
		PM707	0	0.00	13	153.94	—	—
		PM709	0	0.00	4	49.17	—	—
		PM711	0	0.00	0	0.00	—	—
早籼稻 RI	ZCE	RI601	0	0.00	1930	9790.28	2887	—
		RI603	0	0.00	50	257.41	2841	—
		RI605	0	0.00	322	1804.62	3309	—
		RI607	0	0.00	35	181.11	3194	—
		RI609	0	0.00	130	669.42	2509	—
		RI611	0	0.00	4	23.67	2776	—
		RI701	0	0.00	777	4263.58	—	—
		RI703	0	0.00	357	1892.09	—	—
		RI705	0	0.00	95	525.94	—	—
		RI707	0	0.00	14	74.69	—	—
		RI709	0	0.00	405	2178.65	—	—
		RI711	0	0.00	0	0.00	—	—
菜籽粕 Rapeseed Meal	ZCE	RM601	5005	9089.74	83390352	170667201.97	1817	—
		RM603	1879	3484.36	43281	87640.65	1855	—
		RM605	4637	9730.96	42261656	81447910.44	2099	—
		RM607	357	996.37	12938	26359.43	2796	—
		RM608	6	15.43	7037	14638.26	2572	—
		RM609	84	196.90	148371861	359911427.07	2344	—
		RM611	0	0.00	33729	67095.73	2346	—
		RM701	0	0.00	58980356	135862893.13	—	—
		RM703	0	0.00	34248	75988.13	—	—
		RM705	0	0.00	14346317	34273591.69	—	—
		RM707	0	0.00	1231	2874.99	—	—
		RM708	0	0.00	339	814.05	—	—
		RM709	0	0.00	854968	2025038.95	—	—
		RM711	0	0.00	1397	3253.57	—	—

5–20 续表 3 continued

交易品种 Futures Products	上市交易所 Futures Exchange	合约 Contracts	交割量(手) Delivery Quantity (lot)	交割金额(万元) Delivery Amount (10 thousand yuan)	成交量(手) Trading Volume (lot)	成交金额(万元) Trading Turnover(10 thousand yuan)	结算价(元/吨) Clearing Price (yuan/ton)	交割率(%) Delivery Rate (%)
油菜籽 Rapeseed	ZCE	RS607	445	1834.86	15207	61411.69	4133	—
		RS608	0	0.00	0	0.00	4142	—
		RS609	0	0.00	3227	13555.19	4272	—
		RS611	0	0.00	44	175.34	4259	—
		RS707	0	0.00	2013	9537.41	—	—
		RS708	0	0.00	10	46.42	—	—
		RS709	0	0.00	10	49.29	—	—
		RS711	0	0.00	9	40.62	—	—
白糖 SR	ZCE	SR601	17549	95070.93	84051939	458453327.52	5376	—
		SR603	2089	11017.39	10554	56808.68	5274	—
		SR605	23963	130472.70	54079850	295892405.48	5451	—
		SR607	505	2971.42	14880	82928.70	5884	—
		SR609	32289	187010.86	50545035	285680803.53	5823	—
		SR611	1182	7486.57	12413	75119.64	6336	—
		SR701	6226	42780.00	34368681	221704634.08	—	—
		SR703	0	0.00	2440	14256.50	—	—
		SR705	0	0.00	8915906	61440041.67	—	—
		SR707	0	0.00	651	4330.87	—	—
		SR709	0	0.00	425453	2901609.66	—	—
		SR711	0	0.00	320	2129.88	—	—
		SR801	0	0.00	119050	829817.06	—	—
		SR803	0	0.00	153	1056.84	—	—
		SR805	0	0.00	4527	32078.36	—	—
强麦 WH	ZCE	WH601	1692	10165.54	207461	1141737.89	3004	—
		WH603	0	0.00	83	454.22	2780	—
		WH605	851	4379.43	436342	2473008.57	2569	—
		WH607	11	56.23	140	744.46	2556	—
		WH609	438	2200.04	92781	491764.88	2509	—
		WH611	0	0.00	52	277.97	2815	—
		WH701	59	364.86	149163	834146.93	—	—
		WH703	0	0.00	31	168.26	—	—
		WH705	0	0.00	33367	199289.05	—	—
		WH707	0	0.00	320	1697.51	—	—
		WH709	0	0.00	6736	36152.42	—	—
		WH711	0	0.00	1	5.60	—	—
天然橡胶 Natural Rubber	SHFE	ru1601	3592	34649.23	33768533	404247633.99	9565	0.01
		ru1603	866	9560.64	7716	84863.37	10925	11.22
		ru1604	459	5434.56	4253	46567.99	11780	10.79
		ru1605	12590	142707.65	30490609	321166315.38	10830	0.04
		ru1606	308	3140.06	8934	97557.81	10035	3.45
		ru1607	314	3428.88	6594	72469.37	10605	4.76
		ru1608	223	2332.58	7681	83721.49	10540	2.90
		ru1609	6513	67018.77	41013570	471642598.18	10530	0.02
		ru1610	145	1727.68	16458	186102.45	12095	0.88
		ru1611	5097	67102.01	208312	2325256.87	13590	2.45

5-21 2016年金属期货实物交割情况
Physical Delivery of Metal Products Futures in 2016

交易品种 Futures Products	上市交易所 Futures Exchange	合约 Contracts	交割量（手） Delivery Quantity (lot)	交割金额（万元） Delivery Amount (10 thousand yuan)	成交量（手） Trading Volume (lot)	成交金额（万元） Trading Turnover (10 thousand yuan)	结算价（元/吨） Clearing Price (yuan/ton)	交割率（%） Delivery Rate (%)
铜 Copper	SHFE	cu1601	9005	157137.25	10451476	189135445.52	34900	0.09
		cu1602	11060	195872.60	9474011	168386757.20	35420	0.12
		cu1603	14895	275110.65	8972161	159184812.31	36940	0.17
		cu1604	10885	200175.15	5466892	98547454.91	36780	0.20
		cu1605	10405	183492.18	8457010	157063191.63	35270	0.12
		cu1606	8475	149880.38	7175751	132859925.49	35370	0.12
		cu1607	7975	152402.25	6624455	120411103.75	38220	0.12
		cu1608	9055	167698.60	5677872	102946265.44	37040	0.16
		cu1609	3095	57365.83	7120677	133176313.95	37070	0.04
		cu1610	3680	68687.20	4856549	90695600.69	37330	0.08
		cu1611	2510	56926.80	3043079	56745005.66	45360	0.08
		cu1612	3735	86838.75	3138229	61384953.01	46500	0.12
铝 Aluminum	SHFE	al1601	7460	39985.60	5355502	27601727.67	10720	0.14
		al1602	12245	65449.53	5643962	29316553.36	10690	0.22
		al1603	23750	133356.25	5133708	27163913.84	11230	0.46
		al1604	13080	77564.40	3070419	16697984.72	11860	0.43
		al1605	13585	83683.60	3836713	21598042.47	12320	0.35
		al1606	6790	41520.85	3816482	22929686.94	12230	0.18
		al1607	3680	23837.20	4221771	25819868.40	12955	0.09
		al1608	1495	9448.40	3483048	21166619.30	12640	0.04
		al1609	2055	12812.93	3172084	19537611.02	12470	0.06
		al1610	1790	11988.53	2520662	15508106.97	13395	0.07
		al1611	2590	19567.45	2364933	14652460.09	15110	0.11
		al1612	4920	31500.30	3321322	21859867.53	12805	0.15
锌 Zinc	SHFE	zn1601	4880	30634.20	10418949	67262464.01	12555	0.05
		zn1602	6960	47484.60	9193252	58783540.19	13645	0.08
		zn1603	13845	96568.88	6291220	40510145.81	13950	0.22
		zn1604	13690	101511.35	4662911	31988200.96	14830	0.29
		zn1605	9700	72895.50	6391441	45360740.85	15030	0.15
		zn1606	17615	136956.63	5891758	43399671.83	15550	0.30
		zn1607	10630	89398.30	5401750	40431492.88	16820	0.20
		zn1608	6430	55233.70	4864776	38108785.71	17180	0.13
		zn1609	8565	75205.05	5941495	49698915.24	17540	0.14
		zn1610	9340	83760.70	5545766	48503578.68	17910	0.17
		zn1611	10500	114056.25	5040229	45200822.16	21725	0.21
		zn1612	7490	84835.10	4972473	46172384.13	22655	0.15
铅 Lead	SHFE	pb1601	225	1451.25	140709	885723.72	12900	0.16
		pb1602	2180	15679.65	176354	1140384.72	14385	1.24
		pb1603	2890	19565.30	172701	1140056.85	13540	1.67
		pb1604	280	1848.00	147282	996785.88	13200	0.19
		pb1605	1600	10248.00	150491	1017317.20	12810	1.06
		pb1606	2065	13138.56	131436	870067.42	12725	1.57
		pb1607	3235	21334.83	126742	818024.54	13190	2.55
		pb1608	2940	20080.20	115051	749081.33	13660	2.56
		pb1609	2145	15249.71	235503	1593910.89	14250	0.91
		pb1610	2535	19715.96	180126	1273770.23	15555	1.41
		pb1611	1085	9995.56	209410	1565757.95	18425	0.52
		pb1612	2435	25524.89	252579	2071148.07	20965	0.96
黄金(元/克) Gold (yuan/g)	SHFE	au1601	138	3169.17	5057	114045.86	234	2.73
		au1602	84	1994.16	4156	96253.04	241.3	2.02
		au1603	0	0.00	258	6413.17	255.05	0.00
		au1604	6	151.92	1652	39678.70	256	0.36
		au1605	0	0.00	3505	91045.79	262.3	0.00
		au1606	1791	47443.59	18348270	456239426.68	272	0.01
		au1607	0	0.00	184	4954.30	281	0.00
		au1608	3	86.27	3093	83815.52	297.5	0.10
		au1609	0	0.00	1089	31140.63	293.3	0.00
		au1610	3	85.59	4183	108414.91	266.05	0.07
		au1611	0	0.00	162	4567.46	279.85	0.00
		au1612	867	22997.18	15999392	447413568.73	264	0.01

5-21 续表 continued

交易品种 Futures Products	上市交易所 Futures Exchange	合约 Contracts	交割量（手） Delivery Quantity (lot)	交割金额（万元） Delivery Amount (10 thousand yuan)	成交量（手） Trading Volume (lot)	成交金额（万元） Trading Turnover (10 thousand yuan)	结算价（元/吨） Clearing Price (yuan/ton)	交割率（%） Delivery Rate (%)
白银（元/千克） Silver (yuan/kg)	SHFE	ag1601	10106	48789.79	250229	1262056.03	3209	4.04
		ag1602	6928	35436.72	14666	72468.19	3410	47.24
		ag1603	8068	40323.86	14973	75700.19	3332	53.88
		ag1604	10066	52091.55	17414	88605.01	3450	57.80
		ag1605	13418	73745.33	47992	252079.12	3664	27.96
		ag1606	49320	277498.98	36000784	185283549.77	3751	0.14
		ag1607	2420	15552.98	12210	68845.49	4370	19.82
		ag1608	1420	9180.30	5493	32546.29	4310	25.85
		ag1609	2516	15994.21	37392	222206.54	4238	6.73
		ag1610	2560	15133.44	9257	56241.53	3941	27.65
		ag1611	4740	28482.66	12255	75430.36	4006	38.68
		ag1612	40210	247351.82	46671904	292144365.45	4101	0.09
螺纹钢 Steel Rebar	SHFE	rb1601	4170	7114.02	161326585	319857265.71	1706	0.00
		rb1602	1620	2805.84	160819	294118.14	1732	1.01
		rb1603	810	1626.48	120477	224864.95	2008	0.67
		rb1604	720	1764.00	39457	77318.83	2450	1.82
		rb1605	1890	4422.60	248854257	463188535.74	2340	0.00
		rb1606	690	1380.00	212286	433982.89	2000	0.33
		rb1607	600	1359.60	59837	125744.78	2266	1.00
		rb1608	150	376.35	35910	75611.54	2509	0.42
		rb1609	1080	2469.96	1209646	2739409.71	2287	0.09
		rb1610	3240	7523.28	508353193	1153483521.40	2322	0.00
		rb1611	1470	3842.58	78573	169928.21	2614	1.87
		rb1612	900	2970.90	60127	141973.22	3301	1.50
线材 Steel Wire Rod	SHFE	wr1601	0	0.00	15	38.68	2124	0.00
		wr1602	0	0.00	4	10.60	1830	0.00
		wr1603	0	0.00	4	10.93	1985	0.00
		wr1604	0	0.00	16	35.01	2016	0.00
		wr1605	0	0.00	0	0.00	1911	0.00
		wr1606	0	0.00	6	12.77	2340	0.00
		wr1607	0	0.00	2	4.25	2122	0.00
		wr1608	0	0.00	0	0.00	2122	0.00
		wr1609	0	0.00	3	6.79	2264	0.00
		wr1610	0	0.00	21	47.26	2431	0.00
		wr1611	0	0.00	2	4.27	2135	0.00
		wr1612	0	0.00	0	0.00	2135	0.00
热轧卷板 Hot Rolled Coils	SHFE	hc1601	480	959.52	546217	1047350.04	1999	0.09
		hc1602	0	0.00	48	106.04	1943	0.00
		hc1603	0	0.00	63	142.34	1929	0.00
		hc1604	0	0.00	58	124.50	2384	0.00
		hc1605	4290	11282.70	6223183	13980117.19	2630	0.07
		hc1606	0	0.00	341	854.77	2553	0.00
		hc1607	0	0.00	57	127.22	2532	0.00
		hc1608	0	0.00	689	1473.24	2589	0.00
		hc1609	30	81.00	10317	26042.08	2700	0.29
		hc1610	2280	6475.20	18920169	47822260.80	2840	0.01
		hc1611	0	0.00	166	390.72	3042	0.00
		hc1612	0	0.00	279	750.64	3475	0.00
锡 Tin	SHFE	sn1601	344	3247.36	92367	833934.36	94400	0.37
		sn1602	0	0.00	74	668.38	94410	0.00
		sn1603	0	0.00	71	751.26	108080	0.00
		sn1604	4	44.16	149	1658.40	110400	2.68
		sn1605	3990	42812.70	1378874	14610844.62	107300	0.29
		sn1606	2	21.54	221	2350.84	107700	0.90
		sn1607	0	0.00	129	1379.52	108510	0.00
		sn1608	20	244.28	782	8829.15	122140	2.56
		sn1609	2342	29040.80	896973	10289253.53	124000	0.26
		sn1610	0	0.00	244	2646.58	129000	0.00
		sn1611	0	0.00	24	260.24	130210	0.00
		sn1612	0	0.00	163	1901.25	148650	0.00
镍 Nickel	SHFE	ni1601	38130	256767.42	33495610	250863073.99	67340	0.11
		ni1602	252	1572.48	11095	79059.07	62400	2.27
		ni1603	1416	9641.54	19692	149058.89	68090	7.19
		ni1604	186	1302.00	2837	20821.00	70000	6.56
		ni1605	39912	268607.76	31370487	216663095.68	67300	0.13
		ni1606	732	5124.00	13463	93821.42	70000	5.44
		ni1607	1626	12894.18	6769	49161.95	79300	24.02
		ni1608	324	2561.22	5799	43766.47	79050	5.59
		ni1609	29112	225763.56	37272203	276624886.23	77550	0.08
		ni1610	168	1366.85	5236	40354.72	81360	3.21
		ni1611	378	3496.88	2189	17359.33	92510	17.27
		ni1612	1542	14440.83	7117	59787.14	93650	21.67

注：1.结算价为最后交易日交割结算价。
　　2.交割量包含期转现部分。
数据来源：上海期货交易所。
Source：SHFE.

5－22　2016年能源、化工及其他期货实物交割情况

Physical Delivery of Building Materials,Energy & Chemical Products & Others Futures in 2016

交易品种 Futures Products	上市交易所 Futures Exchange	合约 Contracts	交割量（手） Delivery Quantity (lot)	交割金额（万元） Delivery Amount (10 thousand yuan)	成交量（手） Trading Volume (lot)	成交金额（万元） Trading Turnover(10 thousand yuan)	结算价（元/吨） Clearing Price (yuan/ton)	交割率（%） Delivery Rate (%)
聚乙烯 LLDPE	DCE	l1601	292	1293.56	33722452	141557735	8860	0.00
		l1605	2280	9576.00	45289996	188278862	8400	0.00
		l1606	5	21.14	1462	6056	8455	0.17
		l1607	3	14.34	191	816	9560	0.79
		l1609	8069	36128.95	38519961	163701989	8955	0.01
聚氯乙烯 PVC	DCE	v1601	482	1164.03	219545	544633	4830	0.11
		v1602	3	6.52	35	95	4345	4.29
		v1605	335	922.09	842713	2056285	5505	0.02
		v1609	9419	27738.96	1998546	5420539	5890	0.24
聚丙烯 PP	DCE	pp1601	1047	3248.84	34063302	119083078	6206	0.00
		pp1602	28	82.32	1100	3622	5880	1.27
		pp1605	3589	12039.30	74398580	233940186	6709	0.00
		pp1606	13	46.96	3412	10829	7224	0.19
		pp1607	4	16.76	714	2452	8380	0.28
		pp1609	13065	54807.68	50595049	178049228	8390	0.01
焦炭 Coke	DCE	j1601	450	3114.00	3370620	25604577	692	0.01
		j1603	10	77.35	147	1084	774	3.40
		j1604	10	75.65	793	5783	757	0.63
		j1605	600	6036.00	10949398	76154174	1006	0.00
		j1608	20	239.40	400	3538	1197	2.50
		j1609	1000	13595.00	25274354	240555451	1360	0.00
		j1612	10	287.65	1208	15818	2877	0.41
焦煤 Coking Coal	DCE	jm1601	3400	12739.80	3256252	11319944	625	0.05
		jm1605	4600	17112.00	10632106	36464936	620	0.02
		jm1609	3900	18649.80	16565927	70573286	797	0.01
铁矿石 Iron Ore	DCE	i1601	16100	55867.00	114843765	426952561	347	0.01
		i1604	300	1301.50	4492	17492	434	3.34
		i1605	3200	17328.00	135983100	478345498	542	0.00
		i1606	100	474.50	8518	32572	475	0.59
		i1609	2400	11316.00	148464197	600552501	472	0.00
甲醇（MA） Menthanol	ZCE	MA601	7066	12274.06	93057955	183345302	1748	—
		MA602	0	0.00	913	1909	1542	—
		MA603	0	0.00	965	2200	1744	—
		MA604	0	0.00	661	1424	1870	—
		MA605	2770	5193.75	71517416	127046183	1875	—
		MA606	1	1.95	5428	10222	1946	—
		MA607	0	0.00	154	287	1949	—
		MA608	0	0.00	10371	18306	1978	—
		MA609	11260	21067.46	41679554	80626500	1871	—
		MA610	0	0.00	10528	18520	2154	—
		MA611	0	0.00	8308	14607	2327	—
		MA612	0	0.00	196	414	2805	—
		MA701	0	0.00	35644707	79809655	—	—
		MA702	0	0.00	436	988	—	—
		MA703	0	0.00	147	344	—	—
		MA704	0	0.00	15546	37296	—	—

5-22 续表 1 continued

交易品种 Futures Products	上市交易所 Futures Exchange	合约 Contracts	交割量（手） Delivery Quantity (lot)	交割金额（万元） Delivery Amount (10 thousand yuan)	成交量（手） Trading Volume (lot)	成交金额（万元） Trading Turnover(10 thousand yuan)	结算价（元/吨） Clearing Price (yuan/ton)	交割率（%） Delivery Rate (%)
甲醇（MA） Menthanol	ZCE	MA705	0	0.00	14457592	39720944.18	—	—
		MA706	0	0.00	6353	15482.79	—	—
		MA707	0	0.00	109	246.47	—	—
		MA708	0	0.00	25	66.51	—	—
		MA709	0	0.00	170226	451756.72	—	—
		MA710	0	0.00	15	35.85	—	—
		MA711	0	0.00	0	0.00	—	—
		MA712	0	0.00	5	13.71	—	—
PTA	ZCE	TA601	26800	56964.34	68776383	160242577.86	4252	—
		TA602	119	255.85	1729	4060.81	4300	—
		TA603	29	65.48	1580	3843.55	4516	—
		TA604	18	41.94	744	1672.78	4660	—
		TA605	69840	162884.01	53633336	119666266.82	4664	—
		TA606	29	66.18	2890	6551.81	4564	—
		TA607	9	20.99	554	1307.98	4664	—
		TA608	24	54.82	1322	3145.32	4568	—
		TA609	98839	228147.39	60303341	144330978.42	4618	—
		TA610	124	290.28	1969	4714.62	4682	—
		TA611	1	2.42	340	795.13	4832	—
		TA612	9	22.91	2162	5201.44	5090	—
		TA701	0	0.00	47336535	115005544.24	—	—
		TA702	0	0.00	990	2448.55	—	—
		TA703	0	0.00	597	1464.20	—	—
		TA704	0	0.00	305	782.55	—	—
		TA705	0	0.00	33105827	87067587.23	—	—
		TA706	0	0.00	3527	9389.64	—	—
		TA707	0	0.00	1656	4245.37	—	—
		TA708	0	0.00	83	212.47	—	—
		TA709	0	0.00	742331	1995150.09	—	—
		TA710	0	0.00	130	349.38	—	—
		TA711	0	0.00	1313	3559.83	—	—
		TA712	0	0.00	4	11.30	—	—
动力煤（TC） Thermal Coal	ZCE	TC601	400	2480.00	539014	3879937.47	310	—
		TC602	0	0.00	47	357.64	307	—
		TC603	0	0.00	50	368.42	324	—
		TC604	0	0.00	172	1095.25	322	—
动力煤（ZC） Thermal Coal	ZCE	ZC605	4000	14650.40	8145276	27130371.97	379	—
		ZC606	0	0.00	616	2083.32	358	—
		ZC607	0	0.00	80	290.72	402	—

5–22 续表 2 continued

交易品种 Futures Products	上市交易所 Futures Exchange	合约 Contracts	交割量（手） Delivery Quantity (lot)	交割金额（万元） Delivery Amount (10 thousand yuan)	成交量（手） Trading Volume (lot)	成交金额（万元） Trading Turnover(10 thousand yuan)	结算价（元/吨） Clearing Price (yuan/ton)	交割率（%） Delivery Rate (%)
动力煤（ZC） Thermal Coal	ZCE	ZC608	0	0.00	242	908.64	441	—
		ZC609	6400	25229.20	16446021	65913186.35	395	—
		ZC610	0	0.00	842	3401.71	546	—
		ZC611	0	0.00	59	282.45	596	—
		ZC612	0	0.00	644	2928.50	611	—
		ZC701	0	0.00	24076507	136102246.93	—	—
		ZC702	0	0.00	1378	8190.42	—	—
		ZC703	0	0.00	73	409.25	—	—
		ZC704	0	0.00	89	495.94	—	—
		ZC705	0	0.00	2556689	13698964.63	—	—
		ZC706	0	0.00	252	1279.41	—	—
		ZC707	0	0.00	44	230.44	—	—
		ZC708	0	0.00	20	106.85	—	—
		ZC709	0	0.00	48923	257820.26	—	—
		ZC710	0	0.00	21	113.47	—	—
		ZC711	0	0.00	0	0.00	—	—
		ZC712	0	0.00	2	10.84	—	—
玻璃 Glass	ZCE	FG601	283	498.08	15003837	26052545.97	880	—
		FG602	12	20.54	612	1093.24	856	—
		FG603	0	0.00	335	581.97	985	—
		FG604	7	12.71	514	940.54	908	—
		FG605	123	212.79	12998266	22774728.41	865	—
		FG606	152	303.39	5533	10428.75	998	—
		FG607	4	8.98	536	1008.81	1123	—
		FG608	7	16.67	491	954.41	1191	—
		FG609	250	613.50	21239788	44191052.27	1227	—
		FG610	0	0.00	1219	2485.77	1260	—
		FG611	0	0.00	1579	2925.41	1382	—
		FG612	0	0.00	9152	18775.15	1350	—
		FG701	0	0.00	32228155	75067630.33	—	—
		FG702	0	0.00	925	1884.67	—	—
		FG703	0	0.00	10540	21355.95	—	—
		FG704	0	0.00	161	354.66	—	—
		FG705	0	0.00	5729947	14432151.65	—	—
		FG706	0	0.00	707	1669.81	—	—
		FG707	0	0.00	121	282.69	—	—
		FG708	0	0.00	235	528.10	—	—
		FG709	0	0.00	156640	374008.77	—	—
		FG710	0	0.00	71	164.29	—	—
		FG711	0	0.00	53	129.97	—	—
		FG712	0	0.00	0	0.00	—	—
硅铁 Ferrosilicon	ZCE	SF601	0	0.00	36363	68880.95	3816	—
		SF602	0	0.00	0	0.00	3724	—
		SF603	0	0.00	2	4.80	3796	—
		SF604	0	0.00	0	0.00	3730	—
		SF605	77	161.47	25597	56782.34	4194	—
		SF606	0	0.00	10	17.62	4074	—
		SF607	0	0.00	10	16.53	3848	—
		SF608	0	0.00	0	0.00	4000	—
		SF609	364	845.21	95274	213860.19	4644	—
		SF610	0	0.00	4	8.56	5032	—
		SF611	0	0.00	26	55.23	4910	—
		SF612	0	0.00	2	4.57	5468	—
		SF701	0	0.00	512652	1403113.24	—	—
		SF702	0	0.00	191	482.35	—	—
		SF703	0	0.00	42	104.40	—	—
		SF704	0	0.00	2021	4240.99	—	—
		SF705	0	0.00	20116	52736.79	—	—
		SF706	0	0.00	4070	8738.26	—	—
		SF707	0	0.00	4	7.87	—	—
		SF708	0	0.00	2	5.10	—	—
		SF709	0	0.00	105	272.86	—	—
		SF710	0	0.00	22	60.84	—	—

5-22 续表 3 continued

交易品种 Futures Products	上市交易所 Futures Exchange	合约 Contracts	交割量（手）Delivery Quantity (lot)	交割金额（万元）Delivery Amount (10 thousand yuan)	成交量（手）Trading Volume (lot)	成交金额（万元）Trading Turnover(10 thousand yuan)	结算价（元/吨）Clearing Price (yuan/ton)	交割率（%）Delivery Rate (%)
硅铁 Ferrosilicon	ZCE	SF711	0	0.00	0	0.00	—	—
		SF712	0	0.00	0	0.00	—	—
锰硅 Ferromanganese-silicon	ZCE	SM601	0	0.00	38178	73393.99	4118	—
		SM602	0	0.00	0	0.00	3820	—
		SM603	0	0.00	8	14.96	4122	—
		SM604	0	0.00	23	54.82	3890	—
		SM605	0	0.00	30222	75395.14	5550	—
		SM606	0	0.00	0	0.00	5500	—
		SM607	0	0.00	38	97.64	5866	—
		SM608	0	0.00	0	0.00	6462	—
		SM609	420	1260.00	306926	951777.96	6000	—
		SM610	0	0.00	36	66.48	6812	—
		SM611	0	0.00	0	0.00	7772	—
		SM612	14	59.98	80	267.22	8568	—
		SM701	0	0.00	940991	3588172.24	—	—
		SM702	0	0.00	2	5.65	—	—
		SM703	0	0.00	0	0.00	—	—
		SM704	0	0.00	0	0.00	—	—
		SM705	0	0.00	86868	322745.69	—	—
		SM706	0	0.00	0	0.00	—	—
		SM707	0	0.00	0	0.00	—	—
		SM708	0	0.00	3	9.23	—	—
		SM709	0	0.00	247	880.40	—	—
		SM710	0	0.00	0	0.00	—	—
		SM711	0	0.00	0	0.00	—	—
		SM712	0	0.00	0	0.00	—	—
燃料油 Fuel Oil	SHFE	fu1601	0	0.00	136	1661.94	2341	0.00
		fu1603	0	0.00	9	120.56	2227	0.00
		fu1604	0	0.00	283	3571.49	2498	0.00
		fu1605	0	0.00	217	2584.76	2355	0.00
		fu1606	0	0.00	18	240.46	2040	0.00
		fu1607	0	0.00	14	162.70	2495	0.00
		fu1608	0	0.00	79	943.23	2270	0.00
		fu1609	0	0.00	64	808.20	2073	0.00
		fu1610	0	0.00	0	0.00	2455	0.00
		fu1611	0	0.00	16	207.40	2592	0.00
		fu1612	0	0.00	55	684.04	2646	0.00
石油沥青 Bitumen	SHFE	bu1601	3599	5787.19	6349346	11598007.78	1644	0.06
		bu1602	2	3.36	1109	2027.59	1558	0.18
		bu1603	3	5.06	2167	4476.46	1620	0.14
		bu1604	28	46.65	601	1064.25	1680	4.66
		bu1605	888	1539.79	84737	151358.30	1750	1.05
		bu1606	14952	26524.85	55570722	99816067.91	1804	0.03
		bu1607	29	53.71	1263	2372.24	1892	2.30
		bu1608	58	104.05	3554	6912.61	1744	1.63
		bu1609	5269	8504.17	68335700	135509346.69	1598	0.01
		bu1610	185	279.72	8347	15302.64	1460	2.22
		bu1611	281	500.74	1827	3297.15	1842	15.38
		bu1612	11455	25269.73	37723188	70725274.23	2210	0.03

注：1.结算价为最后交易日交割结算价。
2.交割量包含期转现部分。
数据来源：上海期货交易所、郑州商品交易所、大连商品交易所。
Source：SHFE、ZCE、DCE.

5–23 2016年金融期货交割情况
Cash Delivery of Financial Futures in 2016

交易品种 Futures Products	上市交易所 Futures Exchange	合约 Contracts	交割量（手） Delivery Quantity (lot)	交割金额（亿元） Delivery Amount (100 million yuan)	成交量（手） Trading Volume (lot)	成交金额（亿元） Trading Turnover (100 million yuan)	结算价（元） Clearing Price (yuan)	交割率(%) Delivery Rate (%)
中证500股指期货 CSI 500 Index Futures	CFFEX	IC1601	2064	24.52	85629	1089.46	—	0.02
		IC1602	1925	22.98	242346	2734.36	—	0.01
		IC1603	2395	28.47	364117	4050.32	—	0.01
		IC1604	2239	28.54	326422	3883.53	—	0.01
		IC1605	1875	21.34	368502	4325.92	—	0.01
		IC1606	2413	28.77	373781	4255.97	—	0.01
		IC1607	1971	25.39	316320	3815.05	—	0.01
		IC1608	1394	18.09	325756	4068.61	—	0.00
		IC1609	2720	34.44	342300	4163.11	—	0.01
		IC1610	1354	17.47	193267	2446.35	—	0.01
		IC1611	1501	19.86	191051	2467.31	—	0.01
		IC1612	1463	18.47	262977	3303.20	—	0.01
		IC1701	—	—	100203	1245.75	6217.20	—
		IC1702	—	—	2069	25.34	6138.00	—
		IC1703	—	—	43804	529.15	6080.40	—
		IC1706	—	—	13347	158.74	5892.80	—
沪深300股指期货 Index Futures	CFFEX	IF1601	2368	22.26	154742	1534.05	—	0.02
		IF1602	2815	25.75	372527	3350.25	—	0.01
		IF1603	3110	29.64	514394	4617.70	—	0.01
		IF1604	2072	20.33	412922	3922.03	—	0.01
		IF1605	1609	14.80	407986	3830.10	—	0.00
		IF1606	2399	22.40	390499	3580.53	—	0.01
		IF1607	2057	20.21	301417	2821.59	—	0.01
		IF1608	1832	18.46	335360	3248.66	—	0.01
		IF1609	2762	27.01	378851	3663.77	—	0.01
		IF1610	1585	15.78	221698	2167.75	—	0.01
		IF1611	1694	17.41	227433	2281.50	—	0.01
		IF1612	1396	14.00	319054	3249.14	—	0.00
		IF1701	—	—	136380	1359.84	3292.00	—
		IF1702	—	—	2355	23.06	3271.60	—
		IF1703	—	—	41515	409.77	3250.80	—
		IF1706	—	—	8433	82.89	3202.80	—
上证50股指期货 SSE 50 Index Futures	CFFEX	IH1601	1553	9.68	59122	388.06	—	0.03
		IH1602	1670	10.03	134136	803.70	—	0.01
		IH1603	1504	9.69	195829	1187.46	—	0.01
		IH1604	1142	7.47	152356	975.72	—	0.01
		IH1605	781	4.87	144237	917.32	—	0.01
		IH1606	919	5.80	134424	838.14	—	0.01
		IH1607	1283	8.44	110565	699.95	—	0.01
		IH1608	842	5.67	115153	752.12	—	0.01
		IH1609	1571	10.31	138689	907.87	—	0.01
		IH1610	1564	10.49	90444	594.43	—	0.02
		IH1611	1608	11.16	101201	684.95	—	0.02
		IH1612	1930	13.34	153673	1071.45	—	0.01
		IH1701	—	—	67122	464.61	2274.40	—
		IH1702	—	—	1456	9.88	2266.00	—
		IH1703	—	—	21858	148.83	2258.80	—
		IH1706	—	—	4121	28.14	2234.60	—
10年期国债期货 10 Years Treasury Future	CFFEX	T1603	653	6.77	684464	6857.30	—	0.00
		T1606	1865	19.13	1177796	11723.55	—	0.00
		T1609	617	6.28	1086150	10852.46	—	0.00
		T1612	403	4.01	1185683	11984.47	—	0.00
		T1703	—	—	1870127	18198.20	97.33	—
		T1706	—	—	167934	1611.57	96.16	—
		T1709	—	—	4649	43.81	95.37	—
5年期国债期货 5 Years Treasury Future	CFFEX	TF1603	161	1.70	556300	5603.78	—	0.00
		TF1606	305	3.28	690713	6949.89	—	0.00
		TF1609	286	3.01	558079	5626.82	—	0.00
		TF1612	722	7.26	457675	4645.66	—	0.00
		TF1703	—	—	460347	4579.16	99.36	—
		TF1706	—	—	33405	330.29	98.55	—
		TF1709	—	—	690	6.72	98.01	—

数据来源：中国金融期货交易所。

Source：CFFEX.

5-24 2016年农产品期货合约汇总
Collection of Agricultural Products Futures Contracts in 2016

交易品种 Futures Products	交易单位 Trading Unit	报价单位 Quottation Unit	最小变动价位 Minimum Tick Size	涨跌停板幅度 Range of Limit up or Down	最低交易保证金 Minimum Deposit	合约月份 Contracts Months	交易时间 Trading Time
黄玉米 Corn	10吨/手	元（人民币）/吨	1元/吨	上一交易日结算价的4%	合约价值的5%	1、3、5、7、9、11	每周一至周五（北京时间，法定节假日除外）上午9:00-11:30，下午1:30-3:00
玉米淀粉 Corn Starch	11吨/手	元（人民币）/吨	2元/吨	上一交易日结算价的5%	合约价值的6%	1、3、5、7、9、12	每周一至周五（北京时间，法定节假日除外）上午9:00-11:30，下午1:30-3:00
黄大豆1号 Soybean No.1	10吨/手	元（人民币）/吨	1元/吨	上一交易日结算价的4%	合约价值的5%	1、3、5、7、9、11	每周一至周五（北京时间，法定节假日除外）上午9:00-11:30，下午1:30-3:00
黄大豆2号 Soybean No.2	10吨/手	元（人民币）/吨	1元/吨	上一交易日结算价的4%	合约价值的5%	1、3、5、7、9、11	每周一至周五（北京时间，法定节假日除外）上午9:00-11:30，下午1:30-3:00
豆粕 Soybean Meal	10吨/手	元（人民币）/吨	1元/吨	上一交易日结算价的4%	合约价值的5%	1、3、5、7、8、9、11、12	每周一至周五（北京时间，法定节假日除外）上午9:00-11:30，下午1:30-3:00
大豆原油 Soybean Oil	10吨/手	元（人民币）/吨	2元/吨	上一交易日结算价的4%	合约价值的5%	1、3、5、7、8、9、11、12	每周一至周五（北京时间，法定节假日除外）上午9:00-11:30，下午1:30-3:00
棕榈油 RBD Palm Oil	10吨/手	元（人民币）/吨	2元/吨	上一交易日结算价的4%	合约价值的5%	1、2、3、4、5、6、7、8、9、10、11、12	每周一至周五（北京时间，法定节假日除外）上午9:00-11:30，下午1:30-3:00
鲜鸡蛋 Egg	5吨/手	元（人民币）/500千克	1元/500千克	上一交易日结算价的4%（当前暂为5%）	合约价值的5%（当前暂为8%）	1、2、3、4、5、6、9、10、11、12	每周一至周五（北京时间，法定节假日除外）上午9:00-11:30，下午1:30-3:00
细木工板 Blockboard	500张/手	元（人民币）/张	0.05元/张	上一交易日结算价的4%（当前暂为5%）	合约价值的5%（当前暂为10%）	1、2、3、4、5、6、7、8、9、10、11、12	每周一至周五（北京时间，法定节假日除外）上午9:00-11:30，下午1:30-3:00
中密度纤维板 Fiberboard	500张/手	元（人民币）/张	0.05元/张	上一交易日结算价的4%（当前暂为5%）	合约价值的5%（当前暂为7%）	1、2、3、4、5、6、7、8、9、10、11、12	每周一至周五（北京时间，法定节假日除外）上午9:00-11:30 下午1:30-3:00

交易品种 Futures Products	交易单位 Trading Unit	报价单位 Quottation Unit	最小变动价位 Minimum Tick Size	每日价格波动限制 Daily Price Limit	最低交易保证金 Minimum Deposit	合约交割月份 Contracts Delivery Months	交易时间 Trading Time
优质强筋小麦 Strong Gluten Wheat	20吨/手	元(人民币)/吨	1元/吨	上一交易日结算价±4%及《郑州商品交易所期货交易风险控制管理办法》相关规定	合约价值的5%	1、3、5、7、9、11	每周一至周五(北京时间,法定节假日除外)上午9:00-11:30，下午1:30-3:00
普通小麦 Wheat	50吨/手	元(人民币)/吨	1元/吨	上一交易日结算价±4%及《郑州商品交易所期货交易风险控制管理办法》相关规定	合约价值的5%	1、3、5、7、9、11	每周一至周五(北京时间,法定节假日除外)上午9:00-11:30，下午1:30-3:00

5-24 续表1 continued

最后交易日 Last Trading Day	最后交割日 Last Delivery Day	交割等级 Delivery Grade	交割地点 Delivery Location	交易手续费 Trading Fee	交割方式 Delivery Form	交易代码 Trading Code	上市交易所 Futures Exchange
合约交割月份的第十个交易日	最后交易日后第3个交易日	大连商品交易所玉米交割质量标准(FC/DCE D001-2013)	大连商品交易所指定交割仓库	不超过3元/手	实物交割	C	大连商品交易所
合约交割月份的第十个交易日	最后交易日后第3个交易日	大连商品交易所玉米淀粉交割质量标准	大连商品交易所指定交割仓库	—	实物交割	C	大连商品交易所
合约交割月份的第十个交易日	最后交易日后第3个交易日	大连商品交易所黄大豆1号交割质量标准（FA/DCE D001-2012）	大连商品交易所指定交割仓库	不超过4元/手	实物交割	A	大连商品交易所
合约交割月份的第十个交易日	最后交易日后第3个交易日	大连商品交易所黄大豆2号交割质量标准（FB/DCE D001-2013）	大连商品交易所指定交割仓库	不超过4元/手	实物交割	B	大连商品交易所
合约交割月份的第十个交易日	最后交易日后第3个交易日	大连商品交易所豆粕交割质量标准	大连商品交易所指定交割仓库	不超过3元/手	实物交割	M	大连商品交易所
合约交割月份的第十个交易日	最后交易日后第3个交易日	大连商品交易所豆油交割质量标准	大连商品交易所指定交割仓库	不超过6元/手	实物交割	Y	大连商品交易所
合约交割月份的第十个交易日	最后交易日后第3个交易日	大连商品交易所棕榈油交割质量标准	大连商品交易所指定交割仓库	不超过6元/手	实物交割	P	大连商品交易所
合约交割月份的第十个交易日	最后交易日后第3个交易日	大连商品交易所鸡蛋交割质量标准	大连商品交易所指定交割仓库	—	实物交割	JD	大连商品交易所
合约交割月份的第十个交易日	最后交易日后第3个交易日	大连商品交易所胶合板交割质量标准	大连商品交易所指定交割仓库	—	实物交割	BB	大连商品交易所
合约交割月份的第十个交易日	最后交易日后第3个交易日	大连商品交易所纤维板交割质量标准	大连商品交易所指定交割仓库	—	实物交割	FB	大连商品交易所
最后交易日 Last Trading Day	最后交割日 Last Delivery Day	交割品级 Delivery Grade	交割地点 Delivery Location	交易手续费 Trading Fee	交割方式 Delivery Form	交易代码 Trading Code	上市交易所 Futures Exchange
合约交割月份的第10个交易日	合约交割月份的第12个交易日	符合《中华人民共和国国家标准 小麦》(GB1351-2008)的三等及以上小麦，且物理指标符合《郑州商品交易所期货交割细则》规定要求	交易所指定交割仓库	—	实物交割	WH	郑州商品交易所
合约交割月份的第10个交易日	仓单交割：合约交割月份的第12个交易日 车船板交割：合约交割月份的次月20日	符合《中华人民共和国国家标准 小麦》(GB1351-2008)的三等及以上小麦，且物理指标等符合《郑州商品交易所期货交割细则》规定要求	交易所指定交割仓库及指定交割计价点	—	实物交割	PM	郑州商品交易所

5–24 续表 2 continued

交易品种 Futures Products	交易单位 Trading Unit	报价单位 Quottation Unit	最小变动价位 Minimum Tick Size	每日价格波动限制 Daily Price Limit	最低交易保证金 Minimum Deposit	合约交割月份 Contracts Delivery Months	交易时间 Trading Time	最后交易日 Last Trading Day
菜籽油 Rapeseed Oil	10吨/手	元(人民币)/吨	2元/吨	上一交易日结算价±4%及《郑州商品交易所期货交易风险控制管理办法》相关规定	合约价值的5%	1、3、5、7、9、11	每周一至周五(北京时间 法定节假日除外)上午9:00–11:30，下午1:30–3:00	合约交割月份的第10个交易日
早籼稻 Early Indica Rice	20吨/手	元(人民币)/吨	1元/吨	上一交易日结算价±4%及《郑州商品交易所期货交易风险控制管理办法》相关规定	合约价值的5%	1、3、5、7、9、11	每周一至周五(北京时间 法定节假日除外)上午9:00–11:30，下午1:30–3:00	合约交割月份的第10个交易日
油菜籽 Rapeseed	10吨/手	元(人民币)/吨	1元/吨	上一交易日结算价±4%及《郑州商品交易所期货交易风险控制管理办法》相关规定	合约价值的5%	7、8、9、11	每周一至周五(北京时间，法定节假日除外)上午9:00–11:30，下午1:30–3:00	合约交割月份的第10个交易日
菜籽粕 Rapeseed Meal	10吨/手	元(人民币)/吨	1元/吨	上一交易日结算价±4%及《郑州商品交易所期货交易风险控制管理办法》相关规定	合约价值的5%	1、3、5、7、8、9、11	每周一至周五(北京时间，法定节假日除外)上午9:00–11:30，下午1:30–3:00	合约交割月份的第10个交易日
粳稻 Japonica Rice	20吨/手	元(人民币)/吨	1元/吨	上一交易日结算价±4%及《郑州商品交易所风险控制管理办法》相关规定	合约价值的5%	11、1、3、5、7、9	每周一至周五(北京时间 法定节假日除外)上午9:00–11:30，下午1:30–3:00 最后交易日交易时间 上午9:00–11:30	合约交割月份的第10个交易日
晚籼稻 Late Indica Rice	20吨/手	元(人民币)/吨	1元/吨	上一交易日结算价±4%及《郑州商品交易所风险控制管理办法》相关规定	合约价值的5%	1、3、5、7、9、11	每周一至周五(北京时间 法定节假日除外)上午9:00–11:30，下午1:30–3:00 最后交易日交易时间 上午9:00–11:30	合约交割月份的第10个交易日
一号棉花 Cotton No.1	5吨/手(公定重量)	元(人民币)/吨	5元/吨	上一交易日结算价±4%及《郑州商品交易所期货交易风险控制管理办法》相关规定	合约价值的5%	1、3、5、7、9、11	星期一至星期五(北京时间 法定节假日除外)上午9:00–11:30，下午1:30–3:00	合约交割月份的第10个交易日
白砂糖 Sugar	10吨/手	元(人民币)/吨	1元/吨	不超过上一个交易日结算价±4%	合约价值的6%	1、3、5、7、9、11	每周一至周五(北京时间 法定节假日除外)上午9:00–11:30，下午1:30–3:00	合约交割月份的第10个交易日

交易品种 Futures Products	交易单位 Trading Unit	报价单位 Quottation Unit	最小变动价位 Minimum Tick Size	每日价格最大波动限制 Daily Price Limit	合约交割月份 Contracts Delivery Months	交易时间 Trading Time	最后交易日 Last Trading Day	最后交割日 Last Delivery Day
天然橡胶 Natural Rubber	10吨/手	元(人民币)/吨	5元/吨	不超过上一交易日结算价±3%	1、3、4、5、6、7、8、9、10、11	每周一至周五(北京时间 法定节假日除外)上午9:00–11:30，下午1:30–3:00	合约交割月份的十五日(遇法定假日顺延)	最后交易日后连续五个工作日

注：黄大豆1号合约规则修改自A1403合约开始施行。

数据来源：上海期货交易所、郑州商品交易所、大连商品交易所。

Source：SHFE、ZCE、DCE.

5–24 续表 3 continued

最后交割日 Last Delivery Day	交割品级 Delivery Grade	交割地点 Delivery Location	交易手续费 Trading Fee	交割方式 Delivery Form	交易代码 Trading Code	上市交易所 Futures Exchange
合约交割月份的第12个交易日	基准交割品：符合《中华人民共和国国家标准 菜籽油》(GB1536–2004)四级质量指标的菜油 替代品及升贴水见《郑州商品交易所期货交割细则》	交易所指定交割地点	—	实物交割	OI	郑州商品交易所
合约交割月份的第12个交易日	基准交割品：符合《中华人民共和国国家标准 稻谷》(GB1350–2009)三等及以上等级质量指标及《郑州商品交易所期货交割细则》规定的早籼稻谷 替代品及升贴水见《郑州商品交易所期货交割细则》	交易所指定交割仓库	—	实物交割	RI	郑州商品交易所
仓单交割：合约交割月份的第12个交易日 车板交割：合约交割月份的次月20日	见《郑州商品交易所期货交割细则》	交易所指定交割地点	—	实物交割	RS	郑州商品交易所
合约交割月份的第12个交易日	见《郑州商品交易所期货交割细则》	交易所指定交割地点	—	实物交割	RM	郑州商品交易所
合约交割月份的第12个交易日	见《郑州商品交易所期货交割细则》	交易所指定交割地点	—	实物交割	JR	郑州商品交易所
合约交割月份的第12个交易日	见《郑州商品交易所期货交割细则》	交易所指定交割地点	—	实物交割	LR	郑州商品交易所
合约交割月份的第12个交易日	基准交割品：符合GB1103.1–2012《棉花 第1部分：锯齿加工细绒棉》规定的3128B级，且长度整齐度为U3档，断裂比强度为S3档，轧工质量为P2档的国产棉花。替代品详见交易所交割细则。替代品升贴水由交易所另行制定并公告	交易所指定棉花交割仓库	—	实物交割	CF	郑州商品交易所
合约交割月份的第12个交易日	标准品：一级白糖(符合GB317–2006)；替代品及升贴水见《郑州商品交易所期货交割细则》	交易所指定交割仓库	—	实物交割	SR	郑州商品交易所

交割品级 Delivery Grade	交割地点 Delivery Location	最低交易保证金 Minimum Margin Requirements	交易手续费 Tracing Fee	交割方式 Delivery Form	交易代码 Trading Code	上市交易所 Futures Exchange
标准品：1.国产天然橡胶(SCR WF)，质量符合国标GB/T8081–2008。2.进口3号烟胶片(RSS3)，质量符合《天然橡胶等级的品质与包装国际标准(绿皮书)》(1979年版)。	上海期货交易所指定交割仓库	合约价值的5%	—	实物交割	RU	上海期货交易所

5–25 2016年金属期货合约汇总
Collection of Metal Products Futures Contracts in 2016

交易品种 Futures Products	交易单位 Trading Unit	报价单位 Quottation Unit	最小变动价位 Minimum Tick Size	每日价格最大波动限制 Daily Price Limit	合约交割月份 Contracts Delivery Months	交易时间 Trading Time	最后交易日 Last Trading Day
阴极铜 Copper	5吨/手	元（人民币）/吨	10元/吨	不超过上一交易日结算价±3%	1–12月	上午9:00–11:30，下午1:30–3:00和交易所规定的其他交易时间	合约交割月份的十五日（遇法定假日顺延）
铝 Aluminum	5吨/手	元（人民币）/吨	5元/吨	不超过上一交易日结算价±3%	1–12月	上午9:00–11:30，下午1:30–3:00和交易所规定的其他交易时间	合约交割月份的十五日（遇法定假日顺延）
锌 Zinc	5吨/手	元（人民币）/吨	5元/吨	不超过上一交易日结算价±4%	1–12月	上午9:00–11:30，下午1:30–3:00和交易所规定的其他交易时间	合约交割月份的十五日（遇法定假日顺延）
铅 Lead	5吨/手	元（人民币）/吨	5元/吨	不超过上一交易日结算价±4%	1–12月	上午9:00–11:30，下午1:30–3:00和交易所规定的其他交易时间	合约交割月份的十五日（遇法定假日顺延）
黄金 Gold	1000克/手	元(人民币)/克	0.05元/克	不超过上一交易日结算价±3%	最近三个连续月份的合约以及最近11个月以内的双月合约	上午9:00–11:30，下午1:30–3:00和交易所规定的其他交易时间	合约交割月份的十五日（遇法定假日顺延）
白银 Silver	15千克/手	元（人民币）/千克	1元/千克	不超过上一交易日结算价±3%	1–12月	上午9:00–11:30，下午1:30–3:00和交易所规定的其他交易时间	合约交割月份的十五日（遇法定假日顺延）
螺纹钢 Steel Rebar	10吨/手	元（人民币）/吨	1元/吨	不超过上一交易日结算价±3%	1–12月	每周一至周五（北京时间，法定节假日除外）上午9:00–11:30，下午1:30–3:00	合约交割月份的十五日（遇法定假日顺延）
线材 Steel Wire Rod	10吨/手	元（人民币）/吨	1元/吨	不超过上一交易日结算价±5%	1–12月	每周一至周五（北京时间，法定节假日除外）上午9:00–11:30，下午1:30–3:00	合约交割月份的十五日（遇法定假日顺延）

5—25 续表 1 continued

交割日期 Delivery Date	交割品级 Delivery Grade	交割地点 Delivery Location	最低交易保证金 Minimum deposit	交易手续费 Trading Fee	最小交割单位 Minimum Delivery Unit	交割方式 Delivery Form	交易代码 Trading Code	上市交易所 Futures Exchange
最后交易日后连续五个工作日	标准品：阴极铜，符合国标GB/T467—2010中1号标准铜(Cu—CATH—2)规定，其中主成分铜加银含量不小于99.95%。 替代品：阴极铜，符合国标GB/T467—2010中A级铜(Cu—CATH—1)规定；或符合BS EN 1978:1998中A级铜(Cu—CATH—1)规定。	上海期货交易所指定交割仓库	合约价值的5%	不高于成交金额的万分之二（含风险准备金）	—	实物交割	CU	上海期货交易所
最后交易日后连续五个工作日	标准品：铝锭，符合国标GB/T1196—2008 AL99.70规定，其中铝含量不低于99.70%。 替代品：1.铝锭，符合国标GB/T1196—2008 AL99.85，AL99.90规定。2.铝锭，符合P1020A标准。	上海期货交易所指定交割仓库	合约价值的5%	不高于成交金额的万分之二（含风险准备金）	—	实物交割	AL	上海期货交易所
最后交易日后连续五个工作日	标准品：锌锭，符合国标GB/T 470—2008 ZN99.995规定，其中锌含量不小于99.995%。替代品：锌锭，符合BS EN 1179:2003 Z1规定，其中锌含量不小于99.995%。	上海期货交易所指定交割仓库	合约价值的5%	不高于成交金额的万分之二（含风险准备金）	25吨	实物交割	ZN	上海期货交易所
最后交易日后连续五个工作日	标准品：铅锭，符合国标GB/T 469—2005 Pb99.994规定，其中铅含量不小于99.994%。	上海期货交易所指定交割仓库	合约价值的5%	—	25吨	实物交割	PB	上海期货交易所
最后交易日后连续五个工作日	金含量不小于99.95%的国产金锭及经交易所认可的伦敦金银市场协会（LBMA）认定的合格供货商或精炼厂生产的标准金锭。	上海期货交易所指定交割仓库	合约价值的4%	—	—	实物交割	AU	上海期货交易所
最后交易日后连续五个工作日	标准品：符合国标GB/T 4135—2002 IC—Ag99.99规定，其中银含量不低于99.99%。	上海期货交易所指定交割仓库	合约价值的4%	—	30千克	实物交割	AG	上海期货交易所
最后交易日后连续五个工作日	标准品：符合国标GB1499.2—2007《钢筋混凝土用钢 第2部分：热轧带肋钢筋》HRB400或HRBF400牌号的φ16mm、φ18mm、φ20mm、φ22mm、φ25mm螺纹钢。替代品：符合国标GB1499.2—2007《钢筋混凝土用钢 第2部分：热轧带肋钢筋》HRB335或HRBF335牌号的φ16mm、φ18mm、φ20mm、φ22mm、φ25mm螺纹钢。	上海期货交易所指定交割仓库	合约价值的5%	—	300吨	实物交割	RB	上海期货交易所
最后交易日后连续五个工作日	标准品：符合国标GB1499.1—2008《钢筋混凝土用钢 第1部分：热轧光圆钢筋》HPB235牌号的 φ8mm 线材。替代品：符合国标GB1499.1—2008《钢筋混凝土用钢 第1部分：热轧光圆钢筋》HPB235牌号的φ6.5mm线材。	上海期货交易所指定交割仓库	合约价值的7%	不高于成交金额的万分之二（含风险准备金）	300吨	实物交割	WR	上海期货交易所

5—25 续表 2 continued

交易品种 Futures Products	交易单位 Trading Unit	报价单位 Quottation Unit	最小变动价位 Minimum Tick Size	每日价格最大波动限制 Daily Price Limit	合约交割月份 Contracts Delivery Months	交易时间 Trading Time	最后交易日 Last Trading Day
热轧卷板 Hot Rolled Coils	10吨/手	元（人民币）/吨	1元/吨	不超过上一交易日结算价±3%	1—12月	每周一至周五（北京时间，法定节假日除外）上午9:00—11:30，下午1:30—3:00	合约交割月份的十五日（遇法定假日顺延）
镍Nickel	1吨/手	元（人民币）/吨	10元/吨	不超过上一交易日结算价±4%	1—12月	每周一至周五（北京时间，法定节假日除外）上午9:00—11:30，下午1:30—3:00	合约交割月份的十五日（遇法定假日顺延）
锡Tin	1吨/手	元（人民币）/吨	10元/吨	不超过上一交易日结算价±4%	1—12月	每周一至周五（北京时间，法定节假日除外）上午9:00—11:30，下午1:30—3:00	合约交割月份的十五日（遇法定假日顺延）

5–25 续表 3 continued

交割日期 Delivery Date	交割品级 Delivery Grade	交割地点 Delivery Location	最低交易保证金 Minimum deposit	交易手续费 Trading Fee	最小交割单位 Minimum Delivery Unit	交割方式 Delivery Form	交易代码 Trading Code	上市交易所 Futures Exchange
最后交易日后连续五个工作日	标准品：符合GB/T 3274–2007《碳素结构钢和低合金结构钢热轧厚钢板和钢带》的Q235B或符合JIS G 3101–2010《一般结构用轧制钢材》的SS400，厚度5.75mm、宽度1500mm热轧卷板。替代品：符合GB/T 3274–2007《碳素结构钢和低合金结构钢热轧厚钢板和钢带》的Q235B或符合JIS G 3101–2010《一般结构用轧制钢材》的SS400，厚度9.75mm、9.5mm、7.75mm、7.5mm、5.80mm、5.70mm、5.60mm、5.50mm、5.25mm、4.75mm、4.50mm、4.25mm、3.75mm、3.50mm，宽度1500mm热轧卷板	上海期货交易所指定交割仓库	合约价值的4%	—	—	实物交割	HC	上海期货交易所
最后交易日后连续五个工作日	标准品：电解镍，符合国标GB/T 6516–2010 Ni9996规定，其中镍和钴的总含量不小于99.96%。替代品：电解镍，符合国标GB/T 6516–2010 Ni9999规定，其中镍和钴的总含量不小于99.99%；或符合ASTM B39–79(2013)规定，其中镍的含量不小于99.8%	上海期货交易所指定交割仓库	合约价值的5%	—	6吨	实物交割	NI	上海期货交易所
最后交易日后连续五个工作日	标准品：锡锭，符合国标GB/T 728–2010 Sn99.90A牌号规定，其中锡含量不小于99.90%。替代品：锡锭，符合国标GB/T 728–2010 Sn99.90AA牌号规定，其中锡含量不小于99.90%；Sn99.95A、Sn99.95AA牌号规定，其中锡含量不小于99.95%；Sn99.99A牌号规定，其中锡含量不小于99.99%	上海期货交易所指定交割仓库	合约价值的5%	—	2吨	实物交割	SN	上海期货交易所

数据来源：上海期货交易所。

Source：SHFE.

5-26 2016年能源、化工及其他期货合约汇总
Collection of Building Materials,Energy & Chemical Products & Others Futures Contracts in 2016

交易品种 Futures Products	交易单位 Trading Unit	报价单位 Quottation Unit	最小变动价位 Minimum Tick Size	涨跌停板幅度 Range of Limit Up or Down	最低交易保证金 Minimum Deposit	合约月份 Contracts Months	交易时间 Trading Time
线型低密度聚乙烯 LLDPE	5吨/手	元（人民币）/吨	5元/吨	上一交易日结算价的4%	合约价值的5%	1、2、3、4、5、6、7、8、9、10、11、12	每周一至周五（北京时间 法定节假日除外）上午9:00-11:30，下午1:30-3:00
聚氯乙烯 PVC	5吨/手	元（人民币）/吨	5元/吨	上一交易日结算价的4%	合约价值的5%	1、2、3、4、5、6、7、8、9、10、11、12	每周一至周五（北京时间 法定节假日除外）上午9:00-11:30，下午1:30-3:00
聚丙烯PP	5吨/手	元（人民币）/吨	1元/吨	上一交易日结算价的4%	合约价值的5%	1、2、3、4、5、6、7、8、9、10、11、12	每周一至周五（北京时间 法定节假日除外）上午9:00-11:30，下午1:30-3:00
冶金焦炭 Coke	100吨/手	元（人民币）/吨	1元/吨	上一交易日结算价的4%	合约价值的5%	1、2、3、4、5、6、7、8、9、10、11、12	每周一至周五（北京时间 法定节假日除外）上午9:00-11:30，下午1:30-3:00
焦煤 Coking Coal	60吨/手	元（人民币）/吨	1元/吨	上一交易日结算价的4%	合约价值的5%	1、2、3、4、5、6、7、8、9、10、11、12	每周一至周五（北京时间 法定节假日除外）上午9:00-11:30，下午1:30-3:00
铁矿石 Iron Ore	100吨/手	元（人民币）/吨	1元/吨	上一交易日结算价的4%	合约价值的5%	1、2、3、4、5、6、7、8、9、10、11、12	每周一至周五（北京时间 法定节假日除外）上午9:00-11:30，下午1:30-3:00

5–26 续表 1 continued

最后交易日 Last Trading Day	最后交割日 Last Delivery Day	交割等级 Delivery Grade	交割地点 Delivery Location	交易手续费 Trading Fee	交割方式 Trading Form	交易代码 Trading Code	上市交易所 Listed Exchange
合约交割月份的第十个交易日	最后交易日后第3个交易日	大连商品交易所线型低密度聚乙烯交割质量标准	大连商品交易所指定交割仓库	不超过8元/手	实物交割	L	大连商品交易所
合约交割月份的第十个交易日	最后交易日后第3个交易日	质量标准符合《悬浮法通用型聚氯乙烯树脂（GB/T 5761–2006）》规定的SG5型一等品和优等品	大连商品交易所指定交割仓库	不超过6元/手	实物交割	V	大连商品交易所
合约交割月份的第十个交易日	最后交易日后第3个交易日	大连商品交易所聚丙烯交割质量标准	大连商品交易所指定交割仓库	—	实物交割	PP	大连商品交易所
合约交割月份的第十个交易日	最后交易日后第3个交易日	大连商品交易所焦炭交割质量标准	大连商品交易所指定交割仓库	—	实物交割	J	大连商品交易所
合约交割月份的第十个交易日	最后交易日后第3个交易日	大连商品交易所焦煤交割质量标准	大连商品交易所指定交割仓库	—	实物交割	JM	大连商品交易所
合约交割月份的第十个交易日	最后交易日后第3个交易日	大连商品交易所铁矿石交割质量标准	大连商品交易所指定交割仓库	—	实物交割	I	大连商品交易所

5–26 续表 2 continued

交易品种 Futures Products	交易单位 Trading Unit	报价单位 Quottation Unit	最小变动价位 Minimum Tick Size	每日价格最大波动限制 Daily Price Limit	合约交割月份 Contracts Delivery Months	交易时间 Trading Time	最后交易日 Last Trading Day
燃料油 Fuel Oil	50吨/手	元(人民币)/吨	1元/吨	上一交易日结算价±5%	1–12月（春节月份除外）	每周一至周五（北京时间 法定节假日除外）上午9:00–11:30，下午1:30–3:00	合约交割月份前一个月的最后一个交易日
石油沥青 Bitumen	10吨/手	元(人民币)/吨	2元/吨	上一交易日结算价±3%	24个月以内，其中最近1–6个月为连续月份合约，6个月以后为季月合约	上午9:00–11:30，下午1:30–3:00和交易所规定的其他交易时间	合约交割月份的15日（遇法定假日顺延）
甲醇 Menthanol	50吨/手	元(人民币)/吨	1元/吨	不超过上一交易日结算价±4%及《郑州商品交易所期货交易风险控制管理办法》相关规定	1–12月	每周一至周五（北京时间 法定节假日除外）上午9:00–11:30，下午1:30–3:00	合约交割月份的第10个交易日
平板玻璃 Glass	20吨/手	元(人民币)/吨	1元/吨	上一交易日结算价±4%及《郑州商品交易所期货交易风险控制管理办法》相关规定	1–12月	每周一至周五（北京时间 法定节假日除外）上午9:00–11:30，下午1:30–3:00	合约交割月份的第10个交易日
动力煤 Thermal Coal	200吨/手	元(人民币)/吨	0.2元/吨	上一交易日结算价±4%及《郑州商品交易所期货交易风险控制管理办法》相关规定	1–12月	每周一至周五（北京时间 法定节假日除外）上午9:00–11:30，下午1:30–3:00，最后交易日上午9:00–11:30	合约交割月份的第5个交易日
精对苯二甲酸 PTA	5吨/手	元(人民币)/吨	2元/吨	不超过上一交易日结算价±4%	1–12月	每周一至周五（北京时间 法定节假日除外）上午9:00–11：30，下午1:30–3:00	合约交割月份的第10个交易日
硅铁 Silicon Iron	5吨/手	元(人民币)/吨	2元/吨	上一交易日结算价±4%及《郑州商品交易所期货交易风险控制管理办法》相关规定	1–12月	每周一至周五（北京时间，法定节假日除外）上午9:00–11:30，下午1:30–3:00	合约交割月份的第10个交易日
锰硅 Manganese Silicon	5吨/手	元(人民币)/吨	2元/吨	上一交易日结算价±4%及《郑州商品交易所期货交易风险控制管理办法》相关规定	1–12月	每周一至周五（北京时间，法定节假日除外）上午9:00–11:30，下午1:30–3:00	合约交割月份的第10个交易日

5–26 续表 3 continued

最后交割日 Last Delivery Day	交割品级 Delivery Grade	交割地点 Delivery Location	最低交易保证金 Minimum Margin Requirements	交易手续费 Trading Fee	交割方式 Delivery Form	交易代码 Trading Code	上市交易所 Futures Exchange
最后交易日后连续五个工作日	180CST燃料油（具体质量规定见附件）或质量优于该标准的其他燃料油	上海期货交易所指定交割仓库	合约价值的8%	—	实物交割	FU	上海期货交易所
最后交易日后连续五个工作日	70号A级道路石油沥青，具体内容见《上海期货交易所石油沥青期货交割实施细则（试行）》	交易所指定交割地点	合约价值的4%	—	实物交割	BU	上海期货交易所
合约交割月份的第12个交易日	见《郑州商品交易所期货交割细则》	交易所指定交割地点	合约价值的6%	—	实物交割	ME	郑州商品交易所
合约交割月份的第12个交易日	见《郑州商品交易所期货交割细则》	交易所指定交割地点	合约价值的6%	—	实物交割	FG	郑州商品交易所
车（船）板交割：合约交割月份的最后1个日历日 仓单交割：合约交割月份的第7个交易日	见《郑州商品交易所期货交割细则》	交易所指定交割地点	合约价值的5%	—	实物交割	TC	郑州商品交易所
合约交割月份的第12个交易日	符合工业用精对苯二甲酸SH/T 1612.1–2005质量标准的优等品PTA 详见《郑州商品交易所精对苯二甲酸交割细则》	交易所指定交割仓库	合约价值的6%	不高于4元/手（含风险准备金）	实物交割	TA	郑州商品交易所
合约交割月份的第12个交易日	见《郑州商品交易所期货交割细则》	郑州商品交易所指定交割地点	合约价值的5%	—	实物交割	SF	上海期货交易所
合约交割月份的第12个交易日	见《郑州商品交易所期货交割细则》	郑州商品交易所指定交割地点	合约价值的5%	—	实物交割	SM	上海期货交易所

数据来源：上海期货交易所、郑州商品交易所、大连商品交易所。
Source：SHFE、ZCE、DCE.

5-27 2016年金融期货合约汇总
Collection of Financial Futures Contracts in 2016

合约标的 Object of Contracts	合约乘数 Contracts Multipler	报价单位 Quottation Unit	最小变动价位 Minimum Tick Size	合约月份 Contracts Months	交易时间 Trading Time	最后交易日交易时间 Trading Time of Last Trading Day
沪深300指数 CSI 300 Index	300	指数点	0.2	当月、下月及随后两个季月	每周一至周五（北京时间 法定节假日除外）上午9:30-11:30，下午1:00-3:00	上午9:15-11:30，下午1:00-3:00
上证50指数 SSE 50 Index Futures	300	指数点	0.2	当月、下月及随后两个季月	每周一至周五（北京时间 法定节假日除外）上午9:30-11:30，下午1:00-3:00	上午9:15-11:30，下午1:00-3:00
中证500指数 CSI 500 Index Futures	200	指数点	0.2	当月、下月及随后两个季月	每周一至周五（北京时间 法定节假日除外）上午9:30-11:30，下午1:00-3:00	上午9:15-11:30，下午1:00-3:00
合约标的 Object of Contracts	可交割国债	报价方式	最小变动价位 Minimum Tick Size	合约月份 Contracts Months	交易时间 Trading Time	最后交易日交易时间 Trading Time of Last Trading Day
面值为100万元人民币、票面利率为3%的名义中期国债	合约到期月首日剩余期限为4—5.25年的记账式附息国债	百元净价报价	0.005元	最近的三个季月（3月、6月、9月、12月中的最近三个月循环）	每周一至周五（北京时间 法定节假日除外）上午9:15-11:30，下午1:00-3:15	上午9:15-11:30
面值为100万元人民币、票面利率为3%的名义长期国债	合约到期月首日剩余期限为6.5—10.25年的记账式附息国债	百元净价报价	0.005元	最近的三个季月（3月、6月、9月、12月中的最近三个月循环）	每周一至周五（北京时间 法定节假日除外）上午9:15-11:30，下午1:00-3:15	上午9:15-11:30

数据来源：中国金融期货交易所。
Source：CFFEX.

5–27 续表 continued

每日价格最大波动限制 Daily Price Limit	最低交易保证金 Minimum Deposit	最后交易日 Last Trading Day	交割日期 Delivery Date	交割方式 Delivery Form	交易代码 Trading Code	上市交易所 Futures Exchange
上一个交易日结算价的±10%	合约价值的8%	合约到期月份的第三个周五	同最后交易日	现金交割	IF	中国金融期货交易所
上一个交易日结算价的±10%	合约价值的8%	合约到期月份的第三个周五	同最后交易日	现金交割	IH	中国金融期货交易所
上一个交易日结算价的±10%	合约价值的8%	合约到期月份的第三个周五	同最后交易日	现金交割	IC	中国金融期货交易所
每日价格最大波动限制 Daily Price Limit	最低交易保证金 Minimum Deposit	最后交易日 Last Trading Day	最后交割日 Delivery Date	交割方式 Delivery Form	交易代码 Trading Code	上市交易所 Futures Exchange
上一个交易日结算价的±1.2%	合约价值的1%	合约到期月份的第二个周五	最后交易日后的第三个交易日	实物交割	TF	中国金融期货交易所
上一个交易日结算价的±2%	合约价值的2%	合约到期月份的第二个周五	最后交易日后的第三个交易日	实物交割	T	中国金融期货交易所

主要统计指标解释

Explantory Notes on Main Statistical Indicators

交易保证金 指统计期末已被合约占用的保证金。

公式：交易保证金＝合约价值 × 期货交易所规定的交易保证金比率。

期货账户数 指统计期末投资者通过期货公司向中国期货保证金监控中心有限责任公司报备的期货账户数量合计。

期货客户数 指统计期末已在期货市场开户，按照“客户全称相同且证件代码相同”原则合并的客户数量。

涨跌幅 指统计期内期货合约的结算价（收盘价）与前结算价变动幅度。

公式：

1. 涨跌幅＝（区间最后交易日结算价－区间前一交易日结算价）／区间前一交易日结算价。

2. 涨跌幅＝（区间最后交易日收盘价－区间前一交易日结算价）／区间前一交易日结算价。

指标说明：

1. 期货交易品种的涨跌幅以其对应的主力合约进行计算，即通过主力合约的涨跌幅反映期货品种的价格变动幅度。

2. 主力合约通常选用统计期末各期限合约中持仓量最大的合约，如持仓量相同则选取成交量最大合约为主力合约。如统计期末该品种的所有合约均无成交和持仓，则选用与统计期末最近且持仓量最大的合约为主力合约。

3. 若统计期包括主力合约挂牌日，则区间前一交易日结算价取合约挂牌价。

4. 若区间前一交易日主力合约无成交记录，则选取期初最近有成交记录的交易日的结算价为区间前一交易日结算价。

振幅 指统计期内期货合约价格的波动程度，采用区间内最大价差与结算价的相对变动幅度来计算。

公式：振幅＝（区间内合约最高价－区间内合约最低价）／区间前一交易日合约结算价。

成交量 指统计期内全部期货合约成交数量合计。

成交金额 指统计期内全部期货合约成交金额合计。

持仓量 指统计期末未平仓期货合约数量的合计。其中，期货品种的持仓量为统计期末该品种所有期限合约的持仓量合计值；期货市场的持仓量为统计期末全部期货品种的持仓量合计值。

持仓金额 指统计期末未平仓期货合约的金额合计。

公式：持仓金额＝Σ（T日某只期货合约持仓量 ×T日某只期货合约交易单位或合约乘数 × 某只期货合约结算价格）。

交割量 交割是指期货投资者了结到期未平仓合约的过程，交割量即进行交割的期货合约数量。

公式：交割量＝交割合约数量 × 合约单位。

交割率 指统计期内期货品种的交割量与成交量的比率。

公式：交割率＝交割量／合约挂牌后总成交量 ×100%。

杠杆率 指统计期末持仓金额与对应期货合约交易保证金的比率。

公式：杠杆率＝持仓金额总额／交易保证金总额。

贰 零 壹 柒

六、投资者

Investors

贰 零 壹 柒

2016年证券期货市场投资者情况概述

截至2016年底，股票投资者数11811.04万个，较去年增加1900.5万个，增加19.18%，其中，个人股票投资者数11778.42万个，较去年增加19.19%，机构投资者数32.62万个，较去年增加14.94%。2016年新开信用账户投资者数29.81万个，较去年减少73.92万个，降幅为71.26%；年末信用交易账户投资者数423.87万户，较去年增加6.79%。截至2016年底，基金账户存量94303.67户。

6–1 股票投资者情况
Securities Investors Statistics

年份 Year	期末投资者数（万个） Number of investors by the end of the year(10 thousand units)			新增投资者数（万个） Number of new investors(10 thousand units)		
	个人 Individual	机构 Institution	合计 Total	个人 Individual	机构 Institution	合计 Total
2003	—	—	—	—	—	—
2004	—	—	—	—	—	—
2005	—	—	—	—	—	—
2006	—	—	—	—	—	—
2007	—	—	—	—	—	—
2008	—	—	—	—	—	—
2009	—	—	—	—	—	—
2010	—	—	—	—	—	—
2011	—	—	—	—	—	—
2012	—	—	—	—	—	—
2013	—	—	—	—	—	—
2014	7270.95	23.42	7294.36	—	—	—
2015	9882.15	28.38	9910.54	2611.20	4.96	2616.18
2016	11778.42	32.62	11811.04	1896.27	4.24	1900.50

注：1.期末投资者数量指持有未注销、未休眠的A股、B股、信用账户、衍生品合约账户的一码通账户数量。
2.新增投资者数量=本期期末投资者数量—上期期末投资者数量。

数据来源：中国证券登记结算公司。

Source：CSDC.

6–2 开立信用证券账户的投资者情况
Investors with Credit Securities Accounts

单位：万 unit：10000

投资者类别 Investors	个人 Individual		机构 Institution	
	2016	2015	2016	2015
一、期初开立的信用证券账户的投资者数 Number of Investors with Credit Securities Accounts, Beginning of Year	396.92	296.01	0.77	0.52
二、本年新开信用证券账户的投资者数 Number of Investors with New Credit Securities Accounts Opening this Year	29.81	103.73	0.31	0.29
三、本年新销信用证券账户的投资者数 Number of Investors with Credit Securities Accounts Closed this Year	2.87	2.82	0.05	0.04
四、期末开立的信用证券账户的投资者数 Number of Investors with Credit Securities Accounts, End of Year	423.87	396.92	1.02	0.77

注：1.开立信用证券账户的投资者数以信用证券账户对应的一码通账户数统计。
2.信用证券账户不同于普通证券账户，是投资者为参与融资融券交易而向证券公司申请开立的证券账户。该账户是证券公司在我公司开立的“客户信用交易担保证券账户”的二级账户，用于记录投资者委托证券公司持有的担保证券的明细数据。

数据来源：中国证券登记结算公司。

Source：CSDC.

6–3 基金和期货市场投资者情况
Investor Accounts of Fund and Futures Market

年份 Year	基金 Fund	期货 Futures					
	基金账户数（万户） Number of Accounts(10 thousand units)	期货账户数（万户） Number of Accounts(10 thousand units)			客户数（万个） Number of Valic Futures Investors(10 thousand units)		
		个人 Individual	单位 Institution	合计 Total	个人 Individual	单位 Institution	合计 Total
2003	—	—	—	—	—	—	—
2004	—	—	—	—	—	—	—
2005	—	—	—	—	—	—	—
2006	—	—	—	27.74	—	—	24.46
2007	—	—	—	44.77	—	—	39.55
2008	16846.00	69.04	2.24	71.28	59.54	2.10	61.64
2009	17480.00	107.58	3.03	110.61	88.76	2.86	91.63
2010	19672.00	146.54	4.02	150.55	117.82	3.55	121.37
2011	22987.00	174.49	4.85	179.34	137.06	4.08	141.14
2012	22948.00	87.11	2.59	89.69	69.74	1.99	71.73
2013	28773.46	94.97	2.75	97.72	75.17	2.07	77.24
2014	46409.34	96.01	3.35	99.35	79.52	2.74	82.26
2015	67917.87	123.33	3.55	126.88	104.62	2.90	107.52
2016	94303.67	134.22	4.31	138.53	115.06	3.58	118.64

数据来源：中国期货保证金监控中心公司。
Source:CFMMC.

主要统计指标解释

Explantory Notes on Main Statistical Indicators

股票投资者数 指统计期末已开立股票账户的投资者数量。统计时按照“投资者全称相同且证件代码相同”合并。

信用证券账户数 指统计期末投资者为参与融资融券交易开立的信用证券账户数量合计。

基金账户数 通常称基金TA账户，是指统计期末注册登记人为投资人建立的用于管理和记录基金持有的账户数量。

期货账户数 统计期末投资者通过期货公司向中国期货保证金监控中心有限责任公司报备的期货账户数量合计。

客户数 是指统计期末已在期货市场开户的客户数量。按照“客户全称相同且证件代码相同”原则合并的客户数量。

贰 零 壹 柒

七、上市公司

Listed Companies

贰 零 壹 柒

企业盈利状况改善　经济运行基础稳定

截至 2017 年 4 月末，除 *ST 烯碳外，沪深两市 3222 家上市公司已全部披露 2016 年年报[①]。总体看，上市公司盈利状况明显改善，上中下游均有向好迹象，反映出宏观经济稳定运行的基础正不断夯实。同时，上市公司业绩也印证了供给侧结构性改革正持续推进，去产能、去库存、降成本和补短板均取得不同程度的进展。

一、整体业绩状况明显改善

整体净利润[②]企稳回升，各板块增速分化，亏损面明显减小。2016 年，沪深两市上市公司实现营业总收入 32.66 万亿元，同比增长 8.68%；实现净利润 2.76 万亿元，同比增长 7.45%，与 2015 年营业收入接近零增长，净利润下滑的情形反差明显。其中，主板公司净利润同比增长 4.56%，扭转下滑局面；中小板和创业板公司分别增长 36.76% 和 39.58%，明显优于主板表现，且增速进一步提升。从盈亏结构看，2016 年，3222 家上市公司中，盈利 2999 家，亏损 223 家，亏损面为 6.92%，较去年同期下降 4.78 个百分点。

实体经济业绩整体向好，营收回升和财务费用下降带来盈利能力改善。2016 年，非金融上市公司实现净利润 1.24 万亿元，同比增长 28.18%，扭转了 2015 年净利润下滑 13.99% 的局面。门类行业中，2016 年农林牧渔业净利润约为 2015 年的 1.8 倍，制造业同比增长 52.00%，增速均明显回升。从盈利能力看，2016 年非金融业净资产收益率为 8.05%，较 2015 年上升 0.71 个百分点。主要影响因素中[③]，权益乘数[④]与 2015 年基本持平，总资产周转率小幅下滑 0.04 次，而净利率上升 0.62 个百分点，是盈利能力改善的主要因素。进一步看，2016 年非金融上市公司营业总收入同比增加 10.67 个百分点，财务费用占营业总收入之比下降 0.23 个百分点，对净利率提升贡献较大。

金融业实现净利润 1.53 万亿元，同比下降 4.96%。其中，银行业 2016 年净利润同比微增 1.63%，增速下降 0.16 个百分点；不良率从 2015 年末的 1.64% 升至 1.70%；证券业净利润同比下降 49.74%，主要受 2015 年高基数影响；保险业净利润同比下降 13.25%，主要受投资收益下滑影响。从盈利能力看，金融业净资产收益率为 13.38%，同比下降 2.85 个百分点。主要影响因素中，权益乘数较 2015 年下降 0.24 倍，净利率下降 1.43 个百分点，是盈利能力下降的主要因素，表明在金融业去杠杆和行业风险加快暴露的背景下，盈利空间有所缩小。

二、上市公司业绩反映出经济稳定运行的基础不断夯实

上市公司投资呈现止跌回升态势。2016 年，非金融上市公司购建固定资产、无形资产和其他长期资产支付的现金同比增长 3.45%，与 2015 年

---

① *ST 烯碳（000511）未在法定期限披露定期报告，本报告所有数据均不含该上市公司。本报告中，绝对数取当期全部披露定期报告的上市公司口径；同比选取剔除当期未上市或退市上市公司后的可比口径。

② 净利润指归属母公司股东的净利润，全文同。

③ 根据杜邦财务分析法，净资产收益率 = 总资产周转率 × 净利率 × 权益乘数，其中权益乘数 = 总资产 / 净资产。

④ 权益乘数是股东权益比例的倒数，即资产总额是股东权益总额的多少倍，权益乘数反映了企业财务杠杆的大小，权益乘数越大，说明股东投入的资本在资产中所占的比重越小，财务杠杆越大。

同比下滑 0.70% 的局面形成对比，与宏观指标中固定资产投资回暖的趋势相互印证。投资回升既有周期性因素，也与投资回报率回升有关。2016 年，非金融业上市公司投入资本回报率[①]为 4.29%，较 2015 年回升 0.37 个百分点。

上游业绩改善，中游崛起，下游初现回暖。受益于大宗商品价格反弹和供给侧结构性改革的深入推进，上游盈利有所改善，预期向好。2016 年采矿业净利润降幅大幅收窄 42.33 个百分点，业绩明显改善。上游行业景气度回升传导至中游行业。2016 年装备制造业[②]上市公司净利润同比增长 20.17%，扭转 2015 年下滑 0.13% 的局面；化工行业净利润同比增长 34.93%，上升 20.69 个百分点。下游行业出现回暖迹象。2016 年批发零售业净利润同比增长 69.20%，扭转 2015 年下滑态势，纺织服装、食品加工等消费行业增速也明显提升；但是餐饮住宿业和交运仓储业 2016 年净利润仍在下滑。

国有非金融上市公司净利润恢复增长。国有非金融企业不仅在上市公司中占有较大比重，也大都是国民经济的支柱型企业。但自 2014 年下半年以来，净利润持续下滑备受关注，部分企业还隐含着暂停上市的风险。2016 年，国有非金融上市公司实现净利润 6532.95 亿元，同比增长 22.47%，实现“V”形反转。

三、上市公司业绩反映出供给侧结构性改革持续推进

过剩行业“去产能”取得初步成效。随着“去产能”工作进度加快，政策措施效果初步显现，钢铁、煤炭行业产能有所下降。煤炭行业上市公司购建固定资产、无形资产和其他长期资产支付的现金连年下降，2015 年降幅为 25.41%，2016 年再降 10.18%；固定资产占总资产比重由 2015 年末的 40.40% 微降至 2016 年末的 40.11%，产能有所收缩。钢铁行业上市公司购建固定资产、无形资产和其他长期资产支付的现金由 2015 年增长 37.29% 变为 2016 年下降 34.52%；固定资产占总资产比重上升 1.26 个百分点，增幅明显下降，在一定程度上表明新增产能有所减少。

房地产行业“去库存”效果显著。2016 年，楼市政策和资金面前松后紧，房地产市场整体上扬，一、二线城市销售火爆，并扩散至部分三、四线城市，带动了房地产库存消化。从房地产上市公司数据看，2016 年存货占总资产的 56.22%，较 2015 年下降 5.14 个百分点。存货余额增速由 2015 年的 36.25% 降至 14.13%，考虑到 2016 年商品房消化程度较大的一、二线城市房价同比分别上涨了 27.10% 和 18.00%，剔除价格因素后，库存面积呈现单边下行态势。

实体经济“降成本”在多个领域取得进展。从营业成本看，2016 年非金融上市公司营业成本占营业总收入的 80.09%，较 2015 年全年水平下降 0.39 个百分点。从税费负担看，2016 年非金融上市公司实际税费负担占营业收入的 7.34%[③]，较 2015 年下降 0.20 个百分点；营业税金及附加占营业总收入的 2.96%，较 2015 年下降 0.37 个百分点。从融资成本看，2016 年非金融上市公司债务融资成本为 3.58%[④]，同比下降 0.54 个百分点，“融资贵”问题略有改善。

战略性新兴产业快速发展。2016 年 893 家战略性新兴行业上市公司实现归属母公司股东的净利润 2795.36 亿元，同比增长 28.96%，延续高增长态势。研发创新能力不断增强。2016 年，发生研发活动的上市公司共支出研发费用 3318.88 亿元，同比增加 18.46%；占营业总收入的 2.24%，

---

① 投入资本回报率（ROIC）= 归属母公司股东的净利润 ×2/（期初全部投入资本 + 期末全部投入资本），反映企业生产经营活动中所有投入资本赚取的收益率。其中，全部投入资本 = 股东权益 + 负债合计 − 无息流动负债 − 无息长期负债。

② 装备制造业包括金属制品业，通用设备制造业，专用设备制造业，汽车制造业，铁路、船舶、航空航天和其他运输设备制造业，电气机械和器材制造业，计算机、通信和其他电子设备制造业，仪器仪表制造业。

③ 实际税费负担 = 当期支付的各项税费 − 当期收到的税费返还 + 当期应交税费 − 上期应交税费。

④ 债务融资成本 = 利息支出 ×2/（期初带息债务规模 + 期末带息债务规模）。

较 2015 年上升 0.14 个百分点[①]。其中，创业板和中小板研发支出占营业总收入的比重分别为 4.75% 和 3.57%，明显高于上市公司整体水平。社会发展、公共服务和民生薄弱领域投资保持增长。其中，文化艺术业、生态保护和环境治理业、卫生业固定资产、无形资产及其他长期资产支付的现金同比分别增长 105.97%、53.30% 和 28.70%。

上市公司现金分红力度增大。截至 2016 年 5 月 2 日，两市共有 2379 家上市公司计划实施或已实施 2016 年年报现金分红计划，较实施 2015 年年报现金分红计划的上市公司多 408 家；合计分红金额 9294.17 亿元，同比增加 17.89%。从现金分红比例看，两市整体分红比例为 34.70%[②]，较 2015 年上升 4.10 个百分点，回报股东力度增强。

重组上市[③]公司整体业绩表现亮丽。2014—2016 年共有 80 家重组上市公司，2016 年这些公司的净利润为 577.03 亿元，同比增长 71.97%。从时间维度看，重组上市当年，由于原有壳公司业绩较差，并表效应带来了业绩的成倍增长，随后并表效应逐渐减弱，业绩恢复至正常水平。以 2014 年完成重组上市的 23 家公司为例，2014 年其净利润约为 2013 年的 10 倍，2015 年净利润增速降至 27.82%，2016 年降至 19.06%。多数上市公司在重组上市后业绩持续向好，重组实现了资源的有效配置。

① 为确保数据可比，仅统计 2016 年有研发支出的上市公司。

② 指现金分红占归属母公司股东净利润的比例。

③ 即市场通称的“借壳”上市。

7–1 上市公司数量
Number of Listed Companies

单位：家 (unit)

年份 Year	上市公司家数					
	上交所 SSE	深交所 SZSE				合计 Total
		合计 Total	主板 Main Board	中小板 SME Board	创业板 GE Board	
1991	7	6	6	0	0	13
1992	29	24	24	0	0	53
1993	106	77	77	0	0	183
1994	171	120	120	0	0	291
1995	188	135	135	0	0	323
1996	293	237	237	0	0	530
1997	383	362	362	0	0	745
1998	438	414	414	0	0	852
1999	484	465	465	0	0	949
2000	572	516	516	0	0	1088
2001	646	514	514	0	0	1160
2002	715	509	509	0	0	1224
2003	780	507	507	0	0	1287
2004	837	540	502	38	0	1377
2005	834	547	497	50	0	1381
2006	842	592	490	102	0	1434
2007	860	690	488	202	0	1550
2008	864	761	488	273	0	1625
2009	870	848	485	327	36	1718
2010	894	1169	485	531	153	2063
2011	931	1411	484	646	281	2342
2012	954	1540	484	701	355	2494
2013	953	1536	480	701	355	2489
2014	995	1618	480	732	406	2613
2015	1081	1746	478	776	492	2827
2016	1182	1870	478	822	570	3052

注：上市公司数量以首发上市日口径统计。
数据来源：上海证券交易所、深圳证券交易所、全国中小企业股份转让系统。
Source：SSE、SZSE.

7–2 上市公司及全国中小企业股份转让系统挂牌公司数量按行业分布

Number of Listed Companies by Industry

单位：家 (unit)

行业 Industry	上市公司家数						挂牌公司家数 Listed Companies	
	上交所 SSE		深交所 SZSE		合计 Total			
	2015	2016	2015	2016	2015	2016	2015	2016
农、林、牧、渔业 Agriculture,Forestry,Animal Husbandry and Fishery	15	15	30	30	45	45	120	173
采矿业 Mining	47	47	29	29	76	76	25	30
制造业 Manufacturing	575	632	1220	1284	1795	1916	2736	5153
电力、热力、燃气及水生产和供应业 Production and Supply of Electricity,Gas and Water	55	57	36	39	91	96	35	101
建筑业 Construction	35	41	42	49	77	90	155	330
批发和零售业 Wholesale and Retail Trades	90	91	63	65	153	156	169	436
交通运输、仓储和邮政业 Transport,Storage and Post	60	61	26	28	86	89	60	163
住宿和餐饮业 Hotels and Catering Services	3	3	9	8	12	11	11	29
信息传输、软件和信息技术服务业 Information Transmission,Computer Services and Software	29	42	127	159	156	201	1017	2003
金融业 Financial Intermediation	36	48	14	17	50	65	107	126
房地产业 Real Estate	73	68	64	62	137	130	25	67
租赁和商务服务业 Leasing and Business Services	12	16	17	26	29	42	205	507
科学研究和技术服务业 Scientific Research,Technical Service	7	11	14	15	21	26	219	459
水利、环境和公共设施管理业 Management of Water Conservancy,Environment and Public Facilities	10	10	21	21	31	31	78	199
居民服务、修理和其他服务业 Resident services,Repairing and other services	0	0	0	0	0	0	14	40
教育 Education	1	2	0	1	1	3	21	72
卫生和社会工作业 Health and Social Works	1	1	4	5	5	6	24	47
文化、体育和娱乐业 Culture,Sports and Entertainment	14	20	23	24	37	44	108	228
综合 Others	18	17	7	8	25	25	0	0

注：上市公司数量以首发上市日口径统计。
数据来源：上海证券交易所、深圳证券交易所、全国中小企业股份转让系统。
Source：SSE、SZSE.

7–3 上市公司数量按监管辖区分布
Number of Listed Companies by Jurisdiction

单位：家 (unit)

辖区	Jurisdiction	上交所 SSE		深交所 SZSE		合计 Total	
		2015	2016	2015	2016	2015	2016
北京	Beijing	111	120	154	162	265	282
天津	Tianjin	22	23	20	22	42	45
河北	Hebei	18	18	35	35	53	53
山西	Shanxi	19	19	18	18	37	37
内蒙古	Neimenggu	16	16	10	10	26	26
辽宁	Liaoning	17	17	33	34	50	51
吉林	Jilin	18	19	22	23	40	42
黑龙江	Heilongjiang	25	25	10	10	35	35
上海	Shanghai	157	168	66	71	223	239
江苏	Jiangsu	98	123	178	194	276	317
浙江	Zhejiang	82	95	173	185	255	280
安徽	Anhui	35	37	53	56	88	93
福建	Fujian	25	27	41	43	66	70
江西	Jiangxi	15	16	20	20	35	36
山东	Shandong	42	49	103	105	145	154
河南	Henan	28	29	45	45	73	74
湖北	Hubei	36	39	51	57	87	96
湖南	Hunan	24	26	58	60	82	86
广东	Guangdong	40	44	182	197	222	241
广西	Guangxi	16	17	19	19	35	36
海南	Hainan	10	11	18	18	28	29
重庆	Chongqing	21	22	22	22	43	44
四川	Sichuan	35	37	68	75	103	112
贵州	Guizhou	9	12	11	11	20	23
云南	Yunnan	12	12	18	20	30	32
西藏	Xizang	7	8	4	6	11	14
陕西	Shaanxi	20	20	23	25	43	45
甘肃	Gansu	13	14	14	15	27	29
青海	Qinghai	7	8	3	3	10	11
宁夏	Ningxia	4	4	8	8	12	12
新疆	Xinjiang	24	26	19	21	43	47
深圳	Shenzhen	15	16	187	215	202	231
大连	Dalian	14	14	12	12	26	26
宁波	Ningbo	26	28	18	19	44	47
厦门	Xiamen	12	13	21	24	33	37
青岛	Qingdao	8	10	9	10	17	20

注：上市公司数量以首发上市日口径统计。
数据来源：上海证券交易所、深圳证券交易所。
Source：SSE、SZSE.

7-4 2016年新上市的上市公司数量按行业分布
Number of Newly Listed Companies by Industry in 2016

行业 Industry	上交所 SSE		
	新上市公司家数（家） Number of Newly Listed Companies (unit)	新上市公司市值（亿元） Market Capitalization of Newly Listed Companies (100 million yuan)	占比(%) Proportion (%)
农、林、牧、渔业 Agriculture,Forestry,Animal Husbandry and Fishery	0	0.00	0.00
采矿业 Mining	2	317.25	2.05
制造业 Manufacturing	60	6596.45	42.72
电力、热力、燃气及水生产和供应业 Production and Supply of Electricity,Gas and Water	1	84.80	0.55
建筑业 Construction	6	771.06	4.99
批发和零售业 Wholesale and Retail Trades	6	505.13	3.27
交通运输、仓储和邮政业 Transport,Storage and Post	1	59.38	0.38
住宿和餐饮业 Hotels and Catering Services	0	0.00	0.00
信息传输、软件和信息技术服务业 Information Transmission,Computer Services and Software	9	1146.82	7.43
金融业 Financial Intermediation	8	4479.78	29.01
房地产业 Real Estate	0	0.00	0.00
租赁和商务服务业 Leasing and Business Services	1	175.20	1.13
科学研究和技术服务业 Scientific Research,Technical Service	4	252.39	1.63
水利、环境和公共设施管理业 Management of Water Conservancy,Environment and Public Facilities	0	0.00	0.00
教育 Education	1	169.55	1.10
卫生和社会工作业 Health and Social Works	0	0.00	0.00
文化、体育和娱乐业 Culture,Sports and Entertainment	4	883.14	5.72
综合 Others	0	0.00	0.00

注：上市公司数量以首发上市日口径统计。
数据来源：上海证券交易所、深圳证券交易所。
Source：SSE、SZSE.

7—4 续表 continued

深交所 SZSE			合计 Total		
新上市公司家数（家）Number of Newly Listed Companies (unit)	新上市公司市值（亿元）Market Capitalization of Newly Listed Companies (100 million yuan)	占比(%) Proportion (%)	新上市公司家数（家）Number of Newly Listed Companies (unit)	新上市公司市值（亿元）Market Capitalization of Newly Listed Companies (100 million yuan)	占比(%) Proportion (%)
1	72.54	0.77	1	72.54	0.29
1	45.24	0.48	3	362.49	1.46
88	6092.53	64.57	148	12688.98	51.01
0	0.00	0.00	1	84.80	0.34
7	498.44	5.28	13	1269.50	5.10
3	172.73	1.83	9	677.86	2.72
1	47.76	0.51	2	107.14	0.43
0	0.00	0.00	0	0.00	0.00
18	1139.63	12.08	27	2286.45	9.19
2	953.00	10.10	10	5432.78	21.84
0	0.00	0.00	0	0.00	0.00
1	258.06	2.73	2	433.26	1.74
1	56.13	0.59	5	308.52	1.24
0	0.00	0.00	0	0.00	0.00
0	0.00	0.00	1	169.55	0.68
0	0.00	0.00	0	0.00	0.00
1	100.20	1.06	5	983.34	3.95
0	0.00	0.00	0	0.00	0.00

7-5　2016年新上市的上市公司数量按监管辖区分布
Number of Newly Listed Companies by Jurisdiction in 2016

单位：家

辖区	Jurisdiction	上交所 SSE		
		新上市公司家数（家）Number of Newly Listed Companies (unit)	新上市公司市值（亿元）Market Capitalization of Newly Listed Companies (100 million yuan)	占上交所上市公司总市值比例（%）Proportion (%)
北京	Beijing	9	1816.05	1250.24
天津	Tianjin	1	111.29	76.62
河北	Hebei	0	0.00	0.00
山西	Shanxi	0	0.00	0.00
内蒙古	Neimenggu	0	0.00	0.00
辽宁	Liaoning	0	0.00	0.00
吉林	Jilin	1	47.42	32.65
黑龙江	Heilongjiang	0	0.00	0.00
上海	Shanghai	12	2532.87	1743.73
江苏	Jiangsu	25	3198.98	2202.30
浙江	Zhejiang	13	1619.92	1115.22
安徽	Anhui	2	500.00	344.22
福建	Fujian	2	122.01	84.00
江西	Jiangxi	1	60.69	41.78
山东	Shandong	7	1522.76	1048.33
河南	Henan	1	233.48	160.74
湖北	Hubei	3	178.52	122.90
湖南	Hunan	2	110.08	75.78
广东	Guangdong	5	447.79	308.27
广西	Guangxi	1	221.41	152.43
海南	Hainan	1	59.38	40.88
重庆	Chongqing	1	238.65	164.30
四川	Sichuan	2	247.99	170.73
贵州	Guizhou	3	605.11	416.58
云南	Yunnan	0	0.00	0.00
西藏	Xizang	1	205.96	141.79
陕西	Shaanxi	0	0.00	0.00
甘肃	Gansu	1	87.00	59.89
青海	Qinghai	1	84.20	57.97
宁夏	Ningxia	0	0.00	0.00
新疆	Xinjiang	2	145.26	100.00
深圳	Shenzhen	1	457.19	314.75
大连	Dalian	0	0.00	0.00
宁波	Ningbo	2	298.77	205.68
厦门	Xiamen	1	49.55	34.11
青岛	Qingdao	2	238.64	164.29

注：上市公司数量以首发上市日口径统计。

数据来源：上海证券交易所、深圳证券交易所。

Source：SSE、SZSE.

7–5 续表 continued

(unit)

深交所 SZSE			合计 Total		
新上市公司家数（家）Number of Newly Listed Companies (unit)	新上市公司市值（亿元）Market Capitalization of Newly Listed Companies (100 million yuan)	占上交所上市公司总市值比例（%）Proportion (%)	新上市公司家数（家）Number of Newly Listed Companies (unit)	新上市公司市值（亿元）Market Capitalization of Newly Listed Companies (100 million yuan)	占上交所上市公司总市值比例（%）Proportion (%)
8	456.03	4.83	17	2272.08	9.13
2	224.74	2.38	3	336.03	1.35
0	0.00	0.00	0	0.00	0.00
0	0.00	0.00	0	0.00	0.00
0	0.00	0.00	0	0.00	0.00
1	27.33	0.29	1	27.33	0.11
1	60.32	0.64	2	107.75	0.43
0	0.00	0.00	0	0.00	0.00
5	292.88	3.10	17	2825.75	11.36
16	977.44	10.36	41	4176.42	16.79
12	951.85	10.09	25	2571.77	10.34
3	159.34	1.69	5	659.33	2.65
2	100.80	1.07	4	222.81	0.90
0	0.00	0.00	1	60.69	0.24
2	95.12	1.01	9	1617.88	6.50
0	0.00	0.00	1	233.48	0.94
6	458.79	4.86	9	637.31	2.56
2	195.11	2.07	4	305.19	1.23
15	1069.90	11.34	20	1517.68	6.10
0	0.00	0.00	1	221.41	0.89
0	0.00	0.00	1	59.38	0.24
0	0.00	0.00	1	238.65	0.96
7	604.26	6.40	9	852.25	3.43
0	0.00	0.00	3	605.11	2.43
2	150.37	1.59	2	150.37	0.60
2	104.29	1.11	3	310.25	1.25
2	84.08	0.89	2	84.08	0.34
1	55.30	0.59	2	142.29	0.57
0	0.00	0.00	1	84.20	0.34
0	0.00	0.00	0	0.00	0.00
2	93.00	0.99	4	238.25	0.96
28	2928.45	31.03	29	3385.64	13.61
0	0.00	0.00	0	0.00	0.00
1	50.86	0.54	3	349.63	1.41
3	212.64	2.25	4	262.19	1.05
1	83.37	0.88	3	322.01	1.29

7–6 2016年各监管辖区按行业上市公司数量分布

Number of Listed Companies by Jurisdiction and by Industry in 2016

单位：家

辖区	Jurisdiction	农、林、牧、渔业 Agriculture, Forestry, Animal Husbandry and Fishery	采矿业 Mining	制造业 Manufacturing	电力、热力、燃气及水生产和供应业 Production and Supply of Electricity, Gas and Water	建筑业 Construction	批发和零售业 Wholesale and Retail Trades	交通运输、仓储和邮政业 Transport, Storage and Post	住宿和餐饮业 Hotels and Catering Services
北京	Beijing	2	12	105	10	22	13	3	3
天津	Tianjin	—	3	24	2	—	3	4	—
河北	Hebei	1	1	39	2	—	3	1	—
山西	Shanxi	—	7	22	3	—	2	1	—
内蒙古	Neimenggu	—	6	17	1	1	—	—	—
辽宁	Liaoning	1	1	35	3	—	3	2	—
吉林	Jilin	—	—	26	4	1	2	1	—
黑龙江	Heilongjiang	2	—	22	3	1	2	1	—
上海	Shanghai	2	1	110	3	10	20	16	1
江苏	Jiangsu	—	1	236	3	8	15	8	1
浙江	Zhejiang	—	—	215	3	4	10	—	—
安徽	Anhui	2	2	64	1	3	4	2	—
福建	Fujian	3	1	41	3	—	5	2	—
江西	Jiangxi	—	1	28	2	—	1	2	—
山东	Shandong	7	6	114	3	2	6	5	—
河南	Henan	3	4	60	3	—	1	1	—
湖北	Hubei	—	—	62	5	5	9	3	—
湖南	Hunan	4	1	53	3	—	7	2	1
广东	Guangdong	3	1	175	9	4	4	9	1
广西	Guangxi	1	—	20	3	—	2	2	—
海南	Hainan	3	4	8	—	1	1	4	1
重庆	Chongqing	—	1	26	5	—	1	2	—
四川	Sichuan	—	3	74	7	4	4	2	—
贵州	Guizhou	—	1	16	1	—	1	—	—
云南	Yunnan	2	1	20	1	—	2	—	—
西藏	Xizang	—	3	8	—	1	—	—	—
陕西	Shaanxi	—	4	27	1	1	2	—	1
甘肃	Gansu	3	3	19	1	—	1	—	—
青海	Qinghai	—	2	8	—	1	—	—	—
宁夏	Ningxia	—	—	9	1	—	1	1	—
新疆	Xinjiang	5	5	23	4	2	5	1	—
深圳	Shenzhen	—	—	131	3	15	12	8	2
大连	Dalian	1	—	10	2	—	6	2	—
宁波	Ningbo	—	—	32	1	4	3	2	—
厦门	Xiamen	—	1	21	—	—	5	2	—
青岛	Qingdao	—	—	16	—	—	—	—	—

注：1.上市公司数量以首发上市日口径统计。

2.上市公司辖区以各地证监局监管口径统计。

数据来源：上海证券交易所、深圳证券交易所。

Source：SSE、SZSE.

7–6 续表 continued

(unit)

信息传输、软件和信息技术服务业 Information Transmission, Computer Services and Software	金融业 Financial Intermediation	房地产业 Real Estate	租赁和商务服务业 Leasing and Business Services	科学研究和技术服务业 Scientific Research, Technical Service	水利、环境和公共设施管理业 Management of Water Conservancy, Environment and Public Facilities	教育 Education	卫生和社会工作业 Health and Social Works	文化、体育和娱乐业 Culture, Sports and Entertainment	综合 Others
57	12	18	7	6	3	1	—	6	2
—	—	6	—	2	—	—	—	—	1
1	1	3	—	—	—	—	—	—	1
—	1	—	—	—	—	—	—	1	—
—	1	—	—	—	—	—	—	—	—
3	—	—	—	—	1	—	—	2	—
3	1	3	—	—	1	—	—	—	—
1	1	1	—	—	—	—	—	—	1
27	12	22	3	4	—	1	—	4	3
9	8	7	3	5	4	—	1	4	4
16	1	8	7	—	1	—	3	10	2
5	2	3	—	—	3	—	—	2	—
9	2	4	—	—	—	—	—	—	—
—	—	1	—	—	—	—	—	1	—
3	—	2	—	1	—	—	—	—	5
1	—	—	—	—	—	—	—	1	—
2	2	3	—	—	2	—	—	3	—
3	2	2	—	1	3	—	1	3	—
12	2	10	5	2	—	—	1	2	1
3	1	1	—	—	3	—	—	—	—
1	—	5	—	—	—	—	—	1	—
3	1	4	—	—	1	—	—	—	—
8	1	2	3	1	1	—	—	2	—
2	1	1	—	—	—	—	—	—	—
1	1	2	—	—	2	—	—	—	—
—	—	1	—	—	1	—	—	—	—
1	2		2	—	2	—	—	—	2
—	—	1	—	—	—	—	—	1	—
—	—	—	—	—	—	—	—	—	—
—	—	—	—	—	—	—	—	—	—
—	1	—	1	—	—	—	—	—	—
24	7	16	9	1	2	—	—	—	1
1	—	1	—	1	1	—	—	—	1
—	1	3	1		—	—	—	—	—
3	—	—	1	2	—	1	—	—	1
2	1	—	—	—	—	—	—	1	—

7-7 全国中小企业股份转让系统2016年新挂牌的挂牌公司数量按行业分布

Number of Newly Listed Companies by Industry in 2016 of NEEQ

行业 Industry	新挂牌公司家数（家） Number of Newly Listed Companies (unit)	新挂牌公司总股本（万股） Share Capital of Newly Listed Companies (10 thousand shares)
农、林、牧、渔业 Agriculture,Forestry,Animal Husbandry and Fishery	79	481138.52
采矿业 Mining	14	255449.82
制造业 Manufacturing	1563	6922685.41
电力、热力、燃气及水生产和供应业 Production and Supply of Electricity,Gas and Water	66	580914.22
建筑业 Construction	112	647850.75
批发和零售业 Wholesale and Retail Trades	293	1172477.27
交通运输、仓储和邮政业 Transport,Storage and Post	57	563616.37
住宿和餐饮业 Hotels and Catering Services	17	72049.90
信息传输、软件和信息技术服务业 Information Transmission,Computer Services and Software	737	1888359.89
金融业 Financial Intermediation	20	1058243.20
房地产业 Real Estate	40	162217.55
租赁和商务服务业 Leasing and Business Services	298	879524.25
科学研究和技术服务业 Scientific Research,Technical Service	48	140048.01
水利、环境和公共设施管理业 Management of Water Conservancy,Environment and Public Facilities	92	493992.26
居民服务、修理和其他服务业 Resident services,Repairing and other services	16	61137.65
教育 Education	52	154526.84
卫生和社会工作业 Health and Social Works	22	103705.14
文化、体育和娱乐业 Culture,Sports and Entertainment	39	113578.57
综合 Others	0	0.00

数据来源：全国中小企业股份转让系统。
Source:NEEQ.

7–8 按股份类别划分的上市公司数量
Number of Listed Companies by Stock Type

单位：家 (unit)

年份 Year	仅发A股 Only A Shares	仅发B股 Only B Shares	仅发A、B股 Only A&B Shares	仅发A、H股 Only A&H Shares	发A、B、H股 A,B&H Shares	仅发B、H股 B&H Shares	合计 Total	A股合计 Total of A Shares	B股合计 Total of B Shares
1994	227	4	54	6	0	0	291	287	58
1995	242	12	58	11	0	0	323	311	70
1996	431	16	69	14	0	0	530	514	85
1997	627	25	76	17	0	0	745	720	101
1998	728	26	80	18	0	0	852	826	106
1999	822	26	82	19	0	0	949	923	108
2000	955	28	86	19	0	0	1088	1060	114
2001	1025	24	88	23	0	0	1160	1136	112
2002	1085	24	87	28	0	0	1224	1200	111
2003	1146	24	87	30	0	0	1287	1263	111
2004	1236	24	86	31	0	0	1377	1353	110
2005	1240	23	86	32	0	0	1381	1358	109
2006	1287	23	86	38	0	0	1434	1411	109
2007	1389	23	86	52	0	0	1550	1527	109
2008	1459	23	85	57	1	0	1625	1602	109
2009	1549	22	85	61	1	0	1718	1696	108
2010	1892	22	85	63	1	0	2063	2041	108
2011	2162	22	85	72	1	0	2342	2320	108
2012	2306	21	84	81	1	1	2494	2472	107
2013	2300	20	84	83	1	1	2489	2468	106
2014	2424	20	82	85	1	1	2613	2592	104
2015	2635	19	96	88	1	1	2828	2809	104
2016	2859	18	82	90	5	1	3055	3036	100

注：上市公司数量以首发上市日口径统计。
数据来源：上海证券交易所、深圳证券交易所。
Source：SSE、SZSE.

7-9 上海证券交易所按股份类别划分的上市公司数量
Number of Listed Companies by Stock Type of SSE

单位：家 (unit)

年份 Year	仅发A股 Only A Shares	仅发B股 Only B Shares	仅发A、B股 Only A&B Shares	仅发A、H股 Only A&H Shares	发A、B、H股 A,B&H Shares	仅发B、H股 B&H Shares	合计 Total	A股合计 Total of A Shares	B股合计 Total of B Shares
1994	131	2	32	6	0	0	171	169	34
1995	142	4	32	10	0	0	188	184	36
1996	240	6	36	11	0	0	293	287	42
1997	321	11	39	12	0	0	383	372	50
1998	373	13	39	13	0	0	438	425	52
1999	417	13	41	13	0	0	484	471	54
2000	504	13	42	13	0	0	572	559	55
2001	573	10	44	19	0	0	646	636	54
2002	639	10	44	22	0	0	715	705	54
2003	702	10	44	24	0	0	780	770	54
2004	759	10	44	24	0	0	837	827	54
2005	755	10	44	25	0	0	834	824	54
2006	756	10	44	32	0	0	842	832	54
2007	761	10	44	45	0	0	860	850	54
2008	760	10	44	50	0	0	864	854	54
2009	762	10	44	54	0	0	870	860	54
2010	784	10	44	56	0	0	894	884	54
2011	816	10	44	61	0	0	931	921	54
2012	833	9	44	67	0	1	954	944	54
2013	832	8	44	68	0	1	953	944	53
2014	873	8	44	69	0	1	995	986	53
2015	974	8	44	70	0	1	1081	1073	52
2016	1051	15	34	86	1	1	1182	1166	45

注：上市公司数量以首发上市日口径统计。
数据来源：上海证券交易所。
Source: SSE.

7-10 深圳证券交易所按股份类别划分的上市公司数量
Number of Listed Companies by Stock Type of SZSE

单位：家 (unit)

年份 Year	仅发A股 Only A Shares	仅发B股 Only B Shares	仅发A、B股 Only A&B Shares	仅发A、H股 Only A&H Shares	发A、B、H股 A,B&H Shares	仅发B、H股 B&H Shares	合计 Total	A股合计 Total of A Shares	B股合计 Total of B Shares
1994	96	2	22	0	0	0	120	118	24
1995	100	8	26	1	0	0	135	127	34
1996	191	10	33	3	0	0	237	227	43
1997	306	14	37	5	0	0	362	348	51
1998	355	13	41	5	0	0	414	401	54
1999	405	13	41	6	0	0	465	452	54
2000	451	15	44	6	0	0	516	501	59
2001	452	14	44	4	0	0	514	500	58
2002	446	14	43	6	0	0	509	495	57
2003	444	14	43	6	0	0	507	493	57
2004	477	14	42	7	0	0	540	526	56
2005	485	13	42	7	0	0	547	534	55
2006	531	13	42	6	0	0	592	579	55
2007	628	13	42	7	0	0	690	677	55
2008	699	13	41	7	1	0	761	748	55
2009	787	12	41	7	1	0	848	836	54
2010	1108	12	41	7	1	0	1169	1157	54
2011	1346	12	41	11	1	0	1411	1399	54
2012	1473	12	40	14	1	0	1540	1528	54
2013	1468	12	40	15	1	0	1536	1524	53
2014	1551	12	38	16	1	0	1618	1606	51
2015	1639	11	52	18	4	0	1747	1736	52
2016	1808	3	48	10	4	0	1873	1870	55

注：上市公司数量以首发上市日口径统计。
数据来源：深圳证券交易所。
Source：SZSE.

7–11 按股本规模划分的上市公司数量
Number of Listed Companies by Equity Scale

单位：家 (unit)

年份 Year	1亿元以下 Below 100 million yuan			1亿—2亿元 100—200 million yuan			2亿—3亿元 200—300 million yuan		
	合计 Total	上交所 SSE	深交所 SZSE	合计 Total	上交所 SSE	深交所 SZSE	合计 Total	上交所 SSE	深交所 SZSE
2001	64	35	29	384	204	180	285	153	132
2002	75	50	25	394	224	170	280	152	128
2003	78	55	23	392	240	152	297	163	134
2004	102	51	51	399	250	149	306	181	125
2005	88	41	47	393	236	157	304	182	122
2006	80	29	51	385	211	174	296	174	122
2007	113	22	91	365	172	193	297	169	128
2008	91	17	74	346	136	210	308	152	156
2009	103	16	87	352	118	234	313	137	176
2010	191	11	180	459	109	350	332	115	217
2011	197	10	187	495	82	413	379	112	267
2012	148	8	140	513	70	443	410	107	303
2013	65	5	60	436	55	381	420	103	317
2014	80	12	68	342	61	281	419	97	322
2015	74	15	59	286	80	206	299	91	208
2016	120	24	96	290	80	210	303	106	197

7–11 续表 continued

单位：家 (unit)

年份 Year	3亿—5亿元以下 300—500 million yuan			5亿—10亿元 500—1000 million yuan			10亿元以上 Above 1000 million yuan		
	合计 Total	上交所 SSE	深交所 SZSE	合计 Total	上交所 SSE	深交所 SZSE	合计 Total	上交所 SSE	深交所 SZSE
2001	263	149	114	112	70	42	52	35	17
2002	285	167	118	128	78	50	62	44	18
2003	300	180	120	143	86	57	77	56	21
2004	309	191	118	169	98	71	92	66	26
2005	319	202	117	174	103	71	103	70	33
2006	344	221	123	195	113	82	134	94	40
2007	365	228	137	231	139	92	179	130	49
2008	379	232	147	269	164	105	232	163	69
2009	391	233	158	292	176	116	267	190	77
2010	425	229	196	333	203	130	323	227	96
2011	485	235	250	411	226	185	375	266	109
2012	515	220	295	479	247	232	429	302	127
2013	556	216	340	534	255	279	478	319	159
2014	604	210	394	628	267	361	540	348	192
2015	610	196	414	812	275	537	746	420	326
2016	597	202	395	834	285	549	908	485	423

注：上市公司数量以首发上市日口径统计。
数据来源：上海证券交易所、深圳证券交易所。
Source：SSE、SZSE.

7-12 全国中小企业股份转让系统按股本规模划分的挂牌公司数量
Number of Listed Companies by Equity Scale of NEEQ

单位：家 (unit)

年份 Year	1000万元以下 Below 10 million yuan	1000万—5000万元 10—50 million yuan	5000万—1亿元 50—100 million yuan	1亿元以上 above 100 million yuan
2012	40	131	25	4
2013	68	237	42	9
2014	215	944	324	89
2015	624	1906	709	326
2016	879	5948	2275	1061

数据来源：全国中小企业股份转让系统。
Source:NEEQ.

7-13 按市值规模划分的上市公司数量
Number of Listed Companies by Market Capitalization

单位：家 (unit)

年份 Year	1亿元以下 Below 100 million yuan			1亿—5亿元 100—500 million yuan			5亿—10亿元 500—1000 million yuan		
	合计 Total	上交所 SSE	深交所 SZSE	合计 Total	上交所 SSE	深交所 SZSE	合计 Total	上交所 SSE	深交所 SZSE
2001	5	5	0	1	0	1	30	14	16
2002	4	4	0	13	5	8	75	35	40
2003	1	1	0	33	19	14	267	142	125
2004	1	0	1	96	48	48	399	237	162
2005	4	2	2	204	107	97	479	270	209
2006	8	7	1	113	57	56	339	174	165
2007	11	10	1	12	1	11	34	11	23
2008	9	8	1	70	33	37	350	151	199
2009	8	8	0	10	2	8	28	10	18
2010	11	11	0	9	2	7	19	7	12
2011	6	6	0	15	5	10	74	24	50
2012	3	3	0	11	3	8	89	23	66
2013	4	2	2	6	2	4	20	9	11
2014	5	1	4	6	2	4	8	4	4
2015	4	2	2	1	0	1	6	0	6
2016	5	2	3	1	0	1	5	1	4

7-13 续表 continued

单位：家 (unit)

年份 Year	10亿—20亿元 1000—2000 million yuan			20亿—30亿元 2000—3000 million yuan			30亿—50亿元 3000—5000 million yuan			50亿元以上 Above 5000 million yuan		
	合计 Total	上交所 SSE	深交所 SZSE	合计 Total	上交所 SSE	深交所 SZSE	合计 Total	上交所 SSE	深交所 SZSE	合计 Total	上交所 SSE	深交所 SZSE
2001	306	145	161	357	199	158	286	163	123	175	120	55
2002	536	307	229	290	166	124	177	106	71	129	92	37
2003	496	305	191	196	120	76	142	90	52	152	103	49
2004	486	300	186	149	94	55	123	74	49	123	84	39
2005	383	248	135	113	76	37	93	61	32	105	70	35
2006	423	258	165	173	98	75	156	96	60	222	152	70
2007	220	99	121	271	137	134	321	173	148	681	429	252
2008	498	241	257	225	127	98	180	100	80	293	204	89
2009	236	97	139	309	138	171	389	176	213	738	439	299
2010	192	79	113	339	111	228	541	198	343	952	486	466
2011	584	151	433	496	169	327	470	183	287	697	393	304
2012	650	135	515	503	172	331	496	199	297	742	419	323
2013	456	115	341	490	157	333	592	205	387	921	463	458
2014	135	45	90	380	97	283	693	201	492	1386	645	741
2015	12	5	7	63	32	31	666	203	463	2075	806	1269
2016	11	6	5	14	2	12	510	172	338	2506	999	1507

注：1.暂停上市的上市公司市值记为0。
2.上市公司数量以首发上市日口径统计。
数据来源：上海证券交易所、深圳证券交易所。
Source：SSE、SZSE.

7–14 2016年主板上市公司行业规模
Industry Scale of Main Board Listed Companies in 2016

行业 Industry	上市公司家数（家） Number of Listed Companies (unit)	上市公司股本（亿股） Share Capital of Listed Companies (10 thousand shares)	其中：流通股本（亿股） Thereinto: Negotiable Shares (10000 shares)	上市公司市值（亿元） Market Capitalization of Listed Companies (100 million yuan)	其中：流通市值（亿元） Thereinto: Negotiable Market Capitalization (100 million yuan)
农、林、牧、渔业 Agriculture,Forestry,Animal Husbandry and Fishery	21	193.33	179.11	1808.36	1622.86
采矿业 Mining	65	4439.63	4056.29	32570.73	29871.57
制造业 Manufacturing	882	11266.81	9490.40	129921.77	104721.42
电力、热力、燃气及水生产和供应业 Production and Supply of Electricity,Gas and Water	89	2338.91	1870.52	17152.24	12564.76
建筑业 Construction	49	1562.82	1424.07	14436.48	12810.97
批发和零售业 Wholesale and Retail Trades	127	1211.12	857.93	14671.13	10449.72
交通运输、仓储和邮政业 Transport,Storage and Post	77	2230.14	2042.87	14575.31	12823.15
住宿和餐饮业 Hotels and Catering Services	9	45.49	35.48	679.26	482.67
信息传输、软件和信息技术服务业 Information Transmission,Computer Services and Software	51	705.88	596.37	9962.36	7799.89
金融业 Financial Intermediation	59	12590.90	11909.55	86355.74	78095.16
房地产业 Real Estate	119	2153.26	1757.44	21637.48	17419.78
租赁和商务服务业 Leasing and Business Services	23	267.35	202.72	3453.80	2548.59
科学研究和技术服务业 Scientific Research,Technical Service	11	40.64	18.23	844.43	383.75
水利、环境和公共设施管理业 Management of Water Conservancy,Environment and Public Facilities	19	173.53	131.63	2016.85	1485.30
教育 Education	3	7.75	3.28	280.72	109.26
卫生和社会工作业 Health and Social Works	2	7.68	6.75	245.78	216.80
文化、体育和娱乐业 Culture,Sports and Entertainment	29	300.22	212.74	4804.93	3150.77
综合 Others	25	229.96	176.85	2464.45	2087.16

注：上市公司数量以首发上市日口径统计。
数据来源：上海证券交易所、深圳证券交易所。
Source：SSE、SZSE.

7–15　2016年中小板上市公司行业规模
Industry Scale of SME Board Listed Companies in 2016

行业 Industry	上市公司家数（家） Number of Listed Companies (unit)	上市公司股本（亿股） Share Capital of Listed Companies (10 thousand shares)	其中：流通股本（万股） Thereinto: Negotiable Shares (10000 shares)	上市公司市值（亿元） Market Capitalization of Listed Companies (100 million yuan)	其中：流通市值（亿元） Thereinto: Negotiable Market Capitalization (100 million yuan)
农、林、牧、渔业 Agriculture,Forestry,Animal Husbandry and Fishery	16	162.20	86.67	1788.11	1080.76
采矿业 Mining	9	196.59	184.80	1142.88	1000.91
制造业 Manufacturing	645	4583.58	3297.65	70103.22	47573.37
电力、热力、燃气及水生产和供应业 Production and Supply of Electricity,Gas and Water	5	31.40	29.59	381.07	357.00
建筑业 Construction	32	266.96	188.13	3230.52	2119.51
批发和零售业 Wholesale and Retail Trades	23	231.02	151.55	3340.40	2164.81
交通运输、仓储和邮政业 Transport,Storage and Post	9	33.67	27.89	503.33	394.19
住宿和餐饮业 Hotels and Catering Services	2	11.08	10.80	132.34	126.11
信息传输、软件和信息技术服务业 Information Transmission,Computer Services and Software	46	360.66	217.51	7645.18	4177.70
金融业 Financial Intermediation	6	216.80	113.90	3797.68	1898.08
房地产业 Real Estate	12	179.45	121.21	1643.34	1025.83
租赁和商务服务业 Leasing and Business Services	14	205.59	117.84	3262.51	1628.24
科学研究和技术服务业 Scientific Research,Technical Service	6	24.23	18.34	334.23	226.02
水利、环境和公共设施管理业 Management of Water Conservancy,Environment and Public Facilities	5	29.32	28.71	437.75	429.47
教育 Education	0	0.00	0.00	0.00	0.00
卫生和社会工作业 Health and Social Works	1	24.21	10.37	319.15	136.72
文化、体育和娱乐业 Culture,Sports and Entertainment	6	36.67	18.94	1215.00	582.65
综合 Others	0	0.00	0.00	0.00	0.00

注：上市公司数量以首发上市日口径统计。
数据来源：深圳证券交易所。
Source：SZSE.

7–16 2016年创业板上市公司行业规模
Industry Scale of GE Board Listed Companies in 2016

行业 Industry	上市公司家数(家) Number of Listed Companies (unit)	上市公司股本(亿股) Share Capital of Listed Companies (10 thousand shares)	其中：流通股本(万股) Negotiable Shares (10000 shares)	上市公司市值(亿元) Market Capitalization of Listed Companies (100 million yuan)	其中：流通市值(亿元) Negotiable Market Capitalization (100 million yuan)
农、林、牧、渔业 Agriculture,Forestry,Animal Husbandry and Fishery	8	73.14	53.91	1909.26	1302.91
采矿业 Mining	6	161.40	156.21	833.43	752.45
制造业 Manufacturing	405	1665.76	1074.45	32752.24	18820.81
电力、热力、燃气及水生产和供应业 Production and Supply of Electricity,Gas and Water	2	11.36	8.40	135.83	95.70
建筑业 Construction	11	61.82	35.72	1045.16	509.60
批发和零售业 Wholesale and Retail Trades	6	27.71	16.81	403.04	224.41
交通运输、仓储和邮政业 Transport,Storage and Post	3	9.60	7.10	152.70	98.52
住宿和餐饮业 Hotels and Catering Services	0	0.00	0.00	0.00	0.00
信息传输、软件和信息技术服务业 Information Transmission,Computer Services and Software	106	510.78	308.71	11397.09	6419.71
金融业 Financial Intermediation	0	0.00	0.00	0.00	0.00
房地产业 Real Estate	1	1.84	1.84	14.42	14.42
租赁和商务服务业 Leasing and Business Services	7	45.24	31.49	663.18	431.67
科学研究和技术服务业 Scientific Research,Technical Service	9	30.82	19.67	647.89	358.31
水利、环境和公共设施管理业 Management of Water Conservancy,Environment and Public Facilities	7	58.51	41.64	922.52	619.09
教育 Education	0	0.00	0.00	0.00	0.00
卫生和社会工作业 Health and Social Works	3	16.89	12.54	632.11	461.77
文化、体育和娱乐业 Culture,Sports and Entertainment	11	122.02	88.33	1928.62	1296.46
综合 Others	0	0.00	0.00	0.00	0.00

注：上市公司数量以首发上市日口径统计。
数据来源：深圳证券交易所。
Source：SZSE.

7-17 历年末股本结构
Equity Structure by the End of Year

单位：万股 (10 thousand shares)

年份 Year	上交所 SSE			深交所 SZSE		
	非限售股本 Negotiable Shares	限售股本 Restricted Shares		非限售股本 Negotiable Shares	限售股本 Restricted Shares	
		暂未上市部分 Non-listed Shares	非流通股本 Non-negotiable Shares		暂未上市部分 Non-listed Shares	非流通股本 Non-negotiable Shares
2003	10648942.01	149070.00	30012290.30	6680395.67	0.00	10902483.48
2004	12674016.16	49545.59	33300104.87	7365819.32	0.00	11805119.86
2005	14618470.98	6184072.86	28394210.76	8285257.07	2180212.81	9802132.53
2006	21504586.44	77524903.92	2819415.92	10960224.17	10343097.11	2397498.99
2007	32843749.95	106670812.05	1197574.46	14104729.76	12053077.55	833565.50
2008	48096405.85	103923727.39	910755.94	19251722.40	13894780.44	409227.06
2009	114551191.03	50497112.07	844827.13	25159044.26	12897946.11	207994.67
2010	160133265.14	57660242.39	832121.12	33577593.01	15406677.86	117251.01
2011	178672127.42	54028923.31	810752.21	45004214.93	16146525.47	61594.26
2012	193807997.72	50259372.90	726217.71	53314959.94	17553073.55	61594.26
2013	236126047.33	20128978.85	50321.75	65290891.73	14199368.35	21664.83
2014	249015377.57	22843225.42	29198.60	78433374.97	17505879.88	0.75
2015	274177716.68	28270852.72	0.00	96255962.39	31524032.41	0.00
2016	293747623.17	34024351.40	0.00	117637992.75	42787348.90	0.00

注：股本只包含境内A股股本。
数据来源：中国证券登记结算公司。
Source：CSDC.

7-18 历年末主板、中小板及创业板公司股本结构
Equity Structure of Main Board, SME Board and GE Board by the End of Year

单位：万股 (10 thousand shares)

		主板 Main Board		中小板 SME Board		创业板 GE Board	
		2015	2016	2015	2016	2015	2016
非限售股本 Negotiable Shares		323738293.09	349722299.18	35006507.99	44658905.83	11688877.99	17004410.92
限售股 Restricted Shares	暂未上市部分 Non-listed Shares	39546358.80	47932041.90	13532882.36	19577976.77	6715643.96	9301681.65
	非流通股本 Non-negotiable Shares	0.00	0.00	0.00	0.00	0.00	0.00

注：股本只包含境内A股股本。
数据来源：中国证券登记结算公司。
Source：CSDC.

7-19 上市公司境内首发筹资按板块分类情况（IPO）
Statistics for Domestic IPO Financing by Board

年份 Year	境内首发筹资公司家数(家) Number of Listed Companies Financing in Domestic Capital Market by IPO(unit)				境内首发筹资金额(IPO)(亿元) Proceeds Raised in Domestic Capital Market by IPO(100 million yuan)			
	主板 Main Board	中小板 SME Board	创业板 GE Board	合计 Total	主板 Main Board	中小板 SME Board	创业板 GE Board	合计 Total
1990	8	—	—	8	2.11	—	—	2.11
1991	5	—	—	5	1.03	—	—	1.03
1992	41	—	—	41	68.91	—	—	68.91
1993	134	—	—	134	184.83	—	—	184.83
1994	117	—	—	117	154.44	—	—	154.44
1995	36	—	—	36	42.37	—	—	42.37
1996	212	—	—	212	241.32	—	—	241.32
1997	222	—	—	222	651.56	—	—	651.56
1998	111	—	—	111	412.22	—	—	412.22
1999	100	—	—	100	494.71	—	—	494.71
2000	143	—	—	143	862.56	—	—	862.56
2001	79	—	—	79	614.03	—	—	614.03
2002	71	—	—	71	498.75	—	—	498.75
2003	67	—	—	67	472.42	—	—	472.42
2004	62	38	—	100	269.97	91.08	—	361.05
2005	3	12	—	15	28.55	29.09	—	57.63
2006	14	52	—	66	1180.23	161.46	—	1341.70
2007	26	100	—	126	4379.92	390.91	—	4770.83
2008	5	71	—	76	733.54	300.84	—	1034.38
2009	9	54	36	99	1251.25	423.64	204.09	1878.98
2010	26	204	117	347	1891.51	2027.73	963.34	4882.59
2011	39	115	128	282	1014.01	1018.95	791.47	2824.43
2012	25	55	74	154	333.57	349.25	351.49	1034.32
2013	0	0	0	0	0.00	0.00	0.00	0.00
2014	43	31	51	125	311.77	197.66	159.46	668.89
2015	89	44	86	219	1086.90	181.86	309.32	1578.08
2016	103	46	78	227	1017.23	221.22	257.65	1496.10

注：对A股、B股同年首发的公司筹资家数计为1家，筹资金额包含A股、B股首发筹资金额；对不同年份发行A股、B股的公司筹资家数和筹资金额分别计入当年筹资家数和筹资金额。

数据来源：上海证券交易所、深圳证券交易所。

Source: SSE、SZSE.

7-20 上市公司境内首发筹资按股份类型分类情况(IPO)
Statistics for Domestic IPO Financing by Type of Shares

年份 Year	境内首发筹资公司家数(家) Number of Listed Companies Financing in Domestic Capital Market by IPO(unit)		境内首发筹资金额(IPO)(亿元) Proceeds Raised in Domestic Capital Market by IPO(100 million yuan)	
	发行A股的公司 Listed Companies Issued the A shares	发行B股的公司 Listed Companies Issued the B shares	A股 A-shares	B股 B-shares
1990	8	0	2.11	0.00
1991	5	0	1.03	0.00
1992	40	18	20.46	48.45
1993	124	23	143.50	41.34
1994	110	17	143.23	11.21
1995	24	12	21.90	20.47
1996	203	15	211.68	29.65
1997	206	16	613.97	37.59
1998	106	5	404.14	8.08
1999	98	2	494.20	0.51
2000	137	6	852.05	10.51
2001	79	0	614.03	0.00
2002	71	0	498.75	0.00
2003	67	0	472.42	0.00
2004	100	0	361.05	0.00
2005	15	0	57.63	0.00
2006	66	0	1341.70	0.00
2007	126	0	4770.83	0.00
2008	76	0	1034.38	0.00
2009	99	0	1878.98	0.00
2010	347	0	4882.59	0.00
2011	282	0	2824.43	0.00
2012	154	0	1034.32	0.00
2013	0	0	0.00	0.00
2014	125	0	668.89	0.00
2015	219	0	1578.08	0.00
2016	227	0	1496.10	0.00

注：对A股、B股同年首发的公司分别计入当年发行A股、B股的公司家数和筹资金额；对不同年份发行A股、B股的公司筹资家数和筹资金额分别计入当年筹资家数和筹资金额。

数据来源：上海证券交易所、深圳证券交易所。

Source: SSE、SZSE.

7-21 上市公司境内再筹资按板块分类情况

Statistics for Domestic Stock Refinancing by Board

年份 Year	境内再筹资公司家数(家) Number of Listed Companies Financing in Domestic Capital Market by Subsequent Offerings of shares(unit)				境内再筹资金额(亿元) Proceeds Raised in Domestic Capital Market by Subsequent Offerings of shares (100 million yuan)			
	主板 Main Board	中小板 SME Board	创业板 GE Board	合计 Total	主板 Main Board	中小板 SME Board	创业板 GE Board	合计 Total
1992	0	—	—	0	0.00	—	—	0.00
1993	54	—	—	54	60.19	—	—	60.19
1994	53	—	—	53	59.19	—	—	59.19
1995	79	—	—	79	57.41	—	—	57.41
1996	40	—	—	40	66.71	—	—	66.71
1997	95	—	—	95	208.42	—	—	208.42
1998	167	—	—	167	375.22	—	—	375.22
1999	123	—	—	123	378.93	—	—	378.93
2000	177	—	—	177	653.26	—	—	653.26
2001	148	—	—	148	624.11	—	—	624.11
2002	50	—	—	50	221.29	—	—	221.29
2003	43	—	—	43	193.08	—	—	193.08
2004	36	0	—	36	289.47	0.00	—	289.47
2005	7	0	—	7	281.40	0.00	—	281.40
2006	55	3	—	58	1014.99	17.81	—	1032.80
2007	152	12	—	164	2986.24	57.67	—	3043.91
2008	129	17	—	146	2149.87	128.14	—	2278.01
2009	126	23	0	149	2801.88	153.48	0.00	2955.36
2010	140	45	0	185	4597.61	319.60	0.00	4917.21
2011	139	65	0	204	3874.16	455.84	0.00	4330.00
2012	119	39	4	162	3103.15	394.66	10.26	3508.08
2013	214	115	56	385	3662.40	536.65	84.64	4283.69
2014	244	189	103	536	4957.26	1501.67	340.63	6799.56
2015	395	310	260	965	8466.53	3046.45	1259.94	12772.97
2016	410	334	316	1060	7014.21	8818.36	1444.26	17276.83

注：1.同一家公司在当年多次筹资，筹资家数计为1家，筹资金额为合计金额。

2.1992—2007年再筹资金额包含增发和配股金额，其中增发包含公开增发和定向增发现金，定向增发非现金资产认购部分。

3.2008—2016年再筹资金额包含增发、配股和行权金额，其中增发包含公开增发和定向增发现金，定向增发非现金资产认购部分，行权仅指权证(期权)行权筹资金额，不包括可转债转股金额。

数据来源：上海证券交易所、深圳证券交易所。

Source：SSE、SZSE.

7–22 上市公司境内再筹资按股份类型分类情况
Statistics for Domestic Stock Refinancing by Type of Shares

年份 Year	境内再筹资公司家数(家) Number of Listed Companies Financing in Domestic Capital Market by Subsequent Offerings of shares(unit)				境内再筹资金额(亿元) Proceeds Raised in Domestic Capital Market by Subsequent Offerings of shares (100 million yuan)			
	A股 A-shares			B股	A股 A-shares			B股
	增发公司家数 Number of Companies Financing by Following on offering	配股公司家数 Number of Companies Financing by Rights Issues	行权筹资家数 Number of Companies Financing by Exercise	B-shares	增发筹资金额 Number of Companies Financing by Following on offering	配股筹资金额 Number of Companies Financing by Rights Issues	行权筹资金额 Number of Companies Financing by Exercise	B-shares
1992	0	0	—	0	0.00	0.00	—	0.00
1993	0	53	—	1	0.00	60.10	—	0.09
1994	1	51	—	1	7.68	51.36	—	0.15
1995	0	78	—	1	0.00	56.25	—	1.16
1996	0	40	—	1	0.00	64.64	—	2.07
1997	0	93	—	3	0.00	205.68	—	2.74
1998	7	160	—	0	30.46	344.76	—	0.00
1999	6	116	—	1	59.75	318.98	—	0.20
2000	16	161	—	0	143.73	509.53	—	0.00
2001	22	126	—	0	193.48	430.64	—	0.00
2002	28	22	—	0	164.68	56.61	—	0.00
2003	17	25	—	1	116.13	76.52	—	0.43
2004	11	23	—	2	159.73	104.77	—	24.98
2005	5	2	—	0	278.78	2.62	—	0.00
2006	56	2	—	0	1028.48	4.32	—	0.00
2007	157	7	—	0	2816.24	227.68	—	0.00
2008	135	9	2	0	2095.68	151.57	30.76	0.00
2009	131	10	8	0	2818.99	105.97	30.40	0.00
2010	160	18	7	0	3394.71	1438.22	84.28	0.00
2011	188	15	1	0	3878.54	421.96	29.49	0.00
2012	155	7	0	0	3387.07	121.00	0.00	0.00
2013	416	13	0	0	3672.16	475.75	0.00	0.00
2014	524	13	0	0	6661.59	137.97	0.00	0.00
2015	960	5	0	0	12736.50	36.43	0.00	0.00
2016	1049	11	0	0	16978.32	298.51	0.00	0.00

注：1.同一家公司在当年存在同时增发、配股、行权分别计入当年相应筹资家数和金额。
2.1992—2007年再筹资金额包含增发和配股金额，其中增发包含公开增发和定向增发现金，定向增发非现金资产认购部分。
3.2008—2016年再筹资金额包含增发、配股和行权金额，其中增发包含公开增发和定向增发现金，定向增发非现金资产认购部分，行权仅指权证(期权)行权筹资金额，不包括可转债转股金额。

数据来源：上海证券交易所、深圳证券交易所。
Source: SSE、SZSE.

7-23 境内外股票市场筹资情况
Proceeds Raised in Domestic and Foreign Stock Markets

年份 Year	境内股票发行量（亿股） Number of Shares Issued in Domestic Capital Market (100 million shares)	境外股票发行量（亿股） Number of Shares Issued in Foreign Capital Market (100 million shares)	合计 Total	境内股票筹资金额(亿元) Proceeds Raised in Domestic Capital Market by Offering of Shares (100 million yuan)		
				小计 Subtotal	首发筹资金额(IPO) Proceeds Raised by IPO	增发筹资金额 Proceeds Raised by Following on Offering
1992	10.65	—	10.65	68.91	68.91	0.00
1993	51.07	40.41	91.48	245.02	184.83	0.00
1994	48.64	69.89	118.53	213.63	154.44	7.68
1995	18.01	15.38	33.39	99.78	42.37	1.16
1996	66.54	31.77	98.31	308.04	241.32	0.00
1997	129.64	136.88	266.52	859.98	651.56	0.00
1998	81.37	12.86	94.23	787.44	412.22	30.46
1999	86.87	23.05	109.92	873.63	494.71	59.95
2000	122.17	359.26	481.43	1515.82	862.56	143.73
2001	84.57	48.48	133.05	1238.14	614.03	193.48
2002	117.34	157.54	274.88	720.05	498.75	164.68
2003	89.34	196.79	286.13	665.51	472.42	116.56
2004	56.13	171.51	227.64	650.53	361.05	184.71
2005	13.92	553.25	567.17	339.03	57.63	278.78
2006	377.89	936.66	1314.55	2374.50	1341.70	1028.48
2007	430.63	223.97	654.60	7814.74	4770.83	2816.24
2008	114.96	65.38	180.34	3312.39	1034.38	2095.68
2009	244.47	155.58	400.05	4834.34	1878.98	2818.99
2010	553.95	367.04	920.99	9799.80	4882.59	3394.71
2011	163.99	108.37	272.36	7154.43	2824.43	3878.54
2012	78.86	220.95	299.81	4542.40	1034.32	3387.07
2013	0.00	259.92	259.92	4147.91	0.00	3672.16
2014	70.10	288.40	358.50	7468.45	668.89	6661.59
2015	151.52	444.15	595.67	14351.01	1578.08	12736.50
2016	137.47	—	—	18772.93	1496.10	17276.83

7—23 续表 continued

年份 Year	配股筹资金额 Proceeds Raised by Rights Issues	行权筹资金额 Proceeds Raised by Exercise	境外股票筹资金额(亿元) Proceeds Raised in Foreign Capital Market by Offering of Shares (100 million yuan)			合计 Total
			小计 Subtotal	境外股票首发筹资金额(IPO) Proceeds Raised in Foreign Capital Market by IPO	境外股票再筹资金额 Proceeds Raised in Foreign Capital Market by Subsequent Offerings of shares	
1992	0.00	—	0.00	0.00	0.00	68.91
1993	60.19	—	60.84	60.84	0.00	305.86
1994	51.51	—	188.75	188.75	0.00	402.38
1995	56.25	—	31.52	21.13	10.40	131.31
1996	66.71	—	100.57	72.94	27.63	408.61
1997	208.42	—	387.91	348.66	39.25	1247.89
1998	344.76	—	37.83	22.10	15.73	825.28
1999	318.98	—	47.11	47.11	0.00	920.74
2000	509.53	—	562.08	562.08	0.00	2077.90
2001	430.64	—	73.00	67.70	5.30	1311.14
2002	56.61	—	192.28	191.12	1.16	912.33
2003	76.52	—	537.32	506.53	30.79	1202.83
2004	104.77	—	647.72	433.44	214.28	1298.24
2005	2.62	—	1666.25	1421.24	245.01	2005.29
2006	4.32	—	3072.57	2925.30	147.27	5447.06
2007	227.68	—	927.47	701.31	226.15	8742.21
2008	151.57	30.76	311.38	259.92	51.46	3623.78
2009	105.97	30.40	1067.66	999.51	68.15	5901.99
2010	1438.22	84.28	2343.11	1061.09	1282.02	12142.91
2011	421.96	29.49	732.42	431.23	301.18	7886.84
2012	121.00	0.00	997.82	515.54	482.29	5540.22
2013	475.75	0.00	1060.24	691.57	368.67	5208.15
2014	137.97	0.00	2253.40	914.51	1338.89	9721.85
2015	36.43	0.00	7090.12	2053.15	5036.97	21441.13
2016	298.51	0.00	1271.48	1091.46	180.02	20044.41

注：1.境内股票发行量仅指A股、B股IPO数量之和，境外股票发行量指H股IPO与增发之和。
2.境外股票筹资仅指H股筹资。
3.2008—2016年股票发行量和筹资金额包含行权部分。
4.本表中美元折算汇率均使用当年最后一个交易日的中间价，港元均按1美元=7.8港元转化为美元后再按美元汇率折算。

数据来源：中国证监会、上海证券交易所、深圳证券交易所。
Source:CSRC、SSE、SZSE.

7-24 2016年按行业划分上市公司募集金额情况
Summary of Listed Companies Financing by Industry in 2016

单位：亿元 (100 million yuan)

行业 Industry	主板 Main Board	中小板 SME Board	创业板 GEB	合计 Total
农、林、牧、渔业 Agriculture,Forestry,Animal Husbandry and Fishery	79.62	35.09	29.88	144.59
采矿业 Mining	284.26	22.00	23.67	329.93
制造业 Manufacturing	4215.04	3088.71	1298.97	8602.72
电力、热力、燃气及水生产和供应业 Production and Supply of Electricity,Gas and Water	1379.97	0.00	7.50	1387.47
建筑业 Construction	204.39	89.63	73.39	367.41
批发和零售业 Wholesale and Retail Trades	1501.21	448.63	20.52	1970.36
交通运输、仓储和邮政业 Transport,Storage and Post	733.41	1.49	0.00	734.90
住宿和餐饮业 Hotels and Catering Services	83.91	0.00	0.00	83.91
信息传输、软件和信息技术服务业 Information Transmission,Computer Services and Software	226.69	537.45	676.35	1440.49
金融业 Financial Intermediation	1294.18	71.80	0.00	1365.98
房地产业 Real Estate	1062.29	203.77	0.00	1266.06
租赁和商务服务业 Leasing and Business Services	241.01	132.06	34.12	407.19
科学研究和技术服务业 Scientific Research,Technical Service	32.04	10.60	36.43	79.07
水利、环境和公共设施管理业 Management of Water Conservancy,Environment and Public Facilities	87.42	0.00	39.84	127.26
教育 Education	8.20	0.00	0.00	8.20
卫生和社会工作业 Health and Social Works	20.00	0.00	28.79	48.79
文化、体育和娱乐业 Culture,Sports and Entertainment	183.87	61.08	70.28	315.23
综合 Others	93.35	0.00	0.00	93.35

注：募集金额为上市公司股票募集金额，并以股票上市日口径统计。
数据来源：上海证券交易所、深圳证券交易所。
Source：SSE、SZSE.

7−25 2016年按监管辖区划分上市公司募集金额情况

Summary of Listed Companies Financing by Jurisdiction in 2016

单位：亿元 (100 million yuan)

辖区	Jurisdiction	主板 Main Board	中小板 SME Board	创业板 GEB	合计 Total
北京	Beijing	1671.44	146.08	566.82	2384.34
天津	Tianjin	47.92	21.53	2.29	71.74
河北	Hebei	630.14	11.49	23.03	664.66
山西	Shanxi	92.15	61.60	33.24	186.99
内蒙古	Neimenggu	264.23	4.73	4.67	273.63
辽宁	Liaoning	83.94	0.00	4.42	88.36
吉林	Jilin	133.59	17.71	2.68	153.98
黑龙江	Heilongjiang	368.09	0.00	0.02	368.11
上海	Shanghai	1018.76	54.64	257.34	1330.74
江苏	Jiangsu	562.86	993.31	166.36	1722.53
浙江	Zhejiang	601.84	794.78	255.65	1652.27
安徽	Anhui	275.20	229.22	76.02	580.44
福建	Fujian	392.34	116.01	8.41	516.76
江西	Jiangxi	167.10	32.59	5.12	204.81
山东	Shandong	350.04	235.97	55.83	641.84
河南	Henan	181.61	171.42	65.58	418.61
湖北	Hubei	524.22	42.84	55.03	622.09
湖南	Hunan	97.64	67.98	99.29	264.91
广东	Guangdong	684.12	582.72	171.00	1437.84
广西	Guangxi	147.39	11.81	5.50	164.70
海南	Hainan	648.61	0.10	0.00	648.71
重庆	Chongqing	242.35	182.00	23.68	448.03
四川	Sichuan	255.58	28.19	70.57	354.34
贵州	Guizhou	138.88	36.50	0.00	175.38
云南	Yunnan	148.59	7.84	14.35	170.78
西藏	Xizang	9.13	6.66	0.00	15.79
陕西	Shaanxi	306.42	31.89	79.48	417.79
甘肃	Gansu	70.91	12.21	17.25	100.37
青海	Qinghai	83.86	0.00	0.00	83.86
宁夏	Ningxia	90.83	0.00	0.00	90.83
新疆	Xinjiang	375.74	60.29	5.52	441.55
深圳	Shenzhen	513.28	486.42	239.93	1239.63
大连	Dalian	312.70	8.69	0.11	321.50
宁波	Ningbo	194.42	170.86	6.60	371.88
厦门	Xiamen	30.64	61.54	15.29	107.47
青岛	Qingdao	14.29	12.69	8.66	35.64

注：1.募集金额为上市公司股票募集金额，并以股票上市日口径统计。
　　2.上市公司辖区以注册地口径统计。

数据来源：上海证券交易所、深圳证券交易所。

Source：SSE、SZSE.

7–26 上市公司分红情况
Summary of Dividend of Listed Companies

年份 Year	上市公司家数(家) Number of Listed Companies (unit)	其中：分红公司家数(家) Number of Dividend (unit)	实际分红总额(亿元) Total Amount of Dividends Actually Distributed (100 million yuan)
2006	1434	643	784.50
2007	1550	726	1180.05
2008	1625	816	2524.51
2009	1718	855	2526.74
2010	2063	1031	3023.97
2011	2342	1347	3900.69
2012	2494	1688	4764.21
2013	2489	1831	5323.82
2014	2613	1887	7638.62
2015	2827	1977	7876.03
2016	3052	2031	8301.09

注：1.上市公司数量以首发上市日口径统计。
2.2014年起实际分红总额为境内A股、B股分红金额合计。
数据来源：中证资本市场运行统计监测中心。
Source：CMSMC.

7-27 按行业划分的上市公司分红情况
Summary of Dividend of Listed Companies by Industry

行业 Industry	上市公司家数(家) Number of Listed Companies (unit)		其中：分红公司家数(家) Number of Dividend(unit)		实际分红总额(亿元) Total Amount of Dividends Actually Distributed (100 million yuan)	
	2015	2016	2015	2016	2015	2016
农、林、牧、渔业 Agriculture,Forestry,Animal Husbandry and Fishery	45	45	20	23	11.59	53.69
采矿业 Mining	76	76	46	36	783.27	369.68
制造业 Manufacturing	1795	1916	1272	1283	1642.54	1852.37
电力、热力、燃气及水生产和供应业 Production and Supply of Electricity,Gas and Water	91	96	70	68	373.77	471.38
建筑业 Construction	77	90	58	64	183.36	205.43
批发和零售业 Wholesale and Retail Trades	153	156	102	97	99.12	99.53
交通运输、仓储和邮政业 Transport,Storage and Post	86	89	74	72	249.99	270.92
住宿和餐饮业 Hotels and Catering Services	12	11	4	5	4.31	5.14
信息传输、软件和信息技术服务业 Information Transmission,Computer Services and Software	156	201	131	144	76.48	99.58
金融业 Financial Intermediation	50	65	49	60	4152.32	4421.32
房地产业 Real Estate	137	130	92	86	220.57	353.53
租赁和商务服务业 Leasing and Business Services	29	42	21	30	20.16	32.15
科学研究和技术服务业 Scientific Research,Technical Service	21	26	16	20	6.06	7.73
水利、环境和公共设施管理业 Management of Water Conservancy,Environment and Public Facilities	31	31	21	23	13.00	15.18
教育 Education	1	3	0	2	0.00	1.47
卫生和社会工作业 Health and Social Works	5	6	4	3	1.80	3.73
文化、体育和娱乐业 Culture,Sports and Entertainment	37	44	28	29	31.95	32.91
综合 Others	25	25	12	9	5.74	5.35

注：1.上市公司数量以首发上市日口径统计。
　　2.2014年起实际分红总额为境内A股、B股分红金额合计。
数据来源：中证资本市场运行统计监测中心。
Source：CMSMC.

7–28 按类别划分的上市公司分红情况
Summary of Dividend of Listed Companies by Category

	2015	2016
上市公司分红家数(家) Number of Dividend (unit)	2020	2054
其中：主板 Main Board	1011	1020
中小板 SME Board	608	603
创业板 GEB	401	431
其中：上交所 SSE	745	771
深交所 SZSE	1275	1283
上市公司实际分红总额(亿元) Total Amount of Dividends Actually Distributed (100 million yuan)	7876.03	8301.09
其中：主板 Main Board	7336.08	7542.68
中小板 SME Board	433.81	567.58
创业板 GEB	106.14	190.83
其中：上交所 SSE	6715.56	6660.05
深交所 SZSE	1160.47	1641.03

注：1.上市公司数量以首发上市日口径统计。
2.2014年起实际分红总额为境内A股、B股分红金额合计。
数据来源：中证资本市场运行统计监测中心。
Source：CMSMC.

7–29 上市公司主要财务指标
Financial Indicator of Listed Companies

年份 Year	资产规模 Asset Size				经营情况 Business Circumstance	
	总资产(亿元) Total Asset (100 million yuan)	其中：非金融上市公司总资产(亿元) Total Asset of Non-financial Listed Companies (100 million yuan)	归属母公司股东净资产(亿元) Net Asset Attributable to Parent Company Shareholders (100 million yuan)	其中：非金融上市公司归属母公司净资产(亿元) Net Asset Attributable to Parent Company Shareholders of Non-financial Listed Companies (100 million yuan)	营业收入(亿元) Revenue (100 million yuan)	利润总额(亿元) Total Profit (100 million yuan)
1995	4301.61	4024.03	1951.20	1914.24	2202.05	264.91
1996	6346.68	5962.19	2944.35	2895.20	3253.04	347.84
1997	9681.16	9202.94	4828.11	4725.17	5117.70	580.43
1998	12404.86	11836.01	6237.42	6120.51	6246.24	613.45
1999	16174.41	14485.64	7651.99	7458.82	7961.96	795.93
2000	21676.39	18778.83	10068.08	9798.93	10715.19	997.02
2001	30457.30	25862.66	12929.06	12663.01	15398.83	1000.46
2002	41539.86	30653.72	14603.34	14167.44	18908.60	1289.65
2003	53302.61	36167.56	16989.94	16307.99	24874.35	1844.36
2004	63277.29	42776.28	19078.26	18314.86	33885.96	2552.87
2005	72769.33	47907.48	20402.38	19546.93	40784.35	2535.22
2006	221069.33	61114.65	34120.86	24119.59	55555.63	5256.47
2007	414286.97	93475.93	63548.44	40477.95	91931.90	13446.40
2008	487007.21	114899.25	71131.38	46349.41	113233.89	10718.78
2009	617738.72	146061.96	85135.77	55180.06	121654.87	14553.27
2010	862290.24	185015.50	114091.20	69977.02	173389.61	22208.16
2011	1028873.51	228335.20	135847.32	83479.44	221275.29	26107.86
2012	1193598.71	266291.64	156762.70	94557.84	246104.25	26986.96
2013	1330017.51	300540.26	174511.40	108491.44	270556.52	30914.63
2014	1501082.96	339763.64	204689.62	118591.68	289130.24	33287.47
2015	1724975.10	395539.31	243831.81	139168.26	294460.04	34562.97
2016	2025759.83	476341.23	286200.60	166028.68	326611.01	38035.82

7-29 续表 1 continued

年份 Year	归属母公司股东净利润(亿元) Net Profit Attributable to Parent Company Shareholders (100 million yuan)	其中：非金融上市公司归属母公司股东净利润(亿元) Net Profit Attributable to Parent Company Shareholders of Non-financial Listed Companies (100 million yuan)	经营活动产生的现金流量净额(亿元) Net Cash Flow from Operating Activities (100 million yuan)	资产负债率(%) Asset-liability Ratio (%)	其中：非金融上市公司资产负债率(%) Asset-liability Ratio Non-financial Listed Companies (%)	总资产收益率(%) ROE (%)	其中：非金融上市公司总资产收益率(%) ROE of Non-financial Listed Companies (%)
1995	210.99	204.24	—	52.20	49.82	4.90	5.08
1996	281.75	271.02	—	51.32	49.01	4.44	4.55
1997	469.86	453.62	—	48.06	46.49	4.85	4.93
1998	465.91	450.48	449.69	47.58	46.05	3.76	3.81
1999	617.94	601.50	793.72	50.51	46.08	3.82	4.15
2000	758.50	736.57	1180.28	51.18	45.09	3.50	3.92
2001	687.38	666.16	2266.94	54.50	47.45	2.26	2.58
2002	807.84	766.06	3337.57	61.56	49.33	1.94	2.50
2003	1221.10	1156.98	3376.18	65.03	50.35	2.29	3.20
2004	1649.80	1571.88	3808.47	66.69	52.53	2.61	3.67
2005	1584.55	1496.59	4625.05	68.88	54.55	2.18	3.12
2006	3469.29	2362.05	11737.86	83.21	56.22	1.57	3.86
2007	9332.14	5748.67	19916.13	83.60	52.48	2.25	6.15
2008	8178.61	4193.81	26207.73	84.14	54.70	1.68	3.65
2009	10666.19	5510.23	28406.09	85.02	57.55	1.73	3.77
2010	16455.95	8729.75	26158.81	85.74	57.66	1.91	4.72
2011	19116.22	9608.09	30092.22	85.72	59.06	1.86	4.21
2012	19652.78	8795.95	45527.09	85.77	60.05	1.65	3.30
2013	22494.88	9984.22	30509.23	85.75	60.87	1.78	3.52
2014	24189.85	10222.51	48693.60	85.25	60.69	1.71	3.18
2015	24772.31	9204.69	84772.15	84.65	66.88	1.53	2.48
2016	27625.60	12374.61	74180.90	84.59	60.87	1.45	2.44

7-29 续表 2 continued

年份 Year	平均净资产收益率(%) Average ROE (%)	其中：非金融上市公司平均净资产收益率(%) Average ROE of Non-financial Listed Companies (%)	每股指标 Share Index			
			每股净资产(元) BPS (yuan)	每股收益(元) EPS (yuan)	每股未分配利润(元) Undistributed Profit Per Share (yuan)	每股经营活动现金流量净额(元) Net Cash Flow from Operating Activities Per Share (yuan)
1995	11.26	11.11	2.29	0.25	0.05	—
1996	10.63	10.40	2.42	0.23	0.13	—
1997	11.31	11.15	2.47	0.24	0.16	—
1998	8.14	8.02	2.46	0.18	0.14	0.18
1999	8.62	8.59	2.47	0.20	0.12	0.26
2000	8.29	8.26	2.65	0.20	0.13	0.31
2001	5.53	5.47	2.48	0.13	0.07	0.43
2002	5.73	5.58	2.48	0.14	0.08	0.57
2003	7.61	7.49	2.64	0.19	0.19	0.52
2004	9.08	9.01	2.66	0.23	0.26	0.53
2005	7.99	7.87	2.67	0.21	0.32	0.61
2006	11.52	10.63	2.30	0.23	0.27	0.79
2007	16.73	15.98	2.85	0.42	0.54	0.89
2008	12.07	9.57	2.92	0.34	0.63	1.08
2009	13.60	10.81	3.25	0.41	0.80	1.08
2010	16.04	13.75	3.43	0.49	0.93	0.79
2011	15.19	12.39	3.75	0.53	1.17	0.83
2012	13.35	9.78	4.07	0.51	1.35	1.18
2013	13.58	10.06	4.29	0.55	1.54	0.75
2014	12.71	9.14	4.66	0.55	1.72	1.11
2015	10.99	7.10	4.87	0.49	1.78	1.69
2016	10.32	8.19	5.05	0.49	1.86	1.32

注：1.每股指标指境内部分；每股指标均使用整体法来计算。
2.历年数据采用当年年报数据；当年数据剔除缺少年报的上市公司。
数据来源：上海证券交易所、深圳证券交易所。
Source：SSE、SZSE.

7-30　2016年按行业划分上市公司主要财务指标
Financial Indicator of Listed Companies by Industry in 2016

行业 Industry	资产规模 Asset Size			
	总资产 （亿元） Total Asset (100 million yuan)	归属母公司股东净资产 （亿元） Net Asset Attributable to Parent Company Shareholders (100 million yuan)	营业收入 （亿元） Revernue (100 million yuan)	利润总额 （亿元） Total Profit (100 million yuan)
农、林、牧、渔业 Agriculture,Forestry,Animal Husbandry and Fishery	2369.95	1316.79	1456.07	195.14
采矿业 Mining	62965.11	28537.81	45005.66	-43.07
制造业 Manufacturing	179256.75	73877.59	109599.03	133.33
电力、热力、燃气及水生产和供应业 Production and Supply of Electricity,Gas and Water	32799.57	9835.25	8182.01	515.17
建筑业 Construction	60339.21	11010.88	39513.26	133.33
批发和零售业 Wholesale and Retail Trades	21662.03	7401.79	25672.97	151.61
交通运输、仓储和邮政业 Transport,Storage and Post	24655.68	9694.29	9200.59	191.08
住宿和餐饮业 Hotels and Catering Services	783.92	270.01	219.23	7.90
信息传输、软件和信息技术服务业 Information Transmission,Computer Services and Software	15146.07	6219.96	6965.29	355.74
金融业 Financial Intermediation	1549418.60	120171.92	57740.57	3280.63
房地产业 Real Estate	61307.06	11329.44	15505.51	755.48
租赁和商务服务业 Leasing and Business Services	5792.96	1750.84	4164.72	207.48
科学研究和技术服务业 Scientific Research,Technical Service	759.25	412.60	359.52	20.16
水利、环境和公共设施管理业 Management of Water Conservancy,Environment and Public Facilities	3284.40	1273.00	876.84	140.93
教育 Education	83.22	26.15	38.52	3.38
卫生和社会工作业 Health and Social Works	310.14	154.62	151.10	18.29
文化、体育和娱乐业 Culture,Sports and Entertainment	3367.20	2219.91	1596.66	108.97
综合 Others	1458.72	697.73	363.46	7.58

注：每股指标指境内部分；每股指标均使用整体法来计算。
数据来源：上海证券交易所、深圳证券交易所。
Source：SSE、SZSE.

7—30 续表 continued

经营情况 Business Circumstance				每股指标 Share Index			
归属母公司股东净利润(亿元) Net Profit Attributable to Parent Company Shareholders (100 million yuan)	经营活动产生的现金流量净额(亿元) Net Cash Flow from Operating Activities (100 million yuan)	资产负债率(%) Asset-liability Ratio (%)	平均净资产收益率(%) Average ROE (%)	每股净资产(元) BPS (yuan)	每股收益(元) EPS (yuan)	每股未分配利润(元) Undistributed Profit Per Share (yuan)	每股经营活动现金流量净额(元) Net Cash Flow from Operating Activities Per Share (yuan)
193.48	235.31	41.08	16.39	3.04	0.45	0.76	0.54
596.05	6448.78	47.23	2.12	5.47	0.11	2.68	1.24
5913.69	2821.80	55.02	8.77	4.06	0.33	2.38	1.39
899.19	2694.13	63.67	9.72	3.89	0.36	1.10	1.08
1129.83	2821.80	78.08	11.02	5.34	0.55	2.38	1.39
485.31	588.05	61.95	7.76	4.98	0.33	1.43	0.40
695.79	1999.64	56.30	7.58	3.66	0.26	1.22	0.77
8.68	41.97	62.10	3.93	4.61	0.15	0.30	0.74
458.59	1130.51	47.07	8.34	3.88	0.29	1.06	0.71
15250.99	47237.13	92.04	13.38	6.54	0.83	2.53	2.57
1363.11	1792.07	77.27	13.15	4.82	0.58	2.19	0.76
206.73	178.79	65.71	13.12	3.38	0.40	1.07	0.35
27.19	27.14	44.05	7.51	4.08	0.27	1.12	0.27
139.80	82.43	58.34	11.88	4.18	0.46	1.92	0.30
3.30	7.83	64.63	15.18	3.37	0.43	0.62	1.01
17.21	11.35	45.13	12.83	2.54	0.28	0.70	0.19
214.28	210.16	31.68	10.67	4.65	0.45	1.45	0.44
22.39	34.50	46.78	3.72	3.09	0.10	0.73	0.16

7–31　2016年按辖区划分上市公司主要财务指标
Financial Indicator of Listed Companies by Jurisdiction in 2016

辖区	Jurisdiction	资产规模 Asset Size			
		总资产（亿元）Total Asset (100 million yuan)	归属母公司股东净资产（亿元）Net Asset Attributable to Parent Company Shareholders (100 million yuan)	营业收入（亿元）Revernue (100 million yuan)	利润总额（亿元）Total Profit (100 million yuan)
北京	Beijing	1217729.30	128366.42	126688.82	1413.41
天津	Tianjin	6733.97	2142.92	3074.19	41.90
河北	Hebei	12307.35	3704.54	5531.35	246.09
山西	Shanxi	8330.38	2835.37	3221.60	45.59
内蒙古	Neimenggu	8034.81	2113.42	2338.73	11.81
辽宁	Liaoning	4465.69	1773.50	2496.57	36.79
吉林	Jilin	4258.07	1554.00	1364.70	31.71
黑龙江	Heilongjiang	4777.94	1533.24	1290.35	19.15
上海	Shanghai	238655.06	31650.93	39366.84	1655.41
江苏	Jiangsu	59112.00	12485.71	14124.77	710.34
浙江	Zhejiang	25948.43	9803.11	12156.55	604.64
安徽	Anhui	10010.49	4480.29	6306.19	182.71
福建	Fujian	69304.68	6416.91	4965.05	83.76
江西	Jiangxi	3609.61	1740.46	4007.35	50.60
山东	Shandong	24227.17	7116.38	9693.58	402.51
河南	Henan	7806.05	3011.14	3665.55	106.63
湖北	Hubei	11321.88	3787.30	5319.61	97.89
湖南	Hunan	7748.46	3011.91	3672.88	120.27
广东	Guangdong	32552.16	11461.16	15187.56	788.68
广西	Guangxi	3156.18	1183.03	1314.02	30.19
海南	Hainan	3820.54	1613.40	1036.90	3.97
重庆	Chongqing	7118.34	2178.87	3230.41	74.26
四川	Sichuan	9885.07	3987.72	5276.16	77.85
贵州	Guizhou	6864.18	1657.69	1320.86	59.94
云南	Yunnan	4043.21	1130.86	2611.42	22.62
西藏	Xizang	541.14	274.24	242.23	9.99
陕西	Shaanxi	5167.77	2242.22	1980.21	48.77
甘肃	Gansu	2389.79	938.26	1483.20	16.60
青海	Qinghai	1811.29	629.82	670.74	13.85
宁夏	Ningxia	593.91	271.93	234.06	-8.06
新疆	Xinjiang	10316.42	2590.33	2961.76	177.63
深圳	Shenzhen	187734.74	22339.59	26973.55	1589.37
大连	Dalian	5859.86	1768.14	3129.83	98.84
宁波	Ningbo	13100.18	2304.29	2259.22	206.43
厦门	Xiamen	3753.43	1130.59	5078.33	29.61
青岛	Qingdao	2670.29	970.90	2335.84	9.59

注：1.每股指标指境内部分；每股指标均使用整体法来计算。
　　2.上市公司辖区以各地证监局监管口径统计。
数据来源：上海证券交易所、深圳证券交易所。
Source：SSE、SZSE.

7-31 续表 continued

经营情况 Business Circumstance				每股指标 Share Index			
归属母公司股东净利润（亿元） Net Profit Attributable to Parent Company Shareholders (100 million yuan)	经营活动产生的现金流量净额（亿元） Net Cash Flow from Operating Activities (100 million yuan)	资产负债率 (%) Asset-liability Ratio (%)	平均净资产收益率 (%) Average ROE (%)	每股净资产（元） BPS (yuan)	每股收益（元） EPS (yuan)	每股未分配利润（元） Undistributed Profit Per Share (yuan)	每股经营活动现金流量净额（元） Net Cash Flow from Operating Activities Per Share (yuan)
13369.07	49446.97	27.04	10.41	5.47	0.57	2.34	2.11
-114.63	124.23	-92.28	-5.35	3.80	-0.20	0.79	0.22
355.80	281.45	126.42	9.60	4.53	0.44	1.42	0.34
102.90	335.46	30.67	3.63	3.81	0.14	1.18	0.45
128.34	1443.06	8.89	6.07	2.65	0.16	0.74	1.81
105.91	257.45	41.14	5.97	3.50	0.21	0.57	0.51
76.95	19.94	385.99	4.95	3.89	0.19	1.10	0.05
41.25	-115.16	-35.82	2.69	3.38	0.09	0.57	-0.25
3177.43	6471.65	49.10	10.04	6.49	0.65	1.92	1.33
1070.45	2483.89	43.10	8.57	4.33	0.37	1.18	0.86
971.46	2095.65	46.36	9.91	4.12	0.41	1.30	0.88
380.50	384.35	99.00	8.49	4.30	0.37	1.41	0.37
777.57	1922.77	40.44	12.12	5.96	0.72	2.37	1.79
92.77	230.40	40.27	5.33	5.48	0.29	1.79	0.73
541.85	706.75	76.67	7.61	4.88	0.37	1.72	0.48
221.00	376.29	58.73	7.34	3.32	0.24	0.76	0.41
269.71	95.54	282.30	7.12	4.73	0.34	1.32	0.12
170.38	64.97	262.26	5.66	3.95	0.22	0.90	0.09
1387.82	1902.26	72.96	12.11	4.64	0.56	1.74	0.77
73.28	155.01	47.28	6.19	3.25	0.20	0.66	0.43
48.91	143.82	34.01	3.03	3.50	0.11	0.49	0.31
187.01	82.76	225.98	8.58	3.91	0.34	1.12	0.15
255.89	454.31	56.32	6.42	3.78	0.24	1.23	0.43
261.05	1126.19	23.18	15.75	7.27	1.14	4.04	4.94
36.59	117.36	31.17	3.24	3.20	0.10	0.46	0.33
34.00	60.95	55.78	12.40	3.07	0.38	1.01	0.68
116.92	71.59	163.32	5.21	3.93	0.20	0.63	0.13
29.60	77.61	38.15	3.16	2.57	0.08	0.51	0.21
24.21	32.55	74.37	3.84	4.86	0.19	1.31	0.25
-10.04	20.52	-48.93	-3.69	3.32	-0.12	-0.24	0.25
191.20	-89.48	-213.67	7.38	3.67	0.27	0.82	-0.13
2691.84	1465.37	183.70	12.05	7.53	0.91	2.98	0.49
135.69	357.81	37.92	7.67	3.13	0.24	1.02	0.63
253.36	1349.58	18.77	10.99	4.70	0.52	1.73	2.75
64.07	51.08	125.43	5.67	5.18	0.29	1.73	0.23
105.52	175.97	59.96	10.87	4.22	0.46	1.97	0.76

7–32 货币金融类上市公司与其他上市公司主要财务指标对比
Financial Indicator of Monetary Financial Listed Companies and Others

年份 Year	总资产(亿元) Total Asset (100 million yuan)		归属母公司股东净利润(亿元) Net Profit Attributable to Parent Company Shareholders (100 million yuan)		平均净资产收益率(%) Average ROE (%)	
	货币金融类上市公司 Monetary Financial Listed Companies	其他上市公司 Others	货币金融类上市公司 Monetary Financial Listed Companies	其他上市公司 Others	货币金融类上市公司 Monetary Financial Listed Companies	其他上市公司 Others
2001	4327.16	26130.14	21.11	666.27	12.31	5.43
2002	10634.08	30905.79	43.43	764.40	15.79	5.53
2003	16756.94	36545.67	63.05	1158.04	14.03	7.43
2004	20123.09	43154.21	84.19	1565.61	14.76	8.89
2005	24438.87	48330.46	106.09	1478.46	15.77	7.72
2006	158639.16	62430.17	1076.63	2392.65	14.02	10.67
2007	298402.19	115884.78	2809.64	6522.50	16.99	16.62
2008	349114.31	137892.90	3734.00	4444.61	18.89	9.26
2009	439733.86	178004.86	4348.33	6317.86	19.20	11.32
2010	638362.13	223928.11	6773.89	9682.06	20.69	13.86
2011	744953.81	283919.70	8750.06	10366.15	21.35	12.21
2012	859022.11	334576.59	10269.28	9383.51	20.98	9.55
2013	951375.30	378642.22	11584.11	10910.76	20.28	10.05
2014	1057628.16	443454.80	12473.85	11716.00	18.59	9.51
2015	1188446.68	536951.56	12696.67	12075.64	14.77	7.42
2016	1393070.19	632689.64	13270.64	14354.96	14.16	10.49

7-32 续表 continued

年份 Year	每股收益(元) EPS (yuan)		每股净资产(元) BPS (yuan)		每股经营活动现金流量净额(元) Net Cash Flow from Operating Activities Per Share (yuan)	
	货币金融类上市公司 Monetary Financial Listed Companies	其他上市公司 Others	货币金融类上市公司 Monetary Financial Listed Companies	其他上市公司 Others	货币金融类上市公司 Monetary Financial Listed Companies	其他上市公司 Others
2001	0.32	0.13	2.44	2.48	4.89	0.38
2002	0.31	0.13	2.44	2.49	5.85	0.44
2003	0.34	0.19	2.81	2.63	2.50	0.47
2004	0.38	0.23	2.79	2.66	0.91	0.52
2005	0.38	0.20	2.63	2.67	1.27	0.58
2006	0.17	0.28	1.56	2.83	0.95	0.68
2007	0.29	0.52	1.92	3.56	0.93	0.86
2008	0.38	0.30	2.16	3.42	1.66	0.69
2009	0.44	0.39	2.47	3.72	1.12	1.06
2010	0.47	0.51	2.61	4.04	0.77	0.80
2011	0.60	0.48	3.07	4.21	1.22	0.57
2012	0.70	0.39	3.62	4.35	1.75	0.83
2013	0.77	0.42	4.08	4.42	0.80	0.72
2014	0.82	0.41	4.82	4.57	1.63	0.83
2015	0.83	0.35	5.59	4.55	3.75	0.78
2016	0.84	0.66	6.26	4.64	0.30	0.67

注：1.每股指标指境内部分；每股指标均使用整体法来计算。

2.历年数据采用当年年报数据。

数据来源：上海证券交易所、深圳证券交易所。

Source：SSE、SZSE.

7—33　2016年上市公司按行业每股收益分布
EPS of Listed Companies by Industry in 2016

单位：家

行业 Industry	1.00元以上 Above 1.00 yuan	0.80—1.00元 0.80—1.00 yuan	0.50—0.80元 0.50—0.80 yuan
农、林、牧、渔业 Agriculture,Forestry,Animal Husbandry and Fishery	4	—	4
采矿业 Mining	2	2	5
制造业 Manufacturing	164	100	268
电力、热力、燃气及水生产和供应业 Production and Supply of Electricity,Gas and Water	4	4	8
建筑业 Construction	4	3	22
批发和零售业 Wholesale and Retail Trades	14	5	24
交通运输、仓储和邮政业 Transport,Storage and Post	6	7	6
住宿和餐饮业 Hotels and Catering Services	—	—	1
信息传输、软件和信息技术服务业 Information Transmission,Computer Services and Software	13	13	34
金融业 Financial Intermediation	23	4	12
房地产业 Real Estate	12	8	17
租赁和商务服务业 Leasing and Business Services	3	3	9
科学研究和技术服务业 Scientific Research,Technical Service	2	—	6
水利、环境和公共设施管理业 Management of Water Conservancy,Environment and Public Facilities	1	1	4
教育 Education	—	—	2
卫生和社会工作 Health and Social Works	1	—	1
文化、体育和娱乐业 Culture,Sports and Entertainment	3	3	9
综合 Others	—	—	1

注：每股指标指境内部分；每股指标均使用整体法来计算。
数据来源：上海证券交易所、深圳证券交易所。
Source：SSE、SZSE.

7—33 续表 continued

(unit)

0.20—0.50元 0.20—0.50 yuan	0.10—0.20元 0.10—0.20 yuan	0.05—0.10元 0.05—0.10 yuan	0.00—0.05元 0.00—0.05 yuan	亏损 Deficit	合计 Total
11	8	3	10	6	46
14	14	8	14	16	75
627	311	196	228	144	2038
48	13	6	11	4	98
37	8	12	5	5	96
53	28	14	13	8	159
38	19	5	8	2	91
3	1	1	2	3	11
93	31	15	10	9	218
20	5	2	2	1	69
37	20	10	15	10	129
15	8	3	1	1	43
13	1	3	2	2	29
19	4	1	3	4	37
—	—	—	—	1	3
3	1	—	—	1	7
29	2	2	1	1	50
4	4	6	3	5	23

7-34 2016年上市公司按监管辖区每股收益分布
EPS of Listed Companies by Jurisdiction in 2016

单位：家

辖区	Jurisdiction	1.00元以上 Above 1.00 yuan	0.80—1.00元 0.80—1.00 yuan	0.50—0.80元 0.50—0.80 yuan
北京	Beijing	21	21	47
天津	Tianjin	3	2	7
河北	Hebei	3	3	6
山西	Shanxi	—	—	2
内蒙古	Neimenggu	2	1	1
辽宁	Liaoning	4	1	5
吉林	Jilin	4	1	4
黑龙江	Heilongjiang	1	1	2
上海	Shanghai	22	13	45
江苏	Jiangsu	30	15	48
浙江	Zhejiang	26	20	51
安徽	Anhui	7	5	17
福建	Fujian	4	2	13
江西	Jiangxi	5	1	3
山东	Shandong	10	13	21
河南	Henan	5	4	6
湖北	Hubei	8	2	16
湖南	Hunan	3	3	7
广东	Guangdong	25	15	33
广西	Guangxi	1	—	2
海南	Hainan	—	—	1
重庆	Chongqing	5	—	8
四川	Sichuan	8	6	11
贵州	Guizhou	2	—	3
云南	Yunnan	3	—	3
西藏	Xizang	1	1	3
陕西	Shaanxi	1	—	3
甘肃	Gansu	—	—	2
青海	Qinghai	—	—	—
宁夏	Ningxia	—	—	—
新疆	Xinjiang	2	1	5
深圳	Shenzhen	29	14	38
大连	Dalian	2	—	4
宁波	Ningbo	7	5	8
厦门	Xiamen	7	2	4
青岛	Qingdao	5	1	4

注：1.每股指标指境内部分；每股指标均使用整体法来计算。
　　2.上市公司辖区以各地证监局监管口径统计。
数据来源：上海证券交易所、深圳证券交易所。
Source：SSE、SZSE.

7—34 续表 continued

(unit)

0.20—0.50元 0.20—0.50 yuan	0.10—0.20元 0.10—0.20 yuan	0.05—0.10元 0.05—0.10 yuan	0.00—0.05元 0.00—0.05 yuan	亏损 Deficit	合计 Total
112	37	22	18	13	291
11	6	5	6	7	47
18	5	6	11	2	54
10	7	5	6	8	38
7	3	2	8	2	26
12	7	11	4	5	49
12	7	3	8	3	42
18	3	4	3	3	35
86	34	13	25	20	258
117	58	26	30	17	341
108	46	25	16	13	305
27	23	10	6	3	98
29	11	5	10	3	77
13	7	3	1	4	37
38	21	20	20	11	154
21	12	10	13	5	76
35	8	7	13	7	96
33	17	8	15	4	90
95	43	22	29	6	268
12	5	4	6	6	36
4	6	5	7	7	30
18	5	1	4	5	46
32	14	16	8	15	110
9	5	1	1	2	23
10	2	6	4	4	32
5	1	—	2	1	14
12	13	5	8	4	46
6	5	5	7	6	31
5	3	2	1	1	12
2	1	3	3	3	12
17	5	3	5	12	50
81	38	21	18	8	247
9	2	2	3	5	27
20	10	2	3	3	58
15	4	4	2	4	42
5	4	—	4	1	24

7-35　2016年上市公司按行业每股净资产分布
BPS of Listed Companies by Industry in 2016

单位：家

行业 Industry	5.00元以上 Above 5.00 yuan	3.00—5.00元 3.00—5.00 yuan
农、林、牧、渔业 Agriculture,Forestry,Animal Husbandry and Fishery	8	14
采矿业 Mining	23	19
制造业 Manufacturing	622	700
电力、热力、燃气及水生产和供应业 Production and Supply of Electricity,Gas and Water	26	38
建筑业 Construction	30	37
批发和零售业 Wholesale and Retail Trades	63	53
交通运输、仓储和邮政业 Transport,Storage and Post	34	34
住宿和餐饮业 Hotels and Catering Services	2	2
信息传输、软件和信息技术服务业 Information Transmission,Computer Services and Software	69	70
金融业 Financial Intermediation	43	20
房地产业 Real Estate	34	45
租赁和商务服务业 Leasing and Business Services	14	11
科学研究和技术服务业 Scientific Research,Technical Service	12	10
水利、环境和公共设施管理业 Management of Water Conservancy,Environment and Public Facilities	10	13
教育 Education	—	2
卫生和社会工作业 Health and Social Works	1	2
文化、体育和娱乐业 Culture,Sports and Entertainment	18	19
综合 Others	3	8

注：每股指标指境内部分；每股指标均使用整体法来计算。
数据来源：上海证券交易所、深圳证券交易所。
Source：SSE、SZSE.

7—35 续表 continued

(unit)

2.00—3.00元 2.00—3.00 yuan	1.00—2.00元 1.00—2.00 yuan	0.50—1.00元 0.50—1.00 yuan	0.00—0.50元 0.00—0.50 yuan	小于0.00元 Below 0.00 yuan	合计 Total
9	14	—	1	—	46
17	13	1	2	—	75
402	252	25	32	5	2038
24	10	—	—	—	98
15	10	3	1	—	96
24	15	2	2	—	159
16	6	—	1	—	91
1	3	—	2	1	11
57	19	1	2	—	218
3	3	—	—	—	69
26	15	5	4	—	129
10	6	2	—	—	43
6	1	—	—	—	29
9	5	—	—	—	37
—	—	—	1	—	3
3	1	—	—	—	7
9	3	—	1	—	50
5	6	—	1	—	23

7–36 2016年上市公司按监管辖区每股净资产分布
BPS of Listed Companies by Jurisdiction in 2016

单位：家

辖区	Jurisdiction	5.00元以上 Above 5.00 yuan	3.00—5.00元 3.00—5.00 yuan	2.00—3.00元 2.00—3.00 yuan
北京	Beijing	102	110	54
天津	Tianjin	12	17	8
河北	Hebei	14	20	11
山西	Shanxi	8	8	12
内蒙古	Neimenggu	7	8	6
辽宁	Liaoning	11	19	8
吉林	Jilin	12	11	11
黑龙江	Heilongjiang	11	8	8
上海	Shanghai	90	84	48
江苏	Jiangsu	116	117	57
浙江	Zhejiang	93	122	62
安徽	Anhui	37	36	15
福建	Fujian	21	26	16
江西	Jiangxi	11	15	6
山东	Shandong	54	53	25
河南	Henan	20	27	21
湖北	Hubei	38	31	16
湖南	Hunan	23	29	21
广东	Guangdong	83	93	53
广西	Guangxi	9	13	3
海南	Hainan	2	9	9
重庆	Chongqing	11	18	11
四川	Sichuan	30	32	25
贵州	Guizhou	8	10	3
云南	Yunnan	7	11	8
西藏	Xizang	—	7	6
陕西	Shaanxi	10	23	4
甘肃	Gansu	7	9	5
青海	Qinghai	2	5	5
宁夏	Ningxia	5	2	2
新疆	Xinjiang	16	11	14
深圳	Shenzhen	91	69	48
大连	Dalian	7	9	6
宁波	Ningbo	18	17	17
厦门	Xiamen	19	10	6
青岛	Qingdao	7	8	6

注：1.每股指标指境内部分；每股指标均使用整体法来计算。
　　2.上市公司辖区以各地证监局监管口径统计。
数据来源：上海证券交易所、深圳证券交易所。
Source：SSE、SZSE.

7—36 续表 continued

(unit)

1.00—2.00元 1.00—2.00 yuan	0.50—1.00元 0.50—1.00 yuan	0.00—0.50元 0.00—0.50 yuan	小于0.00元 Below 0.00 yuan	合计 Total
21	1	2	1	291
8	1	1	—	47
6	1	2	—	54
6	2	2	—	38
4	1	—	—	26
6	2	3	—	49
7	—	1	—	42
8	—	—	—	35
27	6	2	1	258
44	6	1	—	341
25	1	2	—	305
10	—	—	—	98
14	—	—	—	77
4	—	1	—	37
17	2	3	—	154
7		1	—	76
5	2	4	—	96
12	2	3	—	90
35	1	3	—	268
8	—	1	2	36
8	—	2	—	30
4	—	—	2	46
14	4	5	—	110
2	—	—	—	23
4	—	2	—	32
1	—	—	—	14
7	2	—	—	46
8	—	2	—	31
	—	—	—	12
2	1	—	—	12
8	—	1	—	50
33	4	2	—	247
5	—	—	—	27
5	—	1	—	58
4	—	3	—	42
3	—	—	—	24

7-37　2016年上市公司按行业平均净资产收益率分布
ROE of Listed Companies by Industry in 2016

单位：家

行业 Industry	100%以上 Above 100%	60%～100%	40%～60%
农、林、牧、渔业 Agriculture,Forestry,Animal Husbandry and Fishery	1	—	1
采矿业 Mining	—	—	1
制造业 Manufacturing	2	1	7
电力、热力、燃气及水生产和供应业 Production and Supply of Electricity,Gas and Water	—	1	—
建筑业 Construction	—	—	—
批发和零售业 Wholesale and Retail Trades	1	—	—
交通运输、仓储和邮政业 Transport,Storage and Post	—	—	—
住宿和餐饮业 Hotels and Catering Services	—	—	—
信息传输、软件和信息技术服务业 Information Transmission,Computer Services and Software	—	—	2
金融业 Financial Intermediation	—	—	—
房地产业 Real Estate	1	—	—
租赁和商务服务业 Leasing and Business Services	—	—	1
科学研究和技术服务业 Scientific Research,Technical Service	—	—	—
水利、环境和公共设施管理业 Management of Water Conservancy,Environment and Public Facilities	—	—	—
教育 Education	—	—	—
卫生和社会工作业 Health and Social Works	—	—	—
文化、体育和娱乐业 Culture,Sports and Entertainment	—	—	—
综合 Others	—	—	—

数据来源：上海证券交易所、深圳证券交易所。
Source：SSE、SZSE.

7—37 续表 continued

(unit)

30%～40%	20%～30%	10%～20%	5%～10%	0～5%	小于0 Below 0	净资产为负 Negative Net Asset	合计 Total
2	—	10	8	18	6	—	46
—	1	3	22	32	16	—	75
21	108	520	587	648	139	5	2038
—	2	27	34	30	4	—	98
—	4	27	36	24	5	—	96
—	3	35	61	51	8	—	159
—		23	41	25	2	—	91
—	2	—	2	4	2	1	11
1	9	64	91	42	9	—	218
—	1	28	34	5	1	—	69
2	7	34	37	38	10	—	129
3		14	17	7	1	—	43
—	1	8	11	7	2	—	29
—	1	10	15	7	4	—	37
—	—	2	—	—	1	—	3
1	1	3	1	—	1	—	7
2	2	19	22	3	1	—	50
—	—	1	7	10	5	—	23

7–38　2016年上市公司按监管辖区平均净资产收益率分布

ROE of Listed Companies by Jurisdiction in 2016

单位：家

辖区	Jurisdiction	100%以上 Above 100%	60% ～100%	40%～60%	30%～40%
北京	Beijing	0	0	0	1
天津	Tianjin	0	0	0	0
河北	Hebei	0	0	0	0
山西	Shanxi	0	0	0	0
内蒙古	Neimenggu	0	0	0	0
辽宁	Liaoning	1	0	1	0
吉林	Jilin	0	0	0	0
黑龙江	Heilongjiang	0	0	0	0
上海	Shanghai	0	0	3	3
江苏	Jiangsu	0	0	1	4
浙江	Zhejiang	0	0	1	2
安徽	Anhui	0	0	0	1
福建	Fujian	0	0	0	1
江西	Jiangxi	0	0	0	1
山东	Shandong	1	0	0	1
河南	Henan	0	0	2	1
湖北	Hubei	0	0	0	1
湖南	Hunan	1	0	0	1
广东	Guangdong	0	0	2	5
广西	Guangxi	0	0	0	0
海南	Hainan	1	0	0	0
重庆	Chongqing	0	1	0	0
四川	Sichuan	0	0	0	3
贵州	Guizhou	0	0	0	0
云南	Yunnan	2	0	0	0
西藏	Xizang	0	0	1	1
陕西	Shaanxi	0	0	0	0
甘肃	Gansu	0	0	0	0
青海	Qinghai	0	0	0	0
宁夏	Ningxia	0	0	0	0
新疆	Xinjiang	0	0	0	0
深圳	Shenzhen	0	1	0	4
大连	Dalian	0	0	0	0
宁波	Ningbo	0	0	0	1
厦门	Xiamen	0	0	1	1
青岛	Qingdao	0	0	0	0

注：上市公司辖区以各地证监局监管口径统计。
数据来源：上海证券交易所、深圳证券交易所。
Source：SSE、SZSE.

7-38 续表 continued

(unit)

20%～30%	10%～20%	5%～10%	0～5%	小于0 Below 0	净资产为负 Negative Net Asset	合计 Total
9	90	111	67	12	1	291
1	9	16	14	7	0	47
6	13	13	20	2	0	54
1	4	10	15	8	0	38
1	5	5	13	2	0	26
3	7	11	21	5	0	49
0	12	12	15	3	0	42
0	12	7	13	3	0	35
13	64	92	63	19	1	258
13	97	111	98	17	0	341
23	99	90	77	13	0	305
6	19	36	33	3	0	98
4	21	27	21	3	0	77
2	12	10	8	4	0	37
7	37	39	58	11	0	154
2	12	25	29	5	0	76
3	22	34	29	7	0	96
5	16	31	32	4	0	90
17	72	90	76	6	0	268
0	5	12	13	4	2	36
1	0	5	16	7	0	30
2	13	15	10	3	2	46
1	27	33	31	15	0	110
1	7	5	8	2	0	23
0	8	6	12	4	0	32
0	7	1	3	1	0	14
0	5	18	19	4	0	46
0	1	10	14	6	0	31
0	2	5	4	1	0	12
0	0	0	9	3	0	12
0	13	13	12	12	0	50
15	70	80	69	8	0	247
2	4	11	5	5	0	27
2	21	21	10	3	0	58
1	12	14	9	4	0	42
1	10	7	5	1	0	24

7-39 2016年上市公司按行业每股经营活动产生的现金流量净额分布
Net Cash Flow from Operating Activities Per Share of Listed Companies by Industry in 2016

单位：家

行业 Industry	3.00元以上 Above 3.00 yuan	2.50—3.00元 2.50—3.00 yuan	2.00—2.50元 2.00—2.50 yuan
农、林、牧、渔业 Agriculture,Forestry,Animal Husbandry and Fishery	1	0	2
采矿业 Mining	3	0	2
制造业 Manufacturing	21	13	34
电力、热力、燃气及水生产和供应业 Production and Supply of Electricity,Gas and Water	2	2	2
建筑业 Construction	2	2	1
批发和零售业 Wholesale and Retail Trades	6	4	4
交通运输、仓储和邮政业 Transport,Storage and Post	5	2	1
住宿和餐饮业 Hotels and Catering Services	0	0	2
信息传输、软件和信息技术服务业 Information Transmission,Computer Services and Software	2	1	1
金融业 Financial Intermediation	21	0	2
房地产业 Real Estate	15	6	4
租赁和商务服务业 Leasing and Business Services	0	0	2
科学研究和技术服务业 Scientific Research,Technical Service	0	0	0
水利、环境和公共设施管理业 Management of Water Conservancy,Environment and Public Facilities	0	0	0
教育 Education	0	0	0
卫生和社会工作业 Health and Social Works	0	0	0
文化、体育和娱乐业 Culture,Sports and Entertainment	0	0	0
综合 Others	0	0	1

注：每股指标指境内部分；每股指标均使用整体法来计算。
数据来源：上海证券交易所、深圳证券交易所。
Source：SSE、SZSE.

7—39 续表 continued

(unit)

1.50—2.00元 1.50—2.00 yuan	1.00—1.50元 1.00—1.50 yuan	0.50—1.00元 0.50—1.00 yuan	0.00—0.50元 0.00—0.50 yuan	小于0.00元 Below 0.00 yuan	合计 Total
1	2	18	10	12	46
4	5	31	13	17	75
62	159	961	425	363	2038
8	12	35	33	4	98
3	6	34	13	35	96
3	15	55	31	41	159
4	13	35	21	10	91
0	0	5	1	3	11
4	15	114	34	47	218
2	0	1	4	39	69
5	15	25	17	42	129
3	4	17	3	14	43
1	1	12	6	9	29
0	2	15	10	10	37
1	0	0	2	0	3
0	0	3	2	2	7
3	4	19	15	9	50
0	0	10	3	9	23

7-40 2016年上市公司按监管辖区每股经营活动产生的现金流量净额分布
Net Cash Flow from Operating Activities Per Share of Listed Companies by Jurisdiction in 2016

单位：家

辖区	Jurisdiction	3.00元以上 Above 3.00 yuan	2.50—3.00元 2.50—3.00 yuan	2.00—2.50元 2.00—2.50 yuan
北京	Beijing	14	4	4
天津	Tianjin	2	0	1
河北	Hebei	0	1	1
山西	Shanxi	0	0	0
内蒙古	Neimenggu	3	0	1
辽宁	Liaoning	1	2	1
吉林	Jilin	1	0	1
黑龙江	Heilongjiang	0	0	1
上海	Shanghai	10	4	6
江苏	Jiangsu	8	2	4
浙江	Zhejiang	3	3	9
安徽	Anhui	1	0	1
福建	Fujian	1	1	0
江西	Jiangxi	1	0	3
山东	Shandong	2	3	5
河南	Henan	1	1	0
湖北	Hubei	0	2	3
湖南	Hunan	0	0	1
广东	Guangdong	9	2	5
广西	Guangxi	0	0	0
海南	Hainan	0	0	0
重庆	Chongqing	1	0	1
四川	Sichuan	2	1	1
贵州	Guizhou	3	0	1
云南	Yunnan	0	1	0
西藏	Xizang	0	0	0
陕西	Shaanxi	0	0	0
甘肃	Gansu	0	0	0
青海	Qinghai	0	0	0
宁夏	Ningxia	0	0	0
新疆	Xinjiang	0	0	2
深圳	Shenzhen	8	2	3
大连	Dalian	1	0	0
宁波	Ningbo	3	1	0
厦门	Xiamen	2	0	2
青岛	Qingdao	1	0	1

注：1.每股指标指境内部分；每股指标均使用整体法来计算。
2.上市公司辖区以各地证监局监管口径统计。
数据来源：上海证券交易所、深圳证券交易所。
Source：SSE、SZSE.

7-41 全国中小企业股份转让系统挂牌公司主要财务指标
Financial Indicator of NEEQ Companies

年份 Year	总资产（万元） Total Asset (10 thousand yuan)	净资产（万元） Net Asset (10 thousand yuan)	营业收入（万元） Revernue (10 thousand yuan)	利润总额（万元） Total Profit (10 thousand yuan)
2011	1562493.99	903455.87	1256290.35	152183.85
2012	2396509.15	1230003.81	1885665.05	195736.85
2013	3451286.14	1856674.82	2535383.84	255608.29
2014	32328521.69	14694414.03	21740968.67	1918414.18
2015	116089056.38	47867502.29	63925367.58	6488455.22
2016	282666261.14	128133393.51	174287986.28	14289384.59

注：历年数据采用当年年报数据。
数据来源：全国中小企业股份转让系统。
Source：NEEQ.

7—40 续表 continued

(unit)

1.50—2.00元 1.50—2.00 yuan	1.00—1.50元 1.00—1.50 yuan	0.50—1.00元 0.50—1.00 yuan	0.00—0.50元 0.00—0.50 yuan	小于0.00元 Below 0.00 yuan	合计 Total
8	20	119	50	72	291
0	4	12	12	16	47
3	3	26	11	9	54
2	3	19	4	10	38
1	1	16	3	1	26
2	3	24	3	13	49
1	4	18	5	12	42
0	6	13	5	10	35
12	20	103	43	60	258
9	30	163	67	58	341
9	29	139	79	34	305
7	13	36	22	18	98
2	6	31	21	15	77
3	2	17	7	4	37
6	11	68	31	28	154
2	7	43	13	9	76
3	4	40	22	22	96
1	10	44	14	20	90
10	16	127	53	46	268
1	4	17	8	6	36
0	1	15	5	9	30
1	4	17	9	13	46
3	3	51	25	24	110
1	0	13	3	2	23
1	4	11	6	9	32
1	0	4	7	2	14
0	1	15	9	21	46
0	3	16	6	6	31
0	2	3	2	5	12
0	1	3	5	3	12
2	3	19	12	12	50
6	25	91	46	66	247
1	1	11	6	7	27
2	2	27	16	7	58
2	5	12	8	11	42
2	2	7	5	6	24

7—41 续表 continued

净利润 (万元) Net Profit (10 thousand yuan)	经营活动产生的现金流量净额 (万元) Net Cash Flow from Operating Activities (10 thousand yuan)	资产负债率 (%) Asset-liability Ratio (%)	净资产收益率 (%) ROE (%)
130639.85	15677.64	42.18	14.46
164453.11	37091.32	48.68	13.37
210861.25	67789.13	46.00	11.36
1601986.14	1898356.54	54.55	10.90
5239269.01	6313965.66	57.79	13.02
11606612.42	5506942.66	54.67	9.06

7-42 2016年全国中小企业股份转让系统分行业主要财务指标
Financial Indicator of NEEQ Companies by Development Zone

行业 Industry	总资产 （万元） Total Asset (10 thousand yuan)	净资产 （万元） Net Asset (10 thousand yuan)
采矿业 Mining	1406421.55	595564.96
电力、热力、燃气及水生产和供应业 Production and Supply of Electricity,Gas and Water	6035633.71	2327853.44
房地产业 Real Estate	1705863.33	800161.21
建筑业 Construction	13932510.66	5003066.24
交通运输、仓储和邮政业 Transport,Storage and Post	5405910.47	2374305.70
教育 Education	1127577.10	649420.30
金融业 Financial Intermediation	72286548.66	18487307.48
居民服务、修理和其他服务业 Resident Services,Repairing and other Services	290958.77	175069.00
科学研究和技术服务业 Scientific Research,Technical Service	5673577.67	3448330.43
农、林、牧、渔业 Agriculture,Forestry,Animal Husbandry and Fishery	6351485.99	3331402.58
批发和零售业 Wholesale and Retail Trades	10235742.19	4399828.77
水利、环境和公共设施管理业 Management of Water Conservancy,Environment and Public Facilities	4880997.93	2493315.14
卫生和社会工作业 Health and Social Works	589861.51	371161.51
文化、体育和娱乐业 Culture,Sports and Entertainment	5584937.51	3111299.07
信息传输、软件和信息技术服务业 Information Transmission,Computer Services and Software	25256380.57	16389856.08
制造业 Manufacturing	109778995.43	58616706.10
住宿和餐饮业 Hotels and Catering Services	411285.61	197682.24
租赁和商务服务业 Leasing and Business Services	11711572.49	5361063.27

数据来源：全国中小企业股份转让系统。
Source：NEEQ.

7-42 续表 continued

营业收入（万元）Revernue (10 thousand yuan)	利润总额（万元）Total Profit (10 thousand yuan)	净利润（万元）Net Profit (10 thousand yuan)	经营活动产生的现金流量净额（万元）Net Cash Flow from Operating Activities (10 thousand yuan)	资产负债率(%) Asset-liability Ratio (%)	净资产收益率(%) ROE (%)
635655.51	-33630.68	-43505.92	92049.25	57.65%	-7.30%
1726595.99	251124.60	204274.07	373233.65	61.43%	8.78%
1473740.00	200558.32	151644.23	506592.41	53.09%	18.95%
10368685.35	584665.59	440137.74	-269329.94	64.09%	8.80%
3800942.73	241048.65	179082.61	236258.94	56.08%	7.54%
939613.10	149377.26	120248.97	228200.13	42.41%	18.52%
6085061.65	1658658.03	1349633.31	-430924.91	74.42%	7.30%
325828.64	24166.90	16263.04	26798.57	39.83%	9.29%
3269615.75	418679.70	344401.48	195445.86	39.22%	9.99%
3266859.70	314410.29	302011.09	443987.07	47.55%	9.07%
19733217.22	572627.66	410356.02	-229854.67	57.02%	9.33%
2145880.24	331703.79	279748.22	206030.98	48.92%	11.22%
433702.37	19947.94	8963.65	22136.65	37.08%	2.42%
2518922.57	326079.90	246209.71	-125461.00	44.29%	7.91%
24318565.66	1243497.15	996712.52	-716413.09	35.11%	6.08%
84837449.21	7290579.02	6085050.26	4685361.98	46.60%	10.38%
412704.74	22257.05	14709.35	60136.71	51.94%	7.44%
7994945.85	673633.44	500672.09	202694.08	54.22%	9.34%

7–43 2016年挂牌公司按行业每股收益分布

EPS of Listed Companies by Industry in 2016 of NEEQ

单位：家

行业 Industry	1.00元以上 Above 1.00 yuan	0.80–1.00元 0.80—1.00 yuan
采矿业 Mining	0	0
电力、热力、燃气及水生产和供应业 Production and Supply of Electricity,Gas and Water	0	0
房地产业 Real Estate	0	0
建筑业 Construction	0	0
交通运输、仓储和邮政业 Transport,Storage and Post	0	0
教育 Education	2	0
金融业 Financial Intermediation	0	0
居民服务、修理和其他服务业 Resident Services,Repairing and other Services	0	0
科学研究和技术服务业 Scientific Research,Technical Service	0	0
农、林、牧、渔业 Agriculture,Forestry,Animal Husbandry and Fishery	0	0
批发和零售业 Wholesale and Retail Trades	1	0
水利、环境和公共设施管理业 Management of Water Conservancy,Environment and Public Facilities	0	0
卫生和社会工作业 Health and Social Works	0	0
文化、体育和娱乐业 Culture,Sports and Entertainment	0	0
信息传输、软件和信息技术服务业 Information Transmission,Computer Services and Software	1	0
制造业 Manufacturing	0	2
住宿和餐饮业 Hotels and Catering Services	0	0
租赁和商务服务业 Leasing and Business Services	1	0

注：每股指标指境内部分；每股指标均使用整体法来计算。
数据来源：全国中小企业股份转让系统。
Source：NEEQ.

7—43 续表 continued

(unit)

0.50—0.80元 0.50—0.80 yuan	0.20—0.50元 0.20—0.50 yuan	0.10—0.20元 0.10—0.20 yuan	0.05—0.10元 0.05—0.10 yuan	0.00—0.05元 0.00—0.05 yuan	亏损 Deficit	合计 Total
1	0	0	5	20	14	40
0	0	2	12	66	19	99
1	3	8	24	39	7	82
0	1	6	27	252	47	333
0	1	2	14	124	27	168
0	3	7	9	40	18	79
1	0	10	6	101	17	135
0	0	2	2	24	9	37
1	6	25	62	279	91	464
0	2	7	26	134	29	198
0	5	19	51	275	128	479
0	1	8	20	128	27	184
0	0	0	3	27	17	47
1	4	12	41	111	54	223
6	21	96	308	1139	522	2093
1	40	185	649	3496	963	5336
0	1	2	2	17	6	28
2	4	32	77	279	134	529

7—44 2016年挂牌公司按行业每股净资产分布
BPS of Listed Companies by Industry in 2016 of NEEQ

单位：家

行业 Industry	5.00元以上 Above 5.00 yuan	3.00—5.00元 3.00—5.00 yuan
采矿业 Mining	0	0
电力、热力、燃气及水生产和供应业 Production and Supply of Electricity,Gas and Water	0	0
房地产业 Real Estate	0	0
建筑业 Construction	0	0
交通运输、仓储和邮政业 Transport,Storage and Post	0	0
教育 Education	0	0
金融业 Financial Intermediation	1	0
居民服务、修理和其他服务业 Resident Services,Repairing and other Services	0	0
科学研究和技术服务业 Scientific Research,Technical Service	0	0
农、林、牧、渔业 Agriculture,Forestry,Animal Husbandry and Fishery	0	0
批发和零售业 Wholesale and Retail Trades	0	1
水利、环境和公共设施管理业 Management of Water Conservancy,Environment and Public Facilities	0	0
卫生和社会工作业 Health and Social Works	0	0
文化、体育和娱乐业 Culture,Sports and Entertainment	0	1
信息传输、软件和信息技术服务业 Information Transmission,Computer Services and Software	1	0
制造业 Manufacturing	0	2
住宿和餐饮业 Hotels and Catering Services	0	0
租赁和商务服务业 Leasing and Business Services	0	1

注：每股指标指境内部分；每股指标均使用整体法来计算。
数据来源：全国中小企业股份转让系统。
Source：NEEQ.

7—44 续表 continued

(unit)

2.00—3.00元 2.00—3.00 yuan	1.00—2.00元 1.00—2.00 yuan	0.50—1.00元 0.50—1.00 yuan	0.00—0.50元 0.00—0.50 yuan	小于0.00元 Below 0.00 yuan	合计 Total
1	0	3	36	0	40
0	0	3	96	0	99
0	2	5	75	0	82
0	1	9	323	0	333
0	0	3	165	0	168
2	4	3	69	1	79
0	3	1	130	0	135
0	0	0	36	1	37
0	2	20	442	0	464
0	0	12	186	0	198
0	1	21	453	3	479
0	0	10	174	0	184
0	0	3	44	0	47
2	2	14	201	3	223
0	11	92	1978	11	2093
4	22	228	5073	7	5336
0	0	2	26	0	28
1	2	19	504	2	529

7–45　2016年挂牌公司按行业平均净资产收益率分布

ROE of Listed Companies by Industry in 2016 of NEEQ

单位：家

行业 Industry	100%以上 Above 100%	60%~100%	40%~60%
采矿业 Mining	0	0	0
电力、热力、燃气及水生产和供应业 Production and Supply of Electricity,Gas and Water	0	0	1
房地产业 Real Estate	0	2	5
建筑业 Construction	0	0	5
交通运输、仓储和邮政业 Transport,Storage and Post	0	0	2
教育 Education	0	2	7
金融业 Financial Intermediation	0	2	5
居民服务、修理和其他服务业 Resident Services,Repairing and other Services	1	0	1
科学研究和技术服务业 Scientific Research,Technical Service	0	3	16
农、林、牧、渔业 Agriculture,Forestry,Animal Husbandry and Fishery	0	1	3
批发和零售业 Wholesale and Retail Trades	3	2	6
水利、环境和公共设施管理业 Management of Water Conservancy,Environment and Public Facilities	0	0	3
卫生和社会工作业 Health and Social Works	0	0	0
文化、体育和娱乐业 Culture,Sports and Entertainment	2	1	8
信息传输、软件和信息技术服务业 Information Transmission,Computer Services and Software	10	15	67
制造业 Manufacturing	4	8	92
住宿和餐饮业 Hotels and Catering Services	0	0	2
租赁和商务服务业 Leasing and Business Services	3	4	22

数据来源：全国中小企业股份转让系统。
Source：NEEQ.

7—45 续表 continued

(unit)

30%~40%	20%~30%	10%~20%	5%~10%	0~5%	小于0 Below 0	净资产为负 Negative Net Asset	合计 Total
1	4	5	9	7	14	0	40
4	10	26	20	19	19	0	99
9	27	18	7	7	7	0	82
4	41	107	70	59	47	0	333
4	17	52	26	40	27	0	168
5	16	17	8	7	16	1	79
5	2	26	50	28	17	0	135
7	2	6	5	7	7	1	37
26	61	129	68	70	91	0	464
7	16	58	43	41	29	0	198
25	56	109	74	79	122	3	479
12	17	62	35	28	27	0	184
3	2	8	8	9	17	0	47
14	35	48	27	37	48	3	223
135	316	501	260	276	502	11	2093
225	652	1550	954	891	953	7	5336
2	2	5	4	7	6	0	28
50	79	109	63	67	130	2	529

7-46 2016年挂牌公司按行业每股经营活动产生的现金流量净额分布
Net Cash Flow from Operating Activities Per Share of Listed Companies by Industry in 2016 of NEEQ

单位：家

行业 Industry	3.00元以上 Above 3.00 yuan	2.50—3.00元 2.50—3.00 yuan
采矿业 Mining	0	0
电力、热力、燃气及水生产和供应业 Production and Supply of Electricity,Gas and Water	0	0
房地产业 Real Estate	0	0
建筑业 Construction	0	0
交通运输、仓储和邮政业 Transport,Storage and Post	0	0
教育 Education	1	1
金融业 Financial Intermediation	0	0
居民服务、修理和其他服务业 Resident Services,Repairing and other Services	0	0
科学研究和技术服务业 Scientific Research,Technical Service	0	0
农、林、牧、渔业 Agriculture,Forestry,Animal Husbandry and Fishery	0	0
批发和零售业 Wholesale and Retail Trades	0	0
水利、环境和公共设施管理业 Management of Water Conservancy,Environment and Public Facilities	0	0
卫生和社会工作业 Health and Social Works	0	0
文化、体育和娱乐业 Culture,Sports and Entertainment	0	0
信息传输、软件和信息技术服务业 Information Transmission,Computer Services and Software	0	0
制造业 Manufacturing	0	0
住宿和餐饮业 Hotels and Catering Services	0	0
租赁和商务服务业 Leasing and Business Services	0	0

注：每股指标指境内部分；每股指标均使用整体法来计算。
数据来源：全国中小企业股份转让系统。
Source：NEEQ.

7–46 续表 continued

(unit)

2.00—2.50元 2.00—2.50 yuan	1.50—2.00元 1.50—2.00 yuan	1.00—1.50元 1.00—1.50 yuan	0.50—1.00元 0.50—1.00 yuan	0.00—0.50元 0.00—0.50 yuan	小于0.00元 Below 0 00 yuan	合计 Total
0	0	0	1	28	11	40
0	0	0	0	71	28	99
0	0	1	3	63	15	82
0	0	0	1	140	192	333
0	0	0	0	96	72	168
0	0	0	1	50	26	79
0	0	0	3	88	44	135
0	0	0	0	23	14	37
0	0	1	1	253	209	464
0	0	0	0	135	63	198
0	0	1	1	228	249	479
0	0	0	1	102	81	184
0	0	0	0	28	19	47
0	0	0	1	88	134	223
0	0	1	5	987	1100	2093
0	0	2	4	3366	1964	5336
0	0	0	2	20	6	28
0	0	1	1	282	245	529

主要统计指标解释

Explantory Notes on Main Statistical Indicators

上市公司家数　指在统计期末其发行的股票在上交所、深交所上市的股份有限公司的数量。上市公司家数按照股票上市日统计。

上市公司股本　也称上市公司总股本，是指统计期末上市公司发行的全部股份数量合计。上市公司股本仅指上市公司在境内发行的股份数量，包括A股股本、B股股本和其他不流通的境内股本。

非限售股本　非限售股本通常也称为流通股本。

公式：非限售股本＝上市公司股本－限售股本。

上市公司市值　指统计期末根据上市公司股票价格和对应股本计算的股权价值合计。

公式：上市公司市值=A股价格×A股股本+B股价格×B股股本。

上市公司流通市值　上市公司A股流通市值和B股流通市值的合计。

股票市值　统计期末根据上市公司股票价格和对应股票数量计算的股权价值合计。

上市公司净利润总额　统计期内上市公司净利润的合计。

上市公司平均净资产收益率　上市公司净利润总额与上市公司净资产总额的比率。

公式：净资产收益率＝Σ上市公司净利润／Σ上市公司净资产。

贰 零 壹 柒

八、证券期货经营机构

Securities and Futures Institutions

贰 零 壹 柒

2016年机构经营情况概述

截至2016年12月底，全国129家证券公司总资产57941.74亿元、净资产16435.90亿元、负债41505.84亿元、本年累计营业收入3279.94亿元、本年累计净利润1234.56亿元。全国109家基金管理公司及14家取得公募基金管理资格的其他资产管理机构总资产1761.26亿元、净资产1093.56亿元、负债667.70亿元、本年累计管理费收入652.73亿元、本年累计净利润244.83亿元。行业表现出以下特点：

1. 证券行业流动性压力总体可控。证券公司高流动性资产保持去年水平，资产结构合理，短期负债下降，长期负债略有增加，流动性压力总体可控。

2. 股票交易额降低，营业收入大幅下降42.97%。受2016年股票日均成交下降超过50%影响，经纪业务、融资类业务、自营业务净收入较上年分别下降60.06%、35.43%、41.38%。

3. 发行、并购提速，投行业务净收入较上年上升33.16%。

4. 资产管理总规模继续扩张，通道业务仍在上升。证券基金行业资管总规模421429.92亿元，年度增幅32%，业务净收入增幅7.85%。其中：基金及基金子公司管理规模247667.14亿元，较上年底增长24.95%，含一对一专户增长41319.67亿元，占增量的83.54%；证券公司受托资金173762.78亿元，同比增长46.20%，含定向资产管理增长45133.68亿元，占总增量的82.19%。

8–1 证券期货经营机构数量
Number of Securities and Futures Institutions

年份 Year	证券公司家数 Number of Securities Companies			证券营业部家数 Number of Securities Business Departments	基金管理公司家数 Number of Fund Management Companies		
	合计 Total	中资 China-funded	中外合资 Sino-foreign Joint Venture		合计 Total	中资 China-funded	中外合资 Sino-foreign Joint Venture
1994	91	—	—	2262	—	—	—
1995	97	—	—	—	—	—	—
1996	94	—	—	2420	—	—	—
1997	90	—	—	2412	—	—	—
1998	90	—	—	2412	6	3	3
1999	90	—	—	2412	10	4	6
2000	100	—	—	2680	10	4	6
2001	109	—	—	2700	15	8	7
2002	127	—	—	2936	21	10	11
2003	133	—	—	3020	33	15	18
2004	133	—	—	3075	44	20	24
2005	116	—	—	3090	52	23	29
2006	104	—	—	3105	57	23	34
2007	106	—	—	3060	58	23	35
2008	107	—	—	3170	60	23	37
2009	106	—	—	3956	60	23	37
2010	106	97	9	4644	63	24	39
2011	109	97	12	5008	69	29	40
2012	114	101	13	5261	77	34	43
2013	115	102	13	5821	89	41	48
2014	121	110	11	6969	95	49	46
2015	125	114	11	7705	101	56	45
2016	129	116	13	9061	109	64	45

数据来源：中国证监会。

Source: CSRC.

8-1 续表 continued

基金管理公司子公司家数 Number of Subsidiaries of Fund Management Companies	私募基金管理公司家数 Number of Private Fund Management Companies	期货公司家数 Number of Futures Companies			期货营业部家数 Number of Future Business Departments	证券投资咨询机构家数 Number of Security Investment Consulting Institutions
		合计 Total	中资 China-funded	中外合资 Sino-foreign Joint Venture		
—	—	—	—	—	—	—
—	—	—	—	—	—	—
—	—	329	—	—	—	—
—	—	294	—	—	—	—
—	—	278	—	—	—	—
—	—	213	—	—	—	—
—	—	178	—	—	—	—
—	—	200	—	—	—	—
—	—	179	—	—	—	—
—	—	186	—	—	—	111
—	—	188	—	—	—	116
—	—	183	—	—	—	109
—	—	183	—	—	—	102
—	—	177	—	—	—	101
4	—	171	—	—	—	100
7	—	167	—	—	—	98
12	—	163	—	—	—	91
15	—	163	160	3	1186	88
33	—	161	158	3	1330	89
64	—	156	153	3	1469	86
73	5052	152	149	3	1547	84
109	25065	150	148	2	1618	84
79	17433	149	147	2	1603	84

8–2 2016年证券期货经营机构按监管辖区分布
Regulatory Jurisdiction Distribution of Securities and Futures Institutions in 2016

单位：家 (unit)

辖区	Jurisdiction	证券公司 Securities Companies	基金管理公司 Fund Management Companies	私募基金管理公司 Number of Private Fund Management Companies	期货公司 Futures Companies	合计 Total
北京	Beijing	18	21	3439	19	3497
天津	Tianjin	1	1	394	6	402
河北	Hebei	1	0	110	1	112
山西	Shanxi	2	0	37	3	42
内蒙古	Neimenggu	2	0	30	0	32
辽宁	Liaoning	2	0	38	2	42
吉林	Jilin	2	0	64	2	68
黑龙江	Heilongjiang	1	0	51	2	54
上海	Shanghai	25	46	3882	33	3986
江苏	Jiangsu	6	0	807	10	823
浙江	Zhejiang	5	3	1149	11	1168
安徽	Anhui	2	0	144	3	149
福建	Fujian	3	3	169	3	178
江西	Jiangxi	2	0	130	1	133
山东	Shandong	1	0	174	3	178
河南	Henan	1	0	72	2	75
湖北	Hubei	2	0	225	2	229
湖南	Hunan	3	0	184	3	190
广东	Guangdong	6	5	889	8	908
广西	Guangxi	1	1	45	0	47
海南	Hainan	2	0	26	2	30
重庆	Chongqing	1	2	189	4	196
四川	Sichuan	4	0	258	3	265
贵州	Guizhou	2	0	46	0	48
云南	Yunnan	2	0	78	2	82
西藏	Xizang	2	1	183	0	186
陕西	Shaanxi	3	0	113	3	119
甘肃	Gansu	1	0	20	1	22
青海	Qinghai	1	0	10	1	12
宁夏	Ningxia	0	0	34	0	34
新疆	Xinjiang	2	1	121	2	126
深圳	Shenzhen	20	25	3544	13	3602
大连	Dalian	1	0	87	1	89
宁波	Ningbo	0	0	355	1	356
厦门	Xiamen	1	0	224	2	227
青岛	Qingdao	1	0	112	0	113
合计	Total	129	109	17433	149	17820

注：证券公司和期货公司按照公司注册地所在辖区统计，基金管理公司按照公司办公地所在辖区统计。
数据来源：中国证监会。
Source: CSRC.

8–3 证券期货经营机构业务资格情况
Qualification of Securities and Futures Institutions

单位：家 (unit)

年份 Year	证券公司家数 Number of Securities Companies	其中具有： Which Having:					
		资产管理业务资格 Qualification for Asset Management Business	保荐机构资格 Qualification for Sponsor Institution	基金代销业务资格 Qualification for Fund Sales Agency Business	全国中小企业股份转让系统主办券商业务资格 Qualification for Broker-dealer Business on NSSTS	融资融券业务资格 Qualification for Margin Financing and Securities Lending Business	转融通业务资格 Qualification for Refinancing Business
1994	91	—	—	—	—	—	—
1995	97	—	—	—	—	—	—
1996	94	—	—	—	—	—	—
1997	90	—	—	—	—	—	—
1998	90	—	—	—	—	—	—
1999	90	—	—	—	—	—	—
2000	100	—	—	—	—	—	—
2001	109	—	—	6	—	—	—
2002	127	61	—	13	—	—	—
2003	133	70	—	17	—	—	—
2004	133	71	75	28	—	—	—
2005	116	62	76	10	—	—	—
2006	104	53	68	2	—	—	—
2007	106	54	67	2	—	—	—
2008	107	55	67	22	—	—	—
2009	106	69	71	17	—	—	—
2010	106	70	72	18	—	25	—
2011	109	76	74	18	—	25	—
2012	114	87	77	27	66	74	30
2013	115	89	79	98	80	84	74
2014	121	93	80	77	87	92	81
2015	125	95	86	77	95	95	79
2016	129	98	92	77	100	93	92

数据来源：中国证监会。
Source: CSRC.

8–3 续表 continued

单位：家 (unit)

年份 Year	基金管理公司家数 Number of Fund Management Companies	其中具有： Which Having: 专户理财业务资格 Qualification for Account Management Business	QDII业务资格 QDII Qualification	期货公司家数 Number of Future Companies	其中具有： Which Having: 金融期货经纪业务资格 Qualification for Financial Futures Brokerage Business	期货投资咨询业务资格 Qualification for Futures Investment Consulting Business
1994	—	—	—	—	—	—
1995	—	—	—	—	—	—
1996	—	—	—	329	—	—
1997	—	—	—	294	—	—
1998	6	—	—	278	—	—
1999	10	—	—	213	—	—
2000	10	—	—	178	—	—
2001	15	—	—	200	—	—
2002	21	—	—	179	—	—
2003	33	—	—	186	—	—
2004	44	—	—	188	—	—
2005	52	—	—	183	—	—
2006	57	—	1	183	—	—
2007	58	—	15	177	—	—
2008	60	32	26	171	—	—
2009	60	35	31	167	—	—
2010	63	35	31	163	—	—
2011	69	63	32	163	—	—
2012	77	76	32	161	152	83
2013	89	88	32	156	149	88
2014	95	95	32	152	147	97
2015	101	101	38	150	148	103
2016	109	109	42	149	147	102

8-4 证券公司重要指标情况
Important Indicators of Securities Companies

单位：亿元 (100 million yuan)

年份 Year	总资产 Total Assets	净资产 Net Assets	净资本 Net Capital	营业收入 Operating Revenue	营业利润 Operating Profit	利润总额 Total Profit	净利润 Net Profit	期末风险资本准备 Risk Capital Reserves at the end of This Period
2007	17313.39	3446.91	2976.83	2847.49	1909.42	1910.69	1320.46	—
2008	11912.23	3584.83	2916.62	1247.28	603.88	609.16	500.43	625.25
2009	20286.91	4840.38	3819.54	2052.95	1195.79	1209.43	933.87	975.60
2010	19686.13	5674.36	4338.22	1926.29	999.24	1010.29	783.05	1105.18
2011	15722.53	6298.25	4648.71	1359.32	482.85	503.37	389.06	1071.54
2012	17209.32	6946.15	4964.36	1301.21	401.76	422.88	331.40	604.02
2013	20803.46	7538.15	5193.74	1593.43	571.79	570.70	440.47	850.03
2014	40340.65	9046.75	6645.61	2553.80	1204.08	1238.24	948.50	1216.47
2015	64170.00	14515.42	12523.03	5751.55	3179.84	3189.87	2447.63	1767.00
2016	57934.47	11646.84	10851.99	3286.09	1514.69	1547.44	1232.31	8908.89

注：2016年机构部对风险资本准备的口径进行了调整。
数据来源：中国证监会。
Source: CSRC.

8-5　2016年证券公司资产负债表
Balance Sheet of Securities Companies in 2016

单位：亿元　　(100 million yuan)

资产	Assets	期初余额 Beginning Balance	期末余额 Ending Balance
资产	**Assets:**		
货币资金	Monetary Assets	20486.32	14786.64
其中：自有资金存款	Thereinto:Self-Owned Fund Deposit	3662.86	3123.68
自有信用资金存款	Self-Owned Credit Fund Deposit	117.89	92.40
客户资金存款	Clients' Capital Deposit	14846.49	10438.06
客户信用资金存款	Clients' Credit Fund Deposit	1833.58	1067.00
结算备付金	Transaction Settlement Funds	4938.55	3916.13
其中：自有备付金	Thereinto: Self-Owned Reserve for Settlement	667.99	628.99
客户备付金	Clients' Reserve for Settlement	3363.24	2788.11
信用备付金	Credit Reserve for Settlement	899.64	489.49
拆出资金	Inter-bank Lending Capital	6.00	15.10
融出资金	Capital Lending	11696.94	9387.64
交易性金融资产	Financial Assets Held for Trade	9611.11	8719.28
其中：流动受限证券	Thereinto: Flow Restricted Securities	1558.17	1706.87
衍生金融资产	Derivative Financial Assets	77.34	53.19
买入返售金融资产	Financial Assets Purchased under Agreements to Resell	4907.19	7200.33
其中：约定购回融出资金	Thereinto:Capital Lending of Pre-arranged Repo	52.82	48.13
股票质押回购融出资金	Capital Lending of Pledge-style Repo	2559.24	4833.96
应收利息	Interests Receivable	379.03	443.43
存出保证金	Margin Paid	339.80	312.33
其中：交易保证金	Thereinto:Trading Margin	176.54	173.35
信用保证金	Credit Margin	70.15	40.14
履约保证金	Performance Bond Margin	57.21	66.86
可供出售金融资产	Financial Assets Available for Sales	7883.85	8383.14
持有至到期投资	Held-to-Maturity Investment	102.16	270.52
长期股权投资	Long-term Equity Investment	2258.93	2667.44
投资性房地产	Investment Real Estate	36.09	46.49
固定资产	Fixed Assets	316.25	321.96
其中：在建工程	Thereinto:Construction in Progress	63.38	63.88
无形资产	Intangible Assets	107.01	121.78
商誉	Goodwill	6.50	6.47
递延所得税资产	Deferred Income Tax Assets	165.44	210.23
其他资产	Other Assets	875.46	1072.37
其中：应收融资融券客户款	Thereinto:Margin Requirement clients' Account Receivable	4.97	12.11
应收款项	Accounts Receivable	507.16	693.05
应收股利	Dividends Receivable	6.60	15.44
抵债资产	Debt- expiated Assets	0.75	0.65
长期待摊费用	Proxy Cashing Bonds	33.98	37.18
资产总计	Total Assets	64193.96	57934.47

数据来源：中国证监会。
Source: CSRC.

8–5 续表 continued

单位：亿元 (100 million yuan)

负债和所有者权益	Liabilities and Owner's Equity	期初余额 Beginning Balance	期末余额 Ending Balance
负债	**Liabilities:**		
短期借款	Short-term Loan	5.85	16.50
其中：质押借款	Thereinto:Pledge Loan	4.85	0.00
信用借款	Credit Loan	0.00	16.50
拆入资金	Money Borrowing	758.10	1188.87
其中：转融通融入资金	Thereinto:Money Borrowing from Refinancing Business	237.29	841.43
交易性金融负债	Financial Liabilities Held for Trade	367.72	751.43
衍生金融负债	Derivative Financial Liabilities	158.81	75.99
卖出回购金融资产款	Money from Selling Repo Financial Assets	11817.37	8654.10
其中：报价回购融入资	Thereinto:Money Borrowing from Quotation-based Repo	495.76	526.68
代理买卖证券款	Money from Acting Securities Trading	18132.86	13057.66
信用交易代理买卖证券款	Money from Acting Securities Trading for Credit Transaction	2395.89	1375.26
代理承销证券款	Money from Acting to Underwrite Securities	37.78	168.41
应付职工薪酬	Employee Salary Payable	1092.06	964.32
应交税费	Tax Payable	446.11	229.13
应付利息	Interests Payable	412.60	338.00
预计负债	Estimated Liabilities	11.59	14.51
长期借款	Long-term Equity Loan	153.17	112.89
应付债券	Bonds Payable	6575.87	7184.36
其中：应付短期融资券	Thereinto:Short-term Financing Bills Payable	1738.54	1181.79
应付公司债券	Corporate Bonds Payable	3109.43	4314.25
递延所得税负债	Deferred Income Tax Liabilities	86.39	39.92
其他负债	Other Liabilities	1085.64	943.24
其中：应付款项	Thereinto:Accounts Payable	945.89	771.20
应付股利	Dividends Payable	23.79	30.81
次级债	Subordinated Debt	6128.18	6362.63
其中：短期次级债	Thereinto:Short-term Subordinated Debt	102.69	155.02
长期次级债	Long-term Subordinated Debt	5676.10	6207.60
负债合计	Total Liabilities	49666.00	41477.21
所有者权益	**Owners' Equity:**		
实收资本(或股本)	Equity	3655.29	4349.39
资本公积	Capital Reserve	5507.61	6244.23
减：库存股	less:Treasury Stock	0.73	5.44
盈余公积	Surplus Reserve	721.30	838.66
一般风险准备	General Contingency Reserve	791.30	916.62
交易风险准备	Risk Reserves for Exchange	770.78	894.52
未分配利润	Undistributed Profits	3082.42	3219.27
外币报表折算差额	Foreign Currency Statements Convert the Difference	0.00	0.00
所有者权益合计	Owner's Equity-Total	14527.96	16457.25
负债和所有者权益总计	Total Liabilities and Owner's Equity	64193.96	57934.47

8–6 2016年证券公司利润表

Income Statement of Securities Companies in 2016

单位：亿元 (100 million yuan)

项目	Item	上期金额 Beginning Balance	本期金额 Ending Balance
一、营业收入	**Operating Revenue:**	5753.04	3286.09
手续费及佣金净收入	Net Income from Commissions	3614.90	2156.07
其中：证券经纪业务净收入	Thereinto:Net Income from Brokerage Business	2755.51	1099.27
其中：代理买卖证券业务净收入	Thereinto: Net Income from Acting Securities Trading	2524.81	939.40
交易单元席位租赁净收入	Net Income from Trading unit seat lease	166.06	111.23
代理销售金融产品净收入	Net Income from Financial Sales Agency Business	63.52	47.57
投资银行业务净收入	Net Income from Investment banking Business	525.20	681.18
其中：承销业务净收入	Thereinto: Net Income from Securities Underwriting Business	366.80	495.59
保荐业务净收入	Net Income from Sponsor Business	22.70	24.78
财务顾问业务净收入	Net Income from Financial Advisory Business	135.54	160.72
其中：并购重组财务顾问	Thereinto:Net Income from Merger and Reorganization	85.84	38.54
投资咨询服务净收入	Net Income from Investment Consulting Business	44.53	47.45
资产管理业务净收入	Net Income from Asset Management Business	274.11	299.97
其中：公募基金管理业务净收入(含大集合)	Thereinto:Net Income from Public Funds Management Business	90.34	88.72
集合资产管理业务净收入	Net Income from Aggregate Asset Management Business	75.12	85.56
定向资产管理业务净收入	Net Income from Directional Asset Management Business	103.42	118.49
专项资产管理业务净收入	Net Income from Specific Asset Management Business	5.01	7.04
利息净收入	Net Interests Income	584.79	376.30
其中：1.利息收入	Thereinto: Interests Income	2035.87	1476.27
其中：存放金融同业利息收入	Thereinto: Interests Income of Deposits in Financial Institutions	615.22	449.40
其中：自有资金存款利息收入	Thereinto:Interests Income of Self-Owned Fund Deposit	161.89	125.04
客户资金存款利息收入	Interests Income of Clients' Capital Deposit	453.35	324.35
融资业务利息收入	Interests Income of Financing Business	1386.57	994.22
其中：融资融券业务利息收入	Thereinto:Interests Income of Margin Requirement	1174.99	728.14
约定购回利息收入	Interests Income of Pre-arranged Repo	6.52	3.97
股票质押回购利息收入	Interests Income of Pledge-style Repo	185.36	231.34
2.利息支出（支出以“－”号填列）	Interests Expense	-1451.08	-1099.97
其中：卖出回购金融资产利息支出	Thereinto: Interests Expense of Repurchase of Financial Assets	-615.27	-351.93
其中：报价回购利息支出	Thereinto: Interests Expense of Price Repurchase	-12.35	-16.69
拆入资金利息支出	Interests Expense of Money Borrowing	-83.25	-42.92
其中：转融通利息支出	Thereinto: Interests Expense of Refinancing	-55.90	-12.86
债券利息支出	Interests Expense of Bonds	-601.75	-596.65
投资收益	Investment Income	1484.33	873.75
其中：对联营企业和合营企业的投资收益	Thereinto:Return of Investment on Joint Ownership Enterprises	51.68	45.17
对子公司的投资收益	Return of Investment on Subsidiary Company	33.76	88.46
交易性金融工具的投资收益	Return of Investment on Trading Financial Instrument	972.27	316.50
可供出售金融资产的投资收益	Return of Investment on Financial Assets Available for Sales	529.21	362.28
持有至到期金融资产的投资收益	Return of Investment on Held-to-Maturity Investment	5.10	6.03
衍生金融工具的投资收益	Return of Investment on Derivative Financial Instrument	-116.37	39.93
公允价值变动收益	Profit from Fair Value Change	31.23	-149.79
其中：交易性金融工具公允价值变动收益	Thereinto:Fair Value Change of Trading Financial Instrument	22.86	-212.89
衍生金融工具公允价值变动收益	Fair Value Change of Derivative Financial Instrument	8.58	62.68
汇兑收益	Net Exchange Gain	23.88	13.76
其他业务收入	Other Business Income	13.92	16.01
二、营业支出	**Operating Cost:**	2577.12	1771.40
营业税金及附加	Business Tax and Surcharges	359.26	92.20
业务及管理费	General and Administrative Expenses	2146.92	1619.61
其中：折旧及摊销	Thereinto:Depreciation and Amortization	60.22	65.64
场地设备租赁费	Venue and Equipment Rental Fees	74.32	87.93
职工薪酬	Employee Salary	1651.11	1119.43
证券投资者保护基金	Securities Investor Protection Fund	41.32	36.24
资产减值损失	Asset Impairment Loss	68.94	57.38
其他业务成本	Cost of Other Businesses	2.00	2.20
三、营业利润	**Operating Profit:**	3175.92	1514.69
加：营业外收入	Add: Non-operating Income	22.18	44.41
减：营业外支出	Less: Non-operating Expenditure	13.18	11.66
四、利润总额	**Total Profit:**	3184.92	1547.44
减：所得税费用	Less: Income Tax	742.66	315.13
五、净利润	**Net Profit**	2442.26	1232.31

注：净损失以“－”号填列，冲回以“－”号列示。

数据来源：中国证监会。

Source: CSRC.

8—7 2016年证券公司净资本表

Net Capital Sheet of Securities Companies in 2016

单位：亿元 (100 million yuan)

项目	Item	期初余额 Beginning Balance	期末余额 Ending Balance
净资产	Net assets	14527.96	16457.25
减：优先股及永续次级债等	Less:Preferred stock perpetual subordinated debt etc.	297.00	322.00
减：资产项目的风险调整合计	Less: Risk Adjustment of Derivative Financial Assets	3161.06	3718.96
减：或有负债的风险调整合计	Less: Risk Adjustment of Contingent Liabilities	185.69	408.20
加：中国证监会认定或核准的其他调整项目合计	Add: Other Adjustment of CSRC	66.88	225.58
减：中国证监会认定或核准的其他调整项目合计	Less: Other Adjustment of CSRC	3.35	3.18
核心净资本	Core Net Capital	10947.75	12230.50
加：附属净资本	Additional Net Capital	2755.47	2445.80
净资本	Net Capital	13703.21	14676.30

数据来源：中国证监会。
Source: CSRC.

8—8 2016年证券公司风险资本准备表

Risk Capital Reserve Sheet of Securities Companies in 2016

单位：亿元 (100 million yuan)

项目	Item	期初余额 Beginning Balance	期末余额 Ending Balance
1．市场风险资本准备	Market Risk Capital Reserves	2975.09	3159.24
2．信用风险资本准备	Credit Risk Capital Reserves	1886.80	2098.70
3．操作风险资本准备	Operational Risk Capital Reserves	399.56	537.32
4．特定风险资本准备	Specific Risk Capital Reserves	935.84	1320.60
分类调整前的各项风险资本准备合计	Total Risk Capital Reserves（Before the adjustment）	6361.21	7338.91
分类调整后的各项风险资本准备合计	Total Risk Capital Reserves（After the adjustment）	4794.12	6031.24

数据来源：中国证监会。
Source: CSRC.

8−9 2016年期货公司资产负债表
Balance Sheet of Futures Companies in 2016

单位：亿元 (100 million yuan)

资产	Assets	期初余额 Beginning Balance	期末余额 Ending Balance
资产：	**Assets:**		
货币资金	Monetary Assets	2891.98	3074.37
其中：期货保证金存款	Thereinto:Futures Margin Deposit	2654.72	2815.54
应收货币保证金	Monetary Margin Receivable	1419.08	1801.90
应收质押保证金	Pledged Margin Receivable	44.10	98.39
存出保证金	Margin Paid	4.39	5.05
交易性金融资产	Financial Assets Held for Trade	118.78	135.73
应收结算担保金	Receivable Guaranty Money for Settlement	13.59	14.42
应收风险损失款	Receivable Money for Risk Loss	1.71	1.20
应收利息	Interests Receivable	15.19	12.60
应收佣金	Commission Receivable	0.09	0.32
其他应收款	Other Receivable	20.51	16.34
可供出售金融资产	Financial Assets Available for Sales	65.64	82.88
持有至到期投资	Held-to-Maturity Investment	20.30	11.57
长期股权投资	Long-term Equity Investment	69.43	116.89
期货会员资格投资	Futures Membership Investment	2.21	2.20
固定资产	Fixed Assets	19.03	17.26
无形资产	Intangible Assets	13.96	13.17
递延所得税资产	Deferred Income Tax Assets	3.08	3.65
其他资产	Other Assets	23.15	30.36
资产总计	Total Assets	4746.21	5438.31

数据来源：中国证监会。
Source: CSRC.

8-9 续表 continued

单位：亿元 (100 million yuan)

负债和所有者权益	Liabilities and Owner's Equity	期初余额 Beginning Balance	期末余额 Ending Balance
负债：	**Liabilities:**		
短期借款	Short-term Loan	0.06	0.03
应付货币保证金	Monetary Margin Payable	3785.66	4270.37
应付质押保证金	Pledged Margin Payable	44.11	98.38
交易性金融负债	Financial Liabilities Held for Trade	1.80	2.98
期货风险准备金	Capital Reserve for Futures	41.79	47.73
应付期货投资者保障基金	Futures Investors Protection Fund Payable	0.61	0.64
应付职工薪酬	Employee Salary Payable	19.90	24.97
应交税费	Tax Payable	9.13	9.28
应付利息	Interests Payable	0.80	1.09
应付手续费及佣金	Fees and Commission Payable	0.80	0.82
其他应付款	Other Payable	17.87	11.53
预计负债	Estimated Liabilities	0.01	0.02
长期借款	Long-term Equity Loan	6.01	24.79
递延所得税负债	Deferred Income Tax Liabilities	0.89	1.41
其他负债	Other Liabilities	33.84	33.71
负债合计	Total Liabilities	3963.27	4527.76
所有者权益(或股东权益)：	**Owners' Equity**		
实收资本(或股本)	Equity	524.65	581.56
资本公积	Capital Reserve	97.73	128.64
减：库存股	less:Treasury Stock	0.00	
盈余公积	Surplus Reserve	22.12	29.33
一般风险准备	General Contingency Reserve	18.50	26.50
未分配利润	Undistributed Profits	119.94	144.51
所有者权益(或股东权益)合计	Owner's Equity-Total	782.94	910.54
负债和所有者权益总计	Total Liabilities and Owner's Equity	4746.21	5438.31

8—10　2016年期货公司利润表
Income Statement of Futures Companies in 2016

单位：亿元　　(100 million yuan)

项目	Item	上期金额 Beginning Balance	本期金额 Ending Balance
营业收入：	**Operating Revenue:**	230.37	133.38
手续费收入	Net Income from Fees	114.38	-2.56
佣金净收入	Net Income from Commissions	-2.57	87.24
利息净收入	Net Interests Income	90.76	14.19
投资收益	Investment Income	16.15	-2.87
公允价值变动收益	Profit from Fair Value Change	3.70	0.11
汇兑净收益	Net Exchange Gain	0.08	3.95
其他业务收入	Other Business Income	7.88	233.45
营业支出：	**Operating Cost:**	155.14	6.02
提取期货风险准备金	Reserve for Futures Risk	5.35	3.02
营业税金及附加	Business Tax and Surcharges	6.94	139.25
业务及管理费	General and Administrative Expenses	136.66	0.51
资产减值损失	Asset Impairment Loss	0.29	2.51
其他业务成本	Cost of Other Businesses	5.91	151.32
营业利润：	**Operating Profit:**	75.23	82.13
加：营业外收入	Add: Non-operating Income	1.54	3.21
减：营业外支出	Less: Non-operating Expenditure	0.33	0.38
利润总额：	**Total Profit:**	76.44	84.96
减：所得税费用	Less: Income Tax	18.61	20.21
净利润	**Net Profit**	57.82	64.75

数据来源：中国证监会。
Source: CSRC.

8—11 2016年证券公司财务情况前20排名表

Top 20 Securities Companies Ranked by Pecuniary Condition in 2016

排名 Rank	总资产 Total Assets			排名 Rank	净利润 Net Profit		
	公司名称 Company Name	金额(亿元) Amount (100 million yuan)	占比(%) Proportion (%)		公司名称 Company Name	金额(亿元) Amount (100 million yuan)	占比(%) Proportion (%)
1	中信证券股份有限公司	4516.10	7.80	1	中信证券股份有限公司	75.25	6.11
2	海通证券股份有限公司	3172.34	5.48	2	国泰君安证券股份有限公司	73.98	6.00
3	国泰君安证券股份有限公司	3124.10	5.39	3	广发证券股份有限公司	61.78	5.01
4	广发证券股份有限公司	3063.93	5.29	4	海通证券股份有限公司	57.25	4.65
5	华泰证券股份有限公司	2713.90	4.68	5	国信证券股份有限公司	53.31	4.33
6	中国银河证券股份有限公司	2175.60	3.76	6	中信建投证券股份有限公司	51.10	4.15
7	招商证券股份有限公司	2174.15	3.75	7	中国银河证券股份有限公司	46.54	3.78
8	申万宏源证券有限公司	2128.39	3.67	8	华泰证券股份有限公司	46.38	3.76
9	东方证券股份有限公司	1838.73	3.17	9	申万宏源证券有限公司	46.11	3.74
10	国信证券股份有限公司	1687.86	2.91	10	招商证券股份有限公司	46.03	3.74
11	中信建投证券股份有限公司	1592.36	2.75	11	光大证券股份有限公司	28.50	2.31
12	光大证券股份有限公司	1358.47	2.34	12	安信证券股份有限公司	25.46	2.07
13	方正证券股份有限公司	1182.46	2.04	13	中泰证券股份有限公司	24.09	1.96
14	兴业证券股份有限公司	1098.26	1.90	14	上海证券有限责任公司	21.90	1.78
15	中泰证券股份有限公司	1066.14	1.84	15	方正证券股份有限公司	20.50	1.66
16	长江证券股份有限公司	1000.77	1.73	16	平安证券股份有限公司	20.32	1.65
17	安信证券股份有限公司	977.37	1.69	17	长江证券股份有限公司	17.76	1.44
18	平安证券股份有限公司	867.21	1.50	18	华融证券股份有限公司	16.70	1.36
19	中国中投证券有限责任公司	756.92	1.31	19	兴业证券股份有限公司	15.45	1.25
20	东北证券股份有限公司	705.99	1.22	20	东方证券股份有限公司	15.19	1.23
合计		37201.05	64.21	合计		763.60	61.96

注："占比"是指单个公司数据占全行业公司数据的比重。
数据来源：中国证监会。
Source:CSRC.

8–12 2016年证券公司股票成交金额前20排名表
Top 20 Securities Companies Ranked by Stock Trading Turnover in 2016

排名 Rank	A股 A-Shares			排名 Rank	B股 B-Shares		
	公司名称 Company Name	金额(亿元) Amount (100 million)	占比(%) Proportion (%)		公司名称 Company Name	金额(亿元) Amount (100 million)	占比(%) Proportion (%)
1	华泰证券股份有限公司	191752.47	8.62	1	申万宏源证券有限公司	265.44	9.21
2	中信证券股份有限公司	111378.51	5.01	2	国泰君安证券股份有限公司	184.62	6.41
3	国泰君安证券股份有限公司	109290.80	4.91	3	招商证券股份有限公司	182.26	6.32
4	广发证券股份有限公司	109207.45	4.91	4	中国银河证券股份有限公司	173.47	6.02
5	申万宏源证券有限公司	94705.42	4.26	5	华泰证券股份有限公司	168.45	5.85
6	招商证券股份有限公司	90882.34	4.08	6	海通证券股份有限公司	165.32	5.74
7	中国银河证券股份有限公司	82678.52	3.72	7	广发证券股份有限公司	162.99	5.66
8	国信证券股份有限公司	82062.93	3.69	8	中信证券股份有限公司	136.31	4.73
9	海通证券股份有限公司	77563.93	3.49	9	国信证券股份有限公司	123.72	4.29
10	中信建投证券股份有限公司	70329.81	3.16	10	光大证券股份有限公司	77.64	2.69
11	中泰证券股份有限公司	55912.01	2.51	11	中国中投证券有限责任公司	76.88	2.67
12	安信证券股份有限公司	51393.53	2.31	12	中信建投证券股份有限公司	74.10	2.57
13	方正证券股份有限公司	50465.02	2.27	13	安信证券股份有限公司	69.51	2.41
14	中国中投证券有限责任公司	50118.45	2.25	14	东方证券股份有限公司	61.97	2.15
15	平安证券股份有限公司	42718.83	1.92	15	中国国际金融股份有限公司	61.95	2.15
16	西南证券股份有限公司	41788.42	1.88	16	方正证券股份有限公司	58.29	2.02
17	光大证券股份有限公司	39732.62	1.79	17	西南证券股份有限公司	53.49	1.86
18	浙商证券股份有限公司	34809.44	1.56	18	长江证券股份有限公司	46.70	1.62
19	财通证券股份有限公司	33408.78	1.50	19	中银国际证券有限责任公司	45.01	1.56
20	国金证券股份有限公司	31644.30	1.42	20	上海证券有限责任公司	43.47	1.51
合计 Total		1451843.55	65.25	合计 Total		2231.60	77.44

注："占比"是指单个公司数据占全行业公司数据的比重。
数据来源：中国证券业协会。
Source:SAC.

8–13 2016年证券公司债券交易金额前20排名表

Top 20 Securities Companies Ranked by Bond Trading Turnover in 2016

排名 Rank	现货 Spot Transaction		
	公司名称 Company Name	金额(亿元) Amount(100 million yuan)	占比(%) Proportion(%)
1	中信证券股份有限公司	3463.73	21.61
2	中信建投证券股份有限公司	1123.23	7.01
3	国泰君安证券股份有限公司	935.33	5.83
4	华泰证券股份有限公司	828.20	5.17
5	中国银河证券股份有限公司	785.91	4.90
6	招商证券股份有限公司	673.49	4.20
7	平安证券股份有限公司	626.43	3.91
8	海通证券股份有限公司	546.70	3.41
9	广发证券股份有限公司	521.70	3.25
10	申万宏源证券有限公司	482.34	3.01
11	国信证券股份有限公司	479.94	2.99
12	第一创业证券股份有限公司	355.29	2.22
13	华融证券股份有限公司	334.22	2.08
14	中国国际金融股份有限公司	308.45	1.92
15	国金证券股份有限公司	295.79	1.85
16	安信证券股份有限公司	288.61	1.80
17	光大证券股份有限公司	282.77	1.76
18	方正证券股份有限公司	235.84	1.47
19	国海证券股份有限公司	230.59	1.44
20	兴业证券股份有限公司	217.89	1.36
合计Total		13016.45	81.20

注：1.本表仅统计交易所债券的交易情况。
　　2.“占比”是指单个公司数据占全行业公司数据的比重。
数据来源：中国证券业协会。
Source:SAC.

8–13 续表 continued

排名 Rank	回购 Repo Transaction 公司名称 Company Name	金额(亿元) Amount(100 million yuan)	占比(%) Proportion(%)
1	中信证券股份有限公司	168269.58	12.62
2	平安证券股份有限公司	87091.55	6.53
3	国泰君安证券股份有限公司	68555.19	5.14
4	华泰证券股份有限公司	67166.76	5.04
5	中国银河证券股份有限公司	56727.84	4.25
6	招商证券股份有限公司	53250.92	3.99
7	中信建投证券股份有限公司	51462.37	3.86
8	申万宏源证券有限公司	51095.91	3.83
9	广发证券股份有限公司	45364.06	3.40
10	海通证券股份有限公司	36064.18	2.70
11	国信证券股份有限公司	34675.05	2.60
12	长江证券股份有限公司	34534.08	2.59
13	光大证券股份有限公司	30664.09	2.30
14	中国国际金融股份有限公司	29711.62	2.23
15	中泰证券股份有限公司	26096.52	1.96
16	安信证券股份有限公司	25107.37	1.88
17	国金证券股份有限公司	22886.55	1.72
18	东方证券股份有限公司	20844.01	1.56
19	中国中投证券有限责任公司	19910.03	1.49
20	兴业证券股份有限公司	19877.54	1.49
合计 Total		949355.20	71.19

8–14 2016年证券公司经纪业务前20排名表

Top 20 Securities Companies Ranked by Brokerage Business in 2016

排名 Rank	代理买卖证券业务净收入(含席位租赁) Net Income from Acting Securities Trading		
	公司名称 Company Name	金额(亿元) Amount(100 million yuan)	占比(%) Proportion(%)
1	中信证券股份有限公司	82.37	7.41
2	国泰君安证券股份有限公司	64.99	5.85
3	中国银河证券股份有限公司	54.93	4.94
4	申万宏源证券有限公司	54.01	4.86
5	国信证券股份有限公司	52.76	4.75
6	华泰证券股份有限公司	49.61	4.46
7	广发证券股份有限公司	48.82	4.39
8	海通证券股份有限公司	47.48	4.27
9	招商证券股份有限公司	43.65	3.93
10	中信建投证券股份有限公司	34.00	3.06
11	方正证券股份有限公司	32.68	2.94
12	中泰证券股份有限公司	30.73	2.77
13	安信证券股份有限公司	25.57	2.30
14	光大证券股份有限公司	24.45	2.20
15	中国中投证券有限责任公司	21.35	1.92
16	长江证券股份有限公司	18.88	1.70
17	平安证券股份有限公司	15.58	1.40
18	华西证券股份有限公司	14.74	1.33
19	国金证券股份有限公司	14.24	1.28
20	兴业证券股份有限公司	13.95	1.26
合计 Total		744.79	67.02

注：1.“占比”是指单个公司数据占全行业公司数据的比重。
　　2.按合并口径统计。
数据来源：中国证券业协会。
Source: SAC.

8—15 2016年证券公司承销业务前20排名表

Top 20 Securities Companies Ranked by Underwriting Business in 2016

排名 Rank	承销与保荐业务净收入 Net Income of Underwritings and Sponsors		
	公司名称 Company Name	金额(亿元) Amount (100 million yuan)	占比(%) Proportion(%)
1	中信证券股份有限公司	38.20	6.76
2	中信建投证券股份有限公司	35.31	6.24
3	国泰君安证券股份有限公司	29.87	5.28
4	海通证券股份有限公司	25.86	4.57
5	中国国际金融股份有限公司	25.40	4.49
6	国信证券股份有限公司	22.70	4.01
7	广发证券股份有限公司	21.36	3.78
8	招商证券股份有限公司	18.40	3.25
9	申万宏源证券有限公司	15.85	2.80
10	华泰证券股份有限公司	14.60	2.58
11	兴业证券股份有限公司	11.60	2.05
12	光大证券股份有限公司	11.55	2.04
13	国海证券股份有限公司	11.47	2.03
14	平安证券股份有限公司	10.96	1.94
15	东方证券股份有限公司	10.86	1.92
16	安信证券股份有限公司	10.47	1.85
17	国金证券股份有限公司	10.43	1.84
18	中国银河证券股份有限公司	9.18	1.62
19	西南证券股份有限公司	8.91	1.57
20	长城证券股份有限公司	8.59	1.52
合计 Total		351.56	62.17

注：1.“占比”是指单个公司数据占全行业公司数据的比重。
2.按合并口径统计。

数据来源：中国证券业协会。

Source: SAC.

8-15 续表 continued

排名 Rank	并购重组财务顾问业务净收入 Net Income of Take Over Consultants		
	公司名称 Company Name	金额(亿元) Amount(100 million yuan)	占比(%) Proportion(%)
1	中国国际金融股份有限公司	5.37	12.02
2	华泰证券股份有限公司	5.25	11.75
3	海通证券股份有限公司	3.85	8.61
4	西南证券股份有限公司	3.80	8.50
5	广发证券股份有限公司	2.99	6.70
6	中信建投证券股份有限公司	2.70	6.05
7	中信证券股份有限公司	1.80	4.03
8	国信证券股份有限公司	1.71	3.82
9	国金证券股份有限公司	1.37	3.06
10	国泰君安证券股份有限公司	1.30	2.92
11	东方证券股份有限公司	1.23	2.76
12	东方花旗证券有限公司	1.23	2.75
13	新时代证券股份有限公司	0.75	1.68
14	申万宏源证券有限公司	0.71	1.59
15	申万宏源证券有限公司承销保荐	0.70	1.57
16	浙商证券股份有限公司	0.67	1.49
17	招商证券股份有限公司	0.64	1.43
18	华鑫证券有限责任公司	0.59	1.32
19	东北证券股份有限公司	0.50	1.12
20	长江证券股份有限公司	0.45	1.01
合计 Total		37.62	84.17

8–16 2016年证券公司资产管理业务前20排名表

Top 20 Securities Companies Ranked by Asset Management Business in 2016

排名 Rank	受托管理资金本金总额 Total Collcation Capital		
	公司名称 Company Name	金额(亿元) Amount(100 million yuan)	占比(%) Proportion(%)
1	中信证券股份有限公司	17869.08	10.28
2	华泰证券股份有限公司	8712.55	5.01
3	国泰君安证券股份有限公司	8452.70	4.86
4	海通证券股份有限公司	8284.33	4.76
5	中信建投证券股份有限公司	8114.31	4.67
6	广发证券股份有限公司	7134.24	4.10
7	申万宏源证券有限公司	6869.56	3.95
8	招商证券股份有限公司	6204.14	3.57
9	中银国际证券有限责任公司	5818.66	3.35
10	华福证券有限责任公司	4914.26	2.83
11	德邦证券股份有限公司	4106.39	2.36
12	安信证券股份有限公司	3314.21	1.91
13	华融证券股份有限公司	3063.19	1.76
14	长城证券股份有限公司	2859.00	1.64
15	国都证券股份有限公司	2770.55	1.59
16	东吴证券股份有限公司	2756.42	1.59
17	江海证券有限公司	2737.40	1.57
18	光大证券股份有限公司	2576.58	1.48
19	第一创业证券股份有限公司	2549.68	1.47
20	中泰证券股份有限公司	2310.61	1.33
合计 Total		111417.86	64.08

注：1."占比"是指单个公司数据占全行业公司数据的比重。
　　2.受托客户资产管理业务净收入按合并口径统计。
数据来源：中国证券业协会。
Source: SAC.

8–16 续表 continued

排名 Rank	受托客户资产管理业务净收入 Net Income from Asset Management Business		
	公司名称 Company Name	金额(亿元) Amount(100 million yuan)	占比(%) Proportion(%)
1	中信证券股份有限公司	63.79	15.11
2	国泰君安证券股份有限公司	23.70	5.62
3	广发证券股份有限公司	18.23	4.32
4	光大证券股份有限公司	18.10	4.29
5	申万宏源证券有限公司	18.04	4.27
6	华泰证券股份有限公司	15.92	3.77
7	招商证券股份有限公司	11.43	2.71
8	中泰证券股份有限公司	9.27	2.20
9	东方证券股份有限公司	8.93	2.12
10	财通证券股份有限公司	7.77	1.84
11	广州证券股份有限公司	7.25	1.72
12	中信建投证券股份有限公司	7.25	1.72
13	恒泰证券股份有限公司	7.14	1.69
14	长江证券股份有限公司	6.29	1.49
15	海通证券股份有限公司	5.90	1.40
16	中银国际证券有限责任公司	5.86	1.39
17	浙商证券股份有限公司	5.83	1.38
18	兴业证券股份有限公司	5.58	1.32
19	华福证券有限责任公司	5.39	1.28
20	第一创业证券股份有限公司	5.17	1.23
合计 Total		256.85	60.85

8-17 2016年证券公司客户交易结算资金余额前20排名表
Top 20 Securities Companies Ranked by Balance of Clients' Transaction Settlement Funds in 2016

排名 Rank	客户交易结算资金余额 Balance of Clients' Transaction Settlement Funds		
	公司名称 Company Name	金额(亿元) Amount(100 million yuan)	占比(%) Proportion(%)
1	中信证券	719.27	5.67
2	国泰君安	614.26	4.84
3	广发证券	609.03	4.80
4	申万宏源	607.46	4.79
5	华泰证券	597.54	4.71
6	银河证券	581.92	4.59
7	海通证券	574.73	4.53
8	国信证券	457.45	3.61
9	申银万国	447.77	3.53
10	中信建投	435.97	3.44
11	招商证券	430.27	3.39
12	中泰证券	307.22	2.42
13	光大证券	301.12	2.38
14	中投证券	268.98	2.12
15	安信证券	265.69	2.10
16	平安证券	215.21	1.70
17	长江证券	208.41	1.64
18	东方证券	202.32	1.60
19	方正证券	189.44	1.49
20	兴业证券	167.36	1.32
合计 Total		8201.43	64.69

注：1.“占比”是指单个公司数据占全行业公司数据的比重。
2.本表中的“客户”仅指普通投资者，“客户交易结算资金余额”不含B股和融资融券余额。

8–18 2016年期货公司期货成交金额前20排名表
Top 20 Futures Companies Ranked by Futures Trading Turnover in 2016

排名 Rank	商品期货 Commodity Futures			排名 Rank	金融期货 Financial Futures		
	公司名称 Company Name	金额(亿元) Amount (100 million yuan)	占比(%) Proportion (%)		公司名称 Company Name	金额(亿元) Amount (100 million yuan)	占比(%) Proportion (%)
1	海通期货	150381.08	8.50	1	中信期货	15239.79	8.37
2	中信期货	68395.95	3.87	2	海通期货	14515.83	7.97
3	国泰君安	56934.92	3.22	3	国泰君安	10104.18	5.55
4	东证期货	52066.02	2.94	4	光大期货	7856.23	4.32
5	华泰期货	47313.31	2.67	5	华泰期货	6665.68	3.66
6	银河期货	44811.83	2.53	6	银河期货	6356.86	3.49
7	国投安信期货	48927.26	2.77	7	兴证期货	6202.66	3.41
8	永安期货	46431.11	2.62	8	东证期货	5897.06	3.24
9	申银万国	43867.10	2.48	9	南华期货	5311.74	2.92
10	广发期货	44516.18	2.52	10	申银万国	5265.77	2.89
11	方正中期期货	40336.59	2.28	11	永安期货	4403.07	2.42
12	光大期货	34530.05	1.95	12	广发期货	4364.23	2.40
13	南华期货	32506.56	1.84	13	招商期货	3817.90	2.10
14	徽商期货	36495.81	2.06	14	鲁证期货	3556.22	1.95
15	兴证期货	26279.48	1.49	15	中信建投	3272.66	1.80
16	上海中期	30518.71	1.73	16	方正中期期货	3114.94	1.71
17	东航期货	28461.68	1.61	17	新湖期货	2925.63	1.61
18	铜冠金源	27066.71	1.53	18	西部期货	2846.40	1.56
19	中信建投	24036.21	1.36	19	宏源期货	2674.98	1.47
20	招商期货	21710.44	1.23	20	浙商期货	2327.38	1.28
合计 Total		905587.02	51.20	合计 Total		116719.23	64.12

注："占比"是指单个公司数据占全行业公司数据的比重。

数据来源：中国证监会。

Source: CSRC.

8-19 2016年期货公司期末客户权益总额前20排名表

Top 20 Futures Companies Ranked by Total Value of Customer Equity in 2016

排名 Rank	公司名称 Company Name	金额(亿元) Amount(100 million yuan)	占比(%) Proportion(%)
1	中信期货	316.27	7.24
2	永安期货	222.66	5.10
3	华泰期货	213.36	4.88
4	国泰君安	208.61	4.78
5	海通期货	190.49	4.36
6	银河期货	180.69	4.14
7	东证期货	155.71	3.56
8	国投安信期货	112.12	2.57
9	广发期货	108.98	2.49
10	申银万国	105.93	2.42
11	南华期货	100.78	2.31
12	兴证期货	99.25	2.27
13	光大期货	97.72	2.24
14	中粮期货	83.03	1.90
15	招商期货	73.28	1.68
16	华信万达期货	72.88	1.67
17	方正中期期货	70.56	1.62
18	五矿经易期货	68.95	1.58
19	国信期货	59.70	1.37
20	鲁证期货	59.56	1.36
合计 Total		2600.53	59.54

注："占比"是指单个公司数据占全行业公司数据的比重。
数据来源：中国证监会。
Source: CSRC.

8−20　2016年证券公司名录
List of Securities Companies in 2016

序号 No.	公司名称 Company Name	注册资本（亿元）Registered Capital (100 million yuan)	注册地 Place of Registration	2016年分类评级 Category Rating for 2016	从业人员数量（个）Number of Practitioner (unit)	是否具有以下业务资格 Business Qualification Available 融资融券 Margin Reguirement Business	转融通 Refinancing Business	全国中小企业股份转让系统主办券商 Broker-dealer Business on NEEQ	股票质押式回购 Pledge-style Repo Business
1	爱建证券有限责任公司	11.00	上海	B	1122	是	是	是	是
2	安信证券股份有限公司	35.25	深圳	A	7659	是	是	是	是
3	北京高华证券有限责任公司	10.72	北京	A	146	否	否	否	否
4	渤海汇金证券资产管理有限公司	2.00	深圳	—	64	否	否	否	否
5	渤海证券股份有限公司	80.37	天津	BBB	1668	是	是	是	是
6	财达证券股份有限公司	27.45	河北	A	2272	是	是	是	是
7	财富证券有限责任公司	29.83	湖南	BBB	2463	是	是	是	是
8	财通证券股份有限公司	32.30	浙江	A	3243	是	是	是	是
9	财通证券资产管理有限公司	2.00	浙江	A	127	否	否	否	否
10	长城国瑞证券有限公司	17.50	厦门	BB	721	是	是	是	是
11	长城证券股份有限公司	27.93	深圳	A	4239	是	是	是	是
12	长江证券（上海）资产管理有限公司	10.00	上海	BB	72	否	否	否	否
13	长江证券承销保荐有限公司	1.00	上海	BB	230	否	否	否	否
14	长江证券股份有限公司	47.42	湖北	BB	8289	是	是	是	是
15	川财证券有限责任公司	6.50	四川	BBB	376	是	是	是	否
16	大通证券股份有限公司	33.00	大连	A	1456	是	是	是	是
17	大同证券有限责任公司	7.30	山西	BBB	1757	是	是	是	是
18	德邦证券股份有限公司	39.41	上海	BBB	996	是	是	是	是
19	第一创业摩根大通证券有限责任公司	8.00	深圳	BBB	122	否	否	否	否
20	第一创业证券股份有限公司	21.89	北京	BBB	2176	是	是	是	是
21	东北证券股份有限公司	23.40	吉林	A	3969	是	是	是	是
22	东方花旗证券有限公司	8.00	上海	AA	366	否	否	是	否
23	东方证券股份有限公司	62.15	上海	AA	3779	是	是	是	是
24	东海证券股份有限公司	16.70	江苏	A	2530	是	是	是	是
25	东吴证券股份有限公司	30.00	江苏	A	3190	是	是	是	是
26	东兴证券股份有限公司	27.58	北京	BB	3065	是	是	是	是
27	东证融汇证券资产管理有限公司	7.00	上海	—	74	否	否	否	否
28	东莞证券股份有限公司	15.00	广东	A	3815	是	是	是	是
29	方正证券股份有限公司	82.32	湖南	C	8807	是	是	是	是
30	高盛高华证券有限责任公司	8.00	北京	A	73	否	否	否	否
31	光大证券股份有限公司	46.11	上海	AA	6829	是	是	是	是
32	广发证券股份有限公司	76.21	广东	BBB	10830	是	是	是	是

8-20 续表 1 continued

序号 No.	公司名称 Company Name	注册资本(亿元) Registered Capital (100 million yuan)	注册地 Place of Regis-tration	2016年分类评级 Category Rating for 2016	从业人员数量(个) Number of Practi-tioner (unit)	是否具有以下业务资格 Business Qualification Available			
						融资融券 Margin Reguire-ment Business	转融通 Refinan-cing Business	全国中小企业股份转让系统主办券商 Broker-dealer Business on NEEQ	股票质押式回购 Pledge-style Repo Business
33	广发证券资产管理（广东）有限公司	10.00	广东	BBB	176	否	否	否	否
34	广州证券股份有限公司	53.60	广东	BBB	2334	是	是	是	是
35	国都证券股份有限公司	53.00	北京	BBB	1471	是	是	是	是
36	国海证券股份有限公司	42.16	广西	BBB	3359	是	是	是	是
37	国金证券股份有限公司	30.24	四川	AA	2914	是	是	是	是
38	国开证券有限责任公司	92.13	北京	BBB	667	是	是	是	是
39	国联证券股份有限公司	19.02	江苏	A	1836	是	是	是	是
40	国融证券股份有限公司	17.83	内蒙古	B	1685	是	是	是	是
41	国盛证券有限责任公司	38.03	江西	BBB	2838	是	是	是	是
42	国盛证券资产管理有限公司	4.00	深圳	BBB	42	否	否	否	是
43	国泰君安证券股份有限公司	76.25	上海	AA	10741	是	是	是	是
44	国信证券股份有限公司	82.00	深圳	BBB	8747	是	是	是	是
45	国元证券股份有限公司	19.64	安徽	A	3908	是	是	是	是
46	海际证券有限责任公司	32.80	贵州	CCC	99	否	否	是	否
47	海通证券股份有限公司	115.02	上海	BBB	12083	是	是	是	是
48	恒泰长财证券有限责任公司	2.00	吉林	A	114	否	否	否	否
49	恒泰证券股份有限公司	26.05	内蒙古	A	3366	是	是	是	是
50	宏信证券有限责任公司	10.00	四川	BBB	1676	是	是	是	是
51	红塔证券股份有限公司	32.69	云南	A	965	是	是	是	是
52	华安证券股份有限公司	36.21	安徽	A	3292	是	是	是	是
53	华宝证券有限责任公司	40.00	上海	BBB	659	是	是	是	是
54	华创证券有限责任公司	30.75	贵州	BBB	1855	是	是	是	是
55	华福证券有限责任公司	33.00	福建	A	2777	是	是	是	是
56	华金证券股份有限公司	32.00	上海	B	764	是	是	是	是
57	华林证券股份有限公司	24.30	西藏	BBB	1929	是	是	是	是
58	华龙证券股份有限公司	63.27	甘肃	BBB	1692	是	是	是	是
59	华融证券股份有限公司	46.74	北京	A	2588	是	是	是	是
60	华泰联合证券有限责任公司	9.97	深圳	BBB	524	否	否	是	否
61	华泰证券（上海）资产管理有限公司	26.00	上海	BBB	160	否	否	否	否
62	华泰证券股份有限公司	71.63	江苏	BBB	7744	是	是	是	是
63	华西证券股份有限公司	21.00	四川	AA	2907	是	是	是	是
64	华英证券有限责任公司	8.00	江苏	A	160	否	否	否	否

8–20 续表 2 continued

序号 No.	公司名称 Company Name	注册资本（亿元）Registered Capital (100 million yuan)	注册地 Place of Registration	2016年分类评级 Category Rating for 2016	从业人员数量（个）Number of Practitioner (unit)	是否具有以下业务资格 Business Qualification Available			
						融资融券 Margin Reguirement Business	转融通 Refinancing Business	全国中小企业股份转让系统主办券商 Broker-dealer Business on NEEQ	股票质押式回购 Pledge-style Repo Business
65	华菁证券有限公司	10.00	上海	—	46	否	否	否	否
66	华鑫证券有限责任公司	16.00	深圳	BBB	1716	是	是	是	是
67	江海证券有限公司	67.67	黑龙江	BBB	2077	是	是	是	是
68	金通证券有限责任公司	1.00	浙江	BBB	0	否	否	否	否
69	金元证券股份有限公司	32.11	海南	BBB	1671	是	是	是	是
70	九州证券股份有限公司	33.70	青海	BB	5049	是	是	是	是
71	开源证券股份有限公司	17.90	陕西	B	1511	是	是	是	是
72	联储证券有限责任公司	13.59	深圳	BBB	1017	是	是	是	是
73	联讯证券股份有限公司	31.26	广东	CCC	1973	是	是	是	是
74	民生证券股份有限公司	45.81	北京	CC	2591	是	是	是	是
75	摩根士丹利华鑫证券有限责任公司	10.20	上海	BBB	202	否	否	否	否
76	南京证券股份有限公司	24.74	江苏	A	2080	是	是	是	是
77	平安证券股份有限公司	138.00	深圳	A	2970	否	否	是	是
78	齐鲁证券（上海）资产管理有限公司	16.67	上海	A	122	否	否	否	否
79	瑞信方正证券有限责任公司	8.00	北京	C	129	否	否	否	否
80	瑞银证券有限责任公司	14.90	北京	BBB	344	否	否	否	否
81	山西证券股份有限公司	28.29	山西	BBB	2265	是	是	是	是
82	上海东方证券资产管理有限公司	3.00	上海	AA	159	否	否	否	否
83	上海光大证券资产管理有限公司	2.00	上海	AA	117	否	否	否	否
84	上海国泰君安证券资产管理有限公司	8.00	上海	AA	161	否	否	否	否
85	上海海通证券资产管理有限公司	22.00	上海	BBB	139	否	否	否	否
86	上海华信证券有限责任公司	79.00	上海	CCC	326	否	否	是	是
87	上海证券有限责任公司	26.10	上海	AA	1702	是	是	是	是
88	申港证券股份有限公司	35.00	上海	—	114	否	否	是	是
89	申万宏源西部证券有限公司	12.00	新疆	AA	1168	是	是	是	是
90	申万宏源证券承销保荐有限责任公司	10.00	新疆	AA	399	否	否	否	否
91	申万宏源证券有限公司	330.00	上海	AA	10543	是	是	是	是
92	世纪证券有限责任公司	7.00	深圳	BBB	1303	是	是	是	是
93	首创证券有限责任公司	6.50	北京	BBB	1544	是	是	是	是
94	太平洋证券股份有限公司	68.16	云南	BBB	2251	是	是	是	是
95	天风证券股份有限公司	46.62	湖北	BBB	2721	是	是	是	是
96	万和证券股份有限公司	10.00	海南	CCC	797	是	是	是	是

8-20 续表 3 continued

序号 No.	公司名称 Company Name	注册资本（亿元） Registered Capital (100 million yuan)	注册地 Place of Registration	2016年分类评级 Category Rating for 2016	从业人员数量（个） Number of Practitioner (unit)	是否具有以下业务资格 Business Qualification Available			
						融资融券 Margin Reguirement Business	转融通 Refinancing Business	全国中小企业股份转让系统主办券商 Broker-dealer Business on NEEQ	股票质押式回购 Pledge-style Repo Business
97	万联证券有限责任公司	42.88	广东	BBB	2386	是	是	是	是
98	网信证券有限责任公司	5.00	辽宁	CCC	716	否	否	是	是
99	五矿证券有限公司	13.57	深圳	CCC	1472	是	是	是	是
100	西部证券股份有限公司	27.96	陕西	A	2797	是	是	是	是
101	西藏东方财富证券股份有限公司	46.00	西藏	BB	1310	是	是	是	是
102	西南证券股份有限公司	56.45	重庆	A	4113	是	是	是	是
103	湘财证券股份有限公司	31.97	湖南	BBB	2007	是	是	是	是
104	新时代证券股份有限公司	29.10	北京	BBB	2350	是	是	是	是
105	信达证券股份有限公司	25.69	北京	A	2936	是	是	是	是
106	兴业证券股份有限公司	66.97	福建	BBB	4394	是	是	是	是
107	兴证证券资产管理有限公司	5.00	福建	BBB	80	否	否	否	否
108	银河金汇证券资产管理有限公司	5.00	深圳	A	62	否	否	否	否
109	银泰证券有限责任公司	14.00	深圳	BBB	1299	是	是	是	是
110	英大证券有限责任公司	27.00	深圳	BBB	1250	是	是	是	是
111	招商证券股份有限公司	58.08	深圳	AA	9541	是	是	是	是
112	招商证券资产管理有限公司	10.00	深圳	AA	94	否	否	否	否
113	浙江浙商证券资产管理有限公司	5.00	浙江	BBB	131	否	否	否	否
114	浙商证券股份有限公司	30.00	浙江	BBB	3688	是	是	是	是
115	中德证券有限责任公司	10.00	北京	BBB	234	否	否	否	否
116	中国国际金融股份有限公司	23.07	北京	A	1827	是	是	是	是
117	中国民族证券有限责任公司	44.87	北京	C	1811	是	是	是	是
118	中国银河证券股份有限公司	95.37	北京	A	10073	是	是	是	是
119	中国中投证券有限责任公司	50.00	深圳	A	5057	是	是	是	是
120	中航证券有限公司	19.85	江西	BBB	2552	是	是	是	是
121	中山证券有限责任公司	13.55	深圳	BBB	1257	是	是	是	是
122	中泰证券股份有限公司	62.72	山东	A	7999	是	是	是	是
123	中天证券股份有限公司	22.25	辽宁	BB	889	是	是	是	是
124	中信建投证券股份有限公司	72.46	北京	AA	11167	是	是	是	是
125	中信证券（山东）有限责任公司	25.00	青岛	BBB	2548	是	是	是	否
126	中信证券股份有限公司	121.17	深圳	BBB	10053.00	是	是	是	是
127	中银国际证券有限责任公司	25.00	上海	A	3627.00	是	是	是	是
128	中邮证券有限责任公司	20.60	陕西	BB	571.00	是	否	是	是
129	中原证券股份有限公司	39.24	河南	A	2598.00	是	是	是	是

数据来源：中国证监会、中国证券业协会、股转系统、证金公司。
Source: CSRC、SAC.

8–21　2016年具有外资股业务资格的境外证券经营机构名录
List of Overseas Securities Institutions with Foreign Business Qualification in 2016

序号 No.	公司名称 Company Name	注册地 Place of Registration	资格种类 Qualification Type
1	星展唯高达香港有限公司	香港	经纪商、主承销商
2	ING霸菱证券(香港)有限公司	香港	经纪商、主承销商
3	百德能证券有限公司	香港	经纪商、主承销商
4	宝来证券(香港)有限公司	香港	经纪商、主承销商
5	倍利证券(香港)有限公司	香港	主承销商
6	大福证券有限公司	香港	经纪商、主承销商
7	大和证券住银资本市场(香港)有限公司	香港	经纪商、主承销商
8	德意志证券亚洲有限公司	香港	经纪商、主承销商
9	帝杰亚洲有限公司	香港	经纪商、主承销商
10	东方惠嘉证券有限公司	香港	经纪商、主承销商
11	东亚证券有限公司	香港	经纪商
12	东洋证券亚洲有限公司	香港	经纪商
13	东洋证券株式会社	香港	经纪商、主承销商
14	发展证券香港有限公司	香港	经纪商
15	法国巴黎融资(亚太)有限公司	香港	主承销商
16	法国巴黎证券(亚洲)有限公司	香港	经纪商、主承销商
17	法国兴业证券(香港)有限公司	香港	经纪商、主承销商
18	高盛(亚洲)有限责任公司	香港	经纪商、主承销商
19	东盛证券(经纪)有限公司	香港	经纪商、主承销商
20	广利证券有限公司	香港	经纪商
21	联昌国际(香港)有限公司	香港	经纪商
22	和升国际有限公司	香港	经纪商、主承销商
23	荷银融资亚洲有限公司	香港	主承销商
24	荷银证券亚洲有限公司	香港	经纪商
25	亨泰证券有限公司	香港	经纪商
26	恒生证券有限公司	香港	经纪商
27	汇富证券有限公司	香港	经纪商、主承销商
28	极讯亚太有限公司	香港	经纪商
29	加拿大怡东融资有限公司	香港	主承销商
30	加怡证券经纪有限公司	香港	经纪商
31	嘉诚亚洲有限公司	香港	经纪商、主承销商
32	嘉佳证券有限公司	香港	经纪商
33	永丰金证券(亚洲)有限公司	香港	经纪商、主承销商
34	京华山一国际(香港)有限公司	香港	经纪商、主承销商
35	京华证券国际有限公司	香港	经纪商、主承销商
36	凯基证券亚洲有限公司	香港	经纪商、主承销商
37	乐金投资证券公司	香港	经纪商、主承销商
38	里昂证券有限公司	香港	经纪商、主承销商

8–21 续表 continued

序号 No.	公司名称 Company Name	注册地 Place of Registration	资格种类 Qualification Type
39	摩根士丹利亚洲有限公司	香港	经纪商
40	内藤证券株式会社	香港	经纪商
41	培基证券有限公司	香港	主承销商
42	群益证券(香港)有限公司	香港	经纪商、主承销商
43	软库金汇投资服务有限公司	香港	经纪商、主承销商
44	瑞士信贷(香港)有限公司	香港	经纪商、主承销商
45	三星证券株式会社	香港	经纪商、主承销商
46	顺隆证券行有限公司	香港	经纪商
47	所罗门美邦香港有限公司	香港	经纪商
48	万信证券有限公司	香港	经纪商
49	联昌国际(香港)有限公司	香港	经纪商
50	新鸿基投资服务有限公司	香港	经纪商、主承销商
51	新加坡大华亚洲(香港)有限公司	香港	主承销商
52	新加坡发展亚洲融资有限公司	香港	主承销商
53	新日本证券国际(香港)有限公司	香港	经纪商、主承销商
54	信诚证券有限公司	香港	经纪商
55	野村国际(香港)有限公司	香港	经纪商、主承销商
56	怡富证券有限公司	香港	经纪商、主承销商
57	英明证券有限公司	香港	经纪商
58	元富证券(香港)有限公司	香港	经纪商、主承销商
59	中银国际证券有限公司	香港	经纪商
60	周生生证券有限公司	香港	经纪商
61	大华继显(香港)有限公司	香港	经纪商
62	东海东京证券公司	香港	经纪商
63	中国国际金融香港有限公司	香港	经纪商
64	美林远东有限公司	香港	经纪商
65	敦沛证券有限公司	香港	经纪商
66	瑞银证券亚洲有限公司	香港	经纪商
67	日本日联飞翼证券股份有限公司	香港	经纪商
68	香港上海汇丰银行有限公司	香港	经纪商
69	国泰君安证券(香港)有限公司	香港	经纪商
70	致富证券有限公司	香港	经纪商
71	申银万国证券(香港)有限公司	香港	经纪商
72	国信证券(香港)经纪有限公司	香港	经纪商

数据来源：中国证监会。
Source: CSRC.

8—22　2016年基金管理公司名录
List of Fund Management Companies in 2016

序号 No.	基金管理公司 Fund Management Company	注册资本（亿元） Registered Capital (100 million yuan)	注册地 Place of Registration	成立时间 Established Time	从业人员数量 Number of Practitioner (unit)	管理基金只数（只） Number of Funds (unit)	管理基金份额（亿份） Fund Units (100 million units)	管理基金资产规模（亿元） Fund Asset Value (100 million yuan)
1	国泰基金管理有限公司	1.10	上海	1998-03-03	253	79	735.57	779.09
2	南方基金管理有限公司	3.00	深圳	1998-03-03	547	116	3664.46	3909.71
3	华夏基金管理有限公司	2.38	北京	1998-03-01	895	94	3639.69	4139.84
4	华安基金管理有限公司	1.50	上海	1998-05-01	338	92	1430.39	1632.83
5	博时基金管理有限公司	2.50	深圳	1998-07-07	498	164	3594.03	3691.63
6	鹏华基金管理有限公司	1.50	深圳	1998-12-01	356	130	2518.55	2480.07
7	长盛基金管理有限公司	1.50	深圳	1993-03-23	175	61	723.64	730.50
8	嘉实基金管理有限公司	1.50	上海	1999-03-23	739	111	3267.15	3524.78
9	大成基金管理有限公司	2.00	深圳	1999-04-07	304	76	1048.27	1038.62
10	富国基金管理有限公司	3.00	上海	1999-04-07	365	81	2078.37	2092.21
11	易方达基金管理有限公司	1.20	广东	2001-04-17	601	107	4003.02	4282.63
12	宝盈基金管理有限公司	1.00	深圳	2001-05-12	141	22	445.57	452.62
13	融通基金管理有限公司	1.25	深圳	2001-05-08	215	63	910.14	892.43
14	银华基金管理股份有限公司	2.00	深圳	2001-05-01	406	72	1569.00	1672.54
15	长城基金管理有限公司	1.50	深圳	2001-12-01	150	41	998.25	1027.36
16	银河基金管理有限公司	2.00	上海	2002-05-24	132	40	628.63	657.49
17	泰达宏利基金管理有限公司	1.80	北京	2002-07-04	172	45	469.59	494.83
18	国投瑞银基金管理有限公司	1.00	深圳	2002-06-13	191	64	928.50	934.56
19	万家基金管理有限公司	1.00	上海	2002-08-01	132	41	514.18	521.37
20	金鹰基金管理有限公司	2.50	广东	2002-02-25	143	30	237.95	250.38
21	招商基金管理有限公司	2.10	深圳	2002-12-01	312	116	3391.15	3454.14
22	华宝兴业基金管理有限公司	1.50	上海	2003-02-01	218	50	1160.43	1196.95
23	摩根士丹利华鑫基金管理有限公司	2.28	深圳	2003-03-03	126	25	230.05	295.14
24	国联安基金管理有限公司	1.50	上海	2015-03-24	134	38	407.32	411.46
25	海富通基金管理有限公司	1.50	上海	2003-04-01	235	43	389.77	442.54
26	长信基金管理有限责任公司	1.65	上海	2003-04-01	179	47	576.78	634.80
27	泰信基金管理有限公司	2.00	上海	2003-05-01	108	19	68.64	62.09
28	天治基金管理有限公司	1.60	上海	2003-05-01	—	11	30.82	25.82
29	景顺长城基金管理有限公司	1.30	深圳	2003-06-01	200	62	850.56	870.86
30	广发基金管理有限公司	1.27	广东	2014-07-30	418	128	2928.00	3047.34
31	兴全基金管理有限公司	1.50	上海	2003-09-01	214	18	976.58	1111.43
32	诺安基金管理有限公司	1.50	深圳	2003-12-01	200	52	901.77	949.42
33	申万菱信基金管理有限公司	1.50	上海	2013-12-22	169	28	352.86	340.80
34	中海基金管理有限公司	1.47	上海	2004-03-01	119	33	374.37	342.38
35	光大保德信基金管理有限公司	1.60	上海	2004-04-01	155	32	502.28	548.25
36	华富基金管理有限公司	2.50	上海	2004-03-01	103	30	134.15	142.49

8-22 续表 1 continued

序号 No.	基金管理公司 Fund Management Company	注册资本（亿元） Registered Capital (100 million yuan)	注册地 Place of Registration	成立时间 Established Time	从业人员数量 Number of Practitioner (unit)	管理基金只数（只） Number of Funds (unit)	管理基金份额（亿份） Fund Units (100 million units)	管理基金资产规模（亿元） Fund Asset Value (100 million yuan)
37	上投摩根基金管理有限公司	2.50	上海	2004-04-20	315	53	1398.09	1372.80
38	东方基金管理有限责任公司	2.00	北京	2004-06-01	165	40	243.04	262.63
39	中银基金管理有限公司	1.00	上海	2004-06-28	245	78	3431.63	3420.75
40	东吴基金管理有限公司	1.00	上海	2004-08-27	113	25	144.77	148.47
41	国海富兰克林基金管理有限公司	2.20	南宁	2004-09-21	117	27	188.28	201.35
42	天弘基金管理有限公司	5.14	天津	2004-10-20	498	54	8452.39	8448.93
43	华泰柏瑞基金管理有限公司	2.00	上海	2004-11-01	184	46	781.22	972.88
44	新华基金管理股份有限公司	2.18	重庆	2004-11-23	153	42	406.64	440.79
45	汇添富基金管理有限公司	1.33	上海	2005-01-01	459	76	2606.60	2743.30
46	工银瑞信基金管理有限公司	2.00	北京	2005-06-01	492	100	4664.43	4603.48
47	交银施罗德基金管理有限公司	2.00	上海	2005-07-01	251	69	987.62	1028.75
48	信诚基金管理有限公司	2.00	上海	2005-08-09	146	56	652.68	648.98
49	建信基金管理有限责任公司	2.00	北京	2005-09-09	341	84	3728.89	3770.30
50	华商基金管理有限公司	1.00	北京	2005-09-01	170	36	392.03	479.97
51	汇丰晋信基金管理有限公司	2.00	上海	2005-10-01	138	17	140.96	173.14
52	益民基金管理有限公司	1.00	重庆	2005-12-01	69	7	26.74	18.43
53	中邮创业基金管理股份有限公司	3.00	北京	2006-02-13	191	31	592.69	623.13
54	信达澳银基金管理有限公司	1.00	深圳	2006-04-14	108	16	182.90	186.13
55	诺德基金管理有限公司	1.00	上海	2006-05-01	103	11	51.52	56.16
56	中欧基金管理有限公司	1.88	上海	2006-05-01	248	50	728.94	776.78
57	金元顺安基金管理有限公司	2.45	上海	2006-11-01	82	11	72.37	73.36
58	浦银安盛基金管理有限公司	2.80	上海	2007-07-01	111	28	513.84	525.79
59	农银汇理基金管理有限公司	2.00	上海	2008-02-25	157	37	1097.17	1130.50
60	民生加银基金管理有限公司	3.00	深圳	2008-10-15	171	37	756.36	789.06
61	西部利得基金管理有限公司	3.50	上海	2010-06-28	105	18	146.69	147.20
62	浙商基金管理有限公司	3.00	杭州	2010-09-20	75	14	104.65	114.64
63	平安大华基金管理有限公司	3.00	深圳	2010-12-28	168	29	841.06	836.64
64	富安达基金管理有限公司	2.88	上海	2011-04-13	67	9	22.63	30.24
65	财通基金管理有限公司	2.00	上海	2011-05-01	166	12	210.99	215.32
66	方正富邦基金管理有限公司	4.00	北京	2011-06-30	81	9	160.89	160.18
67	长安基金管理有限公司	2.70	上海	2011-08-25	95	7	22.84	23.22
68	国金基金管理有限公司	2.80	北京	2011-10-14	128	11	184.13	185.98
69	安信基金管理有限责任公司	3.50	深圳	2011-11-01	144	30	363.47	372.08
70	德邦基金管理有限公司	1.20	上海	2012-02-01	125	20	192.82	192.68
71	华宸未来基金管理有限公司	2.00	上海	2012-03-01	41	2	0.16	0.18
72	红塔红土基金管理有限公司	2.00	深圳	2012-05-10	35	6	9.43	9.77

8-22 续表 2 continued

序号 No.	基金管理公司 Fund Management Company	注册资本（亿元） Registered Capital (100 million yuan)	注册地 Place of Registration	成立时间 Established Time	从业人员数量 Number of Practi-tioner (unit)	管理基金只数（只） Number of Funds (unit)	管理基金份额（亿份） Fund Units (100 million units)	管理基金资产规模（亿元） Fund Asset Value (100 million yuan)
73	英大基金管理有限公司	2.00	北京	2012-06-05	56	7	20.94	21.28
74	江信基金管理有限公司	1.80	北京	2012-12-20	—	6	33.33	33.45
75	太平基金管理有限公司	2.27	上海	2012-12-20	70	3	159.44	151.64
76	华润元大基金管理有限公司	3.00	深圳	2012-12-26	—	10	23.36	24.47
77	前海开源基金管理有限公司	2.00	深圳	2012-12-27	254	45	602.46	607.21
78	东海基金管理有限责任公司	5.00	上海	2013-03-27	77	4	10.54	10.28
79	中加基金管理有限公司	3.00	北京	2013-03-14	99	13	408.01	413.57
80	兴业基金管理有限公司	7.00	福建	2013-03-01	196	35	1298.05	1320.71
81	中融基金管理有限公司	7.50	北京	2013-05-16	177	30	431.14	419.94
82	国开泰富基金管理有限责任公司	2.00	北京	2013-06-28	46	3	17.50	17.76
83	中信建投基金管理有限公司	3.00	北京	2013-08-21	103	12	93.88	94.51
84	上银基金管理有限公司	3.00	上海	2013-08-01	60	4	531.73	534.06
85	鑫元基金管理有限公司	2.00	上海	2013-08-01	100	16	246.71	250.65
86	永赢基金管理有限公司	2.00	浙江	2013-10-08	58	5	43.40	43.04
87	兴银基金管理有限责任公司	1.43	福建	2015-10-10	77	14	649.03	650.89
88	国寿安保基金管理有限公司	5.88	上海	2013-10-01	139	25	739.79	755.11
89	圆信永丰基金管理有限公司	2.00	福建	2013-11-01	72	6	77.65	80.97
90	中金基金管理有限公司	2.00	北京	2014-01-15	59	8	35.87	35.62
91	北信瑞丰基金管理有限公司	1.70	北京	2014-03-16	84	11	73.65	73.83
92	红土创新基金管理有限公司	1.00	深圳	2014-06-05	54	3	3.75	3.55
93	嘉合基金管理有限公司	1.00	上海	2014-06-23	82	2	30.82	30.86
94	创金合信基金管理有限公司	1.70	深圳	2014-07-02	225	24	138.55	142.71
95	九泰基金管理有限公司	2.00	北京	2014-07-09	221	13	122.54	119.00
96	泓德基金管理有限公司	1.20	西藏	2015-02-12	—	15	171.05	179.55
97	金信基金管理有限公司	1.00	深圳	2015-06-19	—	6	5.06	5.18
98	新疆前海联合基金管理有限公司	2.00	新疆	2015-07-31	—	8	136.63	138.26
99	新沃基金管理有限公司	1.00	上海	2015-08-03	—	4	52.31	52.34
100	中科沃土基金管理有限公司	1.00	珠海	2015-08-11	—	2	13.20	13.20
101	富荣基金管理有限公司	2.00	广州	2015-12-11	—	1	31.08	31.08
102	汇安基金管理有限责任公司	1.00	上海	2016-04-01	—	5	10.58	10.61
103	先锋基金管理有限公司	1.00	北京	2016-04-01	—	2	10.71	10.70
104	中航基金管理有限公司	1.00	北京	2016-06-08	—	—	—	—
105	华泰保兴基金管理有限公司	1.20	上海	2016-07-04	—	—	—	—
106	鹏扬基金管理有限公司	1.05	上海	2016-06-28	—	—	—	—
107	恒生前海基金管理有限公司	2.00	深圳	2016-06-16	—	—	—	—
108	格林基金管理有限公司	1.00	北京	2016-10-08	—	—	—	—
109	南华基金管理有限公司	1.50	浙江	2016-10-18	—	—	—	—

数据来源：中国证监会。
Source：CSRC.

8-23 2016年基金托管人名录
List of Fund Custodians in 2016

序号 No.	托管人名称 Fund Custodian	注册地 Place of Registration	取得托管资格时间 Custody Qualification-obtaining Time	托管基金只数(只) Number of Funds under Custody (unit)	托管基金份额(亿份) Fund Units under Custody (100 million units)	托管基金资产规模(亿元) Fund Asset Value under Custody (100 million yuan)
1	中国工商银行股份有限公司	北京	1998-02-24	711	16231.25	17229.39
2	中国农业银行股份有限公司	北京	1998-05-29	348	6408.58	6759.82
3	中国银行股份有限公司	北京	1998-07-07	529	8615.94	9088.70
4	中国建设银行股份有限公司	北京	1998-03-18	684	14645.00	15737.60
5	交通银行股份有限公司	上海	1998-07-03	243	7651.49	7770.57
6	华夏银行股份有限公司	北京	2005-02-23	26	607.43	602.49
7	中国光大银行股份有限公司	北京	2002-10-23	77	1938.34	1980.74
8	招商银行股份有限公司	深圳	2002-11-06	255	4539.56	4697.08
9	中信银行股份有限公司	北京	2004-08-18	119	10947.91	10960.56
10	中国民生银行股份有限公司	北京	2004-07-09	147	2865.56	2946.79
11	平安银行股份有限公司	深圳	2008-08-06	79	1308.92	1329.38
12	兴业银行股份有限公司	福建	2005-04-25	145	4532.01	4676.66
13	上海浦东发展银行股份有限公司	上海	2003-09-10	94	1852.86	1878.31
14	上海银行股份有限公司	上海	2009-08-18	26	677.49	679.55
15	北京银行股份有限公司	北京	2008-06-03	30	574.60	267.00
16	广东发展银行股份有限公司	广东	2009-05-04	30	997.92	1009.02
17	宁波银行股份有限公司	浙江	2012-11-05	36	646.45	652.21
18	中国邮政储蓄银行有限责任公司	北京	2009-07-16	65	920.12	939.97
19	渤海银行股份有限公司	天津	2010-06-29	18	267.35	268.27
20	浙商银行股份有限公司	浙江	2013-11-13	11	199.66	200.45
21	徽商银行股份有限公司	安徽	2014-01-03	2	24.89	24.94
22	海通证券股份有限公司	上海	2013-12-30	7	69.79	58.34
23	恒丰银行股份有限公司	上海	2014-02-10	5	71.82	71.98
24	广州农村商业银行股份有限公司	广东	2014-01-09	7	21.00	21.02
25	包商银行股份有限公司	内蒙古	2014-02-10	8	83.26	84.17
26	杭州银行股份有限公司	浙江	2014-03-17	9	164.43	168.65
27	中国证券登记结算有限责任公司	北京	2014-03-04	0	—	—
28	南京银行股份有限公司	南京	2014-04-09	16	349.35	350.47
29	国泰君安证券股份有限公司	上海	2014-05-20	16	196.04	193.87
30	招商证券股份有限公司	深圳	2014-01-10	20	387.66	345.68
31	广发证券股份有限公司	广东	2014-05-20	16	55.76	49.17
32	国信证券股份有限公司	深圳	2013-12-31	5	28.72	26.15
33	江苏银行股份有限公司	南京	2014-05-20	10	296.33	296.62
34	华泰证券股份有限公司	南京	2014-09-29	2	3.13	3.20
35	中国银河证券股份有限公司	北京	2014-06-24	14	50.64	51.42
36	中信证券股份有限公司	深圳	2014-10-10	6	25.98	28.59
37	兴业证券股份有限公司	福建	2014-11-06	0	—	—
38	中国国际金融股份有限公司	北京	2015-06-30	0	—	—
39	中信建投证券股份有限公司	北京	2015-02-06	5	146.12	146.33
40	中国证券金融股份有限公司	北京	2015-06-30	0	—	—
41	恒泰证券股份有限公司	内蒙古	2015-08-24	0	—	—
42	中泰证券股份有限公司	山东	2015-12-23	0	—	—

数据来源：中国证监会。
Source：CSRC.

8–24 2016年基金销售机构名录
List of Fund Sales Institutions in 2016

序号 No.	销售机构名称 Sales Institution Name	销售机构类型 Sales Institution Type	取得销售资格时间 Sales Qualification-Obtaining Time	注册地 Place of Registration
1	中国工商银行	商业银行	2001-08-01	北京市
2	中国农业银行	商业银行	2001-12-01	北京市
3	中国银行	商业银行	2001-12-01	北京市
4	中国建设银行	商业银行	2001-07-01	北京市
5	交通银行	商业银行	2001-09-01	上海市
6	中信银行	商业银行	2002-01-01	北京市
7	平安银行	商业银行	2002-05-01	深圳市
8	上海浦东发展银行	商业银行	2002-07-01	上海市
9	招商银行	商业银行	2001-12-01	深圳市
10	兴业银行	商业银行	2002-08-01	福建省
11	中国民生银行	商业银行	2002-09-01	北京市
12	中国光大银行	商业银行	2003-01-01	北京市
13	华夏银行	商业银行	2004-11-01	北京市
14	广发银行	商业银行	2005-07-01	广东省
15	中国邮政储蓄银行	商业银行	2006-07-01	北京市
16	浙商银行	商业银行	2008-08-01	浙江省
17	渤海银行	商业银行	2009-10-01	天津市
18	恒丰银行	商业银行	2014-01-01	山东省
19	北京银行	商业银行	2004-10-01	北京市
20	上海银行	商业银行	2005-01-01	上海市
21	宁波银行	商业银行	2008-02-01	浙江省
22	青岛银行	商业银行	2008-05-01	山东省
23	徽商银行	商业银行	2008-07-01	安徽省
24	东莞银行	商业银行	2008-10-01	广东省
25	南京银行	商业银行	2008-10-01	江苏省
26	杭州银行	商业银行	2009-01-01	浙江省
27	临商银行	商业银行	2009-02-01	山东省
28	温州银行	商业银行	2009-05-01	浙江省
29	汉口银行	商业银行	2009-06-01	湖北省
30	江苏银行	商业银行	2009-09-01	江苏省
31	洛阳银行	商业银行	2010-01-01	河南省
32	乌鲁木齐银行	商业银行	2010-02-01	新疆自治区
33	烟台银行	商业银行	2010-06-01	山东省
34	齐商银行	商业银行	2010-09-01	山东省
35	浙江民泰商业银行	商业银行	2010-10-01	浙江省
36	大连银行	商业银行	2010-10-01	辽宁省
37	哈尔滨银行	商业银行	2010-10-01	黑龙江省
38	重庆银行	商业银行	2010-11-01	重庆市
39	浙江稠州商业银行	商业银行	2010-11-01	浙江省
40	天津银行	商业银行	2011-02-01	天津市
41	河北银行	商业银行	2011-05-01	河北省
42	嘉兴银行	商业银行	2011-06-01	浙江省
43	广州银行	商业银行	2011-07-01	广东省
44	西安银行	商业银行	2011-09-01	陕西省
45	长沙银行	商业银行	2011-09-01	湖南省
46	金华银行	商业银行	2011-09-01	浙江省
47	包商银行	商业银行	2011-09-01	内蒙古自治区
48	郑州银行	商业银行	2012-04-01	河南省
49	厦门银行	商业银行	2012-05-01	厦门市

8-24 续表 1 continued

序号 No.	销售机构名称 Sales Institution Name	销售机构类型 Sales Institution Type	取得销售资格时间 Sales Qualification-Obtaining Time	注册地 Place of Registration
50	吉林银行	商业银行	2012-10-01	吉林省
51	苏州银行	商业银行	2012-12-01	江苏省
52	珠海华润银行	商业银行	2012-12-01	广东省
53	威海市商业银行	商业银行	2013-02-01	山东省
54	南充市商业银行	商业银行	2013-02-01	四川省
55	攀枝花市商业银行	商业银行	2013-03-01	四川省
56	长安银行	商业银行	2013-06-01	陕西省
57	晋商银行	商业银行	2013-08-01	山西省
58	富滇银行	商业银行	2013-08-01	云南省
59	昆仑银行	商业银行	2013-09-01	新疆自治区
60	日照银行	商业银行	2013-12-01	山东省
61	南昌银行	商业银行	2013-12-01	江西省
62	潍坊银行	商业银行	2013-12-01	山东省
63	福建海峡银行	商业银行	2013-12-01	福建省
64	绍兴银行	商业银行	2013-12-01	浙江省
65	广东华兴银行	商业银行	2014-04-01	广东省
66	成都银行	商业银行	2014-07-01	四川省
67	龙江银行	商业银行	2014-08-01	黑龙江省
68	泉州银行	商业银行	2014-08-01	福建省
69	浙江泰隆商业银行	商业银行	2014-10-01	浙江省
70	兰州银行	商业银行	2014-11-01	甘肃省
71	锦州银行	商业银行	2015-01-01	辽宁省
72	辽阳银行	商业银行	2015-02-01	辽宁省
73	华融湘江银行	商业银行	2015-04-01	湖南省
74	德阳银行	商业银行	2015-05-01	四川省
75	贵阳银行	商业银行	2015-05-01	贵州省
76	盛京银行	商业银行	2015-05-01	辽宁省
77	深圳前海微众银行	商业银行	2015-07-01	深圳市
78	广东南粤银行	商业银行	2015-08-01	广东省
79	晋城银行	商业银行	2015-08-01	山西省
80	桂林银行	商业银行	2015-09-01	广西自治区
81	德州银行	商业银行	2015-10-01	山东省
82	浙江网商银行股份有限公司	商业银行	2015-11-01	浙江省
83	云南红塔银行	商业银行	2016-03-01	云南省
84	青海银行	商业银行	2016-03-01	青海省
85	中原银行	商业银行	2016-04-03	河南省
86	兰州银行	商业银行	2016-05-04	甘肃省
87	宁夏银行	商业银行	2016-07-05	宁夏自治区
88	内蒙古银行	商业银行	2016-07-01	内蒙古自治区
89	营口银行	商业银行	2016-07-01	辽宁省
90	丹东银行	商业银行	2016-09-01	辽宁省
91	阜新银行	商业银行	2016-09-02	辽宁省
92	厦门国际银行	商业银行	2016-10-01	福建省
93	焦作中旅银行	商业银行	2016-10-01	河南省
94	湖北银行	商业银行	2016-10-01	湖北省
95	九江银行	商业银行	2016-10-02	江西省
96	上海农商银行	商业银行	2008-02-01	上海市
97	北京农商银行	商业银行	2008-04-01	北京市
98	张家港农村商业银行	商业银行	2009-12-01	江苏省

8–24 续表 2 continued

序号 No.	销售机构名称 Sales Institution Name	销售机构类型 Sales Institution Type	取得销售资格时间 Sales Qualification-Obtaining Time	注册地 Place of Registration
99	深圳农村商业银行	商业银行	2010-01-01	深圳市
100	东莞农村商业银行	商业银行	2011-02-01	广东省
101	常熟农村商业银行	商业银行	2011-07-01	江苏省
102	顺德农村商业银行	商业银行	2011-08-01	广东省
103	重庆农村商业银行	商业银行	2011-08-01	重庆市
104	吴江农村商业银行	商业银行	2011-09-01	江苏省
105	江南农村商业银行	商业银行	2011-09-01	江苏省
106	江阴农村商业银行	商业银行	2011-09-01	江苏省
107	昆山农村商业银行	商业银行	2011-10-01	江苏省
108	广州农村商业银行	商业银行	2012-07-01	广东省
109	成都农村商业银行	商业银行	2012-09-01	四川省
110	杭州联合农村商业银行	商业银行	2013-02-01	浙江省
111	山东寿光农村商业银行	商业银行	2013-09-01	山东省
112	无锡农村商业银行	商业银行	2013-11-01	江苏省
113	浙江绍兴瑞丰农村商业银行	商业银行	2014-01-01	浙江省
114	浙江温州龙湾农村商业银行	商业银行	2014-02-01	浙江省
115	广东南海农村商业银行	商业银行	2014-03-01	广东省
116	长春农村商业银行	商业银行	2014-10-01	吉林省
117	浙江温州鹿城农村商业银行	商业银行	2015-01-01	浙江省
118	天津农村商业银行	商业银行	2015-04-01	天津市
119	浙江乐清农村商业银行	商业银行	2015-05-01	浙江省
120	浙江临海农村商业银行	商业银行	2015-07-01	浙江省
121	青岛农村商业银行	商业银行	2015-09-01	山东省
122	浙江义乌农村商业银行	商业银行	2015-11-01	浙江省
123	浙江新昌农村商业银行	商业银行	2015-11-01	浙江省
124	江苏紫金农村商业银行	商业银行	2015-11-01	江苏省
125	天津滨海农村商业银行	商业银行	2015-12-01	天津市
126	吉林九台农村商业银行	商业银行	2016-02-02	吉林省
127	浙江杭州余杭农村商业银行	商业银行	2016-02-03	浙江省
128	宁波慈溪农村商业银行	商业银行	2016-04-01	浙江省
129	浙江德清农村商业银行	商业银行	2016-06-01	浙江省
130	武汉农村商业银行	商业银行	2016-06-02	湖北省
131	浙江瑞安农村商业银行	商业银行	2016-07-01	浙江省
132	佛山农村商业银行	商业银行	2016-07-02	广东省
133	浙江富阳农村商业银行	商业银行	2016-07-03	浙江省
134	福建漳州农村商业银行	商业银行	2016-09-01	福建省
135	浙江萧山农村商业银行	商业银行	2016-09-02	浙江省
136	渣打银行	商业银行	2013-06-01	上海市
137	大华银行	商业银行	2013-06-01	上海市
138	花旗银行	商业银行	2013-06-01	上海市
139	东亚银行	商业银行	2013-06-01	上海市
140	恒生银行	商业银行	2013-06-01	上海市
141	星展银行	商业银行	2013-06-01	上海市
142	汇丰银行	商业银行	2013-06-01	上海市
143	南洋商业银行	商业银行	2013-06-01	上海市
144	摩根大通银行	商业银行	2013-09-01	北京市
145	华侨永亨银行	商业银行	2013-10-01	上海市
146	华商银行	商业银行	2016-11-01	深圳市
147	国泰君安证券	证券公司	2002-07-01	上海市

8—24 续表 3 continued

序号 No.	销售机构名称 Sales Institution Name	销售机构类型 Sales Institution Type	取得销售资格时间 Sales Qualification-Obtaining Time	注册地 Place of Registration
148	广发证券	证券公司	2002-08-01	广东省
149	国信证券	证券公司	2002-08-01	深圳市
150	招商证券	证券公司	2002-08-01	深圳市
151	华泰联合证券	证券公司	2002-08-01	深圳市
152	中信证券	证券公司	2002-08-01	北京市
153	海通证券	证券公司	2002-10-01	上海市
154	申银万国证券	证券公司	2002-10-01	上海市
155	西南证券	证券公司	2003-01-01	重庆市
156	华龙证券	证券公司	2003-01-01	甘肃省
157	大同证券	证券公司	2003-01-01	山西省
158	民生证券	证券公司	2003-01-01	北京市
159	山西证券	证券公司	2003-01-01	山西省
160	长江证券	证券公司	2003-02-01	湖北省
161	中信万通证券	证券公司	2003-02-01	山东省
162	广州证券	证券公司	2003-02-01	广东省
163	兴业证券	证券公司	2003-02-01	福建省
164	华泰证券	证券公司	2003-02-01	江苏省
165	渤海证券	证券公司	2003-02-01	天津市
166	中信证券(浙江)	证券公司	2003-02-01	浙江省
167	万联证券	证券公司	2003-02-01	广东省
168	国元证券	证券公司	2003-02-01	安徽省
169	湘财证券	证券公司	2003-03-01	湖南省
170	东吴证券	证券公司	2003-12-01	江苏省
171	东方证券	证券公司	2004-04-01	上海市
172	光大证券	证券公司	2004-04-01	上海市
173	上海证券	证券公司	2004-05-01	上海市
174	国联证券	证券公司	2004-06-01	江苏省
175	浙商证券	证券公司	2004-06-01	浙江省
176	平安证券	证券公司	2004-08-01	深圳市
177	华安证券	证券公司	2004-08-01	安徽省
178	东北证券	证券公司	2004-07-01	吉林省
179	南京证券	证券公司	2004-08-01	江苏省
180	长城证券	证券公司	2004-08-01	深圳市
181	国海证券	证券公司	2004-09-01	广西自治区
182	财富证券	证券公司	2004-09-01	湖南省
183	东莞证券	证券公司	2004-09-01	广东省
184	中原证券	证券公司	2004-10-01	河南省
185	国都证券	证券公司	2004-11-01	北京市
186	恒泰证券	证券公司	2004-11-01	内蒙古自治区
187	中银国际证券	证券公司	2004-11-01	上海市
188	齐鲁证券	证券公司	2004-11-01	山东省
189	华西证券	证券公司	2004-11-01	四川省
190	国盛证券	证券公司	2004-11-01	江西省
191	新时代证券	证券公司	2004-11-01	北京市
192	华林证券	证券公司	2004-11-01	深圳市
193	中金公司	证券公司	2004-12-01	北京市
194	宏源证券	证券公司	2004-12-01	新疆自治区
195	华福证券	证券公司	2005-01-01	福建省
196	世纪证券	证券公司	2005-02-01	深圳市

8-24 续表 4 continued

序号 No.	销售机构名称 Sales Institution Name	销售机构类型 Sales Institution Type	取得销售资格时间 Sales Qualification-Obtaining Time	注册地 Place of Registration
197	德邦证券	证券公司	2005-02-01	上海市
198	金元证券	证券公司	2005-04-01	深圳市
199	西部证券	证券公司	2005-04-01	陕西省
200	东海证券	证券公司	2004-09-01	上海市
201	中航证券	证券公司	2005-04-01	江西省
202	第一创业证券	证券公司	2005-03-01	深圳市
203	中信建投证券	证券公司	2005-12-01	北京市
204	财通证券	证券公司	2006-07-01	浙江省
205	安信证券	证券公司	2007-04-01	深圳市
206	银河证券	证券公司	2007-05-01	北京市
207	华鑫证券	证券公司	2008-01-01	上海市
208	瑞银证券	证券公司	2008-02-01	北京市
209	国金证券	证券公司	2008-03-01	四川省
210	中投证券	证券公司	2008-03-01	深圳市
211	中山证券	证券公司	2008-03-01	深圳市
212	红塔证券	证券公司	2008-03-01	云南省
213	日信证券	证券公司	2008-05-01	北京市
214	西藏同信证券	证券公司	2008-05-01	西藏自治区
215	方正证券	证券公司	2008-06-01	湖南省
216	联讯证券	证券公司	2008-06-01	广东省
217	天源证券	证券公司	2008-08-01	深圳市
218	江海证券	证券公司	2008-08-01	黑龙江省
219	银泰证券	证券公司	2008-12-01	深圳市
220	民族证券	证券公司	2008-12-01	北京市
221	华宝证券	证券公司	2009-01-01	上海市
222	厦门证券	证券公司	2009-01-01	厦门市
223	爱建证券	证券公司	2009-01-01	上海市
224	英大证券	证券公司	2009-03-01	深圳市
225	信达证券	证券公司	2009-07-01	北京市
226	东兴证券	证券公司	2009-07-01	北京市
227	华融证券	证券公司	2009-09-01	北京市
228	天风证券	证券公司	2009-11-01	湖北省
229	大通证券	证券公司	2009-12-01	辽宁省
230	财达证券	证券公司	2009-12-01	河北省
231	中天证券	证券公司	2010-01-01	辽宁省
232	财富里昂证券	证券公司	2010-02-01	上海市
233	五矿证券	证券公司	2010-04-01	深圳市
234	高华证券	证券公司	2010-05-01	北京市
235	华创证券	证券公司	2010-06-01	贵州省
236	恒泰长财证券	证券公司	2010-07-01	吉林省
237	万和证券	证券公司	2010-09-01	深圳市
238	中邮证券	证券公司	2010-11-01	陕西省
239	首创证券	证券公司	2011-02-01	北京市
240	国开证券	证券公司	2011-05-01	北京市
241	太平洋证券	证券公司	2012-11-01	云南省
242	开源证券	证券公司	2012-12-01	陕西省
243	诚浩证券	证券公司	2013-02-01	辽宁省
244	宏信证券	证券公司	2013-06-01	四川省
245	川财证券	证券公司	2014-01-01	四川省

8—24 续表 5 continued

序号 No.	销售机构名称 Sales Institution Name	销售机构类型 Sales Institution Type	取得销售资格时间 Sales Qualification-Obtaining Time	注册地 Place of Registration
246	中信建投期货有限公司	期货公司	2013-09-01	重庆市
247	中国国际期货有限公司	期货公司	2013-11-01	北京市
248	兴证期货有限公司	期货公司	2014-07-01	福建省
249	中信期货有限公司	期货公司	2014-11-01	广东省
250	中州期货有限公司	期货公司	2014-11-01	山东省
251	海通期货有限公司	期货公司	2015-01-01	上海市
252	安粮期货有限公司	期货公司	2015-03-01	安徽省
253	徽商期货有限责任公司	期货公司	2015-07-01	安徽省
254	广发期货有限公司	期货公司	2015-07-01	广州市
255	东海期货有限责任公司	期货公司	2015-07-01	上海市
256	浙江中大期货有限公司	期货公司	2015-07-01	浙江省
257	中投天琪期货有限公司	期货公司	2015-08-01	深圳市
258	上海东证期货有限公司	期货公司	2015-10-01	上海市
259	申银万国期货有限公司	期货公司	2015-12-01	上海市
260	银河期货有限公司	期货公司	2016-01-01	北京市
261	南华期货股份有限公司	期货公司	2016-02-01	浙江省
262	永安期货股份有限公司	期货公司	2016-03-01	浙江省
263	弘业期货股份有限公司	期货公司	2016-04-01	江苏省
264	泰康人寿保险有限公司	保险公司	2014-01-01	北京市
265	阳光人寿保险股份有限公司	保险公司	2014-06-01	北京市
266	中国平安人寿保险股份有限公司	保险公司	2014-07-01	广东省
267	中宏人寿保险有限公司	保险公司	2014-12-01	上海市
268	华瑞保险销售有限公司	保险代理和保险经纪公司	2014-11-01	上海市
269	玄元保险代理有限公司	保险代理和保险经纪公司	2014-12-01	上海市
270	和谐保险销售有限公司	保险代理和保险经纪公司	2015-09-01	北京市
271	永鑫保险销售服务有限公司	保险代理和保险经纪公司	2015-12-01	上海市
272	金惠家保险代理有限公司	保险代理和保险经纪公司	2016-04-01	北京市
273	天相投资顾问有限公司	证券投资咨询机构	2004-07-01	北京市
274	江苏金百临投资咨询有限公司	证券投资咨询机构	2012-05-01	江苏省
275	鼎信汇金(北京)投资管理有限公司	证券投资咨询机构	2012-05-01	北京市
276	和讯信息科技有限公司	证券投资咨询机构	2012-06-01	北京市
277	深圳市新兰德证券投资咨询有限公司	证券投资咨询机构	2012-09-01	深圳市
278	厦门市鑫鼎盛控股有限公司	证券投资咨询机构	2013-02-01	厦门市
279	诺亚正行(上海)基金销售投资顾问有限公司	独立基金销售机构	2012-02-01	上海市
280	深圳众禄基金销售有限公司	独立基金销售机构	2012-02-02	深圳市
281	上海天天基金销售有限公司	独立基金销售机构	2012-02-03	上海市
282	上海好买基金销售有限公司	独立基金销售机构	2012-02-04	上海市
283	蚂蚁（杭州）基金销售有限公司	独立基金销售机构	2012-04-01	浙江省
284	上海长量基金销售投资顾问有限公司	独立基金销售机构	2012-04-02	上海市
285	浙江同花顺基金销售有限公司	独立基金销售机构	2012-04-03	浙江省
286	北京展恒基金销售有限公司	独立基金销售机构	2012-05-01	北京市
287	上海利得基金销售有限公司	独立基金销售机构	2012-08-02	上海市
288	深圳市前海凤凰财富基金销售有限公司	独立基金销售机构	2012-10-03	深圳市
289	中期时代基金销售(北京)有限公司	独立基金销售机构	2012-11-01	北京市
290	杭州金观诚基金销售有限公司	独立基金销售机构	2012-12-02	浙江省
291	北京创金启富投资管理有限公司	独立基金销售机构	2012-12-03	北京市
292	嘉实财富管理有限公司	独立基金销售机构	2012-12-04	上海市
293	众升财富（北京）基金销售有限公司	独立基金销售机构	2013-02-01	北京市
294	北京中天嘉华基金销售有限公司	独立基金销售机构	2013-02-02	北京市

8-24 续表 6 continued

序号 No.	销售机构名称 Sales Institution Name	销售机构类型 Sales Institution Type	取得销售资格时间 Sales Qualification-Obtaining Time	注册地 Place of Registration
295	北京增财基金销售有限公司	独立基金销售机构	2013-02-03	北京市
296	泛华普益基金销售有限公司	独立基金销售机构	2013-02-04	四川省
297	宜信普泽投资顾问(北京)有限公司	独立基金销售机构	2013-02-05	北京市
298	深圳腾元基金销售有限公司	独立基金销售机构	2013-03-01	深圳市
299	上海通华财富资产管理有限公司	独立基金销售机构	2013-06-02	上海市
300	北京恒天明泽基金销售有限公司	独立基金销售机构	2013-08-03	北京市
301	深圳宜投基金销售有限公司	独立基金销售机构	2013-09-04	深圳市
302	深圳前海汇联基金销售有限公司	独立基金销售机构	2013-09-05	深圳市
303	北京晟视天下投资管理有限公司	独立基金销售机构	2013-09-06	北京市
304	北京钱景基金销售有限公司	独立基金销售机构	2013-11-07	北京市
305	北京植信基金销售有限公司	独立基金销售机构	2013-12-08	北京市
306	一路财富(北京)信息科技有限公司	独立基金销售机构	2013-12-09	北京市
307	成都华羿恒信财富投资管理有限公司	独立基金销售机构	2014-01-01	四川省
308	海银基金销售有限公司	独立基金销售机构	2014-01-01	上海市
309	上海久富财富管理有限公司	独立基金销售机构	2014-01-01	上海市
310	北京唐鼎耀华投资咨询有限公司	独立基金销售机构	2014-03-01	北京市
311	日发资产管理(上海)有限公司	独立基金销售机构	2014-03-01	上海市
312	北京新浪仓石投资管理有限公司	独立基金销售机构	2014-03-01	北京市
313	上海大智慧财富管理有限公司	独立基金销售机构	2014-03-01	上海市
314	中经北证(北京)资产管理有限公司	独立基金销售机构	2014-04-01	北京市
315	北京君德汇富基金销售有限公司	独立基金销售机构	2014-04-01	北京市
316	济安财富(北京)资本管理有限公司	独立基金销售机构	2014-05-01	北京市
317	上海国金通用财富资产管理有限公司	独立基金销售机构	2014-06-01	上海市
318	佳泓（北京）基金销售有限公司	独立基金销售机构	2014-08-01	北京市
319	深圳市锦安基金销售有限公司	独立基金销售机构	2014-09-01	深圳市
320	扬州国信嘉利投资理财有限公司	独立基金销售机构	2014-09-01	江苏省
321	上海联泰资产管理有限公司	独立基金销售机构	2014-10-01	上海市
322	上海钰茂投资管理有限公司	独立基金销售机构	2014-11-01	上海市
323	深圳市金海九洲基金销售有限公司	独立基金销售机构	2014-12-01	深圳市
324	上海汇付金融服务有限公司	独立基金销售机构	2014-12-01	上海市
325	江西正融资产管理有限公司	独立基金销售机构	2014-12-01	江西省
326	北京坤元投资咨询有限公司	独立基金销售机构	2014-12-01	北京市
327	泰诚财富基金销售(大连)有限公司	独立基金销售机构	2014-12-01	辽宁省
328	北京微动利投资管理有限公司	独立基金销售机构	2015-02-01	北京市
329	北京富国大通投资管理有限责任公司	独立基金销售机构	2015-03-01	北京市
330	上海基煜基金销售有限公司	独立基金销售机构	2015-03-01	上海市
331	泰信财富投资管理有限公司	独立基金销售机构	2015-03-01	北京市
332	利和财富（上海）基金销售有限公司	独立基金销售机构	2015-06-01	上海市
333	上海凯石财富基金销售有限公司	独立基金销售机构	2015-07-01	上海市
334	上海景谷基金销售有限公司	独立基金销售机构	2015-07-01	上海市
335	北京恒宇天泽投资管理有限公司	独立基金销售机构	2015-07-01	北京市
336	上海朝阳永续投资顾问有限公司	独立基金销售机构	2015-07-01	上海市
337	上海中正达广投资管理有限公司	独立基金销售机构	2015-08-01	上海市
338	深圳前海京西票号基金销售有限公司	独立基金销售机构	2015-08-01	深圳市
339	北京虹点基金销售有限公司	独立基金销售机构	2015-08-01	北京市
340	上海攀赢金融信息服务有限公司	独立基金销售机构	2015-08-01	上海市
341	深圳新华信通资产管理有限公司	独立基金销售机构	2015-08-01	深圳市
342	上海陆金所资产管理有限公司	独立基金销售机构	2015-08-01	上海市

8–24 续表 7 continued

序号 No.	销售机构名称 Sales Institution Name	销售机构类型 Sales Institution Sales Institution	取得销售资格时间 Sales Qualification- Obtaining Time	注册地 Place of Registration
343	武汉市伯嘉基金销售有限公司	独立基金销售机构	2015-09-01	湖北省
344	深圳富济财富管理有限公司	独立基金销售机构	2015-09-01	深圳市
345	钱滚滚财富投资管理（上海）有限公司	独立基金销售机构	2015-09-01	上海市
346	大泰金石基金销售有限公司	独立基金销售机构	2015-09-01	江苏省
347	珠海盈米财富管理有限公司	独立基金销售机构	2015-09-01	广东省
348	成都万华源基金销售有限责任公司	独立基金销售机构	2015-09-01	四川省
349	九泰基金销售（北京）有限公司	独立基金销售机构	2015-09-01	北京市
350	和耕传承基金销售有限公司	独立基金销售机构	2015-10-01	河南省
351	南京途牛金融信息服务有限公司	独立基金销售机构	2015-10-01	江苏省
352	中证金牛（北京）投资咨询有限公司	独立基金销售机构	2015-11-01	北京市
353	北京懒猫金融信息服务有限公司	独立基金销售机构	2015-11-01	北京市
354	深圳秋实惠智财富投资管理有限公司	独立基金销售机构	2015-12-01	深圳市
355	深圳市小牛投资咨询有限公司	独立基金销售机构	2015-12-01	深圳市
356	天津万家财富资产管理有限公司	独立基金销售机构	2015-12-01	天津市
357	尚智逢源（北京）基金销售有限公司	独立基金销售机构	2016-01-01	北京市
358	北京电盈基金销售有限公司	独立基金销售机构	2016-01-01	北京市
359	奕丰金融服务（深圳）有限公司	独立基金销售机构	2016-01-01	深圳市
360	北京肯特瑞财富投资管理有限公司	独立基金销售机构	2016-01-01	北京市
361	上海爱建财富管理有限公司	独立基金销售机构	2016-01-01	上海市
362	中民财富管理（上海）有限公司	独立基金销售机构	2016-01-01	上海市
363	大连网金金融信息服务有限公司	独立基金销售机构	2016-01-01	大连市
364	北京蛋卷基金销售有限公司	独立基金销售机构	2016-02-01	北京市
365	上海云湾投资管理有限公司	独立基金销售机构	2016-01-01	上海市
366	上海华夏财富投资管理有限公司	独立基金销售机构	2016-01-01	北京市
367	深圳市金斧子基金销售有限公司	独立基金销售机构	2016-02-01	深圳市
368	深圳市前海排排网基金销售有限责任公司	独立基金销售机构	2016-02-01	深圳市
369	深圳前海财厚资产管理有限公司	独立基金销售机构	2016-02-01	深圳市
370	深圳前海凯恩斯基金销售有限公司	独立基金销售机构	2016-02-01	深圳市
371	深圳市华融金融服务有限公司	独立基金销售机构	2016-02-01	深圳市
372	南京苏宁基金销售有限公司	独立基金销售机构	2016-03-01	江苏省
373	乾道金融信息服务（北京）有限公司	独立基金销售机构	2016-03-01	北京市
374	深圳前海欧中联合基金销售有限公司	独立基金销售机构	2016-03-01	深圳市
375	北京汇成基金销售有限公司	独立基金销售机构	2016-03-01	北京市
376	北京格上富信投资顾问有限公司	独立基金销售机构	2016-03-01	北京市
377	深圳盈信基金销售有限公司	独立基金销售机构	2016-04-01	深圳市
378	北京广源达信基金销售有限公司	独立基金销售机构	2016-04-01	北京市
379	杭州科地瑞富基金销售有限公司	独立基金销售机构	2016-06-01	浙江省
380	上海万得投资顾问有限公司	独立基金销售机构	2016-06-01	上海市
381	天津国美基金销售有限公司	独立基金销售机构	2016-06-01	天津市
382	上海陆享基金销售有限公司	独立基金销售机构	2016-07-01	上海市
383	贵州华阳众惠基金销售有限公司	独立基金销售机构	2016-08-01	贵州省
384	凤凰金信（银川）基金销售有限公司	独立基金销售机构	2016-08-01	宁夏自治区
385	江苏汇林保大基金销售有限公司	独立基金销售机构	2016-09-01	江苏省
386	上海挖财金融信息服务有限公司	独立基金销售机构	2016-10-01	上海市
387	大河财富基金销售有限公司	独立基金销售机构	2016-10-01	贵州省
388	上海有鱼基金销售有限公司	独立基金销售机构	2016-10-01	上海市
389	嘉晟瑞信（天津）基金销售有限公司	独立基金销售机构	2016-12-01	天津市
390	苏州财路基金销售有限公司	独立基金销售机构	2016-12-01	江苏省

8—25 2016年合格境外机构投资者(QFII)名录
List of QFII in 2016

序号 No.	QFII公司名称 Company Name	取得资格时间 Qualification-obtaining Time	2016年获批额度 (亿美元) Approved Quota in 2016 (100 million USD)	累计批准额度 (亿美元) Cumulative Approved Quota (100 million USD)
1	瑞士银行	2003-05-23	14.00	21.90
2	野村证券株式会社	2003-05-23	0.00	3.50
3	摩根士丹利国际股份有限公司	2003-06-05	0.00	6.00
4	花旗环球金融有限公司	2003-06-05	0.00	5.50
5	高盛公司	2003-07-04	0.00	3.00
6	德意志银行	2003-07-30	0.00	6.00
7	香港上海汇丰银行有限公司	2003-08-04	0.00	6.00
8	荷兰安智银行股份有限公司	2003-09-10	0.00	0.70
9	摩根大通银行	2003-09-30	0.00	6.00
10	瑞士信贷(香港)有限公司	2003-10-24	0.00	6.00
11	渣打银行(香港)有限公司	2003-12-11	0.00	1.75
12	日兴资产管理有限公司	2003-12-11	0.00	4.50
13	美林国际	2004-04-30	-1.50	6.50
14	恒生银行有限公司	2004-05-10	0.00	1.50
15	大和证券株式会社	2004-05-10	0.00	0.50
16	比尔及梅林达盖茨信托基金会	2004-07-19	0.00	4.00
17	景顺资产管理有限公司	2004-08-04	0.00	1.26
18	苏格兰皇家银行有限公司	2004-09-02	0.00	0.20
19	法国兴业银行	2004-09-02	7.00	17.00
20	巴克莱银行	2004-09-15	-3.00	3.52
21	德国商业银行	2004-09-27	-3.00	0.20
22	法国巴黎银行	2004-09-29	0.00	3.50
23	加拿大鲍尔公司	2004-10-15	0.00	0.50
24	东方汇理银行	2004-10-15	0.00	0.75
25	高盛国际资产管理公司	2005-05-09	-2.98	3.02
26	马丁可利投资管理有限公司	2005-10-25	-1.50	0.76
27	新加坡政府投资有限公司	2005-10-25	0.00	15.00
28	柏瑞投资有限责任公司	2005-11-14	0.00	2.92
29	淡马锡富敦投资有限公司	2005-11-15	0.00	15.00
30	JF资产管理有限公司	2005-12-28	10.00	15.25
31	日本第一生命保险株式会社	2005-12-28	0.00	2.50
32	星展银行有限公司	2006-02-13	0.00	2.00
33	安保资本投资有限公司	2006-04-10	0.00	5.00
34	加拿大丰业银行	2006-04-10	0.00	0.85
35	比联金融产品英国有限公司	2006-04-10	0.00	0.20
36	爱德蒙得洛希尔（法国）	2006-04-10	0.00	2.00
37	耶鲁大学	2006-04-14	0.00	1.50
38	摩根士丹利投资管理公司	2006-07-07	-1.12	3.38
39	瀚亚投资（香港）有限公司	2006-07-07	0.00	3.50
40	斯坦福大学	2006-08-05	0.00	0.80
41	通用电气资产管理公司	2006-08-05	0.00	3.00
42	大华银行有限公司	2006-08-05	0.00	0.50
43	施罗德投资管理有限公司	2006-08-29	0.00	4.25
44	汇丰环球投资管理(香港)有限公司	2006-09-05	-0.27	3.00

8—25 续表 1 continued

序号 No.	QFII公司名称 Company Name	取得资格时间 Qualification-obtaining Time	2016年获批额度（亿美元） Approved Quota in 2016 (100 million USD)	累计批准额度（亿美元） Cumulative Approved Quota (100 million USD)
45	瑞穗证券株式会社	2006-09-05	0.00	0.50
46	瑞银资产管理（新加坡）有限公司	2006-09-25	0.00	7.50
47	三井住友资产管理株式会社	2006-09-25	-0.25	2.79
48	挪威中央银行	2006-10-24	0.00	25.00
49	百达资产管理有限公司	2006-10-25	0.00	1.08
50	哥伦比亚大学	2008-03-12	0.00	0.20
51	荷宝基金管理公司	2008-05-05	0.00	1.26
52	道富环球投资管理亚洲有限公司	2008-05-16	0.00	0.50
53	铂金投资管理有限公司	2008-06-02	0.00	3.00
54	比利时联合资产管理有限公司	2008-06-02	0.00	2.10
55	未来资产基金管理公司	2008-07-25	0.00	3.50
56	安达国际控股有限公司	2008-08-05	0.00	1.50
57	魁北克储蓄投资集团	2008-08-22	1.50	6.50
58	哈佛大学	2008-08-22	-1.50	0.50
59	三星资产运用株式会社	2008-08-25	0.00	6.50
60	联博有限公司	2008-08-28	0.00	1.50
61	华侨银行有限公司	2008-08-28	-0.24	0.78
62	首域投资管理(英国)有限公司	2008-09-11	0.00	6.30
63	大和证券投资信托株式会社	2008-09-11	0.00	2.00
64	壳牌资产管理有限公司	2008-09-12	0.00	0.00
65	普信投资公司	2008-09-12	0.00	1.60
66	瑞士信贷银行股份有限公司	2008-10-14	0.00	3.00
67	大华资产管理有限公司	2008-11-28	0.00	0.50
68	阿布达比投资局	2008-12-03	0.00	25.00
69	安联环球投资有限公司	2008-12-16	0.00	2.00
70	资本国际公司	2008-12-18	0.00	1.00
71	三菱日联摩根士丹利证券股份有限公司	2008-12-29	0.00	1.00
72	韩华资产运用株式会社	2009-02-05	0.00	2.38
73	安石股票投资管理（美国）有限公司	2009-02-10	0.00	0.25
74	DWS投资管理有限公司	2009-02-24	0.00	2.00
75	韩国产业银行	2009-04-23	0.00	1.40
76	韩国友利银行股份有限公司	2009-05-04	0.00	0.50
77	马来西亚国家银行	2009-05-19	0.00	15.00
78	罗祖儒投资管理(香港)有限公司	2009-05-27	0.00	0.50
79	邓普顿投资顾问有限公司	2009-06-05	0.00	3.00
80	东亚联丰投资管理有限公司	2009-06-18	0.00	1.00
81	三井住友信托银行股份有限公司	2009-06-26	0.00	0.50
82	韩国投资信托运用株式会社	2009-07-21	0.00	3.00
83	霸菱资产管理有限公司	2009-08-06	0.00	2.00
84	安石投资管理有限公司	2009-09-14	0.00	3.50
85	纽约梅隆资产管理国际有限公司	2009-11-06	-1.50	0.00
86	宏利资产管理(香港)有限公司	2009-11-20	0.00	3.00
87	野村资产管理株式会社	2009-11-23	0.00	3.50
88	东洋资产运用（株）	2009-12-11	0.00	0.70

8-25 续表 2 continued

序号 No.	QFII公司名称 Company Name	取得资格时间 Qualification-obtaining Time	2016年获批额度(亿美元) Approved Quota in 2016 (100 million USD)	累计批准额度(亿美元) Cumulative Approved Quota (100 million USD)
89	加拿大皇家银行	2009-12-23	0.00	1.00
90	英杰华投资集团全球服务有限公司	2009-12-28	0.00	0.18
91	常青藤资产管理公司	2010-02-08	0.00	1.00
92	达以安资产管理公司	2010-04-20	0.00	1.00
93	法国欧菲资产管理公司	2010-05-21	0.00	1.50
94	安本亚洲资产管理公司	2010-07-06	-1.23	0.77
95	KB资产运用	2010-08-09	0.50	3.50
96	富达基金(香港)有限公司	2010-09-01	0.00	12.00
97	美盛投资（欧洲）有限公司	2010-10-08	0.00	2.00
98	香港金融管理局	2010-10-27	0.00	25.00
99	富邦证券投资信托股份有限公司	2010-10-29	0.00	10.00
100	群益证券投资信托股份有限公司	2010-10-29	3.00	5.50
101	蒙特利尔银行投资公司	2010-12-06	-1.00	0.00
102	瑞士宝盛银行	2010-12-14	0.00	1.50
103	科提比资产运用株式会社	2010-12-28	-1.00	0.00
104	领先资产管理	2011-02-16	0.00	1.00
105	元大证券投资信托股份有限公司	2011-03-04	3.00	7.00
106	忠利保险有限公司	2011-03-18	0.00	0.83
107	西班牙对外银行有限公司	2011-05-06	0.00	1.00
108	国泰证券投资信托股份有限公司	2011-06-09	0.00	10.50
109	复华证券投资信托股份有限公司	2011-06-09	0.00	3.00
110	亢简资产管理公司	2011-06-24	0.00	1.00
111	东方汇理资产管理香港有限公司	2011-07-14	0.00	1.00
112	贝莱德机构信托公司	2011-07-14	0.00	2.50
113	GMO有限责任公司	2011-08-09	-0.25	0.50
114	新加坡金融管理局	2011-10-08	0.00	1.00
115	中国人寿保险股份有限公司（台湾）	2011-10-26	0.00	5.50
116	新光人寿保险股份有限公司	2011-10-26	0.00	3.00
117	普林斯顿大学	2011-11-25	0.00	2.10
118	新光投信株式会社	2011-11-25	0.00	1.00
119	加拿大年金计划投资委员会	2011-12-09	0.00	12.00
120	泛达公司	2011-12-09	-1.00	0.00
121	瀚博环球投资公司	2011-12-13	-1.00	0.00
122	安耐德合伙人有限公司	2011-12-13	0.00	1.50
123	泰国银行	2011-12-16	0.00	3.00
124	科威特政府投资局	2011-12-21	0.00	15.00
125	北美信托环球投资公司	2011-12-21	-1.00	0.00
126	台湾人寿保险股份有限公司	2011-12-21	0.00	4.00
127	韩国银行	2011-12-21	0.00	9.00
128	安大略省教师养老金计划委员会	2011-12-22	0.00	3.00
129	韩国投资公司	2011-12-28	0.00	4.00
130	罗素投资爱尔兰有限公司	2011-12-28	0.00	2.00
131	迈世勒资产管理有限责任公司	2011-12-31	0.00	2.00
132	华宜资产运用有限公司	2011-12-31	0.00	1.00

8—25 续表 3 continued

序号 No.	QFII公司名称 Company Name	取得资格时间 Qualification-obtaining Time	2016年获批额度（亿美元） Approved Quota in 2016 (100 million USD)	累计批准额度（亿美元） Cumulative Approved Quota (100 million USD)
133	新韩法国巴黎资产运用株式会社	2012-01-05	0.00	1.50
134	家庭医生退休基金	2012-01-05	0.00	0.60
135	国民年金公团（韩国）	2012-01-05	0.00	4.00
136	三商美邦人寿保险股份有限公司	2012-01-30	0.00	0.50
137	保德信证券投资信托股份有限公司	2012-01-31	0.00	1.20
138	信安环球投资有限公司	2012-01-31	0.00	1.50
139	医院管理局公积金计划	2012-01-31	0.00	1.00
140	全球人寿保险股份有限公司	2012-02-03	0.00	1.50
141	大众信托基金有限公司	2012-02-03	0.00	0.60
142	明治安田资产管理有限公司	2012-02-27	0.00	0.00
143	国泰人寿保险股份有限公司	2012-02-28	0.00	10.00
144	三井住友银行株式会社	2012-02-28	0.00	1.00
145	富邦人寿保险股份有限公司	2012-03-01	0.00	15.00
146	友邦保险有限公司	2012-03-05	0.00	1.50
147	纽伯格伯曼欧洲有限公司	2012-03-05	0.00	1.75
148	马来西亚国库控股公司	2012-03-07	0.00	5.00
149	资金研究与管理公司	2012-03-09	0.00	1.00
150	日本东京海上资产管理株式会社	2012-03-14	0.00	0.00
151	韩亚金融投资株式会社	2012-03-29	-0.70	1.30
152	兴元资产管理有限公司	2012-03-30	0.00	4.00
153	伦敦市投资管理有限公司	2012-03-30	0.00	0.53
154	摩根资产管理(英国)有限公司	2012-03-30	0.00	0.00
155	冈三资产管理股份有限公司	2012-03-30	0.00	0.50
156	预知投资管理公司	2012-04-18	0.00	1.50
157	东部资产运用株式会社	2012-04-20	0.00	1.20
158	骏利资产管理有限公司	2012-04-20	-0.72	0.28
159	瑞穗投信投资顾问有限公司	2012-04-26	0.00	1.00
160	瀚森全球投资有限公司	2012-04-28	-0.25	0.25
161	欧利盛资产管理有限公司	2012-05-02	0.00	1.00
162	中银国际英国保诚资产管理有限公司	2012-05-03	-0.40	0.71
163	富敦资金管理有限公司	2012-05-04	0.00	2.50
164	利安资金管理公司	2012-05-07	0.00	0.50
165	忠利银行基金管理卢森堡有限责任公司	2012-05-23	0.00	1.00
166	威廉博莱公司	2012-05-24	0.00	2.00
167	天达资产管理有限公司	2012-05-28	0.00	1.00
168	安智投资管理亚太（香港）有限公司	2012-06-04	-1.50	0.00
169	三菱日联国际资产管理公司	2012-06-04	0.00	0.00
170	中银集团人寿保险有限公司	2012-07-12	-1.36	0.64
171	霍尔资本有限公司	2012-08-06	0.00	2.15
172	得克萨斯大学体系董事会	2012-08-06	0.00	1.50
173	南山人寿保险股份有限公司	2012-08-06	0.00	6.00
174	SUVA瑞士国家工伤保险机构	2012-08-13	0.00	2.20
175	不列颠哥伦比亚省投资管理公司	2012-08-17	0.00	5.00
176	惠理基金管理香港有限公司	2012-08-21	0.00	2.00

8—25 续表 4 continued

序号 No.	QFII公司名称 Company Name	取得资格时间 Qualification-obtaining Time	2016年获批额度（亿美元） Approved Quota in 2016 (100 million USD)	累计批准额度（亿美元） Cumulative Approved Quota (100 million USD)
177	安大略退休金管理委员会	2012-08-29	0.00	1.50
178	教会养老基金	2012-08-31	0.00	0.50
179	麦格理银行有限公司	2012-09-04	0.00	8.00
180	瑞典第二国家养老金	2012-09-20	0.00	4.00
181	海通资产管理（香港）有限公司	2012-09-20	-2.00	1.00
182	IDG资本管理（香港）有限公司	2012-09-20	0.00	0.60
183	杜克大学	2012-09-24	0.00	1.00
184	卡塔尔控股有限责任公司	2012-09-25	0.00	10.00
185	瑞士盈丰银行股份有限公司	2012-09-26	-0.06	0.60
186	海拓投资管理公司	2012-10-26	-1.00	0.00
187	奥博医疗顾问有限公司	2012-10-26	0.00	1.00
188	新思路投资有限公司	2012-10-26	0.00	0.50
189	贝莱德资产管理北亚有限公司	2012-10-26	0.00	10.00
190	摩根证券投资信托股份有限公司	2012-11-05	0.00	2.90
191	全球保险集团美国投资管理有限公司	2012-11-05	0.00	1.00
192	鼎晖投资咨询新加坡有限公司	2012-11-07	4.55	8.05
193	瑞典北欧斯安银行有限公司	2012-11-12	0.23	0.31
194	嘉实国际资产管理有限公司	2012-11-12	-1.00	2.00
195	灰石投资管理有限公司	2012-11-19	0.20	0.20
196	统一证券投资信托股份有限公司	2012-11-21	0.50	1.50
197	大和住银投信投资顾问株式会社	2012-11-21	-1.50	0.00
198	毕盛资产管理有限公司	2012-11-27	0.00	2.30
199	中信证券国际投资管理（香港）有限公司	2012-12-11	0.00	3.00
200	太平洋投资策略有限公司	2012-12-11	0.00	4.00
201	易方达资产管理（香港）有限公司	2012-12-11	0.00	6.98
202	高瓴资本管理有限公司	2012-12-11	0.00	9.00
203	永丰证券投资信托股份有限公司	2012-12-13	0.03	1.03
204	华夏基金（香港）有限公司	2012-12-25	0.00	2.00
205	宜思投资管理有限责任公司	2013-01-07	0.00	1.00
206	第一金证券投资信托股份有限公司	2013-01-24	0.00	0.74
207	太平洋投资管理公司亚洲私营有限公司	2013-01-24	0.00	1.00
208	瑞银资产管理（香港）有限公司	2013-01-24	0.00	1.00
209	南方东英资产管理有限公司	2013-01-31	0.00	2.00
210	EJS投资管理有限公司	2013-01-31	0.00	0.50
211	国泰君安资产管理（亚洲）有限公司	2013-02-21	-1.61	0.00
212	泰康资产管理（香港）有限公司	2013-02-22	-0.50	4.70
213	招商证券资产管理（香港）有限公司	2013-02-22	7.07	7.20
214	现代证券株式会社	2013-03-22	0.00	1.00
215	工银亚洲投资管理有限公司	2013-03-25	-0.78	0.22
216	亚洲资本再保险集团私人有限公司	2013-04-11	0.00	1.00
217	AZ基金管理股份有限公司	2013-04-11	0.00	1.00
218	台新证券投资信托股份有限公司	2013-04-27	0.00	0.50
219	海富通资产管理（香港）有限公司	2013-05-07	0.00	1.00
220	汇丰中华证券投资信托股份有限公司	2013-05-10	0.00	3.00

8—25 续表 5 continued

序号 No.	QFII公司名称 Company Name	取得资格时间 Qualification-obtaining Time	2016年获批额度（亿美元） Approved Quota in 2016 (100 million USD)	累计批准额度（亿美元） Cumulative Approved Quota (100 million USD)
221	太平资产管理（香港）有限公司	2013-05-15	0.00	0.00
222	中国国际金融香港资产管理有限公司	2013-05-16	3.00	6.00
223	中国光大资产管理有限公司	2013-05-30	0.00	4.00
224	博时基金（国际）有限公司	2013-06-04	-0.50	0.50
225	兆丰国际证券投资信托股份有限公司	2013-06-04	0.00	1.80
226	法国巴黎投资管理亚洲有限公司	2013-06-19	0.00	5.70
227	圣母大学	2013-06-19	0.00	0.50
228	纽堡亚洲	2013-07-15	0.00	1.00
229	华南永昌证券投资信托股份有限公司	2013-07-15	0.52	1.02
230	景林资产管理香港有限公司	2013-07-15	-0.84	1.23
231	中国信托人寿保险股份有限公司	2013-08-20	0.00	1.00
232	凯思博投资管理（香港）有限公司	2013-08-20	-0.44	0.31
233	富邦产物保险股份有限公司	2013-08-26	0.00	0.50
234	欧特咨询有限公司	2013-08-26	0.00	1.00
235	盛树投资管理有限公司	2013-08-26	0.00	0.80
236	广发国际资产管理有限公司	2013-09-26	-0.20	3.31
237	梅奥诊所	2013-09-29	0.00	0.75
238	国信证券（香港）资产管理有限公司	2013-09-29	-2.00	0.00
239	新加坡科技资产管理有限公司	2013-10-18	0.00	0.50
240	政府养老基金（泰国）	2013-10-24	0.00	1.00
241	狮诚控股国际私人有限公司	2013-10-30	0.00	1.00
242	CSAM资产管理有限公司	2013-10-30	-0.20	0.00
243	中国人寿富兰克林资产管理有限公司	2013-10-30	-0.20	2.60
244	福特基金会	2013-10-31	0.00	0.00
245	瑞银韩亚资产运用株式会社	2013-10-31	-1.00	0.00
246	国泰世华商业银行股份有限公司	2013-11-07	0.00	1.00
247	立陶宛银行	2013-11-23	0.00	1.00
248	富兰克林华美证券投资信托股份有限公司	2013-11-23	0.00	2.00
249	中国信托商业银行股份有限公司	2013-11-23	0.30	0.80
250	华盛顿大学	2014-01-23	0.00	0.50
251	澳门金融管理局	2014-01-27	15.00	30.00
252	史帝夫尼可洛司股份有限公司	2014-01-27	0.00	0.00
253	职总英康保险合作社有限公司	2014-01-27	0.00	1.00
254	Invesco PowerShares资产管理有限公司	2014-01-27	0.00	0.00
255	瑞士再保险亚洲股份有限公司	2014-01-27	0.00	1.00
256	Nordea投资管理公司	2014-01-27	0.00	1.00
257	华顿证券投资信托股份有限公司	2014-03-11	0.00	1.00
258	喀斯喀特有限责任公司	2014-03-11	0.00	2.00
259	铭基国际投资公司	2014-03-12	0.00	5.40
260	奥本海默基金公司	2014-03-19	10.00	15.00
261	高观投资有限公司	2014-04-08	0.00	1.00
262	台新国际商业银行股份有限公司	2014-06-03	-0.80	0.20
263	花旗集团基金管理有限公司	2014-06-16	-0.40	1.60
264	爱斯普乐基金管理公司	2014-07-24	0.00	0.00

8—25 续表 6 continued

序号 No.	QFII公司名称 Company Name	取得资格时间 Qualification-obtaining Time	2016年获批额度（亿美元） Approved Quota in 2016 (100 million USD)	累计批准额度（亿美元） Cumulative Approved Quota (100 million USD)
265	彭博家族基金会	2014-07-25	0.00	0.75
266	石溪集团	2014-07-28	0.00	0.50
267	麻省理工学院	2014-09-19	0.00	2.00
268	万金全球香港有限公司	2014-09-22	0.00	1.00
269	高盛国际	2014-09-22	0.00	3.00
270	安盛基金管理有限公司	2014-10-08	0.00	1.00
271	国投瑞银资产管理（香港）有限公司	2014-12-01	0.00	1.00
272	工银瑞信资产管理（国际）有限公司	2014-12-04	0.00	3.00
273	中信证券经纪（香港）有限公司	2014-12-24	0.00	0.00
274	申万宏源投资管理（亚洲）有限公司	2014-12-30	0.00	2.00
275	宾夕法尼亚大学校董会	2015-01-05	0.00	0.75
276	广发资产管理（香港）有限公司	2015-01-07	0.00	2.00
277	麦盛资产管理（亚洲）有限公司	2015-01-22	0.00	2.00
278	玉山商业银行股份有限公司	2015-02-27	0.00	0.50
279	汇添富资产管理（香港）有限公司	2015-02-27	0.00	4.00
280	加利福尼亚大学校董会	2015-03-25	0.00	4.00
281	富国资产管理（香港）有限公司	2015-04-08	0.00	2.00
282	文莱投资局	2015-05-07	0.00	2.00
283	台湾银行股份有限公司	2015-05-20	0.00	1.00
284	淡水泉（香港）投资管理有限公司	2015-05-20	0.00	2.00
285	安联证券投资信托股份有限公司	2015-05-21	0.00	0.62
286	安信资产管理（香港）有限公司	2015-06-02	0.00	0.00
287	日盛证券投资信托股份有限公司	2015-06-02	0.50	0.50
288	泛亚投资管理有限公司	2015-06-29	0.00	1.00
289	建银国际资产管理有限公司	2015-07-28	0.00	2.00
290	忠诚保险有限公司	2015-08-31	0.00	7.00
291	挚信投资顾问（香港）有限公司	2015-10-12	1.00	1.00
292	瀚亚证券投资信托股份有限公司	2015-11-02	0.20	0.20
293	柏瑞证券投资信托股份有限公司	2015-11-24	0.00	0.00
294	农银国际资产管理有限公司	2015-11-24	0.50	0.50
295	融通国际资产管理有限公司	2016-01-15	5.00	5.00
296	国泰全球投资管理有限公司	2016-03-17	4.00	4.00
297	第一商业银行股份有限公司	2016-05-03	0.30	0.30
298	元大证券股份有限公司	2016-07-19	0.80	0.80
299	工银国际资产管理有限公司	2016-07-19	2.00	2.00
300	中国光大证券资产管理有限公司	2016-08-12	7.00	7.00
301	领航集团有限公司	2016-09-01	0.00	0.00
302	中邮创业国际资产管理有限公司	2016-09-09	1.00	1.00
303	财通国际资产管理有限公司	2016-09-09	0.00	0.00
304	摩根大通证券股份有限公司	2016-09-28	5.00	5.00
305	大成国际资产管理有限公司	2016-12-06	0.00	0.00

数据来源：中国证监会。
Source: CSRC.

8–26　2016年人民币合格境外机构投资者(RQFII)名录
List of RQFII in 2016

序号 No.	RQFII公司名称 Company Name	取得资格时间 Qualification-obtaining Time	2016年获批额度 (亿元) Approved Quota in 2016 (100 million yuan)	累计批准额度 (亿元) Cumulative Approved Quota (100 million yuan)
1	南方东英资产管理有限公司	2011-12-21	0.00	461.00
2	易方达资产管理（香港）有限公司	2011-12-21	0.00	272.00
3	嘉实国际资产管理有限公司	2011-12-21	0.00	147.40
4	华夏基金（香港）有限公司	2011-12-21	0.00	218.00
5	大成国际资产管理有限公司	2011-12-21	0.00	37.00
6	汇添富资产管理（香港）有限公司	2011-12-21	0.00	31.00
7	博时基金（国际）有限公司	2011-12-21	0.00	96.00
8	海富通资产管理（香港）有限公司	2011-12-21	0.00	44.00
9	华安资产管理（香港）有限公司	2011-12-21	0.00	39.00
10	中国国际金融（香港）有限公司	2011-12-22	0.00	17.00
11	国信证券（香港）金融控股有限公司	2011-12-22	0.00	17.00
12	光大证券金融控股有限公司	2011-12-22	0.00	35.00
13	华泰金融控股（香港）有限公司	2011-12-22	0.00	29.50
14	国泰君安金融控股有限公司	2011-12-22	0.00	69.00
15	海通国际控股有限公司	2011-12-22	0.00	107.00
16	广发控股（香港）有限公司	2011-12-22	0.00	27.00
17	招商证券国际有限公司	2011-12-22	0.00	27.00
18	申万宏源（国际）集团有限公司	2011-12-22	0.00	39.00
19	中信证券国际有限公司	2011-12-22	0.00	14.00
20	安信国际金融控股有限公司	2011-12-22	0.00	24.00
21	国元证券（香港）有限公司	2011-12-22	0.00	73.00
22	工银瑞信资产管理（国际）有限公司	2012-08-07	0.00	28.00
23	广发国际资产管理有限公司	2012-08-07	0.00	39.00
24	上投摩根资产管理（香港）有限公司	2012-10-26	0.00	8.00
25	国投瑞银资产管理（香港）有限公司	2012-12-17	0.00	28.00
26	富国资产管理（香港）有限公司	2012-12-17	0.00	38.00
27	诺安基金（香港）有限公司	2013-02-22	0.00	10.00
28	泰康资产管理（香港）有限公司	2013-03-14	0.00	74.00
29	建银国际资产管理有限公司	2013-03-25	0.00	43.00
30	兴证（香港）金融控股有限公司	2013-04-25	0.00	13.00
31	中国人寿富兰克林资产管理有限公司	2013-05-15	0.00	65.00
32	农银国际资产管理有限公司	2013-05-15	0.00	53.00
33	中投证券（香港）金融控股有限公司	2013-05-16	0.00	11.00
34	东方金融控股（香港）有限公司	2013-05-23	0.00	5.00
35	工银亚洲投资管理有限公司	2013-06-04	0.00	23.00
36	恒生投资管理有限公司	2013-06-04	0.00	10.00
37	太平资产管理（香港）有限公司	2013-06-19	0.00	13.00
38	中银香港资产管理有限公司	2013-07-15	0.00	8.00
39	横华国际资产管理有限公司	2013-07-15	0.00	8.00
40	长江证券控股（香港）有限公司	2013-07-15	0.00	2.00
41	中国平安资产管理（香港）有限公司	2013-07-19	0.00	10.00
42	信达国际资产管理有限公司	2013-07-19	0.00	8.00
43	丰收投资管理（香港）有限公司	2013-07-19	0.00	8.00
44	汇丰环球投资管理（香港）有限公司	2013-07-19	0.00	8.00

8—26 续表 1 continued

序号 No.	RQFII公司名称 Company Name	取得资格时间 Qualification-obtaining Time	2016年获批额度 (亿元) Approved Quota in 2016 (100 million yuan)	累计批准额度 (亿元) Cumulative Approved Quota (100 million yuan)
45	东亚银行有限公司	2013-08-15	0.00	10.00
46	永丰金资产管理（亚洲）有限公司	2013-08-15	0.00	10.00
47	交银国际资产管理有限公司	2013-08-20	0.00	8.00
48	中国东方国际资产管理有限公司	2013-08-20	0.00	25.00
49	惠理基金管理香港有限公司	2013-08-20	0.00	13.00
50	柏瑞投资香港有限公司	2013-09-26	0.00	8.00
51	创兴银行有限公司	2013-09-26	0.00	13.00
52	香港沪光国际投资管理有限公司	2013-10-30	0.00	8.00
53	中国光大资产管理有限公司	2013-10-30	0.00	19.00
54	中信建投（国际）金融控股有限公司	2013-10-30	0.00	20.00
55	JF资产管理有限公司	2013-10-30	0.00	10.00
56	未来资产环球投资（香港）有限公司	2013-10-30	0.00	13.00
57	国金证券（香港）有限公司	2013-12-06	0.00	10.00
58	中国银河国际金融控股有限公司	2013-12-11	0.00	11.00
59	安石投资管理有限公司	2013-12-17	0.00	30.00
60	瑞银资产管理（香港）有限公司	2013-12-19	0.00	10.00
61	永隆资产管理有限公司	2013-12-30	0.00	0.00
62	景林资产管理香港有限公司	2014-01-10	0.00	20.00
63	华宝兴业资产管理（香港）有限公司	2014-01-20	0.00	10.00
64	易亚投资管理有限公司	2014-01-27	0.00	3.00
65	麦格理基金管理（香港）有限公司	2014-01-27	0.00	15.00
66	道富环球投资管理亚洲有限公司	2014-01-27	0.00	10.00
67	嘉理资产管理有限公司	2014-03-06	0.00	5.00
68	施罗德投资管理（香港）有限公司	2014-03-06	0.00	10.00
69	贝莱德资产管理北亚有限公司	2014-03-11	0.00	20.00
70	交银施罗德资产管理（香港）有限公司	2014-03-12	0.00	10.00
71	越秀资产管理有限公司	2014-03-26	0.00	10.00
72	润晖投资管理香港有限公司	2014-03-27	0.00	13.00
73	赤子之心资本亚洲有限公司	2014-04-15	0.00	4.50
74	招商资产管理（香港）有限公司	2014-05-21	0.00	10.00
75	富达基金（香港）有限公司	2014-05-21	0.00	0.00
76	日兴资产管理亚洲有限公司	2014-05-21	0.00	10.00
77	毕盛资产管理有限公司	2014-05-21	0.00	15.00
78	富敦资金管理有限公司	2014-05-21	0.00	12.00
79	辉立资本管理（香港）有限公司	2014-06-03	0.00	1.00
80	长盛基金（香港）有限公司	2014-06-12	0.00	0.00
81	贝莱德顾问（英国）有限公司	2014-06-13	0.00	21.00
82	汇丰环球资产管理（英国）有限公司	2014-06-16	0.00	30.00
83	中泰金融国际有限公司	2014-06-27	0.00	8.00
84	三星资产运用（香港）有限公司	2014-06-30	0.00	0.00
85	新华资产管理（香港）有限公司	2014-07-24	0.00	10.00
86	新思路投资有限公司	2014-07-24	0.00	15.00
87	元富证券（香港）有限公司	2014-07-28	0.00	1.60
88	国泰君安基金管理有限公司	2014-08-11	0.00	4.00

8—26 续表 2 continued

序号 No.	RQFII公司名称 Company Name	取得资格时间 Qualification-obtaining Time	2016年获批额度（亿元） Approved Quota in 2016 (100 million yuan)	累计批准额度（亿元） Cumulative Approved Quota (100 million yuan)
89	高泰盆景资产管理（香港）有限公司	2014-08-11	0.00	5.00
90	财通国际资产管理有限公司	2014-08-12	0.00	0.00
91	联博香港有限公司	2014-08-12	0.00	5.00
92	元大宝来证券（香港）有限公司	2014-08-15	0.00	0.00
93	安本亚洲资产管理有限公司	2014-08-15	67.00	73.00
94	法国巴黎资产管理公司	2014-08-27	0.00	30.00
95	天达资产管理有限公司	2014-08-28	0.00	15.00
96	凯敏雅克资产管理公司	2014-09-19	0.00	60.00
97	星展银行有限公司	2014-09-22	0.00	30.00
98	利安资金管理公司	2014-09-23	0.00	10.00
99	融通国际资产管理有限公司	2014-10-08	0.00	0.00
100	上海商业银行有限公司	2014-10-13	0.00	0.00
101	法国巴黎投资管理亚洲有限公司	2014-10-13	0.00	0.00
102	新韩法国巴黎资产运用株式会社	2014-10-13	0.00	80.00
103	中诚国际资本有限公司	2014-10-31	0.00	0.00
104	百达资产管理有限公司	2014-11-06	0.00	10.00
105	亨茂资产管理有限公司	2014-11-19	0.00	0.00
106	赛德堡资本（英国）有限公司	2014-11-19	0.00	3.00
107	霸菱资产管理（亚洲）有限公司	2014-11-25	0.00	0.00
108	信安环球投资（香港）有限公司	2014-11-25	0.00	0.00
109	施罗德投资管理（新加坡）有限公司	2014-12-01	0.00	10.00
110	未来资产基金管理公司	2014-12-04	0.00	10.00
111	威灵顿投资管理国际有限公司	2014-12-10	25.00	38.00
112	加拿大丰业亚洲有限公司	2014-12-12	0.00	15.00
113	摩根资产管理（新加坡）有限公司	2014-12-24	0.00	20.00
114	东洋资产运用（株）	2014-12-24	0.00	20.00
115	富舜资产管理（香港）有限公司	2014-12-26	0.00	0.00
116	NH−CA资产管理有限公司	2014-12-26	0.00	15.00
117	东部资产运用株式会社	2014-12-26	0.00	20.00
118	韩亚金融投资株式会社	2014-12-29	0.00	10.00
119	东亚联丰投资管理有限公司	2015-01-05	0.00	0.00
120	CSAM资产管理有限公司	2015-01-05	0.00	7.00
121	瑞银韩亚资产运用株式会社	2015-01-05	0.00	15.00
122	忠利投资亚洲有限公司	2015-01-07	0.00	0.00
123	新加坡政府投资有限公司	2015-01-22	0.00	50.00
124	纽伯格曼新加坡	2015-01-22	0.00	8.00
125	TRUSTON资产管理有限公司	2015-01-22	0.00	10.00
126	大信资产运用株式会社	2015-01-22	0.00	20.00
127	三星资产运用株式会社	2015-01-22	0.00	25.00
128	韩国投资信托运用株式会社	2015-01-22	0.00	15.00
129	景顺投资管理有限公司	2015-02-06	0.00	0.00

8–26 续表 3 continued

序号 No.	RQFII公司名称 Company Name	取得资格时间 Qualification-obtaining Time	2016年获批额度（亿元） Approved Quota in 2016 (100 million yuan)	累计批准额度（亿元） Cumulative Approved Quota (100 million yuan)
130	MY Asset投资管理有限公司	2015-02-06	0.00	15.00
131	德意志资产及财富管理投资有限公司	2015-02-06	0.00	60.00
132	凯思博投资管理（香港）有限公司	2015-02-16	0.00	0.00
133	新韩金融投资股份有限公司	2015-02-16	0.00	20.00
134	兴国资产管理有限公司	2015-02-16	0.00	30.00
135	中国建设银行（伦敦）有限公司	2015-02-17	0.00	0.00
136	英杰华投资亚洲私人有限公司	2015-02-17	0.00	10.00
137	达杰资金管理有限公司	2015-02-27	0.00	2.00
138	KKR新加坡有限公司	2015-03-02	0.00	35.00
139	领航投资澳洲有限公司	2015-03-02	200.00	300.00
140	兴元投资管理有限公司	2015-03-06	0.00	30.00
141	大华资产管理有限公司	2015-03-06	0.00	12.00
142	苏尔斯英国服务有限公司	2015-03-25	0.00	0.00
143	领先资产管理有限公司	2015-03-25	0.00	60.00
144	未来资产大宇株式会社	2015-03-25	0.00	20.00
145	信诚资产管理（新加坡）有限公司	2015-03-31	0.00	0.00
146	三星生命保险株式会社	2015-03-31	0.00	20.00
147	教保安盛资产运用（株）	2015-04-02	0.00	15.00
148	方圆投资管理（香港）有限公司	2015-04-08	0.00	0.00
149	安联环球投资新加坡有限公司	2015-04-08	0.00	10.00
150	迈睿思资产管理股份公司	2015-04-08	0.00	30.00
151	GAM国际管理有限公司	2015-04-17	0.00	18.00
152	三星证券株式会社	2015-04-17	0.00	30.00
153	嘉实国际资产管理（英国）有限公司	2015-05-06	0.00	30.00
154	华侨银行有限公司	2015-05-06	0.00	10.00
155	华宜资产运用株式会社	2015-05-06	0.00	15.00
156	东方汇理资产管理香港有限公司	2015-05-20	0.00	0.00
157	Insight投资管理（环球）有限公司	2015-05-20	0.00	12.00
158	瑞士再保险股份有限公司	2015-06-02	20.00	70.00
159	东部证券股份有限公司	2015-06-25	0.00	25.00
160	蓝海资产管理公司	2015-06-26	0.00	16.00
161	瑞银资产管理（新加坡）有限公司	2015-06-29	25.00	25.00
162	爱斯普乐基金管理公司	2015-06-29	0.00	20.00
163	KB资产运用有限公司	2015-06-29	0.00	20.00
164	韩国产业银行	2015-06-29	0.00	10.00
165	CI投资管理公司	2015-06-29	0.00	2.25
166	UBI资产管理公司	2015-07-28	0.00	20.00
167	元大证券株式会社	2015-07-28	0.00	25.00
168	韩华资产运用株式会社	2015-07-28	0.00	30.00
169	大信证券（株）	2015-07-28	0.00	25.00
170	韩国投资证券株式会社	2015-08-10	0.00	10.00
171	IBK投资证券株式会社	2015-08-10	0.00	20.00
172	未来资产证券株式会社	2015-08-30	-10.00	0.00
173	Hermes投资管理有限公司	2015-08-31	0.00	0.00

8–26 续表 4 continued

序号 No.	RQFII公司名称 Company Name	取得资格时间 Qualification-obtaining Time	2016年获批额度（亿元） Approved Quota in 2016 (100 million yuan)	累计批准额度（亿元） Cumulative Approved Quota (100 million yuan)
174	东方汇理资产管理新加坡有限公司	2015-08-31	0.00	28.00
175	三星火灾海上保险公司	2015-08-31	0.00	30.00
176	韩国产业银行资产管理有限公司	2015-08-31	0.00	20.00
177	东方汇理	2015-09-17	0.00	28.00
178	Kiwoom投资资产管理有限公司	2015-09-23	0.00	30.00
179	现代投资公司（株）	2015-10-09	30.00	30.00
180	中国工商银行（欧洲）有限公司	2015-11-02	0.00	40.00
181	中国银行（卢森堡）有限公司	2015-11-03	0.00	10.00
182	广发国际资产管理（英国）有限公司	2015-12-10	0.00	30.00
183	安大略退休金管理委员会	2015-12-21	16.00	16.00
184	加拿大年金计划投资委员会	2015-12-21	1.00	1.00
185	现代证券株式会社	2015-12-29	0.00	0.00
186	保宁资产有限公司	2016-01-13	8.00	8.00
187	贝莱德（新加坡）有限公司	2016-01-25	200.00	200.00
188	MEAG慕尼黑安顾投资有限公司	2016-01-25	0.00	0.00
189	野村资产管理德国有限公司	2016-02-01	5.43	5.43
190	太平洋投资管理公司亚洲私营有限公司	2016-02-15	18.00	18.00
191	法国工商信贷银行有限公司	2016-02-22	8.00	8.00
192	忠利投资卢森堡有限公司	2016-02-22	50.00	50.00
193	OCTO资产管理公司	2016-02-26	0.00	0.00
194	Avanda投资管理私人有限公司	2016-03-15	7.00	7.00
195	景顺资产管理有限公司	2016-03-16	0.00	0.00
196	瀚亚投资（新加坡）有限公司	2016-03-17	0.00	0.00
197	广发金融交易（英国）有限公司	2016-04-01	10.00	10.00
198	安盛投资管理有限公司（巴黎）	2016-04-01	34.00	34.00
199	高盛国际资产管理公司	2016-04-15	0.00	0.00
200	辉立资金管理有限公司	2016-04-26	4.20	4.20
201	安联环球投资有限公司	2016-04-26	40.00	40.00
202	韩华投资证券公司	2016-05-03	0.00	0.00
203	迈达思基金管理有限公司	2016-05-06	0.00	0.00
204	富达投资管理（新加坡）有限公司	2016-06-06	0.00	0.00
205	爱德蒙得洛希尔资产管理	2016-06-08	0.00	0.00
206	荷宝卢森堡股份有限公司	2016-06-08	30.00	30.00
207	新加坡科技资产管理有限公司	2016-06-24	6.50	6.50
208	海汇通资产管理有限公司	2016-07-19	6.50	6.50
209	有进投资证券公司	2016-08-12	7.00	7.00
210	株式会社新韩银行	2016-08-22	0.00	0.00
211	凯恩国际基金管理股份有限公司（卢森堡）	2016-09-09	6.87	6.87
212	开泰基金管理有限公司	2016-09-09	11.00	11.00
213	东吴证券中新（新加坡）有限公司	2016-10-27	15.00	15.00
214	罗素投资管理（澳大利亚）有限公司	2016-10-27	0.00	0.00
215	Lemanik资产管理股份有限公司	2016-11-25	0.00	0.00
216	贝莱德基金顾问公司	2016-11-25	0.00	0.00
217	锋裕资产管理公司	2016-12-20	0.00	0.00

数据来源：中国证监会。

Source: CSRC.

8–27 2016年期货公司名录
List of Futures Companies in 2016

序号 No.	公司名称 Company Name	注册资本（亿元） Registered Capital (100 million yuan)	注册地 Place of Registration	成立时间 Established Time	从业人员数量（个） Number of Practitioner (unit)	2016年分类评级 Category Rating for 2016	是否具有以下业务资格 Business Qualification Available 金融期货经纪业务资格 Qualification for Financial Futures Brokerage Business	期货投资咨询业务资格 Qualification for Futures Investment Consulting Business	资产管理业务资格 Qualification for Asset Management Business
1	安粮期货有限公司	5.00	安徽	1998-09-28	158	BBB	是	否	是
2	宝城期货有限责任公司	3.00	浙江	1993-03-27	285	A	是	是	是
3	北京首创期货有限责任公司	2.00	北京	1995-07-25	261	BBB	是	是	是
4	倍特期货有限公司	2.00	四川	1993-02-08	177	BBB	是	是	是
5	渤海期货股份有限公司	5.00	大连	1996-01-12	164	BBB	是	是	是
6	财达期货有限公司	5.00	天津	1996-03-01	82	BBB	是	否	是
7	中金期货有限公司	3.50	青海	2004-07-22	46	A	是	否	是
8	长安期货有限公司	2.00	陕西	1993-04-06	104	CCC	是	是	是
9	长江期货有限公司	5.00	湖北	1996-07-24	341	A	是	是	是
10	创元期货股份有限公司	1.20	江苏	1995-02-25	141	BB	是	是	是
11	大地期货有限公司	2.40	浙江	1995-09-05	196	BBB	是	是	是
12	大连良运期货经纪有限公司	1.00	大连	1996-03-16	61	BB	是	是	是
13	大通期货经纪有限公司	0.40	黑龙江	1994-05-28	34	B	是	否	是
14	大有期货有限公司	5.80	湖南	2002-07-28	194	BBB	是	是	是
15	大越期货股份有限公司	1.00	浙江	1995-09-14	131	BBB	是	是	是
16	道通期货经纪有限公司	1.50	江苏	1995-07-10	103	BBB	是	是	是
17	德盛期货有限公司	2.00	湖南	2005-08-01	190	B	是	否	是
18	第一创业期货有限责任公司	1.70	北京	1993-03-31	46	BB	是	否	是
19	东方汇金期货有限公司	1.30	吉林	2004-12-28	99	CC	是	否	是
20	东海期货有限责任公司	5.00	江苏	1993-04-18	334	A	是	是	是
21	东航期货有限责任公司	4.50	上海	1995-02-11	77	BBB	是	是	是
22	东吴期货有限公司	5.00	上海	1993-03-18	216	BBB	是	是	是
23	东兴期货有限责任公司	3.18	上海	1995-10-23	97	BB	是	是	是
24	方正中期期货有限公司	3.40	北京	2005-08-09	572	AA	是	是	是
25	格林大华期货有限公司	5.80	北京	1993-02-28	384	A	是	是	是
26	冠通期货有限公司	1.00	北京	1996-12-03	129	BB	是	是	是
27	光大期货有限公司	10.00	上海	1993-04-08	463	AA	是	是	是
28	广发期货有限公司	13.00	广东	1993-03-23	420	AA	是	是	是
29	广州金控期货有限公司	8.00	广东	2003-06-13	155	BBB	是	是	是
30	广州期货股份有限公司	5.50	广东	2003-08-22	241	BBB	是	是	是
31	国都期货有限公司	2.00	北京	1992-09-24	98	BB	是	是	是
32	国富期货有限公司	1.65	大连	1992-12-16	57	B	是	否	是
33	国海良时期货有限公司	5.00	浙江	1996-05-22	350	BBB	是	是	是
34	国金期货有限责任公司	1.50	四川	1993-07-29	108	BBB	是	是	是
35	国联期货股份有限公司	4.50	江苏	1993-04-30	293	D	是	是	是
36	国贸期货有限公司	5.30	厦门	1995-12-07	250	BBB	是	是	是
37	国泰君安期货有限公司	12.00	上海	2000-04-06	392	BBB	是	是	是

8–27 续表 1 continued

序号 No.	公司名称 Company Name	注册资本（亿元） Registered Capital (100 million yuan)	注册地 Place of Registration	成立时间 Established Time	从业人员数量（个） Number of Practitioner (unit)	2016年分类评级 Category Rating for 2016	是否具有以下业务资格 Business Qualification Available 金融期货经纪业务资格 Qualification for Financial Futures Brokerage Business	期货投资咨询业务资格 Qualification for Futures Investment Consulting Business	资产管理业务资格 Qualification for Asset Management Business
38	国投安信期货有限公司	10.86	上海	1993-04-23	322	AA	是	是	是
39	国信期货有限责任公司	6.00	上海	1995-05-04	268	CCC	是	是	是
40	国元期货有限公司	6.10	北京	1996-04-17	188	CCC	是	是	是
41	海航期货股份有限公司	5.00	深圳	1993-02-22	141	BBB	是	是	是
42	海通期货有限公司	13.00	上海	1993-03-18	599	B	是	是	是
43	海证期货有限公司	1.60	上海	1995-12-14	78	B	是	是	是
44	和合期货经纪有限公司	3.30	山西	1993-04-22	78	CCC	是	否	是
45	和融期货有限责任公司	0.85	天津	2001-04-24	47	B	是	否	否
46	河北恒银期货经纪有限公司	0.58	河北	1999-09-21	104	B	是	否	否
47	黑龙江时代期货经纪有限公司	0.30	黑龙江	1996-02-12	25	B	是	否	否
48	恒泰期货股份有限公司	1.25	上海	1992-11-20	75	BBB	是	是	是
49	弘业期货股份有限公司	9.07	江苏	1995-07-31	646	A	是	是	是
50	红塔期货有限责任公司	2.00	云南	1993-04-13	107	CCC	是	是	是
51	宏源期货有限公司	5.50	北京	1995-05-02	290	A	是	是	是
52	华安期货有限责任公司	2.70	安徽	.995-05-15	195	BBB	是	是	是
53	华创期货有限责任公司	1.00	重庆	1995-08-23	71	BB	是	否	是
54	九州期货有限公司	5.18	北京	1993-04-08	23	B	是	否	否
55	华联期货有限公司	1.00	广东	1993-04-10	135	B	是	是	是
56	华龙期货股份有限公司	5.00	甘肃	1992-11-12	66	BBB	是	是	是
57	华融期货有限责任公司	3.20	海南	1993-09-22	95	BB	是	否	是
58	华泰期货有限公司	10.09	广东	1995-07-10	628	A	是	是	是
59	华闻期货有限公司	3.00	上海	1995-07-31	101	BB	是	否	是
60	华西期货有限责任公司	3.00	四川	1993-03-10	99	BBB	是	是	是
61	华鑫期货有限公司	2.00	上海	1992-12-23	105	CCC	是	是	是
62	华信万达期货股份有限公司	12.62	河南	1993-04-08	326	A	是	是	是
63	徽商期货有限责任公司	1.00	安徽	1996-02-14	340	BBB	是	是	是
64	混沌天成期货股份有限公司	8.10	广东	1995-01-03	91	BBB	是	是	是
65	集成期货股份有限公司	0.66	广东	1996-04-10	110	CCC	是	否	否
66	建信期货有限责任公司	5.61	上海	2003-04-26	222	CCC	是	否	是
67	江海汇鑫期货有限公司	1.00	辽宁	1995-05-02	99	B	是	是	是
68	江苏东华期货有限公司	0.50	江苏	1993-05-27	121	B	是	否	是
69	江西瑞奇期货经纪有限公司	3.46	江西	1993-04-10	175	BBB	是	否	否
70	江信国盛期货有限责任公司	1.23	辽宁	1998-12-23	40	BB	是	否	否
71	华金期货有限公司	6.00	天津	1995-06-26	67	BBB	是	否	是
72	金鹏期货经纪有限公司	1.01	北京	1991-05-15	79	BB	是	是	是
73	金瑞期货股份有限公司	6.12	深圳	1996-03-18	272	A	是	是	是
74	金石期货有限公司	2.40	新疆	1995-03-31	120	B	是	是	是

8-27 续表 2 continued

序号 No.	公司名称 Company Name	注册资本(亿元) Registered Capital (100 million yuan)	注册地 Place of Registration	成立时间 Established Time	从业人员数量(个) Number of Practitioner (unit)	2016年分类评级 Category Rating for 2016	是否具有以下业务资格 Business Qualification Available		
							金融期货经纪业务资格 Qualification for Financial Futures Brokerage Business	期货投资咨询业务资格 Qualification for Futures Investment Consulting Business	资产管理业务资格 Qualification for Asset Management Business
75	金信期货有限公司	1.42	湖南	1995-10-23	110	B	是	否	是
76	福能期货股份有限公司	2.00	福建	1995-05-18	204	BBB	是	是	否
77	金元期货有限公司	1.50	海南	1991-12-03	99	BB	是	是	是
78	津投期货经纪有限公司	0.85	天津	2004-07-28	48	B	是	否	否
79	锦泰期货有限公司	5.07	江苏	1995-09-28	174	BBB	是	是	是
80	鲁证期货股份有限公司	10.02	山东	1995-06-01	461	A	是	是	是
81	迈科期货经纪有限公司	3.28	陕西	1993-12-26	191	BBB	是	是	是
82	美尔雅期货有限公司	0.60	湖北	1995-05-15	274	BBB	是	否	是
83	民生期货有限公司	4.36	北京	1996-01-29	149	BBB	是	是	是
84	摩根大通期货有限公司	4.60	广东	1996-05-27	28	BB	是	否	否
85	南华期货股份有限公司	5.10	浙江	1996-05-28	719	A	是	是	是
86	南证期货有限责任公司	1.26	江苏	1995-05-18	135	BB	是	是	是
87	平安期货有限公司	4.20	深圳	1996-04-10	58	BBB	是	是	是
88	乾坤期货有限公司	1.50	深圳	1993-11-05	25	BBB	是	否	否
89	瑞达期货股份有限公司	4.00	厦门	1993-03-24	352	A	是	是	是
90	瑞银期货有限责任公司	1.20	上海	1995-07-10	25	BB	是	否	否
91	山金期货有限公司	6.00	天津	1992-11-24	83	BB	是	是	是
92	山西三立期货经纪有限公司	0.35	山西	1993-12-20	59	D	是	否	否
93	上海大陆期货有限公司	1.50	上海	1993-04-21	138	BBB	是	是	是
94	上海东方期货经纪有限责任公司	0.30	上海	1993-04-14	67	CCC	否	否	否
95	上海东亚期货有限公司	1.00	上海	1993-04-17	61	BB	是	是	是
96	上海东证期货有限公司	10.00	上海	1995-12-08	360	BBB	是	是	是
97	上海浙石期货经纪有限公司	2.00	上海	1995-05-19	44	BB	是	否	是
98	上海中财期货有限公司	1.90	上海	1995-02-25	223	BBB	是	是	是
99	上海中期期货有限公司	6.00	上海	1995-09-15	214	A	是	是	是
100	申银万国期货有限公司	7.76	上海	1993-01-07	384	AA	是	是	是
101	深圳金汇期货经纪有限公司	3.60	深圳	1993-03-19	69	BB	是	否	是
102	深圳瑞龙期货有限公司	1.30	深圳	1993-03-06	78	B	是	否	是
103	神华期货有限公司	0.80	深圳	1995-01-06	79	CCC	是	否	否
104	晟鑫期货经纪有限公司	1.00	山西	1995-11-22	110	CCC	否	否	否
105	盛达期货有限公司	1.00	浙江	2003-07-07	40	BBB	是	否	是
106	首创京都期货有限公司	2.00	北京	1993-03-06	43	B	是	否	是
107	天风期货股份有限公司	2.54	大连	1996-03-29	84	BB	是	是	是
108	天富期货有限公司	1.50	吉林	1996-04-17	80	CCC	是	是	是
109	天鸿期货经纪有限公司	1.00	上海	1996-06-13	39	B	是	否	是
110	通惠期货有限公司	1.25	上海	2000-02-28	38	B	是	否	是
111	同信久恒期货有限责任公司	1.14	上海	2001-09-19	56	CCC	是	否	否

8-27 续表 3 continued

序号 No.	公司名称 Company Name	注册资本(亿元) Registered Capital (100 million yuan)	注册地 Place of Registration	成立时间 Established Time	从业人员数量(个) Number of Practitioner (unit)	2016年分类评级 Category Rating for 2016	是否具有以下业务资格 Business Qualification Available		
							金融期货经纪业务资格 Qualification for Financial Futures Brokerage Business	期货投资咨询业务资格 Qualification for Futures Investment Consulting Business	资产管理业务资格 Qualification for Asset Management Business
112	铜冠金源期货有限公司	1.00	上海	1992-11-30	86	BBB	是	是	是
113	文峰期货有限公司	1.00	江苏	1995-07-07	74	BB	是	是	否
114	五矿经易期货有限公司	12.00	深圳	1993-04-21	356	A	是	否	是
115	西部期货有限公司	3.00	陕西	1993-03-29	158	A	是	是	是
116	西南期货有限公司	5.00	重庆	1995-06-26	96	BB	是	是	是
117	新湖期货有限公司	2.25	上海	1995-10-23	424	A	是	是	是
118	新纪元期货有限公司	3.75	江苏	1995-03-15	173	BBB	是	是	是
119	新疆天利期货经纪有限公司	0.30	新疆	1993-05-29	49	BB	是	否	否
120	新晟期货有限公司	1.20	广东	1996-01-18	119	CCC	是	是	是
121	鑫鼎盛期货有限公司	1.80	福建	1995-10-04	63	B	是	否	是
122	信达期货有限公司	5.00	浙江	1995-10-05	293	BBB	是	是	是
123	兴业期货有限公司	5.00	宁波	1993-03-22	147	BBB	是	是	是
124	兴证期货有限公司	4.80	福建	1995-12-14	404	A	是	否	是
125	一德期货有限公司	1.65	天津	1995-07-10	285	BBB	是	是	是
126	银河期货有限公司	12.00	北京	1995-05-02	661	AA	是	是	是
127	中天期货有限责任公司	1.86	北京	1997-01-16	136	B	是	否	否
128	英大期货有限公司	5.00	北京	1996-04-17	183	BBB	是	是	是
129	永安期货股份有限公司	13.10	浙江	1997-07-01	808	AA	是	是	是
130	云晨期货有限责任公司	3.00	云南	2002-03-07	71	BBB	是	否	否
131	招金期货有限公司	1.00	山东	1993-04-09	127	B	是	是	是
132	招商期货有限公司	6.30	深圳	1993-01-04	159	AA	是	是	是
133	浙江新世纪期货有限公司	1.50	浙江	1993-09-18	168	BB	是	是	是
134	浙商期货有限公司	5.00	浙江	1995-09-07	398	BBB	是	是	是
135	中大期货有限公司	3.60	浙江	1993-09-18	380	A	是	是	是
136	中电投先融期货有限公司	3.30	重庆	1995-08-23	102	B	是	是	是
137	中钢期货有限公司	2.80	北京	1996-07-10	105	BBB	是	是	是
138	中国国际期货有限公司	17.00	北京	1993-07-01	331	A	是	是	是
139	中航期货有限公司	2.80	深圳	1993-04-07	124	BBB	是	否	是
140	中辉期货有限公司	1.43	山西	1993-12-04	297	BBB	是	是	是
141	中粮期货有限公司	8.46	北京	1996-03-01	334	AA	是	是	是
142	中融汇信期货有限公司	6.00	上海	1995-12-14	59	BBB	是	是	是
143	中投天琪期货有限公司	3.00	深圳	1996-03-01	155	BBB	是	是	是
144	中信建投期货有限公司	7.00	重庆	1993-03-16	438	AA	是	是	是
145	中信期货有限公司	16.05	深圳	1993-03-30	891	BBB	是	是	是
146	中衍期货有限公司	2.50	北京	1996-03-29	138	BBB	是	是	是
147	中银国际期货有限责任公司	3.50	海南	2008-01-03	98	BBB	是	是	是
148	中原期货有限公司	3.30	河南	1993-04-18	150	BBB	是	是	是
149	中州期货有限公司	1.00	山东	1995-09-21	136	B	是	是	是

数据来源：中国证监会、中国期货业协会。
Source: CSRC.

8–28　2016年证券投资咨询机构名录

List of Securities Investment Consulting Institutions in 2016

序号 No.	机构名称 Company Name	注册地 Place of Registration
1	鼎信汇金（北京）投资管理有限公司	北京
2	和讯信息科技有限公司	北京
3	天一星辰（北京）科技有限公司	北京
4	北京指南针科技发展股份有限公司	北京
5	北京中富金石咨询有限公司	北京
6	北京盛世创富证券投资顾问有限公司	北京
7	北京博星证券投资顾问有限公司	北京
8	北京东方高圣投资顾问有限公司	北京
9	北京海问咨询有限公司	北京
10	北京金美林投资顾问有限公司	北京
11	北京股商投资有限责任公司	北京
12	北京盛世华商投资咨询有限公司	北京
13	北京中方信富投资管理咨询有限公司	北京
14	北京中和应泰财务顾问有限公司	北京
15	北京中资北方投资顾问有限公司	北京
16	北京首证投资顾问有限公司	北京
17	北京和众汇富咨询有限公司	北京
18	北京天相财富管理顾问有限公司	北京
19	辽宁弘历投资咨询有限公司	辽宁
20	沈阳麟龙投资顾问有限公司	辽宁
21	四川省钱坤证券投资咨询有限公司	四川
22	成都汇阳投资顾问有限公司	四川
23	四川大决策证券投资顾问有限公司	四川
24	杭州顶点财经网络传媒有限公司	浙江
25	浙江同花顺云软件有限公司	浙江
26	广州市万隆证券咨询顾问有限公司	广东
27	广州汇正财经顾问有限公司	广东
28	广州越声理财咨询有限公司	广东
29	广东科德投资顾问有限公司	广东
30	广东博众证券投资咨询有限公司	广东
31	广州广证恒生证券研究所有限公司	广东
32	湖南金证投资咨询顾问有限公司	湖南
33	湖南巨景证券投资顾问有限公司	湖南
34	广州经传多赢投资咨询有限公司	广东
35	深圳市国诚投资咨询有限公司	深圳
36	深圳市珞珈投资咨询有限公司	深圳
37	深圳市启富证券投资顾问有限公司	深圳
38	深圳市中证投资资讯有限公司	深圳
39	深圳市尊悦证券资讯有限公司	深圳
40	深圳大德汇富咨询顾问有限公司	深圳
41	深圳市怀新企业投资顾问股份有限公司	深圳
42	深圳市中广资本管理有限公司	深圳
43	深圳君银证券投资咨询顾问有限公司	深圳

8-28 续表 continued

序号 No.	机构名称 Company Name	注册地 Place of Registration
44	深圳市新兰德证券投资咨询有限公司	深圳
45	上海东方财富证券研究所有限公司	上海
46	上海海能证券投资顾问有限公司	上海
47	深圳市优品投资顾问有限公司	深圳
48	上海凯石证券投资咨询有限公司	上海
49	上海迈步投资管理有限公司	上海
50	上海荣正投资咨询有限公司	上海
51	上海森洋投资咨询有限公司	上海
52	上海证券之星综合研究有限公司	上海
53	上海申银万国证券研究所有限公司	上海
54	上海世基投资顾问有限公司	上海
55	上海新兰德证券投资咨询顾问有限公司	上海
56	江苏百瑞赢证券咨询有限公司	江苏
57	上海亚商投资顾问有限公司	上海
58	上海益盟软件技术股份有限公司	上海
59	上海涌金理财顾问有限公司	上海
60	上海证券通投资资讯科技有限公司	上海
61	陕西巨丰投资资讯有限责任公司	陕西
62	联合信用投资咨询有限公司	天津
63	北部资产经营股份有限公司	大连
64	大连华讯投资股份有限公司	大连
65	海南港澳资讯产业股份有限公司	海南
66	海顺证券投资咨询有限公司	宁波
67	重庆东金投资顾问有限公司	重庆
68	河南九鼎德盛投资顾问有限公司	河南
69	云南产业投资管理有限公司	云南
70	安徽华安新兴证券投资咨询有限责任公司	安徽
71	安徽大时代投资咨询有限公司	安徽
72	青岛市大摩投资咨询有限公司	青岛
73	河北源达证券投资顾问股份有限公司	河北
74	山东神光咨询服务有限责任公司	山东
75	山东点掌资本管理有限公司	山东
76	江苏金百临投资咨询有限公司	江苏
77	江苏天鼎投资咨询有限公司	江苏
78	厦门市鑫鼎盛控股有限公司	厦门
79	厦门市新汇通投资咨询有限公司	厦门
80	厦门高能投资咨询有限公司	厦门
81	武汉中证通投资咨询有限公司	武汉
82	福建天信投资咨询顾问股份有限公司	福建
83	福建中讯证券研究有限责任公司	福建
84	黑龙江省容维证券数据程序化有限公司	黑龙江

数据来源：中国证监会。
Source: CSRC.

8—29　2016年外资证券经营机构驻华代表处名录
List of Chinese Representative Offices of Foreign Securities Institutions in 2016

序号 No.	机构名称 Company Name	所在地 Location
1	野村证券株式会社	北京 上海
2	法国巴黎资本（亚洲）有限公司	北京 上海
3	美林国际有限公司	北京 上海
4	中信里昂证券有限公司	北京 上海 深圳
5	摩根士丹利亚洲有限公司	北京 上海
6	高盛（中国）有限责任公司	北京 上海
7	巴克莱证券有限公司	上海
8	瑞银证券亚洲有限公司	北京 上海
9	群益国际控股有限公司	上海
10	台湾元大证券股份有限公司	北京 上海
11	现代证券公司	上海
12	新鸿基投资服务有限公司	上海 深圳
13	星展唯高达香港有限公司	上海
14	永丰金证券（亚洲）有限公司	上海
15	日盛嘉富证券国际有限公司	上海
16	花旗环球金融亚洲有限公司	上海
17	凯基证券亚洲有限公司	上海 深圳
18	洛希尔中国控股有限公司	北京 上海
19	海通国际证券有限公司	上海
20	统一证券（香港）有限公司	上海
21	三星证券公司	北京
22	香港上海汇丰银行有限公司	北京 上海
23	内藤证券公司	上海
24	摩根大通证券（亚太）有限公司	北京 上海
25	法国兴业证券(香港)有限公司	上海
26	韩国农协投资证券公司	上海
27	富达基金（香港）有限公司	北京 上海
28	大和投资管理(香港)有限公司	上海
29	瑞士信贷（香港）有限公司	北京 上海
30	三井住友资产管理股份有限公司	上海
31	瑞穗证券股份有限公司	北京 上海
32	富邦综合证券股份有限公司	北京 上海
33	德意志银行股份有限公司	北京 上海

8–29 续表 1 continued

序号 No.	机构名称 Company Name	所在地 Location
34	渣打证券（香港）有限公司	北京 上海
35	富瑞金融集团	北京 上海
36	冈三证券股份有限公司	上海
37	马丁可利投资管理有限公司	上海
38	威廉–博莱有限责任公司	上海
39	麦格理证券（澳大利亚）股份有限公司	上海
40	荷宝基金管理公司	上海
41	致富证券有限公司	北京 上海 深圳
42	未来资产环球投资有限公司	上海
43	东洋证券股份有限公司	上海
44	富兰克林华美证券投资信托股份有限公司	上海
45	益华证券有限公司	上海
46	新韩金融投资股份有限公司	上海
47	东京海上国际资产管理有限公司	上海
48	安本亚洲资产管理有限公司	上海
49	蓝泽证券股份有限公司	上海
50	爱思开证券股份有限公司	上海
51	大和住银投信投资顾问株式会社	上海
52	联昌证券有限公司	上海
53	盈透证券有限公司	上海
54	华南永昌综合证券股份有限公司	上海
55	韩国投资信托运用株式会社	上海
56	华宜资产运用株式会社	上海
57	大宇证券股份有限公司	上海
58	第一金和昇证券有限公司	上海
59	野村投资管理香港有限公司	上海
60	韦仕投资银行集团有限合伙公司	上海
61	花旗环球金融中国有限公司	北京
62	大和证券株式会社	北京
63	三菱日联证券控股股份有限公司	北京
64	中银国际控股有限公司	北京
65	汇富金融服务有限公司	北京
66	京华山一国际（香港）有限公司	北京
67	新百利有限公司	北京
68	香港第一上海融资有限公司	北京

8–29 续表 2 continued

序号 No.	机构名称 Company Name	所在地 Location
69	蒙特利尔银行利时证券公司	北京
70	未来资产证券株式会社	北京
71	三井住友信托银行股份有限公司	北京
72	交银国际控股有限公司	北京
73	城市信贷投资银行有限公司	北京
74	布朗兄弟哈里曼（香港）有限公司	北京
75	摩乃科斯证券股份有限公司	北京
76	韩亚大投证券株式会社	北京
77	宏富投资管理有限公司	北京
78	先锋投资管理公司	北京
79	信安环球投资有限公司	北京
80	标准人寿投资公司	北京
81	东方汇理基金管理公司	北京
82	景顺投资管理有限公司	北京
83	摩根资产管理有限公司	北京
84	威灵顿环球投资管理有限公司	北京
85	法盛全球资产管理公司	北京
86	罗素投资集团有限公司	北京
87	摩根士丹利投资管理公司	北京
88	桥水投资公司	北京
89	安盛投资管理巴黎公司	北京
90	恒生投资管理有限公司	深圳
91	富昌证券有限公司	深圳
92	元大证券(香港)有限公司	深圳
93	台湾统一综合证券股份有限公司	厦门
94	邓普顿国际股份有限公司	北京
95	明富环球新加坡私人有限公司（证券业务）	上海
96	华南永昌综合证券股份有限公司	北京
97	领航投资香港有限公司	北京
98	公平证券有限公司	深圳
99	坤信国际证券有限公司	上海
100	德国商业银行股份有限公司	北京
101	科本资本市场公司	北京
102	华富嘉洛证券有限公司	沈阳
103	香港贝莱德资产管理北亚有限公司	北京

数据来源：中国证监会。
Source：CSRC.

主要统计指标解释

Explantory Notes on Main Statistical Indicators

证券公司家数 指统计期末已获得中国证监会颁发经营证券业务许可证的证券公司数量合计。证券公司家数以获得经营证券业务许可证为标准，已办理机构注销的证券公司从统计中剔除。

证券公司分公司家数 指统计期末经中国证监会批准，依法设立的从事证券业务的证券公司分公司数量合计。

证券公司营业部家数 指统计期末经中国证监会批准，依法设立的从事证券业务的营业网点数量合计。证券营业部家数以获得经营证券业务许可证为标准，已办理机构注销的证券营业部从统计中剔除。

期货公司家数 指统计期末经中国证监会批准，并获得中国证监会颁发经营期货业务许可证的期货公司数量合计。期货公司家数以获得经营期货业务许可证为标准，已办理机构注销的期货公司从统计中剔除。

期货公司营业部家数 指统计期末经中国证监会批准，依法设立的从事期货业务的营业网点数量合计。期货营业部家数以获得经营期货业务许可证为标准，已办理机构注销的期货营业部从统计中剔除。

基金管理公司家数 指统计期末经中国证监会批准，并获得基金管理资格证书的基金管理公司的数量合计。基金管理公司家数以获得基金管理资格证书为标准，已办理取消基金管理资格证书的基金管理公司从统计中剔除。

基金管理公司子公司家数 指统计期末经中国证监会批准，依法设立的从事基金管理业务的基金管理公司子公司数量合计。

证券投资咨询机构家数 指统计期末取得中国证监会业务许可的证券投资咨询机构的数量合计。指为证券投资人或者客户提供证券投资分析、预测或者建议等直接或者间接有偿咨询服务的机构的数量合计。

总资产 指统计期末证券期货经营机构全部资产总额合计。

净资产 指统计期末证券期货经营机构净资产合计。

净资本 指统计期末证券公司和期货公司净资本金额的合计。

营业收入 指统计期内证券期货经营机构营业收入金额合计。包括手续费及佣金净收入、受托客户资产管理业务净收入、利息净收入、投资收益、公允价值变动收益、汇兑净收益及其他业务收入等。

利润总额 指统计期内证券期货经营机构利润总额的合计。

净利润 指统计期内证券期货经营机构净利润的合计。

风险资本准备总额 指统计期末全部证券公司风险资本准备的合计。

代理买卖证券业务净收入 指统计期内证券公司代理投资者进行证券买卖的金额合计。代理买卖证券总额包含证券公司出租交易单元上所发生的证券买卖金额。

资产管理业务规模 指统计期末证券公司、基金管理公司和期货公司提供专业资产管理服务的资产金额合计，一般按公允价值计算。

期货公司客户权益总额 指统计期末由期货公司代理进行期货交易的客户的资产总额合计，包括被合约占用的保证金以及未被合约占用的可用资金。

就业人员数量 指统计期末在证券公司、基金管理公司和期货公司工作的人员数量合计。

贰零壹柒

附录

Appendix

贰零壹柒

附录1-1 世界主要国家的证券化率

名称	2015		2016	
	GDP(十亿美元)	证券化率(%)	GDP(十亿美元)	证券化率(%)
中国	10426.93	83.60	10426.93	66.51
美国	17947.00	143.91	17947.00	151.65
日本	4152.96	106.38	4152.96	115.48
英国	2741.02	141.51	2741.02	122.33
法国	2377.36	116.85	2377.36	144.39
德国	3298.23	52.02	3298.23	51.50
俄罗斯	1108.73	35.45	1108.73	47.77
印度	1994.71	73.36	1994.71	74.51
巴西	1513.93	32.37	1513.93	46.71
南非	257.78	210.38	257.78	304.83
韩国	1329.29	87.30	1329.29	93.05

注：计算证券化率所使用股市市值数据来自世界交易所联合会，即该经济体的世界交易所联合会会员交易所国内股市市值之和。

数据来源：世界交易所联合会。

Source: WFE.

附录1-2 世界主要交易所业务量排名表

中文名称	英文名称	2015				2016			
		市值		成交金额		市值		成交金额	
		交易所市值(百万美元)	排名	成交金额(百万美元)	排名	交易所市值(百万美元)	排名	成交金额(百万美元)	排名
纽约证券交易所	NYSE Euronext(US)	17786787.4	1	17477291.4	3	17872131.9	1	19737081.8	2
纳斯达克证券交易所	NASDAQ OMX	7280752.2	2	12515349.4	5	7779127.0	2	31944148.0	1
日本交易所集团	Japan Exchange Group	4894919.1	3	5540696.8	6	5061537.2	3	6353505.8	5
上海证券交易所	Shanghai SE	4549288.0	4	21342843.3	1	4103990.4	4	7534785.7	4
伦敦证券交易所	London SE Group	3878774.2	5	2651354.6	8	3496169.7	5	3365527.1	6
泛欧证券交易所	NYSE Euronext(Europe)	3305901.4	7	2076722.2	10	3492594.6	6	2760424.2	7
香港证券交易所	Hong Kong Exchanges	3184874.2	8	2125888.8	9	3193235.5	7	1439817.2	9
深圳证券交易所	Shenzhen SE	3638731.3	6	19611249.9	2	3216748.0	8	11673469.4	3
多伦多证券交易所集团	TMX Group	1591928.6	10	1184828.6	13	2041533.8	9	1176202.7	11
法兰克福证券交易所	Deutsche Börse	1715800.5	9	1555549.4	12	1732270.2	10	1424104.2	10
孟买证券交易所	BSE India	1516216.7	12	120779.8	31	1561269.6	11	110428.1	19
印度国家证券交易所	National Stock Exchange India	1485088.6	13	676620.1	18	1534268.2	12	690807.9	15
瑞士证券交易所	SIX Swiss Exchange	1519323.5	11	991047.1	15	1414745.8	13	1004432.3	12
澳大利亚证券交易所	Australian SE	1187083.5	16	799101.1	16	1316796.3	14	910652.3	13
OMX交易所	NASDAQ OMX Nordic Exchange	1268042.3	14	754640.1	17	1295137.4	15	80089.1	20
韩国证券交易所	Korea Exchange	1231199.8	15	1929558.1	11	1282165.8	16	1687870.1	8
约翰内斯堡证券交易所(南非)	Johannesburg SE	735945.2	19	362558.7	23	995119.5	17	403925.1	17
台湾证券交易所	Taiwan SE Corp.	744999.7	18	628791.3	19	891057.7	18	522295.4	16
西班牙马德里交易所	BME Spanish Exchanges	787192.3	17	997646.4	14	716009.5	19	714458.2	14
新加坡交易所	Singapore Exchange	639955.9	20	203413.0	25	630077.2	20	196931.3	18

注：1.此表样本选用2016年末股票市值全球排名前20位的交易所。

2.成交金额仅指Electronic Order Book的成交金额。

数据来源：世界交易所联合会。

Source: WFE.

附录1—3 全球主要经济体资本市场业务量排名表

名称	所属区域	2015				2016			
		市值		成交金额		市值		成交金额	
		市值(百万美元)	排名	成交金额(百万美元)	排名	市值(百万美元)	排名	成交金额(百万美元)	排名
美国	美洲	25067539.6	1	29992640.8	2	27352200.7	1	51681229.8	1
中国	亚洲	8188019.3	2	40954093.2	1	7320738.4	2	19208255.1	2
日本	亚洲	4894919.1	3	5540696.8	3	5061537.2	3	6353505.8	3
英国	欧洲	3878774.2	4	2651354.6	4	3496169.6	4	3365527.1	4
法国	欧洲	3305901.4	5	2076722.2	6	3492594.6	5	2760424.2	5
中国香港	亚洲	3184874.2	6	2125888.8	5	3193235.5	6	1439817.2	7
德国	欧洲	1715800.5	7	1555549.4	8	1732270.2	8	1424104.2	8
加拿大	美洲	1591928.6	8	1184828.6	9	2041533.8	7	1176202.7	9
瑞士	欧洲	1519323.5	9	991047.1	11	1414745.8	10	1004432.3	10
印度	亚洲	1516216.7	10	120779.8	26	1561269.7	9	801236.0	12
瑞典	欧洲	1268042.3	11	754640.1	13	1259983.6	13	800891.0	13
韩国	亚洲	1231199.8	12	1929558.1	7	1282165.8	12	1687870.1	6
澳大利亚	亚洲	1187083.5	13	799101.1	12	1316796.3	11	910652.3	11
西班牙	欧洲	787192.3	14	997646.4	10	711214.3	17	714458.2	14
中国台湾	亚洲	744999.7	15	628791.3	14	861861.2	15	522295.4	16
南非	非洲	735945.2	16	362558.7	18	958907.4	14	403925.1	17
新加坡	亚洲	639955.9	17	203413.0	20	649455.9	18	196931.3	18
巴西	美洲	490534.1	18	498335.8	15	774133.3	16	535163.2	15
沙特	亚洲	421060.1	19	436892.6	16	448938.9	19	308677.0	18
墨西哥	美洲	402253.3	20	127412.0	23	333541.3	20	122988.6	19

注：1.各主要经济体市值为所在地在各经济体的会员交易所国内市值合计。

2.此表样本选用2015年末股票市值全球排名前20位的经济体。

3.法国市值为泛欧交易所市值，包含法国、荷兰、比利时、葡萄牙四个国家的市值，因为无法单独提取，所以使用泛欧交易所市值作为法国市值进行计算，法国实际市值应为泛欧交易所市值的60%左右。

4.由于印度国家证券交易所和孟买证券交易所市值存在重复统计，因此，按照世界交易所联合会只将孟买证券交易所市值作为印度市值。(成交和筹资相应只计算孟买证券交易所)

5.成交金额仅指Electronic Order Book的成交金额。

数据来源：世界交易所联合会。

Source: WFE.

附录1—4　全球期货及期权市场前30大交易所排名表

中文名称	英文名称	2015		2016	
		名次	期货和期权成交量(手)	名次	期货和期权成交量(手)
芝加哥商业交易所集团	CME Group	1	3442766942	1	3531760591
印度国家证券交易所	National Stock Exchange of India	4	1880362513	2	3031892784
欧洲期权与期货交易所	Eurex	3	2097974756	3	2272445891
洲际交易所	Intercontinental Exchange	2	2276171019	4	1998810416
莫斯科交易所	Moscow Exchange	6	1413222196	5	1659441584
巴西期货交易所—圣保罗证券交易所	BM&FBovespa	5	1417925815	6	1358592857
芝加哥期权交易所集团	CBOE Holdings	7	1325391523	7	1173934104
大连商品交易所	Dalian Commodity Exchange	10	769637041	8	1116323375
郑州商品交易所	Zhengzhou Commodity Exchange	13	676343283	9	1070335606
上海期货交易所	Shanghai Futures Exchange	9	842294223	10	1050494146
纳斯达克OMX集团	Nasdaq OMX	8	1127130071	11	1045646992
韩国交易所	Korea Exchange	12	677789082	12	794935326
孟买证券交易所	BSE	11	725841680	13	614894523
南非约翰内斯堡证券交易所	JSE Securities Exchange	16	304003143	14	488515433
BATS交易所	BATS Exchange	20	201985667	15	397881184
日本交易所集团	Japan Exchange	15	309732384	16	361459935
香港交易所	Hong Kong Exchanges & Clearing	14	319577388	17	359364547
中国金融期货交易所	China Financial Futures Exchange	18	217581145	18	321590923
台湾期货交易所	Taiwan Futures Exchange	19	202227653	19	264495660
迈阿密洲际证券交易所	Miami International Securities Exchange	23	134535972	20	252605427
澳大利亚证券交易所	ASX	17	244070858	21	234181853
印度多种商品交易所	Multi Commodity Exchange of India	24	133751848	22	216346961
新加坡交易所	Singapore Exchange	26	120398368	23	183871004
加拿大TMX集团	TMX Group	21	168474076	24	179940613
泛欧衍生品市场	Euronext Derivatives Market	22	144058758	25	135515683
伊斯坦布尔证券交易所	Borsa Istanbul	29	58703603	26	88880168
罗萨里奥期货交易所	Rosario Futures Exchange	27	65187932	27	73870916
特拉维夫证券交易所	Tel-Aviv Stock Exchange	28	64052496	28	66054567
印度大都会股票交易所	Metropolitan Stock Exchange of India	25	124245933	29	57994099
东京金融交易所	Tokyo Financial Exchange	33	56304885	30	48986442

注：1.排名不包括未向FIA报告交易数据的交易所。
　　2.此表样本选用2016年期货和期权成交量全球排名前30位的交易所，但在2013年排名时考虑其他交易所。
　　3.FIA每年仅披露排名前30位的交易所，故当年新上榜交易所前一年排名不可查。
　　4.东京证券交易所与大阪证券交易所合并为日本交易所集团，洲际交易所集团收购纽约泛欧交易所。
数据来源：美国期货业协会。
Source: FIA.

附录1-5 历年退市公司名录

序号	股票代码	退市公司全称	股票简称
1	836023.OC	江苏吉泰科电气股份有限公司	吉泰科(退市)
2	837493.OC	北京木瓜移动科技股份有限公司	木瓜移动(退市)
3	834942.OC	陕西安得科技股份有限公司	安得科技(退市)
4	837431.OC	常熟新都安电器股份有限公司	新都安(退市)
5	900935.SH	上海阳晨投资股份有限公司	阳晨B股(退市)
6	831147.OC	浙江合建重工科技股份有限公司	合建重科(退市)
7	834499.OC	福建喜相逢汽车服务股份有限公司	喜相逢(退市)
8	832758.OC	浙江鑫甬生物化工股份有限公司	鑫甬生物(退市)
9	430154.OC	武汉中科通达高新技术股份有限公司	中科通达(退市)
10	839087.OC	北京迁徙科技股份有限公司	迁徙股份(退市)
11	834899.OC	恒大文化产业集团股份有限公司	恒大文化(退市)
12	831848.OC	深圳合信达控制系统股份有限公司	合信达(退市)
13	835225.OC	二十一世纪空间技术应用股份有限公司	世纪空间(退市)
14	833083.OC	成都爱林至善贸易股份有限公司	爱林至善(退市)
15	834032.OC	北京天融信科技股份有限公司	天融信(退市)
16	833270.OC	宁夏沃福百瑞枸杞产业股份有限公司	沃福枸杞(退市)
17	833304.OC	杭州申昊科技股份有限公司	申昊科技(退市)
18	836526.OC	浙江东南船牌日化股份有限公司	船牌日化(退市)
19	430631.OC	宁夏早康枸杞股份有限公司	早康枸杞(退市)
20	835154.OC	青岛昌盛日电太阳能科技股份有限公司	昌盛日电(退市)
21	836538.OC	天津市网城科技股份有限公司	网城科技(退市)
22	836423.OC	杭州网营科技股份有限公司	网营科技(退市)
23	831223.OC	江苏中旗作物保护股份有限公司	江苏中旗(退市)
24	833092.OC	上海健耕医药科技股份有限公司	健耕医药(退市)
25	835552.OC	东莞市中汇瑞德电子股份有限公司	中汇瑞德(退市)
26	834535.OC	北京远特科技股份有限公司	远特科技(退市)
27	834610.OC	龙泉市佳和小额贷款股份有限公司	佳和小贷(退市)
28	833364.OC	吉林森东电力设备股份有限公司	森东电力(退市)
29	833974.OC	漯河众益达食品股份有限公司	众益达(退市)
30	835497.OC	湖南金侨教育投资管理股份有限公司	金侨教育(退市)
31	830897.OC	苏州志向纺织科研股份有限公司	志向科研(退市)
32	837139.OC	北京时间互联网络科技股份有限公司	时间互联(退市)
33	836824.OC	湖北鸿翔农业股份有限公司	鸿翔股份(退市)
34	835758.OC	鑫高益医疗设备股份有限公司	鑫高益(退市)
35	430711.OC	江苏泓源光电科技股份有限公司	泓源光电(退市)
36	831310.OC	上海航嘉电子科技股份有限公司	航嘉电子(退市)
37	831347.OC	武汉大禹阀门股份有限公司	大禹阀门(退市)
38	832269.OC	广东耶萨智能科技股份有限公司	耶萨智能(退市)
39	832668.OC	无锡市环境卫生服务股份有限公司	无锡环卫(退市)
40	831164.OC	南京腾楷网络股份有限公司	腾楷网络(退市)
41	835424.OC	江苏宝莲生物科技股份有限公司	宝莲生物(退市)
42	831245.OC	江苏扬开电力设备股份有限公司	扬开电力(退市)
43	833259.OC	江苏新泰材料科技股份有限公司	新泰材料(退市)
44	832122.OC	山东泽辉新材料股份有限公司	泽辉股份(退市)
45	834981.OC	山东实杰生物科技股份有限公司	ST实杰(退市)
46	832700.OC	卡松科技股份有限公司	卡松科技(退市)
47	831610.OC	中成新星油田工程技术服务股份有限公司	中成新星(退市)
48	831505.OC	中青朗顿(北京)教育科技股份有限公司	朗顿教育(退市)
49	834435.OC	重庆东田药业股份有限公司	东田药业(退市)

附录1—5 续表 1 continued

退市日期	退市时股 价	退市时每股净资产	退市原因
2016-12-28		1.88	
2016-12-22		1.69	
2016-12-22	1.04	1.46	吸收合并
2016-12-20		1.44	
2016-12-16	2.92	2.65	吸收合并
2016-12-16	2.11	1.47	吸收合并
2016-12-15	7.88	1.39	
2016-12-15	2.10	1.49	
2016-12-13	2.50	2.65	
2016-12-13		1.86	
2016-12-07		1.41	
2016-12-06		1.62	
2016-12-05	13.35	4.63	
2016-12-05		1.29	
2016-12-05		6.88	吸收合并
2016-11-28	2.77	2.62	
2016-11-25		2.07	
2016-11-25		2.58	
2016-11-25		1.00	
2016-11-18		1.74	
2016-11-17		2.58	
2016-11-16		3.71	
2016-11-14		9.40	转板上市
2016-11-09		7.66	
2016-11-07	7.13	2.44	
2016-11-03		1.14	暂停上市后未披露定期报告
2016-11-02		1.26	暂停上市后未披露定期报告
2016-11-01		1.25	暂停上市后未披露定期报告
2016-11-01		1.12	暂停上市后未披露定期报告
2016-10-20		2.57	
2016-10-13	5.19	2.37	
2016-09-22		3.19	
2016-09-21		5.05	
2016-09-09		2.90	
2016-08-30	2.17	2.44	
2016-08-22		1.57	
2016-08-17	3.70	3.53	
2016-08-10		1.20	
2016-08-01		2.91	
2016-07-08	3.00	1.48	暂停上市后未披露定期报告
2016-07-08	12.00	3.70	暂停上市后未披露定期报告
2016-07-08	3.61	1.65	暂停上市后未披露定期报告
2016-07-08		1.44	吸收合并
2016-07-08		1.32	暂停上市后未披露定期报告
2016-07-08		3.67	
2016-07-07		1.94	暂停上市后未披露定期报告
2016-07-01	1.02	3.53	暂停上市后未披露定期报告
2016-07-01		11.53	暂停上市后未披露定期报告
2016-06-30		0.93	吸收合并

附录1-5　续表 2　continued

序号	股票代码	退市公司全称	股票简称
50	834229.OC	南京微创医学科技股份有限公司	南京微创(退市)
51	834024.OC	北京华夏科创仪器股份有限公司	华夏科创(退市)
52	430608.OC	西安奇维科技股份有限公司	奇维科技(退市)
53	834724.OC	南京国图信息产业股份有限公司	国图信息(退市)
54	600656.SH	珠海市博元投资股份有限公司	退市博元(退市)
55	430436.OC	万洲电气股份有限公司	万洲电气(退市)
56	833045.OC	上海禾健营养食品股份有限公司	禾健股份(退市)
57	831180.OC	南京华苏科技股份有限公司	华苏科技(退市)
58	835696.OC	东莞市雅路智能家居股份有限公司	雅路智能(退市)
59	000024.SZ	招商局地产控股股份有限公司	招商地产(退市)
60	200024.SZ	招商局地产控股股份有限公司	招商局B(退市)
61	430598.OC	上海众合医药科技股份有限公司	众合医药(退市)
62	831812.OC	无锡市宇寿医疗器械股份有限公司	宇寿医疗(退市)
63	900950.SH	江苏新城地产股份有限公司	新城B股(退市)
64	400001.OC	杭州大自然科技股份有限公司	大自然5(退市)
65	300186.SZ	广东大华农动物保健品股份有限公司	大华农(退市)
66	831966.OC	深圳业际光电股份有限公司	业际光电(退市)
67	833097.OC	浙江华润三九众益制药有限公司	众益制药(退市)
68	000594.SZ	天津国恒铁路控股股份有限公司	国恒(退市)
69	200770.SZ	武汉锅炉股份有限公司	武锅B(退市)
70	831976.OC	北京祥辉电线电缆股份有限公司	祥辉电缆(退市)
71	430018.OC	北京合纵科技股份有限公司	合纵科技(退市)
72	601268.SH	二重集团(德阳)重型装备股份有限公司	*ST二重(退市)
73	600832.SH	上海东方明珠(集团)股份有限公司	东方明珠(退市)
74	601299.SH	中国北车股份有限公司	中国北车(退市)
75	831127.OC	山东祺龙海洋石油钢管股份有限公司	祺龙股份(退市)
76	430040.OC	北京康斯特仪表科技股份有限公司	康斯特(退市)
77	430049.OC	北京双杰电气股份有限公司	双杰电气(退市)
78	430050.OC	北京博朗环境工程技术股份有限公司	博朗环境(退市)
79	430628.OC	深圳市易事达电子有限公司	易事达(退市)
80	000562.SZ	宏源证券股份有限公司	宏源证券(退市)
81	430760.OC	武汉奥新科技股份有限公司	奥新科技(退市)
82	430308.OC	北京泽天盛海油田技术服务有限公司	泽天盛海(退市)
83	430043.OC	北京世纪东方国铁科技股份有限公司	世纪东方(退市)
84	830804.OC	东莞市日新传导科技股份有限公司	日新传导(退市)
85	430129.OC	北京极品无限科技发展股份有限公司	极品无限(退市)
86	430710.OC	江苏亚威创科源激光装备有限公司	激光装备(退市)
87	430708.OC	广东铂亚信息技术股份有限公司	铂亚信息(退市)
88	430115.OC	北京世纪阿姆斯生物技术有限公司	阿姆斯(退市)
89	430679.OC	珠海市嘉宝华健康药房连锁股份有限公司	嘉宝华(退市)
90	430587.OC	福格森(武汉)生物科技股份有限公司	福格森(退市)
91	430275.OC	武汉新冠亿碳环境资源开发股份有限公司	新冠亿碳(退市)
92	430295.OC	上海捷虹颜料化工集团股份有限公司	捷虹股份(退市)
93	430364.OC	上海屹通信息科技发展有限公司	屹通信息(退市)
94	430026.OC	北京金豪制药股份有限公司	金豪制药(退市)
95	200002.SZ	万科企业股份有限公司	万科B(退市)
96	600087.SH	中国长江航运集团南京油运股份有限公司	长油(退市)
97	430531.OC	苏州瑞翼信息技术有限公司	瑞翼信息(退市)
98	430013.OC	北京中农立民羊业科技股份有限公司	ST羊业(退市)

附录1—5 续表 3 continued

退市日期	退市时股价	退市时每股净资产	退市原因
2016-06-14		3.15	
2016-06-13		2.00	暂停上市后未披露定期报告
2016-05-24	8.50	1.83	吸收合并
2016-05-20		3.25	吸收合并
2016-05-13	4.49	2.36	
2016-05-12	1.10	2.97	
2016-05-11		1.72	吸收合并
2016-05-03	10.55	2.27	吸收合并
2016-04-29		4.52	吸收合并
2015-12-30	40.50	12.76	吸收合并
2015-12-11	35.30	12.76	吸收合并
2015-12-07	1.45	1.28	吸收合并
2015-12-02		3.04	吸收合并
2015-11-23	2.22	5.33	吸收合并
2015-11-03	5.62	3.20	
2015-11-02	45.72	3.94	吸收合并
2015-09-30		2.01	吸收合并
2015-08-27		3.66	
2015-07-13	1.29		连续四年亏损
2015-07-13	2.05	-4.86	连续四年亏损
2015-06-10		1.02	
2015-06-01	6.60	4.73	转板上市
2015-05-21	2.35	-2.78	连续四年亏损
2015-05-20	23.18	3.14	吸收合并
2015-05-20	29.98	4.06	吸收合并
2015-04-29		1.03	
2015-04-22	0.60	5.91	转板上市
2015-04-20	8.73		转板上市
2015-03-27	2.52	2.42	
2015-02-17		2.07	
2015-01-26	30.50	3.98	吸收合并
2015-01-16		1.76	
2014-12-31	1.00	2.48	
2014-11-26	5.83	4.31	吸收合并
2014-11-26		2.58	吸收合并
2014-11-12	2.18	1.55	
2014-11-10		3.71	吸收合并
2014-10-30		4.75	吸收合并
2014-10-22	4.50	1.71	吸收合并
2014-09-05		1.07	吸收合并
2014-08-29		1.03	吸收合并
2014-08-22		1.49	吸收合并
2014-08-20	1.00	2.45	吸收合并
2014-07-11		1.79	吸收合并
2014-06-30	7.00	1.97	吸收合并
2014-06-19	12.41	6.68	转板上市
2014-06-05	0.83	-0.70	连续三年亏损
2014-05-26		1.96	吸收合并
2014-05-19	0.80	0.99	连续四年亏损

附录1-5 续表 4 continued

序号	股票代码	退市公司全称	股票简称
99	200513.SZ	丽珠医药集团股份有限公司	丽珠B(退市)
100	430030.OC	北京安控科技股份有限公司	安控科技(退市)
101	900949.SH	浙江东南发电股份有限公司	东电B股(退市)
102	000527.SZ	广东美的电器股份有限公司	美的电器(退市)
103	000602.SZ	广东金马旅游集团股份有限公司	金马集团(退市)
104	600253.SH	河南天方药业股份有限公司	天方药业(退市)
105	000522.SZ	广州白云山制药股份有限公司	白云山A(退市)
106	000805.SZ	江苏高能时代在线股份有限公司	*ST炎黄(退市)
107	000787.SZ	创智信息科技股份有限公司	*ST创智(退市)
108	200039.SZ	中国国际海运集装箱(集团)股份有限公司	中集B(退市)
109	430045.OC	北京东土科技股份有限公司	东土科技(退市)
110	430012.OC	北京博晖创新光电技术股份有限公司	博晖创新(退市)
111	600991.SH	广汽长丰汽车股份有限公司	广汽长丰(退市)
112	600263.SH	路桥集团国际建设股份有限公司	路桥建设(退市)
113	600102.SH	莱芜钢铁股份有限公司	莱钢股份(退市)
114	430008.OC	北京华宇软件股份有限公司	紫光华宇(退市)
115	600631.SH	上海百联集团股份有限公司(原)	百联股份(退市)
116	430023.OC	北京佳讯飞鸿电气股份有限公司	佳讯飞鸿(退市)
117	000578.SZ	青海盐湖工业集团股份有限公司	盐湖集团(退市)
118	600553.SH	河北太行水泥股份有限公司	太行水泥(退市)
119	430001.OC	北京世纪瑞尔技术股份有限公司	世纪瑞尔(退市)
120	600003.SH	东北高速公路股份有限公司	ST东北高(退市)
121	600842.SH	上海中西药业股份有限公司	中西药业(退市)
122	600607.SH	上海实业医药投资股份有限公司	上实医药(退市)
123	600591.SH	上海航空股份有限公司	*ST上航(退市)
124	600357.SH	承德新新钒钛股份有限公司	承德钒钛(退市)
125	600001.SH	邯郸钢铁股份有限公司	邯郸钢铁(退市)
126	200041.SZ	深圳本鲁克斯实业股份有限公司	*ST本实B(退市)
127	430006.OC	北京北陆药业股份有限公司	北陆药业(退市)
128	600840.SH	浙江新湖创业投资股份有限公司	新湖创业(退市)
129	430007.OC	北京久其软件股份有限公司	久其软件(退市)
130	000569.SZ	攀钢集团四川长城特殊钢股份有限公司	长城股份(退市)
131	000515.SZ	攀钢集团重庆钛业股份有限公司	攀渝钛业(退市)
132	600627.SH	上海输配电股份有限公司	上电股份(退市)
133	600786.SH	东方电气集团东方锅炉股份有限公司	东方锅炉(退市)
134	600472.SH	包头铝业股份有限公司	包头铝业(退市)
135	600065.SH	大庆联谊石化股份有限公司	*ST联谊(退市)
136	600762.SH	衡阳市金荔科技农业股份有限公司	S*ST金荔(退市)
137	400003.OC	广东广州日报传媒股份有限公司	粤传媒5(退市)
138	600181.SH	云大科技股份有限公司	*ST云大(退市)
139	600286.SH	湖南国光瓷业集团股份有限公司	S*ST国瓷(退市)
140	000583.SZ	四川托普软件投资股份有限公司	S*ST托普(退市)
141	600296.SH	兰州铝业股份有限公司	S兰铝(退市)
142	600205.SH	山东铝业股份有限公司	S山东铝(退市)
143	000549.SZ	湘火炬汽车集团股份有限公司	S湘火炬(退市)
144	000699.SZ	佳木斯金地造纸股份有限公司	S*ST佳纸(退市)
145	600772.SH	中油龙昌股份有限公司	S*ST龙昌(退市)
146	600092.SH	陕西精密合金股份有限公司	S*ST精密(退市)
147	T00018.SH	上海港集装箱股份有限公司	上港集箱(退市)

附录1—5　续表 5　continued

退市日期	退市时股　价	退市时每股净资产	退市原因
2014-01-10	37.92	11.31	转板上市
2014-01-09	12.10	5.59	转板上市
2013-11-07	0.83	5.15	吸收合并
2013-09-18	14.02	6.67	吸收合并
2013-08-14	13.41	3.60	私有化
2013-07-15	6.26	2.12	吸收合并
2013-04-26	23.27	3.55	吸收合并
2013-03-27	1.88	0.24	连续三年亏损
2013-02-08	4.68	0.04	连续三年亏损
2012-12-14	9.70	7.16	转板上市
2012-08-29	13.00	2.93	转板上市
2012-05-10	7.00		转板上市
2012-03-20	17.82	4.47	吸收合并
2012-03-01	16.43	5.27	吸收合并
2012-02-28	7.13	6.70	吸收合并
2011-09-28	11.00	5.52	转板上市
2011-08-23	15.68	6.11	吸收合并
2011-04-20	9.80	3.46	转板上市
2011-03-22	24.44	2.92	吸收合并
2011-02-18	14.98	2.49	吸收合并
2010-12-06	9.99	2.51	转板上市
2010-02-26	3.87	3.11	证券置换
2010-02-12	13.96	1.71	吸收合并
2010-02-12	23.52	6.28	吸收合并
2010-01-25	7.27	0.84	吸收合并
2009-12-29	7.40	3.55	吸收合并
2009-12-29	5.29	4.41	吸收合并
2009-12-04	1.16	-6.45	暂停上市后未披露定期报告
2009-09-30	5.50	2.83	转板上市
2009-08-27	23.80	2.80	吸收合并
2009-07-29	15.00	4.00	转板上市
2009-05-06	7.05	0.05	吸收合并
2009-05-06	15.29	1.34	吸收合并
2008-11-26	28.73	5.40	吸收合并
2008-03-18	82.20	6.44	私有化
2007-12-26	51.82	4.97	吸收合并
2007-12-13	1.70	0.61	连续三年亏损
2007-11-20	0.77	-3.43	连续三年亏损
2007-08-27	20.90	3.99	转板上市
2007-06-01	1.02	-0.67	连续四年亏损
2007-05-31	0.67	-4.20	连续三年亏损
2007-05-21	0.76	-6.08	连续三年亏损
2007-04-30	14.61	5.85	吸收合并
2007-04-30	25.41	6.03	吸收合并
2007-04-27	8.90	2.17	吸收合并
2007-04-04	0.81	-3.14	连续三年亏损
2006-11-30	1.30	1.82	暂停上市后未披露定期报告
2006-11-30	0.96		暂停上市后未披露定期报告
2006-10-20	16.37	4.06	吸收合并

附录1-5　续表 6　continued

序号	股票代码	退市公司全称	股票简称
148	000832.SZ	黑龙江龙涤股份有限公司	*ST龙涤(退市)
149	600002.SH	中国石化齐鲁股份有限公司	齐鲁石化(退市)
150	000406.SZ	中国石化胜利油田大明(集团)股份有限公司	石油大明(退市)
151	000956.SZ	中国石化中原油气高新股份有限公司	中原油气(退市)
152	000866.SZ	中国石化扬子石油化工股份有限公司	扬子石化(退市)
153	600659.SH	福建闽越花雕股份有限公司	*ST花雕(退市)
154	000618.SZ	吉林化学工业股份有限公司	吉林化工(退市)
155	000763.SZ	锦州石化股份有限公司	锦州石化(退市)
156	000817.SZ	辽河金马油田股份有限公司	辽河油田(退市)
157	600799.SH	黑龙江省科利华网络股份有限公司	*ST龙科(退市)
158	600752.SH	哈慈股份有限公司	*ST哈慈(退市)
159	200057.SZ	深圳大洋海运股份有限公司	*ST大洋B(退市)
160	000769.SZ	沈阳菲菲澳家现代农业股份有限公司	*ST大菲(退市)
161	000535.SZ	猴王股份有限公司	*ST猴王(退市)
162	600899.SH	浙江信联股份有限公司	*ST信联(退市)
163	000827.SZ	大连长兴实业股份有限公司	*ST长兴(退市)
164	600700.SH	陕西煤航数码测绘(集团)股份有限公司	*ST数码(退市)
165	600852.SH	中国四川国际合作股份有限公司	*ST中川(退市)
166	600672.SH	广东华圣科技投资股份有限公司	*ST华圣(退市)
167	000765.SZ	汇绿生态科技集团股份有限公司	*ST华信(退市)
168	600788.SH	西安达尔曼实业股份有限公司	*ST达曼(退市)
169	600632.SH	上海华联商厦股份有限公司	华联商厦(退市)
170	000621.SZ	比特科技控股股份有限公司	*ST比特(退市)
171	600670.SH	长春高斯达生物科技集团股份有限公司	*ST斯达(退市)
172	000730.SZ	沈阳天创信息科技股份有限公司	*ST环保(退市)
173	000013.SZ	深圳石化工业集团股份有限公司	*ST石化A(退市)
174	200013.SZ	深圳石化工业集团股份有限公司	*ST石化B(退市)
175	600669.SH	鞍山合成(集团)股份有限公司	*ST鞍成(退市)
176	600878.SH	大连北大科技(集团)股份有限公司	*ST北科(退市)
177	000660.SZ	广州汇集实业股份有限公司	*ST南华(退市)
178	000405.SZ	珠海金马控股股份有限公司	ST鑫光(退市)
179	000542.SZ	TCL通讯设备股份有限公司	TCL通讯(退市)
180	600646.SH	上海国嘉实业股份有限公司	ST国嘉(退市)
181	000412.SZ	长春北方五环实业股份有限公司	ST五环(退市)
182	000047.SZ	深圳市中侨发展股份有限公司	ST中侨(退市)
183	600709.SH	湖北洪湖生态农业股份有限公司	ST生态(退市)
184	000658.SZ	厦门海洋实业(集团)股份有限公司	ST海洋(退市)
185	600813.SH	辽宁华夏大地生态技术股份有限公司	ST鞍一工(退市)
186	000653.SZ	福建九州集团股份有限公司	ST九州(退市)
187	000689.SZ	汕头宏业(集团)股份有限公司	ST宏业(退市)
188	000675.SZ	四川银山化工(集团)股份有限公司	ST银山(退市)
189	200003.SZ	金田实业(集团)股份有限公司	PT金田B(退市)
190	000003.SZ	金田实业(集团)股份有限公司	PT金田A(退市)
191	000556.SZ	南洋航运集团股份有限公司	PT南洋(退市)
192	200015.SZ	深圳中浩(集团)股份有限公司	PT中浩B(退市)
193	000015.SZ	深圳中浩(集团)股份有限公司	PT中浩A(退市)
194	000588.SZ	广东金曼集团股份有限公司	PT粤金曼(退市)
195	900931.SH	上海水仙电器股份有限公司	PT水仙B(退市)
196	600625.SH	上海水仙电器股份有限公司	PT水仙(退市)
197	000508.SZ	海南民源现代农业发展股份有限公司	琼民源A(退市)

注：同时发行A股、B股公司所用股票代码、简称、股价和净资产数据均为其A股对应数据。

数据来源：上海证券交易所、深圳证券交易所。

Source:SSE、SZSE.

附录1—5 续表 7 continued

退市日期	退市时股 价	退市时每股净资产	退市原因
2006-06-29	1.45	-1.86	连续三年亏损
2006-04-24	10.09	3.92	私有化
2006-04-21	10.12	5.20	私有化
2006-04-21	11.91	6.25	私有化
2006-04-21	13.84	6.13	私有化
2006-03-23	1.41	0.88	暂停上市后未披露定期报告
2006-02-20	5.24	1.60	私有化
2006-01-04	4.22	1.01	私有化
2006-01-04	8.75	2.95	私有化
2006-01-04	0.54	-1.20	连续三年亏损
2005-09-22	0.84	0.27	连续三年亏损
2005-09-21	0.27	-1.21	连续三年亏损
2005-09-21	0.90	0.29	连续三年亏损
2005-09-21	0.50	-2.23	连续三年亏损
2005-09-21	1.13	-1.14	连续三年亏损
2005-09-21	1.16	0.19	连续三年亏损
2005-09-20	0.64	-1.76	连续三年亏损
2005-09-16	0.72	-3.18	连续三年亏损
2005-08-05	0.70	-1.09	连续三年亏损
2005-07-04	2.36	-1.15	连续三年亏损
2005-03-25	0.91	-3.07	连续三年亏损
2004-11-18	9.53	4.00	吸收合并
2004-09-27	2.66	-1.42	连续三年亏损
2004-09-24	2.87	-0.88	连续三年亏损
2004-09-24	2.60	0.10	连续三年亏损
2004-09-20	2.47	-8.80	连续三年亏损
2004-09-20	1.47	-8.80	连续三年亏损
2004-09-15	2.19	-2.20	连续三年亏损
2004-09-15	2.64	-1.78	连续三年亏损
2004-09-13	2.38	-5.32	连续三年亏损
2004-03-19	2.86	-0.31	连续三年亏损
2004-01-13	27.34	3.29	吸收合并
2003-09-22	5.82	-2.74	连续三年亏损
2003-09-19	2.89	-0.16	连续三年亏损
2003-05-30	8.03		连续三年亏损
2003-05-23	3.02	-0.23	连续三年亏损
2002-09-20	4.24	-3.22	连续三年亏损
2002-09-16	3.83	-3.50	连续三年亏损
2002-09-13	2.51	-4.45	连续三年亏损
2002-09-05	4.88	-4.15	连续三年亏损
2002-08-20	7.94	-1.54	连续三年亏损
2002-06-14	1.60	-2.99	连续三年亏损
2002-06-14	2.71	-2.99	连续三年亏损
2002-05-29	1.50	0.73	连续三年亏损
2001-10-22	1.95	-6.50	连续三年亏损
2001-10-22	6.85	-6.50	连续三年亏损
2001-06-15	4.37		连续三年亏损
2001-04-23	0.18	-0.25	连续三年亏损
2001-04-23	4.80	-0.25	连续三年亏损
1999-07-12	23.50	4.03	证券置换

附录1-6　2016年上海证券交易所（以下简称上交所）收费标准

业务类别			收费项目	收费标准	最终收费对象
交易	A 股		经手费	成交金额的 0.00487% （双向）	会员等交上交所
交易	B 股		经手费	成交金额的 0.00487% （双向）	会员等交上交所
交易	优先股		经手费	成交金额的0.0001%(双向)	会员等交上交所
交易	基金（封闭式基金、ETF、LOF ）		经手费	成交金额的 0.0045% （双向），货币ETF、债券ETF暂免	会员等交上交所
交易	权证		经手费	成交金额的 0.0045% （双向）	会员等交上交所
交易	债券现券（含资产支持证券）*		经手费	成交金额的0.0001%（双向）（固定收益平台现券交易，最高不超过100元/笔）	会员等交上交所
交易	债券质押式回购、国债买断式回购、债券质押式协议回购*		经手费	暂免	会员等交上交所
交易	质押式报价回购		经手费	暂免	会员等交上交所
交易	股票质押式回购		经手费	按每笔初始交易金额的0.001%收取，起点5元人民币，最高不超过100元人民币	会员等交上交所
交易	资产管理计划份额转让		经手费	按转让金额的0.00009%的标准向转让双方收取转让经手费，最高不超过100元/笔	会员等交上交所
交易	约定购回式证券交易		经手费	按现有股票、基金或债券现券交易收费标准在初始交易及购回交易中收取	会员等交上交所
交易	大宗交易（含大宗专场）	A股、B 股	经手费	相对于竞价市场同品种费率下浮30%	会员等交上交所
交易	大宗交易（含大宗专场）	基金（封闭式基金、ETF、LOF）	经手费	相对于竞价市场同品种费率下浮50%（双向）	会员等交上交所
交易	大宗交易（含大宗专场）	优先股	经手费	成交金额的0.0001%的90%，最高不超过100元/笔(双向)	会员等交上交所
交易	大宗交易（含大宗专场）	债券现券（含资产支持证券）	经手费	成交金额的0.0001%（双向）（最高不超过100元/笔）	会员等交上交所
交易	期权		经手费	合约标的为股票的，交易经手费为每张3元；合约标的为交易所交易基金的，交易经手费为每张2元；暂免收取卖出开仓交易经手费	会员等交上交所
交易	国债预发行		经手费	暂免	会员等交上交所
交易	股份协议转让		经手费	同二级市场交易经手费，双向收取，单向每笔最低50元、最高10万元	协议双方交上交所
发行	新股认购、优先股发行、可转换公司债券认购		经手费	暂免	会员等交上交所
发行	配股、公开增发		经手费	暂免	会员等交上交所
上市	普通股（对2015年8月1日到2018年7月31日上市，总股本4亿股（含）以下的上市公司，暂免其在此期间的上市初费；从2016年1月1日到2018年12月31日，暂免总股本4亿股（含）以下的上市公司上市年费）		上市年费	A、B股总股本2亿股（含）以下的30万元	上市公司交上交所
				2亿股至4亿股（含）的45万元	
				4亿股至6亿股（含）的55万元	
				6亿股至8亿股（含）的60万元	
				8亿股以上的65万元	
			上市年费	上年末A、B股总股本2亿股以下的5万元/年	上市公司交上交所
				2亿股至4亿股（含）的8万元/年	
				4亿股至6亿股（含）的10万元/年	
				6亿股至8亿股（含）的12万元/年	
				8亿股以上的15万元/年	
				上市不足1年的，按实际上市月份计算，上市当月为1个月	

附录1–6 续表 continued

<table>
<tr><th colspan="2">业务类别</th><th>收费项目</th><th>收费标准</th><th>最终收费对象</th></tr>
<tr><td rowspan="19">上市</td><td rowspan="11">优先股（减免标准参照普通股）</td><td rowspan="5">上市初费</td><td>优先股总股本2亿股（含）以下的24万元</td><td rowspan="5">上市公司交上交所</td></tr>
<tr><td>2亿股至4亿股（含）的36万元</td></tr>
<tr><td>4亿股至6亿股（含）的44万元</td></tr>
<tr><td>6亿股至8亿股（含）的48万元</td></tr>
<tr><td>8亿股以上的52万元</td></tr>
<tr><td rowspan="6">上市年费</td><td>上年末总股本2亿股（含）以下的4万元/年</td><td rowspan="6">上市公司交上交所</td></tr>
<tr><td>2亿股至4亿股（含）的6.4万元/年</td></tr>
<tr><td>4亿股至6亿股（含）的8万元/年</td></tr>
<tr><td>6亿股至8亿股（含）的9.6万元/年</td></tr>
<tr><td>8亿股以上的12万元/年</td></tr>
<tr><td>上市不足1年的，按实际上市月份计算，上市当月为1个月</td></tr>
<tr><td rowspan="2">基金（封闭式基金、ETF、LOF）</td><td>上市初费</td><td>3万元，普通LOF暂免</td><td>基金管理人交上交所</td></tr>
<tr><td>上市年费</td><td>6万元 / 年，普通LOF暂免</td><td>基金管理人交上交所</td></tr>
<tr><td>权证</td><td>上市初费</td><td>20 万元</td><td>发行人交上交所</td></tr>
<tr><td rowspan="2">债券（含资产支持证券）</td><td>上市初费</td><td>暂免</td><td>发行人交上交所</td></tr>
<tr><td>上市年费</td><td>暂免</td><td>发行人交上交所</td></tr>
<tr><td rowspan="2">席位</td><td>非 B 股席位</td><td>初费</td><td>60 万元/个</td><td>会员等交上交所</td></tr>
<tr><td>B 股席位</td><td>初费</td><td>7.5 万美元/个</td><td>会员等交上交所</td></tr>
<tr><td colspan="2" rowspan="7">交易单元</td><td>交易单元使用费</td><td>会员等机构接入交易系统流速之和超出其免费流速额度时，超出部分每年按每个标准流速计收1万元的流速费（2010年12月1日起，暂免收取佶券现券及回购交易专用的交易单元流速费）</td><td rowspan="7">会员等交上交所</td></tr>
<tr><td>流速费</td><td>会员等机构接入交易系统流速之和超出其免费流速额度时，超出部分每年按每个标准流速计收1万元的流速费（2010年12月1日起，暂免收取债券现券及回购交易专用的交易单元流速费）</td></tr>
<tr><td rowspan="5">流量费</td><td>1.计费期间为上年 12 月 1 日至当年 11 月 30 日</td></tr>
<tr><td>2.流量费＝（该机构所用交易单元的年交易类申报笔数总和−3万笔/年×持有席位数）×0.1C 元＋（该机构所用交易单元的年非交易类申报笔数总和−3万笔/年×持有席位数）×0.01元</td></tr>
<tr><td>3.2010年12月1日起，暂免收取各交易参与人参与债券现券及回购交易的流量费</td></tr>
<tr><td>4.暂免收取货币ETF、债券ETF的交易单元流量费</td></tr>
<tr><td>5.股票期权试点初期暂免收取期权经营机构流量费</td></tr>
<tr><td colspan="2">其他业务</td><td colspan="3">费用项目、标准、收取方式按照相关业务规定执行</td></tr>
</table>

数据来源：上海证券交易所。
Source:SSE.

附录1-7　2016年深圳证券交易所（以下简称深交所）收费标准

收费对象	收费项目	收费标的	收费标准	备注
投资者	证券交易经手费	A股	按成交额双边收取0.0487‰	1.大宗交易收费：A股大宗交易按标准费率下浮30%收取；B股、基金大宗交易按标准费率下浮50%收取；债券大宗交易费率标准维持不变；债券回购大宗交易费率暂免。2.约定购回式证券交易参照相应品种大宗交易收费标准执行。3.债券ETF、货币ETF暂免收取证券交易经手费
		B股		
		基金		
		优先股	试点期间按普通股标准的80%收取	
		权证	按成交额双边收取0.045‰	
		国债现货	成交金额在100万元以下（含）每笔收0.1元；成交金额在100万元以上每笔收10元	
		企业债/公司债现货		
		专项资产管理计划		
		中小企业私募债		
		债券质押式回购（含国债回购与其他债券回购）	成交金额在100万元以下（含）每笔收0.1元，反向交易不再收取；成交金额在100万元以上每笔收1元，反向交易不再收取（暂免收取）	
		股票质押式回购	按每笔初始交易质押标的证券面值1‰收取，最高不超过100元	
		可转债	按成交金额双边收取0.04‰	
	证券交易监管费	A股	按成交金额双边收取0.02‰	代中国证监会收取
		B股		
		优先股		
	证券交易印花税	A股	对出让方按成交金额的1‰征收，对受让方不再征税	代国家税务总局扣缴
		B股		
		优先股		
发行人	上市初费	A股、B股	总股本2亿元以下（含），30万元；总股本2亿元至4亿元（含），45万元；总股本4亿元至6亿元（含），55万元；总股本6亿元至8亿元（含），60万元；总股本8亿元以上，65万元	本所在此标准上减半取整收取，创业板再减半。总股本为A股、B股合计
		优先股	试点期间按普通股标准的80%收取	—
		基金	3万元	—
		权证	20万元	—
		企业债/公司债	暂免收取	—
		可转债	上市债券总额0.01%，最高不超过3万元（暂免收取）	—
		专项资产管理计划	暂免收取	—
		中小企业私募债券	暂免收取	—
	上市年费	A股、B股	总股本2亿元以下（含），5万元；总股本2亿元至4亿元（含），8万元；总股本4亿元至6亿元（含），10万元；总股本6亿元至8亿元（含），12万元；总股本8亿元以上，15万元	创业板减半征收。总股本为A股、B股合计
		优先股	试点期间按普通股标准的80%收取	—
		基金	6万元	—
		债券	暂免收取	—
		可转债	以1亿元为基数，每年缴纳6000元；超过1亿元的，每增加2000万元，年费增加1200元，最高不超过24000元（暂免收取）	—
		专项资产管理计划	暂免收取	—
		中小企业私募债券	暂免收取	—

附录1—7 续表 continued

收费对象	收费项目	收费标的	收费标准	备注
会员	席位费	席位	普通60万元/个，特别席位20万元/个	—
	交易单元费用	交易单元	1．交易单元使用费：对会员使用超出交费席位（指已交席位初费的席位）数量以外的交易单元，每年收取30000元/个的交易单元使用费	—
			2．流速费：对会员使用超出交费席位（指已交席位初费的席位）数量以外的流速，每年收取9600元/份的流速费。每份流速为50笔/秒	2014年7月1日起，由深圳证券通信公司收取
			3．流量费：每笔交易类申报（指买入、卖出、撤单申报）收取0.1元，每笔非交易类申报（指除买入、卖出、撤单以外的申报）收取0.01元	1.2014年7月1日起，本所与深圳证券通信公司按6：4比例分别收取；2.债券ETF、货币ETF免收交易单元流量费

注：1.经手费和证券交易监管费包含在佣金之中，证券交易所风险基金由交易所自行计提，不另外收取。
2.从2012年6月1日起，A股交易经手费收取标准下调至0.0087%，股票上市初费和年费按分档收取。
3.从2012年9月1日起，A股交易经手费收取标准下调至0.00696%，A股、B股的监管规费收取标准下调至0.002%，基金债券、权证和专项资产管理计划免收监管规费。

数据来源：深圳证券交易所。

Source:SZSE.

后　　记

Postscript

在年鉴的编写过程中，我们得到了中国证监会领导的关心和指导，得到了会内外有关单位的大力支持和配合。它们分别是：中国证监会办公厅、发行监管部、市场监管部、证券基金机构监管部、上市公司监管部、期货监管部、国际合作部，中国人民银行调查统计司，上海证券交易所，深圳证券交易所，中国证券登记结算公司，上海期货交易所，大连商品交易所，郑州商品交易所，中国金融期货交易所，中国证券投资者保护基金有限责任公司，中国证券金融股份有限公司，中国期货市场监控中心有限责任公司，全国中小企业股份转让系统有限责任公司，中证指数有限公司，中国证券业协会，中国基金业协会。中国金融出版社在年鉴的编辑、出版及发行过程中给予了大力支持。在此，我们对上述单位表示衷心的感谢！

参与年鉴编写的人员有：

李继尊　皮六一　张望军　赵立新　徐　刚　陈华文　郭永强　杨春蕾　王春玲
王　利　李孙珊　郭俊芳　刘跃鹏　刘　峻　张文璋　宋函姿　邱显宏　武　杨
陶　野　叶凌云　李　文　张　颖　薛瑞远　袁　梦　王紫怡　潘　樾　张　丽
符文翔　方思原　王倩如　徐仕达　王宇浩　陈博洋　叶　盛　陶　茜　刘文宇
刘　鉴　赵治翔　姚　笛　倪天一　白　杨　徐博文　耿宏男　雷　磊　许　嘉

中证资本市场运行统计监测中心

2017 年 8 月